Diccionario de
español
urgente

agencia efe

Prólogo de Alfredo Bryce Echenique

Proyecto editorial
   Concepción Maldonado González
   Carlos González Reigosa
   Alberto Gómez Font
   Francisco Muñoz Guerrero

Autoría
   Departamento de Español Urgente de la Agencia EFE

Textos originales y revisión
   Alberto Gómez Font (con la participación de Pedro García Domínguez y Pilar Vicho Toledo)

Equipo técnico editorial
   Nieves Almarza Acedo
   Jesús Arellano Luis
   Jimena Licitra
   Ascensión Millán Moral
   Miriam Rivero Ortiz
   Marta Román Hernández

Colaboración
   Juan Lázaro Betancor

Diseño de interiores
   Jacinto Rodríguez
   Julio Sánchez

Diseño de cubierta
   Alfonso Ruano
   Joaquín Reyes

Coordinación editorial
   Paloma Jover Gómez-Ferrer

Dirección editorial
   Concepción Maldonado González

Primera edición: noviembre 2000
Segunda edición: mayo 2001

© Agencia EFE - EDICIONES SM
ISBN: 84-348-6916-0 / Depósito legal: M-20810-2001
Preimpresión Grafilia, SL / Soporte técnico: OT SISTEMAS
Brosmac - Polígono Ind. nº 1 Arroyomolinos. Calle C, nº 31 - Móstoles (Madrid)
Impreso en España - *Printed in Spain*

Prólogo
(por Alfredo Bryce Echenique)

Con el *Diccionario de español urgente* que presenta en sociedad la Agencia EFE nos encontramos ante una obra práctica, pensada para servir de ayuda a todos los que usamos la lengua como herramienta de trabajo o como instrumento de comunicación, tanto profesionales como hablantes comunes. Y ya su título nos sugiere la facilidad y rapidez en la resolución de las dudas que impregna toda la obra. No sólo *español urgente*, sino además *Diccionario*, es decir, velocidad en la consulta y respuestas concretas.

Basta con ojearlo para darse cuenta de que todo está pensado para facilitarle las cosas al consultor: al cuerpo del diccionario le sigue un apéndice de unas 300 siglas y acrónimos de procedencias muy diversas, con su equivalente en la lengua original a la que responden y su traducción al español, utilísimo para movernos en esta maraña de mayúsculas que nos rodea cada vez con más profusión. Como colofón, se ofrece una bibliografía muy completa sobre aspectos similares a los que se tratan en la obra, y no sólo en "soporte de papel", como se dice ahora, sino también en "soporte virtual".

También el cuerpo central del diccionario nos facilita la consulta con su atractiva combinación de blanco y azul: los marcos azules que encierran la respuesta "urgente" a nuestra consulta, las explicaciones más detalladas que se añaden después en negro, con aclaraciones y ejemplos de autoridades como la Real Academia o Manuel Seco, entre muchos otros, y, ya para los que no tienen ninguna urgencia, los comentarios e incluso anécdotas en letra azul que cierran muchos artículos. Además, el corchete que precede a algunos lemas [palabras-entrada] nos indica que no figuran en el *Diccionario de la lengua* de la Academia.

Como se dice en la breve pero sustanciosa presentación que hace Ediciones SM al principio del libro, "la lengua es el reflejo de nuestra concepción del mundo y constituye una herramienta básica de la comunicación".

El problema es que muy a menudo la concepción del mundo de la mayoría va mucho más rápido que la de algunos rezagados entre los que me cuento, y nos encontramos de repente sumergidos en una lengua incomprensible, que se supone que es la nuestra de toda la vida, pero que designa una realidad desconocida y que nos deja completamente desarmados comunicativamente hablando. Entonces surgen las dudas que uno nunca hubiera soñado tener. Por ejemplo, hasta hace muy poco tiempo, Emilio era para mí un gran amigo pintor, y de pronto se convirtió en la encarnación virtual de todos los amigos, con los que pasé de *chatear* a la antigua a *chatear* a lo siglo XXI, que es mucho más aburrido. Los *emilios* y los *chateos* empezaron a proliferar y la Real Academia no decía nada de ellos. Pues aquí los tenemos, muy bien explicados en el *Diccionario de español urgente*, como tantos y tantos términos y expresiones nuevos y no tan nuevos que pueden hacernos dudar. Otro ejemplo, éste de nuestra lengua de toda la vida: ¿*cabra montés* o *cabra montesa*? Pues resulta que *montés* es un adjetivo invariable en cuanto al género y que debe decirse *cabra montés*. Y también resulta que la *gena*, que tiñe el pelo rojo y adultera el hachís, y que hemos conocido a través de los franceses, no es ni más ni menos que nuestra *alheña*. [Arbusto cuyas hojas se machacan para obtener el tinte.]

Pero el *Diccionario de español urgente* no se limita a aclaraciones sobre el léxico, sino que recorre las dudas más frecuentes sobre todos y cada uno de los aspectos de la lengua, como:

El **ortográfico**, con cuestiones como los usos de la coma, la no acentuación del diptongo *ui* o la transcripción de términos extranjeros.

El **fonético**, con temas como la pronunciación de numerosos términos extranjeros o el más concreto de *v, b, w*.

El **sintáctico**, con explicaciones sobre el correcto empleo del gerundio, o los fenómenos del *queísmo* y *dequeísmo*.

El **morfológico**, con aclaraciones sobre las dudas que suelen suscitar algunos plurales dudosos, o los ordinales, o algunos prefijos y sufijos, como *trans-*, por ejemplo.

E incluso el **sociolingüístico**, con artículos como el de *racismo en el lenguaje*.

Pero, desde luego, es al nivel **léxico** al que se dedica, si cabe, una mayor atención, puesto que es también el que más dudas suele plantear. Dentro de él, se tratan exhaustivamente:

— los **neologismos**, como el mal uso del anglicismo *contemplar*, o el de los innecesarios *catering*, o *doping*;

— los **topónimos extranjeros**, como *Chauen* frente a *Chefchauen*, *Cuzco* frente a *Cusco*, y **españoles**, como *Lleida* o *Lérida*, con distinta forma según el contexto lingüístico en que nos movamos;

– algunas **particularidades del español de América** que nos pueden crear situaciones embarazosas, como el significado de *coger* en algunos países de América;

– cuestiones de **terminología científica,** como el correcto empleo de abreviaturas y símbolos;

– **errores nuevos** y comunes que se extienden como la pólvora entre los hablantes sin causa aparente, como el uso indiscriminado de *escuchar* por *oír*, verbo éste inexplicablemente en grave peligro de extinción, porque, de momento, que yo sepa, su simétrico *ver* mantiene todos sus poderes frente a *mirar*.

– Y cito por último, para no alargarme, un aspecto en general poco tratado, pero que invade cada vez más el habla común. Me refiero al tema de las **incompatibilidades léxicas** del tipo de *catástrofe humanitaria, caída accidental, autocaída* y tantas otras expresiones que parecen querer seguir a Valle-Inclán cuando decía aquello de "Bienaventurado el que es capaz de unir dos palabras que nunca antes habían estado juntas", pero que resultan incorrectas y redundantes y que además perjudican seriamente a los escritores que nos beneficiamos de las licencias literarias justo para ser originales uniendo lo que nunca estuvo unido al habla.

Los autores del *Diccionario* han optado también a veces por la licencia lexicográfica al saltarse el principio de la *economía del lenguaje*, prefiriendo repetir en distintos artículos la misma explicación, como pasa, por ejemplo, en la diferenciación entre *ateo* y *agnóstico*, o entre *accesible* y *asequible*, tratadas bajo los dos lemas correspondientes, seguramente por el temor a que el lector interrumpa su consulta antes de tiempo o no dude lo suficiente.

Por eso mismo, mi consejo es que, además de usar este *Diccionario de español urgente* como imprescindible obra de consulta, se tenga como libro de cabecera y se lea como una novela, porque estoy seguro de que ojeando sus páginas encontraremos sin buscar y reconoceremos errores que casi todos cometemos alguna vez sin siquiera plantearnos la duda beneficiosa que nos lleve a solucionarla.

Alfredo Bryce Echenique

Presentación

La lengua es el reflejo de nuestra concepción del mundo y constituye una herramienta básica de comunicación. Las carencias en nuestro lenguaje son carencias en nuestro conocimiento de la realidad y trabas para una comunicación adecuada. Para salvar estas lagunas en nuestro saber lingüístico los diccionarios constituyen una ayuda fundamental.

Pero sucede que la realidad cambia constantemente, y cambian también sus circunstancias políticas, sociales y culturales, y estos cambios, a menudo, no están recogidos en los diccionarios al uso. Los medios de comunicación son, pues, los encargados de improvisar los nombres de todas esas nuevas realidades. Esta inmediatez de la creación hace que no haya aún un criterio uniforme acerca de cómo designarlas.

Para aclarar este desconcierto nace el *Diccionario de español urgente*. En él se recogen voces de reciente incorporación al idioma, usos incorrectos de ciertas expresiones cada vez más extendidos, topónimos y gentilicios en los que se producen vacilaciones, nombres propios pronunciados o escritos de formas diversas en los medios de comunicación, además de un completo apéndice de siglas de uso frecuente. Y, por supuesto, errores y dificultades de la lengua, no tan novedosos pero muy comunes.

El diccionario está organizado en fichas ordenadas alfabéticamente. La información de cada ficha aparece resumida y enmarcada con una línea azul para resolver con rapidez la duda que se plantea. Además, hay una explicación amena y razonada del problema que puede surgir con cada palabra o expresión, a veces completada (en letra azul) por alguna información complementaria a las cuestiones estrictamente lingüísticas (datos geográficos, históricos, anecdóticos, etc.). Aunque se establecen directrices para muchas palabras sobre las que aún no se ha pronunciado la Real Academia, hay constantes referencias a la norma académica y, así, aparecen precedidos por un corchete todos aquellos términos que aún no ha recogido el *Diccionario* de la Academia (con excepción, evidentemente, de los nombres propios).

Esta obra ofrece, pues, soluciones claras al español de hoy; da la norma de uso que proporciona, tanto a los periodistas como a los receptores de sus mensajes, las claves para una correcta expresión e interpretación de la realidad que nos rodea. La de hoy.

Ediciones SM

Nota preliminar

Este diccionario es un fruto logrado —y también un fruto mayor— de la labor del Departamento de Español Urgente (DEU) de la Agencia EFE, una unidad operativa destinada a la intervención rápida en defensa del idioma español, preferentemente en los procesos informativos. Cuando fue constituido, hace veinte años, el DEU, nutrido por expertos filólogos, se convirtió en el único organismo de consulta permanente en condiciones de ofrecer una respuesta inmediata sobre cuestiones idiomáticas en todo el ámbito hispanohablante. En estas dos décadas ha atendido miles de consultas lingüísticas de todo el mundo y ha acumulado en sus archivos más de cien mil correcciones, comunicadas con puntualidad a los responsables de las redacciones de la propia Agencia y de otros medios de comunicación.

EFE, como primera agencia informativa mundial de origen y expresión hispanos, ha asumido entre sus compromisos contractuales la noble tarea de preservar el idioma y contribuir a fomentar y mantener su unidad a ambos lados del Atlántico. En esta labor está desde su origen como agencia internacional (1965), y con este fin creó en diciembre de 1980 un instrumento permanente y específico de vigilancia y cuidado idiomáticos: el Departamento de Español Urgente (DEU), que está a disposición de los propios periodistas de la Agencia, de los abonados a los servicios informativos de EFE y del público en general. Los filólogos que atienden este servicio resuelven sobre los usos idiomáticos más adecuados, siempre con respeto a las normas comunes que aseguran la inteligibilidad de unos mensajes dirigidos a una comunidad internacional de más de trescientos millones de personas, unidas por el mismo idioma.

El propósito general de este servicio de EFE es, en síntesis, proporcionar criterios uniformes del uso de nuestra lengua, a fin de evitar la dispersión lingüística y hacer frente a la invasión indiscriminada de neologismos. En este sentido, es de subrayar su capacidad para actuar como una *Unidad de Intervención Rápida* ante cualquier agresión idiomática, al estar en condiciones de dar una respuesta inmediata a las cuestiones que se planteen.

Bajo la dirección de Carlos González Reigosa, titular del departamento de Publicaciones, Análisis y Estilo de EFE, el DEU está atendido por los filólogos Alberto Gómez Font y Pilar Vicho Toledo, que coordinan la actividad diaria, responden a las cuestiones planteadas y elevan sus consultas o dudas al Consejo Asesor de Estilo, que se reúne cada dos semanas en la sede de la Agencia. Este Consejo Asesor está compuesto por Gregorio Salvador y Valentín García Yebra, de la Real Academia Española; Humberto López Morales, secretario de la Asociación de Academias de la Lengua Española; Leonardo Gómez Torrego, del Consejo Superior de Investigaciones Científicas; José Luis Martínez Albertos, catedrático de Redacción Periodística de la Universidad Complutense, y José Luque Calderón, periodista.

Desde su origen, también formaron parte del Consejo Asesor de Estilo dos directores de la Real Academia Española: Manuel Alvar y Fernando Lázaro Carreter; los académicos Antonio Tovar y Luis Rosales; el catedrático de la Universidad de Salamanca Antonio Llorente Maldonado de Guevara, y el académico colombiano José Antonio León Rey. Y trabajaron con rigor y eficacia en el equipo de filólogos Guillermo Lorenzo, Carlos Ramírez Dampierre y Pedro García Domínguez.

Los filólogos del DEU revisan diariamente un buen número de noticias de la Agencia, para detectar y corregir los errores gramaticales, léxicos u ortográficos. Contestan a las consultas sobre el uso de la lengua que llegan por fax, correo, teléfono o correo electrónico. Redactan "notas interiores" dirigidas a los redactores de la Agencia para prevenir y atajar los posibles o ya existentes errores.

Con las correcciones diarias se elaboran listas que pasan a formar parte de un informe semanal, en el que además se hace una selección comentada de los principales errores, ya sea por su novedad o por su excesiva repetición. Completa el informe semanal una primera página en la que se analizan los errores más frecuentes o los problemas y dudas que se van planteando en el uso del castellano al redactar las noticias. Con la recopilación y ordenación de todas las primeras páginas de los informes semanales del DEU de la Agencia EFE se publicaron dos libros titulados *Vademécum de español urgente I y II*.

El *Diccionario de español urgente* que ahora comparece ante el lector en la colección de obras lexicográficas de Ediciones SM acoge todas estas aportaciones, a las que se han añadido, sin desviarnos del propósito inicial, un buen número de aclaraciones lingüísticas y de informes sobre onomástica, toponimia, gentilicios, transcripciones y traducciones.

El objetivo, en este caso, es llevar la experiencia cotidiana de la Agencia EFE en el uso del español hasta las mayores cotas de divulgación, siempre con el propósito de favorecer el desarrollo de un idioma cohesionado y vigoroso, al que le espera, sin duda, un esplendoroso futuro. El esfuerzo de Ediciones SM para traducir toda esta labor en un diccionario —es decir, en un libro en el que se recogen y explican de forma ordenada las *voces urgentes* de nuestro idioma— ha puesto el digno complemento y el mejor remate a esta obra, a la cual le auguramos una venturosa y benéfica trayectoria, para mayor gloria de nuestra lengua.

Miguel Ángel Gozalo
Presidente-Director General de la Agencia EFE

DICCIONARIO
DE
ESPAÑOL
URGENTE

A a

a campo través

Es incorrecto el uso de la expresión *campo a través*; lo correcto es decir: *a campo través* o *a campo traviesa*.

En el lenguaje del deporte, aparecen con frecuencia expresiones mal empleadas. Una de estas expresiones, procedente del mundo del atletismo, pero ya extendida a muchos otros ámbitos, es *a campo través*, que suele emplearse erróneamente como *campo a través*.

Los diccionarios recogen las siguientes variantes: *a campo través*, *a campo traviesa* (utilizado, sobre todo, en América) y *a campo travieso*. Cualquiera de estas tres opciones es válida. Sin embargo, es incorrecto el uso de la expresión *campo a través*, que curiosamente es la más habitual.

a donde Véase **adónde**.

[a dónde Véase **adónde**.

[a grosso modo Véase **grosso modo**.

a por

Hay quien piensa que es incorrecto en español el uso de la secuencia *a por*. Sin embargo, este uso es correcto y contribuye a evitar ambigüedades que pueden producirse si se suprime la preposición *a*.

Manuel Seco, en su *Diccionario de dudas y dificultades de la lengua española*, explica lo siguiente:

> La Academia, en su *Gramática* de 1931, tachaba de incorrecta la combinación de las preposiciones *a* y *por*; y todavía en su *Esbozo* de 1973, aunque reconoce que el empleo de esta locución ha progresado incluso en la literatura, señala que «la conversación culta... suele sentirla como vulgar y procura evitarla». No hay, sin embargo, razón seria para censurar este uso, tan legítimo como otras combinaciones de preposiciones (*de entre*, *por entre*, *para con*, etc.) nunca repudiadas por los gramáticos. *A por* ya fue defendido por Unamuno y Benavente, y también

por Casares, a pesar de las reservas de muchos escritores y hablantes [...] El uso es frecuente en España (no en América) [...] y se encuentra más en la lengua hablada que en la escrita. Es evidente la ventaja expresiva que posee *a por*: *Fui por ella* es ambiguo, pues podría ser «fui a causa de ella» o «fui a buscarla»; *Fui a por ella* es solamente «fui a buscarla».

Leonardo Gómez Torrego, en su *Manual de español correcto*, explica que la ambigüedad es aún mayor, pues *Voy por mi hermano* puede significar tres cosas: «voy a buscarlo», «voy porque me lo ha pedido» y «voy en su lugar».

a puerta cerrada

La expresión *a puerta cerrada* debe utilizarse siempre en singular.

La construcción *a puerta cerrada* («en secreto, en privado o de manera no pública») se emplea siempre en singular. Se dirá, pues, *El juicio se celebró a puerta cerrada y por eso no podemos ofrecerles imágenes*, y no *El juicio se celebró a puertas cerradas y por eso no podemos ofrecerles imágenes*, independientemente del número de puertas que no estén abiertas.

a sí mismo Véase **asimismo**.

Abdalá

La transcripción correcta en español del nombre del rey de Jordania es *Abdalá*, no *Abdallah* ni *Abdellah*.

En las noticias sobre la agonía y muerte del rey Huseín de Jordania, su entierro, los actos fúnebres oficiales y la toma de posesión de su heredero, aparecieron los nombres de los miembros de la familia real jordana escritos de distintas formas.

Evidentemente, también el nombre de su primogénito y sucesor ocasionó problemas a la prensa. El nombre del nuevo rey apareció en algunos medios de comunicación como *Abdallah*, en otros como *Abdellah* y en algunos como *Abdala*. Sin embargo, la transcripción más exacta del árabe al español es *Abdalá*.

¿Acaso hemos olvidado que la letra *ll* en español no tiene un sonido equivalente a la *l* —como ocurre en italiano, por ejemplo—, sino más bien cercano a la *y*? Y es que escribiendo *Abdallah* o *Abdellah* nos arriesgamos a que el nombre de este nuevo rey se pronuncie [abdáya] o [abdéya]. La intención es buena, porque se quiso transcribir la *l* larga del árabe por una doble *l* (o *ll*), pero el remedio es peor que la enfermedad; así que dejemos a un lado las buenas intenciones y utilicemos las herramientas de las que disponemos en español: si no existe la *l* larga en nuestro idioma, qué mejor que emplear la tradicional *l* que, aunque no sea larga, es igual de eficaz en este caso.

Abdallah Véase **Abdalá**.

Abdellah Véase **Abdalá**.

Abidjan Véase **Abiyán**.

Abiyán

Debe evitarse el uso de *Abidjan* en lugar de *Abiyán*, por ser *Abiyán* la transcripción española del nombre de esta ciudad.

A menos que haya un topónimo tradicional en español, siempre deben hispanizarse las grafías de nombres propios procedentes de lenguas que tienen alfabetos distintos al latino. En lo referido a la toponimia de África, es importante tener en cuenta que, a menudo, las grafías nos llegan —ya transcritas al alfabeto latino— a través del inglés o del francés, ya que muchos de los actuales países africanos fueron colonias del Reino Unido o de Francia; sin embargo, estas grafías pueden resultar extrañas en nuestro idioma.

Uno de estos topónimos es la capital de Costa de Marfil que, en español, designamos con el nombre de *Abiyán*. Aunque es frecuente ver escrita la forma francesa *Abidjan*, recomendamos seguir escribiendo el nombre de dicha ciudad con la grafía propia de nuestra lengua: *Abiyán*.

Abjasia

La grafía de esta república autónoma de la antigua República Soviética de Georgia es *Abjasia* y no *Abjazia*.

En la antigua Unión de Repúblicas Socialistas Soviéticas, dentro de la República Soviética de Georgia estaban las repúblicas autónomas de *Abjasia* y *Adzaria*, y la región autónoma de *Osetia*.

Debido al conocido problema del separatismo en *Abjasia*, son numerosas las noticias que sobre esa zona aparecían y aparecen en la prensa, lo que plantea dudas en la escritura de los topónimos y gentilicios de esta zona.

Según las normas del *Manual de español urgente*, el nombre de esa república autónoma en español es *Abjasia*; su gentilicio es *abjasio* (*abjasios, abjasia, abjasias*) y su capital *Sujumi*. Así pues, no deben utilizarse ni la forma *Abjazia*, ni el gentilicio inventado *abjasos*.

[abjasio, sia

El gentilicio de los habitantes de la república autónoma de *Abjasia* es *abjasio*, no *abjaso*.

En la antigua Unión de Repúblicas Socialistas Soviéticas, dentro de la República Soviética de Georgia estaban las repúblicas autónomas de *Abjasia* y *Adzaria*, y la región autónoma de *Osetia*.

Debido al conocido problema del separatismo en *Abjasia* son numerosas las noticias que sobre esa zona aparecían y aparecen en la prensa, lo que plantea dudas en la escritura de los gentilicios.

Según las normas del *Manual de español urgente*, el nombre de esa república autónoma en español es *Abjasia* y su gentilicio es *abjasio* (*abjasios, abjasia, abjasias*). Así pues, no debe utilizarse la forma *abjasos*, que aparece en algunas noticias de la Agencia EFE.

[abjaso, sa Véase **abjasio, sia**.

Abjazia Véase **Abjasia**.

abreviaturas

Una *abreviatura* es la representación escrita de una palabra con una o varias de sus letras. Las abreviaturas pueden tener marca de género y número, y llevan punto al final.

Una abreviatura es la representación escrita de una palabra con una o varias de sus letras. Por ejemplo: *admón.* (administración), *Sra.* (señora).

Es imposible sujetar a números y reglas fijas y constantes las abreviaturas, habiendo como debe haber justa libertad para convenir en cuantas sean necesarias y oportunas. No obstante, la *Ortografía de uso del español actual* de Leonardo Gómez Torrego recoge una serie de reglas útiles a la hora de crear nuevas abreviaturas, que hemos sintetizado a continuación:

- Las letras de la abreviatura conservan el mismo orden que en la palabra: *gral.* (general), *núm.* (número).

- Las abreviaturas solo pueden terminar en vocal si esta es la última letra de la palabra: *dcha.* (derecha). En los demás casos, acaban en consonante: *cent.* (céntimos).

- Cuando se forma una abreviatura partiendo la palabra por una sílaba que tiene más de una consonante antes de la vocal, deben escribirse en la abreviatura todas las consonantes de esa sílaba que aparezcan antes de la vocal: *párr.* (párrafo). *Excepción*: las palabras que tienen -*cc*- se abrevian con la primera *c* seguida de punto: *contrac.* (contracción).

- Las abreviaturas se escriben siempre con punto. *Excepción*: No se escribe punto cuando la abreviatura lleva barra: *c/* (calle).

- Cuando una palabra lleva tilde, esta se conserva en la abreviatura si en ella aparece la vocal acentuada: *pág.* (página).

Con respecto a la formación del plural en las abreviaturas, de la citada *Ortografía* podemos sacar las siguientes conclusiones básicas:

- Si la abreviatura está formada por varias letras, se añade una -*s*: *págs.* (páginas).

- Si la abreviatura está formada por una sola letra, esta se duplica para formar su plural: *pp.* (páginas).

- Si la abreviatura está formada por varias letras iniciales que corresponden a un grupo de palabras o a una palabra compuesta, el plural se forma duplicando dichas iniciales: *FF.CC.* (ferrocarriles).

Si bien es cierto que no existe una fórmula fija para hacer abreviaturas, la costumbre sí ha consagrado algunas abreviaturas de uso común como, por ejemplo, *pág.*, *gral.*, *izq.*, etc.

De acuerdo con la Academia y con todos los lingüistas, las abreviaturas terminan en punto y tienen flexiones de género y número. Sin embargo, algunas abreviaturas aprobadas en 1949 por la asamblea general de la Unión Internacional de Física son consideradas *símbolos* cuando se trata de medidas del sistema métrico decimal: m (metro), s (segundo), A (amperio), mol (molécula gramo), etc.

La diferencia entre las *abreviaturas* y los *símbolos* radica en que estos se escriben sin punto y son invariables, es decir, van siempre en singular: *cl* (centilitro, centilitros), *cm* (centímetro, centrímetros), como ocurre con los símbolos químicos: *Fe* (hierro), *O* (oxígeno), *H* (hidrógeno). Además, con los símbolos no es posible la regla de empezar con mayúscula la primera letra después de punto. Por ejemplo, *dl* es abreviatura de *decilitro*, y siempre debe escribirse así, no con la primera letra mayúscula, ya que si hubiéramos impreso *Dl*, esta no sería la abreviatura de *decilitro*, sino la de *decalitro*.

Es importante observar que, mientras que las abreviaturas pertenecen a la lengua española, los símbolos del sistema métrico son una convención internacional y su grafía es, por tanto, la misma en todas las lenguas que utilicen el alfabeto latino.

> ¿Es *pta.* una abreviatura o un símbolo? En sellos y monedas se utiliza de manera arbitraria la abreviatura *pta.* (con sus plurales *pts.* o *ptas.*) y el símbolo PTA: en el valor facial de los sellos de correos figura a veces como PTA (5 PTA), en versales, y otras veces únicamente el número del valor facial (60), sin que figure la moneda a la que corresponde dicho valor. Y lo que es más: el valor nominal de las monedas de curso legal viene expresado en *ptas* (25 ptas), en plural y sin punto, es decir, que no está considerado como una abreviatura ni como un símbolo. Quizá habría que hacer algo al respecto para poner fin a este caos.

(Véase también **símbolos**; **siglas**; **acrónimos**.)

accesible

> Los términos *asequible* y *accesible* no son sinóminos y, por tanto, no deben utilizarse indistintamente. El término *accesible* puede aplicarse a personas «de acceso o trato fácil», mientras que *asequible* se refiere exclusivamente a cosas «que se pueden conseguir y alcanzar».

Muchos hablantes consideran que los términos *accesible* y *asequible* funcionan como sinónimos, y no solo eso, sino que *asequible*, en su uso erróneo con el significado de «accesible», está haciendo desaparecer a este último. Conviene, pues, recordar que, en español, estas dos palabras tienen distintos significados. En el diccionario *Clave* aparecen las siguientes definiciones de estos términos:

> **accesible 1** Que tiene acceso o entrada: *Están de obras para hacer más accesible esa parte del edificio.* **2** De acceso o trato fácil: *Aunque sea una persona famosa y ocupada, es muy accesible y te ayudará en lo que pueda.* **3** De fácil comprensión o que puede ser entendido: *Sus clases son accesibles para todos.* □ SEM. Dist. de *asequible* («fácil de conseguir o de alcanzar»).

> **asequible** Que se puede conseguir o alcanzar: *Busco un piso con un precio asequible para mi economía.* □ ETIMOL. Del latín *assequi* («alcanzar»). □ SEM. Dist. de *accesible* («que tiene acceso o entrada; que es de fácil trato; que es de fácil comprensión»).

En el *Diccionario manual e ilustrado de la lengua española* de la Real Academia, después de la definición de *asequible*, se incluye la siguiente explicación: «No se aplica a personas; y así, en vez de *Fulano no es asequible*, dígase *accesible, tratable*».

En parecidos términos nos advierte al respecto el *Manual de español urgente* de la Agencia EFE:

> **asequible** Significa que puede conseguirse o adquirirse. Nos resulta *asequible* aumentar los clientes o comprar determinado coche. Es grave error confundir este adjetivo con *accesible*. Una persona será accesible, pero, de ordinario, no será asequible, aunque su trato sea llano.

Vemos pues, que decir de alguien que es una persona muy *asequible*, significa nada más y nada menos que es fácil de comprar.

Tras uno de tantos sorteos deportivos apareció en las noticias la siguiente información: *Al Real Madrid le ha tocado jugar contra un rival muy asequible*; está claro que el periodista que redactó esto no se dio cuenta de lo que realmente estaba diciendo: *Al Real Madrid le ha tocado jugar contra un rival que es fácil de comprar*, es decir, *se puede comprar su victoria con dinero*. Y como decir esas cosas puede acarrear problemas con la justicia, aconsejamos al periodista que la próxima vez utilice el término apropiado en esos casos: *accesible*.

accionar

Debe evitarse el uso del término *accionar* con el significado de «realizar actos libres y conscientes o propios de su naturaleza» o de la «realización de dichos actos», ya que este término carece de dichos significados. Las palabras apropiadas en este caso son el verbo *actuar* y el sustantivo *actuación*.

El verbo *accionar* no debe desplazar a *actuar* o *actuación* en frases como *Estemos o no de acuerdo con su accionar, no podemos hacer nada al respecto*.

Veamos los significados de ambos verbos, según el diccionario *Clave*:

accionar 1 Referido a un mecanismo o a una parte de él, ponerlos en marcha o hacerlos funcionar: *Accionó el televisor con el mando a distancia*. **2** Hacer gestos o movimientos para expresar algo o para dar mayor énfasis y expresividad a lo dicho: *Esa actriz acciona tanto que se nota mucho que está actuando*.

actuar 1 Obrar o realizar actos libres y conscientes: *En esa ocasión actuó con acierto*. **2** Referido a una persona o a una cosa, realizar actos propios de su naturaleza: *Los médicos actuaron con rapidez y salvaron la vida del enfermo*. **3** Interpretar un papel, esp. en una obra teatral o cinematográfica: *En esta obra de teatro actúa mi actor favorito*. [**4** Trabajar en un espectáculo público: *En aquel concierto no 'actuó' ningún cantante famoso*. **5** Producir un determinado efecto sobre algo: *Esta enfermedad actúa sobre el organismo anulándole las defensas*.

De estas definiciones se deduce que el término *accionar* no es equivalente de *actuar* ni de *actuación* en frases como la del ejemplo citado anteriormente. En este caso concreto, lo correcto habría sido decir: *Estemos o no de acuerdo con su actuación, no podemos hacer nada al respecto*, o bien *Estemos o no de acuerdo con su forma de actuar, no podemos hacer nada al respecto*.

acentuación de mayúsculas Véase **mayúsculas (acentuación)**.

acentuación del diptongo *ui* Véase **diptongo *ui* (acentuación)**.

ACNUR

La traducción al español de la sigla inglesa UNHCR (*United Nations High Commissioner for Refugees*) es ACNUR (*Alta Comisaría de las Naciones Unidas para los Refugiados*).

En las noticias de los medios de comunicación españoles, se dan diversas traducciones a la sigla UNHCR (*United Nations High Commissioner for Refugees*), según el criterio de cada cual. Es evidente la necesidad de unificar criterios y lograr que un mismo organismo no se llame de distintas maneras según la procedencia de la información.

Por ello, creemos conveniente recordar que la traducción de dicha sigla es ACNUR, y que ACNUR corresponde a *Alta Comisaría de las Naciones Unidas para los Refugiados*. Son, por tanto, incorrectas las traducciones *Alto Comisionado de las Naciones Unidas para los Refugiados* y *Alto Comisariado de las Naciones Unidas para los Refugiados*.

acrónimos

Los *acrónimos* son siglas que pasan a constituir palabras; tienen categoría gramatical propia y marca de plural, como cualquier otro sustantivo.

La *Ortografía de uso del español actual* de Leonardo Gómez Torrego explica lo que son los *acrónimos* de la siguiente manera:

> Cuando las siglas han sido creadas para nombrar un nuevo objeto, suelen lexicalizarse y pasan a constituir palabras con una categoría gramatical propia. El nombre de *acrónimo* se utiliza a veces también para designar este tipo de siglas. En estos casos, se escriben con minúscula, incluso la letra inicial. Ejemplos: *sida* (síndrome de inmunodeficiencia adquirida).

En dicha *Ortografía* también se explica que, a veces, se utiliza el término *acrónimo* para referirse a las siglas impropias (las que «se forman con las iniciales de todas las palabras que constituyen la expresión, o bien con letras que no son solo iniciales: *Inem*, *Insalud*»).

El género de los *acrónimos* viene determinado por la voz que actúa de núcleo semántico, es decir, el sustantivo cuyo significado prima en el acrónimo: *el ovni* (*el objeto...*), *el talgo* (*el tren...*); sin embargo, *láser*, que debería ser femenino (*la luz amplificada*), es masculino, por ser el nombre de *un rayo* de luz. El plural puede ser -*s* o -*es*, según la terminación de la palabra: *delcos* (de *delco*), *ovnis* (de *ovni*) y *láseres* (de *láser*).

Al final del *Diccionario* se recoge un apéndice de siglas y acrónimos de uso frecuente (páginas 475-506).

(Véase también **siglas**; **abreviaturas**; **símbolos**.)

actual

La voz inglesa *actual* no debe traducirse por el término español *actual*, puesto que, en inglés, *actual* significa «real, verdadero», mientras que, en español, *actual* quiere decir «de actualidad, de hoy en día».

La Comisión de Traducciones de la Academia Norteamericana de la Lengua Española edita y distribuye, sin periodicidad fija, un boletín titulado *Glosas*, en el que se comentan cuestiones léxicas y gramaticales relacionadas con los problemas que pueden surgir al traducir del inglés al español. Uno de los apartados de dicho boletín está dedicado a advertir sobre los falsos amigos, es decir, dos términos de lenguas distintas que aparentemente son equivalentes, pero que no significan lo mismo.

Este es el caso de la voz que nos ocupa: *actual*. En inglés, *actual* quiere decir «efectivo, real, verdadero», mientras que el término español, *actual*, significa «del momento presente, de actualidad, de hoy en día». Por tanto, a la hora de traducir esta palabra inglesa al español, hay que tener cuidado de no caer en la trampa de pensar que son equivalentes.

adherir(se)

Es incorrecto el uso del término *adherir* con el significado de «estar de acuerdo con una idea u opinión». En este caso, debe utilizarse la forma pronominal de dicho verbo: *adherirse*.

Según el diccionario *Clave*, *adherir* significa «pegar o unir con una sustancia aglutinante» (*Adherí la pegatina al plástico de la carpeta; Este papel no se adhiere al cristal*), y *adherirse*, «estar de acuerdo con una idea u opinión» (*Me adhiero plenamente a lo que acabas de decir*).

Adherir no debe usarse, por tanto, con el significado que tiene su forma pronominal, *adherirse*.

Resulta curioso ver cómo un sencillo *se* puede llegar a cambiar el sentido de toda una oración y hacer que esta pase de ser una idea real a ser una idea realmente ridícula. Y es que no es lo mismo decir *El gobierno se adhirió a las propuestas de la oposición* que *El Gobierno adhirió las propuestas de la oposición*. Con la primera oración no tenemos ningún problema; pero en el segundo caso, al decir que *el Gobierno adhirió las propuestas*, cabe preguntarse dónde las adhirió, ¿quizás en la pared?

[adigué Véase **circasiano, na**.

adjetivo antepuesto al sustantivo Véase **orden de palabras**.

adolecer

Es incorrecto el uso de *adolecer* («tener una enfermedad o un defecto») como sinónimo de *carecer* («no tener algo»).

El diccionario *Clave* recoge las siguientes definiciones de los verbos *adolecer* y *carecer*:

> **adolecer 1** Referido a una enfermedad, padecerla o sufrirla: *Adolece de jaqueca desde muy joven.* **2** Referido a un defecto, tenerlo o poseerlo: *Esa empresa adolece de graves irregularidades.* ☐ ETIMOL. De *doler*. ☐ SINT. Constr. *adolecer de algo*. ☐ SEM. No debe emplearse con el significado de «carecer».

> **carecer** Referido a algo, no tenerlo: *Son tan pobres, que carecen de lo más elemental.* ☐ ETIMOL. Del latín carescere. ☐ SINT. Constr. *carecer de algo*.

Vistas las definiciones de estos dos verbos, debe quedar bien claro que no son sinónimos y, por lo tanto, es incorrecto el uso de *adolecer* con el sentido de «carecer»:

> *El ministro adolece de sentido del humor.*

> *Ese barrio adolece de infraestructuras de saneamiento.*

> *Su trabajo adolece de nuevas ideas.*

Lo correcto en estos casos sería:

> *El ministro adolece de falta de sentido del humor* o *El ministro carece de sentido del humor.*

> *Ese barrio adolece de falta de infraestructuras de saneamiento* o *Ese barrio carece de infraestructuras de saneamiento.*

> *Su trabajo adolece de escasez de nuevas ideas* o *A su trabajo le faltan nuevas ideas.*

En el *Manual de español urgente* de la Agencia EFE hay una advertencia al respecto:

> **adolecer de** Significa «tener o padecer algún defecto» (*Su informe adolece de imprecisión*). Se usa seguido de nombres como *falta*, *escasez* o *exceso* (*La ciudad adolece de escasez de agua*).

El *Libro de estilo* de *Abc* añade que «nada ni nadie puede adolecer de cosas o cualidades positivas, porque estas no constituyen un mal o una enfermedad. No es posible adolecer de rigor ni de escuelas, sino de ausencia o escasez de rigor o escuelas».

adonde Véase **adónde**.

adónde

> No hay que confundir las formas *adónde*, *adonde* y *a donde*. *Adónde* se utiliza en preguntas o exclamaciones; *adonde* se emplea cuando se ha citado previamente el lugar de destino; y *a donde* se usa cuando el lugar de destino aún no se ha mencionado. En castellano no existe la forma *a dónde*.

La confusión entre *adónde*, *adonde* y *a donde* está cada vez más extendida en la lengua escrita, tanto es así, que prácticamente todos los manuales de estilo, ortografías y gramáticas hacen referencia a estos tres términos.

Para zanjar esta cuestión, nos remitimos a la *Ortografía de uso del español actual* de Leonardo Gómez Torrego. Según dicha *Ortografía*, la forma *adónde* «introduce enunciados interrogativos o exclamativos: *¿Adónde vas con tu perro?*, *¡Adónde irás tan deprisa!*», y «puede aparecer también [...] con verbos como *saber, decir, imaginar, preguntar*, etc.: *No me dijo adónde iba con su perro, Cualquiera sabe adónde irás tan deprisa*». Leonardo Gómez Torrego también menciona en su *Ortografía* que la forma *a dónde*, muy frecuente en la lengua escrita, no existe en español.

Con respecto a la voz *adonde*, explica el mismo autor que «se utiliza para referirse a un lugar señalado anteriormente (*La casa adonde me dirijo está lejos de aquí*)», y recomienda que, ante la duda, se sustituya por la preposición *a* seguida de otro relativo como *el cual, la cual, los cuales, las cuales*: *La casa adonde me dirijo está lejos de aquí* (*La casa a la cual me dirijo está lejos de aquí*). Siempre que se pueda realizar esta sustitución debe emplearse la forma *adonde*.

Por último, explica Gómez Torrego que la forma *a donde* «se utiliza cuando no aparece delante el lugar al que se refiere (*Voy a donde tú sueles ir con tus amigos*)».

Hay que destacar que las formas *adonde* y *a donde* suelen aparecer con verbos de dirección, y en estos casos, también puede utilizarse la variante *donde*; es decir, es correcto decir: *Voy a donde tú vas* o *Voy donde tú vas*. Sin embargo, con verbos que no indican dirección solo se utiliza *donde*, nunca *adonde* o *a donde*, puesto que la preposición *a* (= hacia) requiere un verbo de dirección.

adulterar

Debe evitarse el uso del término *adulterar* referido a documentos o facturas. Es preferible utilizar, en su lugar, el verbo *falsificar*.

A menudo se utiliza indebidamente *adulterar* en frases como *Adulteraban las facturas presentadas*.

En el diccionario *Clave* aparecen recogidos los siguientes significados del verbo *adulterar*:

adulterar 1 Corromper o alterar la calidad, generalmente añadiendo sustancias extrañas: *Los traficantes de droga adulteraron una importante cantidad de heroína.* **2** Falsear o alterar la verdad: *El autor del informe adulteró los hechos interesadamente.*

falsificar Referido a algo auténtico, realizar una copia de ello para que pase por verdadera: *Falsificó la firma de su padre para hacer un justificante de ausencia.*

Por tanto, tratándose de recibos, facturas o documentos es más apropiado hablar de *falsificar*, y en el ejemplo anterior sería preferible decir *Falsificaban las facturas presentadas*.

afectar

Es incorrecto el uso del término *afectar* con el significado de «estar destinado» o «estar asignado», por influencia del francés *affecter*.

Entre los errores más frecuentes, está el de utilizar términos españoles con un significado que no tienen en nuestra lengua sino en alguna otra en la que se escriben igual o casi igual; es lo que los traductores llaman *falsos amigos*.

Uno de estos errores es el que se comete al utilizar la voz española *afectar* con alguno de los significados que tiene el francés *affecter*: «estar destinado» o «estar asignado» [*Cet argent est affecté à l'éducation des enfants* equivale a *Este dinero está destinado a la educación de los niños*].

No se puede hablar, entonces, de que *Esta ayuda de la UE afecta a los primeros gastos de la policía palestina*, sino que deberíamos decir *Esta ayuda de la UE está destinada/asignada a los primeros gastos de la policía palestina*.

afianzadora

El término *afianzadora* designa, en el español de América, un tipo de empresas aseguradoras. Aunque su uso no debe condenarse, es conveniente no emplear dicha palabra en España.

En una noticia fechada en México que trataba de cuestiones financieras aparecía la palabra *afianzadora* en el siguiente párrafo:

> *El grupo financiero Serfin y sus empresas subsidiarias, entre las que destacan la Banca Serfin, una aseguradora, una afianzadora, una arrendadora, casas de cambio y una operadora de bolsa...*

Aunque esta palabra aparece recogida en el *Diccionario* de la Real Academia Española, prácticamente no se usa en España. Hemos consultado sobre su uso con las oficinas de la Agencia EFE en América:

- De Guatemala nos respondieron que allí se usa *afianzadora* para definir a *las empresas que se encargan de pagar las fianzas impuestas en los tribunales de justicia a personas individuales o jurídicas o en trámites como la obtención de licencias de conducir vehículos, matrículas, etc.* Los nombres comerciales de dichas empresas son del tipo *Afianzadora Centroamericana, Afianzadora G.T.*

- En Venezuela nos dijeron que es un término muy utilizado en el mundo financiero. Se trata de instituciones dedicadas a otorgar fianzas para la compra de bienes o capitales, es decir, hacen de fiador o garante de una empresa o un particular para el pago de un compromiso financiero.

- En Uruguay nos informaron de que se usa mucho en la escena jurídica, especialmente en la rama de los contratos. Son empresas que ofrecen, mediante el pago de una comisión que va en relación costo-riesgo, fianzas a quienes tienen que garantizar el pago de créditos y, fundamentalmente, arrendamientos de pisos o casas, con lo que se vende un servicio a las personas que no poseen bienes suficientes que avalen esas operaciones financieras menores.

Según el *Diccionario* de la Real Academia Española, *afianzador, ra* significa «que afianza», y *afianzar* es «dar fianza por alguno para seguridad o resguardo de intereses o caudales, o del cumplimiento de alguna obligación».

Se trata, como hemos visto, de una voz usada en algunos países de América que además es de fácil comprensión por el resto de los hispanohablantes, por lo cual no hay inconveniente para que *afianzadora* aparezca en las noticias de la Agencia EFE, aunque en España no es conveniente nombrarla así.

África del Sur Véase **Sudáfrica**.

agareno, na Véase **musulmán**.

[agency

Debe evitarse traducir siempre el término inglés *agency* (pronunciado [éiyensi]) por *agencia*. Cuando *agency* se utiliza para designar organismos oficiales se puede traducir, a menudo de forma más precisa, por *dirección*, *departamento* o *servicio*.

Conviene recordar que no siempre que en inglés se designe a un organismo con la palabra *agency* hay que traducirlo al español por *agencia*, sino que es necesario seleccionar cuál de las posibles traducciones de *agency* resulta más adecuada: *organismo, dirección, departamento, servicio, instituto, oficina*, etc.

Por ejemplo, *Agency for International Development* (AID) se traduce al español como *Organismo para el desarrollo Internacional*.

agnóstico, ca

Agnóstico y *ateo* son dos palabras que plantean cierta confusión: *agnóstico* es aquel que no se plantea la existencia de Dios, mientras que *ateo* es el que niega su existencia. Si no se sabe con certeza a qué doctrina pertenece una persona, es conveniente emplear la expresión *no creyente*.

A menudo los hablantes confunden los términos *agnóstico* y *ateo*. El diccionario *Clave* los define así:

agnóstico, ca 1 Del agnosticismo o relacionado con esta doctrina filosófica: *La doctrina agnóstica tuvo mucho auge en el siglo xix.* **2** Que sigue o que defiende el agnosticismo: *Se declara agnóstico, y procura no plantearse nunca cuestiones que no puedan ser abordadas por la experiencia.* □ SEM. Dist. de *ateo* (que niega la existencia de Dios).

agnosticismo Doctrina filosófica que declara inaccesible a la razón humana el conocimiento de lo absoluto y de todo aquello que no pueda ser alcanzado por la experiencia: *El agnosticismo no niega la existencia de Dios, sino que se reconoce incapaz de alcanzar su conocimiento.* □ SEM. Dist. de *ateísmo* (que niega la existencia de Dios).

ateo, a Que niega la existencia de Dios: *Fue un joven muy religioso, pero en su madurez se hizo ateo.* □ SEM. Dist. de *agnóstico* (que ni afirma ni niega la existencia de Dios porque la considera inalcanzable para el entendimiento humano).

La definición de *ateo* es la más tajante de las tres, y de ella podemos deducir que *ateo* se opone a *creyente, religioso, deísta* y *teísta*.

En suma, en lo referente a Dios, el *agnóstico* es aquel que solo cree en lo demostrado, por tanto, no se plantea si Dios existe o no: no cree en su existencia ni en su inexistencia mientras no le demuestren una u otra cosa.

Así pues, si no se sabe con certeza si alguien es *agnóstico* o *ateo*, lo mejor es decir que es *no creyente*.

En las noticias sobre la muerte y los funerales del premio Nobel español Severo Ochoa y del director de cine italiano Federico Fellini, se produjo cierta confusión entre estos términos.

Por lo que se sabe, ambos personajes coincidían en algo: no eran practicantes de ninguna religión y además habían expresado públicamente sus ideas al respecto; pero el problema se planteó al redactar las noticias sobre sus biografías y sobre sus funerales, pues surgió la duda entre los términos *agnóstico* y *ateo*.

Severo Ochoa pidió que en sus funerales no hubiese ningún símbolo ni se celebrase ningún rito religioso, y así sucedió. Federico Fellini, en los días previos a su muerte, mientras agonizaba en el hospital, no permitió la entrada de ningún sacerdote en su habitación, pero su entierro se celebró según el rito católico por expreso deseo de su viuda, que sí es creyente y practicante. Ahora ya es difícil averiguar si Ochoa y Fellini eran *agnósticos* o *ateos*; lo más correcto hubiera sido decir que eran *no creyentes*.

agresivo, va

La voz inglesa *aggressive* no debe traducirse siempre por el término español *agresivo*, puesto que, en inglés, *aggressive* a veces significa «resuelto, dinámico, emprendedor».

La Comisión de Traducciones de la Academia Norteamericana de la Lengua Española edita y distribuye, sin periodicidad fija, un boletín titulado *Glosas*, en el que se comentan cuestiones léxicas y gramaticales relacionadas con los problemas que pueden surgir al traducir del inglés al español. Uno de los apartados de dicho boletín está dedicado a advertir sobre los falsos amigos, es decir, dos términos de lenguas distintas que aparentemente son equivalentes, pero que no significan lo mismo.

Este es el caso de la voz que nos ocupa: *agresivo*. En inglés, *aggressive* no siempre significa «agresivo»; en ciertos casos, puede traducirse por «resuelto, dinámico, entusiasta, emprendedor, insistente, asertivo». Por tanto, no hay que caer en la trampa de pensar que siempre son equivalentes.

Cada vez es más corriente oír que fulano de tal es un ejecutivo *agresivo*. ¿No nos asusta que haya tanta agresividad tras una corbata y un maletín? Porque cuando el día de mañana, por culpa de la acuciante competitividad del mercado, todos seamos *agresivos*, ¿quién nos recordará que *agresivo* y *emprendedor* no son lo mismo?

[airbag

Se recomienda evitar el uso del anglicismo *airbag* (pronunciado [érbag]), que puede ser traducido como *cojín de seguridad*, *peto de seguridad* o *peto neumático*.

El TERMCAT (Centre de Terminologia) es un consorcio integrado por la Generalidad de Cataluña, el Instituto de Estudios Catalanes y el Consorcio para la Normalización Lingüística. Una de sus publicaciones es el *Full de difusió de neologismes* (*Hoja de difusión de neologismos*), en la que se explican las propuestas para traducir o adaptar al catalán los neologismos de las diferentes áreas del conocimiento. En dichas propuestas, se diferencia entre las ya aprobadas y las recomendaciones.

En el número 21, correspondiente a julio de 1994, en el capítulo de recomendaciones, apareció un artículo sobre la voz inglesa *airbag* que nos ha parecido interesante traducir, ya que creemos que la misma propuesta podría haberse aplicado al castellano, lo que demuestra que catalán y castellano son lenguas que pueden y deben luchar en común contra la invasión indiscriminada de extranjerismos innecesarios. Citamos, pues, el antedicho artículo:

En catalán, *coixí de seguretat* («cojín de seguridad») es el término que designa el «dispositivo de seguridad consistente en un cojín que se infla automáticamente y actúa como complemento del cinturón de seguridad cuando se produce un choque». El Consejo Supervisor recomienda el uso de esta propuesta neológica como alternativa al término inglés *airbag*, ya que éste es un término de reciente introducción tanto en ámbitos especializados como en la lengua en general.

El TERMCAT refuerza su propuesta con los siguientes argumentos:

Coixí de seguretat («cojín de seguridad») es una denominación transparente lingüísticamente y motivada semánticamente, en cuya formación se ha tenido en cuenta el paralelismo con otros términos de la misma área [ej. *cinturó de seguretat* («cinturón de seguridad»)] y las soluciones terminológicas documentadas en las otras lenguas románicas. Desde un punto de vista léxico, permite la creación de términos compuestos a partir de la forma abreviada *coixí* («cojín») [ej. *coixí lateral* («cojín lateral»), *sensor del coixí* («sensor del cojín», etc.], de forma parecida a otros casos análogos del área [ej. *cinturó del conductor* («cinturón del conductor»), *cinturó posterior* («cinturón posterior»), etc. Por otra parte, se ha considerado la coherencia y las características específicas del área temática, así como la opinión de los especialistas en ella.

La Real Academia Española propuso que, en español, *airbag* se tradujese por «peto de seguridad» o «peto neumático». Conviene señalar, por último, que en México, se utiliza con frecuencia la expresión *bolsas antiimpacto*.

al día de hoy

Debe evitarse el uso de la expresión *al día de hoy* por influencia del francés *aujourd'hui*. Lo correcto en español es decir: *hasta hoy*.

Se oye con frecuencia la expresión *al día de hoy* para referirse a lo que siempre hemos expresado con *hasta hoy*. Por ello, creemos conveniente tratar esta cuestión.

Esta expresión surgió por influencia del francés *aujourd'hui*, literalmente «al día de hoy» o «en el día de hoy». Sin embargo, debemos recordar que en español siempre hemos dicho *hasta hoy*, y esa es la expresión que debemos seguir utilizando. Otra tendencia galicista es la redundancia de decir *en el día de hoy* (también por influencia de *aujourd'hui*), en vez de decir sencillamente *hoy*.

Recomendamos, pues, que se continúe con la tradición española y se diga *hasta hoy*, y no *al día de hoy*.

Al Djazaïr Véase **Argelia**.

Al Hoceima Véase **Alhucemas**.

Al Ksar Kabir Véase **Alcazarquivir**.

Al Ksar Saguir Véase **Alcazarseguir**.

[alauí

> Se recomienda el uso del término *alauí* frente a *alauita*. Por otra parte, es incorrecto utilizar *alauí* para referirse a «marroquí», ya que el término *alauí* se aplica a la monarquía o al reino de Marruecos, pero no al Gobierno, al régimen, al pueblo o a los ciudadanos.

En el *Manual de español urgente* aparece una advertencia sobre la palabra *alauí* en la que se indica que se escriba así y no a la francesa (*alauita*). Sin embargo, a raíz de las noticias sobre el fallecimiento del rey Hasán II de Marruecos, aparece bastante la forma proscrita por nuestro libro (*alauita*).

Conviene recordar también lo que dice José Martínez de Sousa en su *Diccionario de usos y dudas del español actual* sobre este término:

> **alauí** Solo puede aplicarse a la monarquía o al reino, pero no al Gobierno, régimen, pueblo, ciudadanos, etc., que son *marroquíes*.

También el diccionario *Clave* en su nota de semántica indica lo mismo: «No debe emplearse con el significado de 'marroquí': Los ciudadanos {*«alaúíes»* marroquíes} piden reformas sociales.»

[alauita Véase **alauí**.

Alcazarquivir

> Debe evitarse el uso de *Al Ksar Kabir* en lugar de *Alcazarquivir*, por ser *Alcazarquivir* la transcripción española del nombre de esta ciudad.

La forma de escribir en español los nombres de las ciudades de Marruecos está sufriendo algunos cambios producidos por el desconocimiento de la toponimia tradicional y por la cada vez más numerosa aparición de guías de viaje que hablan de Marruecos y de sus ciudades, sin tener en cuenta el nombre de esos lugares en español. En muchas ocasiones, se adopta una forma extraña para un topónimo sin tomar en consideración bien que ya existe una forma tradicional en nuestra lengua, o bien que la transcripción adoptada es la francesa y no la que corresponde al español.

Una de estas ciudades marroquíes es la que, en español, designamos con el nombre de *Alcazarquivir*. Aunque en Marruecos se haya optado por la forma francesa *Al Ksar*

Kabir, nosotros debemos seguir escribiendo el nombre de dicha ciudad como siempre lo hemos hecho en nuestra lengua: *Alcazarquivir*.

Alcazarseguir

Debe evitarse el uso de *Al Ksar Saguir* en lugar de *Alcazarseguir*, por ser *Alcazarseguir* la transcripción española del nombre de esta ciudad.

La forma de escribir en español los nombres de las ciudades de Marruecos está sufriendo algunos cambios producidos por el desconocimiento de la toponimia tradicional y por la cada vez más numerosa aparición de guías de viaje que hablan de Marruecos y de sus ciudades, sin tener en cuenta el nombre de esos lugares en español. En muchas ocasiones, se adopta una forma extraña para un topónimo sin tomar en consideración bien que ya existe una forma tradicional en nuestra lengua, o bien que la transcripción adoptada es la francesa y no la que corresponde al español.

Una de estas ciudades marroquíes es la que en español designamos con el nombre de *Alcazarseguir*. Aunque en Marruecos se haya optado por la forma francesa *Al Ksar Saguir*, nosotros debemos seguir escribiendo el nombre de dicha ciudad como siempre lo hemos hecho en nuestra lengua: *Alcazarseguir*.

alegación

Es incorrecto el uso del término *alegación* con el significado de «acusación», por influencia del inglés *allegation*.

En algunas noticias procedentes de los Estados Unidos de América, hemos detectado el uso erróneo de la voz *alegación* en lugar de *acusación*, en frases del tipo:

No ha respondido de momento a las alegaciones de su esposa sobre su infidelidad.

Mientras no se prueben las alegaciones en su contra el tribunal no dictará sentencia.

Alegar en español es «citar, traer uno a favor de su propósito, como prueba, disculpa o defensa, algún hecho, dicho, ejemplo». Luego, una *alegación* será «lo que dice uno cuando se le acusa de algo y decide demostrar su inocencia».

El verbo *to allege* en inglés es *declarar, afirmar, pretender* o *alegar*, y su participio *alleged* equivale a nuestros *supuesto* o *presunto*. En cuanto al nombre *allegation*, significa *aseveración, aserto, alegato* o *acusación*.

Es, pues, este caso, otro de tantos en los que se mezclan equivocadamente los significados en español y en inglés de dos palabras de escritura parecida y procedentes de la misma raíz latina. Las frases de los ejemplos del principio deberían haberse escrito así:

No ha respondido de momento a las acusaciones de su esposa sobre su infidelidad.

Mientras no se prueben las acusaciones en su contra el tribunal no dictará sentencia.

[alegadamente

Es incorrecto usar en español el término inexistente *alegadamente*, como traducción de la palabra inglesa *allegedly*. *Allegedly* significa «supuestamente» o «según se afirma».

Es una confusión poco frecuente, pero ya se ha detectado en alguna ocasión el error de usar el adverbio inexistente en español *alegadamente* (*Fulano tiene alegadamente el control político de esta zona*), fruto de una pésima traducción del inglés *allegedly*, cuyo equivalente en nuestra lengua es *supuestamente* o *según se afirma*.

álgido, da

El término *álgido* aparece ya recogido en el *Diccionario* de la Real Academia Española de 1992 con el significado de «momento culminante de un proceso». Por tanto, su uso con este significado no debe tratarse como una incorrección.

En la penúltima edición del *Diccionario* de la Real Academia Española (1984), la definición de esta palabra era la siguiente:

álgido, da Muy frío. // MED. Acompañado de frío glacial. *Fiebre álgida*; *período álgido del cólera morbo*.

Pero ya en la última edición de 1992 se recoge el significado de «momento culminante de un proceso»:

álgido, da Muy frío. // MED. Acompañado de frío glacial. *Fiebre álgida*; *período álgido del cólera morbo*. // fig. Dícese del momento o período crítico o culminante de algunos procesos orgánicos, físicos, políticos, sociales, etc.

alheña

Es preferible el uso del término castellano *alheña* frente a otras formas de denominar este arbusto, su flor o el producto cosmético derivado de este, como *henna* o *jena*.

Es bien sabido que en español hay un buen número de palabras de origen árabe. Ocurre, quizá, que muchos de los arabismos han ido desapareciendo de la lengua general, bien porque fueron sustituidos por otras palabras, o bien porque desaparecieron también las actividades, oficios u objetos que designaban.

Algunos no desaparecen, sino que simplemente dejan de usarse, pero permanecen en el diccionario, pues pueden aparecer en obras de la literatura española. Así, hoy casi nadie usa ni conoce voces como *almotacén, zabazoque* o *zaquizamí* que, sin embargo, sí están en el *Diccionario* académico.

Con la palabra que aquí nos ocupa se ha producido una situación semejante a las anteriores, pero con la diferencia de que el material que se designaba con ella dejó de usarse en España durante algunos siglos, y ahora esa sustancia ha vuelto a usarse en los países llamados *occidentales*.

El árabe *al hinna* pasó al español como *alheña*, y en el diccionario *Clave* figura con el siguiente significado:

> **alheña 1** Arbusto de hojas lisas, brillantes y con forma ovalada, que tiene las flores blancas y pequeñas y el fruto negro y redondeado; aligustre; ligustro: *La alheña se usa para formar setos en parques y jardines.* **2** Flor de este arbusto: *Las alheñas son olorosas.* **3** Polvillo que se obtiene al machacar las hojas de este arbusto después de secarlas al aire: *La alheña se usa para teñir.* □ ETIMOL. Del árabe *al-hinna* (el ligustro).

En la última edición del *Manual de español urgente* se advierte de que «hay gran tendencia a llamar a este producto por su nombre árabe 'jena' o con su forma afrancesada 'henné'», y añade que «en español se llama 'alheña'».

> La recuperación del uso cosmético de la *alheña* en Europa ha traído consigo otra vez el nombre árabe *jena*, escrito así o con una forma más exótica: *henna*. Y la cosa aumentó cuando varias marcas de perfumería y cosmética lanzaron al mercado los tatuajes con *henna*, pues en todos los medios de comunicación se habló siempre de *henna* y nunca de *alheña*, que sería el término más adecuado.

Alhucemas

Debe evitarse el uso de *Al Hoceima* en lugar de *Alhucemas*, por ser *Alhucemas* la transcripción española del nombre de esta ciudad.

La forma de escribir en español los nombres de las ciudades de Marruecos está sufriendo algunos cambios producidos por el desconocimiento de la toponimia tradicional y por la cada vez más numerosa aparición de guías de viaje que hablan de Marruecos y de sus ciudades, sin tener en cuenta el nombre de esos lugares en español. En muchas ocasiones, se adopta una forma extraña para un topónimo sin tomar en consideración bien que ya existe una forma tradicional en nuestra lengua, o bien que la transcripción adoptada es la francesa y no la que corresponde al español.

Una de estas ciudades marroquíes es la que, en español, designamos con el nombre de *Alhucemas*. Aunque en Marruecos se haya optado por la forma francesa *Al Hoceima*, nosotros debemos seguir escribiendo el nombre de dicha ciudad como siempre lo hemos hecho en nuestra lengua: *Alhucemas*.

alimentario, ria

Los términos *alimentario* y *alimenticio* no son sinóminos y, por tanto, no deben utilizarse indistintamente. El término *alimentario* tiene el significado de «relativo a los alimentos», mientras que *alimenticio* significa «que alimenta o tiene la propiedad de alimentar».

Distíngase con cuidado entre *alimentario* y *alimenticio*; veamos las definiciones del diccionario *Clave*:

> **alimentario, ria** De la alimentación o relacionado con ella: *La industria alimentaria es la principal fuente de riqueza de esta región.* ☐ SEM. Dist. de alimenticio (que alimenta).

> **alimenticio, cia** Que alimenta: *El caldo de gallina es muy alimenticio.* ☐ SEM. Dist. de alimentario (de la alimentación).

En el *Diccionario de dudas y dificultades de la lengua española* de Manuel Seco encontramos una aclaración sobre esas voces:

> **alimenticio** Significa que «alimenta o tiene la propiedad de alimentar.» Pero muy frecuentemente se usa con el significado de «relativo a los alimentos», que es el que corresponde propiamente al adjetivo *alimentario*.

Sin embargo, si miramos en la última edición del *Diccionario* de la Real Academia Española, vemos que la segunda acepción de *alimenticio* es «referente a los alimentos o a la alimentación», y es casi coincidente con la definición de *alimentario*: «propio de la alimentación o referente a ella».

En casos como este debemos guiarnos por el uso, y rechazar las formas que resulten chocantes, por ejemplo: *industria alimenticia*, *política alimenticia*, ya que en estos casos está bastante claro que de lo que se trata no es de una industria o una política comestibles y nutritivas, y por tanto lo lógico será hablar de la *industria* y de la *política alimentarias*, tal y como aconseja el *Diccionario* de Seco. Del mismo modo, debemos decir *productos alimenticios*, y no *alimentarios*.

alimenticio, cia Véase **alimentario, ria**.

Alma Ata

Se recomienda el uso de *Alma Ata*, para designar la capital de Kazajistán, en lugar de *Almati*, por ser *Alma Ata* el término tradicional en español.

Algunos periódicos españoles, al informar sobre la república de Kazajistán (escríbase así en español y no *Kazajstán*) utilizan una forma extraña a nuestra tradición para referirse a la capital de ese país: *Almati*. Pues bien, esa nueva manera de llamar a esta ciudad no debe desplazar a la ya acuñada en nuestra lengua y en todas las publicaciones en español sobre geografía e historia: *Alma Ata*.

alma máter

Debe decirse *la alma máter* (pronunciado [alma máter]), y no *el alma máter*, puesto que en esta expresión latina lo correcto es que el artículo vaya en femenino.

En el español culto, se utilizan algunas expresiones latinas que, en ocasiones, pasan también a formar parte de la lengua coloquial, y sufren por ello deformaciones tanto en la pronunciación como en la escritura.

Este es el caso del latinismo *alma máter*. Creyendo que se trata de la misma voz que *alma* en español, se tiende a utilizar erróneamente el artículo masculino y a decir *el alma máter*; pero ocurre que en latín *alma* es un adjetivo que significa «que nutre». Lo correcto es que el artículo vaya en femenino, *la alma máter*, ya que debe concordar con *máter*. Veamos cómo define este latinismo el diccionario *Clave*:

> **alma máter** ‖ [Lo que anima o actúa como impulsor o fuente de vitalidad de algo: *La directora de la orquesta es su verdadera 'alma máter'*. □ ETIMOL. Del latín *alma mater* (madre nutricia). □ MORF. Incorr. {*el▷ la} alma máter

Almati Véase **Alma Ata**.

alocución

No hay que confundir los términos *alocución*, *elocución* y *locución*. *Alocución* significa «discurso que pronuncia una persona con autoridad», *elocución* es el «modo de usar las palabras para expresar los conceptos» y *locución* significa «modo de hablar».

Existe una gran confusión entre los términos *alocución*, *elocución* y *locución*, y para aclararla nada mejor que recordar sus definiciones. Citamos, pues, el diccionario *Clave*:

alocución Discurso o razonamiento generalmente breve, que dirige un superior a sus subordinados, o que pronuncia una persona con autoridad: *La alocución del presidente del Gobierno fue retransmitida en directo por radio y televisión.* □ ORTOGR. Dist. de *elocución* y de *locución*.

elocución Modo de hablar o de usar las palabras para expresar los conceptos: *En un buen discurso, importa tanto el contenido como su correcta elocución.* □ ORTOGR. Dist. de *alocución* y *locución*.

locución 1 Modo de hablar: *La locución de ese orador es espléndida.* **2** Combinación fija de palabras que forman un solo elemento oracional y cuyo significado no es siempre el de la suma de significados de sus miembros: *La expresión 'lobo de mar' es una locución.* □ ORTOGR. Dist. de *alocución* y de *elocución*.

alto, ta

La voz inglesa *high* no debe traducirse siempre al español por el término *alto*.

Debe evitarse el uso de *alto* (calco del inglés *high*) en casos como *altas comodidades*. El inglés *high* no siempre se traduce al español por *alto*. No decimos *alta misa* (*high mass*), sino *misa mayor*; ni *alto costo de vida* (*high cost of living*), sino *carestía de vida*. Asismismo, la expresión *altos militares* (*high military*) es un poco imprecisa (podría referirse a su estatura) y, por tanto, de manera más explícita, diremos *militares de alta graduación* o *altos jefes militares*.

Así pues, el término *high* no siempre debe traducirse al español por *alto*, ya que en muchos contextos existen palabras españolas más adecuadas.

Existen, sin embargo, fórmulas muy acuñadas en nuestra lengua que proceden también de calcos del inglés, cuyo uso no debe condenarse. Dos de ellas son, por ejemplo, las expresiones *alta tecnología* y *alta fidelidad* que son prácticamente imposibles de erradicar ya de nuestra vida cotidiana.

alto el fuego Véase **tregua**.

[amateur

Es incorrecto el uso del término *amateur* (pronunciado [amatér]), que puede reemplazarse por la palabra castellana *aficionado*.

En el lenguaje del deporte, aparecen con frecuencia términos de otras lenguas, sobre todo del inglés, cuyo uso debe evitarse. Uno de estos términos es, precisamente, *amateur*.

El *Diccionario* de la Real Academia Española no recoge el término *amateur*, y la definición de dicho *Diccionario* del término castellano equivalente *aficionado* designa la misma realidad que el extranjerismo *amateur*, cuyo uso debe, pues, evitarse:

> **aficionado, da** p. p. de aficionar. // Que siente afición por alguna actividad. // Que cultiva o practica, sin ser profesional, un arte, oficio, ciencia, deporte, etc. // Que siente afición por un espectáculo y asiste frecuentemente a él.

Así pues, recomendamos evitar el uso de *amateur* y utilizar en su lugar el término castellano *aficionado*.

[ambientalista

El término inglés *environmentalist* no debe traducirse al español por el neologismo *ambientalista*, puesto que existe ya en español la palabra *ecologista*.

Aparece en los medios de comunicación el neologismo *ambientalista* (formado a partir del sustantivo *medio ambiente*) como sinónimo de *ecologista* para designar la «relación existente entre los grupos humanos y el medio ambiente natural».

Seguramente, este invento haya surgido por influencia del término inglés *environment*, cuya traducción al español es *medio ambiente*, y se deduce de forma equivocada que *environmentalist* tiene que ser *ambientalista*, cuando en español tenemos ya el término *ecologista*, que equivale justamente a la voz inglesa.

> En español, un *ambientalista* es la persona que se dedica a dar ambiente a los espacios; una especie de decorador, pero más *a la carta*. Y nada tiene que ver un *environmentalist* inglés, que se ocupa del medio ambiente, con un *ambientalista* español, que se encarga de la decoración.

americano, na

Es incorrecto el uso del término *americano* («de América, uno de los cinco continentes, o relacionado con ella») para designar a los naturales de los Estados Unidos; en su lugar, debe emplearse el gentilicio de dicho país: *estadounidense*.

Los problemas con los gentilicios no provienen siempre de países o ciudades lejanos y exóticos. Uno de los que aparecen con más frecuencia erróneamente usado es el de los Estados Unidos de América, cuyos habitantes no deben ser llamados *americanos*, sino *estadounidenses* o *norteamericanos*.

Como el uso de *americano* con ese significado es un anglicismo, reproducimos a continuación lo que advierte al respecto el *Diccionario de anglicismos* de Ricardo J. Alfaro:

americano, na La gran confederación que tuvo por núcleo original las trece colonias británicas del nuevo mundo adoptó al constituirse el nombre de *Estados Unidos de América*. Este nombre ha engendrado equívocos y dificultades.

Estados Unidos es nombre compuesto de un sustantivo y un adjetivo comunes. *América* es el nombre del continente. En América hay otros estados unidos, pero con nombre exclusivo: *Estados Unidos Mexicanos, Estados Unidos de Brasil, Estados Unidos de Venezuela.*

Sin embargo, respecto del país mismo, no hay confusión: primero, porque *Estados Unidos* ha venido a aplicarse por antonomasia a la república norteña; segundo, porque nadie llama a las otras federaciones sino por su nombre propio: México, Brasil, Venezuela.

Y explica en cuanto al gentilicio correspondiente:

No sucede lo mismo en cuanto a los nacionales. Para éstos se ha hecho derivar el gentilicio del nombre que no es de su país, y se les llama *americanos*, lo cual produce el siguiente equívoco. *Americanos* son todos los hijos del nuevo mundo. Gramaticalmente, geográficamente y lógicamente es impropio e inexacto dar ese nombre a los ciudadanos y cosas de los Estados Unidos, y a este error hemos contribuido, quizás en primer término, los americanos que moramos al sur del Río Grande.

Las soluciones que nos da Ricardo J. Alfaro son las siguientes:

Norteamericanos es tal vez el más usado, si bien no es el más preciso. La América del Norte comprende, además de Estados Unidos, al Canadá y a México. Pero es lo cierto que nadie llama *norteamericanos* ni a los mexicanos ni a los canadienses.

Más exacto y más exclusivo es el término *angloamericanos*. Indica él los *ingleses de América*, es decir, los descendientes de los colonizadores ingleses, del mismo modo que el término *hispanoamericanos* designa a los naturales de los países colonizados por los españoles. Es el único término al cual da la Academia primitivamente (acepción 3ª) el significado de «natural de los Estados Unidos de la América Septentrional».

Últimamente se ha difundido el neologismo *estadounidense*, algunas veces transformado en *estadinense*, por contracción. Si *Estados Unidos* es el verdadero nombre de la nación, es natural que de él se derive directamente el gentilicio.

Creemos, pues, conveniente emplear el término *estadounidense*, recogido en el *Diccionario* de la Real Academia Española como gentilicio de Estados Unidos, para designar a los naturales de dicho país.

anglicismos (profesiones)

Aunque está muy extendido el uso de anglicismos para designar determinados puestos de trabajo, es preferible utilizar el nombre español de estos cargos.

Mirando por encima las páginas de ofertas de empleo de cualquier diario, puede observarse que una parte importante de los anuncios ofrecen empleos con su denominación inglesa, sin que importe que el resto del texto esté en español y, por supuesto, sin traducción alguna del nombre de esos cargos. Veamos algunos de ellos:

- *Una empresa multinacional farmacéutica del sector de diagnóstico por imagen desea incorporar a su plantilla del departamento comercial 'account managers'* (pronunciado [acáunt mánayers]); pero no se molesta en explicar que lo que necesitan son *directores de cuentas*.

- *Una importante multinacional alemana del sector de automoción* [sic] *busca un 'key account manager'* (pronunciado [ki acáunt mánayer]); es decir, un *director de grandes cuentas*, o un *responsable de grandes clientes*; pero tampoco lo dice en español.

- *Un hotel de lujo necesita un 'sales programme manager'* (pronunciado [seils próugram mánayer]) *de entre 25 y 35 años, dinámico y capaz*; pero no tiene a bien decir que lo que necesita es un *jefe de programa de ventas*.

- *Una famosa marca norteamericana de pantalones precisa incorporar al Departamento de Marketing* (ahí va la primera voz inglesa, aunque ya recogida en el *Diccionario* de la Real Academia Española) *un 'market research manager'* (pronunciado [márket risérch mánayer]), lo que, dicho en español, sería un *director de investigación de mercado*.

- *Una empresa española perteneciente a una gran corporación* (al menos no dice *holding*) *industrial desea recibir candidaturas para cubrir dos puestos de 'consultor senior'* (pronunciado [consáltor sínior]), en lugar de *consultor experto* o *con experiencia*. Otra empresa de servicios necesita un *assistant junior* (pronunciado [asístant yúnior]) para su Departamento de Publicidad y Promoción. En el anuncio no se especifican las funciones del puesto, pero por las características que se exigen a los candidatos podemos colegir que se trata sencillamente de un *ayudante en prácticas*. Habitualmente, en la jerga empresarial, los ingleses utilizan la voz *junior* (pronunciada [yúnior]) con el significado de «sin experiencia, inexperto», y *senior*, con el significado de «más de 10 años de experiencia».

- *Una empresa multinacional del sector de servicios busca un 'controller'* (pronunciado [contróuler]) *para su sede central en Madrid*. Pero ¿qué es un *controller*? Pues en el caso que nos ocupa no es ni más ni menos que un *director administrativo*, nombre que entenderían mucho más fácilmente todos los lectores del periódico.

- Un *merchandiser* (pronunciado [mérchandaiser]) para su filial en España es lo que busca una empresa multinacional de origen danés, que «produce y comercializa equipos audiovisuales de alta gama». La labor del *merchandiser* será la instalación y mantenimiento de las exposiciones de productos, luego el *merchandiser* será el *promotor comercial*, o un ayudante de este, que podría ser el instalador del producto en el punto de venta.

- En otro anuncio, una empresa *líder mundial del sector de componentes para automoción* [sic] busca un *Jefe Departamento Customer Service* (pronunciado [cástamer servis]). He aquí un ejemplo de híbrido español-inglés que habría quedado mucho mejor, aunque quizá menos importante, si hubieran puesto *Jefe del departamento de atención al cliente* o *de servicio al cliente*.

- El último de los *angloempleos* de la lista es el *assistant to managing director* (pronunciado [asístant tu mánayin dairéctor]), solicitado por una compañía discográfica. En este caso, se trata de un puesto de *secretario ejecutivo*, aunque la traducción literal de *assistant to managing director* sea *ayudante del director general*, es decir, algo así como *subdirector*.

angloamericano, na Véase **americano, na**.

anglófono, na

Debe evitarse el uso de los galicismos *anglófono* y *francófono*, que pueden ser reemplazados por las voces españolas *anglohablante* y *francohablante*.

En la página de Internet de la Real Academia Española, en la sección de *Enmiendas y adiciones* al *Diccionario* académico, aparece registrada la voz *francófono*, cuya definición es la siguiente:

> **francófono** (Del francés *francophone*) Dicho de una persona o comunidad, que tiene el francés como lengua usual de expresión.

Con la entrada de esta nueva palabra, ya serán dos los galicismos de este tipo recogidos por la Academia; el primero fue *anglófono* («dícese de las personas o países que tienen el inglés como lengua nativa»), que llegó al *Diccionario* de la Real Academia Española en su edición de 1992. La introducción de esta palabra no es del todo necesaria (como no lo fue la de *francófono*) pues ya hay en español otro término para designar esta misma realidad. Pero también debemos recordar que la Real Academia Española trata de que en su diccionario aparezcan las voces que usan la mayor parte de los hispanohablantes (¿pronto *hispanófonos*?), y tanto la que llegó en la última edición como la que veremos en la próxima, son ya corrientes en el vocabulario de muchos hispanoamericanos y españoles.

Es preferible evitar el uso de los galicismos *anglófono* y *francófono* (procedentes del francés *anglophone* y *francophone*), ya que en español tenemos una forma tradicional para referirnos a los hablantes de las diferentes lenguas: los que hablamos castellano somos *hispanohablantes*, y en España también hay *catalanohablantes, vascohablantes* y *gallegohablantes* (o *galaicohablantes*), aunque, de seguir así las cosas, podría llegar el día en que oyésemos que lo que hay en nuestro país es *hispanófonos, catalanófonos, vascófonos* y *gallegófonos.*

Y es que, en muchas ocasiones, copiamos palabras de otras lenguas sin tener en cuenta que su introducción en la nuestra puede producir la progresiva desaparición de otras mucho más normales, claras y tradicionales en español. No todos los extranjerismos son malos, muchas veces son necesarios y enriquecedores; pero en el caso de *francófono* y *anglófono*, seguiremos aconsejando que se utilicen *anglohablante* y *francohablante.*

antártico, ca

No hay que confundir los términos *antártico* y *ártico. Antártico* significa «perteneciente al polo Sur» y *ártico*, «perteneciente al polo Norte».

La confusión entre los términos *antártico* y *ártico* hace necesaria una aclaración sobre sus respectivos significados. Veamos su definición en el diccionario *Clave*:

> **antártico, ca** Del polo Sur o de las regiones que lo rodean, o relacionado con ellos: *Estos días soplan vientos antárticos muy fríos.*
>
> **ártico, ca** Del polo Norte o de los terrenos que lo rodean, o relacionado con ellos: *Las regiones árticas son muy frías.*

Como hemos podido ver, los términos *antártico* y *ártico* no significan lo mismo y, por tanto, no deben confundirse.

anticipar

La voz inglesa *anticipate* no debe traducirse siempre por el término español *anticipar*, puesto que, en inglés, *anticipate* a veces significa «prever, conjeturar».

La Comisión de Traducciones de la Academia Norteamericana de la Lengua Española edita y distribuye, sin periodicidad fija, un boletín titulado *Glosas*, en el que se comentan cuestiones léxicas y gramaticales relacionadas con los problemas que pueden surgir al traducir del inglés al español. Uno de los apartados de dicho boletín está dedicado a advertir sobre los falsos amigos, es decir, dos términos de lenguas distintas que aparentemente son equivalentes, pero que no significan lo mismo.

Este es el caso de la voz que nos ocupa: *anticipar*. En inglés, *anticipate* no siempre significa «anticipar»; en ciertos casos, puede traducirse por «prever, esperar que suceda algo, conjeturar que va a suceder».

Veamos qué dice *Clave* sobre esta voz española:

> **anticipar 1** Referido a algo que todavía no ha sucedido, hacer que ocurra antes del tiempo señalado o previsto: *La profesora ha anticipado la fecha del examen.* **2** Referido a dinero, darlo o entregarlo antes de la fecha normal o señalada: *Le anticiparon una paga para que liquidara sus deudas.* [**3** Referido a una noticia, darla antes de lo previsto; avanzar: *Te 'anticipo' que voy a votar en contra de tu proposición.* □ SEM. Es sinónimo de *adelantar*.

De esta definición, deducimos que *anticipar* y *adelantar* son sinónimos, y que *anticipar* no tiene el matiz que tiene su aparente traducción inglesa *anticipate*. Por tanto, a la hora de traducir esta palabra inglesa al español, no hay que caer en la trampa de pensar que son equivalentes.

[antidopaje

Debe evitarse el uso del término inglés *antidoping*, que puede traducirse por *antidopaje*.

En el lenguaje del deporte, aparecen con frecuencia términos de otras lenguas, sobre todo del inglés, cuyo uso debe evitarse. Este es el caso de la voz *antidoping*.

El *Diccionario* de la Real Academia Española no recoge este término, ni tampoco su hispanización: *antidopaje*. Sin embargo, teniendo en cuenta que *dopaje* sí está recogido en dicho *Diccionario*, nosotros recomendamos que se utilice *antidopaje* en lugar de *antidoping*. El diccionario *Clave* define *antidopaje* de la siguiente manera:

> [**antidopaje** Que persigue o castiga la administración de sustancias estimulantes en el deporte: *El atleta fue descalificado porque dio positivo en el control 'antidopaje'.* □ USO Es innecesario el uso del anglicismo *antidoping*.

[antidoping Véase **antidopaje**.

ántrax

No hay que confundir el nombre de dos enfermedades muy distintas: *ántrax* (en inglés, *carbuncle*) y *carbunco* (en inglés, *anthrax*). El *ántrax* es una enfermedad de fácil curación. En cambio, el *carbunco* es una enfermedad grave y mortífera.

Don Antonio Zubiri Vidal, médico dermatólogo, nos hizo llegar desde Zaragoza un recorte del *Heraldo de Aragón* en el que explica la confusión que se produce en la prensa española cada vez que se informa sobre las armas usadas en la guerra bacteriológica. También Mercè Piqueras, lexicógrafa de la Societat Catalana de Biologia, nos remitió un escrito en el que advierte sobre el grave error de confundir los nombres de dos enfermedades muy distintas: el ántrax y el carbunco.

Revisando las noticias del banco de datos de nuestra Agencia, hemos podido comprobar que ese error también está presente en muchas de las noticias en las que se trata de las armas químicas:

Murieron 42 personas en una ciudad rusa en 1979 a consecuencia de una nube de gérmenes de ántrax que se formó tras un accidente de armas químicas.

Irak podría haber desarrollado una nueva variedad de bacilo antracis, causante del ántrax.

El ántrax es una enfermedad mortal para los animales, y puede transmitirse a los humanos en tres días mediante una herida en la piel.

El error, grave, consiste en llamar *ántrax* (así lo hacen todos los medios de comunicación) a lo que en español se llama *carbunco*, y la causa de ese error es que esas enfermedades en inglés tienen los nombres cambiados con respecto al español; así, lo que para los anglohablantes es *anthrax*, para nosotros es *carbunco*, y lo que para ellos es *carbuncle* para nosotros es *ántrax*.

Y el *ántrax*, en español, es lo que también se conoce como *avispero* que, en los libros de dermatología, se describe como un «conglomerado o una acumulación de forúnculos, producidos por un estafilococo, que suelen localizarse en el cogote o en la parte superior de la espalda». Es una enfermedad que se cura bien y pronto con los antibióticos.

En cambio, el *ántrax* al que se refieren las noticias en las que se habla de armas químicas y guerra bacteriológica es, en realidad, el *carbunco*, que sí es una enfermedad grave, virulenta, contagiosa y mortífera, frecuente en el ganado lanar, vacuno, cabrío y caballar, y transmisible al hombre. Se presenta en la piel una pequeña mancha llena de líquido que se convierte en costra negruzca, y, aunque puede curarse bien con antibióticos, a veces da lugar a fiebre alta, dolores de cabeza, cansancio, sensación de enfermedad grave, dolor abdominal, vómitos y deposiciones sanguinolentas, colapso y fallecimiento. El bacilo que produce esta enfermedad —*bacillus anthracis*— es el que se supone que tiene algún país entre sus armas químicas.

El doctor Zubiri, al final de su artículo, dice así: «Creo que interesa conocer la diferencia entre el *ántrax* español y el *anthrax* inglés (*carbunco* en nuestro idioma), pues el susto que podemos dar a un paciente al que le digamos que tiene un *ántrax* (estafilococia poco importante) puede ser morrocotudo».

año 2000

La Real Academia Española dice que las dataciones de cartas y documentos, así como las cabeceras de los periódicos, deben aparecer sin artículo delante de la palabra que designa el año 2000 y siguientes: *20 de enero de 2000, 4 de mayo de 2002...* Sin embargo, en otros tipos de textos, el año puede aparecer con artículo: *Estuvimos en Viena en marzo del 2000.*

De acuerdo con la norma que ha hecho pública en Internet la Real Academia Española, las dataciones de cartas y documentos, así como las cabeceras de los periódicos, deben aparecer sin artículo delante de la palabra que designa el año 2000 y siguientes.

La Real Academia indica que se continúa así la tradición en las dataciones de los años que siguen a 1100: *3 de marzo de 1492, 20 de junio de 1824, 2 de febrero de 1999.* Ello es así, a pesar de que nuestra conciencia lingüística actual tiende a poner el artículo en las dataciones en las que intervienen los años anteriores a 1101: *7 de abril del 711, 8 de marzo del 1001*, etc. No obstante, existen documentos actuales en que se fechan estos años también sin artículo: *20 de diciembre de 909.*

Podemos considerar las dataciones de cartas, documentos y cabeceras de periódicos como exclusivos de la lengua escrita, por lo que el problema de la presencia o ausencia del artículo es irrelevante. Por ello, parece prudente seguir la norma que la Real Academia Española ha adelantado con el fin de no crear confusión en este campo.

Ahora bien, fuera de las dataciones propiamente dichas (con indicación del día, mes y año), lo recomendable, al menos en el lenguaje periodístico, es poner el artículo delante del año tanto en la lengua oral como en la lengua escrita, lo que parece más acorde con el sentimiento lingüístico actual de los usuarios del español. Así, se preferirá decir y escribir *Lo haré en marzo del 2002* en vez de *en marzo de 2002*; y *En el 2001 habrá menos paro* en lugar de *En 2001 habrá menos paro.* Téngase en cuenta que esta manera de proceder en un escrito periodístico obedece a que tales textos son leídos por el público y, por tanto, se considera lengua escrita que se reproduce en cierto sentido en la lengua oral; y es en este tipo de lengua donde se tienden a rechazar las formas sin artículo.

En cualquier caso, debe quedar claro que, desde el punto de vista gramatical, no hay razones para preferir la forma con artículo a la forma sin artículo, y viceversa, pues ambas son correctas: con artículo se presupone la palabra *año*, aunque esta esté implícita; sin artículo concebimos el año como entidad autónoma no apositiva.

[apalizar

Debe evitarse el uso del término *apalizar*, que puede sustituirse por el término castellano *vapulear*.

En el lenguaje del deporte, aparecen con frecuencia términos de otras lenguas, sobre todo del inglés, y términos inventados. Tantos unos como otros deben evitarse.

Apalizar es un verbo utilizado con frecuencia en el ámbito del deporte, y significa «dar una paliza», aunque el *Diccionario* de la Real Academia Española no recoge este término. Nosotros recomendamos que se evite y se use en su lugar el término *vapulear*.

aparcamiento Véase **estacionar**.

aparcar Véase **estacionar**.

[aperturar

El verbo correspondiente al sustantivo *apertura* es *abrir*. El verbo *aperturar* no existe en castellano.

Según los diccionarios, una de las funciones del sustantivo *apertura* es *nombrar la acción de abrir*.

Pero debe de haber personas que desconocen que el verbo correspondiente a *apertura* es *abrir*, y, ni cortos ni perezosos, se han inventado un nuevo verbo derivado de ese sustantivo: *aperturar*.

Buscando en el banco de datos de la Agencia EFE, hemos encontrado ese verbo en varias noticias. Una es un informe sobre Kenia en el que se explica que Arap Moi *continuó con la línea de su antecesor en cuanto a aperturar al país a los capitales extranjeros*. Otra de esas noticias informa de que una entidad perteneciente al grupo británico Barclays *abrió un total de 68 nuevas oficinas, situando el número de sucursales aperturadas en 100*. Y ese uso del nuevo verbo se repite en otra noticia, esta sobre el Banco de Castilla, del que se dice que *tiene previsto aperturar varias oficinas bancarias este año*. Por último, vemos un empleo jurídico del verbo en una sentencia del Tribunal Supremo sobre el aborto, según la cual las disposiciones de determinado decreto *no aperturan nuevos supuestos para la interrupción voluntaria del embarazo*.

En todos esos casos, habría sido suficiente con el verbo *abrir*, pues un país puede abrirse a las inversiones extranjeras, lo mismo que las nuevas oficinas se abren o se cierran. Y en el último ejemplo hubiera sido mejor que los redactores de esa sentencia usaran el verbo *crear*.

apreciable

La voz inglesa *appreciable* no debe traducirse siempre por el término español *apreciable*, puesto que, en inglés, *appreciable* significa «considerable».

La Comisión de Traducciones de la Academia Norteamericana de la Lengua Española edita y distribuye, sin periodicidad fija, un boletín titulado *Glosas*, en el que se comentan cuestiones léxicas y gramaticales relacionadas con los problemas que pueden surgir al traducir del inglés al español. Uno de los apartados de dicho boletín está dedicado a advertir sobre los falsos amigos, es decir, dos términos de lenguas distintas que aparentemente son equivalentes, pero que no significan lo mismo.

Este es el caso de la voz que nos ocupa: *apreciable*. En inglés, *appreciable* no siempre significa «apreciable»; en ciertos casos, se utiliza con magnitudes o cantidades para decir que son «considerables». Por tanto, a la hora de traducir esta palabra inglesa al español, hay que tener cuidado de no caer en la trampa de pensar que son equivalentes.

árabe

No hay que confundir los términos *árabe* («de Arabia o relacionado con ella; de los pueblos de lengua árabe»), *islámico* («del islam o relacionado con esta religión») y *musulmán* o *mahometano* («de Mahoma, o que tiene como religión el islam»).

Durante la Guerra del Golfo aparecieron en las noticias algunos términos que parecen no estar lo suficientemente claros, lo que induce a cometer errores en su uso. En este caso analizaremos los referentes a la forma de llamar a los pueblos de la zona en conflicto, así como a su lengua y su religión.

• *Árabe* significa «de Arabia (península del sudoeste asiático que comprende Arabia Saudí, Bahreín, Emiratos Árabes Unidos, Kuwait, Omán, Qatar y Yemen) o relacionado con ella»; «de los pueblos de lengua árabe o relacionado con ellos»; «lengua semítica de estos pueblos». Por tanto, no es un concepto étnico ni religioso. En Irán, por ejemplo, no se habla árabe; la lengua y la cultura de ese país son persas o farsis, y como su religión es la islámica, también lo es gran parte de su cultura.

• *Mundo árabe* hace refencia al «conjunto de todos los países cuya lengua es el árabe (así como su cultura)». No es sinónimo de *mundo islámico* (Irán y Turquía no pertenecen al mundo árabe, aunque sí al mundo islámico).

- *Islámico* quiere decir «del islam (religión monoteísta cuyos dogmas y preceptos fueron predicados por Mahoma y recogidos en el libro sagrado del Corán) o relacionado con esta religión». Podemos hablar, por tanto, de literatura islámica, arte islámico o filosofía islámica.

- *Mundo islámico* hace referencia a «todos los países cuya religión mayoritaria, aunque no única, es el islam». En ellos está comprendida gran parte del Asia Central (algunas repúblicas ex soviéticas y Afganistán), Oriente Próximo y Oriente Medio (Turquía, Irán, Pakistán), Extremo Oriente (Indonesia, Malasia...), todo el mundo árabe y gran parte de los países de África subsahariana. Hay, además, otros países que no pueden llamarse islámicos (como Albania, Bulgaria, Yugoslavia, China, la India...) porque, aunque tienen en su población un importante número de musulmanes, esta población no es mayoritaria.

- *Musulmán* quiere decir «persona cuya religión es el islam». Son musulmanes todos los que profesan esa doctrina, sean o no árabes. Es sinónimo de *mahometano*, *mahometista* y *agareno*. Ni todos los árabes son musulmanes ni todos los musulmanes son árabes; en Siria, Iraq, Palestina, Jordania y Egipto hay importantes comunidades árabes cristianas, y Turquía es un país mayoritariamente musulmán, pero que no es árabe.

Así pues, *islámico* y *musulmán* hacen referencia a la religión de Alá, mientras que el término *árabe* no alude a ninguna doctrina religiosa, sino a una zona geográfica o a un idioma.

árabe (transcripción) Véase **transcripción del árabe**.

Arbelas

Debe utilizarse *Arbelas* y no *Arbil* o *Irbil* para referirse a la capital del Kurdistán, por ser *Arbelas* el término tradicional en español.

En las noticias sobre la ocupación del Kurdistán por las tropas iraquíes, aparecía continuamente el nombre de la capital de ese territorio.

El problema se planteaba al aparecer escrito de dos formas: *Arbil* e *Irbil*. Consultadas las noticias del servicio en árabe de nuestra Agencia, pudimos comprobar que el nombre árabe de la ciudad es *Irbil* y aconsejamos que se escribiese así en las noticias de la Agencia EFE. Sin embargo, siguiendo la investigación descubrimos que ya existía un topónimo tradicional en español para esa ciudad: *Arbelas*, y es, por tanto, este el que recomendamos.

Arbil Véase **Arbelas**.

árbitro, tra

El femenino del término *árbitro* es *árbitra*, y debe emplearse *árbitra* (no *árbitro*) para designar a la mujer que media en un conflicto o que hace que se cumpla un reglamento determinado.

Existen términos que caen en desuso y desaparecen de la vida diaria. Este es el caso del término *árbitra*, el femenino de *árbitro*. La razón de que la palabra *árbitra* haya caído en el olvido es que, en deporte, los árbitros suelen ser hombres; y ante la primacía de hombres, se ha optado por emplear el término *árbitro*, indistintamente, para hombres y mujeres. Por ello, queremos recordar que el término *árbitro* tiene su equivalente femenino *árbitra*, y que éste es el término que debe emplearse para designar a las mujeres que desempeñan esta labor.

Veamos lo que dice el diccionario *Clave* sobre esta palabra:

árbitro, tra 1 En algunas competiciones deportivas, persona que hace que se cumpla el reglamento: *El árbitro del partido de fútbol del domingo tuvo una actuación muy buena.* **2** Persona designada como juez por dos partes que están en conflicto: *El Papa actuó de árbitro para solucionar los problemas fronterizos que existían entre Argentina y Chile.* **3** Persona que influye sobre las demás en algún asunto porque es considerada una autoridad en él: *Ese actor está considerado el árbitro de la elegancia.*

Recomendamos, pues, que se utilice el término *árbitro* para referirse a los hombres y el término *árbitra* para referirse a las mujeres.

Arcila

Debe evitarse el uso de *Asilah* en lugar de *Arcila*, por ser *Arcila* la transcripción española del nombre de esta ciudad.

La forma de escribir en español los nombres de las ciudades de Marruecos está sufriendo algunos cambios producidos por el desconocimiento de la toponimia tradicional y por la cada vez más numerosa aparición de guías de viaje que hablan de Marruecos y de sus ciudades, sin tener en cuenta el nombre de esos lugares en español. En muchas ocasiones, se adopta una forma extraña para un topónimo sin tomar en consideración bien que ya existe una forma tradicional en nuestra lengua, o bien que la transcripción adoptada es la francesa y no la que corresponde al español.

Una de estas ciudades marroquíes es la que, en español, designamos con el nombre de *Arcila*. Aunque en Marruecos se haya optado por la forma francesa *Asilah*, nosotros debemos seguir escribiendo el nombre de dicha ciudad como siempre lo hemos hecho en nuestra lengua: *Arcila*.

Argel Véase **Argelia**.

Argelia

Se recomienda el uso de *Argelia* y *Argel*, en lugar de *Al Djazaïr*, por ser *Argelia* y *Argel* los términos tradicionales en español.

En 1981, un decreto de la república de Argelia ordenaba cambiar el nombre oficial de este estado y de su capital por el de *Al Djazaïr*. Sin embargo, nos remitimos a las recomendaciones de la última edición del *Manual de español urgente*:

> Los nombres de uso tradicional y muy arraigado en castellano deben conservar su forma castellana. Los nombres que, teniendo correspondencia castellana, se reproducen en la prensa internacional con las formas del país, a veces reclamadas por los Gobiernos respectivos con actitud anticolonialista, deben conservar la forma castellana del nombre extranjero cuando es tradicional.

Y no cabe la menor duda de que *Argelia* y *Argel* son nombres con larga tradición en español.

armamento

Armamento es un término colectivo y debe emplearse siempre en singular.

A menudo se hace referencia al conjunto de armas con el plural del término *armamento*: *tres toneladas de armamentos*. Sin embargo, se trata de un uso incorrecto; veamos por qué.

Según el diccionario *Clave*, el término *armamento* designa el «conjunto de las armas y del material que están al servicio de un soldado, de un cuerpo militar o de un ejército». Se trata, pues, de un nombre colectivo; es decir, de un sustantivo que en singular designa una colectividad. Por ello, es incorrecto el uso de este término en plural en contextos como el del ejemplo anterior.

armisticio

No hay que confundir la palabra *tregua* con el término *armisticio*. La *tregua* es «la suspensión temporal de la lucha» y *el armisticio* es «el acuerdo entre los beligerantes para cesar las hostilidades». El *armisticio* suele ser definitivo mientras que la *tregua*, generalmente, es temporal.

A veces, se usan indistintamente los términos *tregua* y *armisticio* a pesar de ser conceptos que, aunque son parecidos, difieren algo entre sí. *Tregua* tiene el significado de «suspensión temporal de la lucha por acuerdo entre los beligerantes», y *armisticio* es el «acuerdo entre pueblos o ejércitos beligerantes para cesar las hostilidades sin poner fin al estado de guerra, hecho que no se produce hasta la firma del tratado de paz».

El *armisticio* suele ser definitivo mientras que la *tregua*, generalmente, es temporal.

armón

Un féretro no puede ser trasladado *sobre un armón* (juego delantero de los carruajes de artillería), pues no cabría; puede ir *sobre una cureña, un afuste, un carro o un carruaje arrastrado por un armón.*

En las noticias sobre los entierros de la Madre Teresa de Calcuta y de Diana de Gales, apareció una palabra poco conocida y quizá por eso mal empleada. Leímos que *El armón de artillería sobre el que se depositará el féretro que contiene los restos mortales de Diana, princesa de Gales, cubrirá el próximo sábado un recorrido de casi cinco kilómetros* y que *El féretro fue descendido del armón e introducido en el templo.*

Sobre el *armón* no iba el féretro ni nadie, pues es la parte delantera de la cureña, o del afuste, donde sí iba el ataúd.

Veamos lo que nos dice la enciclopedia *Espasa* sobre este término:

> **armón** Juego delantero de los carruajes de artillería de campaña que sirve para el transporte de municiones y para formar con la pieza (el cañón) o el retrotrén del carro un vehículo de cuatro ruedas, facilitando así su arrastre. El sistema usual de enganche de los dos semicarruajes es el de perno pinzote (unido al armón) y argollón (unido a la cureña o carro). El *armón* lleva siempre un cofre para conducir municiones, que puede servir a la vez de asiento a dos o tres sirvientes, en cuyo caso está provisto de almohadones de cuero, rellenos de crin, respaldo y balconcillos con su agarradero, además de los estribos necesarios para subir aquéllos sobre la tabla o plancha de piso. Algunas piezas de desembarco de las marinas europeas y algunos tipos de ametralladoras de campaña van arrastradas por armones ligeros.

Queda así muy claro que el féretro de la madre Teresa de Calcuta, el de la princesa Diana y el de otros personajes a lo largo de la historia no ha sido trasladado *sobre un armón*, entre otras cosas porque no cabría, sino *sobre una cureña, un afuste, un carro o un carruaje arrastrado por un armón.*

arroba[1]

El símbolo @ (llamado *arroba*) aparece en las direcciones de correo electrónico para separar las distintas partes de la dirección.

En una dirección de correo electrónico, hay dos partes fundamentales: el nombre de usuario y el servidor o proveedor al que se conecta el usuario para recibir o enviar correos (*deu@efe.es, info@profes.net*, etc.). El símbolo @ sirve para separar estas dos partes.

Cuando en las tarjetas de visita aparece debajo de los números de teléfono y de fax, la dirección de correo electrónico debe escribirse sin ninguna palabra o abreviatura que la preceda, pues, al llevar siempre el símbolo de la arroba —@—, resulta innecesario indicar que se trata de una dirección de correo electrónico.

> ¿De dónde viene este uso del símbolo de orígen árabe @, originariamente utilizado para designar la unidad de peso de aproximadamente 11,5 kg? La respuesta está en el hecho de que, en inglés, el símbolo @ se lee *at* (en español, «en»). Así, resulta curioso ver que una dirección aparentemente carente de sentido sí tiene un significado propio. Por ejemplo, *info@profes.net* quiere decir en realidad *el usuario info en el servidor profes. net*.

(Véase también **correo electrónico**.)

arroba²

El símbolo de la arroba se está utilizando actualmente (sobre todo en textos publicitarios), como recurso gráfico para evitar marcar el género gramatical (masculino o femenino) de las palabras que designan seres sexuados.

Baste recordar el eslogan de Izquierda Unida para las elecciones generales del 12 de marzo de 2000 (*Somos necesari@s*), por citar tan solo algún ejemplo.

Se trata de un intento de sustituir el uso del masculino plural como género no marcado en español y que, por tanto, serviría para designar a hombres y mujeres (*Queridos compañeros: Nos dirigimos a todos vosotros, confiados en que...*). Intenta sustituir también el uso de la alternancia os/as (*Queridos/as compañeros/as: Nos dirigimos a todos/as vosotros/as, confiados/as en que...*).

Este uso de la arroba es un recurso propio de la lengua escrita (pensemos, por un momento, en cómo leer en voz alta un texto como el que sigue: *Querid@s compañer@s: Nos dirigimos a tod@s vosotr@s, confiad@s en que...*). Por ello, este uso suele limitarse a textos escritos de carácter publicitario.

arrojar

Es incorrecto el uso del verbo *arrojar* con el significado de «causar».

Comencemos conociendo el significado del verbo *arrojar* en el *Diccionario* de la Real Academia Española:

> **arrojar** Impeler con violencia una cosa, de modo que recorra una distancia, movida del impulso que ha recibido. // Echar, hacer que alguna cosa vaya a parar a alguna parte. // Echar, despedir

de sí. // Echar, hacer que una cosa caiga de un sitio determinado. // Echar, hacer salir a uno de algún lugar. // Echar, deponer a uno de su cargo. // Echar, brotar las plantas. // Tratándose de cuentas, documentos, etc., presentar, dar de sí como consecuencia o resultado. // Vomitar la comida. // Precipitarse, dejarse ir con violencia de alto a bajo. // Ir violentamente hacia una persona o cosa hasta llegar a ella. // Resolverse a emprender o hacer alguna cosa sin reparar en sus dificultades o riesgos.

Leyendo despacio todos esos significados, y con cuidado de no saltarnos ninguno, veremos que usar este verbo en frases como *Los enfrentamientos militares arrojaron trece muertos y numerosos heridos* es incorrecto, pues se le da el sentido de «causar». Lo correcto en este caso sería: *Los enfrentamientos militares causaron trece muertos y numerosos heridos*.

ártico, ca

No hay que confundir los términos *ártico* y *antártico*. *Ártico* significa «perteneciente al polo Norte» y *antártico*, «perteneciente al polo Sur».

La confusión entre los términos *ártico* y *antártico* hace necesaria una aclaración sobre sus respectivos significados. Veamos su definición en el diccionario *Clave*:

ártico, ca Del polo Norte o de los terrenos que lo rodean, o relacionado con ellos: *Las regiones árticas son muy frías.*

antártico, ca Del polo Sur o de las regiones que lo rodean, o relacionado con ellos: *Estos días soplan vientos antárticos muy fríos.*

Como hemos podido ver, los términos *ártico* y *antártico* no significan lo mismo y, por tanto, no deben confundirse.

artículo en los topónimos

Los topónimos deben llevar artículo en los siguientes casos: cuando el artículo forma parte del nombre propio (*La Haya*), cuando el topónimo aparece habitualmente acompañado del artículo, aunque este no sea parte del nombre (*la India*) y cuando el nombre propio es plural o compuesto (*los Países Bajos*).

Los nombres propios geográficos de continentes, países, regiones, islas y ciudades se usan generalmente sin artículo: *Italia, Bengala, Ceilán, Rusia, Londres, París, Ratisbona, Tiflis*.

No obstante, algunos topónimos llevan artículo y esto puede ocasionar dudas relativas a si el topónimo debe ir acompañado de artículo y si dicho artículo ha de escribirse con mayúscula o con minúscula. Se pueden dar varios casos:

- Cuando el artículo forma parte del nombre propio, su uso es obligatorio y este debe escribirse con inicial mayúscula (*La Haya, El Cairo, La Meca, El Escorial*).

- Cuando el topónimo aparece habitualmente acompañado del nombre propio, se suele mantener el artículo, que debe escribirse en minúscula (*la India, el Perú, el Líbano, el Yemen*).

- Cuando el topónimo es plural o compuesto, se suele mantener el artículo, que debe escribirse en minúscula (*los Países Bajos, el Franco Condado, la Confederación Helvética, el Reino Unido*).

En ocasiones es difícil saber si el artículo pertenece al nombre propio y, por tanto, si debe escribirse con mayúscula, o no. Una de las explicaciones más claras respecto al artículo en los nombres propios se encuentra en la *Ortografía de uso del español actual* de Leonardo Gómez Torrego:

> En algunos topónimos y otros términos que indican lugares, el nombre propio se acompaña siempre o casi siempre del artículo aunque no forme parte de él. En estos casos, el artículo (siempre que sea posible la inclusión de otra palabra entre ésta y el nombre) debe escribirse con minúscula. Ejemplos: *el Chad*, no **El Chad*; *la India*, no **La India*; *la Antártida*, no **La Antártida*; *el Sáhara*, no **El Sáhara*.
>
> No obstante, en muchos casos, la inclusión o no del artículo en el nombre responde a factores subjetivos; por tanto, un mismo nombre puede aparecer con el artículo escrito con mayúscula o con minúscula. Ejemplo: *Me gusta el Bierzo. / Me gusta El Bierzo.*

Y más adelante señala que:

> En cualquier caso, siempre que un nombre propio pueda funcionar con artículo y sin él, es que este no forma parte de aquel. Ejemplo: *Me encanta el Perú. / Me encanta Perú.*

asalto

No hay que confundir los términos *asalto* («apropiación de algo ajeno mediante el uso de las armas»), *robo* («apropiación de algo ajeno mediante el uso de la fuerza»), *hurto* («apropiación de algo ajeno sin usar la violencia») y *sustracción* («hecho de hurtar o robar»).

En la siguiente noticia se utilizan erróneamente los términos *robo, hurto, sustracción* y *asalto*:

> *La policía colombiana recuperó ocho pinturas y una escultura 'robadas' en una galería de Bogotá y valoradas en más de 800 millones de pesos [...]. La colección había sido 'hurtada' en un 'asalto' a la galería Garcés Velázquez de la capital colombiana [...]. Las obras, que forman parte de un total de nueve 'substraídas' fueron recuperadas en un registro de la policía.*

Veamos cómo define el *Diccionario básico jurídico* de la Editorial Comares los términos *asalto, robo* y *hurto*:

asalto Apoderarse de algo por la fuerza de las armas y con sorpresa.

robo Este delito se caracteriza por la fuerza en las cosas o violencia sobre las personas con que el delincuente hace la *sustracción* de la cosa mueble ajena con ánimo de lucro. Es decir que la *sustracción* tiene que ser hecha con fuerza o violencia. El delito de *robo* puede ser además *con fuerza en las cosas*, o *con violencia o intimidación en las personas*.

hurto Es el delito que cometen los que con ánimo de lucro y sin violencia en las personas ni fuerza en las cosas, toman cosas muebles ajenas sin la voluntad de su dueño. Es decir, es un delito de *sustracción* cometido sin fuerza ni violencia.

Este mismo diccionario define otros términos afines de la siguiente manera:

sustracción Hurto o robo de bienes ajenos.

apropiación indebida Comisión de una acción de apoderamiento de cosas muebles que el agente hubiese recibido en virtud de un título que produzca obligación de entregarlas o devolverlas o negaren haberlas recibido, unido a una conciencia del ánimo de lucro y a la existencia de uno de los títulos contractuales y sin que en la realización de la voluntad del sujeto pasivo haya influido engaño de ninguna clase.

atraco Es el *robo* a mano armada.

Volviendo a las pinturas de la noticia que comentábamos al principio, queda claro que estas fueron *robadas*, pues muy probablemente tuvieron que forzar la cerradura o romper las ventanas de la galería. También parece estar claro que las pinturas no fueron *hurtadas*, pues para eso la galería debería haber estado un buen rato sin vigilancia y con la puerta abierta. Y, en cuanto al *asalto*, no está nada claro que este se produjese.

asequible

Los términos *asequible* y *accesible* no son sinónimos y por tanto no deben utilizarse indistintamente. Es incorrecto el uso de *asequible* aplicado a personas, ya que esta palabra se refiere exclusivamente a cosas «que se pueden conseguir y alcanzar».

Muchos hablantes consideran que los términos *accesible* y *asequible* funcionan como sinónimos, y no solo eso, sino que *asequible*, en su uso erróneo con el significado de «accesible», está haciendo desaparecer a este último. Conviene, pues, recordar que, en español, estas dos palabras tienen distintos significados. En el diccionario *Clave* aparecen las siguientes definiciones de estos términos:

accesible 1 Que tiene acceso o entrada: *Están de obras para hacer más accesible esa parte del edificio.* **2** De acceso o trato fácil: *Aunque sea una persona famosa y ocupada, es muy accesible y te ayudará en lo que pueda.* **3** De fácil comprensión o que puede ser entendido: *Sus clases son accesibles para todos.* □ SEM. Dist. de *asequible* («fácil de conseguir o de alcanzar»).

asequible Que se puede conseguir o alcanzar: *Busco un piso con un precio asequible para mi* *economía*. □ ETIMOL. Del latín *assequi* («alcanzar»). □ SEM. Dist. de *accesible* («que tiene acceso o entrada; que es de fácil trato; que es de fácil comprensión»).

En el *Diccionario manual e ilustrado de la lengua española* de la Real Academia, después de la definición de *asequible*, se incluye la siguiente explicación: «No se aplica a personas; y así, en vez de *Fulano no es asequible*, dígase *accesible, tratable*».

En parecidos términos nos advierte al respecto el *Manual de español urgente* de la Agencia EFE:

> **asequible** Significa que puede conseguirse o adquirirse. Nos resulta *asequible* aumentar los clientes o comprar determinado coche. Es grave error confundir este adjetivo con *accesible*. Una persona será accesible, pero, de ordinario, no será asequible, aunque su trato sea llano.

Vemos pues, que decir de alguien que es una persona muy *asequible*, significa nada más y nada menos que es fácil de comprar.

> Tras uno de tantos sorteos deportivos apareció en las noticias la siguiente información: *Al Real Madrid le ha tocado jugar contra un rival muy asequible*; está claro que el periodista que redactó esto no se dio cuenta de lo que realmente estaba diciendo: *Al Real Madrid le ha tocado jugar contra un rival que es fácil de comprar*, es decir, *se puede comprar su victoria con dinero*. Y como decir esas cosas puede acarrear problemas con la justicia, aconsejamos al periodista que la próxima vez utilice el término apropiado en esos casos: *accesible*.

así mismo Véase **asimismo**.

Asilah Véase **Arcila**.

asimismo

No hay que confundir *asimismo* o *así mismo* con la expresión *a sí mismo*: *así mismo* y *asimismo* pueden utilizarse indistintamente con el significado de «además». Sin embargo, la expresión *a sí mismo* tiene un sentido reflexivo y concuerda en género y número con el sujeto de la frase: *Se estudian mucho a sí mismas*.

Esta es una de las tantas *trampas* ortográficas del castellano. *Asimismo, así mismo* y *a sí mismo* son tres expresiones que suenan casi igual pero que se escriben de distinta manera y tienen significados distintos.

Para aclarar la cuestión, extraemos las siguientes conclusiones de la *Ortografía de uso del español actual*, escrita por Leonardo Gómez Torrego.

- Se escribe *así mismo* en dos palabras cuando se trata del adverbio *así* y del adjetivo *mismo*: *Hazlo así mismo.*

- Se escriben indistintamente las formas *así mismo* y *asimismo* (aunque la Real Academia Española prefiere la primera) cuando su significado es el de «también» o «además»: *Tengo ganas de volver a Italia, y espero así mismo/asimismo visitar pronto Suiza.*

- Se escribe *a sí mismo* cuando se trata del pronombre reflexivo *sí* precedido de la preposición *a* y seguido del adjetivo *mismo*: *Germán y Paula se analizan mucho a sí mismos.*

Asmoneos

En español debe escribirse *túnel de los Asmoneos* para nombrar el túnel de Jerusalén que está causando numerosos conflictos entre palestinos e israelíes. No debe escribirse *túnel de los Hasmoneos* pues esta *h* inicial es propia de la tradición inglesa, pero no de la española.

En muchas noticias sobre el túnel de Jerusalén, que causó numerosos enfrentamientos entre palestinos e israelíes, dicho túnel aparece nombrado como *túnel de los Hasmoneos*, cuando en español debe escribirse *túnel de los Asmoneos*, que es como se llama en nuestra lengua a los descendientes de Asmón, originarios de Judea.

Asmoneos es el nombre de una familia hebrea, descendiente de Asmón, que gobernó Judea entre los años 135 y 40 a.C. Sus miembros principales fueron Matías y sus cinco hijos, a quienes conocemos como los *Macabeos*.

Es, pues, el nombre de una dinastía derivado del nombre de su fundador, como la de los *Austrias* o los *Borbones*, razón por la cual se escribe con mayúscula, como todo nombre propio.

La escritura con hache (*Hasmoneos*) es propia de la tradición inglesa y también aparece en algunas biblias en español, y se debe a la transcripción de una letra hebrea cuya pronunciación es equivalente a una hache aspirada.

En ocasiones, surgen dudas sobre si el nombre de los *Asmoneos* proviene de una ciudad llamada *Hasmona* (citada en la Biblia) o del antepasado de Matías que Flavio Josefo llama *Asamonaios* (*Asmón*). Lo único que se puede hacer en este caso son cábalas, aunque también es posible que la ciudad se llamase así por ser de allí el personaje.

asolar

No deben confundirse los verbos *asolar* («destruir, arrasar, echar por el suelo») y *asolar* («secar los campos el calor, o la sequía»).

Las palabras que siendo iguales por su forma tienen distinta significación se llaman homónimas. Este es el caso de los verbos *asolar* y *asolar*, exactamente iguales en su infinitivo, pero diferentes en su conjugación y con distinto significado. Veamos las definiciones que de ellos da el *Diccionario* de la Real Academia Española:

asolar[1] Destruir, arruinar, arrasar. // Echar por el suelo, derribar. // Tratándose de líquidos, posarse.

asolar[2] Secar los campos, o echar a perder sus frutos, el calor, una sequía, etcétera.

Debe quedar claro que cuando conjuguemos el verbo *asolar* con el significado de «poner por el suelo», lo más correcto (aunque ya poco usado) es *asuelo, asuelas, asuela, asuelen, asuele, asueles, asuele*. Y cuando utilicemos el verbo con el significado de «secarse los campos» deberemos conjugarlo como regular, aunque teniendo en cuenta que se trata de un verbo defectivo que no se conjuga en todas las personas, sino solo en tercera persona (*asola, asoló, asolaba, asole...*), pues el sujeto siempre es el sol, el calor o la sequía.

[assistant

Es innecesario el uso del anglicismo *assistant* (pronunciado [asístant]) en la jerga empresarial, ya que puede sustituirse por el término español *ayudante*.

Mirando por encima las páginas de ofertas de empleo de cualquier diario, puede observarse que una parte importante de los anuncios ofrecen empleos con su denominación inglesa, sin que importe que el resto del texto esté en español y, por supuesto, sin traducción alguna del nombre de esos cargos.

Una empresa de servicios necesita un *assistant junior* para su Departamento de Publicidad y Promoción. En el anuncio no se especifican las funciones del puesto, pero por las características que se exigen a los candidatos podemos colegir de qué se trata: *Edad hasta 25 años. Título universitario en publicidad, marketing o similar, o en su defecto estar cursando último año. No necesario* [sic] *experiencia. Disponibilidad inmediata.* También nos aporta datos para la investigación sobre qué será eso de *assistant junior* la parte del anuncio en la que se explica lo que la empresa ofrece: *Contrato en prácticas. Formación continuada a cargo de la empresa. Según resultados se integrará en plantilla como ejecutivo junior.* Es decir, de lo que estamos hablando es de un *ayudante en prácticas*.

Otro «angloempleo» es el de *assistant to managing director*, solicitado por una compañía discográfica, y que deberá ser *una persona joven, entre 25 y 35 años, dinámica, entusiasta y que le guste la música.* Además deberá tener *experiencia en puesto de secretaría de dirección, amplios conocimientos en el manejo de equipos informáticos y dominio del idioma inglés.*

En este caso, gracias a las explicaciones sobre las características requeridas, sabemos que se trata de un puesto de secretario ejecutivo, aunque la traducción literal de *assistant to managing director* sea ayudante del director general, es decir, algo así como subdirector.

(Véase también **anglicismos**.)

asumir

La voz inglesa *assume* no debe traducirse siempre por el término español *asumir*, puesto que, en inglés, *assume* a veces significa «suponer».

La Comisión de Traducciones de la Academia Norteamericana de la Lengua Española edita y distribuye, sin periodicidad fija, un boletín titulado *Glosas*, en el que se comentan cuestiones léxicas y gramaticales relacionadas con los problemas que pueden surgir al traducir del inglés al español. Uno de los apartados de dicho boletín está dedicado a advertir sobre los falsos amigos, es decir, dos términos de lenguas distintas que aparentemente son equivalentes, pero que no significan lo mismo.

Este es el caso de la voz que nos ocupa: *asumir*. En inglés, *assume* no siempre significa «asumir»; en ciertos casos, se utiliza con el significado de «suponer». Por tanto, a la hora de traducir esta palabra inglesa al español, hay que tener cuidado de no caer en la trampa de pensar que son equivalentes.

ateo, a

Ateo y *agnóstico* son dos palabras que plantean cierta confusión: *ateo* es aquel que niega la existencia de Dios, mientras que *agnóstico* es aquel que no se plantea su existencia. Si no se sabe con certeza a qué doctrina pertenece una persona, es conveniente emplear la expresión *no creyente*.

A menudo los hablantes confunden los términos *agnóstico* y *ateo*. El diccionario *Clave* los define así:

ateo, a Que niega la existencia de Dios: *Fue un joven muy religioso, pero en su madurez se hizo ateo.* □ SEM. Dist. de *agnóstico* (que ni afirma ni niega la existencia de Dios porque la considera inalcanzable para el entendimiento humano).

agnóstico, ca 1 Del agnosticismo o relacionado con esta doctrina filosófica: *La doctrina agnóstica tuvo mucho auge en el siglo XIX.* **2** Que sigue o que defiende el agnosticismo: *Se declara agnóstico, y procura no plantearse nunca cuestiones que no puedan ser abordadas por la experiencia.* □ SEM. Dist. de *ateo* (que niega la existencia de Dios).

Además, define el término *agnosticismo* de la siguiente manera:

agnosticismo Doctrina filosófica que declara inaccesible a la razón humana el conocimiento de lo absoluto y de todo aquello que no pueda ser alcanzado por la experiencia: *El agnosticismo no niega la existencia de Dios, sino que se reconoce incapaz de alcanzar su conocimiento.* □ SEM. Dist. de *ateísmo* (que niega la existencia de Dios).

La definición de *ateo* es la más tajante de las tres, y de ella podemos deducir que *ateo* se opone a *creyente, religioso, deísta* y *teísta*.

En suma, en lo referente a Dios, el *agnóstico* es aquel que solo cree en lo demostrado, por lo tanto no se plantea si Dios existe o no: no cree en su existencia ni en su inexistencia mientras no le demuestren una u otra cosa.

Así pues, si no se sabe con certeza si alguien es *agnóstico* o *ateo*, lo mejor es decir que es *no creyente*.

> En las noticias sobre la muerte y los funerales del premio Nobel español Severo Ochoa y del director de cine italiano Federico Fellini, se produjo cierta confusión entre estos términos.
>
> Por lo que se sabe, ambos personajes coincidían en algo: no eran practicantes de ninguna religión y además habían expresado públicamente sus ideas al respecto; pero el problema se planteó al redactar las noticias sobre sus biografías y sobre sus funerales, pues surgió la duda entre los términos *agnóstico* y *ateo*.
>
> Severo Ochoa pidió que en sus funerales no hubiese ningún símbolo ni se celebrase ningún rito religioso, y así sucedió. Federico Fellini, en los días previos a su muerte, mientras agonizaba en el hospital, no permitió la entrada de ningún sacerdote en su habitación, pero su entierro se celebró según el rito católico por expreso deseo de su viuda, que sí es creyente y practicante. Ahora ya es difícil averiguar si Ochoa y Fellini eran *ateos* o *agnósticos*; lo más correcto hubiera sido decir que eran *no creyentes*.

aun Véase **aún**.

aún

No hay que confundir los términos *aún* y *aun*. La palabra *aún* es equivalente a *todavía* y la palabra *aun* equivale a *incluso* o *siquiera*.

Es frecuente la confusión entre los términos *aún* y *aun*; por eso, creemos conveniente explicar sus significados.

Para tratar esta cuestión, hemos sacado nuestras conclusiones de la *Ortografía de uso del español actual* de Leonardo Gómez Torrego.

La palabra *aún* (con tilde) equivale a *todavía*: *Aún no sé lo que voy a hacer*, mientras que la palabra *aun* (sin tilde) se utiliza en lugar de *incluso* o *siquiera*, y sobre todo en las locuciones *aun cuando* y *aun así*: *Aun así, no voy a dejar que lo hagas*.

Sin embargo, en algunas ocasiones, *aun* puede sustituirse por *incluso* o por *todavía* indistintamente. En estos casos, debemos escribir *aún* (con tilde), ya que, siendo sustituible tanto por *incluso* como por *todavía*, es una palabra tónica en la pronunciación: *Y aún te digo más: ni siquiera intentes llamarme.*

austral

No hay que confundir los términos *austral* y *boreal*. *Austral* significa «del Sur» y *boreal*, «del Norte».

La confusión entre los términos *austral* y *boreal* hace necesaria una aclaración sobre sus respectivos significados. Veamos su definición en el diccionario *Clave*:

> **austral** En astronomía y geografía, del polo Sur, del hemisferio Sur, o relacionado con ellos: *El hemisferio austral está situado al sur del ecuador.*

> **boreal** En astronomía y geografía, del septentrión o del norte: *El hemisferio boreal comprende el polo ártico y limita con el ecuador.*

Como hemos podido ver, los términos *austral* y *boreal* no significan lo mismo y, por tanto, no deben confundirse.

auto-

Auto- es un elemento compositivo griego que significa «uno mismo». Sin embargo, se utiliza con demasiada frecuencia en verbos en los que resulta absolutamente redundante porque ya el uso de un pronombre indica que la acción recae sobre uno mismo: *autoproclamarse, automaquillarse...*

Cuando a un verbo español le añadimos el pronombre *-se*, la acción del verbo recae sobre la misma persona que realiza dicha acción: *afeitarse, lavarse, maquillarse, rascarse, suicidarse, defenderse, peinarse, vestirse...*

Hay otras lenguas en las que no existe esa forma que llamamos pronominal; una de ellas es el inglés, en la que para conseguir ese significado tienen que añadir al sustantivo el prefijo *self-*: *self-defense, self-service, self-control, self-destruction...*

Auto- es un prefijo muy productivo que se emplea las más de las veces con excesiva prodigalidad y conviene usarlo con prudencia para no incurrir en ridículas redundancias, la mayoría de las veces influidos por una mala traducción del prefijo inglés *self*. *Self-apparent* se traduce por *evidente* (no por *autoaparente*), *self-apointed* por *nombrado* o *citado* (no *autocitado*), etc.

Con frecuencia, leemos o escuchamos redundancias como las que siguen: *se ha autoexcluido*, en lugar de *se ha excluido*; *se ha autoelegido*, en lugar de *se ha elegido*.

Ha aparecido, en el suplemento de ocio de un diario madrileño, un anuncio que decía lo siguiente: «Curso: Aprender a automaquillarse. El Salón de Belleza [...] organiza todas las semanas cursos para aprender a automaquillarse. Una maquilladora profesional enseñará a las alumnas los secretos del automaquillaje rápido más elaborado.»

Dicho anuncio nos hace suponer que muy pronto habrá cursos para que los hombres aprendan a autoafeitarse.

(Véase también **autodefensa**; **autoproclamarse**; **autocaída**.)

[autocaída

Es incorrecto el uso del término *autocaída* para referirse a la caída fingida de un ciclista. Resulta más correcto decir *El ciclista se tiró* o *El ciclista fingió una caída*.

Los seguidores de las noticias del *tour* de Francia fueron testigos de la aparición de un neologismo inventado por algún periodista o locutor que creyó necesaria una nueva palabra: la *autocaída*. Y con ella se refería a las caídas fingidas por los ciclistas cuando ya no podían más y querían retirarse de la carrera. Al inventor no le bastaba con decir que tal o cual corredor *fingió una caída* o *se tiró al suelo* o *se tiró a la carretera*, expresiones que definen exactamente lo que ocurre en esas ocasiones, y decidió que ya era hora de remediar esa situación de vacío léxico. ¿Cómo solucionarlo? Pues echando mano de un prefijo muy de moda: *auto-*. Menos mal que la cosa se quedó, de momento, en el sustantivo, y no se comenzó a conjugar el verbo *autocaerse*.

[autodefensa

La voz inglesa *self-defense* equivale en castellano a *defensa propia*; no es correcto utilizar la traducción literal *autodefensa*.

Auto- es un prefijo muy productivo en castellano y se emplea con excesiva profusión. Conviene usarlo con prudencia para no incurrir en ridículas redundancias, la mayoría de las veces influidos por una mala traducción del prefijo inglés *self-*: *self-apparent* se traduce por *evidente* (no por *autoaparente*); *self-apointed*, por *nombrado* o *citado* (no *autocitado*); *self-defense*, por *defensa propia* (no *autodefensa*).

En lo que se refiere al nombre de las fuerzas armadas japonesas, llamadas en japonés Yieitai (no Jieitai, que es la transcripción inglesa), los estadounidenses traducen ese nombre japonés como *Self-Defense Forces*, traducción correcta pero que no nos obliga a su traducción literal al español: *Fuerzas de Autodefensa* (o *...de Defensa Propia*). Los ejércitos de todos los países son fuerzas ofensivas o defensivas, las más de las veces ambas cosas; lo que sí es cierto es que si unas fuerzas lo son de *defensa*, no van a ser de *defensa ajena*, luego añadir el prefijo *auto-* es una redundancia innecesaria.

autodidacto, ta

Aunque la mayoría de los hablantes utiliza *autodidacta* como forma invariable, hay que recordar que esta palabra posee tanto una forma masculina (*autodidacto*) como una femenina (*autodidacta*).

Muy pocas veces se usa la forma masculina de este adjetivo, y ello sólo puede achacarse al desconocimiento de su existencia. Por alguna razón oculta, el común de las gentes utiliza únicamente el femenino *autodidacta*. Vemos lo que dice al respecto Manuel Seco en su *Diccionario de dudas y dificultades de la lengua española*:

> Mejor que *autodidacta* como palabra invariable en género es usar la forma masculina *autodidacto*, y *autodidacta* como forma femenina. Véanse estos ejemplos: *Lo corriente es que se trate de autodidactos formados en el apremio de un vivir sin espera* (Castro, De la España, II, 286); *Era un autodidacto* (Anderson, Lit. Hispanoamericana, I, 30).

[autohandling Véase **handling**.

automotriz

Es incorrecto el uso del adjetivo femenino *automotriz* en lugar de *automovilística*. No debe decirse *empresas automotrices*; lo correcto es *empresas automovilísticas*.

Según el diccionario *Clave*, las definiciones de *automotriz* y *automovilística* son las siguientes:

> **automotor, -a** Referido esp. a un vehículo de tracción mecánica, que se mueve sin la intervención directa de una acción externa: *Esta cadena de montaje funciona gracias a un sistema automotor.* □ MORF. Como adjetivo admite también la forma de femenino *automotriz*.

> **automovilístico, ca** Del automovilismo o relacionado con él: *La crisis económica ha afectado también a la industria automovilística.*

Como deducimos de estas definiciones, el término *automotriz* no es sinónimo de *automovilística* sino que es una de las formas femeninas de *automotor*. Por tanto, es incorrecto decir *industria automotriz*; en su lugar, debe decirse *industria automovilística*.

[autoproclamación Véase **autoproclamarse**.

[autoproclamarse

Es incorrecto y redundante añadir el prefijo *auto-* («uno mismo») a los verbos españoles que llevan el pronombre *-se*.

Cuando a un verbo español le añadimos el pronombre -se, la acción del verbo recae sobre la misma persona que realiza dicha acción: *afeitarse, lavarse, rascarse, defenderse, peinarse...*

En otras lenguas no existe esa forma que llamamos pronominal; una de ellas es el inglés, en la que para conseguir ese significado tienen que añadir al sustantivo el prefijo *self-* (*self-service, self-control, self-destruction*) y anteponer una perífrasis verbal del tipo *to act in.*

El verbo *autoproclamarse* y el sustantivo *autoproclamación* aparecieron en las noticias procedentes de Yugoslavia referentes a los problemas en la designación del presidente de la República:

> *Stjepan Mesic se autoproclama presidente.*

> *Representante croata se autoproclama presidente.*

> *Stjepan Mesic se autoproclamó hoy presidente de Yugoslavia.*

La explicación del porqué del error, de por qué sobra ese *auto-*, es bien sencilla: si *se proclamó* presidente, sólo pudo hacerlo a sí mismo; no es posible que Stjepan Mesic *se proclame* presidente a otra persona. Por tanto, es totalmente absurdo e innecesario introducir ese prefijo *auto-*, de clara influencia inglesa.

autoría

Debe evitarse el uso del término *autoría* en frases en las que resulta redundante: *Se atribuyó la autoría del atentado* (debería decirse: *Se atribuyó el atentado*).

Este vocablo figura en el *Diccionario* de la Real Academia Española, pero muchas veces se utiliza en frases en las que podría evitarse. Por ejemplo, en vez de *Nadie se ha atribuido aún la autoría del delito*, podría escribirse simplemente *Nadie se ha atribuido aún el delito.*

El diccionario *Clave* define la voz *autoría* de la siguiente manera:

> **autoría** Condición de autor: *La autoría de la obra le da derecho a cobrar parte de las ganancias que con ella se obtengan. La crítica todavía discute sobre la autoría de este cuadro.*

En estos ejemplos del diccionario se emplea el término *autoría* de forma correcta. Evítese, pues, su uso en frases forzadas, como las que mencionábamos anteriormente.

[avant match

Es incorrecto el uso del término *avant match*, que puede reemplazarse por la palabra castellana *prepartido.*

En el lenguaje deportivo, aparecen con frecuencia términos de otras lenguas, sobre todo del inglés, cuyo uso debe evitarse. La voz *avant match*, que se utiliza para referirse a un partido previo a otro, no existe en español.

El *Diccionario* de la Real Academia Española no recoge ni este término ni su hispanización, *prepartido*. Sin embargo, recomendamos que, en lugar de *avant match*, se utilice la palabra *prepartido*, ya que esta es la traducción más aproximada del extranjerismo *avant match*.

[ayer noche

Debe evitarse el uso de expresiones como *hoy noche* o *ayer noche* por influencia del inglés *this evening* o *yesterday evening*. Lo correcto en español es decir: *hoy por la noche* o *ayer por la noche*.

Se oyen con frecuencia expresiones del tipo *hoy noche* o *ayer noche*. Por ello, creemos conveniente tratar esta cuestión.

Expresiones como estas no son correctas en español, ya que nosotros siempre hemos dicho *hoy por la noche* y *ayer por la noche*. Probablemente, hayan surgido por influencia del inglés, lengua en la que todo suele expresarse de forma más breve. Pero el hecho de que en dicha lengua podamos decir *this evening* o *yesterday evening* no significa que podamos hacer lo mismo en español.

Recomendamos, pues, que se evite el uso de este tipo de expresiones y que se vuelva a las formas correctas en español: *hoy por la noche* o *ayer por la noche*.

[ayer tarde

Debe evitarse el uso de expresiones como *hoy tarde* o *ayer tarde* por influencia del inglés *this afternoon* o *yesterday afternoon*. Lo correcto en español es decir: *hoy por la tarde* o *ayer por la tarde*.

Se oyen con frecuencia expresiones del tipo *hoy tarde* o *ayer tarde*. Por ello, creemos conveniente tratar esta cuestión.

Expresiones como estas no son correctas en español, ya que nosotros siempre hemos dicho *hoy por la tarde* y *ayer por la tarde*. Probablemente, hayan surgido por influencia del inglés, lengua en la que todo suele expresarse de forma más breve. Pero el hecho de que en dicha lengua podamos decir *this afternoon* o *yesterday afternoon* no significa que podamos hacer lo mismo en español.

Recomendamos, pues, que se evite el uso de este tipo de expresiones y que se vuelva a las formas correctas en español: *hoy por la tarde* o *ayer por la tarde*.

[**azerbaiyanés, -a** Véase **azerbaiyano, na**.

[**azerbaiyaní** Véase **azerbaiyano, na**.

azerbaiyano, na

Azerbaiyano, azerbaiyanés o *azerbaiyaní* son los términos con los que se designa a los habitantes de la república de Azerbaiyán. No debe emplearse en su lugar la forma *azerí*, que se refiere a la lengua y la literatura propias de los azerbaiyanos.

Cuando comenzaron a llegar noticias a la Agencia EFE sobre los problemas territoriales y nacionalistas de la república de Azerbaiyán, nos encontramos con una palabra nueva para llamar a los habitantes de dicha república, es decir, con un gentilicio hasta entonces desconocido y que, por tanto, nos llamó mucho la atención. La voz en cuestión era *azerí*, y con ella quedaba desplazada la conocida por todos los hispanohablantes: *azerbaiyano*.

Consultados los diccionarios y las enciclopedias, y transmitida la duda al Consejo Asesor del departamento, pudimos ver que esa nueva voz utilizada como gentilicio era el nombre de la lengua hablada en Azerbaiyán, y, por extensión, su literatura. Así pues, puede hablarse de lengua y literatura *azeríes*, que son las propias de los *azerbaiyanos*.

Como es costumbre en esos casos, redactamos una nota interior en la que explicábamos la confusión y el error de uso, y recomendábamos que a partir de ese momento se utilizasen los gentilicios españoles de ese país: *azerbaiyano, azerbaiyanés* o *azerbaiyaní*.

Creímos subsanado el error, pero, leyendo los periódicos y escuchando la televisión, hemos constatado que hay un extraño empeño en llamar *azeríes* a los *azerbaiyanos*. No logramos explicarnos la razón, debida quizá al «exceso de cultura» de algún corresponsal y al mimetismo tan generalizado en el oficio en cuanto hay una palabra nueva y sonora.

[**azerí** Véase **azerbaiyano, na**.

[**Azrou** Véase **Azrú**.

Azrú

Debe evitarse el uso de *Azrou* en lugar de *Azrú*, por ser *Azrú* la transcripción española del nombre de esta ciudad.

La forma de escribir en español los nombres de las ciudades de Marruecos está sufriendo algunos cambios producidos por el desconocimiento de la toponimia tradicional y por la cada vez más numerosa aparición de guías de viaje que hablan de Marruecos y de sus ciudades, sin tener en cuenta el nombre de esos lugares en español. En muchas ocasiones, se adopta una forma extraña para un topónimo sin tomar en consideración bien que ya existe una forma tradicional en nuestra lengua, o bien que la transcripción adoptada es la francesa y no la que corresponde al español.

En la zona norte de Marruecos (la de más reciente influencia española), una de las ciudades principales es la que, en español, designamos con el nombre de *Azrú*. Aunque en Marruecos se haya optado por la forma francesa *Azrou*, nosotros debemos seguir escribiendo el nombre de dicha ciudad como siempre lo hemos hecho en nuestra lengua: *Azrú*.

B b

b, v, w (pronunciación)

Las letras *b* y *v* representan un único fonema en español, es decir, su pronunciación es la misma. Asimismo, la *w* en algunos casos se pronuncia también como *b* y en otros como *u*.

Las letras *b* y *v* representan un único fonema, el fonema /b/ (bilabial sonoro) y, por tanto, se pronuncian igual. Tomás Navarro Tomás, en su *Manual de pronunciación española*, explica lo siguiente:

> La pronunciación correspondiente a la *v* escrita española es la misma que hemos dicho de la *b*. En la escritura, *b* y *v* se distinguen escrupulosamente; pero su función es solo ortográfica. [...] No hay noticia de que la *v* labiodental haya sido nunca corriente en la pronunciación española. Hoy solo pronuncian entre nosotros la *v* labiodental algunas personas demasiado influidas por prejuicios ortográficos o particularmente propensas a la afectación. Sin embargo, los españoles de origen valenciano o mallorquín y los de algunas comarcas del sur de Cataluña pronuncian la *v* labiodental hablando en español, no por énfasis ni por cultismo, sino por espontánea influencia de su lengua regional. El distinguir entre la *b* y la *v* no es de ningún modo un requisito recomendable en la pronunciación española.

En cuanto a la pronunciación de la letra *w*, la Real Academia Española explica que «la *w* representa el fonema labial sonoro en palabras de origen visigodo o alemán, como *Wamba, Witiza* y *wagneriano*, y el fonema vocálico equivalente al representado por la letra *u* en palabras de origen inglés, como *whisky* y *washingtoniano*».

Después de la explicación anterior, queda claro que, en español, las letras *b*, *v* y *w* se pronuncian igual en algunos casos. De ahí que recomendemos que, a veces, al transcribir términos extranjeros se cambie la *w* por la *u*, puesto que si, manteniendo la *w*, los pronunciásemos a la española (*w*=*b*), nos alejaríamos mucho del sonido original.

bahaí

El término *bahaí* se debe pronunciar y escribir así, que es como figura en el *Diccionario* de la Real Academia Española.

En el año 1997 llegó a EFE una carta de la oficina de información de la comunidad bahaí de España junto con unas explicaciones e instrucciones sobre la forma de llamar en español a esa comunidad y a su religión (*bahaísmo*). En dichas instrucciones, la palabra *bahaí* aparecía siempre como *bahá'í*: el acento de la palabra debía recaer en la segunda *a*, según el sistema internacional de transcripción del alfabeto árabe.

Aunque respetemos este criterio, en EFE no estamos de acuerdo con el contenido y las observaciones de esa carta, y, por consiguiente, aconsejamos que el nombre se escriba (y se pronuncie) tal y como aparece en el *Diccionario* de la Real Academia Española:

> **bahaí** Perteneciente o relativo al bahaísmo. // Partidario de esa religión.

(Véase también **bahaísmo**.)

bahaísmo

La utilización del término *bahaísmo* es correcta, y así aparece recogido en el *Diccionario* de la Real Academia Española.

La oficina de información de la comunidad bahaí de España remitió una carta a la Agencia EFE en la cual desaconsejaba el empleo del término *bahaísmo*. La razón fundamental era que se trataba de un término de origen francés, y que lo correcto era referirse a esta religión como *Fe Bahá'í*, o en su defecto *religión bahá'í*.

A pesar de estas observaciones, nosotros recomendamos el uso del término *bahaísmo* tal y como se recoge en el *Diccionario* de la Real Academia Española:

> **bahaísmo**. Religión de los discípulos de Baha' Allah, nacida del babismo, que propone la síntesis de las enseñanzas de todas las religiones y sociedades.

(Véase también **bahaí**.)

balance

Es incorrecto el uso del término *balance* con el significado de «equilibrio», «análisis» o «informe» así como en expresiones del tipo *balance de víctimas*.

En la última edición del *Manual de español urgente* de la Agencia EFE podemos leer:

> **balance** Todo balance implica dar cuenta del activo y del pasivo. No conviene, pues, escribir: *Cuarenta y cuatro muertos es el balance de víctimas, este fin de semana en las carreteras*. Habría que decir cuántos no han muerto. Es más adecuado *saldo*; pero muy feo. Mejor no usar ninguna de estas dos palabras, salvo en sus acepciones propias (*Los muertos en las carreteras este fin de semana han sido cuarenta y cuatro*). Otros posibles sustitutos son: *número, total, resultado, recuento*, etc. Por influjo del inglés se usa *balance* también con el sentido de *equilibrio*: evítese.

En el mismo libro se indica también que:

Además de esos dos usos erróneos de *balance*, en las noticias de la Agencia aparecen de vez en cuando otros dos aún no registrados por el *Manual*. El primero es su uso en lugar de *análisis, repaso, resumen, examen...*, en frases como *El Presidente, al hacer un balance de su gestión al frente del país...* Y el segundo, de más reciente aparición, es su uso con el significado de *informe*, en frases como *Según un balance de la Brigada de Narcóticos, las actividades aumentaron...*

Ante tanto *balance* lo mejor que podemos hacer es usar ese vocablo con suma cautela, o mejor: no usar esta palabra, salvo en su acepción propia.

balonvolea

Se recomienda el uso de *balonvolea*, frente a la forma *voleibol*.

En español existen dos términos sinónimos para designar el «deporte que se juega entre dos equipos de seis jugadores y en el que estos intentan lanzar con las manos un balón por encima de una red que divide el terreno de juego, evitando que toque el suelo del campo propio y procurando que caiga en el del contrario»: *balonvolea* y *voleibol*.

Aunque la Real Academia prefiera *voleibol* (castellanización de la grafía inglesa *volleyball*), recomendamos el uso de *balonvolea*, que es la traducción correspondiente de este término.

Bangla Véase **Bengala**.

barajar

Es incorrecta la expresión *barajar una posibilidad*, puesto que el verbo *barajar* siempre encierra la idea de dos o más cosas. Sustitúyase, pues, por otros verbos, como *considerar* o *tener en cuenta*.

En el diccionario *Clave* aparecen las siguientes acepciones del verbo *barajar*:

> **barajar 1** Referido a las cartas de una baraja, mezclarlas unas con otras y alterar su orden varias veces: *Baraja bien las cartas antes de repartirlas*. **2** Referido a un conjunto de posibilidades, considerar todas ellas antes de llegar a una decisión: *Estoy barajando varios títulos para mi libro. Para ese cargo se barajan los nombres de tres políticos*. [**3** Referido a una serie de datos, emplearlos o manejarlos: *'Barajas' demasiados números y no te entiendo bien*. [**4** Referido a riesgos o a dificultades, evitarlos con astucia y habilidad: *Tú sabes 'barajar' bien los obstáculos y salir de ellos con habilidad*. ☐ SINT. En la acepción 2, se pueden barajar dos o más posibilidades, pero no una sola.

Según las acepciones 1, 2 y 4, en las que *barajar* tiene el significado de *mezclar*, para poder hacerlo son necesarias dos o más cosas, y es completamente imposible *barajar* una sola cosa. Así pues, es incorrecta la expresión *Se baraja la posibilidad de que...*, tan corriente en la lengua oral y escrita. En este caso, en lugar de *barajar*, deben utilizarse verbos como *considerar* o *tener en cuenta*.

[basquetbolista

Debe evitarse el uso del anglicismo *basquetbolista*, ya que existe en español el término equivalente *baloncestista*.

Aparece últimamente en los medios de comunicación un anglicismo extraño: *basquetbolista*, para designar a los jugadores de baloncesto. Puesto que en español existen los términos *baloncesto* y *baloncestista*, no debe utilizarse el anglicismo *basquetbolista*.

Bâton Rouge

Se recomienda el uso de *Bâton Rouge* o *Baton Rouge* (si no se dispone de acento circunflejo), en lugar de este mismo nombre con otras grafías, por ser ambas formas las transcripciones tradicionales en español.

Hace tiempo, con motivo de un huracán que estaba azotando los estados sureños norteamericanos, aparecieron algunos topónimos que podían plantear dudas sobre su escritura correcta en español.

Entre ellos, figuraba el nombre de una importante ciudad de *Luisiana*, que aparecía escrita *Batton Rouge*. Existe cartografía y referencias históricas españolas desde fines del siglo XVII, en donde se fija la grafía de dichos topónimos. Por tanto, su grafía correcta es *Bâton Rouge* aunque, si no se dispone de acento circunflejo, basta con escribir *Baton Rouge*.

Beijing Véase **Pekin**.

Belarús Véase **Bielorrusia**.

Belau Véase **Palaos**.

Benarés

Se recomienda el uso de *Benarés*, en lugar de *Varanasi*, por ser *Benarés* el término tradicional en español.

Desde 1995, las nuevas autoridades del estado indio de Maharastra exigen que el resto de los hablantes de otras lenguas cambiemos la denominación de esta ciudad por la de *Varanasi*. Sin embargo, nos remitimos a las recomendaciones de la última edición del *Manual de español urgente*:

> Los nombres de uso tradicional y muy arraigado en castellano deben conservar su forma castellana. Los nombres que, teniendo correspondencia castellana, se reproducen en la prensa internacional con las formas del país, a veces reclamadas por los Gobiernos respectivos con actitud anticolonialista, deben conservar la forma castellana del nombre extranjero cuando es tradicional.

Y no cabe la menor duda de que Benarés es un nombre con larga tradición en español.

[benchmark

Cuando se emplee el término inglés *benchmark* (pronunciado [bénchmark]), debe darse su traducción al español entre paréntesis. La traducción debe ajustarse al contexto en el que aparezca la palabra.

Si miramos en el *Diccionario Collins* veremos que la voz inglesa *benchmark* equivale al español *cota* o *punto topográfico*, y que *benchmark price* es nuestro *precio de referencia*.

En el *Diccionario bilingüe de economía y empresa* de José María Lozano Irueste, *benchmark* es *punto de referencia*, y un *benchmark problem* es «un problema definido con objeto de medir de forma comparada rendimientos de diferentes ordenadas».

El *Nuevo diccionario de anglicismos* de Félix Rodríguez González y Antonio Lillo Buades dice lo siguiente sobre la voz *benchmark*:

> **benchmark** (Informática) Problema o programa que puede ser realizado por distintas computadoras para comparar su eficacia, velocidad o precisión. Sinónimos: *programa de prueba, programa patrón, prueba patrón, banco de pruebas*. Ejemplos: *Siendo muy escasos los benchmarks de dominio público que intentan medir y comparar los rendimientos de cada sistema [...], un benchmark comparativo con UUCP, Crosstalk, Xmodem y otros*. // (Economía) Índice o título de referencia para seguir la evolución de un mercado, o para medir el rendimiento de una cartera. Traducción: *referencia*. Ejemplos: *El Financial Times utiliza como benchmark del mercado de bonos del Tesoro de España, el emitido con vencimiento en junio del 2002 y con cupón del 10,30%*.

Al tratarse de un neologismo en español, es conveniente que cada vez que aparezca *benchmark* vaya seguido de una traducción, entre paréntesis, lo más ajustada posible al contexto del que se trate en la noticia. Algunas posibles traducciones son: *comparativa, prueba comparativa, referencia, prueba de referencia, contraste,*

modelo, ejemplo, arquetipo, patrón, paradigma, pauta, estándar, programa de prue-
ba, programa patrón, prueba patrón, banco de pruebas, etc.

[benchmarking

Cuando se emplee el término inglés *benchmarking* (pronunciado [benchmárkin]),
debe escribirse seguido de una breve explicación entre paréntesis. Esta explicación debe ajustarse al contexto en el que aparezca la palabra.

En el libro titulado *Desarrollo de una cultura de la calidad* de Humberto Cantú
Delgado, se nos explica lo siguiente:

> **Benchmarking** se entiende como el (re)diseño del proceso mediante el análisis de las prácticas
> y procedimientos de los mejores competidores e industrias relacionadas, se integra a través de
> un análisis QFD (Quality Function Deployment = Despliegue de la Función de Calidad) de la
> competencia, la percepción que tienen los consumidores acerca del producto que ésta elabora,
> y las prácticas y procedimientos que utilizan los mejores para serlo. Un estudio de *benchmarking*
> puede tener básicamente tres objetivos: **1** Conocer las características de los productos y ser-
> vicios de la competencia que afectan favorablemente al consumidor. **2** Detectar los mejores
> procesos productivos que pueden ser incorporados a la empresa para hacerla más competitiva.
> **3** Implantar medidas de desempeño para incorporarlas en las metas y objetivos de la organi-
> zación.

En el mundo del marketing o mercadotecnia, el *benchmarking* es una técnica comercial que consiste en fijarse en las empresas líderes de determinado sector y
tomarlas como modelo de referencia en el desarrollo de otras empresas del mismo
sector u otras con actividades relacionadas. Se trata, pues, de hacer una comparación de una empresa con otra del mismo campo, que sea líder, para ver cómo
funciona en sus diferentes aspectos, como precios, calidad, procesos de fabricación,
mercado, etc., y copiar lo que pueda ser de provecho.

Por tanto, si aparece el término *benchmarking*, al no existir una traducción concreta,
habrá que escribirlo seguido de una breve explicación entre paréntesis.

El siguiente sería un ejemplo de una noticia bien redactada:

Estas empresas obtienen valores más altos en creatividad, benchmarking (apren-
dizaje por comparación con otras empresas), respeto a la diversidad, orientación
al cliente y flexibilidad de estructuras, aspectos en los que destacan en general
las empresas privadas ante las públicas.

Bengala

Se recomienda el uso de *Bengala*, en lugar de *Bangla* o *Bangla Desh*, por ser
Bengala el término tradicional en español.

Quizá ya sea un poco tarde para emprender la batalla de recuperación de algunos topónimos tradicionales en español que, casi siempre por razones políticas, han desaparecido del uso cotidiano en nuestra lengua.

Este es el caso de *Bengala*, nombre que comparten un país y el golfo que bordea sus costas, situados al oeste de la península Indostánica y harto conocidos por varias generaciones de hispanohablantes gracias a las novelas de Emilio Salgari. Además, nos es familiar un animal famoso que actúa como estrella en todos los circos que se precien: el tigre de Bengala.

El origen de este topónimo en español, como el de la mayor parte de los países lejanos, es bien sencillo. Se trata nada más y nada menos que de la adaptación a la grafía y pronunciación españolas de un nombre en su lengua original, en este caso el bengalí. En esta lengua, el nombre del país suena algo así como /bengal/ o /bangla/; y a los primeros españoles les pareció que decía algo así como /bengala/, y así lo escribieron.

Resulta que con cuando este estado se independizó, en 1971, tomó el nombre de *Bangla Desh*. Pero parece ser que nadie se ha dado cuenta de que *Bangla Desh* es el nombre de este país en su propia lengua, el bengalí, y si lo tradujésemos al español sería *País de Bengala*. Así pues, si nosotros siempre habíamos llamado *Bengala* a esa parte del mundo y ese nombre forma parte de nuestra tradición escrita, no parece haber ninguna razón para que desde 1971 se nos haya olvidado ese nombre y hayamos tenido que comenzar a utilizar la lengua bengalí para referirnos a ese país. Sería tan absurdo como si Escocia se separase de Gran Bretaña y hubiera un nuevo país independiente que, en su lengua, se llama *Scotland* («Tierra de Escocia»], y al que nosotros dejásemos en ese momento de llamar *Escocia* y decidiésemos comenzar a utilizar *Scotland*.

Menos mal que el dislate de *Bangla Desh* no llegó al gentilicio y a nadie se le ocurrió hablar de los *bangladeshíes*, y hemos seguido usando *bengalí* y *bengalíes* para referirnos a todo lo relacionado con Bangla Desh [habitantes, lengua...]. A muchos aficionados al cine les hubiera resultado raro hablar de «Los tres lanceros bangla-deshíes». Y no nos parece que se plantee ningún problema por el hecho de que haya dos entidades políticas, Bangla Desh y el estado indio de Bengala Occidental, que compartan un mismo gentilicio, ya que la palabra *bengalí* siempre aparecerá dentro de un contexto por el que sabremos de qué se trata.

Por último, en septiembre de 1999, el Gobierno del estado de Bengala Occidental exigió que el resto de los hablantes de otras lenguas designásemos a este país con el término bengalí *Bangla*. Sin embargo, nosotros consideramos que los nombres de uso tradicional y muy arraigado en castellano deben conservar su forma cas-tellana, y no cabe la menor duda de que *Bengala* es un nombre con larga tradición en español.

En el pasado, los ingleses también decidieron escribir *Bengal*, y, durante su dominio colonial en la India, dividieron Bengala en dos provincias: Bengala Occidental y Bengala Oriental. Cuando en 1947 se formó el estado de Pakistán, la Bengala Oriental pasó a formar parte de dicho estado y se llamó *Pakistán Oriental*, hasta que en 1971 se independizó y tomó el nombre de *Bangla Desh*, que es como todo el mundo conoce hoy en día a este país. (Bengala Occidental es actualmente un estado de la India y su capital es Calcuta.)

bianual Véase **bienal**.

Bielorrusia

Se recomienda el uso de *Bielorrusia*, en lugar de *Belarús*, por ser *Bielorrusia* la transcripción española del nombre de esta república.

Por petición expresa del Gobierno de este país, los hispanohablantes deberían decir *Belarús* y no *Bielorrusia*. Sin embargo, nosotros consideramos que debe primar siempre la tradición de nuestra lengua y, por ello, recomendamos que se utilice *Bielorrusia*, y no *Belarús* para referirse a esta república soviética independiente, puesto que *Bielorrusia* es la forma correcta en español del nombre de este país.

Nos remitimos a las recomendaciones de la última edición del *Manual del español urgente* de la Agencia EFE:

Los nombres de uso tradicional y muy arraigado en castellano deben conservar su forma castellana. Los nombres que, teniendo correspondencia castellana, se reproducen en la prensa internacional con las formas del país, a veces reclamadas por los Gobiernos respectivos con actitud anticolonialista, deben conservar la forma castellana del nombre extranjero cuando es tradicional.

Recomendamos, por tanto, el empleo del término *Bielorrusia* por ser este el nombre tradicional en español.

bienal

No hay que confundir los términos *bienal* («lo que sucede cada dos años») y *bianual* («lo que sucede dos veces al año»).

Con el adjetivo *anual* no cabe ninguna duda: es lo que sucede una vez al año. Pero si es dos veces al año será *bianual*.

Dos años son un *bienio*, voz a la que corresponde el adjetivo *bienal*, que se aplica a lo que sucede u ocurre cada dos años.

Sin embargo, en ocasiones resulta mucho más cómodo y más inteligible utilizar perífrasis en lugar de los adjetivos correspondientes; así, cuando algo sucede cada quince años, en lugar de utilizar la voz poco usual *quindenial*, lo mejor es no pecar de pedantes y decir *cada quince años*, expresión que será mejor comprendida por los receptores. Al fin y al cabo, de lo que se trata es de que el mensaje sea claro para los receptores.

> ¿Entonces algo que es *semestral* es también *bianual*? Sí, algo que ocurre una vez cada seis meses (*semestral*) es, por extensión, *bianual*. Así, por ejemplo, podemos decir *Los exámenes en este centro son semestrales* o *Los exámenes en este centro son bianuales*. Por el contrario, no todo lo *bianual* tiene por qué ser siempre *semestral*, ya que, siguiendo con el ejemplo anterior, es posible tener dos exámenes al año y que estos no tengan lugar necesariamente uno por semestre.

bimensual Véase **bimestral**.

bimestral

> No hay que confundir los términos *bimestral* («lo que sucede cada dos meses») y *bimensual* («lo que sucede dos veces al mes»).

El espacio de tiempo de dos meses es un *bimestre*, luego lo que suceda o se repita cada bimestre será *bimestral*. *Bimensual* es el adjetivo con el que se designa lo que ocurre o se hace dos veces al mes; es decir, lo *quincenal* («lo que sucede cada quince días») es al mismo tiempo *bimensual*, aunque lo *bimensual* no tenga por qué ser *quincenal*, ya que no todo lo que sucede dos veces al mes sucede cada quince días.

Si en lugar de cada dos meses lo que nos interesa nombrar ocurre cada tres, es decir, cada *trimestre*, el adjetivo correspondiente será *trimestral*. Ahora bien, si lo que ocurre es que algo se repite tres veces al mes, deberemos referirnos a ello como *trimensual*.

Cuatro meses son un *cuatrimestre*, y lo que ocurre cada cuatro meses o dura ese espacio de tiempo es *cuatrimestral*.

Semestre es como llamamos al espacio de tiempo de seis meses, y el adjetivo correspondiente es *semestral* (cada seis meses).

En ocasiones resulta mucho más cómodo y más inteligible utilizar perífrasis en lugar de los adjetivos correspondientes; así, cuando algo sucede cuatro veces al mes y no puede calificarse de *semanal*, en lugar de *cuatrimensual* podemos decir simplemente: *cuatro veces al mes*.

Birmania

> Se recomienda el uso de *Birmania*, en lugar de *Myanmar*, por ser *Birmania* el término tradicional en español.

Tras un golpe de estado, el Gobierno de Birmania exigió que el resto de los hablantes de otras lenguas designáramos a ese país con el término *Myanmar*. Sin embargo, nos remitimos a las recomendaciones de la última edición del *Manual de español urgente*:

> Los nombres de uso tradicional y muy arraigado en castellano deben conservar su forma castellana. Los nombres que, teniendo correspondencia castellana, se reproducen en la prensa internacional con las formas del país, a veces reclamadas por los Gobiernos respectivos con actitud anticolonialista, deben conservar la forma castellana del nombre extranjero cuando es tradicional.

Recomendamos, por tanto, el empleo del término *Birmania* por ser un nombre con larga tradición en español.

bizarro, rra

La voz inglesa *bizarre* no debe traducirse por el término español *bizarro*, puesto que, en inglés, *bizarre* significa «raro, extraño», mientras que, en español, *bizarro* quiere decir «valiente, arrojado».

La Comisión de Traducciones de la Academia Norteamericana de la Lengua Española edita y distribuye, sin periodicidad fija, un boletín titulado *Glosas*, en el que se comentan cuestiones léxicas y gramaticales relacionadas con los problemas que pueden surgir al traducir del inglés al español. Uno de los apartados de dicho boletín está dedicado a advertir sobre los falsos amigos, es decir, dos términos de lenguas distintas que aparentemente son equivalentes, pero que no significan lo mismo.

Este es el caso de la voz que nos ocupa: *bizarro*. En inglés, *bizarre* quiere decir «raro, extraño, estrambótico», mientras que el término español, *bizarro*, tiene otro significado completamente distinto. Veamos cómo define el diccionario *Clave* este término:

> **bizarro, rra 1** Que actúa con valor, con ánimo y con decisión; gallardo, valiente: *Era un capitán bizarro y altivo.* **2** Referido a una persona, generosa y espléndida: *Tenía un espíritu bizarro, liberal y desprendido.* □ ETIMOL. Del italiano *bizzarro* (iracundo, furioso).

Por tanto, a la hora de traducir esta palabra inglesa al español, hay que tener cuidado de no caer en la trampa de pensar que son equivalentes.

Bofutatsuana

Debe evitarse el uso de *Bophuthatswuana* en lugar de *Bofutatsuana*, por ser *Bofutatsuana* la transcripción española más adecuada del nombre de esta ciudad.

A menos que haya un topónimo tradicional en español, siempre deben hispanizarse las grafías de nombres propios procedentes de lenguas que tienen alfabetos distintos al latino. En lo referido a la toponimia de África, es importante tener en cuenta que, a menudo, las grafías nos llegan —ya transcritas al alfabeto latino— a través del inglés o del francés, ya que muchos de los actuales países africanos fueron colonias del Reino Unido o de Francia; sin embargo, estas grafías pueden resultar extrañas en nuestro idioma.

Uno de estos topónimos es el que, en español, designamos con el nombre de *Bofutatsuana*. Aunque es frecuente ver escrita la forma *Bophuthatswuana*, recomendamos seguir escribiendo el nombre de dicha ciudad con la grafía propia de nuestra lengua: *Bofutatsuana*.

Bogotá

> Se recomienda el uso de *Bogotá*, en vez de *Santafé de Bogotá*, por ser *Bogotá* el término más frecuente en español.

Ocurre con muchas ciudades con un nombre muy largo, que son nombradas habitualmente con una forma más corta que la denominación oficial. Este es el caso de *Cali*, cuyo nombre completo es *Santiago de Cali*, aunque, de momento, a nadie se le ha ocurrido llamarla de esa manera. Y si nombramos la capital de Ecuador, decimos *Quito* y nunca *San Francisco de Quito*, de la misma forma que nos referimos a la capital panameña como *Panamá* y no como *Santiago de los Caballeros de Panamá*.

Lo mismo ocurre con *Bogotá*. En 1991 la república de Colombia promulgó una nueva Constitución en la que el nombre de la capital, hasta entonces *Bogotá*, pasaba a ser *Santafé de Bogotá*, nombre que no aportaba nada nuevo, pues era el tradicional que, poco a poco y por comodidad, había caído en desuso.

Planteada la duda de si debe usarse este *nuevo* nombre oficial o es suficiente con la forma universalmente utilizada de *Bogotá*, creemos que ambas pueden convivir, si bien aconsejamos que la forma *Santafé de Bogotá* se utilice únicamente en los casos en los que se crea absolutamente necesario.

[boicó Véase **boicot**.

boicot

> Es preferible escribir *boicot* o *boicoteo*, y no *boicó*, para referirse al término inglés *boycott*, por ser *boicot* y *boicoteo* las palabras recogidas en el *Diccionario de la Real Academia Española*.

Encontramos con cierta frecuencia la palabra *boicó* como hispanización del inglés *boycott*, siguiendo el mismo criterio que dio como resultado *chalé, parqué* y *carné* (adaptaciones a la grafía española de las voces francesas *chalet, parquet* y *carnet*).

Pero antes de escribir una palabra cuya grafía puede resultar dudosa conviene mirar en los diccionarios. En primer lugar, en el de la Real Academia Española: si lo hacemos, podremos comprobar que ni en el *Diccionario* de la Real Academia Española, ni en ningún otro diccionario de uso de español actual, aparece la forma *boicó*. Así pues, la palabra inglesa *boycott* ha pasado al español como *boicot* o *boicoteo* (la Academia recoge las dos, pero prefiere la segunda), y también ha dado origen al verbo *boicotear*.

El diccionario *Clave* define *boicot* como «interrupción de algo, especialmente de un acto, como medio de presión para conseguir algo: *Los sindicatos hicieron boicot a la empresa para que subiera los salarios*». También nos explica el diccionario *Clave* que para hacer el plural basta con decir *los boicot*, y que, aunque la Academia prefiera *boicoteo*, se usa mucho más *boicot*.

Podemos, pues, seguir el criterio de la Academia o el del diccionario *Clave* (compartido por otros diccionarios de uso de español actual), pero hay que recordar que en ninguno de ellos aparece la forma *boicó*.

boicoteo Véase **boicot.**

Bojador

Debe evitarse el uso de *Boujdour* en lugar de *Bojador*, por ser *Bojador* la transcripción española del nombre de esta ciudad.

La forma de escribir en español los nombres de las ciudades del Sahara Occidental está sufriendo algunos cambios producidos por el desconocimiento de la toponimia tradicional y por la cada vez más numerosa aparición de guías de viaje que hablan del Sahara Occidental y de sus ciudades, sin tener en cuenta el nombre de esos lugares en español. En muchas ocasiones, se adopta una forma extraña para un topónimo sin tomar en consideración bien que ya existe una forma tradicional en nuestra lengua, o bien que la transcripción adoptada es la francesa y no la que corresponde al español.

Una de estas ciudades saharauis es la que, en español, designamos con el nombre de *Bojador*. Aunque en el Sahara Occidental se haya optado por la forma francesa *Boujdour*, recomendamos seguir escribiendo el nombre de dicha ciudad como siempre lo hemos hecho en nuestra lengua: *Bojador*.

Bombay

Se recomienda el uso de *Bombay*, en lugar de *Mumbay*, por ser *Bombay* el término tradicional en español.

Desde 1995, las nuevas autoridades del estado indio de Maharastra exigen que el resto de los hablantes de otras lenguas cambiemos la denominación de esta ciudad por la de *Mumbay*. Sin embargo, nos remitimos a las recomendaciones de la última edición del *Manual de español urgente*:

> Los nombres de uso tradicional y muy arraigado en castellano deben conservar su forma castellana. Los nombres que, teniendo correspondencia castellana, se reproducen en la prensa internacional con las formas del país, a veces reclamadas por los Gobiernos respectivos con actitud anticolonialista, deben conservar la forma castellana del nombre extranjero cuando es tradicional.

Se recomienda, pues, el término *Bombay* por ser de larga tradición en español.

Bophuthatswuana Véase **Bofutatsuana**.

[borderline

Es innecesario el uso de este anglicismo (pronunciado [bórderlain]), ya que existe en español el término equivalente *límite* para designar a las «personas que se encuentran en el umbral de la inteligencia normal».

Últimamente, encontramos en muchos textos el término *borderline*:

> *La Asociación Catalana de Integración y Desarrollo Humano (ACIDH), dedicada al tratamiento del borderlines, reclama a las administraciones una indemnización.*

> *Esta es la primera escuela de España dedicada a jóvenes borderlines.*

> *El fallo apreciaba en el procesado una inteligencia límite (borderline) y un comportamiento psicopático.*

¿Es verdaderamente necesario usar esa palabra inglesa en las noticias redactadas en español? ¿Es lícito que en la mayoría de los casos se use esa palabra inglesa sin explicar a continuación su significado? Lo más lógico es contestar *no* a ambas preguntas, más aún si tenemos en cuenta que en español tenemos tres palabras para referirnos a las personas con ese tipo de discapacidad: *límite*, *limítrofe* y *fronterizo*.

Del *Glosario* del Centro de Atención Psicopedagógica de Educación Preescolar extraemos el siguiente párrafo:

Se entiende por deficiencia o retraso mental *límite* un nivel de capacidad intelectual situado entre los cocientes intelectuales 0 y 85 aproximadamente, en una zona, por tanto, *fronteriza* entre la inteligencia normal y la deficiencia en sentido estricto. Los problemas de los sujetos con *capacidad intelectual fronteriza* o *límite* se deben a menudo a factores sociales y psicológicos, y no suelen aparecer hasta los años de escolarización, en general de una educación inadecuada, no ajustada a sus posibilidades reales y a sus características especiales.

boreal

No hay que confundir los términos *boreal* y *austral*. *Boreal* significa «del Norte» y *austral*, «del Sur».

La confusión entre los términos *boreal* y *austral* hace necesaria una aclaración sobre sus respectivos significados. Veamos su definición en el diccionario *Clave*:

boreal En astronomía y geografía, del septentrión o del norte: *El hemisferio boreal comprende el polo ártico y limita con el ecuador.*

austral En astronomía y geografía, del polo Sur, del hemisferio Sur, o relacionado con ellos: *El hemisferio austral está situado al sur del ecuador.*

Como hemos podido ver, los términos *boreal* y *austral* no significan lo mismo y, por tanto, no deben confundirse.

bosniaco, ca o bosníaco, ca Véase **bosnio, nia**.

[bosniano, na Véase **bosnio, nia**.

bosnio, nia

El término que designa a los habitantes de la república independiente de Bosnia es *bosnio*.

De la desmembración de la república de Yugoslavia surgieron varias repúblicas independientes que ya existían como federadas, entre ellas la de *Bosnia*.

Al hablar de esta nueva república independiente y de sus habitantes, ha surgido la duda de cómo llamar a estos últimos, de cuál es el gentilicio de Bosnia en español.

Daniel Santano y León, en su *Diccionario de gentilicios y topónimos*, incluye tres nombres para los de ese país: *bosnios, bosniacos* y *bosnianos*. Pero como lo mejor en estos casos es unificar criterios, al menos en la redacción de noticias de la Agencia EFE, y usar siempre un solo término, planteamos la cuestión a nuestro Consejo Asesor de Estilo, y nos recomendaron que se opte por *bosnios*.

Botsuana

Debe evitarse el uso de *Botswana* en lugar de *Botsuana*, por ser *Botsuana* la transcripción española del nombre de este país.

A menos que haya un topónimo tradicional en español, siempre deben hispanizarse las grafías de nombres propios procedentes de lenguas que tienen alfabetos distintos al latino. En lo referido a la toponimia de África, es importante tener en cuenta que, a menudo, las grafías nos llegan —ya transcritas al alfabeto latino— a través del inglés o del francés, ya que muchos de los actuales países africanos fueron colonias del Reino Unido o de Francia; sin embargo, estas grafías pueden resultar extrañas en nuestro idioma.

Uno de estos topónimos es el del país que, en español, designamos con el nombre de *Botsuana*. Aunque es frecuente ver escrita la forma inglesa *Botswana*, recomendamos seguir escribiendo el nombre de dicho país con la grafía propia de nuestra lengua: *Botsuana*.

Botswana Véase **Botsuana**.

Boujdour Véase **Bojador**.

Boukraa Véase **Bukraa**.

Box Irlandés

Es incorrecto el uso de la voz *Box Irlandés* para referirse al caladero de pesca situado alrededor de la isla de Irlanda, ya que puede traducirse por el término español *Coto Irlandés*.

A raíz de los problemas entre pescadores españoles y británicos, apareció un nuevo nombre en las noticias: todas las informaciones hablaban de un caladero con nombre inglés, el *Irish Box*.

La comisión de traducción española de la Unión Europea (UE) recomienda que se traduzca como *Box Irlandés*. Pero en lugar de la forma híbrida *Box Irlandés* que proponen nuestros colegas de la UE, creemos que podría traducirse del todo y ya que, según su explicación, el *box* es una zona *acotada* entre paralelos y meridianos, nuestra propuesta es que utilicemos la voz española *coto*, que, además de «terreno acotado», significa «término» o «límite». Así, de ahora en adelante, recomendamos *Coto Irlandés* en lugar de *Box Irlandés*.

[broad banding

El término inglés *broad banding* (pronunciado [bróud bándin]) —«el hecho de dar a algunos profesionales mejores remuneraciones que a sus superiores»— debe escribirse entrecomillado y con una explicación de su significado entre paréntesis la primera vez que aparezca en un texto.

En la jerga de las grandes empresas o del *management* («empresariado») español comienza a sonar, además de los que ya había, el nombre inglés *broad banding* para cosas que nunca sabemos a ciencia cierta si están inventadas en el mundo anglosajón, si se trata de anglicismos inventados en Francia o si han sido los propios ejecutivos españoles los que han decidido usar voces inglesas para referirse a esos conceptos económico-empresariales.

Ramón Casamayor, en un interesante artículo aparecido en el diario *El País*, pone al alcance de los profanos en cuestiones empresariales el significado de este nuevo concepto:

> El *broad banding* es la práctica de ofrecer a determinados profesionales de algún nivel remuneraciones mayores que a los niveles superiores. También es *broad banding* el hecho de mejorar los niveles retributivos sin necesidad de cambiar de categoría. De lo que se trata es de reducir los niveles jerárquicos y de alcanzar un mayor nivel de individualización y flexibilidad; reducir los escalones jerárquicos en las empresas y tener dentro de éstos una posibilidad de recorridos individuales mucho mayor.

Con la esperanza de que algún día desaparezca la moda de los términos foráneos, conformémonos de momento con saber qué significan, y cuando formen parte de alguna información pónganse entre comillas y explíquese siempre su significado entre paréntesis la primera vez que aparezcan en el texto.

Bujumbura Véase **Buyumbura**.

Bukraa

Debe evitarse el uso de *Boukraa* en lugar de *Bukraa*, por ser *Bukraa* la transcripción española de ese topónimo marroquí.

La forma de escribir en español los nombres de las ciudades y los lugares del Sahara Occidental está sufriendo algunos cambios producidos por el desconocimiento de la toponimia tradicional y por la cada vez más numerosa aparición de guías de viaje que hablan del Sahara Occidental y de sus ciudades, sin tener en cuenta el nombre de esos lugares en español. En muchas ocasiones, se adopta una forma extraña para un topónimo sin tomar en consideración bien que ya existe una forma tradicional en nuestra lengua, o bien que la transcripción adoptada es la francesa y no la que corresponde al español.

Una de estas ciudades saharauis es la que, en español, designamos con el nombre de *Bukraa*. Aunque en el Sahara Occidental se haya optado por la forma francesa *Boukraa*, nosotros debemos seguir escribiendo el nombre de dicha ciudad como siempre lo hemos hecho en nuestra lengua: *Bukraa*.

Buyumbura

Debe evitarse el uso de *Bujumbura* en lugar de *Buyumbura*, por ser *Buyumbura* la transcripción española del nombre de esta ciudad.

A menos que haya un topónimo tradicional en español, siempre deben hispanizarse las grafías de nombres propios procedentes de lenguas que tienen alfabetos distintos al latino. En lo referido a la toponimia de África, es importante tener en cuenta que, a menudo, las grafías nos llegan —ya transcritas al alfabeto latino— a través del inglés o del francés, ya que muchos de los actuales países africanos fueron colonias del Reino Unido o de Francia; sin embargo, estas grafías pueden resultar extrañas en nuestro idioma.

Uno de estos topónimos es la capital de Burundi que, en español, designamos con el nombre de *Buyumbura*. Aunque es frecuente ver escrita la forma francesa *Bujumbura*, recomendamos seguir escribiendo el nombre de dicha ciudad con la grafía propia de nuestra lengua: *Buyumbura*.

[bypass

Este anglicismo (pronunciado [baipás]) se emplea para designar una «pieza artificial que se coloca en una arteria», ya que no existe otra palabra castellana equivalente. Sin embargo, es innecesario el uso de *bypass* en otros contextos en los que es sustituible por una expresión castellana (*desvío provisional*, *carretera de circunvalación*, *desviación*, *rodeo*, etc.).

Hasta hace muy poco tiempo solo se hablaba de un *bypass* (a veces escrito *by pass*) cuando a alguien lo sometían a cierta operación relacionada con la circulación. Esta es la definición de *bypass* según el diccionario *Clave*:

> **[bypass** En medicina, prótesis o pieza artificial o biológica que se coloca para establecer una comunicación entre dos puntos de una arteria en mal estado: *Lo han operado para colocarle un 'bypass'*. □ PRON. [baipás]

Sin embargo, últimamente hemos encontrado el anglicismo *bypass* (o *by pass*) en ciertos contextos en los que es innecesario su uso:

> *También hay tráfico intenso en el by pass y en la autovía de El Saler, con algunas retenciones.*

El suceso ha ocurrido en el kilómetro 400 del by pass, dirección Alicante, y bajo un puente que da acceso a la localidad de la Eliana.

En ese contexto anunció futuras acciones contra la proyectada construcción de una autopista alternativa (bypass) que comunicará Temuco con la carretera Panamericana.

No parece muy apropiado usar ese término inglés en lugar de otras formas mejores y de más fácil comprensión para los hispanohablantes, como *desvío provisional*, que fue su primer significado, *carretera de circunvalación*, que es el actual, o, tal y como aparece en el tercer ejemplo, *vía* o *autopista alternativa*, sea provisional o definitiva. Nótese también que en los dos primeros ejemplos (noticias de España) está escrito en dos palabras: *by pass*; y en el otro (noticia de Hispanoamérica) aparece en una sola: *bypass*.

Un segundo empleo inadecuado de *by pass* hace alusión a un término técnico propio de las centrales de energía nuclear. También aquí sería más apropiado, al menos en las noticias que después leerán personas no expertas en ese campo, traducirlo por algo más sencillo y comprensible, como *desvío* o *desviación*:

El problema, detectado el pasado día 16, surgió al originarse un bypass de vapor de la extracción, correspondiente al calentador 4B de la turbina de baja presión, al condensador.

Por último, encontramos *bypass* incorrectamente empleado en el siguiente ejemplo:

Los estrategas que asesoran al presidente estadounidense, Bill Clinton, en cuestiones parlamentarias, han propuesto realizar un bypass que permita salvar el escollo de la oposición de Helms.

En este tercer caso, aparece bastante claro que lo que debió escribirse en lugar de ese exótico *bypass* era la palabra española *rodeo*, o, en el caso concreto de este ejemplo, la expresión *propuesta alternativa*.

Tenemos, pues, tres usos del inglés *bypass* (escrito a veces *by pass*) completamente evitables.

C c

cabra montés Véase **montés**.

cachemir

El tejido que se produce en el territorio de Cachemira se denomina *cachemira* (escrito con minúscula), *cachemir* o *casimir*.

Cachemira es un territorio en disputa entre dos países: la India y Pakistán. Actualmente la mayor parte está en poder de la India y forma un estado llamado *Jamu-Cachemira* cuya capital es Srinagar. Pakistán solo mantiene ocupada una pequeña parte, y otra porción está ocupada por la China.

Además de las guerras y los litigios por su soberanía que enfrentan a los dos países entre los que está repartida, *Cachemira* es mundialmente conocida por la lana de oveja que se elabora en esa región. Así, el topónimo (nombre propio) ha dado lugar a un nombre común, que se escribe sin mayúscula: *cachemira*.

El hecho de que dicho tejido sea muy apreciado en los países europeos, y de que su comercialización haya estado principalmente en manos inglesas, ha sido la causa de que veamos el nombre común derivado del topónimo de esa región, y el adjetivo derivado de este, escritos de varias formas, algunas de ellas válidas en español y otras no.

Comenzando por las formas españolas, la más antigua y ahora casi en desuso es *casimir*, que, según el *Diccionario* de la Real Academia Española, equivale a *cachemir*. De acuerdo con el diccionario *Clave*, *cachemira*, *cachemir* y *casimir* son las tres denominaciones posibles del tejido de esta región. Dicho diccionario, al igual que hace el *Diccionario* de la Real Academia Española, remite a *cachemir* como término más usual:

> **cachemir 1** Tejido muy fino fabricado con pelo de cabra de Cachemira (región asiática que comprende parte de la India, China y Paquistán), o de lana merina: *Un jersey de cachemir es caro.* [2 Tela con dibujos en forma ovalada y curvada en cuyo interior hay más dibujos de colores: *Como no me gustan los estampados, no me pongo nunca la camisa de 'cachemir'.* □ SEM. Es sinónimo de *cachemira* y de *casimir*.

Resumiendo: en español esa parte del Himalaya se llama *Cachemira*, y el tejido que allí se produce puede llamarse *cachemira*, *cachemir* o *casimir*.

La lana de oveja de esta región es conocida internacionalmente; en las etiquetas de las prendas de vestir elaboradas con dicha lana aparece el nombre de este tejido de muy variadas formas. Del inglés hemos recibido *kashmir*, con sus correspondientes deformaciones: *kashmeer, kashmer, cashmeer, cashmer, cachmir, kachmir*...; del francés nos ha llegado *cachemire*, y en el tótum revolútum también podemos encontrarnos a veces con *kashmira* o con *kachemir*.

cachemira Véase **cachemir**.

caída accidental

Toda *caída* es casual o fortuita; por tanto, calificarla de *accidental* resulta innecesario y redundante.

Caerse, en español, es siempre algo fortuito; cuando algo o alguien se cae lo que ocurre es un «suceso eventual que altera el orden de las cosas» o un «suceso eventual o acción de que involuntariamente resulta daño para las personas o las cosas». Por tanto, no es correcto hablar de una *caída accidental*, como se oye a veces.

El portavoz del Vaticano, al informar sobre una caída del Papa, dijo: «Juan Pablo II se ha *caído accidentalmente*». No solo casi nadie se extrañó, sino que todos los medios de comunicación, hablaron en sus noticias de la *caída accidental* que había sufrido el papa Juan Pablo II.

calcinar

No debe emplearse el verbo *calcinar* con el significado de «quemar o abrasar» por influencia del francés *calciner*, ya que en español *calcinar* es «reducir a cal viva los minerales calcáreos».

Aparece en muchas noticias el término *calcinar* con un significado que no es el suyo. Según el *Diccionario* de la Real Academia Española, *calcinar* tiene las siguientes acepciones:

calcinar Reducir a cal viva los minerales calcáreos, privándolos del ácido carbónico por el fuego. // QUÍM. Someter al calor los minerales de cualquier clase, para que de ellos se despendan las sustancias volátiles.

Parece claro que el uso de *calcinar* con el significado de «quemar» o «abrasar» es incorrecto y, por tanto, debe evitarse.

Calcuta

Se recomienda el uso de *Calcuta*, en lugar de *Kolkata*, por ser *Calcuta* el término tradicional en español.

Desde septiembre de 1999, el Gobierno del estado de Bengala Occidental exige que el resto de los hablantes de otras lenguas designemos a la capital de este país con el término bengalí *Kolkata*. Sin embargo, nos remitimos a las recomendaciones del *Manual de español urgente*:

> Los nombres de uso tradicional y muy arraigado en castellano deben conservar su forma castellana. Los nombres que, teniendo correspondencia castellana, se reproducen en la prensa internacional con las formas del país, a veces reclamadas por los Gobiernos respectivos con actitud anticolonialista, deben conservar la forma castellana del nombre extranjero cuando es tradicional.

Emplearemos, por tanto, *Calcuta* por ser nombre con larga tradición en español.

calentar

Es incorrecto el uso de *calentar* con el significado de «hacer ejercicios para entrenarse». El término correcto en este caso es *calentarse*.

Calentar es «comunicar calor a un cuerpo haciendo que se eleve su temperatura», y su forma pronominal —*calentarse*— se emplea en la jerga deportiva con el significado de «hacer ejercicios previos a la práctica del deporte para entrar en calor».

Al igual que en el caso de *entrenar*, lo correcto es utilizar la forma pronominal (un deportista no *calienta* sino que *se calienta*) o utilizar la perífrasis *entrar en calor* o *hacer ejercicios de calentamiento*, que son «los ejercicios que hacen los deportistas antes de una competición o entrenamiento para desentumecer los músculos y entrar en calor».

calles conflictivas

Es incorrecto utilizar la expresión *calles conflictivas* en el contexto de las informaciones sobre tráfico de vehículos cuando en esas calles no hay conflictos, sino atascos en la circulación.

Si nos atenemos al significado del adjetivo *conflictivo*, que según el diccionario *Clave* es «que origina un conflicto» o «que posee conflicto», y tenemos en cuenta que por *conflicto* entendemos «un combate, lucha o enfrentamiento», «una situación confusa, agitada o embarazosa» o «un problema o materia de discusión», resulta que las *calles conflictivas* son aquellas en las que se combate o se discute; también las que sirven como escenario de conflictos armados.

Así empleado, el epíteto no está mal utilizado cuando de lo que se está hablando es de las calles en las que son frecuentes los actos delictivos (atracos, navajazos, trifulcas, robos, atropellos, choques, asaltos y algún que otro tiroteo). Pero ocurre que en la prensa, especialmente en la radio y en la televisión, se emplea mucho la expresión *calles conflictivas* en las informaciones sobre el tráfico o el tránsito de automóviles, camiones y motocicletas.

La metáfora está cogida por los pelos y no es nada afortunada ya que, normalmente, en lo que los locutores denominan *calles conflictivas* no se producen conflictos, a no ser que dos conductores decidan bajarse de sus vehículos y descargar sus nervios en una lucha cuerpo a cuerpo hasta que el atasco se solucione.

Y si es de atascos de lo que se trata, en lugar de decir que tal y cual calles son las más *conflictivas*, lo que deberían decirnos los servicios informativos es que son las más *atascadas*, las *de tráfico más intenso* o las *de circulación menos fluida o más lenta*.

Camboya

Se recomienda el uso de *Camboya*, en lugar de *Kampuchea*, por ser *Camboya* el término tradicional en castellano.

Desde hace tiempo, el Gobierno de Camboya viene exigiendo que el resto de los hablantes de otras lenguas cambiemos la denominación de este país por *Kampuchea*. Sin embargo, nos remitimos a las recomendaciones del *Manual de español urgente*:

> Los nombres de uso tradicional y muy arraigado en castellano deben conservar su forma castellana. Los nombres que, teniendo correspondencia castellana, se reproducen en la prensa internacional con las formas del país, a veces reclamadas por los Gobiernos respectivos con actitud anticolonialista, deben conservar la forma castellana del nombre extranjero cuando es tradicional.

Y no cabe la menor duda de que *Camboya* es un nombre con larga tradición en español.

[campo a través Véase **a campo través**.

canciller

El término *canciller* solamente deberá utilizarse para designar al ministro de Asuntos Exteriores en ciertos países latinoamericanos, al jefe de gobierno en la República Federal de Alemania y en Austria, y a cierta dignidad académica o a un empleado auxiliar de las embajadas, legaciones o consulados.

En nuestro *Manual de español urgente* hay una advertencia sobre el término *canciller*:

> En Iberoamérica es el nombre que comúnmente recibe el *Ministro de Relaciones Exteriores*. En un ámbito más amplio se designa con tal término al *Jefe del personal administrativo y técnico*

de una misión diplomática. En la práctica internacional, el término *canciller* aparece también utilizado en países muy concretos para designar al Jefe del Gobierno.

En el *Libro de estilo* de *El País* se añade, además, lo siguiente sobre el significado del término *canciller*:

> En la República Federal de Alemania y en Austria, el jefe del Gobierno; en los países latinoamericanos, el ministro de Asuntos Exteriores. En el Reino Unido, el ministro de Hacienda recibe el título de *canciller del Exchequer*. Se emplea igualmente para designar cierta dignidad académica o a un empleado auxiliar de las embajadas, legaciones o consulados. Esta palabra solamente deberá utilizarse en los casos citados.

capitalización Véase **capitalizar**.

capitalizar

> *Capitalizar* y *capitalización* tienen muchos significados, algunos no recogidos en el *Diccionario* de la Real Academia Española; pero en ningún caso es correcto el uso que se está haciendo, especialmente en Hispanoamérica, de estas dos palabras con el sentido de *privatizar* y *privatización*.

Debemos advertir de que es erróneo el uso que se está dando, sobre todo en algunos países hispanoamericanos, de *capitalizar* y *capitalización* como sinónimos de *privatizar* y *privatización*. Así lo vemos en los ejemplos siguientes:

> *La capitalización del LAB culminó hoy en La Paz después de que la VASP formalizara el pago de cinco millones de dólares por la compra de un paquete de acciones.*

> *LAB fue transformada por el Gobierno en una sociedad anónima mixta tras la venta del 50 por ciento de sus acciones, en un proceso denominado de capitalización de la compañía, con el objetivo de convertirla en rentable.*

En ambos casos debería decir *privatización* en lugar de *capitalización*, porque lo que se está haciendo es convertir un organismo público en privado, y no *capitalizarlo*.

Pero dado que se trata de un lenguaje especializado, los significados de *capitalizar* y *capitalización* pueden ser algo confusos para los no iniciados en la jerga de las finanzas. Veamos el siguiente ejemplo:

> *Buena parte de las tesis del Gobierno español, sobre todo aquella que supone el reconocimiento de que la capitalización de Iberia no responde a una ayuda estatal.*

El *Diccionario* de la Real Academia Española recoge los siguientes significados:

capitalizar Fijar el capital que corresponde a determinado rendimiento o interés, según el tipo que se adopta para el cálculo. // Agregar al capital el importe de los intereses devengados, para computar sobre la suma de los réditos ulteriores, que se denominan interés compuesto. // Utilizar en propio beneficio una acción o situación, aunque sean ajenas.

Sin embargo, entre estas definiciones no hay ninguna que sirva para el ejemplo que antes veíamos, puesto que al hablar de *capitalización* en Iberia, no estamos hablando de rendimientos de intereses ni de apropiación de los logros ajenos. Más acordes con este caso y ya más claras para los que no conocen la jerga económica son las definiciones del *Diccionario de Economía* de Ramón Tamames, que, a las anteriores definiciones, añade estas:

capitalización Acción de inyectar recursos en una empresa, o de convertir sus reservas en capital social.

capitalizar Enjugar pérdidas a base de ampliar el capital de una empresa.

Así ya se nos aclara algo más lo que significa *capitalizar* cuando se habla de empresas, pues parece ser que equivale a *aumento de capital, ampliación de capital o refinanciación*.

Últimamente, se está relacionando el término *capitalización* con los planes de pensiones de jubilación.

La *capitalización* de los sistemas de pensiones, en el caso de España, consistiría en que el Estado pusiese a disposición de cada uno de los contribuyentes el capital que hasta ese momento se le haya descontado de sus ingresos, desde que comenzó su vida productiva, y a partir de ese momento sea el propio trabajador quien haga las aportaciones de capital que a su vez se *capitalizarán*, es decir, según las definiciones del diccionario, se añadirán a ese capital los rendimientos o intereses que vaya produciendo hasta el momento de la jubilación.

En países en los que hasta ahora no ha habido ningún sistema de pensiones gestionado por el Estado, optar por la *capitalización* consistiría en que el Estado retuviese un tanto por ciento del salario de cada trabajador y fuese *capitalizando* (añadiendo los rendimientos o intereses que vaya produciendo) esas sumas hasta el momento de la jubilación, para después pagar la pensión de cada uno con el total acumulado al final de su vida productiva.

capturar

El verbo *capturar* se utiliza en la jerga de la informática como sinónimo de *introducir* en la expresión *capturar datos*.

En la jerga informática, el hecho de «introducir datos en el ordenador» se conoce simplemente como *introducir*, aunque entre los más especializados se utiliza el verbo *capturar* (*capturar datos*), y quien se encarga de ello es el *capturador de datos*.

En algunos países de Centroamérica, la policía nunca *detiene* a los delincuentes. Y es que en estos países, el verbo *detener* apenas se utiliza con el significado que conocemos; en su lugar, se emplea el término *capturar*. Nunca oiremos, pues, que la policía *detuvo* a todos los obreros que se manifestaban frente al palacio presidencial, sino que los *capturó*.

carbón

La voz inglesa *carbon* no debe traducirse por el término español *carbón*, puesto que el término inglés *carbon* se traduce al español por *carbono*.

La Comisión de Traducciones de la Academia Norteamericana de la Lengua Española edita y distribuye, sin periodicidad fija, un boletín titulado *Glosas*, en el que se comentan cuestiones léxicas y gramaticales relacionadas con los problemas que pueden surgir al traducir del inglés al español. Uno de los apartados de dicho boletín está dedicado a advertir sobre los falsos amigos, es decir, dos términos de lenguas distintas que aparentemente son equivalentes, pero que no significan lo mismo.

Este es el caso de la voz que nos ocupa: *carbón*. En inglés, *carbon* se refiere al elemento químico *carbono*, mientras que el término español, *carbón*, significa lo que el inglés *coal*. Por tanto, a la hora de traducir esta palabra inglesa al español, hay que tener cuidado de no caer en la trampa de pensar que son equivalentes.

carbonero, ra

El término *carbonero* («relativo al carbón») no debe confundirse con *carbonífero* («que contiene carbón»). Debe decirse, por tanto, *terreno carbonífero* y *barco carbonero*.

En la última edición del *Manual de español urgente* de la Agencia EFE aparece una advertencia sobre el uso de la palabra *carbonífero*:

> **carbonífero** Significa «que contiene carbón» (terreno *carbonífero*). No debe confundirse, pues, con *carbonero*, que significa «perteneciente o relativo al carbón» (barco *carbonero*).

Tampoco significan lo mismo *petrolífero* («que contiene o produce petróleo») y *petrolero* («relativo al petróleo»); *coralífero* («que tiene corales»), *coralero* («persona que trabaja en corales o con ellos») y *coralino* («de coral o parecido a él»); ni *estannífero* («que contiene estaño») y *estañero* («el que trabaja en obras de estaño, o trata en ellas y las vende»).

Es fácil deducir que la terminación *-(i)fero* añadida a determinados sustantivos significa «que contiene, lleva en sí o produce»; valgan como ejemplos los ya comentados: *carbonífero*, *petrolífero*, *coralífero*, *estannífero*, a los que se pueden añadir muchos otros como *argentífero*, *aurífero*, *diamantífero*, *acuífero*, etc.

Por su parte, el sufijo *-ero/a* añadido a sustantivos suele significar, entre otras cosas, «oficio, ocupación, uso, profesión o cargo» (*coralero*, *estañero*, *carbonero*, *librero*, *campanero*), o «lugar donde se deposita algo» (*basurero*, *carbonera*).

carbonífero, ra Véase **carbonero, ra**.

carné (plural) Véase **plurales dudosos**.

Carolina del Norte

Se recomienda el uso de *Carolina del Norte* para designar este estado, en lugar de la forma inglesa *North Carolina*.

Conviene recordar que los nombres de algunos estados de los Estados Unidos de América se escriben de forma distinta en inglés y en español. Por este motivo, se ha de insistir en que, en español, dichos nombres deben utilizarse en esta lengua y no en inglés. Este es el caso del estado de *Carolina del Norte*, que no debe aparecer nunca como *North Carolina*.

Carolina del Sur

Se recomienda el uso de *Carolina del Sur* para designar este estado, en lugar de la forma inglesa *South Carolina*.

Conviene recordar que los nombres de algunos estados de los Estados Unidos de América se escriben de forma distinta en inglés y en español. Por este motivo, se ha de insistir en que, en español, dichos nombres deben utilizarse en esta lengua y no en inglés. Este es el caso del estado de *Carolina del Sur*, que no debe aparecer nunca como *South Carolina*.

Cartagena

Se recomienda el uso de *Cartagena*, en lugar de *Cartagena de Indias*, para referirse a la ciudad colombiana, por ser *Cartagena* el término más frecuente en castellano. Para evitar posibles confusiones con la ciudad española *Cartagena*, puede escribirse *Cartagena (Colombia)*.

Ocurre con muchas ciudades con un nombre muy largo, que son nombradas habitualmente con una forma más corta que la denominación oficial. Este es el caso de *Cali*, cuyo nombre completo es *Santiago de Cali*, mientras que, de momento, a nadie se le ha ocurrido llamarla de esa manera. Y si nombramos la capital de Ecuador, decimos *Quito* y nunca *San Francisco de Quito*, de la misma forma que nos referimos a la capital panameña como *Panamá* y no como *Santiago de los Caballeros de Panamá*.

Así ocurre también con la ciudad colombiana *Cartagena*, que aparece citada con frecuencia con su nombre de la época colonial: *Cartagena de Indias*, sin tener en cuenta que el nombre oficial y el único que se usa en Colombia es *Cartagena*.

Puede alegarse que el uso del nombre antiguo es para evitar confusiones con la ciudad homónima española. En tal caso, y solo en él, podrá optarse por escribir *Cartagena (Colombia)* o usar el nombre colonial *Cartagena de Indias*.

Se recomienda, pues, utilizar el término *Cartagena* para designar la ciudad colombiana siempre que no haya riesgo de ambigüedad.

Cartagena de Indias Véase **Cartagena**.

casimir Véase **cachemir**.

castellano

Se recomienda el uso del término *castellano* para referirse al idioma utilizado en España en contraposición a las lenguas de determinadas comunidades autónomas, y *español* para referirse a la lengua hablada en la comunidad hispanohablante.

Debemos utilizar *castellano* cuando nos refiramos al modo de expresión utilizado en España para diferenciarlo de las lenguas de determinadas comunidades autónomas. Y cuando nos refiramos al instrumento expresivo empleado por la comunidad hispanohablante deberemos decir *español*.

Los puntos I y II del artículo 3º de la Constitución española dicen así:

> El *castellano* es la lengua española oficial del Estado. Todos los españoles tienen el deber de conocerla y el derecho a usarla. Las demás lenguas españolas serán también oficiales en las respectivas Comunidades Autónomas de acuerdo con sus Estatutos.

De ello parece desprenderse que el nombre *oficial* de nuestra lengua, en España, es *castellano*. Sin embargo, esta redacción no fue del agrado de la Real Academia Española, que, en 1978, pidió oficialmente a las Cortes la adición del siguiente párrafo al artículo tercero de la Constitución: «Entre todas las lenguas de España, el castellano recibe la denominación de *español* o *lengua española*, como idioma común a toda la nación».

La Academia fundaba su petición en varios puntos, entre los que destacamos los siguientes:

- La lengua castellana es oficial en toda la nación, por ello también se la denomina *lengua española*.

- La lengua de España es el *español*, al igual que la lengua de Francia es el francés, etc.

- *Español* es como denominan en el resto del mundo a la lengua que se habla en España.

- Los lingüistas emplean *castellano* para referirse a la lengua de Castilla.

A pesar de tales explicaciones y razones, la petición de la Academia no fue atendida.

Por su parte, Manuel Seco, en su *Diccionario de dudas y dificultades de la lengua española*, hace hincapié en que tanto el término *castellano* como el *español* son válidos, ya que depende de la perspectiva desde la que se mire la cuestión: si lo que se quiere es mencionar la lengua general de España al lado de las otras lenguas españolas, es preferible utilizar el término *castellano*; sin embargo, si de lo que se trata es de referirse a la lengua general de España, el término más extendido es *español*.

Castellano, español, idioma nacional, es el título de un libro de Amado Alonso en el que el autor estudia y explica la historia de nuestra lengua y de sus nombres. De él hemos creído interesante reproducir las siguientes afirmaciones:

> El nombre de *castellano* había obedecido a una visión de paredes peninsulares adentro; el de *español* miraba al mundo. *Castellano* y *español* situaban nuestro idioma intencionadamente en dos distintas esferas de objetos: *castellano* había hecho referencia, comparando y discerniendo, a una esfera de hablas peninsulares —*castellano, leonés, aragonés, catalán, gallego, árabe*—; *español* aludía explícitamente a la esfera de las grandes lenguas nacionales —*francés, italiano, alemán, inglés*—. [...] Bien podríamos decir que en estricto sentido los nombres de nuestro idioma tienen significaciones distintas. *Castellano* y *español* nombran a un mismo objeto con perspectivas diferentes.

> Encontraremos la denominación *castellano* en los diccionarios de catalán-castellano, gallego-castellano o vasco-castellano; sin embargo, encontraremos la denominación *español* en los de *inglés-español, francés-español, árabe-español*, etc.

catalán (uso de términos)

En la redacción de noticias debe evitarse el uso de términos catalanes que no sean fácilmente identificables para no dificultar la comprensión de las noticias, especialmente en las dirigidas a Hispanoamérica.

Según se recoge en el *Manual de español urgente* de la Agencia EFE:

> Los nombres de partidos, instituciones, organismos, etc., en lengua vasca, gallega o catalana, se darán junto con su traducción al castellano (entre paréntesis), si no han alcanzado la suficiente difusión pública. No obstante, se mantendrán sin traducir cuando su significación resulte transparente.

> Se transmitirán directamente en castellano vocablos como *Presidente, Consejo, Consejero, Junta*, etc. Pero se mantendrán en su lengua originaria los que perderían matices interesantes al traducirlos (por ejemplo: *lehendakari, conseller en cap*). En estos casos, procédase como se indica en el párrafo anterior.

Estas indicaciones deben tenerse especialmente en cuenta cuando las noticias están dirigidas a los medios de comunicación hispanoamericanos. Hay que tener siempre muy presente que la lengua catalana es parte de nuestra cotidianidad en España, pero nada tiene que ver con ninguno de los demás países hispanohablantes, en donde no es tan conocida, hasta el punto de que si aparece alguna voz de esta lengua sin traducir, posiblemente no podrá ser entendida por los lectores u oyentes del otro lado del Atlántico.

catástrofe humanitaria

Es incorrecta la expresión *catástrofe humanitaria*, puesto que una *catástrofe* no puede «buscar el bien de los seres humanos». En su lugar, debe decirse *una gran catástrofe* o *una terrible catástrofe*.

El diccionario *Clave* recoge las siguientes definiciones de estas palabras:

catástrofe 1 Suceso desdichado que produce una desgracia y que altera gravemente el orden regular de las cosas: *El accidente de ese avión ha sido la mayor catástrofe aérea de los últimos años*. **2** Lo que tiene escasa calidad, mal funcionamiento o lo que produce mala impresión: *Será mejor ir en tu coche, porque el mío está hecho una catástrofe*.

humanitario, ria 1 Que busca el bien de todos los seres humanos: *Esta organización humanitaria lucha por la abolición de la pena de muerte*. **2** Bondadoso y caritativo: *Su carácter humanitario le ha granjeado el cariño de todos los que lo rodean*. □ SEM. Dist. de *humano* (del hombre o de la mujer).

Si nos guiamos por lo que dice el diccionario, esta definición: «suceso desdichado que produce una desgracia y que altera gravemente el orden regular de las cosas buscando el bien de todos los seres humanos» nos explica qué es una *catástrofe humanitaria*, que es como muchos se refieren a los sucesos desdichados en los que se producen muchas muertes, según nos avisa Víctor Canicio, del equipo de traducción al español de la radiotelevisión alemana Deutsche Welle.

Volvamos al principio y vayamos por partes. Si *catástrofe* equivale a «desgracia» («suceso desdichado o infausto»), y *humanitario* es todo aquello «que busca el bien de los seres humanos, o lo que es benigno, caritativo o benéfico», está bastante claro que ese sustantivo y ese adjetivo no pueden ir juntos, pues se produce una clara contradicción.

A continuación citamos algunos ejemplos en los que se utiliza esta infeliz metáfora:

Bonino acusó ayer a la comunidad internacional de contemplar impasible cómo una catástrofe humanitaria puede poner en peligro a un millón de personas.

Una mayor movilización internacional que ayude a evitar una catástrofe humanitaria.

Nuevas medidas presupuestarias para hacer frente a la catástrofe humanitaria que amenaza a Zaire.

En estos tres ejemplos habría bastado con el sustantivo *catástrofe*, sin el acompañamiento de ningún adjetivo, o, en todo caso, si se quisiera calificar, podría decirse *una gran catástrofe* o *una terrible catástrofe*.

[catering

Debe evitarse el uso del anglicismo *catering* (pronunciado [cáterin]) que últimamente está desplazando otros términos españoles como *avituallamiento*, *abastecimiento*, *intendencia* o *suministro de comidas*.

La tendencia a utilizar términos ingleses en lugar de las voces tradicionales en español llega a límites insospechados. Ocurre casi siempre que el término importado desplaza y arrincona no solo a una palabra española sino a varias, y eso es lo que ha sucedido con *catering*, que ha entrado en nuestra lengua a través de la jerga de la aviación comercial, sector en el que las empresas dedicadas a elaborar, empaquetar, transportar y entregar la comida que toman los pasajeros de los aviones, han decidido tomar el nombre de sus colegas del mundo anglohablante, donde ese tipo de actividad se llama *catering*.

Esta palabrita ya se ha hecho un hueco en el vocabulario de muchos hispanohablantes. Y en los diccionarios aparece traducida como *abastecimiento, servicio de comidas* o *servicio de comedor*.

La lista de palabras españolas que se han visto afectadas por la invasión inglesa es la siguiente: *proveer, surtir, suministrar, aprovisionar, avituallar, vituallar, dotar, proporcionar, abastar, provisión, proveimiento, aprovisionamiento, suministro, suministración, abastecimiento, abastamiento, surtimiento, avituallamiento...* y, por último, una voz muy conocida por los que han hecho el servicio militar o han participado como militares en alguna guerra: la *intendencia*.

Desde el Consejo Asesor del Departamento de Español Urgente de la Agencia EFE se propone que sea traducido como *avituallamiento* o *suministro de comidas*.

[caucus

El anglicismo *caucus* no tiene traducción en castellano. Por ello, se recomienda escribir «caucus» (entre comillas) y añadir una explicación de su significado entre paréntesis.

Aparecen con frecuencia ejemplos en los que se utiliza la palabra *caucus*:

Después de los primeros éxitos en los caucus y primarias de los estados de Iowa y Nuevo Hampshire...

El peculiar calendario electoral de este año ha concentrado muchas primarias y caucus en los primeros meses.

Hace seis semanas comenzó el proceso electoral de primarias y caucus.

Los únicos dos diccionarios de español que recogen la palabra estadounidense *caucus* son el *Diccionario de voces de uso actual* (Arco Libros), que la define como «grupo de personas o representantes de igual opinón reunidos para tomar decisiones en común», y el diccionario *Clave*, que la define como «grupo de personas o representantes de la misma ideología que se reúnen para tomar decisiones comunes».

El profesor Colin Smith, de la Universidad de Cambridge, nos informó de que esa palabra se usa muy poco en el inglés británico, y de que en su uso estadounidense, según el diccionario *Oxford*, significa «reunión a puerta cerrada de jefes o representantes de un partido antes de una elección o asamblea general del partido, para seleccionar candidatos o determinar una política o curso de acción que luego se recomendará al partido».

Al no existir en español una traducción exacta de la palabra, Colin Smith nos recomendó que conservásemos la voz inglesa entre comillas, con la explicación de su significado entre paréntesis.

Colin Smith nos informó de que «la palabra *caucus* se emplea mucho con matiz peyorativo, pues los demás, los miembros del partido de a pie, llegan a la asamblea general y se encuentran con que, en efecto, ya está hecho todo por los que han manipulado la máquina del partido. O sea, puede haber olor a amiguismo, a maniobras turbias, a política de pasillo, etc.».

CEI

Debe decirse CEI (Comunidad de Estados Independientes) y no MEI (Mancomunidad de Estados Independientes), para designar la asociación de estados que surgió tras la desaparición de la URSS, ya que *CEI* es el nombre que se ha usado desde el nacimiento de dicha comunidad.

En una consulta sobre la forma de nombrar en español a la asociación de estados que surgió después de la desaparición de la URSS, el consultante nos informó de que en algunos medios de comunicación hispanoamericanos le dieron la denominación de *Mancomunidad de Estados Independientes* (MEI), en lugar de la que ya se ha generalizado y acuñado en España y casi todos los países de Hispanoamérica: *Comunidad de Estados Independientes* (CEI).

No cabe la menor duda de que en las noticias de la Agencia EFE, ya sean para

España o para América, el nombre que debe utilizarse es *Comunidad de Estados Independientes* (CEI), ya que es el que se ha usado desde el nacimiento de dicha comunidad.

> La Comunidad de Estados fue creada en diciembre de 1991 en Minsk por Rusia, Bielorrusia y Ucrania; posteriormente se unieron 8 de las otras 12 antiguas repúblicas soviéticas: Armenia, Azerbaiyán, Kazajstán, Kirguizistán, Moldavia, Tayikistán, Turkmenistán y Uzbekistán. Sustituyó a la Unión de Estados Soberanos creada por Gorbachov, que a su vez había reemplazado a la antigua URSS, y su objetivo era crear una estructura común en el ámbito de la antigua Unión Soviética.

Ceilán

Se recomienda el uso de *Ceilán*, en lugar de *Sri Lanka*, por ser *Ceilán* el término tradicional en español.

Desde hace tiempo, el Gobierno de Ceilán ha exigido que el resto de los hablantes de otras lenguas cambiemos la denominación de este país por la de *Sri Lanka*. Sin embargo, nos remitimos a las recomendaciones del *Manual de español urgente*:

> Los nombres de uso tradicional y muy arraigado en castellano deben conservar su forma castellana. Los nombres que, teniendo correspondencia castellana, se reproducen en la prensa internacional con las formas del país, a veces reclamadas por los Gobiernos respectivos con actitud anticolonialista, deben conservar la forma castellana del nombre extranjero cuando es tradicional.

Recomendamos, por tanto, el uso del término Ceilán por ser de larga tradición en español.

cementerio clandestino

Debe evitarse el uso de la expresión *cementerio clandestino* para designar el lugar donde son encontrados cadáveres abandonados. Puede sustituirse por *fosa común* o *enterramiento clandestino*, especialmente cuando el número de cadáveres no es muy elevado.

Se ha acuñado últimamente la denominación *cementerio clandestino* para referirse a aquellos sitios en los que se descubren, enterrados, uno o más cadáveres procedentes de asesinatos.

Si tenemos en cuenta la definición de *cementerio* que aparece en el *Diccionario* de la Real Academia Española: «Terreno, generalmente cercado, destinado a enterrar cadáveres», y además consideramos lo que todos los hispanohablantes entendemos por *cementerio* (un sitio con tapias, sepulturas, lápidas, nichos, cruces...) es bastante difícil que al añadirle el adjetivo *clandestino* nos suene bien y tengamos una idea clara y exacta de aquello a lo que se está refiriendo el que usa tal expresión.

Hay, pues, que buscar otras formas de llamar a esos horribles descubrimientos de cadáveres enterrados en fosas comunes en sitios escondidos y sin ninguna señal que denote su existencia.

Volviendo al *Diccionario* de la Real Academia Española, podremos encontrar dos voces que se adaptan perfectamente al caso:

> **enterramiento** Acción y efecto de enterrar los cadáveres. // Sepulcro, monumento funerario u obra para sepultar el cadáver de una persona y honrar su memoria. // Hoyo que se hace en tierra para enterrar un cadáver. // Lugar en que está enterrado un cadáver.
>
> **fosa** Enterramiento, sepulcro. // Hoyo en la tierra para enterrar uno o más cadáveres.

Las acepciones tercera y cuarta de *enterramiento* y las dos de *fosa* definen exactamente el asunto tratado y pueden ir acompañadas del epíteto *clandestino*, que significa «secreto», «oculto», y se aplica generalmente a «lo que se hace o se dice secretamente por temor a la ley o para eludirla».

En resumen, podemos evitar el uso de la expresión *cementerios clandestinos* utilizando otras formas más exactas de llamar a los lugares donde se encuentran cadáveres enterrados y que no coinciden con nuestra idea de lo que es un *cementerio*. Creemos, y así lo hemos visto en algunas noticias, que es suficiente con decir *fosas comunes, fosas clandestinas* o *enterramientos clandestinos*.

Desde el Consejo Asesor del Departamento de Español Urgente se recomienda el uso de *enterramiento clandestino* cuando son pocos los cadáveres allí inhumados irregularmente e indica que se podría aceptar el uso de *cementerios clandestinos* cuando los cadáveres hallados en tales condiciones sean muchos.

cemento

No deben utilizarse indistintamente los términos *cemento* y *hormigón*, puesto que no son totalmente equivalentes: el *cemento* es sólo uno de los componentes del *hormigón*.

Es muy corriente que, entre los profanos en la materia, se dé la confusión entre *cemento* y *hormigón*, llegando a considerarlos sinónimos, cuando, en principio, no lo son.

Para comenzar a aclararnos, conozcamos la definición que el diccionario *Clave* ofrece de la palabra *cemento*:

> **cemento 1** Material en polvo, formado por sustancias calcáreas y arcillosas, que se endurece y se hace sólido al mezclarlo con agua, y que se emplea en construcción para adherir superficies, para rellenar huecos en las paredes y como componente aglutinante en morteros y hormigones: *Fueron levantando el muro pegando con cemento ladrillo sobre ladrillo.* **2** Material que se emplea como aglutinante, como masa adherente o para tapar huecos y que, una vez aplicado, se

endurece: *El dentista utiliza cemento dental para empastar las muelas.* **3** En algunas rocas, masa mineral que une los fragmentos o arenas de que se componen: *El conglomerado es una roca formada con fragmentos unidos entre sí con cemento.*

A continuación, veamos la definición que nos ofrece del término *hormigón*:

> **hormigón** Masa compacta de gran dureza y resistencia que se usa en la construcción y que está formada por un conglomerado de grava, piedras pequeñas, arena, agua y cemento o cal: *El hormigón comprimido es muy resistente.*

Vistas las definiciones sobran más explicaciones, pues queda claro que *cemento* y *hormigón* son cosas distintas, ya que el segundo es solo uno de los elementos que se necesitan para hacer el primero.

> Si bien el *Diccionario* de la Real Academia Española distingue muy bien los significados de *cemento* («mezcla formada de arcilla y materiales calcáreos, sometida a cocción y muy finamente molida, que mezclada a su vez con agua se solidifica y endurece») y *hormigón* («mezcla compuesta de piedras menudas y mortero de cemento y arena»), sí da como sinónimos las expresiones *cemento armado* y *hormigón armado.*

[cent Véase **céntimo de euro**.

centavo Véase **céntimo de euro**.

céntimo de euro

> La palabra *cent* (que designa la centésima parte de un euro) debe traducirse al español por *céntimo*, que es el término tradicional en nuestra lengua. Debe evitarse el uso de *cent* y de *centavo*.

Próximamente comenzaremos a usar monedas en las que estará escrita la palabra *cent* y nos veremos en la necesidad de darle una correspondencia en español o quedarnos con ese extranjerismo; las opciones son: *cent, centavo* y *céntimo*.

Sobre ese asunto ya se ha pronunciado la Real Academia Española, institución que aconseja que usemos la voz con más tradición en España: *céntimo*.

Además, otros organismos e instituciones, especialmente los formados por profesionales de la traducción, se han planteado esa cuestión. A continuación reproducimos un artículo aparecido en el número 55 del boletín *Puntoycoma* del grupo de traductores al español de la Comisión Europea, en Bruselas:

> Para traducir los términos *cent/centen/sentti*, etcétera, se recomienda el uso de la voz española *céntimo* (pl. *céntimos*) en todo tipo de textos, incluidos los legislativos, y *céntimo de euro* en caso de ambigüedad o posible confusión con otras monedas cuya unidad fraccionaria se de-

nomine también *céntimo* (por ejemplo, la peseta durante el período transitorio). La palabra *céntimo* (*Diccionario* de la Real Academia Española de 1992: «Moneda, real o imaginaria, que vale la centésima parte de la unidad monetaria») corresponde exactamente al término *cent*; tiene, contrariamente a éste, tradición en la historia monetaria española y ni su grafía ni su pronunciación resultan chocantes en nuestra lengua. Ésta es la práctica que se está imponiendo en España en los medios de comunicación, el sector bancario, las cámaras de comercio y las empresas, después de la vacilación inicial entre *cent*, *céntimo* y *centavo*.

En el mismo trabajo se señala también lo siguiente:

El Ministerio de Economía y Hacienda ya introdujo *céntimo*, como término equivalente a *cent*, en el texto del *Plan de transición al euro*. Recientemente, el legislador español ha ignorado por completo los argumentos, más tecnocráticos que jurídicos, que propugnaban la exclusividad del término *cent* en los textos legislativos y ha dado una orientación inequívoca que debería zanjar definitivamente este falso problema. En la *Ley 46/1998, de 17 de diciembre, sobre introducción del euro*, el legislador advierte, en relación precisamente con este asunto, que «no renuncia a desarrollar materias propias de Derecho interno» y, en consecuencia, «define la subdivisión centesimal del euro con el término *céntimo*, más acorde con la más reciente tradición monetaria española».

Centro América Véase **Centroamérica**.

Centroamérica

Centroamérica es la forma más adecuada de escribir, al menos en España, el nombre del conjunto de países situados entre México y Colombia.

La forma tradicional en español es *Centroamérica* y, en ocasiones, también se dice o se escribe *América Central*, del mismo modo que hablamos de *Suramérica* o *América del Sur* y de *Norteamérica* o *América del Norte*.

Si no escribimos *Sur América* ni *Norte América*, no parece tener ningún sentido que nos dé por escribir, al menos en España, *Centro América*, aunque esta sea la forma que prefieren algunos de los países de esa zona sin tener en cuenta la tradición toponímica del español.

Los países del Nuevo Continente pueden dividirse en cuatro grupos según su colocación en el mapa. Así, de arriba abajo, habrá países norteamericanos, países centroamericanos, países antillanos o caribeños y países sudamericanos.

En Centroamérica, se encuentran los siguientes países: *Guatemala, Belice* (en inglés, *Belize*), *El Salvador, Honduras, Nicaragua, Costa Rica* y *Panamá*.

A menudo se duda sobre dónde comienza y dónde acaba Centroamérica: ¿Está Panamá en Centroamérica? Según los panameños, la respuesta es *no*, pero ello no deja de ser una cuestión política interna que no debe cambiar nuestra visión del mapamundi y nuestra tradición geográfica, según las cuales, Centroamérica comprende todos los países situados entre México y Colombia, con Panamá y Belice (en inglés, *Belize*) incluidos.

Cercano Oriente Véase **Oriente Próximo**.

certificación

> El término inglés *certification* no siempre debe ser traducido por *certificación*. En su lugar, se recomienda utilizar, según los casos, otros términos, como por ejemplo *aprobación, beneplácito* o *conformidad*.

Aparecen en la prensa los ejemplos siguientes con un extraño uso de la palabra *certificación*:

> *El proceso de certificación sobre el combate al tráfico de drogas que cada año realiza Estados Unidos a decenas de países ya ha comenzado.*

> *El Gobierno de Zedillo continuaría su pelea contra los cárteles de la droga con o sin la certificación de la Casa Blanca.*

Los Estados Unidos de América someten cada año a examen a los países en los que se produce o se comercia con drogas y, según hayan actuado en su lucha contra ese comercio ilegal, deciden cuál se ha portado bien y cuál no lo ha hecho. A los que lo han hecho bien les da lo que en inglés ellos llaman *certification*, y a los otros los castiga con la *decertification*.

Traducir literalmente es siempre peligroso, y más aún en casos como este, en el que entran en juego los falsos amigos: palabras que son iguales o casi iguales en dos lenguas diferentes, y en cada una de ellas tienen significados diferentes, como por ejemplo la palabra inglesa *balloon* (que significa «globo») y la española *balón*.

En español, *certificar* o *dar un certificado* no implica nada positivo ni negativo, y el verbo *descertificar* no existe; en todo caso, podría usarse la perífrasis *retirar el certificado* o *anular el certificado* o la *certificación*. Además, *certificar* solo se utiliza en construcciones del tipo *certificar algo*, y no se puede *certificar a algo o a alguien*, como en el caso de *Estados Unidos certifica a México*.

Existen, en español, otras palabras para expresar lo que los estadounidenses dicen, en este caso concreto, con *certification*: *aprobación, beneplácito, aval, visto bueno*, etc.

certificar Véase **certificación**.

cesar

> Una persona puede *cesar* («dejar de desempeñar un cargo»), pero no puede *ser cesada*. Para este último uso («referido a una persona, expulsarla de su cargo») deben emplearse otros términos, como *destituir* o *deponer*.

El verbo *cesar* aparece mal empleado en muchas ocasiones. Veamos qué nos dice el *Manual de español urgente* de la Agencia EFE sobre el mal uso de esta palabra:

> **cesar (a alguien)** Este verbo es intransitivo: no se puede, pues, *cesar* a nadie: será él quien *cese*. Devolvamos su uso a *destituir* (u *ordenar el cese de*).

Por su parte, el diccionario *Clave* define *cesar* de la siguiente manera:

> **cesar 1** Acabar o llegar al fin; terminar: *Con la tregua, cesaron los combates*. **2** Hacer una interrupción en lo que se está haciendo, o dejar de hacerlo: *Este chico no cesa de moverse y me está poniendo nervioso*. **3** Dejar de desempeñar un cargo o un empleo: *Desde que cesó en el cargo dedica más tiempo a la familia*. □ SINT. El uso de la acepción 3 como transitivo y el del participio cesado en lugar de cesante son incorrectos, aunque están muy extendidos: {**cesaron* > *destituyeron/dieron el cese*} al secretario; el funcionario {**cesado* > *cesante*}.

Y en último lugar, he aquí lo que dice al referirse al mismo asunto el *Diccionario de dudas* de Manuel Seco:

> **cesar 1** Construcción: *cesar de correr; cesar en el cargo*. **2** Debe evitarse el uso, hoy bastante frecuente entre políticos y periodistas, de *cesar* como transitivo. [...] En estos casos ha de emplearse *destituir, deponer* o, si se desea un término más suave, *relevar*.

De esta manera, podemos evitar el uso incorrecto de *cesar* sustituyéndolo por otros verbos como *destituir, deponer* o *relevar*.

Chad

Debe evitarse el uso de *Tchad* en lugar de *Chad*, por ser *Chad* la transcripción española más adecuada del nombre de este país.

A menos que haya un topónimo tradicional en español, siempre deben hispanizarse las grafías de nombres propios procedentes de lenguas que tienen alfabetos distintos al latino. En lo referido a la toponimia de África, es importante tener en cuenta que, a menudo, las grafías nos llegan —ya transcritas al alfabeto latino— a través del inglés o del francés, ya que muchos de los actuales países africanos fueron colonias del Reino Unido o de Francia; sin embargo, estas grafías pueden resultar extrañas en nuestro idioma.

Uno de estos topónimos es el del país que, en español, designamos con el nombre de *Chad*. Aunque es frecuente ver escrita la forma francesa *Tchad*, recomendamos seguir escribiendo el nombre de dicho país con la grafía propia de nuestra lengua: *Chad*.

chalé (plural) Véase **plurales dudosos**.

chatear

El verbo *chatear* es un término que se utiliza en la jerga informática con el significado de «mantener una conversación con una o más personas a través de la red».

Cada vez se introducen en nuestra lengua más términos del lenguaje informático, que, en su mayoría, proceden del inglés. Este es el caso de la palabra *chat*, término que en dicha lengua, además de significar «charla» y «charlar», designa un «foro en el que se reúnen los internautas para hablar de diversos temas».

Pero ahí no queda la cosa: de la palabra *chat* ha surgido el verbo *chatear* que, por extensión, significa «mantener una conversación con una o más personas en un chat, es decir, a través de la red». Este término no figura en los diccionarios con este significado, pero es una palabra muy frecuente en la jerga informática, y como tal es empleado y entendido por los hablantes.

> Entre los usuarios hispanohablantes de la Internet, especialmente los americanos, es habitual utilizar el verbo *chatear* para referirse al hecho de *to chat* (en inglés, «charlar»), es decir, de «charlar a través de la red». Pero resulta que en España *chatear* es algo muy distinto, y el usuario español recién llegado a Internet que oiga que los cibernautas dedican mucho tiempo a *chatear*, pensará que son todos unos borrachines, pues para él, y para el *Diccionario* de la Real Academia Española, en las tabernas y entre sus parroquianos, un *chato* es un vaso bajo y ancho de vino, y *chatear* es nada más y nada menos que «ejercitar el chateo», que no es la charla, sino «ir de taberna en taberna bebiendo chatos», cosa que, de todas formas, facilita las ganas de charlar.

Chauen

Debe evitarse el uso de *Chefchauen* en lugar de *Chauen* (o *Xauen*), por ser *Chauen* (o *Xauen*) la forma española del nombre de esta ciudad.

La forma de escribir en español los nombres de las ciudades de Marruecos está sufriendo algunos cambios producidos por el desconocimiento de la toponimia tradicional y por la cada vez más numerosa aparición de guías de viaje que hablan de Marruecos y de sus ciudades, sin tener en cuenta el nombre de esos lugares en español. En muchas ocasiones, se adopta una forma extraña para un topónimo sin tomar en consideración bien que ya existe una forma tradicional en nuestra lengua, o bien que la transcripción adoptada es la francesa y no la que corresponde al español.

Una de estas ciudades marroquíes es la que, en español, designamos con el nombre de *Chauen* (o *Xauen*). Aunque en Marruecos se haya optado por la forma francesa *Chefchauen*, nosotros debemos seguir escribiendo el nombre de dicha ciudad como siempre lo hemos hecho en nuestra lengua: *Chauen* (o *Xauen*).

[chechén Véase **Chechén-Ingush, República**.

Chechén-Ingush, República

Los habitantes de la República Socialista Soviética Autónoma Chechén-Ingush se denominan *chechenes* (no *chechenos*), y su lengua es el *chechén*.

A raíz de las noticias sobre el levantamiento nacionalista de la República Socialista Soviética Autónoma de los Chechén e Ingush, la mayor parte de los lectores de diarios u oyentes de informativos de radio y televisión vieron cómo, de pronto, dicha república y sus habitantes pasaron a ser protagonistas en todos los medios de comunicación.

Para ver quiénes son y dónde viven, y para averiguar la correcta escritura del gentilicio en español, hemos recurrido al *Diccionario Enciclopédico Espasa*; allí encontramos un artículo sobre los *chechenes* y otro sobre los *ingushes*.

Los primeros aparecen con tres grafías: *tchetchenes, tchetchentzy* y *chechenes*. Huelga decir que el Departamento de Español Urgente recomienda que se emplee la tercera. Así pues, en lugar de la grafía que ha aparecido en la prensa española —*chechenos*—, deberíamos utilizar la de *chechenes*. El nombre genérico para hablar de ellos como comunidad es *el pueblo chechén*, aunque entre ellos mismos se llaman *najché*, que en su lengua significa «hombre». Los *chechenes* hablan tres dialectos principales: el *chechén-tushi*, el *ingushe* y el *chechén* propiamente dicho.

En cuanto a los segundos, aparecen con dos grafías: *inguches* e *ingushes*. Cualquiera de las dos es aceptable en español, aunque, por problemas de pronunciación, nos parece preferible la primera.

Respecto al topónimo, en todos los almanaques y enciclopedias consultados (tanto en español como en inglés), aparece como *República Socialista Soviética Autónoma Chechén-Ingush* (o *de los Chechén e Ingush*), perteneciente a la Federación Rusa. Así pues, el nombre que ha aparecido en la prensa española (*Checheno-Ingusetia*) no es correcto en nuestra lengua, aunque sea parecido al nombre en ruso de esa república.

(Véase también **Grozny**.)

Chechenia Véase **Chechén-Ingush, República**.

Checheno-Ingusetia Véase **Chechén-Ingush, República**.

Chefchauen Véase **Chauen**.

Chequia

Es incorrecto el uso del topónimo *Chequia* para referirse a la *República Checa*. Debe utilizarse la denominación *República Checa*, por ser este el nombre oficial de dicho país.

A menudo se emplea un topónimo inexistente en español: *Chequia*. Y no solo eso sino que, al alternarse dicho topónimo con la forma correcta *República Checa*, se crea más confusión aún, puesto que al final parece que se tratara de dos países distintos.

Como en otros casos similares de dudas sobre toponimia, el Departamento de Español Urgente ha consultado con la embajada del país en cuestión, y su agregada de prensa nos ha informado de que, a pesar de esa extraña invención de los medios de comunicación de España y de otros países, no existe el nombre *Chequia*: el nombre oficial es *República Checa*. Incluso, un miembro del Departamento de Español Urgente tuvo ocasión de conversar personalmente con la embajadora de ese país en España, quien le mostró su asombro y disgusto ante esa invención española y explicó: «Hay dos países: Bohemia y Moravia, y ambos forman una república: la República Checa.»

Muchos creen que lo lógico es que los *checos* sean de *Chequia*, ya que los *eslovacos* son de *Eslovaquia*, pero por muy lógico que parezca, lo que no podemos hacer es inventar topónimos que se ajusten a nuestras necesidades «lógicas». ¿De dónde son los *checos*?, pues de la *República Checa*, de la misma forma que los *dominicanos* son de la *República Dominicana* y no de *Dominicania*.

[cherkés, -a Véase **circasiano, na**.

Cherkesia Véase **Circasia**.

[cherqués, -a Véase **circasiano, na**.

chino (transcripción) Véase **transcripción del chino**.

Chisinau

El nombre correcto de la capital de Moldavia es *Chisinau*, puesto que *Chisinau* (y no *Kishiniov* ni *Chisnau*) es la denominación más arraigada en español.

Hasta ahora hemos escrito el nombre de la capital de Moldavia como *Kshiniov*, basándonos en la transcripción del nombre ruso, o *Chisnau*, según la transcripción rumana. Sin embargo, el nombre que más tradición tiene en español es *Chisinau*.

Así pues, es preferible utilizar *Chisinau* en lugar de la transcripción del ruso *Kishiniov* (en algunos mapas *Kishiniev*) o de la transcripción del rumano *Chisnau*.

Chisnau Véase **Chisinau**.

ciclón

> Los términos *ciclón* y *huracán* son equivalentes; es correcto utilizarlos indistintamente en cualquier contexto. Por otra parte, *tifón* designa únicamente a un huracán en el mar de la China.

¿Hay alguna diferencia entre estos tres meteoros: *ciclón*, *huracán* y *tifón*?, ¿qué designa cada uno de esos nombres?, ¿son sinónimos? Veamos sus definiciones en el *Vocabulario de términos meteorológicos y ciencias afines*, editado por el Instituto Nacional de Meteorología en 1986:

ciclón 1 Lo mismo que ciclón tropical. **2** Lo mismo que depresión barométrica. **3** Lo mismo que huracán.

huracán 1 Término derivado de una palabra del Caribe aplicada primitivamente a los ciclones tropicales del mar de las Antillas. **2** Nombre dado por extensión a todo ciclón tropical en donde el viento alcanza gran violencia. **3** Nombre dado, por acuerdo, a todo viento de fuerza 12 de la escala Beaufort. **4** Cualquier viento de fuerza extraordinaria. Se llama también ciclón.

tifón Nombre dado a los ciclos tropicales del mar de la China y más generalmente del noroeste del Pacífico.

Las definiciones de estos mismos términos en el diccionario *Clave* son más sencillas y comprensibles para los profanos. Del *ciclón* dice que es lo mismo que *huracán*, del *tifón* que es un huracán en el mar de la China. Veamos pues, finalmente, qué es un *huracán* según dicho diccionario:

huracán 1 Viento muy fuerte que gira en grandes círculos como un torbellino; ciclón: *El huracán arrasó muchas casas.* **2** Viento extraordinariamente fuerte: *Antes de la tormenta hubo un huracán que tiró dos árboles.*

Así pues, es correcto utilizar indistintamente los términos *ciclón* y *huracán*. Sin embargo, la palabra *tifón*, como se deduce de las antedichas definiciones, designa únicamente a un huracán en el mar de la China. Por ello, no es posible emplearla para referirnos a los meteoros que tienen lugar en otras partes del mundo.

En el *Vocabulario de términos meteorológicos y ciencias afines* del Instituto Nacional de Meteorología, figura también el término *ciclón tropical*, que es un «ciclón de origen tropical de pequeño diámetro (algunas centenas de kilómetros) con presiones mínimas a veces inferiores a los 900 mb en la superficie, con vientos muy violentos, lluvias torrenciales, a veces acompañadas de tormentas, que generalmente presenta una zona frontal denominada *ojo* del ciclón y que se llama también, simplemente, ciclón».

cifra

Es preferible el uso de la palabra *cifra* frente a *dígito*, ya que *cifra* es el término más común y tradicionalmente más utilizado en castellano.

La voz árabe *sifr*, que en esa lengua significa *cero*, pasó al español como *cifra*, y su significado cambió para nombrar no solo al cero sino también a los demás números. Según el diccionario *Clave*, la definición de *cifra* es la siguiente:

> **cifra 1** Signo con que se representa un número; guarismo: *El número 139 tiene tres cifras.* **2** Cantidad indeterminada, esp. si es una suma de dinero: *La elevada cifra de participantes sorprendió a los organizadores.* **3** Lo que reúne o resume en sí muchas otras cosas: *La bondad es la cifra de todas las virtudes.* □ ETIMOL. Del árabe *sifr* (nombre del cero, que luego se aplicó a los demás números).

Y así se ha usado siempre en español, en frases como *Un número de tres cifras*, *Las primeras dos cifras son el prefijo de la ciudad.* En muchos casos, cuando no es posible la confusión, también se utiliza la palabra *número* como sinónimo de *cifra*.

Si buscamos en *Clave* la palabra *dígito*, nos encontraremos con que se nos remite a *número dígito*, que es una denominación propia de la aritmética y se usa para referirse al número que puede expresarse con un solo *guarismo* (en la numeración decimal son los comprendidos desde el cero al nueve, ambos inclusive).

Aunque ambas palabras tengan el mismo significado, es preferible utilizar la más común, la más usada, la más fácil de reconocer por los receptores del mensaje, y en este caso es *cifra*. Evítese, pues, esa tendencia tan llamativa a no hablar más que de *dígitos*:

Los números de teléfono de la provincia de Zaragoza tendrán nueve dígitos.

El número que identifica a los candidatos al cargo de concejales tiene tan solo dos dígitos.

Contribuyen con donaciones de seis dígitos.

Y sustitúyanse los *dígitos* por *cifras*:

Los números de teléfono de la provincia de Zaragoza tendrán nueve cifras.

El número que identifica a los candidatos al cargo de concejales tiene tan solo dos cifras.

Contribuyen con donaciones de seis cifras.

Circasia

La grafía de esta república autónoma del Cáucaso Norte es *Circasia* (o también *Ciscaucasia*) y no *Cherkesia.*

Cuando aparezca el nombre del territorio autónomo de Karachajevo-Cherkesia, hay que recordar entre paréntesis que el término tradicional en español de *Cherkesia* es *Circasia*, o puede optarse por la denominación *República de los carachais y circasianos*. En algunos textos también aparece como *Ciscaucasia*. De lo que se trata es, simplemente, de usar el nombre español, y no el turco o el árabe, para denominar a este pueblo.

En cuanto a sus habitantes, *cherkés* o *cherqués* es el nombre que les dieron los turcos, pero en su propia lengua se llaman *adigué*, en singular, y *adigueses* en plural.

[circasiano, na

El término *circasiano* (no *cherqués* ni *cherkés*) es el que se utiliza para designar a los habitantes de la República Autónoma de Circasia.

Cherkés o *cherqués* es el nombre que dieron los turcos a los *circasianos*, que en su propia lengua se llaman *adigué* en singular y *adigueses* en plural, de los que los *cabardinos* son una de las diferentes tribus, junto con los *bechuji, abadseji, shapsugui, beslenei* y *matuja*. Los *circasianos*, según la *Enciclopedia Espasa*, son «altos, esbeltos, anchos de espaldas, de cara enjuta y enérgica y cutis blanco, siendo sus mujeres muy celebradas entre los turcos por su hermosura, y esto mismo dio motivo a que se los tomase por tipo de las razas blancas y se denominase el conjunto de éstas como tipo caucásico».

Ciscaucasia Véase 'Circasia.

clasificado, da

Se recomienda evitar el uso de *clasificado* con el significado de «secreto», «reservado» o «confidencial», por influencia del inglés.

Para saber el significado de *clasificado*, participio de *clasificar*, podemos consultar en el *Diccionario* de la Real Academia Española qué quiere decir este verbo.

> **clasificar** Ordenar o disponer por clases. // Obtener determinado puesto en una competición. // Conseguir un puesto que permite continuar en una competición o torneo deportivo.

Y si buscamos *clasificado* en este mismo diccionario, veremos que, además de ser el participio de *clasificar*, cuando se refiere a un documento o una información, significa «secreto o reservado».

¿A qué es debido este nuevo significado? Pues ni más ni menos que a un calco del inglés *classified*, que, además de «clasificado», significa (en inglés) «secreto o reservado», ya que el verbo *to classify*, además de «clasificar», significa (en inglés) «clasificar como secreto, reservar». Nos encontramos así ante otro anglicismo que ya ha llegado a las páginas de nuestros diccionarios, cuando la verdad es que para la mayor parte de los hispanohablantes el adjetivo *clasificado* no significa nada más que «ordenado o dispuesto por clases» o «que ha conseguido un puesto para seguir participando en la competición».

Manuel Seco, en su *Diccionario de dudas y dificultades de la lengua española*, llama la atención sobre este uso anglicista: «*Materia clasificada* es anglicismo innecesario y confuso por *materia reservada*. Es acertado este ejemplo: *El Consejo de Gobierno acuerda calificar como materia reservada las siguientes informaciones*».

En este caso, como en muchos otros, es recomendable que, para mayor corrección en el uso del español, evite emplearse el adjetivo *clasificado* con su significado inglés y que, en su lugar, se utilicen otros términos como: *secreto, reservado* o *confidencial*.

clasificar

Es incorrecto el uso de *clasificar* con el significado de «obtener determinado puesto en una competición». Lo correcto es *clasificarse*.

En *El idioma español en el deporte* y en el *Manual de español urgente* se advierte del uso incorrecto del verbo *clasificar* en lugar de *clasificarse*: *Brasil clasificó para la siguiente ronda*. Lo correcto sería decir: *Brasil se clasificó para la siguiente ronda*.

climatología

Es incorrecto el uso de *climatología* con el significado de «meteorología».

En la última edición del *Manual de español urgente*, se especifica lo siguiente:

> **climatología** Es la ciencia que estudia los climas, y *climatológico* es lo perteneciente o relativo a la climatología, y no debe usarse como sinónimo de *meteorología* ni de *clima*.

El *Libro de estilo* de *El País* también hace hincapié en esta distinción:

climatológico Se emplea incorrectamente como sinónimo de meteorológico. El clima, y por ende sus palabras derivadas, hace referencia a las condiciones meteorológicas habituales en un lugar dado. Así, cabe hablar de un clima atlántico o mediterráneo, definidos por unas circunstancias meteorológicas diarias —sol, lluvia o viento—, cuya repetición configura aquél. Pero no cabe decir que ese día hubo determinadas circunstancias climatológicas. Un lugar, salvo glaciaciones o grandes cambios similares, siempre tiene el mismo clima: lluvioso o seco; temperaturas cálidas o frías, extremas o templadas, mediterráneo o atlántico.

Tras estas dos aclaraciones de los libros citados, conviene completar la información sobre esas voces (y derivados) con la definición que de ellas da el *Vocabulario de términos meteorológicos y ciencias afines*, del Instituto Nacional de Meteorología:

clima Conjunto fluctuante de las condiciones atmosféricas, caracterizado por los estados y las evoluciones del tiempo en un dominio espacial determinado.

climático Perteneciente o relativo al clima.

climatología Ciencia que estudia los climas (causas, variaciones, distribución, tipos, etc.).

climatológico 1 Perteneciente o relativo a la climatología. **2** Perteneciente o relativo a las condiciones propias de cada clima.

Según todas estas definiciones, deducimos que debe evitarse el uso de *climatología* o *climatológico* con el significado de «meteorología» o «meteorológico», puesto que estas son las palabras correctas en castellano.

En los Juegos Olímpicos y en otros acontecimientos deportivos que tienen lugar al aire libre se habla mucho de la *climatología* del lugar donde se celebran, cuando en realidad debería hacerse referencia al *clima* o al *tiempo*.

climatológico, ca Véase **climatología**.

clonación Véase **clónico, ca**.

[clónico, ca

Aunque el término *clónico* aún no está recogido en el *Diccionario* de la Real Academia Española, está correctamente formado y puede ser utilizado en español.

Hay bastantes palabras cuyo uso se generaliza a través de las noticias aparecidas en la prensa y que aún no están recogidas en la mayoría de los diccionarios, como en el caso de *clónico*. También ocurre en ocasiones que comienza a usarse una voz formada incorrectamente, como *clonificación*, sin tener en cuenta que los diccionarios ya registran la forma correcta en nuestra lengua, en este caso *clonación*. Veamos lo que dice el *Diccionario* de la Real Academia Española:

clon Estirpe celular o serie de individuos pluricelulares nacidos de ésta, absolutamente homogéneos desde el punto de vista de su estructura genética; equivale a estirpe o raza pura.

clonación Acción y efecto de clonar.

clonar Producir clones.

El término *clónico* no está recogido en el *Diccionario* de la Real Academia Española, sin embargo, el *Diccionario de voces de uso actual* lo define como «procedente de otro, con las mismas características».

Aunque el término *clónico* no esté aún en el *Diccionario* académico, es una voz bien formada y, por tanto, puede utilizarse en español.

[clonificación Véase **clónico, ca**.

[club (plural) Véase **plurales dudosos**.

[coadyudar Véase **coadyuvar**.

coadyuvar

Debe evitarse el uso del término *coadyudar*, puesto que no existe en español. La forma correcta es *coadyuvar* («contribuir o ayudar a la consecución de algo»).

A menudo se confunde el término español *coadyuvar* con *coadyudar*, puesto que *coadyuvar* encierra la idea de *ayuda* en su significado. Veamos cómo define el diccionario *Clave* este término:

coadyuvar Contribuir o ayudar a la consecución de algo: *El ahorro es uno de los factores que coadyuva en la recuperación económica.*

Por tanto, evitemos el uso de *coadyudar*, término inexistente en español y empleemos, correctamente, *coadyuvar*.

[coalicionado, da Véase **coalicionarse**.

[coalicionarse

En español no existe la forma *coalicionarse*, por lo que es preferible utilizar en su lugar las perífrasis *hacer una coalición* o *formar una coalición*.

Se está extendiendo el uso de *coalicionarse*, verbo que no está recogido en los diccionarios españoles y que los hablantes han creado a partir del sustantivo *coalición*. Debe evitarse, por tanto, el uso de este verbo y emplearse, en su lugar, expresiones del tipo *hacer una coalición* o *formar una coalición*.

Asimismo, en lugar de *coalicionado* debe utilizarse el tradicional *coaligado*.

coaligado, da Véase **coaligar(se)**.

coaligarse

El término *coaligarse* aparece ya recogido en la última edición del *Diccionario de la Real Academia Española* (1992) como sinónimo de *coligarse*. Sin embargo, es preferible el empleo de *coligarse*, ya que se considera una forma más culta y arraigada en español.

En la penúltima edición del *Diccionario* de la Real Academia Española no estaba recogido el verbo *coaligarse*, por lo que desde el Departamento de Español Urgente se advertía sobre la inconveniencia de utilizar dicho verbo, que no figuraba tampoco en ningún diccionario de lengua española. El verbo correcto que debía emplearse en estos casos era *coligarse*, que significa «unirse, confederarse unos con otros para algún fin». De ahí también que lo correcto para los manuales de estilo fuera *coligado*, y que *coaligarse* y *coaligado* se consideraran voces incorrectas e innecesarias, formadas por contacto de *coligarse* y de *coalición*.

Sin embargo, en la última edición del *Diccionario* de la Real Academia Española (1992), ya aparecen las palabras *coaligado* y *coaligarse*. Dicho diccionario explica que provienen de *coligarse*, con influencia de *coalición*. De *coaligado* dice que significa «perteneciente o relativo a una coalición», y *coaligarse* figura sin definición y remite a *coligarse*.

Así pues, ya no puede considerarse incorrecto usar esas voces híbridas. De todas formas, si lo que se pretende es conseguir que nuestros textos gocen de una redacción y un léxico correctos en español, conviene seguir utilizando las formas más cultas de nuestra lengua.

En cuanto al inexistente *coalicionarse*, deben utilizarse las perífrasis *hacer una coalición*, *formar una coalición*, y en lugar de *coalicionado* debe utilizarse el tradicional *coaligado*.

cóctel (plural) Véase **plurales dudosos**.

[coequipier

Es incorrecto el uso del término *coequipier* (pronunciado [coequipié]), que puede traducirse por la expresión *compañero de equipo*.

En el lenguaje del deporte, aparecen con frecuencia términos de otras lenguas, sobre todo del inglés, cuyo uso debe evitarse. Esto es lo que ocurre con el término *coequiper*.

El *Diccionario* de la Real Academia Española no recoge el término *coequipier*. Recomendamos que, en lugar de *coequipier*, se utilice su traducción más aproximada: *compañero de equipo*.

coger

El verbo *coger* es malsonante en el español de América, pero su uso con el significado de «agarrar» no debe condenarse en España.

Recibida una carta de México en la que nos advertía sobre la inconveniencia de usar el verbo *coger* en las noticias de la Agencia EFE sin tener en cuenta su significado en algunos países de Hispanoamérica, creemos oportuna la siguiente aclaración:

No podemos aconsejar a todos los delegados y corresponsales de Hispanoamérica que dejen de usar el verbo *coger*, cuando para la mayor parte de ellos no es malsonante. Lo lógico es que los receptores de las noticias de EFE sepan que nuestra Agencia es española, y que por lo tanto hay palabras con distintos usos en sus países y en el nuestro. A los receptores corresponde cambiar lo que pueda resultar chocante en su país, antes de publicarlo en sus periódicos o de transmitirlo por sus cadenas de radio o televisión.

cohecho

Cohecho significa «hecho de sobornar a un juez o a un funcionario». No debe confundirse con otros términos parecidos del ámbito de la corrupción, como *desfalco*, *malversación* o *soborno*.

A menudo se utilizan términos jurídicos sin demasiada precisión debido a nuestro desconocimiento de este campo. A esto se une que los hechos que definen las palabras en cuestión pueden tener, en el terreno de lo penal, diferentes calificaciones en los distintos países de Hispanoamérica.

He aquí el significado de algunos términos que se engloban bajo la denominación genérica de *corrupción*, según el *Diccionario* de la Real Academia Española:

cohecho Acción y efecto de cohechar o sobornar a un funcionario público.

cohechar Sobornar, corromper con dádivas al juez, a persona que intervenga en el juicio o a cualquier funcionario público, para que, contra justicia o derecho, haga o deje de hacer lo que se le pide.

desfalco Acción y efecto de desfalcar.

desfalcar Quitar parte de una cosa, descabalarla. // Tomar para sí un caudal que se tenía bajo obligación de custodia.

malversación Acción y efecto de malversar. // Hurto de caudales del erario por un funcionario público, peculado.

malversar Invertir ilícitamente los caudales públicos, o equiparados a ellos, en usos distintos de aquellos a que están destinados.

soborno Acción y efecto de sobornar.

sobornar Corromper a alguien con dádivas para conseguir de él una cosa.

Así pues, las diferencias entre *malversación* y *desfalco* son bastante sutiles: en ambos casos, se trata de hacer mal uso del dinero del erario y de que dicho delito lo cometa la persona encargada de administrarlo. Y en cuanto a *soborno* y *cohecho*, también vienen a significar algo parecido, puesto que *cohecho* es el «hecho de sobornar a un funcionario».

colegiado, da

Debe evitarse el uso del término *colegiado* como sinónimo de *árbitro* para referirse a los árbitros de los países extranjeros donde estos jueces no están organizados en un colegio profesional.

El término *colegiado* expresa la idea de *colegio*; es decir, es correcto utilizar la palabra *colegiado* como equivalente de *árbitro* en España, puesto que los árbitros españoles pertenecen a un colegio profesional. Sin embargo, este término debe evitarse cuando se aluda a *árbitros* de otros países en los que dicha organización en colegios profesionales es inexistente.

coligado, da Véase **coligarse**.

coligarse

Es preferible el uso de *coligar* con el significado de «unirse, confederarse unos con otros para algún fin», frente al término *coaligar*, recogido en la última edición del *Diccionario* de la Real Academia Española (1992).

Hasta la penúltima edición del *Diccionario* de la Real Academia Española, *coaligarse* y *coaligado* se consideraban voces incorrectas e innecesarias, formadas por contacto de *coligarse* y de *coalición*, por lo que las únicas formas correctas eran *coligar(se)* y *coligado*.

Sin embargo, en la última edición del *Diccionario* de la Real Academia Española (1992), ya aparecen las palabras *coaligado* y *coaligarse*. Dicho *Diccionario* explica que provienen de *coligarse*, con influencia de *coalición*. De *coaligado* dice que significa «perteneciente o relativo a una coalición», y *coaligarse* figura sin definición y remite a *coligarse*.

Así pues, ya no puede considerarse incorrecto usar esas voces híbridas. De todas formas, si lo que se pretende es conseguir que nuestros textos gocen de una redacción y un léxico correctos en español, conviene seguir utilizando las formas más cultas de nuestra lengua.

En cuanto al inexistente *coalicionarse*, deben utilizarse las perífrasis *hacer una coalición*, *formar una coalición*, y en lugar de *coalicionado* debe utilizarse el tradicional *coaligado*.

colisionar frontalmente

La expresión *colisionar frontalmente* no debe desplazar a la frase empleada tradicionalmente en español *chocar de frente*.

Parece estar de moda decir las cosas de forma diferente a como siempre se habían dicho; moda o tendencia especialmente llamativa en la lengua escrita y, sobre todo, en el lenguaje periodístico.

En español, cuando dos o más automóviles, camiones, motocicletas, trenes, aviones, barcos, es decir, cuando dos o más vehículos cualesquiera entran en contacto (se encuentran) violentamente, siempre se ha usado el verbo *chocar*. Y cuando ese encuentro violento se produce por la parte de delante de los vehículos, decimos que *chocan de frente*.

Pero eso de *chocar* y *chocar de frente* debe de resultarles demasiado simple a algunos redactores de noticias, especialmente en los noticiarios de televisión, y ya se oye o se ve escrito muy rara vez. Ahora, cuando dos vehículos tienen la mala suerte de sufrir un encontronazo, se dice que *colisionan*, y si lo hacen de frente, se opta por la construcción *colisionar frontalmente*.

Aunque el *Diccionario* de la Real Academia Española registre el verbo *colisionar* con el significado de «chocar dos o más vehículos con violencia», ello no quiere decir que tengamos que desterrar el verbo más empleado tradicionalmente en nuestra lengua, y que sigue siendo el más habitual en la lengua hablada. Tampoco se usa en la lengua hablada el adverbio *frontalmente*. Luego lo más recomendable es que sigamos utilizando el verbo *chocar* y la construcción *chocar de frente*.

coma (usos)

Una coma puede cambiar el significado entero de una oración: no es lo mismo decir *El hijo que vive en Buenos Aires no pudo venir* (se entiende que hay más de un hijo), que *El hijo, que vive en Buenos Aires, no pudo venir* (se entiende que solamente hay un hijo).

Se plantea frecuentemente la duda sobre el uso de la coma en frases como: *El presidente de Rusia Putin viajará mañana a España*.

En este tipo de frases, en las que el nombre es una aposición explicativa que amplía el significado del sustantivo anterior, son necesarias las comas, pues, si no las ponemos, cambiamos el significado de la frase. Si decimos: *El presidente de los Estados Unidos Clinton viajará mañana a España*, sin comas, estamos dando a entender que en los Estados Unidos hay varios presidentes y uno de ellos, que se llama Clinton, es el que viajará a España. En cambio, en la frase con comas: *El presidente de los Estados Unidos, Clinton, viajará mañana a España*, lo que entendemos es que en los Estados Unidos hay un solo presidente, que se llama Clinton.

Sin embargo, no es fácil utilizar bien las comas y, para dilucidar este asunto, hemos consultado la *Ortografía de uso del español actual* de Leonardo Gómez Torrego.

Resumimos, a continuación, los casos en los que se utiliza la coma, según dice la *Ortografía*:

- Para separar los elementos de una enumeración, siempre que entre ellos no aparezcan las conjuntos *y, e, ni, o, u*: *Pedro, Juan, Luisa y tu hermano vendrán a la fiesta*.

- Para separar vocativos del resto del enunciado: *Isabel, te agradezco mucho tu opinión*.

- Para delimitar aclaraciones o incisos: *Este río, el Tajo, pasa por Toledo*.

- Para separar conectores como *o sea, es decir, esto es, por ejemplo, sin embargo, por tanto*, etc.: *No te lo exijo, o sea, lo dejo a tu elección*.

- Para separar una oración o construcción circunstancial que aparece al principio de un enunciado: *En ese jardín de los columpios, jugaba yo de pequeño*.

- Para indicar que está omitido un verbo: *Mi hermana estudia Física; yo, Filosofía*.

- Para separar adverbios o construcciones adverbiales al principio del enunciado: *Por desgracia, le ha sido imposible acudir al encuentro*.

- Para introducir aquello de lo que se va a hablar: *Técnicamente, Pedro es un buen jugador.*

El punto que nos serviría en la duda que planteábamos al principio es el tercero, o sea, no es lo mismo decir: *Su discípulo Tomás era muy leal*, que *Su discípulo, Tomás, era muy leal*. En la segunda oración, *Tomás* es un inciso, una aclaración; estamos aclarando que su discípulo —su único discípulo— se llama Tomás. Y también pudiera ser un vocativo; el interlocutor puede llamarse Tomás.

> Una coma mal puesta puede ser el origen de graves malentendidos. Algo así le ocurrió al protagonista de nuestra historia: un buen día, Gregorio recibió un telegrama de sus superiores que decía: *Perdón imposible, ahorcarlo*, y enseguida hizo cumplir la orden. Dos días después, recibió otro telegrama que corregía el anterior; decía así: *Perdón, imposible ahorcarlo.*
>
> Como vemos, una coma mal puesta nos puede cambiar la vida.

[comisariar

El término *comisariar* no existe en castellano. Para evitarlo deben emplearse otras expresiones como *ser el comisario*.

Es cada vez más frecuente la tendencia a formar verbos derivados de sustantivos, siguiendo una mecánica que sí es lícita y muy corriente en inglés, pero no siempre en castellano, para evitarse el enorme trabajo de utilizar perífrasis. Ocurre con *comisariar*, neologismo formado a partir del sustantivo *comisario*, y al que se da el significado de «ejercer las funciones propias de un comisario», restringiendo el campo semántico de *comisario* al de «encargado de una exposición artística».

Veamos, de todas formas, qué es un *comisario* en español, y a partir de ahí quizá logremos encontrar alguna forma de huir del neologismo.

Comisario es «el que tiene poder y facultad de otro para ejecutar alguna orden o entender en algún negocio». Las otras acepciones que registra el *Diccionario* de la Real Academia Española se refieren a comisarios militares y civiles, y en ninguna de ellas se hace referencia al encargado de una exposición. Muy probablemente ello se deba a que ese uso de la voz *comisario* es bastante nuevo en nuestra lengua.

El *comisario* que aquí nos ocupa es el encargado, entre otras cosas, de recoger o recopilar los materiales que se expondrán, de establecer los contactos con los artistas, los organismos e instituciones, los museos, los coleccionistas particulares... También puede tener que dirigir y supervisar el montaje así como elegir y conseguir el lugar adecuado. Documentación, catálogos, carteles anunciadores, son otras de sus responsabilidades. Es, pues, el coordinador general y último responsable de que la exposición llegue a buen término.

Visto lo antedicho, en lugar de decir que *Fulanito va a comisariar una exposición de cerámica andalusí*, quedará menos rebuscado y será más correcto que digamos que *Fulanito va a ser el comisario de una exposición de cerámica andalusí*, y al hablar de las labores que desempeñará Fulanito, podremos usar los verbos *supervisar, dirigir, coordinar, encargarse de, montar* u *organizar una exposición*.

Hay que tener en cuenta, además, que el único verbo español parecido a *comisariar* en la forma, el número de sílabas y la terminación es *inventariar*, formado a partir del sustantivo *inventario* y que significa *incluir en un inventario o hacer un inventario*. Luego, *comisariar*, en pura lógica, debería significar *hacer un comisario o nombrar comisario a alguien*.

Y la última objeción a este neologismo es la de lo mal que suena, si se conjuga según el modelo de inventariar, en frases como *Fulanita comisaría muy bien las exposiciones de pintura modernista* o *Yo comisarío todas las exposiciones de la Biblioteca Nacional* o *Fulano comisariaría esa exposición si se le pagase medio millón*. Por consiguiente, se recomienda no utilizar nunca este verbo.

[compost

Los términos *compost* (pronunciado [compós]) y *compostaje* son de uso correcto en español, aunque aún no están recogidos en el *Diccionario* de la Real Academia Española.

Hay bastantes palabras cuyo uso se generaliza a través de las noticias aparecidas en la prensa y que aún no están recogidas en los diccionarios de uso, como es el caso de *compost*. Sin embargo, *compost* sí figura en el diccionario *Clave*:

> [compost (anglicismo) Abono formado por una mezcla de residuos del jardín y de residuos orgánicos procedentes de los hogares: *El 'compost' es un fertilizante orgánico refinado que debe descomponerse durante cinco o siete meses antes de utilizarse.*

Existía además la voz *compostaje*, que es el «reciclado completo de la materia orgánica mediante el cual se la somete a fermentación controlada (aerobia) para obtener un producto estable de características definidas y útiles para la agricultura».

Aunque *compost* y *compostaje* no estén aún en el *Diccionario* académico, son voces de uso extendido en español, que pueden utilizarse en la redacción de las noticias.

> Los términos *compost* y *compostaje* aparecen en las noticias sobre la creación de plantas destinadas a reciclar los residuos sólidos urbanos: basuras, restos de vegetales de poda y jardinería y los procedentes de depuradoras de aguas fecales. Ese tipo de instalaciones se llaman *plantas de compostaje*, y en ellas funcionan los *túneles aceleradores de compostaje controlado*, en los que, según nos ha informado el Centro para el Desarrollo Teconológico Industrial, se «transforman residuos orgánicos por medio de microorganismos para obtener un producto estable con un alto contenido en humus, que sirve para mejorar la estructura del suelo y ligar tierras arenosas».

compostaje Véase **compost**.

compraventa

Es incorrecto escribir *compraventa* separado (*compra venta* o *compra-venta*), puesto que el término correcto en español se escribe junto: *compraventa*.

Los términos *compra-venta* o *compra venta* no deben emplearse puesto que la forma correcta de escribir esta palabra en español es *compraventa*. El diccionario *Clave* da la siguiente definición de este término:

> **compraventa** Comercio en el que se compra y se vende, esp. antigüedades o cosas usadas: *Tiene una tienda de compraventa de coches de segunda mano.*

Así pues, debemos evitar la escritura de esta forma en dos palabras.

computación Véase **computarizar**.

computadorizar Véase **computarizar**.

computar Véase **computarizar**; **cómputo**.

computarizar

Es incorrecto el uso de *computerizar* o *computorizar* para referirse al procesamiento de datos informáticos, ya que en español podemos emplear las palabras *computadorizar* o *computarizar*.

Con el mundo de la informática y las computadoras, ha llegado al español un nuevo verbo. Formado a partir de la voz inglesa *computer*, nos encontramos con el neologismo *computerizar* que, según los manuales al uso, está mal formado y debe corregirse.

El *Diccionario* de la Real Academia Española, en su última edición incluye *computarizar* y da la siguiente definición de esta palabra: «Someter datos al tratamiento de una computadora».

Antes de esta edición, la Academia prefería la forma *computadorizar*, que todavía mantiene, aunque remite a *computarizar*. Como explica Manuel Seco en su *Diccionario de dudas y dificultades de la lengua española*, «con ello se intentaba dar una solución a las tres formas que había en circulación: *computerizar* (adaptación cruda del inglés *computerize*); *computarizar*, modificación de la anterior que se aproxima más, gracias a la *-a-* de la antepenúltima sílaba, al español *computador/computadora*; y *computorizar* (donde la sílaba *-tor-* parece contracción de *-tador-*), que tuvo algún uso a finales de los años setenta».

Y más adelante Seco añade:

> El verbo *computadorizar*, y sobre todo su derivado *computadorización*, están condenados al olvido por demasiado largos e incómodos de pronunciación. Hoy se usan *computerizar* y *computarizar*, parece que ganando terreno la segunda forma (la única que según mis datos se usa en América). Siguen la suerte de estos verbos sus derivados *computerización* y *computarización*.

Frente a las propuestas académicas, quizá demasiado largas y complicadas, algunos ingenieros también sugieren los términos *computar* y *computación* como posibles sustitutos.

[computerización Véase **computarizar**.

[computerizar Véase **computarizar**.

cómputo

Debe evitarse el uso de la expresión *recuento de votos*; en su lugar, debe decirse *cómputo de votos*.

El término *recuento* no debe utilizarse con el significado de «cómputo» («hecho de calcular el número de votos»). Veamos lo que dice el diccionario *Clave* al respecto:

> **cómputo** Cuenta o cálculo; computación: *A las ocho se cierran los colegios electorales y se inicia el cómputo de votos.*

> **recuento 1** Comprobación del número de personas o de objetos que forman un conjunto: *Todas las mañanas se realiza el recuento de los presos.* **2** Hecho de volver a contar algo: *La primera vez cometí un error, y lo detecté en el recuento.* ☐ SEM. No debe usarse con el significado de *cómputo: el {*recuento > cómputo} de los votos.*

Asimismo, el verbo correspondiente al *cómputo* de votos es *computar*, no *recontar*. Sin embargo, suena extraño decir en español *computar los votos*; por ello, recomendamos que se utilice la expresión *realizar el cómputo de los votos* o, si se quiere, *contar los votos*.

[computorizar Véase **computarizar**.

con que

No hay que confundir los términos *con que, con qué* y *conque*. La forma *con que* puede reemplazarse por *con el cual, con la cual* y sus plurales; *con qué* se utiliza en las preguntas y exclamaciones; y la palabra *conque* expresa consecuencia, y puede reemplazarse por *así que*.

A pesar de que los términos *con qué, con que* y *conque* son distintos, son frecuentes las confusiones ortográficas entre ellos; por eso, creemos conveniente explicar su uso.

Para aclarar esta cuestión, hemos sacado nuestras conclusiones de la *Ortografía de uso del español actual* de Leonardo Gómez Torrego.

La forma *con qué* introduce enunciados interrogativos o exclamativos: *¿Con qué habéis manchado la pared?* También aparece en oraciones subordinadas (interrogativas o exclamativas indirectas), generalmente con verbos como *saber, decir, imaginar, preguntar, haber* y *tener*: *No sé con qué habéis manchado la pared.*

La forma *con que* se utiliza en lugar de *con el cual, con la cual, con los cuales, con las cuales*, o en casos en que el verbo de la oración exige la preposición *con*: *Me conformo con que vengas unos días* (*conformarse con algo*).

Por último, el término *conque* tiene valor consecutivo: *Ya veo que estás agotado, conque échate un rato a descansar.* También se utiliza para introducir frases exclamativas que expresan sorpresa o censura al interlocutor: *¡Conque ibas a llegar puntual!* En ambos casos, *conque* puede reemplazarse por la forma *así que*.

con qué Véase **con que**.

concordancia (verbo con sujeto colectivo)

Los sujetos colectivos suelen ir con un verbo en singular (*La mayoría de la gente estuvo de acuerdo*) excepto en aquellos casos en los que el verbo queda muy lejos del sujeto (*Al principio, la gente no estuvo de acuerdo, pero enseguida reconsideraron su postura*) o el colectivo lleva un complemento plural (*La mayoría de la gente de mi barrio son jóvenes*).

La concordancia verbal plantea algunos problemas cuando el sujeto es un nombre colectivo como *la multitud, la muchedumbre, la gente, la mayoría*, etc., ya que, en algunos casos, el verbo va en singular y, en otros, en plural. Según la Real Academia Española, cuando el sustantivo es un nombre colectivo y está en singular, el verbo se ha de poner en el mismo número; pero puede usarse en plural, si se considera el colectivo como el conjunto de cosas o personas que incluye, más que como una palabra singular. Veamos a continuación los principales casos que pueden darse en la concordancia del nombre colectivo con el verbo:

- Cuando los individuos componentes del colectivo son homogéneos, la concordancia es en singular: *El equipo de fútbol llegó al aeropuerto.*

- También es singular cuando el nombre colectivo va acompañado por un adjetivo o complemento que denote su carácter de singular gramatical: *La muchedumbre enfervorizada aclamó al nuevo Jefe de Estado.*

- O cuando el verbo va muy cerca del sujeto: *La orquesta actuó el viernes.*

- La concordancia en plural se da, sobre todo, cuando el colectivo lleva un complemento plural unido por *de*, que indica las personas o cosas de que consta el conjunto: *La mayoría de los soldados eran asturianos.*

- También es plural cuando el verbo se encuentra alejado del sujeto: *La multitud desobedeció a la policía, pero a la primera carga huyeron despavoridos.*

concreto

Concreto es el término usado en América para referirse al *hormigón*; *concreto* y *hormigón* no deben, pues, considerarse dos realidades distintas.

Concreto es la denominación que se da al *hormigón* en muchos países de América, y procede de la traducción literal del inglés *concrete*.

Aunque allí su uso sea muy frecuente, no debemos olvidar que la palabra *hormigón*, utilizada en España, designa la misma realidad que el *concreto*. Se trata, pues, de un caso claro de sinonimia.

(Véase también **hormigón**.)

concurrencia

Debe evitarse el uso de *concurrencia* con el significado de «oposición o rivalidad», por influencia del francés *concurrence*. El término que debe usarse en español es *competencia*.

Entre los errores más frecuentes, está el de utilizar términos españoles con un significado que no tienen en nuestra lengua sino en alguna otra en la que se escriben igual o casi igual; es lo que los traductores llaman *falsos amigos*.

Uno de estos errores es el que se comete al utilizar la voz española *concurrencia* con alguno de los significados que tiene el francés *concurrence*: «competencia», «oposición» o «rivalidad».

No se puede hablar, entonces, de *las empresas de la concurrencia*, sino que deberíamos decir *las empresas de la competencia*.

condena

> No hay que confundir los términos *condena*, *fallo*, *veredicto* y *sentencia*. La *condena* es «el castigo impuesto por el juez al acusado»; el *fallo* es «la parte de la sentencia en la que el juez castiga o perdona al reo»; el *veredicto* (de culpabilidad o inocencia) es «la decisión del jurado»; y la *sentencia* es «la decisión del juez».

Existe una gran confusión entre los términos *veredicto*, *sentencia*, *fallo* y *condena*. Por ello, creemos conveniente analizar sus significados.

Veredicto es la «definición de un hecho dictada por el jurado» o el «fallo pronunciado por un jurado» y, por extensión, se utiliza con el significado de «parecer, dictamen o juicio emitido reflexiva y autorizadamente». El *veredicto de inculpabilidad* es «el que pronuncia el jurado descargando al reo de todos los capítulos de la acusación».

Sentencia es la «declaración del juicio y resolución del juez; aquella en que el juzgador, concluido el juicio, resuelve finalmente sobre el asunto principal, declarando, condenando o absolviendo; la que termina el asunto o impide la continuación del juicio, aunque contra ella sea admisible recurso extraordinario».

El *fallo* es la «parte de la sentencia que contiene el mandato, el pronunciamiento jurídico sobre la cuestión debatida» y, además, en el fallo se da la *absolución* —en la que el juez no castiga al reo por considerarlo inocente— o *condena* —en la que el juez impone al reo la pena correspondiente— del acusado.

Como deducimos de estas definiciones, es erróneo el uso de los términos *veredicto* y *sentencia* como sinónimos, tal y como es corriente ver en la prensa. El *veredicto*, emitido por un jurado, solo puede ser de *inocente* o *culpable*, mientras que la *sentencia* puede variar según una serie de condicionantes y el juez que la dicte.

Así pues, un acusado primero es sometido a juicio. Si este juicio es con jurado, su primera fase se concluirá con el *veredicto*; en caso contrario, el juez dictará una *sentencia* cuyo *fallo* contendrá la *absolución* o *condena* del acusado. Vemos, por tanto, que estos cuatro términos no son sinónimos, si bien se emplean en el mismo ámbito con significados a veces similares.

condición

> La voz inglesa *condition*, con el significado de «enfermedad, afección», no debe traducirse por el término español *condición*, puesto que la voz española *condición* carece de este significado.

La Comisión de Traducciones de la Academia Norteamericana de la Lengua Española edita y distribuye, sin periodicidad fija, un boletín titulado *Glosas*, en el que se comentan cuestiones léxicas y gramaticales relacionadas con los problemas que pueden surgir al traducir del inglés al español. Uno de los apartados de dicho boletín está dedicado a advertir sobre los falsos amigos, es decir, dos términos de lenguas distintas que aparentemente son equivalentes, pero que no significan lo mismo.

Este es el caso de la voz que nos ocupa: *condición*. Por influencia del inglés, se empieza a ver el término español *condición* empleado con el sentido de «enfermedad, afección, estado morboso o no». *Condición*, en español, se aplica a una facultad o estado más o menos intrínseco: *condición de pobre*, *condición de escritor*, *condición de noble*, etc. Solo en plural (*condiciones*), se aproxima al sentido inglés: *Ese automóvil no está en condiciones de hacer viajes* (en inglés, se diría: *This automobile is in no condition to travel*).

Por tanto, a la hora de traducir esta palabra inglesa al español, no hay que caer en la trampa de pensar que son equivalentes.

condicional de rumor (uso)

Es incorrecto el uso del condicional para dar a entender que lo que se cuenta son suposiciones o rumores no confirmados (*El ladrón habría entrado por la ventana*). En su lugar, es aconsejable emplear otras expresiones que indiquen duda o posibilidad, como: *posiblemente*, *cabe la posibilidad de que*, *es posible que*, *se cree que*, etc.

Aparecen en la prensa ejemplos con este uso erróneo del condicional, como los que citamos a continuación:

El Gobierno estaría dispuesto a entablar negociaciones con ETA.

Se calcula que unas veinte personas habrían sido detenidas.

En el libro *La lengua española hoy*, editado por la Fundación Juan March, hay un artículo del profesor Manuel Casado Velarde titulado «El lenguaje de los medios de comunicación», en el que el autor dice lo siguiente sobre el condicional de rumor:

Entre las peculiaridades de la sintaxis verbal en la lengua periodística suele citarse el denominado *condicional de rumor* o *condicional de información no asegurada* (Lapesa). Pertenece a la lengua española general el empleo del condicional para expresar una afirmación que se da como opinión o aseveración ajena (*Según el fiscal*, *habría* actuado con premeditación) o cuya validez se hace depender de una condición (*Si es verdad lo que dices, yo estaría equivocado*). Pero en el lenguaje periodístico de hoy es frecuente que no se mencionen el opinante, la fuente informadora ni la hipótesis restrictiva, y que se encomiende sin más al condicional la función de dar a entender que se trata de aseveraciones ajenas, suposiciones cuya veracidad no se asegura o rumores no confirmados (*Egipto podría oficiar de puente para el diálogo con los palestinos*).

Leonardo Gómez Torrego, en su *Manual de español correcto*, también llama la atención sobre el asunto:

> No es castellano el llamado *condicional de rumor*, que aparece, con frecuencia, en los titulares de algunos diarios españoles:
>
> *El Rey iría a los EE.UU. la primavera próxima* (correcto: *El Rey posiblemente vaya a...*, o también: *posibilidad de que el Rey vaya a...*, etc.).
>
> *Irán habría facilitado a la URSS puestos de espionaje electrónico* (correcto: *posibilidad de que Irán haya facilitado...*).

conflictivo, va Véase **calles conflictivas**.

conque Véase **con que**.

consistente

La voz inglesa *consistent* no debe traducirse por el término español *consistente*, puesto que, en inglés, *consistent* significa «consecuente, constante», mientras que, en español, *consistente* quiere decir «con solidez».

La Comisión de Traducciones de la Academia Norteamericana de la Lengua Española edita y distribuye, sin periodicidad fija, un boletín titulado *Glosas*, en el que se comentan cuestiones léxicas y gramaticales relacionadas con los problemas que pueden surgir al traducir del inglés al español. Uno de los apartados de dicho boletín está dedicado a advertir sobre los falsos amigos, es decir, dos términos de lenguas distintas que aparentemente son equivalentes, pero que no significan lo mismo.

Este es el caso de la voz que nos ocupa: *consistente*. En inglés, *consistent* quiere decir «consecuente, constante, uniforme, que no varía o cambia de un día a otro», mientras que el término español, *consistente*, significa «que consiste en» y «que tiene solidez». Por tanto, a la hora de traducir esta palabra inglesa al español, hay que tener cuidado de no caer en la trampa de pensar que son equivalentes.

Constantina

Se recomienda el uso de *Constantina*, en lugar de *Wazantina*, por ser *Constantina* el nombre tradicional de esta ciudad en español.

En 1981, un decreto de la república de Argelia ordenaba cambiar la denominación oficial de esta ciudad por la de *Wazantina*. Sin embargo, nos remitimos a las recomendaciones de la última edición del *Manual de español urgente*:

Los nombres de uso tradicional y muy arraigado en castellano deben conservar su forma castellana. Los nombres que, teniendo correspondencia castellana, se reproducen en la prensa internacional con las formas del país, a veces reclamadas por los Gobiernos respectivos con actitud anticolonialista, deben conservar la forma castellana del nombre extranjero cuando es tradicional.

Se recomienda, por tanto, el uso del término *Constantina* por ser un nombre con larga tradición en español.

contemplar

Debe evitarse el uso de la palabra *contemplar* con el significado de «considerar», «establecer» o «estipular», por influencia del inglés *to contemplate*.

Es muy corriente emplear el verbo *contemplar* con un significado que nunca ha tenido en español. Nos encontramos otra vez con un uso procedente del inglés que debemos combatir. El *Diccionario* de la Real Academia Española da la siguiente definición de *contemplar*: «Poner la atención en alguna cosa material o espiritual».

Rufino José Cuervo, en su *Diccionario de construcción y régimen*, concede a *contemplar*, por extensión, las acepciones de *considerar* y *juzgar*, y de ello da los siguientes ejemplos:

Unos le contemplan *(el verbo) como expresión compuesta de otras dos.* [Lista]

En viéndote tan hermosa / Te contemplé desdichada. [Alarcón]

Les pidió consejo sobre la persona que contemplaban más digna de recibir la borla del imperio. [Quintana]

Pero la influencia del inglés ha llevado a muchos hispanohablantes a dar a este verbo las connotaciones de *proyectar, planear, intentar, prever, tener en cuenta* y *tener en mira*, que son del congénere inglés *to contemplate*, como se ve en los siguientes ejemplos:

Ciertas empresas contemplan [proyectan, planean] *comenzar el negocio en seguida.*

El pacto contiene una cláusula que contempla [prevé] *el estado de guerra.*

Tales son las normas de vida que debe contemplar [tener en mira, tener en cuenta] *la ley.*

Estos usos de *contemplar* son inequívocamente anglicistas y deben ser sustituidos por los que hemos dado entre parántesis.

[controller

El uso del anglicismo *controller* (pronunciado [contróuler]) en la jerga empresarial es innecesario, ya que puede sustituirse por el término español *director administrativo*.

Basta detenerse un momento en las páginas que algunos periódicos dedican a las ofertas de empleo para toparse con una retahíla de palabras inglesas solo apta para iniciados, ya que el resto de los mortales jamás podremos acceder a un puesto de trabajo cuyo nombre no entendemos. Este es un ejemplo:

> *Una empresa multinacional del sector de servicios busca un 'controller' para su sede central en Madrid.*

En el anuncio se explica la misión que desempeñará quien logre el puesto: *Reportando al Responsable del Departamento se responsabilizará del control Económico Financiero del Grupo: Control de Gestión. Fusión de las contabilidades de las distintas empresas. Análisis financiero. Auditoría interna, normas, procedimientos. Integración de nuevas contabilidades. Supervisión de la tesorería. Relaciones con los auditores externos.*

Después de poner *controller* en un anuncio en español, no debería asombrarnos que la redacción comience con un gerundio y que se abuse de las mayúsculas sin ton ni son. Pero ¿que és un *controller*? Pues en el caso que nos ocupa no es ni más ni menos que un *director administrativo*, nombre que sí habrían entendido todos los lectores del periódico.

(Véase también **anglicismos**.)

convicto, ta

Es incorrecto el uso de *convicto* como sustantivo, por influencia del inglés *convict*, con el significado de «preso, presidiario o recluso».

Según el *Collins Spanish Dictionary*, la voz inglesa *convict* debe traducirse al español como *presidiario* o *penado*.

El diccionario *Clave* define el adjetivo *convicto* como el «acusado de un delito, con culpabilidad probada legalmente aunque no lo haya confesado». Esta definición es parecida a la del *Diccionario* de la Real Academia Española, que dice que *convicto* es un adjetivo que en la jerga del derecho significa «reo a quien legalmente se ha probado su delito, aunque no lo haya confesado».

Y en el *Diccionario de anglicismos* de Ricardo J. Alfaro es donde encontramos la aclaración a las dudas que pueden surgir sobre la palabra *convicto*, cuyo uso como sustantivo ya comienza a ser corriente en los doblajes de películas, en los noticiarios y también aparece de vez en cuando en las noticias de la Agencia EFE:

> **convicto** Se usa este vocablo en castellano para designar con él al reo a quien legalmente se le ha probado del delito que se le imputa. *Convicto* en español es siempre adjetivo, no sustantivo.
>
> En inglés el parónimo *convict* (pronúnciase cónvict) es siempre sustantivo y tiene igual significación, pero se usa más comúnmente para indicar a la persona que está sufriendo pena corporal por delito grave. Precedida la palabra por la partícula *ex*, designa al que ha sufrido tal pena, a individuos de antecedentes criminales.

Es anglicismo notorio usar el español *convicto* con estas connotaciones. Para ellas tenemos las voces *preso, presidiario* o *recluso*. Como equivalente de la expresión anglicada *ex-convict*, es inadmisible decir un *ex convicto*. Lo usual en castellano es decir un *ex presidiario*.

[corpore insepulto

> Es incorrecto decir *de corpore insepulto*. La expresión latina correcta es *corpore insepulto* (pronunciado [córpore insepúlto]).

En el español culto, se utilizan algunas expresiones latinas que, en ocasiones, pasan también a formar parte de la lengua coloquial, y sufren por ello deformaciones tanto en la pronunciación como en la escritura. Entre esas deformaciones o errores, una de las más corrientes es poner una preposición delante de ciertas palabras latinas.

Este es el caso del latinismo *corpore insepulto*. A menudo se comete el error de anteponer a esta expresión la preposición *de*. Así, se dice *de corpore insepulto* en vez de *corpore insepulto*. Veamos cómo define este latinismo el diccionario *Clave*:

> **[corpore insepulto** (latinismo) ‖ De cuerpo presente, o con el cuerpo sin sepultar o sin enterrar: *Se ha celebrado una misa 'corpore insepulto'.* □ PRON. [córpore insepúlto]. □ SINT. Incorr. *de corpore insepulto.

(Véase también **latinismos**.)

[correo electrónico

> Es preferible el uso de *correo electrónico* frente al anglicismo *e-mail*, para designar el «sistema que permite el intercambio de mensajes por ordenador a través de la red informática».

Para designar este sistema de comunicación de la Internet, debemos utilizar el término español *correo electrónico* en lugar de la voz inglesa *e-mail* (*Ya me han instalado el correo electrónico; Dame tu dirección de correo electrónico; Te mandaré un mensaje por correo electrónico*).

En las tarjetas de visita, debajo de los números de teléfono y de fax, debe ponerse la dirección de correo electrónico sin más, es decir, sin ninguna palabra o abreviatura que la preceda, pues, al llevar siempre el símbolo de la arroba —@—, resulta innecesario indicar que se trata de una dirección de correo electrónico, de la misma forma que antes del localizador de la página de Internet tampoco es necesario indicar de qué se trata.

De todas formas, si alguien tuviera especial interés en que en sus tarjetas se explique qué es eso que tiene una arroba dentro, deberá poner *Correo e.*, en lugar de la forma inglesa *e-mail*.

corrupción (léxico)

El léxico relacionado con la corrupción se expresa con muchos términos: *desfalco, cohecho, soborno* o *malversación*. Deben conocerse las diferencias que existen entre unos términos y otros para su correcta utilización.

A menudo se utilizan términos jurídicos sin demasiada precisión debido a nuestro desconocimiento de este campo. A esto se une que los hechos que definen las palabras en cuestión pueden tener, en el terreno de lo penal, diferentes calificaciones en los distintos países de Hispanoamérica.

He aquí el significado de algunos términos que se engloban bajo la denominación genérica de *corrupción*, según el *Diccionario* de la Real Academia Española:

desfalco Acción y efecto de desfalcar.

desfalcar Quitar parte de una cosa, descabalarla. // Tomar para sí un caudal que se tenía bajo obligación de custodia.

cohecho Acción y efecto de cohechar o sobornar a un funcionario público.

cohechar Sobornar, corromper con dádivas al juez, a persona que intervenga en el juicio o a cualquier funcionario público, para que, contra justicia o derecho, haga o deje de hacer lo que se le pide.

malversación Acción y efecto de malversar. // Hurto de caudales del erario por un funcionario público, peculado.

malversar Invertir ilícitamente los caudales públicos, o equiparados a ellos, en usos distintos de aquellos a que están destinados.

soborno Acción y efecto de sobornar.

sobornar Corromper a alguien con dádivas para conseguir de él una cosa.

Así pues, las diferencias entre *malversación* y *desfalco* son bastante sutiles: en ambos casos, se trata de hacer mal uso del dinero del erario y de que dicho delito lo cometa la persona encargada de administrarlo. Y en cuanto a *soborno* y *cohecho*, también vienen a significar algo parecido, puesto que *cohecho* es el «hecho de sobornar a un funcionario».

cosechar

El verbo *cosechar* (referido a premios, galardones) no debe desplazar a otros verbos como *obtener* o *conseguir*, y debe evitarse siempre como sinónimo de *sufrir* (referido especialmente a derrotas deportivas).

Hay palabras que se ponen de moda y se repiten tanto que llegan a aburrirnos y eso es lo que está ocurriendo con el verbo *cosechar*, que está desplazando a otros más adecuados según el asunto del que se esté hablando. Es muy habitual leer en las noticias que algo o alguien *cosecha* triunfos o galardones:

Los musicales 'Rent' y 'Bring in da noise, bring in da funk' cosecharon varios galardones en la primera mitad de la ceremonia.

El 53 por ciento de los germanos no cree que Alemania vuelva a cosechar 33 medallas de oro.

Juan Aroca Sanz, en su *Diccionario de atentados contra el idioma español*, nos recuerda que *cosechar* significa «hacer la cosecha», es decir, «recoger los frutos de la tierra después de haberlos sembrado», y el *Diccionario* de la Real Academia Española recoge, además del significado habitual de «hacer la cosecha», el figurado de «ganarse, atraerse o concitarse simpatías, odios, fracasos, éxitos, etc.». Pero ello no es razón para que se convierta en sustituto de *obtener* o *conseguir*, que son los verbos que debieron usarse en los ejemplos anteriores.

Y los forofos de ese verbo, no contentos con usarlo al escribir sobre premios, galardones y triunfos en general, lo han introducido también en la jerga de los toros, y podemos leer cosas como estas:

El rejoneador Giovanni Aloi y los diestros Eloy Cabazos y Miguel Espinosa 'Armillita' cosecharon ocho orejas y un rabo en la triunfal corrida celebrada hoy.

Banderilleó superior, faena entendida y una estocada para cosechar dos orejas...

Hasta ahora, en la jerga taurina, las orejas y los rabos se *cortaban*; pero vemos que esos apéndices también pueden *cosecharse*.

Y aunque por los ejemplos vistos parezca que *cosechar* se esté usando solo en sentido positivo, resulta que también se emplea para indicar todo lo contrario, y, especialmente en las noticias de deportes, los equipos o los deportistas también *cosechan* las derrotas:

Los dos equipos escoceses que participan en esta competición cosecharon sendas derrotas fuera de casa.

Decíamos que el hecho de que el *Diccionario* de la Real Academia Española registre el uso de este verbo con el significado de «ganarse, atraerse o concitarse simpatías, odios, fracasos, éxitos, etc.» no era razón para usarlo siempre en lugar de *obtener* o *conseguir*, y debemos añadir que mucho menos debe ocupar el espacio del verbo *sufrir*.

Costa de Marfil

Debe evitarse el uso de *Côte d'Ivoire* o *Ivory Coast* en lugar de *Costa de Marfil*, por ser *Costa de Marfil* el término tradicional en español.

Según el *Manual de español urgente* de la Agencia EFE, «los nombres que, teniendo correspondencia castellana, se reproducen en la prensa internacional con las formas del país, a veces reclamadas por los respectivos gobiernos con actitud anticolonialista, deben conservar la forma castellana del nombre extranjero cuando es tradicional».

Por esta razón, debemos decir *Costa de Marfil*, y no *Côte d'Ivoire* o *Ivory Coast*, para referirnos a este estado de África occidental.

Côte d'Ivoire Véase **Costa de Marfil**.

cotizar

Se recomienda utilizar la forma *cotizarse*, y no *cotizar*, en las noticias de economía. Debe decirse *El dólar se cotizó ayer a 170 pesetas*, y no *El dólar cotizó ayer a 170 pesetas*.

En las noticias de economía que podemos oír en radio y televisión, y en las que leemos en los periódicos, es bastante habitual encontrar frases como estas:

El dólar cotizó ayer a 170 pesetas.

Las acciones de Bayer cotizaron ayer a 25 020 pesetas.

En ambos casos debió emplearse la forma pronominal del verbo que, quizá por influencia del inglés, casi ha desaparecido. Así, pues, la forma correcta de escribir estas frases es:

El dólar se cotizó ayer a 170 pesetas.

Las acciones de Bayer se cotizaron ayer a 25 020 pesetas.

Las diferentes formas de utilizar el verbo *cotizar* y las preposiciones con las que funciona aparecen de forma clara y concisa en el *Diccionario de dudas e irregularidades de la lengua española* de David Fernández:

Cotizar a la seguridad social.

Cotizar en bolsa.

Cotizarse (el dólar) *a* cien pesetas.

El *Diccionario manual e ilustrado de la lengua española* de la Real Academia registra dos acepciones de *cotizar*, aún no recogidas en el *Diccionario de la lengua española* de la misma institución, que son las relativas a su uso pronominal:

cotizar Alcanzar un precio determinado una mercancía en su correspondiente mercado. // Gozar de mayor o menor estimación pública una persona en relación con un fin determinado.

Coto Irlandés

Es incorrecto el uso de la voz *Irish Box* para referirse al caladero de pesca situado alrededor de la isla de Irlanda, ya que puede traducirse por el término español *Coto Irlandés*.

A raíz de los problemas entre pescadores españoles y británicos, apareció un nuevo nombre en las noticias: todas las informaciones hablaban de un caladero con nombre inglés, el *Irish Box*.

La comisión de traducción española de la Unión Europea (UE) recomienda que se traduzca como *Box Irlandés*. Pero en lugar de la forma híbrida *Box Irlandés* que proponen nuestros colegas de la UE, creemos que podría traducirse del todo y ya que, según su explicación, el *box* es una zona *acotada* entre paralelos y meridianos, nuestra propuesta es que utilicemos la voz española *coto*, que, además de «terreno acotado», significa «término» o «límite». Así, de ahora en adelante, recomendamos *Coto Irlandés* en lugar de *Box Irlandés*.

credibilidad

No hay que confundir los términos *credibilidad* y *crédito*. *Credibilidad* es «facilidad para ser creído» y *crédito* es «buen nombre».

Parece que utilizar palabras largas en lugar de las más breves se ha puesto de moda. Así pues, decimos *ejercitar* en vez de *ejercer*, *problemática* en lugar de *problema* o *finalidad* en lugar de *fin*. Esto ocurre también con las voces *credibilidad* y *crédito*, cuyos significados se confunden, a pesar de que son claramente diferentes.

Según el diccionario *Clave*, *credibilidad* es, entre otras cosas, «facilidad para ser creído» (*Esa historia que me has contado carece de credibilidad*), y *crédito* quiere decir «reputación, fama o buen nombre» (*Esta marca goza de mucho crédito entre los usuarios*).

De las definiciones de estos dos términos deducimos que se trata de dos palabras completamente distintas y, por tanto, no deben confundirse.

> Aurelio Arteta publicó en 1995 un artículo en *El País*, con el título de *La moda del archisílabo*, que alude a este problema. Hemos creído conveniente reproducir algunas de sus afirmaciones: «Como se conoce que hablar en prosa ya era muy fácil, ahora nos deleitamos con la prosa *archisílaba*, a ser posible, requetesilábica. [...] Un hablante que se precie ha de discurrir, por lo menos, en pentasílabos. Tiene que medir sus palabras, sí, pero no para elegir la más justa, sino la más rimbombante. [...] Puestos a 'influir' habrá que *influenciar*, igual que, metidos a 'conectar', lo propio es *conexionar* y, si se trata simplemente de 'formar', más vale, por Dios, *conformar* o *configurar*».

crimen

La voz inglesa *crime* no debe traducirse siempre por el término español *crimen*, puesto que, en inglés, *crime* se emplea para designar todo tipo de *delitos*, mientras que, en español, *crimen* es la «acción de matar voluntariamente a alguien».

La Comisión de Traducciones de la Academia Norteamericana de la Lengua Española edita y distribuye, sin periodicidad fija, un boletín titulado *Glosas*, en el que se comentan cuestiones léxicas y gramaticales relacionadas con los problemas que pueden surgir al traducir del inglés al español. Uno de los apartados de dicho boletín está dedicado a advertir sobre los falsos amigos, es decir, dos términos de lenguas distintas que aparentemente son equivalentes, pero que no significan lo mismo.

Este es el caso de la voz que nos ocupa: *crimen*. Aunque las voces española e inglesa proceden ambas del latín y significan «delito grave», lo cierto es que, en general, en inglés se emplea *crime* para indicar toda clase de delitos —y así se dice que el robo o el hurto son *crimes*, para lo que en español diríamos que son *delitos*—, y en español, *crimen* se refiere a algo muy serio, generalmente un delito moral o sangriento. Por tanto, a la hora de traducir esta palabra inglesa al español, hay que tener cuidado de no caer en la trampa de pensar que son equivalentes.

[croata-musulmán, -a

No debe utilizarse la forma *croato-musulmán* para el compuesto formado por el gentilicio *croata* y el adjetivo *musulmán*, ya que la denominación correcta es *croata-musulmán*.

Aparece en la prensa esta extraña formación de un gentilicio inexistente (*croato*) y un adjetivo (*musulmán*), que en la antigua Yugoslavia se utilizaba añadiendo el concepto étnico-cultural a su significado meramente confesional.

Pero el gentilicio *croato* no existe en español, lengua en la que «lo perteneciente o relativo a Croacia» siempre se ha llamado *croata*.

Quizá el error se haya producido por imitación de otros compuestos parecidos (con o sin guión) como *francoprusiano, hispano-luso, italoargentino, hispanoamericano, turcochipriota*, sin tener en cuenta que la terminación en -*o* en todos esos gentilicios no es forzada, ya que *franco, prusiano, hispano, luso, ítalo* (apócope de *itálico*), *argentino, americano* y *turco* pueden funcionar por separado, lo que no ocurre con *croato*, ni tampoco sería posible con *chiprioto*.

De esto podemos deducir que, si nos tuviéramos que referir a un acuerdo entre *croatas* y *musulmanes* de la antigua Yugoslavia, tendríamos que hablar del acuerdo *croata-musulmán* y no *croato-musulmán*.

[croato-musulmán, -a Véase **croata-musulmán**.

[cuatrianual Véase **cuatrienal**.

cuatrienal

No hay que confundir los términos *cuatrienal* («lo que sucede cada cuatro años») y *cuatrianual* («lo que sucede cuatro veces al año»).

Si algo sucede cada cuatro años, es decir, cada *cuatrienio*, utilizaremos el término *cuatrienal*. Sin embargo, si de lo que se trata es de decir que algo sucede cuatro veces al año, el adjetivo correspondiente será *cuatrianual*.

Sin embargo, en ocasiones resulta mucho más cómodo y más inteligible utilizar perífrasis en lugar de los adjetivos correspondientes; así, cuando algo sucede cada quince años, en lugar de utilizar la voz poco usual *quindenial*, lo mejor es no pecar de pedantes y decir *cada quince años*, expresión que será mejor comprendida por los receptores. Al fin y al cabo, de lo que se trata es de que el mensaje sea claro para los receptores.

[cuatrimensual Véase **cuatrimestral**.

cuatrimestral

No hay que confundir los términos *cuatrimestral* («lo que sucede cada cuatro meses») y *cuatrimensual* («lo que sucede cuatro veces al mes»).

El espacio de tiempo de cuatro meses es un *cuatrimestre*, luego lo que suceda o se repita cada trimestre será *cuatrimestral*. *Cuatrimensual* es el adjetivo con el que se designa lo que ocurre o se hace cuatro veces al mes.

En ocasiones, resulta mucho más cómodo y más inteligible utilizar perífrasis en lugar de los adjetivos correspondientes; así, cuando algo sucede cuatro veces al mes y no puede calificarse de *semanal*, en lugar de *cuatrimensual* podemos decir, simplemente, *cuatro veces al mes*.

cuerpo

Debe evitarse la voz *cuerpo* para referirse a *cuerpos muertos*. En su lugar, debe emplearse el término *cadáver*.

Veamos los siguientes ejemplos:

Holanda, accidente aéreo: Seis cuerpos recuperados y pocas esperanzas de que haya más supervivientes.

Ocho buzos estadounidenses llegaron a Lima para apoyar la búsqueda de los 56 cuerpos que aún permanecen en el mar peruano.

La búsqueda de los restos de la aeronave, en los que se presume que están atrapados los cuerpos de los desaparecidos...

Quizá por influencia de una mala traducción del término inglés *corpse*, la voz española *cuerpo* le está ganando terreno a gran velocidad a otra palabra que ya se ve muy poco en las noticias: *cadáver*.

No parece lógico que si en español tenemos una voz tan específica como *cadáver* para designar a un cuerpo muerto, esta se vea desplazada por otra mucho más general y que, en principio, no implica la idea de muerte.

Cuzco

Debe emplearse *Cuzco*, en lugar de *Cusco*, para designar esta ciudad peruana, por ser *Cuzco* la grafía más arraigada en español.

El topónimo *Cuzco/Cusco* es de origen quechua. Los españoles, recién llegados al Perú, representaron gráficamente el nombre de esta ciudad, que en quechua se pronunciaba [Jusko], por *Cuzco* (pronunciado [kúsko]).

En la actualidad, encontramos *Cuzco* y *Cusco*, indistintamente, a pesar de que la Academia de la Lengua del Perú se ha pronunciado claramente sobre este tema:

La grafía usada desde los comienzos de la escritura castellana en el país es CUZCO, no contradicha en esto por Garcilaso el Inca ni por otros notables bilingües. En este siglo, por inexactas apreciaciones sobre la reconstrucción del quechua antiguo y del español clásico, así como por una exagerada interpretación del ideal fonético de la ortografía indígena, se ha pretendido difundir y aún imponer, por autoridades municipales, la grafía Cusco, que nos parece inadecuada.

Debe escribirse, pues, *Cuzco* y no *Cusco*.

En francés, inglés, alemán e italiano, el topónimo *Cuzco*, se escribe única y exclusivamente con /z/. Así pues, si buscamos *Cusco* en atlas o enciclopedias escritas en dichas lenguas lo haremos infructuosamente.

> Curiosamente, a diferencia de la Academia de la Lengua, el Ayuntamiento del Cusco no admite la grafía *Cuzco*. Y sobre esta cuestión encontramos un titular publicado en Lima: *Sancionada empresa por escribir Cusco con 'z'*.
>
> El hecho de que una empresa haya sido multada por el Ayuntamiento del Cusco por escribir *Cuzco*, con z, obedece a razones extralingüísticas, no obstante —y exclusivamente desde el punto de vista lingüístico— doña Martha Hildebrandt, de la Academia de la Lengua del Perú, señala que es un despropósito multar a alguien porque cometa una supuesta «falta de ortografía», e intrusismo el que un ayuntamiento dicte normas de obligado cumplimiento en materia lingüística, competencia esta de la Academia de la Lengua del Perú.

D d

Daguestán

Se recomienda el uso de *Daguestán* (no *Daghestán*) para designar esta república autónoma de la Federación Rusa, por ser *Daguestán* el término tradicional en español.

La forma tradicional en español para nombrar a esta república autónoma de la Federación Rusa es *Daguestán* y no *Daghestán*. Su gentilicio en español, según las diversas formas que habitualmente usamos en nuestra lengua para formarlos, puede ser *daguestano*, *daguestanés* o *daguestaní*.

[**daguestanés, -a** Véase **Daguestán**.

[**daguestaní** Véase **Daguestán**.

[**daguestano, na** Véase **Daguestán**.

Dajla

Debe evitarse el uso de *Dakhla* en lugar de *Dajla* (antiguamente *Villa Cisneros*), por ser *Dajla* la transcripción española del nombre de esta ciudad.

La forma de escribir en español los nombres de las ciudades del Sahara Occidental está sufriendo algunos cambios producidos por el desconocimiento de la toponimia tradicional y por la cada vez más numerosa aparición de guías de viaje que hablan del Sahara Occidental y de sus ciudades, sin tener en cuenta el nombre de esos lugares en español. En muchas ocasiones, se adopta una forma extraña para un topónimo sin tomar en consideración bien que ya existe una forma tradicional en nuestra lengua, o bien que la transcripción adoptada es la francesa y no la que corresponde al español.

Una de estas ciudades saharauis es la que, en español, designamos con el nombre de *Dajla* (antiguamente *Villa Cisneros*). Aunque en el Sahara Occidental se haya optado por la forma francesa *Dakhla*, nosotros debemos seguir escribiendo el nombre de dicha ciudad como siempre lo hemos hecho en nuestra lengua: *Dajla*.

Dakhla Véase **Dajla**.

Dakota del Norte

Se recomienda el uso de *Dakota del Norte* para designar este estado, en lugar de la forma inglesa *North Dakota*.

Conviene recordar que los nombres de algunos estados de los Estados Unidos de América se escriben de forma distinta en inglés y en español. Por este motivo, se ha de insistir en que, en español, dichos nombres deben utilizarse en esta lengua y no en inglés. Este es el caso del estado de *Dakota del Norte*, que no debe aparecer nunca como *North Dakota*.

Dakota del Sur

Se recomienda el uso de *Dakota del Sur* para designar este estado, en lugar de la forma inglesa *South Dakota*.

Conviene recordar que los nombres de algunos estados de los Estados Unidos de América se escriben de forma distinta en inglés y en español. Por este motivo, se ha de insistir en que, en español, dichos nombres deben utilizarse en esta lengua y no en inglés. Este es el caso del estado de *Dakota del Sur*, que no debe aparecer nunca como *South Dakota*.

Dar as Salam

Debe evitarse el uso de *Dar Es Salaam* en lugar de *Dar as Salam*, por ser *Dar as Salam* la transcripción española más adecuada del nombre de esta ciudad.

A menos que haya un topónimo tradicional en español, siempre deben hispanizarse las grafías de nombres propios procedentes de lenguas que tienen alfabetos distintos al latino. En lo referido a la toponimia de África, es importante tener en cuenta que, a menudo, las grafías nos llegan —ya transcritas al alfabeto latino— a través del inglés o del francés, ya que muchos de los actuales países africanos fueron colonias del Reino Unido o de Francia; sin embargo, estas grafías pueden resultar extrañas en nuestro idioma.

Uno de estos topónimos es la ciudad de Tanzania que, en español, designamos con el nombre de *Dar as Salam*. Aunque es frecuente ver escrita la forma inglesa *Dar Es Salaam*, recomendamos seguir escribiendo el nombre de dicha ciudad con la grafía propia de nuestra lengua: *Dar as Salam*.

Dar Es Salaam Véase **Dar as Salam**.

de 2000

> La Real Academia Española dice que las dataciones de cartas y documentos, así como las cabeceras de los periódicos, deben aparecer sin artículo delante de la palabra que designa el año 2000 y siguientes: *20 de enero de 2000, 4 de mayo de 2002...* Sin embargo, en otros tipos de textos, el año puede aparecer con artículo: *Estuvimos en Viena en marzo del 2000*.

De acuerdo con la norma que ha hecho pública en Internet la Real Academia Española, las dataciones de cartas y documentos, así como las cabeceras de los periódicos, deben aparecer sin artículo delante de la palabra que designa el año 2000 y siguientes.

La Real Academia indica que se continúa así la tradición en las dataciones de los años que siguen a 1100: *3 de marzo de 1492, 20 de junio de 1824, 2 de febrero de 1999.* Ello es así, a pesar de que nuestra conciencia lingüística actual tiende a poner el artículo en las dataciones en las que intervienen los años anteriores a 1101: *7 de abril del 711, 8 de marzo del 1001,* etc. No obstante, existen documentos actuales en que se fechan estos años también sin artículo: *20 de diciembre de 909.*

Podemos considerar las dataciones de cartas, documentos y cabeceras de periódicos como exclusivos de la lengua escrita, por lo que el problema de la presencia o ausencia del artículo es irrelevante. Por ello, parece prudente seguir la norma que la Real Academia Española ha adelantado con el fin de no crear confusión en este campo.

Ahora bien, fuera de las dataciones propiamente dichas (con indicación del día, mes y año), lo recomendable, al menos en el lenguaje periodístico, es poner el artículo delante del año tanto en la lengua oral como en la lengua escrita, lo que parece más acorde con el sentimiento lingüístico actual de los usuarios del español. Así, se preferirá decir y escribir *Lo haré en marzo del 2002* en vez de *en marzo de 2002;* y *En el 2001 habrá menos paro* en lugar de *En 2001 habrá menos paro.* Téngase en cuenta que esta manera de proceder en un escrito periodístico obedece a que tales textos son leídos por el público y, por tanto, se considera lengua escrita que se reproduce en cierto sentido en la lengua oral; y es en este tipo de lengua donde se tienden a rechazar las formas sin artículo.

En cualquier caso, debe quedar claro que, desde el punto de vista gramatical, no hay razones para preferir la forma con artículo a la forma sin artículo, y viceversa, pues ambas son correctas: con artículo se presupone la palabra *año,* aunque esta esté implícita; sin artículo concebimos el año como entidad autónoma no apositiva.

[de corpore insepulto Véase **corpore insepulto**.

[de motu propio Véase **motu proprio**.

DEA

La sigla DEA (*Drug Enforcement Administration*) corresponden al organismo oficial que se encarga en los Estados Unidos de la lucha contra las drogas. Su traducción más apropiada es *Departamento Estadounidense Antidroga* (DEA).

En los medios de comunicación españoles, se le da diversas traducciones a la sigla DEA, según el criterio de cada cual. Es evidente la necesidad de unificar criterios, al menos en las noticias de la Agencia, y lograr que un mismo organismo no se llame de distintas maneras según la procedencia de la información.

Dos noticias aparecidas en la Agencia el mismo día, lo traducían, respectivamente, como *Oficina Estadounidense Antidrogas* y *Agencia Estadounidense de Lucha Contra la Droga*.

Como la traducción más aproximada al original (*organismo encargado de hacer cumplir la ley sobre las drogas*) es demasiado larga y poco práctica, conviene usar un nombre más corto y fácil, que puede ser el de *Departamento Estadounidense Antidroga* (DEA), en el que además coinciden las iniciales del nombre español con las siglas del inglés.

debate a tres

Es incorrecto el uso de la expresión *debate a tres*, por influencia del francés. En su lugar, debe decirse *debate entre tres* o *debate de tres*.

En las noticias sobre las elecciones generales celebradas en España el 3 de marzo de 1996, apareció constantemente una construcción ajena a la gramática española: el *debate a tres*.

Se trataba de los debates que se transmitirían por la radio o la televisión, y en los que, por decisión de uno de los principales partidos contendientes, en lugar de solo dos personas, una por ese partido y otra por el otro, deberían participar tres, y exigían que la tercera persona fuese del tercer partido en importancia en el país. No admitían, pues, los debates que hasta entonces habían sido más frecuentes: un cara a cara entre el candidato del partido del Gobierno y el candidato de la oposición, que, por cierto, nunca había sido llamado *debate a dos*.

De pronto, comenzó a hacerse habitual la expresión *debate a tres*, sin que casi nadie reparase en que eso no era español, sino que se trataba de una construcción calcada del francés.

En español, lo correcto es que dos o más personas *debatan* algo *entre* ellas: *El asunto se debatió entre los más conocidos especialistas* y, a su vez, puede decirse: *El asunto se trató en un debate de ocho conocidos especialistas.* Luego la voz *debate* puede ir seguida por las preposiciones *entre* y *de*, pero nunca por la preposición *a*. Así, podremos decir que se celebrará un *debate entre tres, cuatro, cinco o más personas*, y también que de lo que se trata es de que los *debates* no sean *de dos*, sino *de tres o más participantes*.

deber

Es frecuente la confusión entre las formas *deber* y *deber de* cuando van seguidas de infinitivo, pero sus significados son distintos: *deber* indica siempre obligación, mientras que *deber de* indica posibilidad.

En los principales manuales de estilo y diccionarios de dudas se advierte sobre la diferencia entre las formas *deber* y *deber de* seguidas de un verbo en infinitivo.

Algo más amplia que las demás es la explicación que nos da al respecto Leonardo Gómez Torrego, en su *Manual de español correcto*:

> Pocos conocen la diferencia entre estas dos construcciones perifrásticas, por lo que suelen emplearlas indistintamente. Hay que saber, sin embargo, que *deber+infinitivo* siempre significa obligación; y *deber de+infinitivo*, posibilidad, conjetura, duda. Ejemplos:
>
> *Tu hijo debe estudiar más que el mío* (= «tiene la obligación de estudiar...»)
>
> *Tu hijo debe de estudiar más que el mío* (= «quizá estudia más...»)

En el mismo libro, Leonardo Gómez Torrego añade que:

> Hay que hacer un esfuerzo para mantener esta diferencia, pues así se evitará incurrir en posibles ambigüedades. No obstante, en la lengua oral (¡nunca en la escrita!) se puede permitir la omisión de la preposición *de* en los casos de posibilidad (*deben (de) estar desnudos*), pues la entonación y/o la situación deshacen cualquier posible ambigüedad.
>
> No se justifica, por el contrario, intercalar *de* en los casos de obligación:
>
> *Debes de estudiar más si quieres aprobar* (correcto: *debes estudiar...*)
>
> *El alumno debe de respetar al profesor si queremos que haya armonía* (correcto: *...debe respetar...*).

deber de Véase **deber**.

[decimoprimero, ra

Debe evitarse el uso de la palabra *decimoprimero* en lugar de *undécimo*.

Llamamos ordinales a los números que expresan la idea de un orden (primero, segundo, tercero...), es decir, los que utilizamos para ordenar una serie de cosas numerándolas. No hay que confundirlos con los partitivos o fraccionarios (tercio, cuarto...) ni con los cardinales (uno, dos...), aunque en muchas ocasiones optemos por estos últimos en lugar de algunos ordinales demasiado largos o casi desconocidos por la mayoría de los hablantes.

Aunque sean de corriente utilización y haya quien las considere correctas, las formas *decimoprimero* y *decimosegundo* para los ordinales correspondientes al 11 y al 12 no están recogidas en el *Diccionario* de la Real Academia Española y la mayoría de los manuales de estilo advierten de que se trata de formas incorrectas creadas por influencia de los ordinales del 13 al 19: *decimotercero, decimocuarto, decimoquinto, decimosexto, decimoséptimo, décimoctavo* y *decimonoveno*.

Pero resulta que la lengua no es algo que se rija por un funcionamiento lógico y exacto, sino que está llena de casos especiales y de irregularidades. Y ese es el caso de los numerales ordinales que aquí estamos comentando, pues tienen una forma muy diferente al resto de los que les siguen.

En español correcto, decimos *undécimo* y *duodécimo* para lo que ocupa los lugares 11 y 12 en una lista, aunque el siguiente sea *decimotercero* (también existe la forma ya en desuso *tredécimo*) y el otro sea *decimocuarto* (también hay *catorceno*), y así es como deben emplearse.

Además de *undécimo* y *duodécimo*, en español contamos con los ordinales *onceno* y *doceno*, que, aunque menos usados, también son correctos, del mismo modo que además de *noveno* podemos decir *nono* y además de *séptimo* existe *septeno*.

> Aprovechamos la ocasión para recordar que *decimoprimero* no lleva tilde, ya que se trata de una palabra compuesta —pero palabra al fin— llana acabada en vocal. El hecho de que *décimo* lleve tilde no implica que sus compuestos necesariamente también la lleven.

[decimosegundo, da

Debe evitarse el uso de la palabra *decimosegundo* en lugar de *duodécimo*.

Llamamos ordinales a los números que expresan la idea de un orden (primero, segundo, tercero...), es decir, los que utilizamos para ordenar una serie de cosas numerándolas. No hay que confundirlos con los partitivos o fraccionarios (tercio, cuarto...) ni con los cardinales (uno, dos...), aunque en muchas ocasiones optemos por estos últimos en lugar de algunos ordinales demasiado largos o casi desconocidos por la mayoría de los hablantes.

Aunque sean de corriente utilización y haya quien las considere correctas, las formas *decimoprimero* y *decimosegundo* para los ordinales correspondientes al 11 y al 12 no están recogidas en el *Diccionario* de la Real Academia Española y la mayoría de los manuales de estilo advierten de que se trata de formas incorrectas creadas por influencia de los ordinales del 13 al 19: *decimotercero, decimocuarto, decimoquinto, decimosexto, decimoséptimo, décimoctavo* y *decimonoveno*.

Pero resulta que la lengua no es algo que se rija por un funcionamiento lógico y exacto, sino que está llena de casos especiales y de irregularidades. Y ese es el caso de los numerales ordinales que aquí estamos comentando, pues tienen una forma muy diferente al resto de los que les siguen.

En español correcto, decimos *undécimo* y *duodécimo* para lo que ocupa los lugares 11 y 12 en una lista, aunque el siguiente sea *decimotercero* (también existe la forma ya en desuso *tredécimo*) y el otro sea *decimocuarto* (también hay *catorceno*), y así es como deben emplearse.

Además de *undécimo* y *duodécimo*, en español contamos con los ordinales *onceno* y *doceno*, que, aunque menos usados, también son correctos, del mismo modo que además de *noveno* podemos decir *nono* y además de *séptimo* existe *septeno*.

> Aprovechamos la ocasión para recordar que *decimoprimero* no lleva tilde, ya que se trata de una palabra compuesta —pero palabra al fin— llana acabada en vocal. El hecho de que *décimo* lleve tilde no implica que sus compuestos necesariamente también la lleven.

declamador, -a Véase **rapsoda**.

declamar

> No hay que confundir los términos *recitar* y *declamar*. *Recitar* significa «decir o pronunciar de memoria y en voz alta versos, discursos, etc.», y *declamar* es recitar con la entonación conveniente.

Con motivo de los actos de celebración del centenario del nacimiento de Federico García Lorca, se empleó con bastante frecuencia la palabra *recitar*.

Recitar, según el *Diccionario* de la Real Academia Española, es «referir, contar o decir en voz alta un discurso u oración» o «decir o pronunciar de memoria y en voz alta versos, discursos, etc.».

Vistos sus significados, no parece que esté mal usar este término para referirse al hecho de *pronunciar en voz alta* los versos de García Lorca, aunque *recitar* no haga referencia a la entonación, el ritmo y la velocidad más adecuados para escuchar poesía. Lo extraño es que no apareciera el término *declamar* que, en este contexto, habría sido mucho más preciso, puesto que *declamar* es «recitar la prosa o el verso con la entonación, los ademanes y el gesto convenientes».

decodificación Véase **descodificar**.

decodificador, -a Véase **descodificar**.

decodificar Véase **descodificar**.

[decolar

> Es innecesario el uso del término *decolar*, por influencia del francés *décoller*. En su lugar, puede utilizarse la voz española *despegar*.

En nuestra lengua se da, de vez en cuando, un fenómeno consistente en retirar, apartar, dejar de usar e incluso olvidar una palabra y sustituirla por otra tomada de otra lengua. Esto es lo que ha ocurrido en algunos países de Hispanoamérica con las voces *despegar* (española) y *decolar* (francesa).

Resulta que en los aviones de las líneas aéreas estatales de algunos países hispanohablantes ordenan a los viajeros que se abrochen los cinturones de seguridad porque *el avión va a decolar*, cuando en otros países con la misma lengua, entre ellos España, los pasajeros tienen que abrocharse los cinturones de seguridad cuando el avión está a punto de *despegar*.

¿Qué necesidad tienen los hablantes de nuestra lengua en ciertos países de cambiar el *despegar* español por el *décoller* francés? Según el *Diccionario de la lengua española* de la Real Academia, *despegar* es, entre otras cosas, «separarse del suelo, agua o cubierta de un barco, un avión, helicóptero, cohete, etc., al iniciar el vuelo». El galicismo *decolar*, lógicamente, no aparece en ningún diccionario de español y debe, por tanto, evitarse.

dejar

> Debe evitarse el uso del verbo *dejar* con el significado de *causar* en casos como *El accidente dejó muchas víctimas*.

El verbo *dejar* tiene numerosas acepciones en el *Diccionario* de la Real Academia Española, entre ellas «soltar una cosa», «consentir, permitir, no impedir», «omitir», etc. Como vemos, en ningún caso este verbo puede utilizarse como equivalente de *causar*. Por tanto, debemos evitar frases como:

Una guerra que ha dejado más de 70 000 muertos.

El huracán dejó centenares de muertos y heridos a su paso por la isla.

En estos casos debe decirse:

El huracán causó centenares de muertos y heridos a su paso por la isla.

Una guerra que ha causado más de 70 000 muertos.

[deprivación

La voz inglesa *deprivation* no debe traducirse por *deprivación*, puesto que *deprivación* no existe en español. En su lugar, puede decirse *privación*.

No existe en español el vocablo *deprivación*, traducción literal del inglés *deprivation*. El sentido del inglés se expresa perfectamente con *privación*, y también con otras palabras, como: *deshabituación, carencia* o *pérdida*. Por tanto, a la hora de traducir esta palabra inglesa al español, hay que tener cuidado de no caer en la trampa de pensar que son equivalentes.

depurar responsabilidades

Debe evitarse el uso de la construcción *depurar responsabilidades*, ya que ninguno de los significados del verbo *depurar* se ajusta a este uso.

Según el *Diccionario* de la Real Academia Española, *depurar* significa:

> **depurar** Limpiar, purificar. // Rehabilitar en el ejercicio de su cargo al que por causas políticas estaba separado o en suspenso. // Someter a un funcionario a expediente para sancionar su conducta política. // Eliminar de un cuerpo, corporación, partido político, etc., a los miembros considerados disidentes.

Ninguno de los significados anteriores parece ajustarse al uso que se le está dando al verbo *depurar* en la construcción *depurar responsabilidades*, que viene a significar algo así como «comprobar que se ha cometido un delito, buscar a los responsables, encontrarlos y castigarlos». En la prensa, puede leerse esta extraña construcción en casos como:

Se abrirá un expediente para depurar responsabilidades a los responsables de la fuga.

Gesto por la Paz pide que se depuren responsabilidades por el caso GAL.

El plazo para la depuración de las responsabilidades políticas del GAL está con-cluido.

Si de lo que se trata es de buscar a los responsables del delito, lo que hay que hacer es solo eso: *buscar a los responsables* para, una vez encontrados y demos-trado su delito, entonces sí, *depurarlos*. Pero *se depura* (se somete al funcionario a expediente para sancionar su conducta política) a los responsables y no las responsabilidades.

dequeísmo

> Es incorrecto el uso de expresiones como *decir de que*, *pensar de que* o *imaginar de que*, puesto que los verbos *decir, pensar* e *imaginar*, entre otros, no exigen la preposición *de* en su construcción.

Aunque este error está cada vez más erradicado, debemos vigilar el *dequeísmo*, es decir, la construcción de verbos que significan «decir» o «pensar» con un complemento encabezado por *de que*. Expresiones como las siguientes son erróneas: *Dijo de que no podía venir*; *Pensando de que iban a atacarla, avisó a la policía.*

En efecto, el *dequeísmo* es un error que se comete con frecuencia en la lengua hablada, y que casi nunca aparece en la escrita. No hay, pues, ninguna razón para temer en exceso el *de que* y caer así en el error contrario, producido por la ultracorrección, de eliminar a toda costa esa construcción preposicional.

Existen dos motivos por los que se incurre en el error del *dequeísmo*: puede ser por miedo a cometer el error contrario, es decir, el *queísmo* (decir, por ejemplo, *informar que* en lugar de la forma correcta *informar de que*), o también porque hay verbos que, en ocasiones, pueden ir seguidos simplemente de *que* y en otras ocasiones necesitan la construcción *de que*.

Este es el caso de los verbos *advertir* y *avisar*. Se avisa *de que* o se advierte *de que* cuando el aviso o la advertencia tratan de influir en un comportamiento posterior (*La policía advirtió de que no convenía transitar por las calles después de las 20.00 horas*). Sin embargo, se tiende a omitir el *de* cuando el verbo tiene efectos o busca una reacción inmediata (*Te advierto que me estás molestando*).

Por el contrario, con el sustantivo (*advertencia, aviso*) e incluso con el participio pasivo (*estar advertido, estar avisado*) se usa indistintamente *que* o *de que*: *advertencia de tu error* / *advertencia de que había riesgos*; *estás advertido de tu error* / *estás advertido de que había riesgos*.

Veamos las advertencias al respecto que da la Real Academia de la Lengua en Internet:

> Se produce hoy con cierta frecuencia un uso innecesario de la preposición DE precediendo a oraciones subordinadas introducidas por la conjunción QUE, dependientes de verbos que no exigen complemento ninguno con esta preposición. Se trata del fenómeno conocido como *dequeísmo*. Esta incorrección es especialmente frecuente en el caso de verbos transitivos de dicción o pensamiento, como *decir, pensar, imaginar, suponer, creer, opinar, aconsejar*, etc., que rigen complemento directo y, en consecuencia, se construyen sin preposición. Frases como *Pienso DE QUE está equivocado* o *Imagino DE QUE vendrá a la fiesta* no se consideran en ningún

modo correctas. Deben formularse sin la preposición: *Pienso QUE está equivocado* o *Imagino QUE vendrá a la fiesta.*

> Uno de los mensajes automáticos que distribuye la empresa española Telefónica es el siguiente: *Telefónica le informa de que actualmente no existe ninguna línea en servicio con esta numeración.* Muchas han sido las críticas contra el supuesto dequeísmo del mensaje. Sin comentarios.

(Véase también **queísmo**.)

desagregar

> Debe evitarse el uso indiscriminado de *desagregar* («separar y apartar una cosa de otra») en contextos en los que sería más conveniente utilizar otros términos más apropiados como *separar, descomponer, desvincular,* etc.

El lenguaje de la economía tiene gran influencia en la lengua general; tal es la importancia de lo que sucede en el mundo de las finanzas, los bancos, las bolsas y el comercio nacional e internacional que el léxico utilizado por los especialistas en esas materias va pasando a formar parte del que usan el resto de los hablantes. Y esto ha sucedido con el verbo *desagregar* y el sustantivo *desagregación,* que últimamente se están poniendo muy de moda y aparecen en muchos y muy diversos contextos:

La desagregación de la Escuela Superior Politécnica de Cartagena, que se dividirá en cuatro centros...

Dicho centro se desagregará en la escuela Técnica Superior de Ingenieros Industriales y en la de Ingenieros Agrónomos.

También es necesario desagregar cada uno de los factores del conflicto en la extensa frontera colombo-venezolana.

El desempleo, las desigualdades, la desagregación social y la negación de las condiciones básicas para la vida.

Todo parece indicar que nos encontramos ante un término comodín, de esos que se usan para decir lo que en buen español debería decirse con palabras más apropiadas a cada caso, palabras que se olvidan y se desprecian en favor del término de moda. Veamos algunas de ellas: *segregar, independizar, desvincular, desglosar, desviar, desmoronar, desbaratar, dividir, separar, repartir, deteriorar, descomponer* o *dispersión, relajación, diversificación,* etc.

[desaladora Véase **desalinizadora.**

desalinizadora

Es recomendable el uso del término *desalinizadora* en lugar de *desaladora*, cuando hagamos referencia a las instalaciones industriales en las que se realiza el proceso de desalinización del agua de mar.

En las noticias aparecen con frecuencia los términos *desalinizadoras* y *desaladoras*:

> *El proyecto de construcción de una planta desalinizadora en Egipto.*

> *El favorecimiento de la construcción de plantas desaladoras.*

> *Una desaladora precisa cinco kilowatios para producir un metro cúbico de agua potable.*

El *Diccionario* de la Real Academia Española incluye en su última edición de 1992 las voces *desalinización* y *desalinizadora*. Veamos cómo las define:

> **desalinización** Desalación del agua de mar.

> **desalinizador, ra** Dícese del método usado para eliminar la sal del agua de mar. // Instalación industrial donde se lleva a cabo dicho proceso.

En la anterior edición (1984) del *Diccionario* de la Real Academia Española, y también en la última, encontraremos el verbo *desalar* con el siguiente significado:

> **desalar** Quitar la sal a una cosa; como la cecina, el pescado salado, etc. // Dicho del agua de mar, quitarle la sal para hacerla potable o para otros fines.

También aparece el sustantivo *desalación* como «acción y efecto de desalar». Pero si nos remontamos a la antepenúltima edición (1970), veremos que *desalar* solo significa «quitar la sal a una cosa; como a la cecina, el pescado, etc.», o sea que la acepción de quitar la sal al agua de mar es bastante nueva en el *Diccionario* de la Real Academia Española.

Si preguntamos a cualquier hispanohablante qué es *desalar*, lo primero que se le ocurrirá, sobre todo si vive en España, será la acción de poner el bacalao en agua para quitarle la sal. De ahí que, si le hablamos de la instalación de *desaladoras*, pueda pensar en artilugios para facilitar la tarea antedicha. Hay que tener además en cuenta que en ningún otro diccionario de los consultados consta el adjetivo *desalador, ra* ni como tal adjetivo ni sustantivado con el significado de «instalación industrial donde se desala el agua de mar».

Sumando a todo lo anterior el hecho de que en todos los países hispanohablantes de América las plantas donde se desala el agua de mar para hacerla potable se conocen como *desalinizadoras*, recomendamos que sea este el término que se utilice.

desapercibido, da

> No debe utilizarse *desapercibido* en contextos en los que debería aparecer la palabra *inadvertido*, ya que ambas palabras tienen significados distintos.

Los términos *desapercibido* e *inadvertido* no son equivalentes y, por tanto, no deben utilizarse indistintamente. En el *Libro de estilo* de *El País* aparece una llamada de atención al respecto:

> **desapercibido, pasar** Debe escribirse 'pasar inadvertido'. La Academia señala que 'desapercibido' equivale a 'desprevenido'.

En efecto, esas dos palabras no son, ni mucho menos, sinónimos, pero una de ellas —*desapercibido*— aparece en multitud de ocasiones en el lugar que debería aparecer la otra (*inadvertido*); curiosamente no ocurre lo contrario.

> Son muy corrientes las frases del tipo *Hoy llegó al aeropuerto el famoso cantante Fulano, y pasó completamente desapercibido.* ¿Qué se quiso decir? Normalmente, al ver u oír esa palabra, lo que entendemos es que nadie se percató de su llegada y, por tanto, la voz correcta para ese contexto es *inadvertido*, que significa «que no llamó la atención», es decir, que logró despistar a los periodistas y a sus fans.

[desarmamentización Véase **desarme**.

[desarmamento Véase **desarme**.

desarme

> La palabra *desarmamentización* no existe en español. El término español que hace alusión a la «retirada o eliminación de las armas o del armamento» es *desarme*.

Hace tiempo, la Agencia EFE avisaba de que *desarmamentización* no estaba aceptada por la Real Academia Española, y recomendaba que en su lugar se utilizasen *desarme* o *desarmamiento*.

El consejo debió de surtir efecto, pues revisando el banco de datos de la Agencia EFE solo aparece una noticia con la palabra *desarmamentización*, y en cambio *desarme* aparece en 19 963 documentos.

La posibilidad de usar el neologismo *desarmamiento* (recogido en el *Diccionario* de la Real Academia Española) no se tuvo en cuenta; pero, en su lugar, apareció en las noticias de la Agencia otra voz muy parecida: *desarmamento*, tan incorrecta como *desarmamentización* y que, por tanto, debe también evitarse.

desarrollo sostenible

Se recomienda utilizar la expresión *desarrollo sostenible* en lugar de *desarrollo sostenido*, por ser *desarrollo sostenible* la forma más frecuente en español.

En las noticias de la *Cumbre de la Tierra*, que se celebró en Río de Janeiro en junio de 1992, se mencionaba con frecuencia el *desarrollo sostenible*, lema de la reunión con el que se describe un determinado tipo de desarrollo acorde con las necesidades de los países subdesarrollados y con la conservación del medio ambiente, sin agotar sus recursos. Como esta expresión ha seguido utilizándose, creemos conveniente tratar la cuestión.

Sostenible se aplica, en español, a lo que se puede sostener o mantener firmemente, sustentar o defender, sufrir o tolerar, o a aquello a lo que se puede prestar apoyo o auxilio.

El lector medio desconoce que la fórmula *desarrollo sostenible* es un calco semántico del inglés *sustainable development*, y que los norteamericanos fueron los que acuñaron este término. Como es el uso el que impone este tipo de terminología, y en la mayor parte de los medios de comunicación ya se están usando las formas *desarrollo sostenible* o *desarrollo sostenido*, deberemos optar por una de las dos.

Nosotros aconsejamos que se prescinda de la expresión menos usada, es decir, *desarrollo sostenido*, y que se utilice en su lugar la traducción literal del inglés *desarrollo sostenible*, que es la más extendida.

desbastar Véase **desvastar**.

[descertificación

El término inglés *decertification* no debe ser traducido por *descertificación*, ya que esta palabra no existe en castellano. En su lugar, se recomienda utilizar, según los casos, otros términos, como por ejemplo *sanción, condena, suspenso* o *penalización*.

Aparecen en la prensa los ejemplos siguientes:

La decisión del Gobierno norteamericano de descertificar a Colombia en materia de lucha contra el narcotráfico...

Hasta calificar la descertificación como una decisión política que busca debilitar la capacidad...

Los Estados Unidos de América someten cada año a examen a los países en los que se produce o se comercia con drogas y, según hayan actuado en su lucha contra ese comercio ilegal, deciden cuál se ha portado bien y cuál no lo ha hecho. A los que lo han hecho bien les da lo que en inglés ellos llaman *certification*, y a los otros los castiga con la *decertification*.

Traducir literalmente es siempre peligroso, y más aún en casos como este, en el que entran en juego los falsos amigos: palabras que son iguales o casi iguales en dos lenguas diferentes, y en cada una de ellas tienen significados diferentes a los de la otra, como por ejemplo la palabra inglesa *balloon* (que significa «globo») y la española *balón*.

En español, *certificar* o *dar un certificado* no implica nada positivo ni negativo, y el verbo *descertificar* no existe; en todo caso, podría usarse la perífrasis *retirar el certificado* o *anular el certificado* o *la certificación*.

Existen, en español, otras palabras para expresar lo que los estadounidenses dicen; en este caso concreto, con *decertification*: *sanción, condena, suspenso, penalización*, etc.

[**descertificar** Véase **descertificación**.

descodificación Véase **descodificar**.

descodificador Véase **descodificar**.

descodificar

> Es preferible el uso de la palabra *descodificar* frente a *decodificar*, ya que *descodificar* es el término preferido por el *Diccionario* de la Real Academia Española.

Cuando buscamos una palabra en el *Diccionario* de la Real Academia Española y al encontrarla este nos remite a otra, debemos entender que la Academia prefiere la segunda, en la que, en lugar de remitir a otra, lo que hace es explicarnos el significado de esa voz.

Eso es lo que ocurre con *decodificar* y *descodificar*. Si buscamos *decodificar*, veremos que nos remite a *descodificar*. Y si buscamos esta última, encontraremos lo siguiente:

> **descodificar** COMUNIC. Aplicar inversamente las reglas de su código a un mensaje codificado para obtener la forma primitiva de este.

Lo mismo pasa con sus derivados *descodificación* y *descodificador*, palabras a las que nos remite el *Diccionario* de la Real Academia Española si lo que buscamos es *decodificación* y *decodificador*.

Así, aunque tanto *decodificador* y *decodificación* como *descodificador* y *descodificación* pueden considerarse correctas, es aconsejable optar por las que prefiere la Academia, que en este caso son *descodificador* y *descodificación*.

desconvocar

Es incorrecto el uso del término *desconvocar* cuando se refiere a huelgas o manifestaciones que ya han comenzado, ya que este verbo significa «anular una convocatoria». En estos casos, debe emplearse la palabra *suspender*.

Convocar significa «citar, llamar a varias personas para que concurran a un lugar o acto determinado», y *desconvocar* significa «anular una convocatoria, dicho especialmente de huelgas, manifestaciones, etc.» y para poder *anular* algo es necesario que todavía no haya dado comienzo.

Consultados todos los manuales de estilo y diccionarios de dudas disponibles en nuestro departamento, en la última edición del *Manual de español urgente* de la Agencia EFE aparece la siguiente advertencia sobre el empleo incorrecto del verbo *desconvocar*:

> **desconvocar** En español decimos *revocar*. Puede admitirse cuando la huelga o la reunión, no ha pasado aún de ser convocada, pero no si ya ha comenzado, en este caso se *suspende, interrumpe* o *revoca*.

También en el diccionario *Clave* se indica:

> **desconvocar** Referido a un acto convocado, anular su convocatoria antes de que comience dicho acto: *Los sindicatos acaban de desconvocar la huelga que estaba anunciada para mañana.* □ SEM. Su uso con el significado de «suspender un acto convocado y ya iniciado» es incorrecto, aunque está muy extendido.

> Durante una huelga de repartidores de prensa que duró dos días los periódicos no pudieron llegar a los quioscos y otros puntos de venta, y los lectores de prensa diaria se quedaron sin poder leer las noticias durante dos días. Después de celebrar varias conversaciones, los representantes de los repartidores llegaron a un acuerdo con los editores de diarios y al tercer día los periódicos volvieron a la calle. En muchos de ellos, en primera plana, aparecía una noticia titulada: «Desconvocada la huelga de repartidores de prensa». Así pues, una vez *convocada* la huelga de repartidores de prensa, solamente podía ser *desconvocada* en el caso de no haber comenzado, pero no después de dos días de huelga efectiva, en los que los periódicos no llegaron a los quioscos. En tal caso, los titulares del tercer día (cuando ya se repartieron los periódicos) deberían haber dicho: *Suspendida la huelga de repartidores de prensa.*

[desertificar Véase desertizar.

desertizar

> Es preferible el uso del término *desertizar* frente a *desertificar*, ya que *desertizar* es el término recogido en el *Diccionario* de la Real Academia Española.

Hace tiempo, el Departamento de Español Urgente redactó y repartió la siguiente nota interior sobre los verbos *desertizar* y *desertificar*:

> Recibida una consulta sobre qué verbo debemos utilizar en español: *desertizar* o *desertificar*, hemos buscado en primer lugar en el *Diccionario* de la Real Academia Española, y solo aparece la primera forma y su correspondiente sustantivo:
>
> **desertizar** Convertir en desierto, por distintas causas, tierras, vegas, etc.
>
> **desertización** Acción y efecto de desertizar.
>
> Ni *desertificar* ni *desertificación* aparecen en el *Diccionario* de la Real Academia Española, y por eso aconsejamos que se utilicen solo las que sí registra este diccionario.

Tiempo después, con motivo de la celebración del *Día Mundial contra la Desertización* (así lo llaman la mayoría de los periódicos españoles), ha vuelto a surgir la duda entre los dos términos y hemos elevado la consulta a nuestro Consejo Asesor, que nos ha respondido lo siguiente:

> El Departamento de Español Urgente prefiere, de acuerdo con el *Diccionario* de la Real Academia Española y con la tradición y los mejores usos actuales, *desertización* y *desertizar*.

desfalco

> *Desfalco* significa «hecho de tomar para sí un caudal que se tenía bajo obligación de custodia». No debe confundirse con otros términos parecidos del ámbito de la corrupción, como *cohecho*, *malversación* o *soborno*.

A menudo se utilizan términos jurídicos sin mucha precisión debido a nuestro desconocimiento de este campo. A esto se une que los hechos que definen las palabras en cuestión pueden tener, en el terreno de lo penal, diferentes calificaciones en los distintos países de Hispanoamérica.

He aquí el significado de algunos términos que se engloban bajo la denominación genérica de *corrupción*, según el *Diccionario* de la Real Academia Española:

> **desfalco** Acción y efecto de desfalcar.
>
> **desfalcar** Quitar parte de una cosa, descabalarla. // Tomar para sí un caudal que se tenía bajo obligación de custodia.
>
> **cohecho** Acción y efecto de cohechar o sobornar a un funcionario público.
>
> **cohechar** Sobornar, corromper con dádivas al juez, a persona que intervenga en el juicio o a cualquier funcionario público, para que, contra justicia o derecho, haga o deje de hacer lo que se le pide.

malversación Acción y efecto de malversar. // Hurto de caudales del erario por un funcionario público, peculado.

malversar Invertir ilícitamente los caudales públicos, o equiparados a ellos, en usos distintos de aquellos a que están destinados.

soborno Acción y efecto de sobornar.

sobornar Corromper a alguien con dádivas para conseguir de él una cosa.

Así pues, las diferencias entre *malversación* y *desfalco* son bastante sutiles: en ambos casos, se trata de hacer mal uso del dinero del erario y de que dicho delito lo cometa la persona encargada de administrarlo. Y en cuanto a *soborno* y *cohecho*, también vienen a significar algo parecido, puesto que *cohecho* es el «hecho de sobornar a un funcionario».

deshonesto, ta

El término inglés *dishonest* no debe traducirse por el término español *deshonesto*, puesto que *dishonest* significa «falso, tramposo, fraudulento», mientras que *deshonesto* quiere decir «sin pudor o decoro».

La Comisión de Traducciones de la Academia Norteamericana de la Lengua Española edita y distribuye, sin periodicidad fija, un boletín titulado *Glosas*, en el que se comentan cuestiones léxicas y gramaticales relacionadas con los problemas que pueden surgir al traducir del inglés al español. Uno de los apartados de dicho boletín está dedicado a advertir sobre los falsos amigos, es decir, dos términos de lenguas distintas que aparentemente son equivalentes, pero que no significan lo mismo.

Este es el caso de la voz que nos ocupa: *deshonesto*. En inglés, *dishonest* quiere decir «falso, fraudulento», mientras que el término español, *deshonesto*, significa «que carece de pudor o decoro». Hay que tener cuidado, pues, al traducir la voz *dishonest*, ya que no equivale en absoluto a lo que en español entendemos por *deshonesto* (*palabras deshonestas, actos deshonestos, proposiciones deshonestas, ademanes deshonestos*), sino que debe traducirse por *falso, nada honrado, tramposo* o *fraudulento*. Hay que evitar a toda costa que aparezcan frases como esta: *Clinton afirmó que las críticas a su mujer son absolutamente deshonestas*, cuando lo correcto habría sido escribir que dichas críticas eran *absolutamente falsas* (*o mendaces*).

desnutrición

Es incorrecto el uso del anglicismo *malnutrición* con el significado de «nutrición insuficiente», puesto que en español existe la voz *desnutrición*.

Muchos de los anglicismos que se introducen en el español nos llegan a través del francés, y este es el caso de la voz *malnutrición*.

El término inglés *malnutrition* (registrado por primera vez en 1862) significa «nutrición insuficiente o imperfecta», y si buscamos en un diccionario inglés-español, la traducción que aparece de *malnutrition* es *desnutrición*. El adjetivo español *desnutrido* tiene su equivalente en el inglés *malnourished*.

La palabra inglesa pasó al francés a mediados de este siglo (1955) con la misma grafía (*malnutrition*) y el significado de «alimentación mal equilibrada, alimentación insuficiente, sobrealimentación, carencia de elementos nutritivos indispensables, mala asimilación de los alimentos debida a diversos estados patológicos». En la actualidad, el uso de *malnutrition* se superpone en francés al de *denutrition*, que es: «conjunto de trastornos que caracterizan una insuficiencia, una carencia importante de elementos nutritivos».

La aparición del anglicismo-galicismo *malnutrición* en español es relativamente reciente, y se debe a las traducciones de los documentos de los organismos internacionales que se ocupan de los problemas alimentarios. Es probable que la voz extranjera llegue a asentarse en nuestra lengua, pero de momento, mientras resulte extraña para muchos hispanohablantes, conviene seguir utilizando *desnutrición*, palabra con la que siempre nos hemos referido a los problemas de alimentación que sufren algunos países.

desocupación Véase **desocupado, da**.

desocupado, da

Debe evitarse el uso del término *desocupado* para designar a las «personas que están sin trabajo de manera forzosa». Es preferible utilizar, en su lugar, los términos *desempleado* o *parado*.

El término *desocupado* es sinónimo de *desempleado* o *parado* en el español de América (*Llevo casi un año desocupada*).

Sin embargo, fuera del contexto hispanoamericano se desconoce el término *desocupado* con este significado, por lo que se recomienda el uso de *desempleado* y *parado*. Por la misma razón, no debemos hablar de *desocupación* como sinónimo de *desempleo* ni de *ocupados* al referirnos a aquellas personas que sí tienen un puesto de trabajo, al menos en España.

desorden

La voz inglesa *disorder* no debe traducirse por el término español *desorden*, puesto que, en inglés, *disorder* significa «trastorno, afección, enfermedad», mientras que, en español, *desorden* únicamente se refiere a lo contrario de *orden*.

La Comisión de Traducciones de la Academia Norteamericana de la Lengua Española edita y distribuye, sin periodicidad fija, un boletín titulado *Glosas*, en el que se comentan cuestiones léxicas y gramaticales relacionadas con los problemas que pueden surgir al traducir del inglés al español. Uno de los apartados de dicho boletín está dedicado a advertir sobre los falsos amigos, es decir, dos términos de lenguas distintas que aparentemente son equivalentes, pero que no significan lo mismo.

Este es el caso de la voz que nos ocupa: *desorden*. En medicina, el término inglés *disorder* quiere decir «trastorno, enfermedad, alteración, afección», mientras que el término español, *desorden*, no tiene este significado. Por tanto, a la hora de traducir esta palabra inglesa al español, hay que tener cuidado de no caer en la trampa de pensar que son equivalentes.

desplegar

Es incorrecto el uso del verbo *desplegar* como sinónimo de los verbos *colocar* o *instalar*.

En la prensa, aparecen con frecuencia usos incorrectos del verbo *desplegar* como *Por las calles se encuentran numerosos vehículos abandonados que fueron desplegados en las entradas de la capital por los iraquíes.*

Según el *Diccionario* de la Real Academia Española, el significado de *desplegar* es el siguiente:

> **desplegar** Desdoblar, extender lo que está doblado. // Aclarar y hacer patente lo que estaba oscuro o poco inteligible. // Ejercitar, poner en práctica una actividad o manifestar una cualidad. DESPLEGÓ *tino e imparcialidad.* // Hacer pasar las tropas del orden cerrado al abierto y extendido; como el de columna al de batalla, del de batalla al de guerrilla, etc.

En la última edición del *Manual de español urgente* se apunta lo siguiente:

> Si se *despliegan* las tropas es porque han ido en columna. Es de suponer que los misiles no vayan en fila o columna; por lo tanto, es incorrecto escribir: «Las versiones terrestre y marítima del misil, ya han sido 'desplegadas' en Europa y en submarinos norteamericanos». Dígase *instalar.*

Vistas las definiciones del *Diccionario* de la Real Academia Española y la aclaración del *Manual de español urgente*, veamos cómo debería haber sido redactado el ejemplo del principio: *Por las calles se encuentran numerosos vehículos abando-nados que fueron colocados en las entradas de la capital por los iraquíes.*

[desreglamentación Véase **desregulación**.

[desreglamentar Véase **desregulación**.

[desregulación

Aunque el término *desregulación* no está recogido en el *Diccionario* de la Real Academia Española, su formación es morfológicamente correcta y no existe otro término en castellano que exprese lo mismo. Por tanto, su uso es correcto.

El hecho de que una palabra no aparezca en el *Diccionario* de la Real Academia Española no siempre quiere decir que sea incorrecta y que debamos evitar su uso. Ocurre que muchas de esas voces que aún no registra la Academia, aparecerán en sucesivas ediciones del *Diccionario*, cuando el uso sea ya general y cuando no haya otras formas en español para referirse al mismo concepto.

El verbo *desregular* y el sustantivo *desregulación* no aparecen en el *Diccionario* académico pero el uso terminará imponiéndolos y, además, no hay otro verbo ni otro sustantivo para decir eso mismo.

Lo mismo podríamos decir de otras dos voces: *desreglamentar* y *desreglamenta-ción*.

Las cuatro son palabras bien formadas y que no repugnan a la vista ni al oído de los hispanohablantes. Es totalmente lícito anteponer el prefijo *des-* para formar verbos que denoten negación o inversión del significado, como en *desconfiar, des-hacer*, etc.

Así, los verbos *regular* («determinar las reglas o normas a que debe ajustarse una persona o cosa») y *reglamentar* («sujetar a reglamento un instituto o una materia determinada»), al ir precedidos por *des-* (*desregular, desreglamentar*) pasan a sig-nificar justo lo contrario: «suprimir las reglas, normas o reglamentaciones». Y de estos nuevos verbos podemos formar los correspondientes nombres: *desregulación* y *desreglamentación*, con los significados de «acción y efecto de desregular» y «acción y efecto de desreglamentar».

[desregular Véase **desregulación**.

[desvastar

El término *desvastar*, forma híbrida de los verbos *devastar* y *desbastar*, no existe en español.

Cuando existen dos palabras que suenan parecido, casi siempre aparece una tercera, híbrida de las anteriores, creada por algún hablante que desconoce su lengua. Así, de *infligir* e *infringir*, surgió el híbrido *inflingir*, de *previó* y *proveyó*, salió *preveyó* (*prever* y *proveer* dieron *preveer*), etc.

A continuación, nos ocuparemos de negar la existencia del verbo *desvastar*, al que se le ha dado el significado de otro que sí existe en español (*devastar*) en frases como: *El plan incluye la reforestación de las áreas desvastadas*.

En la última edición del *Manual de español urgente* se señala lo siguiente:

desvastar Vulgarismo por *devastar*. No confundir con *desbastar*: «Quitar las partes más bastas de una cosa que se haya de labrar».

Y en el *Diccionario de dudas* de Manuel Seco también hay una advertencia sobre este verbo intruso:

devastar 'Destruir o arrasar'. Evítese la forma *desvastar*.

En el diccionario *Clave* encontramos las siguientes definiciones de los verbos *devastar* y *desbastar* con la correspondiente nota ortográfica:

devastar Referido esp. a un territorio, destruirlo arrasando sus edificios y asolando o echando a perder sus campos: *El incendio devastó la parte vieja de la ciudad*. □ ORTOGR. Dist. de *desbastar*.

desbastar Referido a una materia, quitarle las partes más bastas: *El carpintero desbastaba la madera antes de darle forma con el torno*. □ ORTOGR. Dist. de *devastar*.

detención

Los términos *detención* y *retención* no son sinóminos y, por tanto, no deben utilizarse indistintamente: la palabra *retención* no figura en el ordenamiento jurídico español con el significado de «privación de la libertad de una persona por parte de una autoridad competente».

Detenido y *retenido* no son sinónimos, y cuando se trate de personas a las que se prive de la libertad de movimientos, debe decirse *detenido*.

El término *retención* no existe en el ordenamiento jurídico español. No es un acto legal en ningún país democrático, aunque es un recurso artero utilizado por las autoridades de algunos países totalitarios. A veces, por la fuerza de la costumbre, algunas personas —incluso periodistas— la utilizan indebidamente como sinónimo de *detención*.

La *detención* es el «acto legal por el cual una autoridad competente priva de libertad a una persona, sin que esta privación pueda rebasar las 72 horas previstas, salvo lo dispuesto para casos especiales».

La policía solo puede *detener* a una persona por mandato judicial o en el mismo momento en que está cometiendo el delito.

Evitemos, pues, decir *El capitán y el armador son los únicos inculpados por un delito de pesca en aguas de jurisdicción australiana y permanecen retenidos por las autoridades, en espera de que mañana los tribunales australianos fijen la correspondiente fianza.* Debemos decir: *El capitán y el armador son los únicos inculpados por un delito de pesca en aguas de jurisdicción australiana y permanecen detenidos por las autoridades, en espera de que mañana los tribunales australianos fijen la correspondiente fianza.*

devastar Véase **desvastar**.

dígito

> Es preferible el uso de la palabra *cifra* frente a *dígito*, ya que *cifra* es el término más común y tradicionalmente más utilizado en castellano.

Muchas de las palabras españolas de origen árabe han ido desapareciendo del uso general, pues eran voces técnicas de la agricultura, de la arquitectura y de otros oficios que, o bien han desaparecido, o se han transformado y modernizado y con ello han ido renovando su léxico especializado.

Ahora estamos asistiendo al progresivo arrinconamiento de una de esas voces heredadas del árabe, *cifra*, que está siendo sustituida, especialmente en el lenguaje periodístico, por otra hasta ahora apenas usada en el lenguaje general: *dígito*.

La voz árabe *sifr*, que en esa lengua significa *cero*, pasó al español como *cifra*, y su significado cambió para nombrar no solo al cero sino también a los demás números. Según el diccionario *Clave*, la definición de *cifra* es la siguiente:

> **cifra 1** Signo con que se representa un número; guarismo: *El número 139 tiene tres cifras*. **2** Cantidad indeterminada, esp. si es una suma de dinero: *La elevada cifra de participantes sorprendió a los organizadores*. **3** Lo que reúne o resume en sí muchas otras cosas: *La bondad es la cifra de todas las virtudes*. ▫ ETIMOL. Del árabe *sifr* (nombre del cero, que luego se aplicó a los demás números).

Y así se ha usado siempre en español, en frases como *Un número de tres cifras*,

Las primeras dos cifras son el prefijo de la ciudad. En muchos casos, cuando no es posible la confusión, también se utiliza la palabra *número* como sinónimo de *cifra*.

Si buscamos en *Clave* la palabra *dígito*, nos encontraremos con que se nos remite a *número dígito*, que es una denominación propia de la aritmética y se usa para referirse al número que puede expresarse con un solo *guarismo* (en la numeración decimal son los comprendidos desde el cero al nueve, ambos inclusive).

Aunque ambas palabras tengan el mismo significado, al redactar las noticias es preferible utilizar la más común, la más usada, la más fácil de reconocer por los receptores del mensaje, y en este caso es *cifra*. Evítese, pues, esa tendencia tan llamativa a no hablar más que de *dígitos*:

Los números de teléfono de la provincia de Zaragoza tendrán nueve dígitos.

El número que identifica a los candidatos al cargo de concejales tiene tan solo dos dígitos.

Contribuyen con donaciones de seis dígitos.

Y sustitúyanse los *dígitos* por *cifras*:

Los números de teléfono de la provincia de Zaragoza tendrán nueve cifras.

El número que identifica a los candidatos al cargo de concejales tiene tan solo dos cifras.

Contribuyen con donaciones de seis cifras.

dinámica

Es incorrecto el uso del término *dinámica* con el significado de «ritmo» o «desarrollo».

Aparecen frases como las siguientes, en las que el término *dinámica* se utiliza con un significado que no tiene:

La dinámica del juego no ha cambiado lo más mínimo.

Ese jugador no se incorpora a la dinámica del equipo.

Según el diccionario *Clave*, la *dinámica* es la «parte de la mecánica que estudia el movimiento de los cuerpos en relación con las fuerzas que lo producen» o el «conjunto de hechos o de fuerzas que actúan en algún sentido». Por tanto, en los ejemplos anteriores, en lugar del término *dinámica*, debió haberse empleado alguna de las siguientes palabras: *ritmo*, *desarrollo* o *situación*.

diptongo *ui* (acentuación)

> Con frecuencia se incurre en el error de colocar tilde a palabras como *incluido*, *constituido*, etc., que no deben llevarla.

En ocasiones surgen dudas sobre si determinada palabra debe llevar acento gráfico o no. En tal caso, nada mejor que asegurarse consultando las ortografías o los diccionarios de dudas.

El caso que nos ocupa es el del diptongo *ui*, que figura, por ejemplo, en las siguientes palabras: *jesuita, construido, huir*. Este diptongo no lleva tilde, salvo cuando se trata de palabras agudas (acabadas en vocal, *-n* o *-s*) o esdrújulas; en este caso, el diptongo *ui* lleva acento en la *-i* (*-uí*): *benjuí, cuídate*.

disciplina

> Se recomienda evitar el término *disciplina* en contextos relacionados con el mundo del fútbol y en construcciones del tipo: *incorporarse* o *jugar en la disciplina de un equipo*. Tal uso metafórico se considera una expresión tópica e innecesaria.

En el lenguaje de deportes (de momento solo lo hemos detectado en lo referido al fútbol) ha aparecido un neologismo de sentido, es decir, una palabra ya existente a la que se le ha dado un nuevo significado, aportación que, en este caso, es completamente superflua. Se trata de la voz española *disciplina*, tal y como aparece en las siguientes frases:

El nuevo jugador valencianista ha pertenecido siempre a la disciplina de la Real Sociedad.

Las negociaciones del Barcelona para incorporarlo a su disciplina...

Las formas correctas serían:

El nuevo jugador valencianista ha jugado siempre en la Real Sociedad.

Las negociaciones del Barcelona para incorporarlo a su equipo...

Se trata de un uso metafórico que puede aceptarse en una crónica firmada, o en una retransmisión determinada, pero que no debe acuñarse puesto que se convertiría en una de esas muchas expresiones tópicas tan corrientes en el lenguaje deportivo que, debido a su excesiva repetición, pasa de ser una metáfora afortunada a convertirse en una frase vulgar, aburrida y reiterativa, sin ningún valor innovador, cuyo uso contribuye al empobrecimiento de la lengua, ya que sustituye a otras formas de expresar la misma idea.

Según el diccionario *Clave*, *disciplina* significa:

> **disciplina 1** Sujeción de una persona a ciertas reglas de comportamiento propias de una profesión o de un grupo: *Es difícil mantener la disciplina en una clase con muchos alumnos.* **2** Doctrina o instrucción de una persona: *La disciplina militar suele ser dura.* **3** Ciencia, arte o técnica que trata un tema concreto: *Las matemáticas son una disciplina difícil para los estudiantes.*

Por tanto, al hablar de que tal o cual futbolista juega en tal o cual equipo, se sobreentiende que lo hace ateniéndose a las normas que rigen en dicho club, a no ser que se trate de un jugador díscolo e indisciplinado.

Djibouti Véase **Yibuti**.

doblar

> El verbo doblar, referido a las campanas, significa «tocar a muerto». Es incorrecto, por tanto, el uso del verbo *repicar* en su lugar, ya que este se refiere a situaciones alegres o festivas.

En español, cuando las campanas tocan a muerto decimos que *doblan*, que *encordan* o que *clamorean*, no que *repican*.

Repicar, según nos muestra el diccionario *Clave*, es justo lo contrario de *doblar*, *encordar* o *clamorear*:

> **repicar** Referido esp. a una campana, sonar repetidamente y con cierto compás, generalmente en señal de fiesta o de alegría: *Cuando nació el príncipe heredero, las campanas repicaron todo el día.*

Se suele usar también hablando de otros instrumentos. Y cuando *repican* con mucha viveza se dice que *repiquetean*.

Por otro lado, en el diccionario *Clave* se dice que *doblar* significa «referido esp. a las campanas, tocar a muerto».

Quede claro así que en un entierro las campanas *doblarán* y que en una boda las campanas *repicarán*.

> En la retransmisión televisada del entierro de Lady Dy, un locutor dijo que al paso del féretro por las calles se oían *repicar* las campanas de Londres. No sabía ese periodista que, en ese momento, las campanas estaban *doblando*.

doméstico, ca

> Es incorrecto el uso del término *doméstico* en lugar de *nacional* o *interior*, por influencia del término inglés *domestic*.

En el diccionario *Clave* se define el adjetivo *doméstico* de la siguiente manera:

> **doméstico, ca 1** De la casa, del hogar o relacionado con ellos: *Los domingos me dedico a planchar y a otras tareas domésticas*. **2** Referido a un animal, que se cría en la compañía de las personas: *El perro es un animal doméstico, pero el lobo no*. □ SEM. No debe emplearse con el significado de «nacional» o «interior» (anglicismo): *Se retrasaron algunos vuelos {*domésticos > nacionales}*.

De este modo, cuando hablemos de animales, además de *doméstico* podemos usar, según los casos, términos cercanos, como *amaestrado, manso* y *domado*, es decir, los contrarios a *salvaje*. Cuando hablemos de cosas de la casa, también podemos decir *casero* y *hogareño* (opuestos a *callejero*).

Pero ocurre que en inglés nos encontramos con un falso amigo: *domestic*, cuyo significado coincide en parte con nuestro *doméstico*, pero que, además, quiere decir otras cosas.

Ricardo J. Alfaro, en su *Diccionario de anglicismos*, nos advierte sobre el posible error de traducción:

> Se usa en inglés el vocablo *domestic* (acento en la *e*) con el significado de *nacional*, lo que pertenece a la vida *interior* o fuero *interno* de una nación, y por razón de la paronimia con nuestro adjetivo, frecuentemente se oye hablar de jurisdicción *doméstica*, asuntos *domésticos* o producción *doméstica*.
>
> Este trasplante es inaceptable. *Doméstico* en nuestra lengua tiene tres connotaciones: 1ª, perteneciente o relativo a la casa u hogar; 2ª, animal que se cría en compañía del hombre; 3ª, criado al servicio de una casa. En inglés sí tiene cabida la susodicha acepción porque en esa lengua se llama *home* (casa u hogar) al suelo nativo, cosa que no sucede en español.
>
> *Domestic*, en el sentido expuesto, debe traducirse siempre por *nacional, interno* o *interior*.

Queda claro con todo lo anterior que no deberían repetirse frases como las siguientes, aparecidas en las noticias:

El corazón de la política doméstica y de la política económica internacional.

Ojalá que esta petición sea un asunto de política doméstica en EE.UU.

La aerolínea Philippine Airlines ya reanudó sus vuelos domésticos e internacionales.

Cambiaron las etiquetas de las maletas como procedentes de vuelos domésticos.

dopaje

> Debe evitarse el uso del término inglés *doping*, que puede traducirse por *dopaje*.

En el lenguaje del deporte, aparecen con frecuencia términos de otras lenguas, sobre todo del inglés, cuyo uso debe evitarse.

El *Diccionario* de la Real Academia Española no recoge el término *doping*, pero sí su hispanización: *dopaje*. El diccionario *Clave* define *dopaje* de la siguiente manera:

> **dopaje** Uso de sustancias estimulantes para conseguir un mayor rendimiento en el deporte: *La vencedora de la prueba ha sido descalificada porque no ha pasado el control de dopaje.* ☐ USO Es innecesario el uso del anglicismo *doping.*

Recomendamos, pues, que se utilice *dopaje* en lugar de *doping*.

[doping Véase **dopaje**.

[down sizing

El término inglés *down sizing* (pronunciado [dáun sáisin]) —«el hecho de crear estructuras empresariales más pequeñas y manejables»— debe escribirse entrecomillado y con una explicación de su significado entre paréntesis la primera vez que aparezca en el texto.

En la jerga de las grandes empresas o del *management* («empresariado») español comienza a sonar, además de los que ya había, el nombre inglés *down sizing* para cosas que nunca sabremos a ciencia cierta si están inventadas en el mundo anglosajón, si se trata de anglicismos inventados en Francia o si han sido los propios ejecutivos españoles los que han decidido usar voces inglesas para referirse a esos conceptos económico-empresariales.

Ramón Casamayor, en un interesante artículo aparecido en el diario *El País*, pone al alcance de los profanos en cuestiones empresariales el significado de este nuevo concepto: «el *down sizing* es la práctica con la que se pretende crear estructuras empresariales más pequeñas y manejables».

Con la esperanza de que algún día desaparezca la moda de los términos foráneos, conformémonos de momento con saber qué significan, y cuando formen parte de alguna información pónganse entre comillas y explíquese siempre su significado entre paréntesis la primera vez que aparezcan en el texto.

E e

[e-

Debe evitarse el uso de la *e* como prefijo de ciertos sustantivos para indicar la relación de dichos términos con la comunicación por la red: *un e-correo*, *un e-mensaje*, *un e-libro*, *la e-seguridad*, etc.

El uso del elemento *e-* para indicar la relación de un término con la Internet, es un anglicismo innecesario, que mucha gente pronuncia a la manera inglesa [i]. Su uso debe evitarse, por ser este un procedimiento de creación de palabras totalmente impropio del español. Debemos hablar, por tanto, de *correo electrónico*, de *mensajes por correo electrónico*, de *libros electrónicos*, etc.

[e-mail

Debe evitarse el uso del término *e-mail* (pronunciado [i-méil]), ya que existe en español la expresión *correo electrónico* para designar «el correo que permite el intercambio de mensajes por ordenador a través de la red informática».

Este término inglés, de uso muy frecuente en español, suele verse escrito en redonda, sin comillas, ni cursiva, es decir, como si se tratase de una palabra española... y no es así.

Para designar este sistema de comunicación debemos utilizar la forma española *correo electrónico* (*Ya me han instalado el correo electrónico; Dame tu dirección de correo electrónico; Te mandaré un mensaje por correo electrónico*).

> En las tarjetas de visita, debajo de los números de teléfono y de fax, debe ponerse la dirección de correo electrónico sin más, es decir, sin ninguna palabra o abreviatura que la preceda, pues, al llevar siempre el símbolo de la arroba (@), resulta innecesario indicar que se trata de una dirección de correo electrónico.

economía, términos de la

Debe evitarse el uso de los anglicismos en el lenguaje económico, cuando existan equivalentes españoles que designen el mismo concepto.

Es frecuente ver en las noticias económicas una clara influencia del inglés. Este tipo de calcos es siempre lamentable, pero en un lenguaje tan preciso como debe ser el de la economía es aún peor, puesto que convierten la noticia en algo críptico y sin ningún valor informativo, y lo menos que se le puede pedir a una noticia es que informe.

Por ejemplo, en noticias de economía, a veces *treasury notes* aparece traducido como *bonos nocionales*. *Nocional*, de ser voz española, tendría que ver con *noción* y solo muy remotamente con *pagaré*, que es en realidad como se llama en español a los *treasury notes*.

Los títulos públicos, es decir, los emitidos por el Estado como deuda contraída por sí mismo para cubrir los gastos públicos responden a la siguiente clasificación:

- Los que son a corto plazo se llaman *obligaciones del tesoro* (*treasury bills*) o *cédulas del tesoro* (letra de tesorería, bono de tesorería), y tienen vencimiento entre los 3 y los 12 meses.

- Los que son a largo plazo se llaman *bonos del tesoro a largo plazo* (*treasury bonds*), y tienen vencimiento entre 5 y 35 años.

- Los que son a plazo medio se llaman *pagarés del tesoro* (*treasury notes*), y tienen vencimiento entre 1 y 10 años.

Por tanto, se recomienda evitar el uso de los anglicismos en el lenguaje económico siempre que haya equivalentes españoles que puedan utilizarse en su lugar.

efectivo, va

No deben confundirse los siguientes términos: *efectivo* («real y verdadero»), *eficaz* («que produce el efecto al que está destinado») y *eficiente* («que realiza satisfactoriamente la función a la que está destinado»).

Efectivo, *eficaz* y *eficiente* son tres términos que con frecuencia se emplean mal en la lengua oral y escrita. Si bien los dos últimos pueden significar casi lo mismo, no ocurre así con el primero. Veamos, pues, lo que dice el diccionario *Clave* para así comenzar a aclarar las dudas:

efectivo, va [1 Que produce efecto: *Pedirle las facturas es la única forma 'efectiva' de controlar sus gastos.* **2** Real, verdadero o válido: *El nombramiento no será efectivo hasta que no se publique en el Boletín Oficial.*

eficaz Que produce el efecto al que está destinado: *Las medidas más eficaces contra el tráfico de drogas son las que se toman internacionalmente.* □ SEM. Se usa referido esp. a cosas, frente a *eficiente*, que se prefiere para personas.

eficiente Que realiza satisfactoriamente la función a la que está destinado: *Es muy trabajadora y eficiente.* □ SEM. Se usa referido esp. a personas, frente a *eficaz*, que se prefiere para cosas.

De acuerdo con estas definiciones, *eficaz* se aplica más a cosas y *eficiente* a personas, mientras que *efectivo* tiene un significado completamente diverso. Sin embargo, como vemos, el diccionario *Clave* recoge en la primera acepción de *efectivo* un uso muy extendido, aún no aceptado en el *Diccionario* de la Real Academia Española, que sí se asemeja bastante al significado de la palabra *eficaz*. Este uso puede ser una fuente de confusión; sin embargo, puesto que el *Diccionario* académico no lo reconoce todavía, es conveniente no utilizar *efectivo* con el significado de «eficaz».

Así pues, no debemos hablar de la *efectividad* del sistema detector de bombas que han instalado en el aeropuerto, ni de su *eficiencia*, ya que de lo que se trata es de su *eficacia*.

eficaz Véase **efectivo, va**.

eficiente Véase **efectivo, va**.

El Aaiún

Debe evitarse el uso de *La Youne* en lugar de *El Aaiún*, por ser *El Aaiún* la transcripción española del nombre de esta ciudad.

La forma de escribir en español los nombres de las ciudades del Sahara Occidental está sufriendo algunos cambios producidos por el desconocimiento de la toponimia tradicional y por la cada vez más numerosa aparición de guías de viaje que hablan del Sahara Occidental y de sus ciudades, sin tener en cuenta el nombre de esos lugares en español. En muchas ocasiones, se adopta una forma extraña para un topónimo sin tomar en consideración bien que ya existe una forma tradicional en nuestra lengua, o bien que la transcripción adoptada es la francesa y no la que corresponde al español.

Una de estas ciudades saharauis es la que, en español, designamos con el nombre de *El Aaiún*. Aunque en el Sahara Occidental se haya optado por la forma francesa *La Youne*, nosotros debemos seguir escribiendo el nombre de dicha ciudad como siempre lo hemos hecho en nuestra lengua: *El Aaiún*.

El Jadida Véase **El Yadida**.

El Yadida

Debe evitarse el uso de *El Jadida* en lugar de *El Yadida*, por ser *El Yadida* la transcripción española del nombre de esta ciudad.

La forma de escribir en español los nombres de las ciudades árabes está sufriendo algunos cambios producidos por el desconocimiento de la toponimia tradicional y por la cada vez más numerosa aparición de guías de viaje que hablan de estas ciudades árabes, sin tener en cuenta el nombre de esos lugares en español. En muchas ocasiones, se adopta una forma extraña para un topónimo sin tomar en consideración bien que ya existe una forma tradicional en nuestra lengua, o bien que la transcripción adoptada es la francesa y no la que corresponde al español.

En la zona norte de Marruecos (la de más reciente influencia española), una de las ciudades principales es la que, en español, designamos con el nombre de *El Yadida*. Aunque en Marruecos se haya optado por la forma francesa *El Jadida*, nosotros debemos seguir escribiendo el nombre de dicha ciudad como siempre lo hemos hecho en nuestra lengua: *El Yadida*.

elaborado, da

La voz inglesa *elaborate* no debe traducirse por el término español *elaborado*, puesto que, en inglés, *elaborate* significa también «complejo».

La Comisión de Traducciones de la Academia Norteamericana de la Lengua Española edita y distribuye, sin periodicidad fija, un boletín titulado *Glosas*, en el que se comentan cuestiones léxicas y gramaticales relacionadas con los problemas que pueden surgir al traducir del inglés al español. Uno de los apartados de dicho boletín está dedicado a advertir sobre los falsos amigos, es decir, dos términos de lenguas distintas que aparentemente son equivalentes, pero que no significan lo mismo.

Este es el caso de la voz que nos ocupa: *elaborado*. En inglés, *elaborate* no siempre significa «elaborado»; en ciertos casos, puede traducirse por «complejo, complicado, detallado». Por tanto, a la hora de traducir esta palabra inglesa al español, hay que tener cuidado de no caer en la trampa de pensar que son equivalentes.

electo, ta

El verbo *elegir* tiene dos participios en español: *elegido* y *electo*. *Electo* se emplea como adjetivo o sustantivo referido a una persona «que ha sido elegida para desempeñar un cargo, pero aún no ha tomado posesión de él» (*el presidente electo*); *elegido* se usa en la conjugación verbal del verbo *elegir* (*El presidente que fue elegido*).

En el *Manual de español urgente* se advierte sobre el posible mal uso de la voz *electo*, que se utiliza a veces erróneamente en lugar de *elegido*: «El participio irregular de *elegir* se emplea solo acompañando el nombre de un cargo, aplicado al que ha sido nombrado, pero que todavía no ha tomado posesión». Así está recogido en el diccionario *Clave*:

> **electo, ta** Referido a una persona, que ha sido elegida para desempeñar un cargo, pero aún no ha tomado posesión de él: *El presidente electo tomará posesión de su cargo mañana.*

Así, la forma *elegido* se emplea para formar tiempos compuestos (*han elegido, habían sido elegidas*...), mientras que *electo* es siempre un adjetivo (*el presidente electo, la directora electa,* ...), y no son intercambiables.

Recogemos a continuación algunos ejemplos de usos incorrectos de *elegido* y *electo*:

Hipólito Yrigoyen fue electo presidente en 1916.

El presidente elegido concurrirá mañana, antes de prestar juramento, a casa de su madre, en Chascomús.

En los comicios del 11 de marzo fueron electos trece gobernadores.

Las formas correctas serían más bien:

Hipólito Yrigoyen fue elegido presidente en 1916.

El presidente electo concurrirá mañana, antes de prestar juramento, a casa de su madre, en Chascomús.

En los comicios del 11 de marzo fueron elegidos trece gobernadores.

elegido, da Véase **electo, ta**.

elocución

No hay que confundir los términos *elocución*, *alocución* y *locución*. *Elocución* es el «modo de usar las palabras para expresar los conceptos», *alocución* es el «discurso que pronuncia una persona con autoridad» y *locución* significa «modo de hablar».

Existe una gran confusión entre los términos *alocución*, *elocución* y *locución*, y para aclararla nada mejor que recordar sus definiciones. Citamos, pues, el diccionario *Clave*:

elocución Modo de hablar o de usar las palabras para expresar los conceptos: *En un buen discurso, importa tanto el contenido como su correcta elocución.* ☐ ORTOGR. Dist. de *alocución* y *locución*.

alocución Discurso o razonamiento generalmente breve, que dirige un superior a sus subordinados, o que pronuncia una persona con autoridad: *La alocución del presidente del Gobierno fue retransmitida en directo por radio y televisión.* ☐ ORTOGR. Dist. de *elocución* y de *locución*.

locución 1 Modo de hablar: *La locución de ese orador es espléndida.* **2** Combinación fija de palabras que forman un solo elemento oracional y cuyo significado no es siempre el de la suma de significados de sus miembros: *La expresión 'lobo de mar' es una locución.* ☐ ORTOGR. Dist. de *alocución* y de *elocución*.

emblemático, ca

El adjetivo *emblemático* no debe desplazar a otros como *significativo* o *importante*.

En el español contemporáneo el adjetivo *emblemático* aparece cada vez con más frecuencia en la lengua oral y escrita, desplazando así innecesariamente a *relevante*, *importante*, *significativo* o *representativo*. Esta nueva acepción causa furor en el lenguaje político y de ahí ha pasado al de la prensa, de modo que ya es muy habitual ver noticias en las que se dicen cosas como:

...la Real Casa de Correos, uno de los edificios más emblemáticos de Madrid...

...el volcán más emblemático de América del Sur...

...el hotel Rossia, uno de los más emblemáticos de Moscú...

...los programas más emblemáticos de las cuatro décadas de televisión en España...

Fernando Lázaro Carreter censura el empleo de *emblemático* con este significado en *El dardo en la palabra*, al igual que José Martínez de Sousa en su *Diccionario de usos y dudas del español actual*.

El diccionario *Clave* recoge este uso en su segunda acepción, aunque indique, con el corchete, su carácter no académico:

emblemático, ca 1 Simbólico, representativo: *El fundador del grupo fue también el más emblemático de sus miembros.* [**2** Relevante, importante o significativo: *Ha sido una acción 'emblemática' y trascendente.*

El Departamento de Español Urgente no censura tanto el uso de esta nueva acepción como su abuso, reiterado y pedante.

emergencia

Debe evitarse traducir siempre el término inglés *emergency* por *emergencia*, cuando se puede traducir, a menudo de forma más precisa, por *imprevisto, urgencia, apuro*, etc.

Se recomienda que la voz inglesa *emergency* se traduzca por otros términos como *imprevisto, peligro, urgencia, apuro, aprieto*, etc., además de *emergencia*.

Por tanto, es un anglicismo traducir *emergency landing* por *aterrizaje de emergencia*, cuando en español siempre se ha dicho *aterrizaje forzoso*.

También llama la atención al respecto el *Libro de estilo* de *El País*:

> **emergencia**. No es sinónimo de *urgencia*. Significa acción y efecto de emerger o brotar, ocurrencia o accidente que sobreviene. Debe escribirse *salida de urgencia*, y no *de emergencia*; *estado de excepción* y no *estado de emergencia*.

(Véase también **estado de emergencia**.)

[emilio

El término *emilio* se utiliza en el lenguaje coloquial para designar los mensajes de correo electrónico.

Un *emilio* es un término coloquial, creado a partir del término inglés *e-mail*, para designar los mensajes de correo electrónico y, algunas veces, el sistema de comunicación en sí y la dirección de este (*Te mando un emilio a casa; Ya tengo emilio en el trabajo; Ayer recibí tu emilio*).

(Véase también **correo electrónico**.)

emplazar

El término *emplazar* se refiere a personas exclusivamente. No debe usarse en lugar del verbo *aplazar*, que se refiere a cosas.

Con frecuencia surge confusión al usarse erróneamente el verbo *emplazar* en lugar de *aplazar*. Esto sucede en ejemplos tales como: *El ministro emplazó su respuesta para dentro de un mes*.

Según *Clave*, *emplazar* significa «Referido a una persona, darle un plazo para la ejecución de algo», y *aplazar* quiere decir «Referido a la realización de algo, retrasarla o dejarla para más tarde».

De estas definiciones deducimos que se *emplaza a alguien*, pero no *algo*; una respuesta se *aplaza*, no se emplaza y, por tanto, debería decirse *El ministro aplazó su respuesta para dentro de un mes*.

empresa afianzadora Véase **afianzadora**.

en relación a

La expresión *en relación a* no debe desplazar la forma correcta: *en relación con*.

Gran parte de las personas cuyo oficio es el de hablar en público parecen haberse puesto de acuerdo para cambiar el régimen preposicional de esta construcción. Y el error ha pasado de la lengua hablada a la escrita, de tal forma que ya es corriente verlo en los periódicos y revistas.

Casi todos los políticos, muchos ministros entre ellos, y la mayoría de los periodistas, utilizan la expresión *en relación a*, novedosa e innecesaria construcción que ha desplazado ya casi por completo a la forma correcta *en relación con*.

A tal extremo ha llegado la situación que ya es raro oír la forma correcta e incluso puede darse el caso de que a los telespectadores y a los radioyentes les suene mal cada vez que oigan *en relación con*. Y ya se ha producido más de una y más de dos veces el caso de documentos escritos en los que el primer redactor ha utilizado la forma correcta —*en relación con*— y la persona encargada de revisar el escrito y darle su visto bueno ha decidido «pulirlo» cambiando algunas cosas, entre ellas esa expresión, y en la redacción definitiva ha aparecido *en relación a*.

Si en español las cosas y las personas se han relacionado siempre unas *con* otras, no hay ninguna razón para que, por capricho o incultura de unos cuantos, comencemos a relacionar unas cosas *a* otras o que los humanos nos relacionemos unos *a* otros.

encontrarse Véase **encuentro**.

encuentro

Los sustantivos *encuentro* y *reunión* (así como los verbos *encontrarse* y *reunirse*) no son equivalentes. Tanto en *encuentro* como en *encontrarse* está implícita la idea de *sorpresa* o de *hecho inesperado*, que no encierran los términos *reunión* y *reunirse*.

Uno de los errores más comunes en el lenguaje es el uso de palabras con un significado que no es el suyo, hasta el punto de que ya adquieren, especialmente en la prensa, ese nuevo sentido y desplazan a las otras palabras que sí significaban lo que se quería decir.

Los ejemplos son numerosos; en este caso hemos escogido el que quizá más se repite sin que nadie repare en el error: la confusión entre los verbos *encontrarse* y *reunirse*, y los sustantivos *encuentro* y *reunión*. A continuación exponemos sus significados:

> *Encontrar(se)* es «dar con una persona o cosa que se busca; dar con una persona o cosa sin buscarla; tropezar uno con otro; hallar algo que causa sorpresa».

> *Encuentro* es el «acto de coincidir en un punto una o más cosas por lo común chocando una con otra; acto de encontrarse una o más personas».

Vemos claramente que tanto en el verbo como en el sustantivo está implícita la idea de sorpresa, de hecho inesperado, es decir, justo lo contrario de algo programado o previsto de antemano.

Para juntarse, congregarse o amontonarse sí hace falta el propósito de hacerlo, no es algo imprevisto; si uno no quiere no se reúne con otro, pero sí puede encontrarse con él.

Reunir(se) es la «acción o efecto de volver a unir; juntar, congregar, amontonar».

Reunión significa «acción y efecto de reunir o reunirse; conjunto de personas reunidas».

Así pues, cuando leemos que tal y cual ministro tuvo un encuentro con otro en el aeropuerto, quiere decir que no tenían previsto verse; ahora bien, si lo que tuvieron fue *una reunión*, si en lugar de encontrarse *se reunieron*, entonces no hubo ninguna sorpresa, excepto el posible retraso del avión del ministro visitante.

enjuagar

> Los términos *enjuagar* y *enjugar* no son sinónimos y, por tanto, no deben usarse indistintamente. *Enjuagar* significa «aclarar algo enjabonado con agua limpia» o «limpiar la boca», y *enjugar* es «quitar la humedad a algo húmedo» o «cancelar una deuda».

Las definiciones de *enjuagar* según el diccionario *Clave* son las siguientes:

> **enjuagar 1** Referido a algo enjabonado, aclararlo con agua clara y limpia: *Después de enjabonarlos, enjuagó los platos y los puso a escurrir.* **2** Referido esp. a la boca, limpiarla con agua o con un líquido adecuado: *Cuando la dentista terminó el empaste, me dijo que me enjuagara la*

boca. Enjuágate con este elixir después de lavarte los dientes. **3** Lavar ligeramente: *Si tú ya has bebido, enjuaga el vaso y me lo das.* ☐ SEM. Dist. de *enjugar* (quitar la humedad).

Si tenemos en cuenta estos significados, no dejarán de resultarnos chocantes y de difícil comprensión frases como las siguientes:

Muchos veteranos e importantes críticos de diversas nacionalidades se enjuagaban las lágrimas.

Pretenden que los usuarios paguen una mayor proporción de los fármacos como vía para enjuagar el déficit.

La Junta aprobó en diciembre una reducción de capital de 3 020 millones de pesetas para enjuagar las pérdidas.

No parece posible que nadie sea capaz de enjabonar unas lágrimas y después aclararlas con la ayuda del agua, y también es muy poco probable que alguien se dedique a aclarar y limpiar con agua un déficit al que antes ha enjabonado. En todos los ejemplos anteriores se ha usado el verbo *enjuagar* en lugar de *enjugar*, que tiene las siguientes acepciones en el diccionario *Clave*:

enjugar 1 Referido esp. a algo húmedo, quitarle la humedad superficial, absorbiéndola con un paño o con algo semejante: *Enjugó el agua caída en el suelo con una fregona. Toma un pañuelo y enjúgate esas lágrimas.* **2** Referido a una deuda o a un déficit, cancelarlos o hacerlos desaparecer: *Las buenas ventas de los últimos meses enjugaron el déficit de la empresa. Si no dejas de gastar, nunca se enjugarán tus deudas.* ☐ SEM. En la acepción 1, dist. de *enjuagar* (lavar con agua).

enjugar Véase **enjuagar**.

entrar en vigencia Véase **vigencia**.

entrenamiento Véase **entrenar**.

entrenar

Es incorrecto el uso de *entrenar* con el significado de «prepararse, especialmente si es para la práctica de un deporte». En este caso, debe decirse *entrenarse*.

Entrenar es «preparar, adiestrar personas o animales, especialmente para la práctica de un deporte», y la persona que *entrena* es el *entrenador*; luego los deportistas no *entrenan*, sino que *se entrenan* (cuando lo hacen solos) o *son entrenados* (cuando hay una persona, el entrenador, que se encarga de dirigir su *entrenamiento*).

Entrenamiento es la «acción o efecto de entrenar o entrenarse», es decir, lo que hace el entrenador con los deportistas al entrenarlos o lo que hacen estos al entrenarse.

Las voces *entrene* y *entreno*, aunque no estén registradas en el *Diccionario* de la Real Academia Española, pueden alternar con *entrenamiento*, ya que, pese a que a veces son censuradas, están formadas correctamente.

[**entrene** Véase **entrenar**.

[**entreno** Véase **entrenar**.

[**Erfoud** Véase **Erfud**.

Erfud

Debe evitarse el uso de *Erfoud* en lugar de *Erfud*, por ser *Erfud* la transcripción española del nombre de esta ciudad.

La forma de escribir en español los nombres de las ciudades árabes está sufriendo algunos cambios producidos por el desconocimiento de la toponimia tradicional y por la cada vez más numerosa aparición de guías de viaje que hablan de estas ciudades árabes, sin tener en cuenta el nombre de esos lugares en español. En muchas ocasiones, se adopta una forma extraña sin tomar en consideración bien que ya existe un topónimo tradicional en nuestra lengua, o bien que la transcripción adoptada es la francesa y no la que corresponde al español.

En la zona norte de Marruecos (la de más reciente influencia española), una de las ciudades principales es la que, en español, designamos con el nombre de *Erfud*. Aunque en Marruecos se haya optado por la forma francesa *Erfoud*, nosotros debemos seguir escribiendo el nombre de dicha ciudad como siempre lo hemos hecho en nuestra lengua: *Erfud*.

[ertzaina

No hay que confundir los términos *ertzaina* (pronunciado [erchaína]) y *ertzaintza* (pronunciado [erchancha]). *Ertzaina* es el nombre que recibe en euzquera cada uno de los miembros de la policía vasca; *ertzaintza* es el término que designa la policía vasca como institución.

Aunque hayan pasado ya unos cuantos años desde que comenzó a funcionar la policía autónoma vasca, siguen planteándose dudas sobre la correcta grafía de su nombre. En ocasiones —cada vez menos—, aparece escrito de forma incorrecta: *ertzantza*; y en otras ocasiones, se confunde el nombre de la institución y el de sus miembros debido, seguramente, a que en castellano son homónimos: la *Policía* y un *policía*.

Cuando la policía autónoma vasca fue creada por José Antonio Aguirre, en 1936, se le dio el nombre de *ertzaña*. Esa institución no duró mucho, y posteriormente comenzó a llamarse *ertzaina* o *hertzaina* a los alguaciles municipales. La Academia Vasca recomendó que se llamase *ertzaingoa* a la institución y *ertzaina* a cada uno de sus miembros; pero el Gobierno autónomo prefirió llamar a su policía *ertzaintza* en lugar de *ertzaingoa*.

El uso ha generalizado los términos *ertzaintza* para la institución vasca y *ertzaina* para cada uno de los policías.

[ertzaingoa Véase **ertzaintza**.

[ertzaintza

No hay que confundir los términos *ertzaintza* (pronunciado [erchancha]) y *ertzaina* (pronunciado [erchaína]). *Ertzaintza* es el nombre que recibe en vasco la institución policial vasca; *ertzaina* es el término que designa cada uno de sus miembros.

Aunque hayan pasado ya unos cuantos años desde que comenzó a funcionar la policía autónoma vasca, siguen planteándose dudas sobre la correcta grafía de su nombre, que en ocasiones —cada vez menos— aparece escrito de forma incorrecta: *ertzantza*, y en otras ocasiones se confunde entre el nombre de la institución y el de sus miembros debido, seguramente, a que en castellano son homónimos: la *Policía* y un *policía*.

Para aclarar esas dudas reproducimos a continuación un artículo aparecido en 1981 en la revista *Euskera*, editada por la Real Academia de la Lengua Vasca:

ertzaina, ertzaingoa La palabra *policía*, en general, a pesar de ser internacional, convive en muchos pueblos con otra que designa la propia policía nacional, como los *gendarmes* en Francia, o los *carabinieri* en Italia. En nuestra opinión, esto es lo que puede ocurrir con la policía autónoma vasca, que, cuando fue creada por José Antonio Aguirre (en 1936) se le dio el nombre de *ertzaña*.

Esa institución duró poco, pero con la vuelta de la democracia y, con ella, la del uso oficial del vasco comenzó a llamarse *ertzaina* o *hertzaina* a los alguaciles municipales, y la Academia Vasca recomendó que se llamase *ertzaingoa* a la institución y *ertzaina* a cada uno de sus miembros; pero el Gobierno autónomo prefirió llamar a su policía *ertzaintza* en lugar de *ertzaingoa*.

Actualmente, el uso ha generalizado los términos *ertzaintza* para la institución y *ertzaina* para cada uno de los policías.

¿Son, pues, sinónimos los términos *ertzaintza* y *ertzaingoa*? El Departamento de Español Urgente consultó a la Academia Vasca sobre el uso de esos términos, y esta nos contestó que, efectivamente, *ertzaintza* y *ertzaingoa* eran sinónimos, y nos explicó que la Academia había preferido *ertzaingoa* basándose en la sufijación del vasco oriental, mientras que el Gobierno autónomo optó por *ertzaintza* —igualmente correcto— basándose en la sufijación del vasco occidental.

ertzantza Véase **ertzaintza**.

Esauira

Debe evitarse el uso de *Essaouria* en lugar de *Esauira* (antes *Mogador*), por ser *Esauira* la transcripción española del nombre de esta ciudad.

La forma de escribir en español los nombres de las ciudades árabes está sufriendo algunos cambios producidos por el desconocimiento de la toponimia tradicional y por la cada vez más numerosa aparición de guías de viaje que hablan de estas ciudades árabes, sin tener en cuenta el nombre de esos lugares en español. En muchas ocasiones, se adopta una forma extraña para un topónimo sin tomar en consideración bien que ya existe una forma tradicional en nuestra lengua, o bien que la transcripción adoptada es la francesa y no la que corresponde al español.

En la zona norte de Marruecos (la de más reciente influencia española), una de las ciudades principales es la que, en español, designamos con el nombre de *Esauira* (antes *Mogador*). Aunque en Marruecos se haya optado por la forma francesa *Essaouria*, nosotros debemos seguir escribiendo el nombre de dicha ciudad como siempre lo hemos hecho en nuestra lengua: *Esauira*.

escalas (medición de terremotos)

Existen tres escalas para medir un terremoto: una escala para la potencia, la de Richter, y dos para la intensidad, la de Mercalli y la MSK. Cuando se redacte una noticia sobre un terremoto es necesario dar su graduación, para que los lectores se hagan una idea de la magnitud del seísmo.

El terrible terremoto que sacudió y destruyó la ciudad japonesa de Kobe en enero de 1995 volvió a suscitar la duda sobre la graduación de la escala de Richter, con la que se miden los movimientos sísmicos.

En las informaciones sobre el terremoto en Japón se decía que tuvo una magnitud de 7,2 grados en la escala de Richter, pero en ninguna ocasión se explicaba cuántos grados tiene dicha escala, de tal forma que es harto difícil para los receptores de las noticias hacerse un idea clara de la importancia de la catástrofe.

La escala de Richter se utiliza para calibrar la potencia o la magnitud de un seísmo, es decir, la energía liberada en el hipocentro o lugar interior de la corteza terrestre donde se ha originado. Esta escala consiste en números que van desde menos de 0 (números negativos) a más de 8,5. Los valores se dan aproximados hasta las décimas, es decir: 2,5, 4,9, 6,2, 7,8, 8,5, y la amplitud de las ondas registradas aumenta diez veces por cada aumento de un entero en la magnitud de Richter. Un terremoto de magnitud 5,0 es diez veces mayor que uno de magnitud 4,0. No existen ni un máximo ni un mínimo fijos, pero los terremotos de máxima magnitud hasta ahora medida se han cifrado en 8,9 de la escala de Richter.

Vemos, pues, que el terremoto que asoló la ciudad de Kobe está en la parte alta de la escala, muy cerca de los 8,9 grados, que corresponden al más fuerte hasta ahora registrado, y que está cercano a la destrucción de lo existente, con los consiguientes cambios en la geografía: desaparición de montañas, aparición de valles, aparición de islas, inundación de territorios continentales...

Además de la escala de Richter, los especialistas se sirven de la de Giusseppe Mercalli, perfeccionada en la escala MSK, que evalúan la intensidad del seísmo por la percepción y los daños causados, y están divididas en 12 grados. La de Mercalli establece: 1. Microseísmo. 2. Muy débil. 3. Ligero. 4. Moderado. 5. Algo fuerte. 6. Fuerte. 7. Muy fuerte. 8. Destructivo. 9. Ruinoso. 10. Desastroso. 11. Muy desastroso. 12. Catastrófico.

La escala MSK es similar aunque mucho más detallada: 1. Temblor no perceptible. 2. Temblor apenas perceptible. 3. Temblor perceptible por personas en reposo. 4. Temblor sentido por personas en movimiento. 5. Las personas que duermen se despiertan. 6. Se producen algunas fisuras en las casas y se mueven los muebles. 7. El temblor se percibe en los coches en marcha y provoca la caída de paredes. 8. Daños en las estructuras de los edificios. 9. Daños en todas las construcciones.

10. Destrucción de casi todos los edificios. 11. Deformación de los terrenos. 12. Cambio del paisaje y destrucción total de las obras humanas.

Teniendo en cuenta que ninguna de las tres escalas se basa en el sistema decimal (de 0 a 10 grados), es necesario que en las noticias en las que se informa sobre la potencia o magnitud (escala Richter) o sobre la intensidad (escalas Mercalli y MSK) de un movimiento sísmico, se explique hasta dónde llega la graduación de dichas escalas, en el caso de la Mercalli y la MSK, y cuál ha sido el máximo medido en la de Richter.

escolar

La voz inglesa *scholar* no debe traducirse siempre por el término español *escolar*, puesto que, en inglés, *scholar* a veces significa «erudito» o «sabio», mientras que *escolar* en español se refiere únicamente al alumno que va a la escuela.

La Comisión de Traducciones de la Academia Norteamericana de la Lengua Española edita y distribuye, sin periodicidad fija, un boletín titulado *Glosas*, en el que se comentan cuestiones léxicas y gramaticales relacionadas con los problemas que pueden surgir al traducir del inglés al español. Uno de los apartados de dicho boletín está dedicado a advertir sobre los falsos amigos, es decir, dos términos de lenguas distintas que aparentemente son equivalentes, pero que no significan lo mismo.

Este es el caso de la voz que nos ocupa: *escolar*. En inglés, *scholar*, además de referirse al alumno que va a la escuela (uso poco común), quiere decir «erudito», «sabio», «humanista» (también *Latin scholar* es «latinista» y *Greek scholar* es «helenista»). En español, *escolar* se refiere exclusivamente al alumno que va a la escuela. Por tanto, a la hora de traducir esta palabra inglesa al español, hay que tener cuidado de no caer en la trampa de pensar que son equivalentes.

escritura de las fechas Véase **fechas (escritura)**.

escritura de las horas Véase **horas (escritura)**.

escritura de los números Véase **números (escritura)**.

escuadra

Debe evitarse el uso del término *escuadra* con el significado de «equipo deportivo», por influencia del italiano *squadra*. En su lugar, debe emplearse el término español *equipo*.

Encontramos con bastante frecuencia la voz *escuadra* en el lenguaje del deporte usada con un significado que nunca ha tenido en español. Se trata de un calco del italiano *squadra*, producto de alguna mala traducción, y conviene evitarlo en nuestra lengua, puesto que *escuadra* para nosotros es algo muy distinto. De las nueve acepciones que da de esta palabra el *Diccionario* de la Real Academia Española reproducimos a continuación solo las que tienen relación con *grupo* o *conjunto*, y que, como se verá, no incluyen en ningún caso al *equipo*.

> **escuadra** Corto número de soldados a las órdenes de un cabo. Es la unidad menor en las fuerzas militares. // Plaza de cabo de ese número de soldados. // Cada una de las escuadrillas que se forman con algún concurso de gente. // Conjunto de buques de guerra para determinado servicio.

No son correctas, pues, frases del tipo de: *el presidente de la escuadra toledana, el banquillo de la escuadra, el dominio de la escuadra griega* o *el entrenador de la escuadra inglesa.*

En todos los ejemplos anteriores debió hablarse de *equipos* y nunca de *escuadras.*

escuchar

El verbo *escuchar* no debe emplearse como sinónimo de *oír*: *oír* es «percibir sonidos por medio del oído», mientras que *escuchar* significa «oír prestando atención y de forma intencional».

Algunas veces se emplea impropiamente el verbo *escuchar* como sinónimo de *oír*. Además de usarse indebidamente en la lengua hablada, *escuchar* aparece constantemente en la prensa escrita con un uso inapropiado:

> ...*después de que durante toda la noche se escucharan disparos y explosiones.*

> *Los primeros disparos de armas automáticas comenzaron a escucharse alrededor de las once.*

Como otras veces, lo mejor para aclarar dónde está el error, es acudir a un diccionario. Veamos, pues, las definiciones que nos da *Clave*:

> **escuchar 1** Referido a algo que se oye, prestarle atención: *Te oigo, pero prefiero no escuchar lo que me dices.* **2** Referido esp. a un consejo, atenderlo o hacer caso de él: *Escucha mis consejos, o te arrepentirás.* **3** Aplicar el oído para oír: *No escuches, que lo que están hablando es una conversación privada.* □ SEM. En la acepción 1, dist. de *oír* (percibir los sonidos sin intención deliberada).

oír 1 Referido a un sonido, percibirlo por medio del oído: *Se levantó de la cama al oír un ruido sospechoso.* **2** Referido a un ruego o a un aviso, atenderlos: *La empresa oirá las propuestas de los sindicatos si se desconvoca el paro de la próxima semana.* **3** Referido a aquello de que se habla, hacerse cargo de ello o darse por enterado: *¿Estás oyendo lo que te digo, o te lo repito?* **4** En derecho, referido a lo expuesto por las partes antes de resolver un caso, admitirlo una autoridad, esp. un juez: *La juez dictó sentencia después de oír las alegaciones del fiscal y del abogado.* □ SEM. Dist. de *escuchar* (oír con atención deliberada).

En el *Manual de español urgente* de la Agencia EFE, hay una advertencia sobre el uso impropio del verbo *escuchar*:

escuchar En frases como: «Los disparos *se escuchaban* por todas partes» no está bien empleado este verbo; debe decirse *oír* ya que *escuchar* significa «aplicar el oído para oír», e implica, por tanto, voluntad de hacerlo.

En síntesis, hay que utilizar el verbo *escuchar* únicamente cuando lo que queremos decir es que estamos *oyendo con atención o de forma intencionada* y *oír* cuando percibimos un sonido queramos o no.

«¿Se me escucha bien?» Muchas personas comienzan así sus intervenciones en público, bien sea en la radio o ante un auditorio en un salón de actos, siempre que tienen un micrófono delante. Quizá habría que recordarles que lo que en realidad quieren averiguar es si se les *oye* bien.

eslogan

Es innecesario el uso del anglicismo *slogan* (pronunciado [eslógan]), ya que en español existe la forma *eslogan*.

La palabra escocesa *slogan* («frase publicitaria breve, ingeniosa y fácil de recordar») ha sido adaptada al español, y ha dado lugar a la forma *eslogan*. Este término se incorporó al *Diccionario* de la Real Academia Española en su última edición, la de 1992. Anteriormente, había aparecido en el *Diccionario manual e ilustrado* desde 1983. Su plural es *eslóganes.*

(Véase también **plurales dudosos**.)

esmoquin (plural) Véase **plurales dudosos**.

español

Se recomienda el uso del término *español* para referirse a la lengua hablada en la comunidad hispanohablante, y *castellano* para referirse al idioma utilizado en España en contraposición a las lenguas de determinadas comunidades autónomas.

Debemos utilizar *castellano* cuando nos refiramos al modo de expresión utilizado en España para diferenciarlo de las lenguas de determinadas comunidades autónomas. Y cuando nos refiramos al instrumento expresivo empleado por la comunidad hispanohablante deberemos decir *español*.

Los puntos I y II del artículo 3° de la Constitución española dicen así:

> El *castellano* es la lengua española oficial del Estado. Todos los españoles tienen el deber de conocerla y el derecho a usarla. Las demás lenguas españolas serán también oficiales en las respectivas Comunidades Autónomas de acuerdo con sus Estatutos.

De ello parece desprenderse que el nombre *oficial* de nuestra lengua, en España, es *castellano*. Sin embargo, esta redacción no fue del agrado de la Real Academia Española, que, en 1978, pidió oficialmente a las Cortes la adición del siguiente párrafo al artículo tercero de la Constitución: «Entre todas las lenguas de España, el castellano recibe la denominación de *español* o *lengua española*, como idioma común a toda la nación».

La Academia fundaba su petición en varios puntos, entre los que destacamos los siguientes:

- La lengua castellana es oficial en toda la nación, por ello también se la denomina *lengua española*.

- La lengua de España es el *español*, al igual que la lengua de Francia es el francés, etc.

- *Español* es como denominan en el resto del mundo a la lengua que se habla en España.

- Los lingüistas emplean *castellano* para referirse a la lengua de Castilla.

A pesar de tales explicaciones y razones, la petición de la Academia no fue atendida.

Por su parte, Manuel Seco, en su *Diccionario de dudas y dificultades de la lengua española*, hace hincapié en que tanto el término *castellano* como el *español* son válidos, ya que depende de la perspectiva desde la que se mire la cuestión: si lo que se quiere es mencionar la lengua general de España al lado de las otras lenguas españolas (como el catalán, el gallego o el vasco), es preferible utilizar el término *castellano*; sin embargo, si de lo que se trata es de referirse a la lengua general de España, el término más extendido es *español*.

Castellano, español, idioma nacional, es el título de un libro de Amado Alonso en el que el autor estudia y explica la historia de nuestra lengua y de sus nombres. De él hemos creído interesante reproducir las siguientes afirmaciones:

> El nombre de *castellano* había obedecido a una visión de paredes peninsulares adentro; el de *español* miraba al mundo. *Castellano* y *español* situaban nuestro idioma intencionadamente en

dos distintas esferas de objetos: *castellano* había hecho referencia, comparando y discerniendo, a una esfera de hablas peninsulares —*castellano, leonés, aragonés, catalán, gallego, árabe*—; *español* aludía explícitamente a la esfera de las grandes lenguas nacionales —*francés, italiano, alemán, inglés*—. [...] Bien podríamos decir que en estricto sentido los nombres de nuestro idioma tienen significaciones distintas. *Castellano* y *español* nombran a un mismo objeto con perspectivas diferentes.

> Es importante recordar que encontramos la denominación castellano en los diccionarios de catalán-castellano, gallego-castellano o vasco-castellano; sin embargo, encontramos la denominación español en los de *inglés-español, francés-español, árabe-español*, etc.

especulación Véase **especular**[1].

especular[1]

> Debe evitarse el uso anglicista del término *especular* (y de su derivado, *especulación*). En su lugar, se recomienda el uso de otras voces, como *considerar* o *reflexionar* (y *rumor, sospecha* o *suposición*, para *especulación*).

Veamos cómo define el *Diccionario* de la Real Academia Española estos términos:

especular Registrar, mirar con atención una cosa para reconocerla y examinarla. // fig. Meditar, contemplar, considerar, reflexionar. // Comerciar, traficar. // Procurar provecho o ganancia fuera del tráfico mercantil.

especulación Acción y efecto de especular. // COM. Operación comercial que se practica con mercaderías, valores o efectos públicos, con ánimo de obtener lucro.

Sin embargo, con frecuencia vemos el verbo *especular* y su sustantivo *especulación* utilizado con un nuevo significado que la Real Academia Española ya reconoce como válido, pero que nosotros recomendamos evitar:

Los diarios locales especulan con la posibilidad de que la huelga continúe.

Dijo que todo lo que se ha publicado sobre su próxima dimisión son meras especulaciones.

Debería escribirse:

Los diarios locales contemplan la posibilidad de que la huelga continúe.

Dijo que todo lo que se ha publicado sobre su próxima dimisión son meros rumores.

A pesar de que este uso del verbo *especular*, y de su derivado *especulación*, ya está recogido en el *Diccionario* de la Real Academia Española, queremos recordar que en la lengua española ya hay suficientes verbos y sustantivos que pueden utilizarse en lugar de estos términos, como por ejemplo: *considerar* o *reflexionar* y *rumor, sospecha* o *suposición*.

especular²

Debe evitarse el uso del término *especular* con el significado de «perder el tiempo».

En el lenguaje del deporte, aparecen con frecuencia términos mal empleados. Este es el caso de la voz *especular* que, en deporte, se emplea a veces con el significado de «perder el tiempo». Según el diccionario *Clave*, el verbo *especular* significa lo siguiente:

> **especular 1** Meditar o reflexionar sobre algo: *Los filósofos seguidores de Aristóteles especulaban sobre el origen del conocimiento.* **2** Hacer cábalas o suposiciones sin base real: *En vez de especular sobre lo que pueda pensar o no pensar él, pregúntale directamente.* **3** Efectuar operaciones comerciales, generalmente adquiriendo bienes cuyo precio se espera que suba a corto plazo, con el único objetivo de vender en el momento oportuno y obtener un beneficio: *Unos especulan en bolsa, otros con pisos y terrenos edificables.* **4** Valerse de algún recurso para obtener provecho o ganancias fuera del campo comercial: *Me parece inmoral que especules con información obtenida por confidencias personales para ascender en la empresa.*

Como vemos, en ninguna acepción *especular* tiene el significado de «perder el tiempo». Por ello, recomendamos que se diga *perder el tiempo* cuando un jugador esté haciendo tiempo en el terreno de juego, por ejemplo, y que se deje de emplear en estos casos el verbo *especular*.

Essaouria Véase Esauira.

estacionamiento Véase estacionar.

estacionar

En la redacción de noticias, es aconsejable utilizar *estacionar* y *estacionamiento* en vez de *aparcar* y *aparcamiento*, ya que *estacionar* y *estacionamiento* son palabras conocidas y utilizadas en todos los países hispanohablantes.

El Departamento de Español Urgente siempre tiene presente que, de entre los casi 400 millones de hispanohablantes que hay en el mundo, los españoles solo representamos una décima parte. Y es por eso por lo que, antes de aconsejar o desaconsejar el uso de una palabra en las noticias de la Agencia EFE, nos cercioramos de no estar recomendando o imponiendo a los países de la América hispana una palabra solo usada o válida en el español de España, que a nosotros nos parece la correcta y que del otro lado del Atlántico puede resultar extraña.

Y eso podría ocurrirnos con los verbos *aparcar*, *estacionar* y *parquear*: la tendencia lógica sería recomendar el uso de *aparcar* (y *aparcamiento*), ya que esa es la forma más corriente en España, pero resulta que en la mayor parte de los países hispanohablantes se utiliza *parquear* y en otros pocos *estacionar*, y, en todos ellos, el verbo *aparcar* es extraño y muy poco usado.

En Centroamérica y los países del norte de Sudamérica lo más habitual es *parquear* en los *parqueos*, excepto en Colombia, donde se *parquea* en el *parqueadero*, aunque en todos ellos también se utiliza en ocasiones *estacionar* en los *estacionamientos*. En Venezuela lo habitual es *estacionar* o *parquear* el carro en el *estacionamiento* que, a su vez, está atendido por los *parqueros* (en España esos señores se llaman *aparcacoches* y trabajan en el *parking*).

En los países del Cono Sur (Argentina, Chile, Paraguay...) se usan solamente el verbo *estacionar* y el sustantivo *estacionamiento*. Y en otros, como Ecuador, se utilizan indistintamente *parquear* y *estacionar*.

El *Diccionario* de la Real Academia Española registra las siguientes voces: *aparcar*, *aparcamiento*, *aparcadero*, *aparcacoches*, *estacionar*, *estacionamiento*, *parquear* (como usada en América), *parqueadero* (como usada en Colombia y Panamá), *parqueo* (como usada en América) y *parquímetro* (máquina para regular mediante pago el estacionamiento de los vehículos).

Además, si miramos la voz *parque*, veremos que, entre otras cosas, significa «paraje destinado en las ciudades para estacionar transitoriamente automóviles y otros vehículos», y *parque de artillería* es el «sitio en que se reúnen las piezas, carruajes, máquinas y demás efectos pertenecientes a la artillería».

Pero, aunque *aparcar* y *estacionar* puedan usarse como sinónimos, conviene recordar la sutil diferencia existente entre las dos definiciones del *Diccionario* de la Real Academia Española:

> **aparcar** Colocar transitoriamente en un lugar público señalado al efecto por la autoridad, coches u otros vehículos.

> **estacionar** Dejar un vehículo detenido y, normalmente, desocupado, en algún lugar.

A pesar de esa diferencia, y teniendo en cuenta todo lo anterior, lo más aconsejable es que, cuando se pueda y se considere necesario, se opte por *estacionar* y *estacionamiento*, ya que son palabras conocidas y utilizadas en todos los países hispanohablantes.

En España, el código de la circulación diferencia entre *parada, detención* y *estacionamiento*; pero no menciona *aparcar* ni *aparcamiento*. La definición de *estacionamiento* en dicho código es: «inmovilización del vehículo en la que el conductor, normalmente, tiene intención de ausentarse por tiempo indefinido, en un lugar donde se puede estacionar».

estado de emergencia

Es incorrecto utilizar la expresión *estado de emergencia* para referirse a situaciones políticas. En estos casos, se trata de un desplazamiento de las expresiones españolas *estado de prevención, de excepción, de sitio* o *de guerra*.

En los periódicos se puede leer que en algún lugar hay enfrentamientos entre la población, y dicho lugar se encuentra en *estado de emergencia*.

Es una frase incorrecta puesto que, en esos casos, en español no hay *estado de emergencia*. Legalmente no existe en español el *estado de emergencia* para referirse a situaciones políticas. Cuando en un estado se altera el orden público se puede hablar de:

- El *estado de prevención*. La primera y menos grave de las situaciones anormales reguladas por la legislación de orden público.

- El *estado de alarma o excepción*. Situación grave de alteración del orden público, que implica la supresión de las garantías constitucionales.

- El *estado de sitio*. En el que por una situación grave de alteración del orden púbico, aun sin guerra, la autoridad civil resigna sus funciones en la autoridad militar.

- El *estado de guerra*. Igual que el anterior, pero en tiempo de guerra.

Acostumbrados a la invasión de anglicismos producidos por malas traducciones de voces similares, es lógico pensar que en este caso sucede lo mismo, pero no es así, puesto que en inglés el *state of emergency* se emplea solo en los casos de catástrofes (terremotos, inundaciones, grandes incendios forestales), que es cuando también en español podemos hablar de *zona en estado de emergencia* o *zona catastrófica*. En inglés, para las situaciones de alteración política, existen el *state of siege* y el *state of war*.

estadounidense

Es incorrecto el uso del término *americano* («de América, uno de los cinco continentes, o relacionado con ella») para designar a los naturales de los Estados Unidos; en su lugar, debe emplearse el gentilicio de dicho país: *estadounidense*.

Los problemas con los gentilicios no provienen siempre de países o ciudades lejanos y exóticos. Uno de los que aparecen con más frecuencia erróneamente usado es el de los Estados Unidos de América, cuyos habitantes no deben ser llamados *americanos*, sino *estadounidenses* o *norteamericanos*.

Como el uso de *americano* con ese significado es un anglicismo, reproducimos a continuación lo que advierte al respecto el *Diccionario de anglicismos* de Ricardo J. Alfaro:

americano, na La gran confederación que tuvo por núcleo original las trece colonias británicas del nuevo mundo adoptó al constituirse el nombre de *Estados Unidos de América*. Este nombre ha engendrado equívocos y dificultades.

Estados Unidos es nombre compuesto de un sustantivo y un adjetivo comunes. *América* es el nombre del continente. En América hay otros estados unidos, pero con nombre exclusivo: *Estados Unidos Mexicanos, Estados Unidos de Brasil, Estados Unidos de Venezuela*.

Sin embargo, respecto del país mismo, no hay confusión: primero, porque *Estados Unidos* ha venido a aplicarse por antonomasia a la república norteña; segundo, porque nadie llama a las otras federaciones sino por su nombre propio: México, Brasil, Venezuela.

Y explica en cuanto al gentilicio correspondiente:

No sucede lo mismo en cuanto a los nacionales. Para éstos se ha hecho derivar el gentilicio del nombre que no es de su país, y se les llama *americanos*, lo cual produce el siguiente equívoco. *Americanos* son todos los hijos del nuevo mundo. Gramaticalmente, geográficamente y lógicamente es impropio e inexacto dar ese nombre a los ciudadanos y cosas de los Estados Unidos, y a este error hemos contribuido, quizás en primer término, los americanos que moramos al sur del Río Grande.

Las soluciones que nos da Ricardo J. Alfaro son las siguientes:

Norteamericanos es tal vez el término más usado, si bien no es el más preciso. La América del Norte comprende, además de Estados Unidos, al Canadá y a México. Pero es lo cierto que nadie llama *norteamericanos* ni a los mexicanos ni a los canadienses.

Más exacto y más exclusivo es el término *angloamericanos*. Indica él los *ingleses de América*, es decir, los descendientes de los colonizadores ingleses, del mismo modo que el término *hispanoamericanos* designa a los naturales de los países colonizados por los españoles. Es el único término al cual da la Academia primitivamente (acepción 3ª) el significado de «natural de los Estados Unidos de la América Septentrional».

Últimamente se ha difundido el neologismo *estadounidense*, algunas veces transformado en *estadinense*, por contracción. Si *Estados Unidos* es el verdadero nombre de la nación, es natural que de él se derive directamente el gentilicio.

Creemos, pues, conveniente emplear el término *estadounidense*, recogido en el *Diccionario* de la Real Academia Española como gentilicio de Estados Unidos, para designar a los naturales de dicho país.

estándar (plural) Véase **plurales dudosos**.

[estatalización Véase **estatificar**.

[estatalizar Véase **estatificar**.

estatificar

Es incorrecto el uso de los términos *estatizar* y *estatalizar*, no admitidos por la Real Academia Española, con el significado de «poner bajo la administración del Estado». Para este uso, debe emplearse la palabra *estatificar*.

Estatal es el adjetivo derivado de *estado* y se utiliza para referirse a lo perteneciente o relativo a este. Pero a partir del adjetivo *estatal* no debemos formar un verbo inexistente en español: *estatalizar*.

Cuando de lo que se trata es de poner algo (empresas, organismos, instituciones, servicios, etc.) bajo la administración o intervención del *Estado*, el verbo que debe emplearse es *estatificar*, que es el único recogido en el *Diccionario* de la Real Academia Española con ese significado.

Descartado ya el uso de *estatalizar*, también hay que advertir sobre *estatizar*, verbo que algunos utilizan con el mismo significado que los anteriores y que tampoco pertenece al léxico de nuestra lengua y, por tanto, debe evitarse.

El único verbo recogido en el *Diccionario* de la Real Academia Española es *estatificar*, con el significado de «poner bajo la administración o intervención del Estado». Por lo tanto, no debe hablarse de *estatalización* ni de *estatización*, sino de *estatificación* cuando de lo que se trate es de la «acción o efecto de estatificar».

El verbo *nacionalizar* sí está recogido por la Real Academia Española y coincide, en uno de sus significados, con el verbo *estatificar*.

[estatización Véase **estatificar**.

[estatizar Véase **estatificar**.

este lunes

> Debe evitarse el uso de la expresión *este lunes* para referirse al *próximo lunes* o al *lunes pasado*, puesto que su uso puede crear confusión.

Aparece con mucha frecuencia la expresión *este lunes* o *este viernes*, que en español coloquial se utiliza para referirse al día inmediatamente anterior o posterior al momento en que se está hablando. Pero al escribir una noticia esa forma de citar los días puede producir confusiones, puesto que si se usa *este lunes* en una información fechada en miércoles o jueves, si bien es cierto que el tiempo verbal indica cuándo sucede la acción, en las ocasiones en las que no tenga esa referencia, el lector puede entender tanto que se trata del lunes anterior como del venidero.

Si podemos escribir, como se ha hecho tradicionalmente, *el lunes pasado* o *el próximo lunes*, es mejor que sigamos haciéndolo y así evitaremos esas posibles e indeseadas confusiones.

Cuando se trate del mismo día en el que se está escribiendo, en lugar de *este lunes*, lo que deberíamos decir es *hoy, lunes*.

estilo directo e indirecto

> No hay que confundir el estilo directo con el indirecto: el estilo directo reproduce las palabras textuales de alguien, mientras que el estilo indirecto reproduce la idea de alguien, pero no sus palabras.

Diferentes manuales de estilo hacen referencia a la confusión que existe con el uso del estilo directo y del estilo indirecto en español.

Reproducimos a continuación las explicaciones que da y las advertencias que hace Leonardo Gómez Torrego en su *Gramática didáctica del español* sobre el estilo directo y el estilo indirecto, cuestión que no parece estar muy clara, pues son frecuentes los errores sintácticos relacionados con ese tipo de construcciones:

Estilo directo Cuando una oración depende de un verbo de *decir* o de *pensar* y reproduce las palabras textuales de alguien, se encuentra en estilo directo. Ejemplo: *El presidente dijo: 'Hoy hemos tenido algunos problemas'.*

En la escritura, las oraciones en estilo directo van enmarcadas con comillas y detrás de dos puntos.

Estilo indirecto Si la oración que sigue al verbo de *decir* o de *pensar* reproduce la idea de alguien pero no sus palabras textuales, se encuentra en estilo indirecto.

[...] Es necesario añadir la conjunción subordinante *que*. Ejemplo: *El presidente dijo que ayer habían tenido algunos problemas.*

Son incompatibles la conjunción subordinante *que* y el estilo directo, a pesar de que ello es relativamente frecuente en el lenguaje periodístico. Ejemplo: **El presidente dijo que 'hoy hemos tenido problemas'* (se dice: *... dijo: 'Hoy hemos tenido...'*, o bien: *... dijo que ayer habían tenido problemas*).

estimación Véase **estimar**.

estimar

El verbo *estimar* aparece ya recogido en el *Diccionario* de la Real Academia Española de 1992 con el significado de «hacer aprecio y estimación de una persona o cosa». Sin embargo, su uso no debe desplazar a otros verbos más apropiados, como *calcular*.

Se está generalizando el empleo de *estimar* en casos como *Los daños se estiman en varios millones de pesetas*. Es preferible evitar este uso de *estimar*, influencia del término inglés *estimate*, que significa «calcular aproximadamente».

En la edición del *Diccionario* de la Real Academia Española de 1992 aparecen los siguientes significados de la voz *estimar*:

estimar Apreciar, poner precio, evaluar las cosas. // Juzgar, creer. // Hacer aprecio y estimación de una persona o cosa.

Sin embargo, aunque la Real Academia Española haya aceptado ya esta última acepción de *estimar*, es preferible no abusar de esta voz y utilizar el verbo *calcular* cuando resulte apropiado.

Estonia

Para referirse a la capital de Estonia, debe utilizarse *Reval* y no *Tallin*, puesto que *Reval* es su nombre castellano.

El nombre de la capital de Estonia es prácticamente desconocido. Este desconocimiento es la causa de que no siempre sea correcto o exacto el nombre utilizado en los medios de comunicación.

El nombre en español de su capital es *Reval* y así debemos llamarla, aunque en las noticias actuales la veamos nombrada como *Tallin*, que es su nombre en la lengua local, el estonio, de la familia de las lenguas finesas.

Asimismo, el hablante también duda sobre cuál es el gentilicio de este país. Es correcto tanto el uso de *estonio, nia* como el de *estoniano, na*: *la cultura estonia / la cultura estoniana*.

euro Véase **céntimo de euro**.

euskera Véase **vasco (uso de términos)**.

eusquera Véase **vasco (uso de términos)**.

evento

El término *evento* aparece ya recogido en el *Diccionario* de la Real Academia Española de 1992 con el significado de «acontecimiento o suceso». Por tanto, su uso con este significado no debe tratarse como una incorrección.

En la penúltima edición del *Diccionario* de la Real Academia Española (1984) la definición de esta palabra era la siguiente:

> **evento** Acontecimiento o suceso imprevisto o de realización incierta o contingente.

Pero ya en la última edición de 1992 se recoge el significado de «acontecimiento o suceso»:

> **evento** Acaecimiento. // Eventualidad, hecho imprevisto o que puede acaecer.

evidencia

Es incorrecto el uso de *evidencia*, por influencia del inglés *evidence*, como sinónimo de *prueba*.

Una de las vías de introducción más probables de este anglicismo son los telefilmes norteamericanos de policías, abogados y juicios, cuyos traductores al español caen en muchas ocasiones en la trampa de lo que la lingüística denomina *falsos amigos*: palabras de igual o similar grafía en las dos lenguas, pero que poseen significados distintos, y que la gente desavisada tiende a utilizar con el mismo significado.

En inglés, *evidence* significa «aquello que hace evidente da indicios de algo; aquello que muestra o establece la verdad o la falsedad de algo; prueba; indicios; hechos; testimonio; declaración; aquello que se somete legalmente a un tribunal competente como medio de determinar la verdad de algo que se investiga».

La palabra castellana *evidencia* dista mucho de ser el equivalente de la voz inglesa *evidence*. Según el diccionario *Clave* tiene el siguiente significado:

evidencia Certeza absoluta, tan clara y manifiesta que no admite duda: *La culpable reconoció su delito ante la evidencia de las pruebas.* □ SEM. No debe emplearse con el significado de «prueba».

Así pues, *There is evidence to show that…* equivale a *Hay indicios que demuestran que…*, *There is no evidence against him*, a *No hay pruebas en su contra*, *to hold something in evidence*, a *citar algo como prueba*, y *to call somebody in evidence*, a *llamar a alguien como testigo*.

Todos esos usos tiene la voz inglesa, y de todos ellos carece la española. Así, lo que ocurre cuando en las informaciones sobre juicios usamos en español la voz *evidencias* en lugar de *pruebas*, lo que estamos haciendo es caer en la trampa de los falsos amigos, ya que estamos cometiendo el error de otorgar a una palabra española un significado que no tiene, por influencia de otra lengua.

ex

La partícula *ex*, cuando precede a un nombre, debe escribirse separada de este y sin guión.

Veamos lo que algunos autores dicen al respecto; en primer lugar, el *Diccionario* de la Real Academia Española:

Antepuesta a nombres de dignidades o cargos, denota que los tuvo y ya no los tiene la persona de quien se hable (*ex provincial*, *ex ministro*). También se antepone a otros nombres o adjetivos de persona para indicar que esta ha dejado de ser lo que aquellos significan (*ex discípulo*, *ex monárquico*).

María Moliner, en su *Diccionario de uso del español*, define *ex* como «Preposición latina que se antepone en español a nombre de cargo o situación para designar a los que los ocuparon: *ex ministro*, *ex alumno*. Equivale a 'antiguo'».

En el *Diccionario de dudas y dificultades de la lengua española* de Manuel Seco, *ex* aparece definido de la siguiente manera: «Delante de nombre o adjetivos de persona significa que esta ha dejado de ser lo que aquellos representan».

En cuanto a la grafía de esa partícula, tanto Manuel Seco en su *Diccionario de dudas*, como José Martínez de Sousa en su *Diccionario de ortografía*, están en desacuerdo con la forma que propone la Academia, que es escribirla separada del nombre y sin guión: *ex ministro*. Ambos consideran que la forma más lógica y correcta es que se escriba unida al nombre: *exministro*, *exmonárquico*, aunque Seco también cree práctica la opción de enlazarla por medio de un guión, con lo cual se conserva la posibilidad de mantener la mayúscula del nombre al que antecede: *ex-Diputado*, *ex-Presidente*.

Sin embargo, la *Ortografía de uso del español actual* de Leonardo Gómez Torrego nos explica lo siguiente:

> El elemento *ex* cuando aparece seguido de un nombre o grupo nominal se escribe separado de éste, entre otras razones porque conserva un cierto grado de tonicidad. Ejemplos: *ex ministro*, *ex presidente*, *ex marido*. Cuando el elemento *ex* aparece seguido de un adjetivo (sustantivado o no) o un verbo se escribe junto a ellos. Ejemplos: *excombatiente*, *extraer*, *excéntrico*.

Desde la Agencia EFE, habiendo consultado a los miembros del Consejo Asesor del Departamento de Español Urgente, aconsejamos que la preposición *ex* se escriba separada del nombre al que antecede.

ex URSS Véase **URSS**.

ex Yugoslavia Véase **Yugoslavia**.

éxito

La voz inglesa *exit* no debe traducirse por el término español *éxito*, puesto que, en inglés, *exit* significa «salida».

La Comisión de Traducciones de la Academia Norteamericana de la Lengua Española edita y distribuye, sin periodicidad fija, un boletín titulado *Glosas*, en el que se comentan cuestiones léxicas y gramaticales relacionadas con los problemas que pueden surgir al traducir del inglés al español. Uno de los apartados de dicho boletín está dedicado a advertir sobre los falsos amigos, es decir, dos términos de lenguas distintas que aparentemente son equivalentes, pero que no significan lo mismo.

Este es el caso de la voz que nos ocupa: *éxito*. El término inglés *exit* se traduce al español por *salida*, y no por *éxito*. Por tanto, a la hora de traducir esta palabra inglesa al español, hay que tener cuidado de no caer en la trampa de pensar que son equivalentes.

expiración

La voz inglesa *expiration* no siempre debe traducirse por el término español *expiración*, puesto que, en inglés, *expiration*, además de «muerte» o «caducación», significa «respiración».

La Comisión de Traducciones de la Academia Norteamericana de la Lengua Española edita y distribuye, sin periodicidad fija, un boletín titulado *Glosas*, en el que se comentan cuestiones léxicas y gramaticales relacionadas con los problemas que pueden surgir al traducir del inglés al español. Uno de los apartados de dicho boletín está dedicado a advertir sobre los falsos amigos, es decir, dos términos de lenguas distintas que aparentemente son equivalentes, pero que no significan lo mismo.

Este es el caso de la voz que nos ocupa: *expiración*. En inglés, *expiration* no siempre significa «expiración» o «muerte»; en ciertos casos, se refiere al «hecho de espirar o respirar». Por tanto, a la hora de traducir esta palabra inglesa al español, hay que tener cuidado de no caer en la trampa de pensar que son equivalentes.

explosionar

Los verbos *explosionar* y *explotar* significan «estallar o hacer explosión». Sin embargo, únicamente *explosionar* tiene también el sentido de «hacer estallar o hacer explotar algo».

Aparece en la prensa un artículo cuyo título es el siguiente: *Explosiona, sin víctima, paquete-bomba dirigido a militar*. Después, nos encontramos dos veces más con el verbo *explosionar*:

> *Un paquete-bomba ha explosionado a primeras horas de esta noche en Valencia.*

> *El artefacto explosionó produciendo un amplio boquete en el techo del coche policial.*

Según el diccionario *Clave*, *explosionar* es sinónimo de *explotar* con el significado de «hacer explosión», es decir, podemos decir indistintamente: *La bomba explosionó por la mañana / La bomba explotó por la mañana*. Sin embargo, únicamente el verbo *explosionar* significa también «hacer estallar o hacer explotar»; es, pues, correcto decir: *Los artificieros de la policía explosionaron el paquete-bomba*.

La historia es digna de ser contada: un redactor de la Agencia EFE en una capital de provincia española dicta por teléfono una noticia de última hora y comienza con el título *Estalla, sin víctimas, paquete-bomba dirigido a militar*. Después, ya en el relato de los hechos vuelve a usar el verbo *estallar* en dos ocasiones: *...ha estallado a primeras horas de esta noche en Valencia*, y *...el artefacto estalló produciendo un amplio boquete en...*; pero hete aquí que el redactor al que le tocó escribir el texto y pasarlo por la línea decidió que era más apropiado *explosionar*, y cambió por este sonoro verbo el más sencillo y vulgar *estallar*, sin tener en cuenta lo que dicen los diccionarios al respecto ni los posibles cambios de significado que podía producir la sustitución.

explotar Véase **explosionar**.

exprimir

La voz francesa *exprimer* no debe traducirse por el término español *exprimir*, puesto que, en francés, *exprimir* significa «exponer, expresar», mientras que en español no tiene este significado.

La Comisión de Traducciones de la Academia Norteamericana de la Lengua Española edita y distribuye, sin periodicidad fija, un boletín titulado *Glosas*, en el que se comentan cuestiones léxicas y gramaticales relacionadas con los problemas que pueden surgir al traducir del inglés al español. Uno de los apartados de dicho boletín está dedicado a advertir sobre los falsos amigos, es decir, dos términos de lenguas distintas que aparentemente son equivalentes, pero que no significan lo mismo.

Este es el caso de la voz que nos ocupa: *exprimer*. En francés, *exprimer* quiere decir «exponer, expresar», mientras que el término español, *exprimir* carece de dicho significado. (*'Tu t'exprimes très bien en français'*: *Te expresas muy bien en francés* y no *Te exprimes muy bien en francés*). Por tanto, a la hora de traducir esta palabra francesa al español, hay que tener cuidado de no caer en la trampa de pensar que son equivalentes.

exterior

Exterior y *externo* no significan lo mismo: *exterior*, en contraposición a *interior* es «lo que está fuera» (dígase: *relaciones exteriores*); *externo*, en contraposición a *interno*, es «lo que se manifiesta hacia el exterior» (dígase: *cara externa*).

Creemos conveniente llamar la atención sobre estos dos términos y el error frecuente en la lengua oral y escrita de usarlos indistintamente. *Exterior* y *externo* no son sinónimos, y por tanto, hay que ser cauto en su utilización, teniendo en cuenta los matices que los diferencian.

Según el diccionario *Clave*, *exterior* (lo contrario de *interior*) es aquello «que está fuera o en la parte de fuera», mientras que *externo* (lo contrario de *interno*) es aquello «que está, actúa, se manifiesta o se desarrolla en el exterior». Así pues, debemos decir: *deuda exterior, planeta exterior, el mundo exterior, relaciones exteriores* o *cuero exterior*; y sin embargo, *culto externo, cara externa, ángulo externo* u *otitis externa*.

¿Quiere decir esto que dos de las expresiones más repetidas en las noticias de política internacional y de economía, *relaciones externas* y *deuda externa*, son incorrectas? Pues sí. En su lugar, debería decirse *relaciones exteriores* y *deuda exterior*.

¿Quiere decir esto que dos de las expresiones más repetidas en las noticias de política internacional y de economía, *relaciones externas* y *deuda externa*, son incorrectas? Pues sí. En su lugar, debería decirse *relaciones exteriores* y *deuda exterior*.

externo, na Véase **exterior**.

extra-

Las palabras que contienen el prefijo *extra-* se escriben en una sola palabra: *extramatrimonial, extrajudicial.*

Extra- es un prefijo que significa «fuera de» (*extraordinario, extramuros, extraoficial*) o «en grado sumo» (*extraplano, extrafino, extraligero*) y es inseparable de la palabra a la que precede.

extremista

Los términos *extremista, radical* y *violento* no son equivalentes, si bien sus significados son bastante similares ya que los tres están relacionados con el ámbito de la violencia.

Aparecen a veces los términos *extremista, radical* y *violento* utilizados como sinónimos. Esto no es correcto, puesto que cada una de estas palabras tiene connotaciones distintas.

Es cierto que, a veces, estos tres adjetivos pueden utilizarse indistintamente; el término *radical* designa la «persona que considera que su forma de actuar y sus ideas son las únicas correctas y desprecia las de los demás»; por *extremista* entendemos que es el «partidario de unas ideas o actitudes extremas, especialmente en política»; y *violento* es quien «usa la fuerza física para dominar a otro o hacerle daño».

Vemos, pues, que la frontera entre los tres adjetivos no está muy clara; sin embargo, hay que tener cuidado al emplear estas palabras, ya que una persona *violenta* no tiene por qué ser *extremista* o *radical*, un *radical* tampoco utiliza necesariamente la violencia ni es obligatoriamente *extremista*, y un *extremista* puede ser o no *radical* y, sin duda, no tiene por qué ser *violento*.

Extremo Oriente

No hay que confundir *Extremo Oriente*, que comprende China, Japón, Corea y los países del Pacífico, con *Oriente Próximo* o con *Oriente Medio*.

Algunos términos que se prestan a confusión son los de Próximo, Medio y Extremo Oriente. Fernando Lázaro Carreter en un artículo publicado en el *Abc* hace alusión a estos términos. Dice lo siguiente respecto a Oriente Próximo y Oriente Medio: «Ambas cosas vemos escritas y oímos sin cesar, para aludir al mismo pedazo del globo. Y además, *Medio Oriente*, con extraño desorden de palabras que calca el inglés *Middle East*. No se introduce con ello confusión alguna: se llame como se llame, todo el mundo sabe que estos términos diversos apuntan al mismo escenario. Pero quizá conviniera respetar el uso español, mucho más preciso que el anglo-francés». A continuación Lázaro Carreter define cada una de las denominaciones en cuestión:

- *Extremo* o *Lejano Oriente*: China, Japón, Corea y países del Pacífico.

- *Oriente Próximo* o *Cercano Oriente*: Israel, Líbano, Jordania, Iraq, Siria, Turquía, Arabia y Egipto.

- *Oriente Medio*: Irán, Pakistán, la India y sus países limítrofes.

Explica Lázaro Carreter que «ni franceses ni anglohablantes distinguen entre los que llamamos Oriente Próximo y Oriente Medio», ya que «en francés se emplea *Proche Orient*, Oriente Próximo, para aludir a las naciones de la Europa Sudoriental: Albania, Yugoslavia, Bulgaria y Rumanía (aunque una reacción purista en que participa la prensa tiende a rechazar *Moyen Orient*, como calco del inglés *Middle East*, y lo sustituye por *Proche Orient*)». Vemos que no hay en francés más que un Oriente Medio o Próximo y otro Extremo o Lejano. Finalmente, Lázaro Carreter concluye que «los italianos proceden igual, y hacen sinónimos *Vicino Oriente* y *Medio Oriente*, aunque a veces agrupan en esta última forma a Irán y al subcontinente hindú».

F f

[fair play

Debe evitarse el uso del término inglés *fair play* (pronunciado [férplei]), que puede traducirse por la expresión castellana *juego limpio*.

En el lenguaje deportivo, aparecen con frecuencia términos de otras lenguas, sobre todo del inglés, cuyo uso debe evitarse.

El *Diccionario* de la Real Academia Española no recoge el término *fair play*. En su lugar, recomendamos la traducción *juego limpio*.

El diccionario *Clave* define *fair play* de la siguiente manera:

> **[fair play** (anglicismo) ‖ Participación honesta o que sigue las reglas, esp. en deporte: *En este partido de fútbol se ha echado de menos el 'fair play'.* □ PRON. [férplei]. □ USO Su uso es innecesario y puede sustituirse por una expresión como *juego limpio*.

fallo

No hay que confundir los términos *fallo*, *veredicto*, *sentencia* y *condena*. El *fallo* es «la parte de la sentencia en la que el juez castiga o perdona al reo»; el *veredicto* (de culpabilidad o inocencia) es «la decisión del jurado»; la *sentencia* es «la decisión del juez»; y la *condena* es «el castigo impuesto por el juez al acusado».

Existe una gran confusión entre los términos *veredicto*, *sentencia*, *fallo* y *condena*. Por ello, creemos conveniente analizar sus significados.

Veredicto es la «definición de un hecho dictada por el jurado» o el «fallo pronunciado por un jurado» y, por extensión, se utiliza con el significado de «parecer, dictamen o juicio emitido reflexiva y autorizadamente». El *veredicto de inculpabilidad* es «el que pronuncia el jurado descargando al reo de todos los capítulos de la acusación».

Sentencia es la «declaración del juicio y resolución del juez; aquella en que el juzgador, concluido el juicio, resuelve finalmente sobre el asunto principal, declarando, condenando o absolviendo; la que termina el asunto o impide la continuación del juicio, aunque contra ella sea admisible recurso extraordinario».

El *fallo* es la «parte de la sentencia que contiene el mandato, el pronunciamiento jurídico sobre la cuestión debatida» y, además, en el fallo se da la *absolución* —en la que el juez no castiga al reo por considerarlo inocente— o *condena* —en la que el juez impone al reo la pena correspondiente— del acusado.

Como deducimos de estas definiciones, es erróneo el uso de los términos *veredicto* y *sentencia* como sinónimos, tal y como es corriente ver en la prensa. El *veredicto*, emitido por un jurado, solo puede ser de *inocente* o *culpable*, mientras que la *sentencia* puede variar según una serie de condicionantes y el juez que la dicte.

Así pues, un acusado primero es sometido a juicio. Si este juicio es con jurado, su primera fase se concluirá con el *veredicto*; en caso contrario, el juez dictará una *sentencia* cuyo *fallo* contendrá la *absolución* o *condena* del acusado. Vemos, por tanto, que estos cuatro términos no son sinónimos, si bien se emplean en el mismo ámbito con significados a veces similares.

falsos amigos

La expresión *falsos amigos* (traducción del inglés *false friends*) designa dos términos que se escriben de forma similar en dos lenguas distintas, pero cuyo significado no es el mismo, como sucede por ejemplo con *library* («biblioteca») y *librería* («bookshop»).

La Comisión de Traducciones de la Academia Norteamericana de la Lengua Española edita y distribuye, sin periodicidad fija, un boletín titulado *Glosas*, en el que se comentan cuestiones léxicas y gramaticales relacionadas con los problemas que pueden surgir al traducir del inglés al español. Uno de los apartados de dicho boletín está dedicado a advertir sobre los falsos amigos. Veamos, pues, qué son estas palabras.

Ocurre con frecuencia que, en dos lenguas distintas, dos términos que aparentemente son equivalentes adquieren significados diferentes. Sucede entre el inglés y el español, pero también, y tal vez más a menudo, ocurre esto entre lenguas de origen latino. Este es el caso, por ejemplo, del término portugués *oficina*, que significa en español «taller (de coches)» y no «oficina», como podríamos pensar en un primer momento si no sabemos portugués.

Es conveniente, por tanto, prestar mucha atención a la hora de traducir palabras o textos extranjeros, para no caer en la trampa de los falsos amigos.

favela

La voz portuguesa *favela* debe escribirse en redonda y sin comillas, puesto que está recogida en el *Diccionario* de la Real Academia Española.

Recibimos una consulta de la delegación de Río de Janeiro sobre la forma de escribir la palabra *favela*, en la que nos preguntaban si debía traducirse, escribirse entre comillas o en cursiva, o escribirse tal cual, en redonda, como si fuera una voz española.

La voz portuguesa *favela* entró en el *Diccionario* de la Real Academia Española en la edición de 1992, con el significado de «barraca, chabola». Por tanto, el hecho de que esté registrada en el *Diccionario* de la Real Academia Española implica que debe usarse en redonda y sin entrecomillar.

Y si a lo que nos referimos es a un barrio, es decir, a un conjunto de chabolas o barracas, podemos usar el plural: *las favelas*.

fechas (escritura)

Como norma general, en los textos, el día y el año de las fechas se escriben con cifras; y el mes, con letras y en minúscula: *17 de agosto de 1991*.

Sobre la grafía de las fechas el *Manual de español urgente* de la Agencia EFE dice lo siguiente: «Los treinta primeros números cardinales, que constan de una sola palabra gráfica, se escriben con letras, salvo si se refieren a fechas». Se añade en dicho manual, que los años nunca llevan punto: debe escribirse 1999, y no 1.999.

Aunque esta explicación es breve y clara, con frecuencia se infringen dichas recomendaciones.

El *Diccionario de ortografía* de José Martínez de Sousa recoge las normas de la Real Academia Española y explica cuándo y de qué modo deben escribirse las fechas con cifras:

> Como norma general, las fechas se escriben siempre con cifras: *25 de octubre de 1933* (es recomendable mantener la preposición *de* entre día y mes y entre mes y año).
>
> La escritura del primer día del mes puede grafiarse de tres maneras: *1, 1º, primero*, pero parece preferible escribir *1*, con cifra cardinal, para emparejar esta grafía con la de los demás días del mes; no es correcta, en cualquier caso, la grafía *uno*. En cuanto a la preposición *en*, puede preceder al mes o al año: *en enero de 1948, en 1948*, pero no es correcto usarla ante el número del día: *en 2 de abril de 1948*, en que debe usarse *el*. Por lo que respecta a *un*, puede escribirse: *un día de abril de 1985*, pero no si se menciona el día concreto: *un 2 de abril de 1985*.
>
> Cuando se opta por escribir las fechas abreviadamente, puede elegirse entre varias grafías: *25.10.1933, 25-10-1933, 25/10/1933, 25 10 1933, 25 X 1933*, la cifra romana para el mes se puede utilizar en todas las combinaciones anteriores.

Explica también Martínez de Sousa en qué casos las fechas deben escribirse con letras:

> Las fechas se escriben con letras en ciertos documentos como actas, escrituras públicas, leyes, decretos y otros documentos oficiales: *Dado en Madrid a veinte de marzo de mil novecientos ochenta y dos*.

No es correcto emplear una coma entre el mes y el año cuando se omita la preposición *de*: *octubre, 1933*; *25 octubre, 1933*; *25 de octubre, 1933*.

Tampoco es correcto interpolar barras o guiones: *25/octubre/1933*; *15-octubre-1933*; *octubre-1933*.

Si se opta por el empleo de la preposición *de*, el uso de una presupone el de la otra; son, pues, incorrectas grafías como *25 de octubre 1933* o *25 octubre de 1933*.

Y ya que tocamos el tema de las fechas, ¿qué tal si recordamos que los meses en español se escriben en minúscula? Una vez más, el inglés acecha y nos hace incurrir en errores como este de poner mayúsculas a los meses, cuando en español no deben llevarla. Ni los meses, ni los días de la semana.

femenino (profesiones)

Se recomienda siempre que sea posible el uso del género femenino cuando un cargo o una profesión esté desempeñado por una mujer.

El *Manual de español urgente* dice lo siguiente: «Conviene generalizar el femenino a los nombres de profesionales o cargos cuando estos son desempeñados por mujeres: la *abogada*, la *catedrática*, la *médica*, la *ministra*, la *diputada*».

Más extenso en sus explicaciones al respecto es el *Manual de estilo del lenguaje administrativo*, editado por el Ministerio para las Administraciones Públicas (MAP), en Madrid. En un apartado titulado «Género», podemos leer:

La concordancia de género no suele presentar grandes dificultades en el lenguaje administrativo. Quizás la única duda consista en el empleo del masculino o del femenino en nombres de cargos hasta ahora desempeñados generalmente por hombres. Así, encontramos vacilaciones entre el masculino y el femenino tanto en la flexión nominal como en la concordancia sintáctica:

El jefe de sección (firma una mujer)

El jefe de la dependencia (una mujer)

Otras veces se antepone el artículo femenino:

La jefe del negociado de sanciones

En este caso y en otros similares, lo correcto es *la jefa*. El lenguaje administrativo ha venido desconociendo la forma femenina de *jefe*, admitida desde 1917 por la Real Academia, y de su uso general en la lengua.

En este apartado se ofrecen también las siguientes *Normas de uso*:

Los nombres comunes de seres animados, terminados en -*e* y en -*o* tienden a cambiar estas vocales por -*a* para formar el femenino: *médico/médica, consejero/consejera, presidente/presidenta, jefe/jefa, conserje/conserja*. Existen excepciones que afectan al lenguaje administrativo como *alcalde/alcaldesa*.

Los acabados en las consonantes -*d,-l,-n,-r,-s,-z*, añaden una -*a: director/directora, asesor/asesora*.

En el mismo libro, en un capítulo titulado «Uso no sexista del lenguaje administrativo», vuelven a aparecer indicaciones sobre la cuestión del género femenino:

> Cuando los cargos y puestos administrativos están ocupados por mujeres, la mención a sus titulares debe hacerse en femenino. La norma y, sobre todo, el uso admiten como correctos los términos *presidenta, jefa, concejala, jueza, médica...*

> Gramaticalmente no existen sustantivos invariables: el grado de aceptación de *gerenta* o *conserja*, tradicionalmente sustantivos invariables, lo determinarán los cambios en la realidad social y el consenso de comunidad de habitantes.

(Véase también **árbitro, tra**.)

Fes Véase **Fez**.

Fez

Debe evitarse el uso de *Fes* en lugar de *Fez*, por ser *Fez* la transcripción española del nombre de esta ciudad.

La forma de escribir en español los nombres de las ciudades de Marruecos está sufriendo algunos cambios producidos por el desconocimiento de la toponimia tradicional y por la cada vez más numerosa aparición de guías de viaje que hablan de Marruecos y de sus ciudades, sin tener en cuenta el nombre de esos lugares en español. En muchas ocasiones, se adopta una forma extraña para un topónimo sin tomar en consideración bien que ya existe una forma tradicional en nuestra lengua, o bien que la transcripción adoptada es la francesa y no la que corresponde al español.

Una de estas ciudades marroquíes es la que, en español, designamos con el nombre de *Fez*. Aunque en Marruecos se haya optado por la forma francesa *Fes*, nosotros debemos seguir escribiendo el nombre de dicha ciudad como siempre lo hemos hecho en nuestra lengua: *Fez*.

figura

La voz inglesa *figure* no debe traducirse por el término español *figura*, puesto que, en inglés, *figure* significa «cifra, número», mientras que, en español, *figura* quiere decir «forma de un cuerpo».

La Comisión de Traducciones de la Academia Norteamericana de la Lengua Española edita y distribuye, sin periodicidad fija, un boletín titulado *Glosas*, en el que se comentan cuestiones léxicas y gramaticales relacionadas con los problemas que pueden surgir al traducir del inglés al español. Uno de los apartados de dicho boletín está dedicado a advertir sobre los falsos amigos, es decir, dos términos de dos lenguas distintas que aparentemente son equivalentes, pero que no significan lo mismo.

Este es el caso de la voz que nos ocupa: *figura*. En inglés, *figure* quiere decir «cifra, número», mientras que el término español, *figura*, significa «forma exterior de un cuerpo». Por lo tanto, a la hora de traducir esta palabra inglesa al español, hay que tener cuidado de no caer en la trampa de pensar que son equivalentes.

filme (plural) Véase **plurales dudosos**.

[final four

El término inglés *final four* (pronunciado [fáinal for]) debe traducirse por *fase final entre cuatro* o, si se prefiere, *final entre cuatro*.

En el lenguaje deportivo aparece con frecuencia el término *final four*, utilizado en la Liga Europea de Baloncesto para referirse a la final y tomado a su vez de la final de la Liga de Baloncesto Universitaria Norteamericana (NCAA).

Una posible traducción sería *fase final a cuatro*, aunque esto es un galicismo que es preferible evitar. También se oye últimamente *fase final para cuatro*, pero tampoco es lo más adecuado. Más correcto en español sería hablar de una *fase final entre cuatro* ya que son cuatro los equipos que llegan a la fase final e igualmente son cuatro los partidos que se disputan: dos partidos que, lógicamente, juegan los cuatro equipos finalistas, un tercer partido que juegan los ganadores de esos dos partidos (para el primer y segundo puesto) y un cuarto partido que disputarían los perdedores de los dos primeros partidos (para el tercer y cuarto puesto).

Se aconseja, pues, que *final four* se traduzca por *fase final entre cuatro* o también, si queremos hacerlo algo más sencillo, *final entre cuatro*.

finalizar

El verbo *finalizar* no debe desplazar a otros verbos más adecuados como *terminar, concluir, ultimar, cerrar* o *consumar*.

El verbo *finalizar* es castellano, pero no es el único en su género. Entonces, ¿por qué ha desplazado a otros como *acabar, terminar, rematar* o *concluir*?

Volvemos a encontrarnos con uno de esos verbos a los que llamamos *comodines*, como en el caso de *iniciar* y *realizar*. Un verbo comodín es aquel que sustituye a todos los demás de su campo semántico, es decir, de significado igual o casi igual, y que aparece sin cesar en la lengua oral y escrita, arrinconando a todos los demás.

Es habitual que nos encontremos con oraciones como *El congreso finalizará el viernes* o *La finalización del congreso tendrá lugar el viernes*, que habrían estado mejor escritas si dijéramos *El congreso se clausurará el viernes* y *La clausura del congreso tendrá lugar el viernes*. También apreciamos en la prensa que las reuniones *finalizan*, en lugar de *terminarse* o *acabarse*; que los plazos *finalizan*, en lugar de *cumplirse*, *vencer*, *concluir* o *prescribir*; que *finaliza* el tiempo límite para hacer algo, en lugar de *agotarse*…

Y lo mejor para no caer en la tentación de abusar del verbo *finalizar* es repasar la lista de posibles sustitutos, pues lo más probable será que encontremos otro más adecuado para la frase en cuestión. Aquí van algunos: *terminar, acabar, concluir, consumar, rematar, extinguir, finiquitar, ultimar, prescribir, liquidar, cerrar, sobreseer, sellar, levantar, vencer*…

finés, -a

Finés es el término con el que se designa tanto el gentilicio de Finlandia como una de las lenguas habladas en dicho país. *Finlandés*, en cambio, solamente debe emplearse como gentilicio.

Aunque el uso corriente utiliza *finlandés* para referirse indistintamente al gentilicio de Finlandia y a su lengua, lo apropiado, si nos referimos a la lengua, es emplear *finés*, una de las tres lenguas habladas en Finlandia: el sueco, el lapón y el finés. Estas tres lenguas son finlandesas.

Veamos las definiciones que aparecen en *Clave* de los términos *finés* y *finlandés*:

> **finés, -a 1** De Finlandia (país europeo), o relacionado con ella: *El clima finés es muy frío*. **2** Lengua de este país: *El finés presenta unos grupos consonánticos muy reducidos y limitados*.
>
> **finlandés, -a** De Finlandia o relacionado con este país del norte europeo: *La capital finlandesa es Helsinki*.

De ahí deducimos que es incorrecto el uso de *finlandés* para referirnos a una de las lenguas habladas en Finlandia.

[finger

Debe evitarse el uso del anglicismo *finger* (pronunciado [fínguer]) para designar al «tubo que permite el acceso directo desde una terminal de aeropuerto a un avión»; en su lugar, pueden emplearse los siguientes términos: *pasarela, manga, manguera* o *tubo*.

El término *finger* es una de las cuestiones pendientes de resolver en español. Estos artilugios son unos pasillos cubiertos y móviles que conectan los diques del aeropuerto con las puertas de los aviones, a las que se acoplan con un fuelle. El problema es que aún no existe un término español acuñado que designe esta realidad.

En el mes de junio de 1982, el presidente de la Agencia EFE nos preguntó si existía alguna traducción al español de la voz inglesa (propia de los aeropuertos) *finger*, y nos encargó que encontrásemos la forma de llamar a esos artilugios en nuestra lengua.

Consultado el Consejo Asesor de nuestro departamento, formado en ese tiempo por los miembros de la Real Academia Española: Fernando Lázaro Carreter, Manuel Alvar, Antonio Tovar y Luis Rosales y el académico de la Academia Colombiana, José Antonio León Rey, recomendaron el uso de los términos *fuelle* y *pasarela*.

Pocos días después de la resolución de nuestro Consejo Asesor, decidimos completar la información llamando directamente a los que manejaban los *fingers*, y nos pusimos al habla con los empleados del aeropuerto, quienes nos dijeron que ellos utilizaban las voces *manga* y *manguera*.

Ahora, pasados ya veinte años, el *finger* sigue siendo una de las cuestiones que aún no estamos seguros de haber resuelto. De tal forma que, en cuanto cayó en nuestras manos el *Diccionario de aviación y aeronáutica (inglés-francés-español)*, lo primero que hicimos fue buscar la voz en cuestión.

La traducción que encontramos en dicho diccionario fue *espigón*. Y, mirando un poco más, también aparecieron las voces *pasadizo, pasarela, pasarela telescópica, tubo* y *trompa*, con las que podríamos designar al artilugio que nos ocupa, aunque ninguna de ellas conste como traducción del inglés *finger*.

Debido a que el uso de este término está muy extendido, el diccionario *Clave* lo recoge, con la siguiente definición:

> **[finger** (anglicismo) Tubo extensible que permite el acceso directo desde una terminal de aeropuerto a un avión.

Así, pues, la decisión queda pendiente, pero hemos logrado unas cuantas palabras que pueden servirnos, alguna de las cuales quizá llegue a imponerse a las otras. A nosotros, la que nos parece más apropiada es *pasarela*, aunque la que más nos gusta es *manga* o *manguera*.

finlandés, -a Véase **finés, -a**.

FINUL

La traducción al español de la sigla FINUL (*Force Intérimaire des Nations Unies au Liban*) es FINUL (*Fuerza Interina de las Naciones Unidas en el Líbano*) o FPNUL (*Fuerza Provisional de las Naciones Unidas en el Líbano*).

En los medios de comunicación españoles, se dan diversas traducciones a la sigla FINUL (*Force Intérimaire des Nations Unies au Liban*), según el criterio de cada cual. Es evidente la necesidad de unificar criterios, al menos en las noticias de la Agencia, y lograr que un mismo organismo no se llame de distintas maneras según la procedencia de la información.

Por ello, creemos conveniente recordar que, en español, FINUL corresponde a *Fuerza Interina de las Naciones Unidas en el Líbano*. Son, por tanto, incorrectas las traducciones *Fuerza Intermediaria de las Naciones Unidas en el Líbano* y *Fuerzas de Intervención de las Naciones Unidas en el Líbano*.

FNUAP

La sigla *FNUAP* (Fondo de las Naciones Unidas para las Actividades en Materia de Población) es la traducción oficial de la sigla inglesa *UNFPA* (*United Nations Fund for Population Activities*).

El *Diccionario internacional de siglas y acrónimos* de José Martínez de Sousa, dice que la sigla *UNFPA* corresponde en inglés a *United Nations Fund for Population Activities*, cuya traducción es *Fondo de las Naciones Unidas para las Actividades en Materia de Población*.

A pesar del posible interés en que concuerden las siglas con el desarrollo del nombre completo, no es este un requisito indispensable en la práctica. No concuerdan en *RENFE* (Red Nacional de los Ferrocarriles Españoles), ni en *Adelpha* (Asociación para la Defensa Ecológica y del Patrimonio Histórico-Artístico) y tampoco en *Ofines* (Oficina Internacional de Información y Observación del Español).

(Véase también **siglas**.)

[focalizar

El verbo *focalizar* no está recogido en el *Diccionario* de la Real Academia Española y, por tanto, es preferible utilizar *centrar, concentrar, determinar, dedicar* o *dirigir*.

Aunque el verbo *focalizar* no aparece en el *Diccionario* de la Real Academia Española, sí hemos encontrado numerosos ejemplos de su uso en el banco de datos de las noticias de la Agencia EFE.

En el *Diccionario VOX ideológico de la lengua española* sí está *focalizar*, y lo define como «hacer converger en un punto o zona una radiación luminosa», y, figuradamente, «centrar (la discusión de un problema, un debate, etc.)».

Y según el diccionario *Clave*, *focalizar* significa: «referido a cosas de distinta procedencia, reunirlas en un foco o en un centro comunes», aunque señala con un corchete la falta de reconocimiento académico.

Vistos estos diccionarios y teniendo en cuenta sus fechas de publicación (entre 1992 y 1997) es fácil darse cuenta de que se trata de un neologismo, quizá producto de una adaptación del francés (en esa lengua está documentado *focaliser* en 1967) o del inglés. Y es probable que ese neologismo llegue a imponerse en la lengua general y llegue a entrar en el *Diccionario* de la Real Academia Española pero, mientras tanto, no está de más recordar que en español hay otros verbos menos rebuscados y más conocidos con los que expresar la idea definida en el *VOX* y en *Clave*, y esos verbos son *centrar, concentrar, determinar, dedicar* o *dirigir* entre otros.

formación

> Es incorrecto el uso del término *formación* como sinónimo de *coalición política, grupo parlamentario, conjunto musical* o *equipo deportivo*.

La definición de *formación* según el *Diccionario* de la Real Academia Española es la siguiente:

> **formación** Acción y efecto de formar o formarse. // Figura exterior o forma. *El caballo es de buena formación.* // Perfil de entorchado con que los bordadores guarnecen las hojas de las flores dibujadas en la tela. // Conjunto de rocas o masas minerales que presentan caracteres geológicos y paleontológicos semejantes. // Reunión ordenada de un cuerpo de tropas para revistas y otros actos del servicio.

Ahora bien, por influencia del francés, el lenguaje periodístico lo hace significar *coalición política, partido político, grupo parlamentario, conjunto musical, orfeón, coral, orquesta, equipo deportivo*; lo que es correcto en francés, pero no en español.

Extraemos de las noticias los siguientes ejemplos de este uso galicista, incorrecto en español:

> *Un Espanyol con muchos cambios en la formación titular deberá sobreponerse mañana al efecto de unas gradas previsiblemente semivacías.*

> *La Alta Distinción de la Generalitat recibirá mañana el Orfeón Universitario de Valencia, por el que, en sus 50 años de existencia como primera formación músico-coral valenciana y decana de España...*

> *Esta es la principal formación política de Venezuela.*

La forma correcta de escribir estas noticias es:

> *Un Espanyol con muchos cambios en el equipo titular deberá sobreponerse mañana al efecto de unas gradas previsiblemente semivacías.*

La Alta Distinción de la Generalitat recibirá mañana el Orfeón Universitario de Valencia, por el que, en sus 50 años de existencia como primera coral valenciana y decana de España...

Este es el principal partido político de Venezuela.

Vemos, pues, que ese mal uso es habitual en las noticias, por lo que aconsejamos que se evite ese término comodín y no se use nunca *formación* como sinónimo de *coalición política, partido político, grupo parlamentario, conjunto musical, orfeón, coral, orquesta* o *equipo deportivo*.

[foto finish

Es incorrecto el uso del término *foto finish* (pronunciado [fóto fínish]), que puede traducirse como *foto de llegada* o *fallo fotográfico*.

En el lenguaje del deporte, aparecen con frecuencia términos de otras lenguas, sobre todo del inglés, cuyo uso debe evitarse. Suele tratarse de términos que pueden reemplazarse por palabras castellanas, como es el caso de la expresión *foto finish*.

El *Diccionario* de la Real Academia Española no recoge este término y nosotros recomendamos que *foto finish* se traduzca por *foto de llegada* o *fallo fotográfico*.

[francófono, na

Debe evitarse el uso de los galicismos *francófono* y *anglófono*, que pueden ser reemplazados por las voces españolas *anglohablante* y *francohablante*.

En la página de Internet de la Real Academia Española, en la sección de *Enmiendas y adiciones* al *Diccionario* académico, aparece registrada la voz *francófono*, cuya definición es la siguiente:

francófono (Del francés *francophone*) Dicho de una persona o comunidad, que tiene el francés como lengua usual de expresión.

Con la entrada de esta nueva palabra ya serán dos los galicismos de este tipo recogidos por la Academia; el primero fue *anglófono* («dícese de las personas o países que tienen el inglés como lengua nativa»), que llegó al *Diccionario* de la Real Academia Española en su edición de 1992. La introducción de esta palabra no es del todo necesaria (como lo fue la de *francófono*), pues ya hay en español otro término para designar esta misma realidad. Pero también debemos recordar que la Real Academia Española trata de que en su diccionario aparezcan las voces que usan la mayor parte de los hispanohablantes (¿pronto *hispanófonos*?), y tanto la que llegó en la última edición como la que veremos en la próxima, son ya corrientes en el vocabulario de muchos hispanoamericanos y españoles.

Es preferible evitar el uso de los galicismos *anglófono* y *francófono* (procedentes del francés *anglophone* y *francophone*), ya que en español tenemos una forma tradicional para referirnos a los hablantes de las diferentes lenguas: los que hablamos castellano somos *hispanohablantes*, y en España también hay *catalanohablantes*, *vascohablantes* y *gallegohablantes* (o *galaicohablantes*), aunque, de seguir así las cosas, podría llegar el día en que oyésemos que lo que hay en nuestro país es *hispanófonos*, *catalanófonos*, *vascófonos* y *gallegófonos*.

Y es que en muchas ocasiones copiamos palabras de otras lenguas sin tener en cuenta que su introducción en la nuestra puede producir la progresiva desaparición de otras mucho más normales, claras y tradicionales en español. No todos los extranjerismos son malos, muchas veces son necesarios y enriquecedores; pero en el caso de *francófono* y *anglófono*, seguiremos aconsejando que se utilicen *anglohablante* y *francohablante*.

francotirador, -a

Es incorrecta la expresión *policía francotirador*, puesto que el término *francotirador* define a «la persona que actúa aisladamente y por su cuenta», mientras que un policía está sujeto a las normas de su cuerpo policial; en su lugar, puede decirse *tirador de elite de la policía*.

Según el *Diccionario* de la Real Academia Española, un *francotirador* es «el combatiente que no pertenece a un ejército regular; la persona aislada que, apostada, ataca con armas de fuego» y, en sentido figurado, «la persona que actúa aisladamente y por su cuenta en cualquier actividad sin observar la disciplina del grupo».

Está muy claro que si utilizamos el término *francotirador*, nos estamos refiriendo a una persona que actúa sin ninguna disciplina de grupo y a escondidas. Y si es así, no tiene ningún sentido hablar de *policías francotiradores* a no ser que se trate de policías que actúan por su propia cuenta, sin obedecer órdenes, y disparan indiscriminadamente a los viandantes. Están, pues, mal redactadas, las siguientes frases encontradas en el banco de datos de la Agencia EFE:

Clinton se desplazó hasta la oficina de su abogado en una limusina de cristales ahumados, acompañado por el séquito habitual —coches de policía, ambulancia, camioneta de periodistas— y vigilado por francotiradores.

El mayor Carlos Lopes, jefe de planificación operacional [sic] del Comando de Policía, informó de que las medidas de seguridad incluyen a francotiradores de elite en los puntos estratégicos.

Las autoridades federales de Brasil acordaron que dos equipos de francotiradores de elite de la policía federal permanezcan en Río de Janeiro durante la visita...

En todos estos casos, habría bastado con decir *tiradores de elite de la policía*.

> A finales del siglo XIX y principios del XX, en las guerras entre España y Marruecos, se utilizó la palabra *paco*, que, según el *Diccionario* de la Real Academia Española es el «nombre que se daba al moro de las posesiones españolas en África que, aislado y escondido, disparaba sobre los soldados» y, por extensión, a «cualquier combatiente que dispara en igual forma». Esa misma palabra se usó en España durante la Guerra Civil tanto para referirse a los disparos de los francotiradores como a los autores de dichos disparos.

fresco, ca

La voz inglesa *fresh* no debe traducirse siempre por el término español *fresco*, puesto que, en inglés, *fresh* significa también «nuevo, reciente».

La Comisión de Traducciones de la Academia Norteamericana de la Lengua Española edita y distribuye, sin periodicidad fija, un boletín titulado *Glosas*, en el que se comentan cuestiones léxicas y gramaticales relacionadas con los problemas que pueden surgir al traducir del inglés al español. Uno de los apartados de dicho boletín está dedicado a advertir sobre los falsos amigos, es decir, dos términos de lenguas distintas que aparentemente son equivalentes, pero que no significan lo mismo.

Este es el caso de la voz que nos ocupa: *fresco*. En inglés, *fresh* quiere decir, además de «fresco», «nuevo, reciente, puro», mientras que el término español *fresco* carece de ese último significado. Por tanto, a la hora de traducir esta palabra inglesa al español, hay que tener cuidado de no caer en la trampa de pensar que son equivalentes.

[fundamentalista

El término inglés *fundamentalist* no debe traducirse siempre al español por el neologismo *fundamentalista*, puesto que existe la palabra española *integrista*.

Debido a la situación política de Argelia, aparecen constantemente en las noticias los términos *fundamentalista* e *integrista*. Creemos conveniente aclararlos, con el fin de conseguir que se empleen correctamente.

Según el *Diccionario* de la Real Academia Española, *integrista* es, en ciertos sectores religiosos, ideológicos o políticos, el partidario de la inalterabilidad de las doctrinas. La voz *fundamentalista* no figura en el antedicho diccionario.

Cuando nos surgió la duda sobre el empleo de una u otra palabra, consultamos algunos libros para tratar de aclararla y el resultado fue el siguiente: *fundamentalista* es un anglicismo procedente de *fundamentalist*, término empleado en inglés para designar un movimiento protestante de principios de la década de 1920, que se basaba en la interpretación estricta y literal de la Biblia. Por extensión, los ingleses usan ese término para referirse a movimientos parecidos en otras religiones, pero su uso en español no es necesario puesto que, como ya hemos visto, contamos con la palabra *integrista* para definir la misma idea.

En francés, *fondamentaliste* significa algo muy distinto: «especialista de la investigación fundamental», y tal investigación es la orientada hacia los campos fundamentales de una disciplina. Para referirse a los *integristas*, los franceses usan la voz *intégriste*.

En el caso de que el problema sea diferenciar entre el estricto observante de los preceptos de la religión y el extremista religioso, en español al primero podemos llamarle *ortodoxo, tradicionalista* o simplemente *practicante*, y al segundo ya hemos dejado claro que debemos aplicarle el término *integrista*.

(Véase también **islamista**; **ortodoxo**.)

G g

gallego (uso de términos)

En la redacción de noticias debe evitarse el uso de términos gallegos que no sean fácilmente identificables para no dificultar la comprensión de las noticias, especialmente en las dirigidas a Hispanoamérica.

Según se recoge en el *Manual de español urgente* de la Agencia EFE:

> Los nombres de partidos, instituciones, organismos, etc., en lengua vasca, gallega o catalana, se darán junto con su traducción al castellano (entre paréntesis), si no han alcanzado la suficiente difusión pública. No obstante, se mantendrán sin traducir cuando su significación resulte transparente.
>
> Se transmitirán directamente en castellano vocablos como *Presidente, Consejo, Consejero, Junta*, etc. Pero se mantendrán en su lengua originaria los que perderían matices interesantes al traducirlos (por ejemplo: *lehendakari, conseller en cap*). En estos casos, procédase como se indica en el párrafo anterior.

Estas indicaciones deben tenerse especialmente en cuenta cuando las noticias de la Agencia EFE están dirigidas a los medios de comunicación hispanoamericanos. Hay que tener siempre muy presente que la lengua gallega es parte de nuestra cotidianidad en España, pero nada tiene que ver con ninguno de los demás países hispanohablantes, en donde no es tan conocida, hasta el punto de que si en las noticias de EFE aparece alguna voz de esta lengua sin traducir, posiblemente no podrá ser entendida por los lectores u oyentes del otro lado del Atlántico.

galo, la

Es incorrecto utilizar el término *galo* («de la antigua Galia») como sinónimo de *francés* («de Francia»).

Unos de los principales problemas de los redactores de noticias, y de los hablantes en general, es el de hallar suficientes sinónimos como para no repetir demasiadas veces la misma palabra en una información. Esa búsqueda incesante de sinónimos puede llegar a ser contraproducente, ya que llegan a utilizarse como sinónimos voces que no lo son.

En el caso del gentilicio de Francia —*francés*—, es corriente verlo en la prensa alternado con *galo*. Así, leemos cosas erróneas como que *el Primer Ministro galo declaró que...* o que *el Gobierno galo ha decidido...*

Según el diccionario *Clave*, en español, *galo* significa «de la Galia (zona que se correspondía aproximadamente con el actual territorio francés), o relacionado con ella». Y aunque el país que era conocido como la Galia coincidía más o menos con la actual Francia, hay que tener en cuenta que los *galos* no fueron el único pueblo en ese territorio, sino que después también estuvieron los *francos* (de ahí el nombre de Francia) y los *normandos*, y no podemos olvidar que los *romanos* también ocuparon esas tierras.

Además, los *galos* no vivían solo en la actual Francia, ya que la Galia se extendía al norte por las tierras de lo que hoy es Bélgica y parte de Holanda, y por el sur incluía Suiza, gran parte de Austria y algo de Italia.

Así, los franceses de hoy en día, tienen un sustrato *romano* (latino), *franco* (germánico), *normando* (escandinavo) y *galo* (celta). Por tanto, no vemos razón alguna para que utilice como gentilicio solo una de esas cuatro etnias.

Del mismo modo, no sería lógico que, para referirnos a los españoles, utilizásemos el epíteto genérico de *iberos*, olvidándonos de que en Iberia también había *celtas* y *celtíberos*.

Hay muchos casos en los que no es posible encontrar el sinónimo que buscamos y no hay que sufrir por ello; si es necesario repetir una palabra, se repite y no pasa nada, no sea cosa de que por no repetir incurramos en un error.

> En lingüística, *galo* es la antigua lengua céltica que se hablaba en la Galia. No se conoce con exactitud, puesto que existen muy pocos testimonios escritos. Lo que se sabe es que el galo influyó en la constitución de algunas lenguas románicas como el francés.

[gaseoducto Véase **gasoducto**.

gasoducto

> Debe escribirse *gasoducto* (no *gaseoducto*) para designar la «tubería de grueso calibre y gran longitud para conducir a distancia gas combustible».

Un error muy corriente en la lengua oral y escrita es escribir o decir *gaseoducto* en lugar de *gasoducto*.

Probablemente el error proviene de la voz *oleoducto*, que sí es correcta en español, ya que está formada por las palabras latinas *oleum* y *ductum*, que significan respectivamente «aceite» y «conducción».

En el caso de *gasoducto* también hemos de recurrir al latín para ver su etimología: viene del español *gas* y del latín *ductum*. Su definición en el *Diccionario* de la Real

Academia Española es «tubería de grueso calibre y gran longitud para conducir a distancia gas combustible, procedente por lo general de emanaciones naturales»; sin embargo, la voz *gaseoducto* no aparece en el *Diccionario* académico.

GATT

La sigla GATT (*General Agreement on Tariffs and Trade*) debe traducirse por *Acuerdo General sobre Aranceles Aduaneros y Comercio*.

Al traducir al español el nombre del organismo internacional *General Agreement on Tariffs and Trade* (GATT), se incurre en el error de traducir *tariff* por *tarifa*; así, aparece a veces en la prensa la traducción incorrecta *Acuerdo General sobre Tarifas y Comercio* en lugar del nombre oficial en español *Acuerdo General sobre Aranceles Aduaneros y Comercio*.

> Este acuerdo fue firmado en 1947 por 23 países que se comprometieron a reducir sus tarifas aduaneras y obstáculos comerciales. España suscribió este tratado en 1963. En 1994 se firmó un acuerdo en Casablanca (Marruecos) por el que se estableció un recorte de un 40% en los aranceles de sus 124 miembros y se preveía la constitución de la Organización Mundial del Comercio.

(Véase también **tarifa**.)

[gay

El término *gay* (pronunciado [guéi]) es un anglicismo innecesario. Es preferible utilizar, en su lugar, el término español *homosexual*.

Gay es el término que emplean algunos homosexuales para referirse a sí mismos. No obstante, es preferible emplear en estos casos la voz española *homosexual*, que se utiliza para designar a las personas «que sienten atracción sexual por individuos de su mismo sexo».

A menudo aparecen en los medios de comunicación referencias a *los gays y las lesbianas*, expresión que debe evitarse por ser incorrecta, ya que el término *gay* alude tanto a los hombres como a las mujeres homosexuales.

(Véase también **homosexual**.)

general

Los términos *general* y *genérico* no deben utilizarse como sinónimos: *general* significa «que es común a todos los individuos que forman un todo», y *genérico* es aquello que es «común a los elementos de un conjunto».

Existe una clara tendencia a utilizar los términos *general* y *genérico* como sinónimos. Para dejar bien clara la diferencia, creemos conveniente remitirnos al diccionario *Clave*:

general 1 Que es común a todos los individuos que forman un todo: *La opinión general es favorable a estas medidas.* **2** Que ocurre o se utiliza con mucha frecuencia o de forma usual: *De forma general, como fuera de casa.* **[3** Referido esp. a una explicación, que no entra en detalles o que no especifica: *No había tiempo de entrar en detalles y me dio una explicación 'general'.* **[4** Referido a una persona, que es el responsable máximo de la dirección de un organismo, de una empresa o de una sección: *La directora 'general' se reunió con el comité de empresa.* □ SEM. Como adjetivo es dist. de *genérico* (común a muchas especies y relacionado con el género gramatical).

genérico, ca 1 Común a los elementos de un conjunto: *'Árbol' es una palabra genérica que incluye al pino, al manzano, al cerezo y a otros.* **2** Del género o relacionado con él: *En la palabra 'perro', la desinencia genérica es '-o'.* □ SEM. Dist. de *general* (común a todos los individuos, frecuente, usual).

Las anteriores definiciones dejan bien claro que *genérico* no es lo mismo que *general*, y por tanto es un error léxico usarlos como sinónimos, cosa que sucede con frecuencia en la lengua oral y escrita.

Así, en los siguientes ejemplos debió usarse *general* en lugar de *genérico*:

No tiene sentido un límite de velocidad genérico. Tiene que haber límites, pero solo en determinados puntos, nunca un límite genérico.

Esta consideración de carácter genérico fue la única que puede asociarse al problema.

El concepto genérico de ayudas al desarrollo cuenta con un apoyo mayoritario.

genérico, ca Véase **general**.

género

Los términos *género* y *sexo* designan realidades distintas: el concepto *género* se refiere a la «categoría gramatical de las palabras»; el *sexo* hace alusión a la «condición de los seres vivos por la que se distingue el macho de la hembra».

Con frecuencia se produce cierta confusión al utilizar los términos *género* y *sexo*, ya que algunos hispanohablantes parecen no tener claro que se trata de dos realidades distintas. Este no es un problema de ahora, pues ya en 1989 el profesor venezolano Alexis Márquez Rodríguez dedicaba a esta cuestión dos de sus columnas semanales en el diario *El Nacional* de Caracas. A continuación, reproducimos algunas de sus afirmaciones: «En castellano, una cosa es *sexo* y otra es *género*. *Sexo*, para los hispanohablantes, tienen las personas, los animales y algunas plantas. *Género* solo lo tienen las palabras, y no todas. De modo que podemos decir que una persona es de sexo masculino o femenino, pero de ninguna manera que es de uno u otro *género*. Así mismo, podemos decir que un sustantivo es de género masculino o femenino, pero no de uno u otro *sexo*. El *sexo* es una categoría biológica; el *género* una categoría gramatical».

Veamos la acepción de *género* en la que se produce la confusión: «En gramática, categoría gramatical propia del nombre, del pronombre y del artículo, que está fundada en la distinción natural de los sexos, o en una distinción puramente convencional» (*Las lenguas indoeuropeas tienen tres formas de género: masculino, femenino y neutro*; *El adjetivo concuerda en género y en número con el sustantivo al que acompaña*). Y *sexo* es, entre otras cosas, la «condición orgánica de los seres vivos por la que se distingue el macho de la hembra» (*En algunas especies animales es difícil distinguir el sexo de sus individuos*).

En conclusión, el *género* se refiere a las palabras; el *sexo*, a las personas, plantas y animales. Es evidente, pues, que son dos cosas distintas y que es incorrecto utilizar estos términos indistintamente.

> Con motivo de la Conferencia Mundial de Pekín sobre la Mujer, celebrada en 1995, el departamento de traductores de la ONU tradujo la voz inglesa *gender* como *sexo*.
>
> Posteriormente se rehicieron los documentos y se aclaró la diferencia entre *sexo* y *género*. *Sexo* describiría las «diferencias biológicas entre hombres y mujeres» y *género* se emplearía para describir el «distinto comportamiento de hombres y mujeres en la sociedad según las distintas condiciones en que se mueven: educación, familia, cultura, etc.». Esta diferenciación, inexistente en los diccionarios convencionales, se considera un logro por parte de las feministas que consideran que hablar de sexo es limitarse a las diferencias biológicas y dejar de lado la cuestión social.

gerundio

> Es incorrecto el uso del gerundio cuando indica una acción claramente posterior a la del tiempo del verbo principal (*El coche volcó muriendo sus ocupantes*). Asimismo, debe evitarse el empleo del gerundio, con verbos que no expresen acción, acompañando a un sustantivo (*Se busca una secretaria sabiendo inglés*).

Se emplean, cada vez con mayor frecuencia, gerundios mal usados, fuera de contexto y con funciones que no les son propias. Por ello, creemos conveniente recordar algunas observaciones al respecto.

El *gerundio* es una forma más, y bien útil, del sistema gramatical español, y hay que usarlo siempre que la oración lo exija. Ocurre que un escrito densamente poblado de gerundios resulta poco elegante, y muchas veces se condena el uso del gerundio por norma general, sin tener en cuenta que está bien utilizado. Por eso, queremos dejar claro que un gerundio bien utilizado es perfectamente válido en español; los usos que hay que evitar son los incorrectos.

Para saber en qué casos un gerundio está bien empleado, es necesario conocer los casos en los que podemos utilizarlo. Y esto es lo que mencionamos a continuación:

- El gerundio puede complementar al sujeto: *El presidente, habiendo comprobado que no había quórum, levantó la sesión*. En este caso, el gerundio irá siempre entre comas, puesto que es una mera explicación.

- El gerundio puede complementar al objeto directo: *Un transeúnte vio a los ladrones intentando abrir el coche*. Sin embargo, el gerundio únicamente puede emplearse con complementos directos de verbos que significan «percibir con los sentidos y contemplar con la mente», como es el caso de los términos *ver, oír, mirar, percibir, notar, contemplar* o *recordar*; o que significan «representar gráficamente», como *pintar, retratar, fotografiar* o *dibujar*.

Así pues, en todos los demás casos, el uso del gerundio será incorrecto. Pero para ver cuáles son esos otros casos, nos vamos a servir de la *Gramática didáctica del español* de Leonardo Gómez Torrego:

- No se considera correcto el *gerundio de posterioridad*, pues esta forma no personal, cuando es simple, siempre indica simultaneidad. Ejemplo: **El coche volcó muriendo sus tres ocupantes* (se dice: *el coche volcó y, como consecuencia, murieron sus tres ocupantes*). Solo si la posterioridad es muy inmediata se considera correcto este gerundio. Ejemplo: *Salió dando un portazo*.

- Tampoco se considera correcto el empleo de un gerundio correspondiente a un verbo de no acción y que funciona como complemento de un sustantivo. Ejemplos: **Se necesita secretaria sabiendo inglés* (se dice: *... que sepa inglés*); **Tengo un frasco conteniendo colonia* (se dice: *... que contiene colonia*).

En este segundo caso, el gerundio puede reemplazarse por el relativo *que* + verbo: *Se necesita secretaria sabiendo inglés* (debe decirse: *Se necesita secretaria que sepa inglés*).

globalización

En el ámbito económico, el término *globalización* se utiliza para designar la economía que trasciende las fronteras nacionales.

Se oye y se lee cada vez con más frecuencia el término *globalización*. Especialmente, a raíz de la llamada Cumbre del Milenio, uno de los más importantes encuentros de jefes de Estado de la historia, ha proliferado el uso de esta expresión. *Globalización* se emplea para designar una economía que trasciende las fronteras nacionales y que, si se salva el peligro de acrecentar aún más la brecha entre los tradicionales bloques mundiales, puede abrir nuevas vías para la cooperación internacional.

Se ha producido, pues, un deslizamiento desde el significado del término *global* —«tomado en conjunto»— que pasa a indicar «que trasciende las fronteras nacionales».

grafía de las fechas Véase **fechas (escritura)**.

grafía de las horas Véase **horas (escritura)**.

grafía de los números Véase **números (escritura)**.

Gran Sol

Es incorrecto el uso de la voz *Grande Sole* para referirse al caladero de pesca situado en el Atlántico Norte, puesto que existe el término español *Gran Sol*.

En junio de 1995, en plena actualidad de los problemas pesqueros entre España y Gran Bretaña, redactamos una nota para responder a una consulta sobre el nombre del caladero que en español conocemos como *Gran Sol*.

Nos preguntaban si debía escribirse así: *Gran Sol*, o si debía mantenerse la forma francesa *Grande Sole*. Nuestra respuesta a la consulta fue que debía utilizarse la forma española, *Gran Sol*, ya suficientemente acuñada en nuestro país, y que aparece en toda la prensa y documentos oficiales, así como en la novela de Ignacio Aldecoa titulada *Gran Sol*.

> Aunque en un principio se pensó que el caladero que designábamos con el nombre de *Gran Sol* tenía su correspondiente inglés en el término *Irish Box*, el número 38 del boletín *Puntoycoma* de la comisión de traducción española de la Unión Europea (UE), aclaraba la localización geográfica de ambos términos de la siguiente manera: «El equivalente inglés de nuestro poético *Gran Sol* y del más prosaico *Grande Sole* francés (que parece ilustrar la obsesión del pescador por el tamaño del pescado —*sole* es lenguado—, pero alude en realidad a *sole* como *suelo* o *fondo de pesca*, puesto que allí no hay lenguados) no es *Irish Box*, sino *Great Sole*, caladero tradicional biomorfológicamente definido. El *Box Irlandés* está, además, fuera del *Gran Sol* y es un artificio geográfico y geométrico (zona acotada entre paralelos y meridianos) que designa un área (*box*) de pesca reservada, alrededor de la isla de Irlanda, con la intención de excluir a ciertas flotas que, como la española, han faenado tradicionalmente en esas aguas».

(Véase también **Coto Irlandés**.)

Grande Sole Véase **Gran Sol**.

griego (transcripción) Véase **transcripción del griego**.

gripe

La voz inglesa *gripe* no debe traducirse por el término español *gripe*, puesto que, en inglés, *gripe* significa «retortijón» o «queja», mientras que, en español, *gripe* es una enfermedad infecciosa.

La Comisión de Traducciones de la Academia Norteamericana de la Lengua Española edita y distribuye, sin periodicidad fija, un boletín titulado *Glosas*, en el que se comentan cuestiones léxicas y gramaticales relacionadas con los problemas que pueden surgir al traducir del inglés al español. Uno de los apartados de dicho boletín está dedicado a advertir sobre los falsos amigos, es decir, dos términos de lenguas distintas que aparentemente son equivalentes, pero que no significan lo mismo.

Este es el caso de la voz que nos ocupa: *gripe*. En inglés, *gripe* significa «cólico, retortijón» y también «queja», mientras que el término español *gripe* designa la enfermedad infecciosa que todos conocemos muy bien. La *gripe* es, en inglés, la *influenza* o *flu*, o también la *grippe* (tomado del francés), forma menos común de referirse a dicha enfermedad. Por tanto, a la hora de traducir esta palabra inglesa al español, hay que tener cuidado de no caer en la trampa de pensar que son equivalentes.

Grosnii Véase **Grozny**.

Grosny Véase **Grozny**.

grosso modo

Es incorrecto decir *a grosso modo*. La expresión latina correcta es *grosso modo* (pronunciado [gróso módo]).

En el español culto se utilizan algunas expresiones latinas que, en ocasiones, pasan también a formar parte de la lengua coloquial, y sufren por ello deformaciones tanto en la pronunciación como en la escritura. Entre esas deformaciones o errores, la más corriente es poner una preposición delante de ciertas palabras latinas.

Este es el caso del latinismo *grosso modo*. A menudo se comete el error de anteponer a esta expresión la preposición *a*. Así, se dice *a grosso modo* en vez de *grosso modo*. Veamos cómo define este latinismo el diccionario *Clave*:

grosso modo (latinismo) ‖ Aproximadamente, a grandes rasgos, o poco más o menos: *No entres en detalles y cuéntame grosso modo lo que pasó.* □ SINT. Incorr. *a grosso modo.

(Véase también **latinismos**.)

Groznij Véase **Grozny**.

Grozny

El nombre de la capital de la República Chechén-Ingush debe escribirse *Grozny*, puesto que esta es la transcripción más exacta en español de dicha ciudad.

A raíz de las noticias sobre el levantamiento nacionalista de la República Socialista Soviética Autónoma de los Chechén e Ingush, la mayor parte de los lectores de diarios u oyentes de informativos de radio y televisión han visto cómo de pronto dicha república y su capital pasaron a ser protagonistas en todos los medios de comunicación.

El nombre de la capital de la República Chechén-Ingush aparece escrita de diferentes formas: *Grosnii, Grozny, Groznij, Groznyj, Grosny...* Teniendo en cuenta que la más repetida en los atlas consultados es *Grozny*, aconsejamos que se escriba así en español, aunque hay que tener en cuenta que, como en el caso de *Breznev*, el sonido de esa -*z*- se acerca más a nuestra -*s*- que a la zeta propiamente dicha.

Groznyj Véase **Grozny**.

Guayana

Debe decirse *Guayana* y no *Guyana*, por ser *Guayana* la forma tradicional de llamar a este país en español.

En los libros de geografía, en los atlas en lengua española y en los mapas rotulados en español, aparecen gran cantidad de topónimos con tradición en nuestra lengua, topónimos que debemos conservar sin tener en cuenta las modas, ni las influencias de otras lenguas, ni los dictados políticos de determinados países u organismos internacionales.

Si existe en español un nombre para una ciudad, región, río, montaña o país, es nuestra obligación tratar de conservarlo y no utilizar más que ese nombre. Cada lengua tiene una serie de topónimos propios para denominar no solo a los lugares del país o países donde esta se habla, sino también a muchos otros lugares del resto del mundo, dependiendo del nivel de desarrollo cultural de esa lengua y de sus relaciones históricas con otras partes del planeta.

Desde finales del siglo XIX hasta la segunda mitad del XX (años sesenta), en español se ha hablado de *las tres Guayanas*, a saber: la *Guayana Inglesa* (capital Georgetown), la *Guayana Holandesa* (capital Paramaribo), y la *Guayana Francesa* (capital Cayena). En 1966, Gran Bretaña concedió la independencia a la Guayana Inglesa, que, en inglés, lengua oficial del nuevo estado, pasó a denominarse *Guyana*. Quince años después, en 1975, se independizó la Guayana Holandesa y tomó el nombre que ya le daban los holandeses desde tiempo atrás: *Surinam*, que es también el nombre de un importante río que cruza ese territorio. Y, por último, la Guayana Francesa sigue perteneciendo al estado francés, y forma parte de los territorios de ultramar.

El hecho de que la antigua Guayana Inglesa haya pasado a llamarse *Guyana* en la lengua oficial de ese país, y que ese sea el nombre que se utiliza en las reuniones de los organismos internacionales (OEA y ONU), no debe ser motivo para que nos olvidemos del nombre de ese país en español, lengua en la que hasta 1966 se llamaba *Guayana Inglesa*, y, a partir de ese año, al dejar de ser inglesa, se llama simplemente *Guayana*.

Visto lo anterior, en lo que respecta a la toponimia en español, la cosa debe quedar así:

Guayana (capital Georgetown)

Surinam (capital Paramaribo)

Guayana Francesa (capital Cayena)

> También existe un estado de Venezuela con el nombre de *Guayana* (aunque su denominación oficial es *Bolívar*), que limita al sur con la república de la Guayana; Venezuela interpuso una reclamación ante el Tribunal Internacional de La Haya para recuperar unos territorios ocupados por Gran Bretaña antes de la independencia de la Guayana.

guayanés, -a

El término con el que se designa a los habitantes de Guayana es *guayanés* y no *guyanés*.

A menudo se emplea erróneamente el término *guyanés* para designar a los habitantes de Guayana. El hecho de que la antigua Guayana Inglesa haya pasado a llamarse *Guyana* en la lengua oficial de ese país y que ese sea el nombre que se utiliza en las reuniones de los organismos internacionales, ha contribuido a que se generalice en español un gentilicio incorrecto para designar a sus habitantes: *gu-*

yanés. Ya que en nuestra lengua este país se llama simplemente *Guayana*, su gentilicio es *guayanés*.

[guionizar

Es incorrecto el uso del término *guionizar*, que puede ser reemplazado por las expresiones: *hacer un guión* o *elaborar un guión*.

En español existe el verbo *dramatizar*, que significa «dar forma y condiciones dramáticas» y «exagerar con tintes dramáticos o afectados». La primera de esas dos acepciones se utiliza corrientemente, en la jerga teatral, como sinónimo de *escenificar*, cuyo significado es «dar forma dramática a una obra literaria para ponerla en escena» y «poner en escena una obra o espectáculo teatrales».

Del ámbito del teatro, el verbo *dramatizar* ha pasado, lógicamente, al de la televisión, y así se *dramatizan* obras literarias para convertirlas en películas o en series por capítulos.

Hasta ahí todo va bien y todo queda dentro de lo correcto en la evolución de la lengua. Pero de pronto, quizá por influencia de *dramatizar*, surge en el lenguaje de los profesionales de la radio y de la televisión un nuevo verbo que suena mal y que no parece necesario: *guionizar*. Se usa este neologismo con el significado de «hacer un guión», normalmente para una entrevista o un reportaje, a partir de determinado material, como una biografía, la concesión de un premio, etc.

Guión, según la séptima acepción del *Diccionario* de la Real Academia Española, es un «texto en que se expone, con los detalles necesarios para su realización, el contenido de un filme o de un programa de radio o televisión». Y *guionista*, según el mismo diccionario, es «el que elabora el guión de un filme o de un programa de radio o televisión»; pero, de momento, no dice el *Diccionario* de la Real Academia Española que sea el que *guioniza*.

Se trata, como tantas otras veces, de la tendencia a formar verbos derivados de sustantivos, siguiendo una mecánica que sí es lícita y muy corriente en inglés, pero no en español, para evitarse el *enorme trabajo* de utilizar perífrasis como *hacer un guión, hacer el guión, elaborar el guión*, etc.

Guyana Véase **Guayana**.

guyanés, -a Véase **guayanés, -a**.

H h

haber

Cuando *haber* se utiliza como verbo impersonal se conjuga siempre en tercera persona del singular (*había muchas personas*), nunca en tercera persona del plural (*habían muchas personas*).

Con frecuencia, se confunden las formas personales e impersonales del verbo *haber* y conviene aclarar su uso. En el *Diccionario de dudas y dificultades de la lengua española,* de Manuel Seco, hay una explicación muy completa al respecto:

> Es muy importante el empleo de *haber* como impersonal, para expresar la presencia del ser o seres, objeto u objetos designados por el sustantivo que en el enunciado se sitúa normalmente después del verbo. En este uso, en que el verbo solo tiene una persona (la 3ª de singular) en cada tiempo, el presente tiene la forma especial *hay: Hay (no «ha») mucha gente en la calle.* Interesa tener presente que ese sustantivo que acompaña al verbo (y que designa el ser u objeto cuya presencia enunciamos) no es su sujeto, sino su complemento directo [...] Por no ser sujeto ese sustantivo, es erróneo poner en plural el verbo cuando el sustantivo está en plural (*Habían pocas personas*). Esta concordancia del verbo *haber* con el sustantivo en plural se produce en España principalmente en el área del catalán y en hablantes procedentes de ella [...] y está bastante extendida en América.

En la última edición del *Manual de español urgente*, en el capítulo «Sobre léxico» hay una advertencia sobre ese uso erróneo del verbo *haber*:

> **haber** Es incorrecto decir: «*habrán, habían, hubieron fiestas*». En este empleo el verbo *haber* es impersonal y no concuerda con el sustantivo. Dígase, por tanto, «*habrá, había, había, hubo, etc., fiestas*».

Además, en el capítulo de «Observaciones gramaticales», se dice lo siguiente:

> El verbo *haber* usado como verbo principal (no como auxiliar) nunca debe usarse en plural, aunque en algunas zonas de España y América sea frecuente en plural.
>
> *Hubieron grandes lluvias.*
>
> *Habrán acontecimientos notables.*
>
> En estos casos, dígase:
>
> *Hubo grandes lluvias.*
>
> *Habrá acontecimientos notables.*

habían Véase **haber**.

habrán Véase **haber**.

[hach

La peregrinación de los musulmanes a La Meca se denomina *hach* (pronunciado [jach], con *h* aspirada). Aunque esta palabra aparece transcrita en la prensa de múltiples formas (*haj, hajj*), se recomienda transcribirla como *hach*.

Para los musulmanes, uno de los preceptos de su religión es peregrinar a la ciudad santa de La Meca. Y en las noticias, al hablar de dicha peregrinación, aparece la voz árabe correspondiente, pero con grafías ajenas al español: *haj, hajj* y *hadj*, según la procedencia de la información. La misma palabra sirve en árabe para nombrar a quien ha cumplido con ese precepto.

Durante la época del protectorado español en Marruecos, la forma que se utilizaba para referirse a esta peregrinación era *hach*. Y así es como este término aparece escrito en toda la prensa española de la primera mitad del siglo xx.

En la ficha de *transcripción del árabe* se explican algunos problemas que plantea la adaptación de los sonidos árabes a nuestra lengua. En este caso concreto, vamos a referirnos al problema de la letra *yim*:

La letra *yim* se puede escribir en español como *y* (consonante). El problema se plantea en las palabras donde esta letra va seguida de otra consonante o es final de palabra, ya que entonces, en español, debe pronunciarse como vocal *i*. Ése es el caso de la ciudad marroquí que en francés se escribe *Oujda* y que nosotros, en principio, deberíamos escribir *Uyda*, con lo que leeríamos /uida/; la única solución que no nos aleja tanto del nombre original es usar la *ch* en lugar de la *y* y escribir *Uchda*. Igual ocurre con la voz que los franceses transcriben como *hadj* (el que ha cumplido con la peregrinación a la meca), que en lugar de *hay*, debemos escribir *hach*.

hachís

Se recomienda el uso del término *hachís* frente a otras formas de transcribir esta palabra árabe como *haschís* o *hashís*.

Según el *Diccionario* de la Real Academia Española, la definición de *hachís* es la siguiente:

hachís (Del árabe *hasis*, hierba seca.) Composición de ápices florales y otras partes del cáñamo índico, mezcladas con diversas sustancias azucaradas o aromáticas, que produce una embriaguez especial y es muy usado por los orientales. A veces se aspira la *h*.

Esta definición parece describir más bien un producto usado en Marruecos llamado *maayún* (cuya traducción es *pasta*), en cuya composición hay hachís, almendras, miel, limón y otros productos azucarados o aromáticos, y que no se fuma, como el hachís, sino que se come. El *hachís*, tal y como se entiende hoy en español, es el resultado de prensar el polen de las flores del cáñamo índico o *Cannabis sativa* junto con el polvillo resinoso que desprenden las hojas de la misma planta.

Probablemente por influencia del inglés, que transcribe el árabe *hašiš* como *hashish* o *hasheesh*, encontramos muchas veces mal escrito en español el nombre de la susodicha sustancia, con grafías como *haschís* o *hashís*, cuando lo correcto en nuestra lengua es *hachís*.

> Aparecen con frecuencia noticias sobre la confiscación por parte de la policía de unos cientos de kilos de *resina de hachís*. No es necesario decir *resina de hachis*, es suficiente decir: *hachís*, puesto que con lo único que se podría confundir es con el *aceite de hachís*, y, en este caso, no es posible tal confusión debido a que el *aceite de hachís* es un producto poco comercializado y además se vende en muy pequeñas cantidades.

Hamza

> El nombre español del hermano del rey de Jordania es *Hamza*, no *Hamzah* o *Hamzeh*.

En las noticias sobre la agonía y muerte del rey Huseín de Jordania, su entierro, los actos fúnebres oficiales y la toma de posesión de su heredero, aparecieron los nombres de los miembros de la familia real jordana escritos de distintas formas.

Creemos conveniente recordar que su hermano, y no hermanastro, como apareció en algunas noticias, se llama *Hamza* —no *Hamzah* o *Hamzeh*.

Hamzah Véase **Hamza**.

Hamzeh Véase **Hamza**.

[handicap

> Es incorrecto el uso del término *handicap* (pronunciado [hándicap], con *h* aspirada), que puede reemplazarse por las palabras castellanas *obstáculo* o *desventaja*.

Aparecen con frecuencia en español términos de otras lenguas, sobre todo del inglés, cuyo uso debe evitarse. Suele tratarse de términos que pueden reemplazarse por palabras castellanas, como es el caso de la voz *handicap*.

El *Diccionario* de la Real Academia Española no recoge este término, y nosotros recomendamos evitar su uso. El diccionario *Clave*, por su parte, dice en su definición que se trata de un uso innecesario:

> **[handicap** (anglicismo) **1** → **obstáculo 2** Prueba deportiva, esp. si es hípica, en la que algunos participantes reciben una ventaja para igualar las condiciones de la competición: *En este 'handicap' los tres mejores caballos llevan jinetes con lastre.* □ USO En la acepción 1, su uso es innecesario.

Así pues, recomendamos evitar el uso de *handicap* y utilizar en su lugar un término castellano, como por ejemplo: *obstáculo*, *desventaja*, *dificultad* o *inferioridad*.

[handling

Es innecesario el uso del anglicismo *handling* (pronunciado [hándlin], con *h* aspirada), ya que existen en español términos equivalentes como *asistencia en tierra* o *servicio de equipajes* (referido al transporte aéreo), *conducción* (referido a un coche) y *gobierno* (referido a un barco).

Hay extranjerismos que nos llegan por vía aérea, a través de los aeropuertos, y pasan a formar parte del vocabulario específico de esos lugares. Uno de ellos es *handling*, voz inglesa que se utiliza con toda naturalidad en la jerga aeroportuaria. El término *handling* se emplea para hacer referencia al servicio de *asistencia en tierra* a los aviones, pasajeros, equipajes y mercancías. Autobuses, carros portaequipajes, cintas transportadores, etc., son parte del equipo propio de ese servicio.

En el diccionario *Collins Spanish Dictionary*, el término *handling* (referido a la aeronáutica) se traduce por *asistencia en tierra* o *servicio de equipajes*. Parece claro que, para la mayor parte de los hispanohablantes, ambas posibilidades son mucho más inteligibles que el término inglés, que además puede corresponder a *conducción* si estamos hablando de coches, y a *gobierno* si se trata de barcos. Además puede equivaler a las voces españolas *manejo*, *manipulación*, *manoseo*, *movimiento* y *almacenaje* en contextos más amplios.

La construcción *rough handling* equivale a *malos tratos* y *his handling of the matter* equivale a *su modo de manejar el asunto* o *su manejo del asunto*.

Y por si no teníamos suficiente con el *handling*, las compañías aéreas que no tienen que contratar a otras para que les presten esos servicios, es decir, las que disfrutan de un *servicio propio de asistencia en tierra*, presumen de contar con *autohandling*, formando así un híbrido inexistente en inglés, lengua en la que eso se llamaría *self-handling*.

Usemos en español *asistencia en tierra* o *servicio de equipajes* en lugar de *handling*, y *servicio propio de asistencia en tierra* en lugar de *autohandling*. Aunque mucho más largas que las formas inglesas, estas expresiones serán entendidas por todos los receptores del mensaje y de eso es de lo que se trata.

Hasán

Es preferible utilizar el nombre propio *Hasán* escrito de esta forma, frente a otras grafías como *Hassan* o *Hasan*.

En anteriores ediciones de *Manual de español urgente*, apareció una lista titulada «Algunos nombres propios», dividida en «Nombres de lugar» y «Nombres de personas», en la que se indicaba la forma correcta de escribir en español los topónimos y antropónimos que habitualmente aparecían con grafías ajenas a nuestra lengua. Y en la lista de nombres de personas estaba el del rey de Marruecos Hasán II, con la indicación de que la forma correcta en español era *Hasán*, frente a la versión francesa o inglesa *Hassan*.

Y después de tantos años avisando sobre cómo escribir ese nombre en español nos hemos encontrado con la sorpresa de que en algunas noticias sobre la muerte del rey de Marruecos aparece este como *Hassan II*. Y lo más grave es que en una de esas noticias aparece ese nombre escrito de dos formas, ambas incorrectas: *Hassan II* y *Hasan II*, esta última sin tilde.

Hasmoneos Véase **Asmoneos**.

Hassan Véase **Hasán**.

Hawai

Se recomienda el uso de *Hawai* para designar este estado, en lugar de la forma inglesa *Hawaii*.

Conviene recordar que los nombres de algunos estados de los Estados Unidos de América se escriben de forma distinta en inglés y en español. Por este motivo, debe insistirse en que, en español, dichos nombres han de utilizarse en esta lengua y no en inglés. Este es el caso del estado de *Hawai* que no debe aparecer nunca como *Hawaii*.

Hawaii Véase **Hawai**.

hebreo, a

Los términos *hebreo*, *judío*, *israelí* e *israelita* no son sinónimos: *hebreo* es la lengua del pueblo judío; la palabra *judío* se refiere al pueblo religioso; *israelí* es el nombre que designa los habitantes de Israel, y el término *israelita* designa los judíos de todo el mundo.

Hace ya tiempo, se planteó en la redacción de EFE la duda sobre el exacto significado de las voces *hebreo*, *israelí*, *judío* e *israelita*, y el Departamento de Español Urgente, tras consultar con su Consejo Asesor, recomienda lo siguiente:

El término *hebreo* es la lengua del pueblo judío. Por extensión se aplica a los hablantes de dicha lengua.

La palabra *judío* designa a un pueblo o comunidad religiosa. No es una raza.

Puede emplearse el término *israelita* para designar a los judíos de todo el mundo y se emplea, especialmente, al hablar de judíos practicantes: «la comunidad *israelita* de los Estados Unidos, de Francia, de Marruecos...».

Israelí es el gentilicio del estado de Israel.

Los términos *israelita*, *judío* y *hebreo* sí son intercambiables en ciertos contextos, aunque conviene seguir las explicaciones anteriores. No ocurre así con *israelí*, ya que hay cristianos, musulmanes o ateos *israelíes*.

hebreo (transcripción) Véase **transcripción del hebreo**.

[hematocrito

Es frecuente el uso erróneo del término médico *hematocrito* como sinónimo de *glóbulo rojo*, cuando el *hematocrito* (mejor que *hematócrito*) es un «índice que señala el volumen de glóbulos respecto al volumen total de la sangre».

Los controles antidopaje son cada vez más habituales en los deportes de competición, especialmente en algunos, como el atletismo, la natación o el ciclismo, y ha sido en las noticias sobre este último, en las informaciones sobre el *Tour* de Francia o el *Giro* de Italia, donde más casos se han dado de corredores sancionados por el uso o el abuso de sustancias prohibidas. Además de una larga serie de nombres de productos usados por los deportistas para lograr mejor rendimiento, nos encontramos con términos técnicos propios de la medicina y extraños en la lengua general, lo que produce malos usos y grafías erróneas. Esto es lo que ha sucedido, y está sucediendo, con la voz *hematocrito*.

El diccionario *Clave* define este término de la siguiente manera:

> **[hematocrito** En medicina, índice que señala el volumen de glóbulos respecto al volumen total de sangre: *El valor normal del 'hematocrito' es del cuarenta y cinco por ciento.*

Así, nos encontramos esta palabra en los siguientes contextos:

Los análisis de ambos corredores revelaron un exceso de hematocrito.

Los dos dieron una tasa superior al 50 por ciento de hematocrito.

Todos los del equipo tenían más hematocritos de la cuenta en su sangre.

Es el segundo corredor que da positivo por exceso de hematocritos en la presente temporada.

De estos ejemplos, solo son correctos los dos primeros, pues *hematocrito* es la proporción de glóbulos, es un índice de medición, y se puede tener el *hematocrito* alto o bajo, o un exceso de *hematocrito*, siempre en singular. Y los ejemplos restantes son incorrectos por usar el plural en una voz que no lo tiene en ese contexto y por considerar, por mera ignorancia, que los *hematocritos* son unas *cosas* que se tienen en la sangre y se pueden contar; se está usando, en esos casos, como sinónimo de *hematíes* o *glóbulos rojos*.

Se produce, además, cierta vacilación en la acentuación de esa palabra, pues en ocasiones —muy pocas— aparece como *hematócrito*, y las más de las veces como *hematocrito*. Es preferible esta última forma.

hemisférico, ca

> Es incorrecto el uso del término *hemisférico* como sinónimo de *americano*, ya que el continente americano no abarca la totalidad de un hemisferio, sino solamente una parte de ambos.

Es frecuente el uso impropio de las voces *hemisferio* y *hemisférico*. Especialmente en las noticias procedentes de América, que informaban sobre la *Cumbre de las Américas* celebrada hace años, aparecía con frecuencia esta confusión. En dichas noticias, cuando se quería evitar la repetición del nombre oficial de la reunión —*Cumbre de las Américas*—, optaban por escribir *cumbre hemisférica*, dando por supuesto que la voz *hemisférica* puede funcionar como sinónimo de *americana* y, por lo tanto, que *hemisferio* es sinónimo de *América*. Y nada más lejos de la realidad: el continente americano no abarca, evidentemente, media esfera terrestre, sino que ocupa solo parte de ambos *hemisferios*.

Así, en lugar de hablar de la *cumbre hemisférica*, si de lo que se trataba era de no repetir el nombre *Cumbre de las Américas*, pudieron usarse las opciones *cumbre americana* o *cumbre panamericana*.

> En una de las noticias sobre la *Cumbre de las Américas* se informaba de que el presidente Clinton propuso un *Plan de Acción Hemisférica*, extraña denominación en la que lo primero que estorba a la vista es el exceso de mayúsculas y, en segundo lugar, si después no nos explican de qué se trata, nos quedaremos sin saber qué *hemisferio* es el que disfrutará del plan: ¿el boreal o el austral? Quizá habría que referirse a un *plan de acción americano*, *panamericano* o *para América*.

hemisferio Véase **hemisférico, ca**.

[henna Véase **alheña**.

hidráulico, ca

> No hay que confundir los términos *hidráulico* («que estudia el equilibro y el movimiento del agua»), *hídrico* («relacionado con el agua») e *hidrológico* («que estudia la distribución del agua en la Tierra»).

Hay cierta tendencia a confundir los adjetivos *hidráulico*, *hídrico* e *hidrológico* y, lógicamente, a emplearlos mal y fuera del contexto adecuado. Veamos qué significa cada uno de ellos, según el *Diccionario* de la Real Academia Española:

hídrico, ca Perteneciente o relativo al agua.

hidráulico, ca Perteneciente o relativo a la *hidráulica*. // Que se mueve por medio del agua o de otro fluido.

hidráulica Parte de la mecánica que estudia el equilibrio y movimiento de los fluidos. // Arte de conducir, contener, elevar y aprovechar las aguas.

hidrológico, ca Perteneciente o relativo a la *hidrología*.

hidrología Parte de las ciencias naturales que trata de las aguas.

Como vemos, queda claro que deberemos hablar de *recursos hídricos* cuando se trate de las reservas de agua con las que cuenta una región, una ciudad o un país, y no de *recursos hidráulicos* o *hidrológicos*, como aparece en ocasiones en la prensa.

hídrico, ca Véase **hidráulico, ca**.

hidrológico, ca Véase **hidráulico, ca**.

[high Véase **alto, ta**.

hindi (transcripción) Véase **transcripción del hindi**.

hindú

No hay que confundir los términos *hindú* («de la religión del hinduismo») e *indio* («de la India»).

Para muchos hispanohablantes no parece estar muy clara la diferencia que existe entre los términos *hindú* e *indio*; se usan en muchas ocasiones como sinónimos cuando no lo son.

Son *indios*, los naturales de la India y los primeros pobladores de América y sus actuales descendientes, desde la Patagonia hasta Alaska, si bien todos sabemos que a estos últimos los llamamos *indios* por un pequeño despiste de Cristóbal Colón.

El problema se nos plantea con *hindú*, pues el *Diccionario* de la Real Academia Española recoge el uso de *hindú* como «natural de la India»; ahí es donde el *Diccionario* nos confunde, pues recoge un uso equivocado que de ella hacían muchos hispanohablantes; en español, un *hindú* es únicamente una persona que practica una religión llamada *hinduismo*, y en la India, además de hindúes, hay cristianos, musulmanes, budistas... y algunos más. Así pues, llamar *hindúes* a todos los *indios* de la India es como llamar *musulmanes* a todos los libaneses, cuando en el Líbano también hay importantes comunidades de cristianos, judíos y drusos.

Visto lo anterior, recomendamos que se use la voz *indio* tanto para los de la India como para los de América, y que se guarde *hindú* solo para los que practican esa religión.

hispanoamericano, na

El término *hispanoamericano* designa a los naturales de España y de los países de América en los que se habla español.

Al hablar del conjunto de los países de América, con excepción de Estados Unidos, Canadá y las islas anglófonas del Caribe, se plantea en ocasiones la duda de qué término emplear: *hispanoamericano, iberoamericano* o *latinoamericano*.

Tomemos como orientación la definición que da el diccionario *Clave* del término *hispanoamericano*, que sirve para establecer las diferencias entre los tres términos:

hispanoamericano, na 1 De los españoles y los americanos o con elementos propios de ambos: *El acuerdo hispanoamericano entre España y Estados Unidos se firmó ayer.* **2** De las naciones americanas que tienen como lengua oficial el español o relacionado con ellas; hispano: *Durante algún tiempo, la arquitectura hispanoamericana tuvo influencia española.* □ SEM. Dist. de *iberoamericano* (de los países americanos de habla española o portuguesa) y de *latinoamericano* (de los países americanos con lenguas de origen latino).

Así pues, la palabra *hispanoamericano* designa a los naturales de los países de habla hispana (España y países de América en los que se hable español), y no a todos los países de América sin excepción.

> Otro término empleado para referirse a lo «perteneciente o relativo a las naciones de Hispanoamérica» es *hispano*, que en Estados Unidos se hace extensivo a lo español y los españoles. Así pues, llaman *hispanos* no solamente a los habitantes de Centroamérica o Sudamérica, sino también a los habitantes de España.

hispanohablante

Debe evitarse el uso de *hispanoparlante*, y emplearse en su lugar *hispanohablante*, por ser *hispanohablante* el término más adecuado en español.

La Real Academia Española define *parlante* como una persona «que parla», y *parlar* significa «hablar con desembarazo o expedición», «hablar mucho y sin sustancia», «hacer algunas aves sonidos que se asemejan a la locución humana», o «revelar y decir lo que se debe callar o lo que no hay necesidad de que se sepa».

Según estas definiciones, un *hispanoparlante* sería aquel que hablase en español con desembarazo o expedición, es decir, desenfadadamente. Y también sería *hispanoparlante* toda persona que hablase en español y cuyo discurso fuese abundante y desustanciado. Pero en el *Diccionario* de la Real Academia Española no aparece recogida la voz *hispanoparlante*, y sí, en cambio, *hispanohablante*, cuya definición es «que tiene como lengua materna el español».

Así, pues, además de *hispanoparlante*, serán incorrectas en español todas las palabras formadas de igual modo, como *castellanoparlante, catalanoparlante, araboparlante, rusoparlante*, etc., y en su lugar deberán usarse siempre *castellanohablante, catalanohablante, arabohablante, rusohablante...*

Manuel Seco, en su *Diccionario de dudas y dificultades de la lengua española*, explica que «la persona que tiene un determinado idioma como propio se dice que es *hablante* de ese idioma, esto es, que lo habla como suyo; no que es *parlante* de él, lo cual significaría que lo parla»; añade que «atribuir a las palabras españolas *parlar* y *parlante* el significado de las francesas *parler* («hablar») y *parlant* («hablante»), se explica como fruto de la ignorancia». Termina diciendo que «el hecho de que *hablar* sea en catalán *parlar* explica la tendencia del castellano usado por catalanes —incluso lingüistas— a la forma sufija *-parlante* (en catalán se dice *angloparlant, catalonoparlant*)».

[hispanoparlante Véase **hispanohablante**.

[holding

Debe evitarse el uso del anglicismo *holding* (pronunciado [hóldin], con *h* aspirada), ya que, en español, existen términos equivalentes como *grupo financiero*, *grupo industrial* o *consorcio*.

El uso del anglicismo *holding* está muy extendido en español para designar la «forma de organización de empresas, en la que una sociedad financiera controla otras empresas mediante la adquisición de la mayoría de sus acciones, bien directamente o bien a través de otras sociedades».

Es preferible emplear términos españoles como *grupo financiero* o *industrial*, o *consorcio* o, en su defecto, entrecomillar este vocablo inglés para indicar que es un término ajeno al español.

[homofobia

En caso de ser utilizada, *homofobia* debe escribirse entre comillas y con una aclaración de su significado entre paréntesis: «homofobia» (antihomosexualidad).

La velocidad con que se propagan los neologismos puede ser pasmosa; entran veloces en las lenguas e intentan instalarse antes de que la mayor parte de los hablantes puedan reaccionar y decidir si son necesarios o no.

Detectamos uno de estos veloces intrusos en una noticia en la que se hablaba de los premios *Oscar*. Poco después, volvimos a topárnoslo en un noticiario de televisión, en boca de una enviada especial. Finalmente, volvimos a ver la nueva palabra, esta vez en inglés (lengua en la que también es un neologismo), en la revista *Time*.

La cuestión es que los homosexuales estadounidenses se manifestaron contra los premios *Oscar* porque entre las películas seleccionadas (dígase así y no *nominadas*) había varias que —según ellos— ofrecían una imagen negativa de su colectivo y fomentaban la *homofobia*.

Tanto el inglés *homophobia* como su traducción al español *homofobia* están mal construidos si lo que se intenta definir es la «aversión a los homosexuales». En ambas lenguas el elemento compositivo *homo-* se usa, antepuesto a otro, para dar idea de semejanza o igualdad: *homógrafo* («que se escribe igual»), *homófono* («que suena igual»), *homónimo* («que tiene el mismo nombre»).

Fobia (en inglés *phobia*) significa «apasionada o enconada aversión hacia algo», y funciona como segundo elemento en compuestos del tipo *hidrofobia* («horror al agua»), *fotofobia* («repugnancia y horror a la luz»), *claustrofobia* («sensación de angustia en los lugares cerrados»), etc.

Es decir, el neologismo *homofobia* significa «aversión a lo semejante»; por tanto, está mal formado si lo que se quiso expresar fue «aversión a los homosexuales». Sería muy conveniente atajarlo antes de que se asiente definitivamente en nuestra lengua, aunque la tarea será difícil si los anglohablantes lo asumen como correcto.

Recomendamos, pues, que si se usa esta palabra en español, se ponga entre comillas (o en cursiva), añadiendo a continuación entre paréntesis *antihomosexualidad*.

Los anglohablantes, dada su proclividad a recortar y abreviar las palabras, han comenzado a utilizar *homo* en lugar de *homosexual*, de tal forma que para muchos de ellos la palabra griega *homo* ha perdido su significado de «igual o semejante». Pero el hecho de que esto ocurra en inglés no quiere decir que en español tenga que pasar lo mismo.

homosexual

Resulta inapropiado el uso de la expresión *colectivo de homosexuales y lesbianas*, ya que la homosexualidad se da entre hombres y entre mujeres. Debe emplearse, por tanto, *colectivo de homosexuales* para designar tanto a hombres como a mujeres que sienten atracción por individuos de su mismo sexo.

En la sección de «Cartas al director» del diario *El País* de Madrid, se publicó una queja de un lector irlandés que nos advertía de lo siguiente: «'Los colectivos de homosexuales y lesbianas' es una expresión políticamente correcta y lingüísticamente analfabeta, pues tan homosexuales son ellas como ellos».

Inmediatamente nos pusimos a bucear en el banco de datos de la Agencia EFE, con la esperanza de no encontrar ese solecismo redundante, y nos topamos con que también en nuestras noticias aparecía esa forma de referirse al conjunto de los homosexuales. Y para estar seguros de que ese error no era solo una manía del lector irlandés de *El País* y de los filólogos del Departamento de Español Urgente de EFE, nos cercioramos mirando en el diccionario *Clave* el significado de *homosexual* y *homosexualidad*:

homosexual 1 De la homosexualidad o relacionado con esta inclinación sexual: *Estos dos hombres mantienen relaciones homosexuales.* **2** Que siente atracción sexual por individuos de su mismo sexo: *El sida puede afectar por igual a homosexuales y a heterosexuales.*

homosexualidad 1 Atracción sexual por individuos del mismo sexo: *La homosexualidad se da tanto entre mujeres como entre hombres.* **2** Práctica de relaciones sexuales con individuos del mismo sexo: *En algunas sociedades aún se persigue la homosexualidad.*

Está claro, por esas definiciones, que se da la homosexualidad entre hombres y entre mujeres, y que tanto unos como otras son homosexuales, es decir, que al referirnos al *colectivo de homosexuales* estaremos hablando de todos, los hombres y las mujeres, sin necesidad de añadir la palabra *lesbianas*.

Quizá el error de utilizar *homosexual* únicamente referido a los hombres tenga su origen en la falsa relación que algunos hablantes establecen entre el prefijo *homo-* («semejante o igual») y el sustantivo *hombre*. Sin embargo, esta teoría no justifica nada, puesto que no debemos olvidar que *hombre* no es únicamente la «persona de sexo masculino» (o *varón*), sino también cualquier «miembro de la especie humana». Y, como todos nosotros —varones y mujeres— pertenecemos a dicha especie, no cabe la menor duda de que todos somos *hombres*.

honesto, ta

La voz inglesa *honest* no debe traducirse siempre por el término español *honesto*, puesto que, además de *honesto*, *honest* también significa «sincero, franco, legal» o «puro».

Cuando se traduce hay que tener especial cuidado con las palabras que se escriben de forma parecida en las lenguas con las que se está trabajando, ya que pueden tener significados distintos y ocasionar errores.

Honesto en español significa «decente, decoroso, recatado, pudoroso, razonable, justo, probo, recto» y «honrado», pero tal y como aconseja Manuel Seco en su diccionario, «es útil mantener, por precisión, la distinción tradicional entre *honesto*, para las primeras acepciones («decente, recatado, pudoroso»), y *honrado* para las últimas («justo, probo, recto»). En inglés, sin embargo, el significado de *honest* es «honrado, recto, franco, sincero, legal y puro».

Vemos, pues, que en ocasiones puede ser correcto traducir *honest* por *honesto*, pero también podemos observar que en otras ocasiones será incorrecto, ya que *honesto* no tiene en español los significados de «sincero, franco, legal» o «puro». Así, en frases como *Honesty is the best policy* debemos traducir *La honradez es la mejor política.*

El *Manual de español urgente* de la Agencia EFE advierte también sobre el mal uso de esta voz, y dice que no es aceptable decir *hablar honestamente* por *hablar con franqueza y sinceridad.*

horas (escritura)

Como norma general, las horas se escriben con cifras, salvo en los casos en los que se hace hincapié en el tiempo transcurrido (*Tardó ocho horas en hacer la traducción*), o en las obras literarias.

Observamos con frecuencia que la grafía de las horas se expresa de forma caprichosa y arbitraria, cuando en realidad existen normas para su correcta utilización. Hemos encontrado grafías horarias expresadas incorrectamente de las siguientes maneras:

El acto está previsto para las 17:30 horas.

El avión llegó a las 6'00 h.

La reunión comenzó a las 16,00 hora local.

Como hemos visto en los anteriores ejemplos, a menudo se emplean la coma, el apóstrofo y los dos puntos para separar las horas de los minutos cuando ambos están escritos con cifras. Pero la forma tradicional en español y, por tanto, la que es preferible utilizar, es el punto.

El *Diccionario de ortografía* de José Martínez de Sousa explica cuándo y de qué modo deben escribirse las horas con cifras:

Cuando indican tiempo invertido en una competición; en este caso se siguen de *h* (horas), *min* (minutos), *s* (segundos): *14 h 25 min 12 s*.

Cuando indica el momento en que algo ha de realizarse (programa de actos o de radio y televisión por ejemplo). En estos casos debe tenerse en cuenta lo siguiente: si la hora es exacta (sin fracciones), puede optar por escribirla con letras: *El acto comenzará a las seis de la tarde*; o con cifras y su correspondiente acompañamiento de ceros: *El acto comenzará a las 6.00 de la tarde* (no sería correcto... *a las 6 de la tarde*), o bien mediante el sistema de las veinticuatro horas: *El acto comenzará a las 18.00 horas* (y en este caso no debe añadirse *de la tarde*). Si la hora tiene fracciones, la expresión horaria debe escribirse siempre con cifras: *El acto comenzará a las 8.45, o a las 20.45*.

E indica también en qué casos deben escribirse con letras:

Cuando indican tiempo transcurrido o el que se requiere para algo: *Durante treinta y cinco horas permaneció en las dependencias policiales*; *Dentro de ocho horas llegaremos a Nueva York*.

En las obras literarias, textos noticiosos o cualquier otro escrito no específicamente técnico o científico, las horas se expresan con letras: *Me esperaba a las cuatro y media*; *El tren no llegó hasta las seis y veinte*.

hormigón

No deben utilizarse indistintamente los términos *hormigón* y *cemento*, puesto que no son totalmente equivalentes: el *cemento* es únicamente uno de los componentes del *hormigón*.

Es muy corriente que, entre los profanos en la materia, se dé la confusión entre *hormigón* y *cemento*, llegando a considerarlos sinónimos, cuando, en principio, no lo son.

Para comenzar a aclararnos, conozcamos las definiciones de esas palabras que nos da el diccionario *Clave*:

> **hormigón** Masa compacta de gran dureza y resistencia que se usa en la construcción y que está formada por un conglomerado de grava, piedras pequeñas, arena, agua y cemento o cal: *El hormigón comprimido es muy resistente.*

> **cemento 1** Material en polvo, formado por sustancias calcáreas y arcillosas, que se endurece y se hace sólido al mezclarlo con agua, y que se emplea en construcción para adherir superficies, para rellenar huecos en las paredes y como componente aglutinante en morteros y hormigones: *Fueron levantando el muro pegando con cemento ladrillo sobre ladrillo.* **2** Material que se emplea como aglutinante, como masa adherente o para tapar huecos y que, una vez aplicado, se endurece: *El dentista utiliza cemento dental para empastar las muelas.* **3** En algunas rocas, masa mineral que une los fragmentos o arenas de que se componen: *El conglomerado es una roca formada con fragmentos unidos entre sí con cemento.*

Vistas las definiciones sobran más explicaciones, pues queda claro que *hormigón* y *cemento* son cosas distintas, ya que el segundo es solo uno de los elementos que se necesitan para hacer el primero. De todas formas, el *Diccionario* académico sí da como sinónimos *hormigón armado* y *cemento armado*.

Por otro lado, conviene recordar que, en América, el *hormigón* recibe el nombre de *concreto*, término que procede del inglés *concrete*. Es, pues, incorrecto, pensar que se trata de dos realidades diferentes.

> Si bien el *Diccionario* de la Real Academia Española distingue muy bien los significados de *cemento* («mezcla formada de arcilla y materiales calcáreos, sometida a cocción y muy finamente molida, que mezclada a su vez con agua se solidifica y endurece») y *hormigón* («mezcla compuesta de piedras menudas y mortero de cemento y arena»), sí da como sinónimos las expresiones *cemento armado* y *hormigón armado*.

[hoy noche

Debe evitarse el uso de expresiones como *hoy noche* o *ayer noche* por influencia del inglés *this evening* o *yesterday evening*. Lo correcto en español es decir: *hoy por la noche* o *ayer por la noche*.

Se oyen con frecuencia expresiones del tipo *hoy noche* o *ayer noche*. Por ello, creemos conveniente tratar esta cuestión.

Expresiones como estas no son correctas en español, ya que nosotros siempre hemos dicho *hoy por la noche* y *ayer por la noche*. Probablemente, hayan surgido por influencia del inglés, lengua en la que todo suele expresarse de forma más breve. Pero el hecho de que en dicha lengua podamos decir *this evening* o *yesterday evening* no significa que podamos hacer lo mismo en español.

Recomendamos, pues, que se evite el uso de este tipo de expresiones y que se vuelva a las formas correctas en español: *hoy por la noche* o *ayer por la noche*.

[hoy tarde

Debe evitarse el uso de expresiones como *hoy tarde* o *ayer tarde* por influencia del inglés *this afternoon* o *yesterday afternoon*. Lo correcto en español es decir: *hoy por la tarde* o *ayer por la tarde*.

Se oyen con frecuencia expresiones del tipo *hoy tarde* o *ayer tarde*. Por ello, creemos conveniente tratar esta cuestión.

Expresiones como estas no son correctas en español, ya que nosotros siempre hemos dicho *hoy por la tarde* y *ayer por la tarde*. Probablemente, hayan surgido por influencia del inglés, lengua en la que todo suele expresarse de forma más breve. Pero el hecho de que en dicha lengua podamos decir *this afternoon* o *yesterday afternoon* no significa que podamos hacer lo mismo en español.

Recomendamos, pues, que se evite el uso de este tipo de expresiones y que se vuelva a las formas correctas en español: *hoy por la tarde* o *ayer por la tarde*.

hubieron Véase **haber**.

huésped

El término *huésped*, además del significado de «persona alojada en un establecimiento hostelero o en una casa ajena», tiene otros significados menos conocidos como: «persona que hospeda en su casa a otra» y «mesonero».

En el español hablado y escrito actualmente en España, la voz *huésped* se utiliza únicamente con el significado de estar hospedado en casa de un amigo o en un hotel, o simplemente ser invitado de alguien.

Así consta en el *Diccionario de la lengua española* de la Real Academia, que incluye las siguientes acepciones: «persona alojada en casa ajena» y «persona alojada en un establecimiento de hostelería».

Después de estas dos primeras, el *Diccionario* incluye otras dos en las que antepone la abreviatura *p. us.*, que significa «poco usado o usada»: «p. us. Mesonero o amo de posada» y «p. us. Persona que hospeda en su casa a uno».

Ocurre, en algunas ocasiones, que esas formas poco o nada usadas en la mayor parte de los países hispanohablantes, todavía se utilizan en alguno sitios en los que se han conservado ciertos usos antiguos de la lengua, que no por antiguos deben ser considerados incorrectos.

huracán

Los términos *huracán* y *ciclón* son equivalentes; es correcto utilizarlos indistintamente en cualquier contexto. Por otra parte, *tifón* designa únicamente a un huracán en el mar de la China.

¿Hay alguna diferencia entre estos tres meteoros: *huracán*, *ciclón* y *tifón*?, ¿qué designa cada uno de esos nombres?, ¿son sinónimos? Veamos sus definiciones en el *Vocabulario de términos meteorológicos y ciencias afines,* editado por el Instituto Nacional de Meteorología en 1986:

huracán 1 Término derivado de una palabra del Caribe aplicada primitivamente a los ciclones tropicales del mar de las Antillas. **2** Nombre dado por extensión a todo ciclón tropical en donde el viento alcanza gran violencia. **3** Nombre dado, por acuerdo, a todo viento de fuerza 12 de la escala Beaufort. **4** Cualquier viento de fuerza extraordinaria. Se llama también ciclón.

ciclón 1 Lo mismo que ciclón tropical. **2** Lo mismo que depresión barométrica. **3** Lo mismo que huracán.

ciclón tropical Ciclón de origen tropical de pequeño diámetro (algunas centenas de kilómetros) con presiones mínimas a veces inferiores a los 900 mb en la superficie, con vientos muy violentos, lluvias torrenciales, a veces acompañadas de tormentas. Generalmente presenta una zona frontal denominada *ojo* del ciclón, de un diámetro de alrededor de algunas decenas de kilómetros, en donde el viento es débil y el cielo está más o menos despejado. Se llama también, simplemente, ciclón.

tifón Nombre dado a los ciclos tropicales del mar de la China y más generalmente del noroeste del Pacífico.

Las definiciones de estos mismos términos en el diccionario *Clave* son más sencillas y comprensibles para los profanos. Del *huracán* dice que es lo mismo que *ciclón*, del *tifón* que es un huracán en el mar de la China. Veamos pues, finalmente, qué es un *huracán* según dicho diccionario:

huracán 1 Viento muy fuerte que gira en grandes círculos como un torbellino; ciclón: *El huracán arrasó muchas casas*. **2** Viento extraordinariamente fuerte: *Antes de la tormenta hubo un huracán que tiró dos árboles*.

Así pues, es correcto utilizar indistintamente los términos *huracán* y *ciclón*. Sin embargo, la palabra *tifón*, como se deduce de las antedichas definiciones, designa únicamente a un huracán en el mar de la China. Por ello, no es posible emplearla para referirnos a los meteoros que tienen lugar en otras partes del mundo.

hurto

No hay que confundir los términos *hurto* («apropiación de algo ajeno sin usar la violencia»), *robo* («apropiación de algo ajeno mediante el uso de la fuerza»), *sustracción* («hecho de hurtar o robar») y *asalto* («apropiación de algo ajeno mediante el uso de las armas»).

En la siguiente noticia se utilizan erróneamente los términos *robo, hurto, sustracción* y *asalto*:

> *La policía colombiana recuperó ocho pinturas y una escultura 'robadas' en una galería de Bogotá y valoradas en más de 800 millones de pesos [...]. La colección había sido 'hurtada' en un 'asalto' a la galería Garcés Velázquez de la capital colombiana [...]. Las obras, que forman parte de un total de nueve 'substraídas' fueron recuperadas en un registro de la policía.*

Veamos cómo define el *Diccionario básico jurídico* de la Editorial Comares los términos *hurto, robo* y *asalto*:

hurto Es el delito que cometen los que con ánimo de lucro y sin violencia en las personas ni fuerza en las cosas, toman cosas muebles ajenas sin la voluntad de su dueño. Es decir, es un delito de *sustracción* cometido sin fuerza ni violencia.

robo Este delito se caracteriza por la fuerza en las cosas o violencia sobre las personas con que el delincuente hace la *sustracción* de la cosa mueble ajena con ánimo de lucro. Es decir que la *sustracción* tiene que ser hecha con fuerza o violencia. El delito de *robo* puede ser además *con fuerza en las cosas*, o *con violencia o intimidación en las personas*.

asalto Apoderarse de algo por la fuerza de las armas y con sorpresa.

Este mismo diccionario define otros términos afines de la siguiente manera:

sustracción Hurto o robo de bienes ajenos.

apropiación indebida Comisión de una acción de apoderamiento de cosas muebles que el agente hubiese recibido en virtud de un título que produzca obligación de entregarlas o devolverlas o negaren haberlas recibido, unido a una conciencia del ánimo de lucro y a la existencia de uno de los títulos contractuales y sin que en la realización de la voluntad del sujeto pasivo haya influido engaño de ninguna clase.

atraco Es el *robo* a mano armada.

Volviendo a las pinturas de la noticia que comentábamos al principio, queda claro que estas fueron *robadas*, pues muy probablemente tuvieron que forzar la cerradura o romper las ventanas de la galería. También parece estar claro que las pinturas no fueron *hurtadas*, pues para eso la galería debería haber estado un buen rato sin vigilancia y con la puerta abierta. Y, en cuanto al *asalto*, no está nada claro que este se produjese.

> Según explica el *Diccionario básico jurídico* de la Editorial Comares, existen varias clases de *hurto*: el hurto *doméstico* es el «cometido con el auxilio o cooperación del sirviente o depen-diente de la víctima»; el hurto *famélico*, también llamado *hurto necesario*, es el que se comete por necesidad, cuando un hambriento se apodera de alimentos para satisfacer su necesidad o cuando un miserable medio desnudo, expuesto a sucumbir de frío, se apodera de ropa para cubrirse; por último, el hurto *de uso* es en el que no existe ánimo de lucro de apropiación, sino tan solo el lucrarse transitoriamente del uso de las cosas.

Huseín

El nombre en español del antiguo rey de Jordania es *Huseín*, no *Hussein*, *Hussain* o *Husseyn*.

En las noticias sobre la agonía y muerte del rey Huseín de Jordania, su entierro, los actos fúnebres oficiales y la toma de posesión de su heredero, aparecieron los nombres de los miembros de la familia real jordana escritos de distintas formas. Por ello, creemos conveniente hacer unas aclaraciones al respecto.

El nombre del rey muerto, que en la prensa apareció como *Hussein*, *Hussain* o *Husseyn*, en español debe escribirse *Huseín*; el nombre de su viuda, que en los periódicos apareció como *Noor* o *Nour* (según sean transcripciones con influencia inglesa o francesa), en español debe escribirse *Nur*; por último, el hermano de *Huseín*, que iba a ser rey y ya no lo es, en español se llama *Hasán* y no *Hassan*.

Hussain Véase **Huseín**.

Hussein Véase **Huseín**.

Husseyn Véase **Huseín**.

I i

iberoamericano, na

El término *iberoamericano* designa a los naturales de los países de América de habla española y portuguesa.

Al hablar del conjunto de los países de América, con excepción de Estados Unidos, Canadá y las islas anglófonas del Caribe, se plantea en ocasiones la duda de qué término emplear: *iberoamericano*, *hispanoamericano* o *latinoamericano*.

Tomemos como orientación la definición que da el diccionario *Clave* del término *iberoamericano*, que sirve para establecer las diferencias entre los tres términos:

> **iberoamericano, na 1** De Iberoamérica (conjunto de países americanos de habla española y portuguesa), o relacionado con ella: *La geografía iberoamericana abarca tierras polares y tropicales*. **2** De la colectividad formada por estos países junto con España y Portugal (países europeos), o relacionado con ella: *El presidente portugués y el argentino propusieron un tratado de cooperación iberoamericana*. □ SEM. Dist. de *hispanoamericano* (de los países americanos de habla española) y de *latinoamericano* (de los países americanos con lenguas de origen latino).

Al utilizar estos términos, debemos recordar, pues, que el término *iberoamericano* se refiere a los países de América de habla española y portuguesa, mientras que *latinoamericano* designa a los países de América que fueron colonizados por naciones latinas, esto es, por España, Portugal o Francia.

> La voz *latinoamericano* se emplea en los países hispanoamericanos como sinónimo de *hispanoamericano*. No incluyen, por tanto, Canadá, Haití, las islas francófonas del Caribe (Antillas Francesas) la Guayana Francesa, ni Brasil, zonas de América en las que se hablan lenguas tan latinas como el español. Y si se refieren a cuestiones que implican también a Brasil, no utilizan el término *iberoamericano* (países iberoamericanos), como sería lógico por la definición del diccionario, sino que hablan de *sudamericano*, utilizando la referencia geográfica en lugar de la histórica o lingüística.

ignorar

Es incorrecto el uso de *ignorar* con el significado de «hacer caso omiso» o «pasar por alto», por influencia del inglés *to ignore*.

Es frecuente ver el verbo *ignorar* mal empleado. El verbo castellano *ignorar* no equivale a su parónimo inglés *to ignore*. El *Diccionario de anglicismos* de Ricardo J. Alfaro explica: «*Ignorar* es no saber una o muchas cosas, no tener conocimiento o noticia de ellas. Es anglicismo usar este verbo en el sentido de 'pasar por alto, no tener en cuenta, prescindir de una cosa'».

Son, pues, incorrectas las expresiones siguientes:

Ha ignorado la autoridad de sus superiores (lo correcto sería: *ha desobedecido*).

Me ignoró al entrar al salón (lo correcto sería: *no me tuvo en cuenta*).

Ignoró los insultos y contestó los argumentos (lo correcto sería: *pasó por alto los insultos*).

ilegal

Resulta inapropiado el uso de *ilegal* como adjetivo para calificar a los inmigrantes sin permiso de trabajo ni de residencia en un país extranjero. Aunque sea más largo, en estos casos conviene decir que son *extranjeros en situación ilegal*, *extranjeros indocumentados* o *sin papeles*.

En uno de los principales diarios de Madrid apareció hace algún tiempo el siguiente titular: «Detenidos siete chinos ilegales en cinco restaurantes de Barcelona».

En una primera lectura podría interpretarse que los detenidos *eran chinos de forma ilegal*, es decir, que no cumplían todas las normas legales establecidas para ser chino y, por lo tanto, su condición de ciudadanos de la China puede discutirse.

Y si miramos en el diccionario veremos que *ilegal* significa «que es contra ley», o sea, que esos chinos lo eran contra la ley.

Pero no se trataba de eso, sino de que los detenidos estaban en España *en situación ilegal*, sin haber cumplido los requisitos necesarios para legalizar su estancia en este país.

Conviene, pues, evitar escribir cosas tan absurdas como *chinos ilegales*, que, muy probablemente, eran chinos legales cuya entrada en España, así como su situación en España en el momento de ser detenidos, era ilegal.

ilícitos, tráfico de Véase **tráfico de ilícitos**.

imperfecto de subjuntivo Véase **pretérito imperfecto de subjuntivo**.

implementar

El término inglés *to implement*, o su derivado *implementation*, no debe traducirse al español por el neologismo *implementar* (o *implementación*), puesto que existen las palabras españolas *ejecutar, realizar* o *llevar a cabo*.

Implementar, según el *Diccionario* de la Real Academia Española, es una voz usada en la informática con el significado de *poner en funcionamiento, aplicar métodos, medidas, etc., para llevar algo a cabo*.

José Martínez de Sousa, en su *Diccionario de usos y dudas del español actual*, explica que, aunque la Academia lo circunscriba al ámbito de la informática, en realidad su empleo rebasa los límites de dicho campo, y añade: «Con todo, siempre que se pueda es preferible utilizar voces más castizas, como *realizar, ejecutar, aplicar, cumplir, poner en práctica, poner por obra, llevar a cabo, hacer efectivo*».

Por otra parte, en el *Manual de español urgente* aparece la siguiente advertencia sobre *implementación*:

> **implementación** La voz inglesa *implementation* significa en español *realización, ejecución*. *Implementación* no existe, aunque está bien formada a partir de *implementar*, que sí está en el *Diccionario* de la Real Academia Española.

Martínez de Sousa, en su *Diccionario*, da dos significados de *implementación*: la primera acepción es un anglicismo por *preparación, organización*, y la segunda es un anglicismo por *ejecución, realización*.

Teniendo en cuenta que se trata de un anglicismo que no parece muy necesario, ya que hay otras voces en español para decir lo mismo, aconsejamos que se evite en lo posible el uso de *implementar* y de *implementación*.

implemento

El término inglés *implement* no debe traducirse al español por el neologismo *implemento*, puesto que existen las palabras españolas *accesorio, herramienta* o *instrumento*.

El sustantivo *implemento*, con el significado de «utensilio», aparece en el *Diccionario* de la Real Academia Española como procedente del inglés *implement*. Ramón Sol, en *Palabras mayores (Diccionario práctico de la lengua española)*, explica que esa voz suele usarse en plural: *La caña y el sedal son los principales implementos de pesca*. Y añade que «no hay que olvidar otras voces castellanas equivalentes, como *accesorios, herramientas, utensilios, instrumentos, útiles* o *aperos*».

Teniendo en cuenta que se trata de un anglicismo que no parece muy necesario, ya que hay otras voces en español para decir lo mismo, aconsejamos que se evite el uso de *implemento*.

impreso, sa

El verbo *imprimir* tiene dos participios, uno regular que se suele emplear en la conjugación (*he imprimido el trabajo*) y otro irregular que se suele emplear como adjetivo (*el trabajo ya está impreso*).

Hay participios regulares e irregulares, y hay verbos que solo tienen participio regular, verbos que solo tienen participio irregular, y otros, bastantes, que tienen los dos tipos de participio: uno regular y otro irregular. Ese es el caso del verbo *imprimir*.

Cuando un verbo cuenta con los dos tipos de participio, normalmente el primero (regular) se emplea en la formación de los tiempos compuestos y el segundo (irregular) se usa sólo como adjetivo. Eso es lo que ocurre normalmente, también con *imprimir*, verbo que anteriormente era considerado de un solo participio, el irregular (*impreso*), y que desde la publicación del *Esbozo de una nueva gramática* de la Real Academia Española, en 1973, cuenta también con un participio regular: *imprimido*.

Según el diccionario *Clave*, *impreso*, además del participio irregular de *imprimir*, es un sustantivo masculino. Veamos cómo lo define dicho diccionario:

> **impreso, sa 1** part. irreg. de imprimir. **2** Libro, folleto u hoja suelta reproducidos con los procedimientos de la imprenta: *En esta biblioteca hay manuscritos e impresos del siglo XVI.* **3** Formulario que hay que rellenar para realizar un trámite: *No me he podido matricular porque he perdido el impreso.* □ USO La acepción 1 se usa más como adjetivo, frente al participio regular *imprimido*, que se usa más en la conjugación.

En el *Diccionario de dudas y dificultades de la lengua española* de Manuel Seco, el autor nos dice que *imprimir* es un verbo irregular solo en su participio: *impreso*. Y añade que «el participio *imprimido*, aunque válido, es poco usado».

El uso de *imprimido* es nuevo, y la forma culta es *impreso*, pero es fácil constatar que va imponiéndose el uso del participio regular en las formas verbales compuestas y el irregular como sustantivo o adjetivo. De todas formas, conviene tener en cuenta lo que dice Leonardo Gómez Torrego en su *Manual de español correcto*, donde afirma que son igualmente correctas las formas:

El libro fue impreso hace un año.

El libro fue imprimido hace un año.

imprimido, da Véase **impreso, sa**.

inalterable

No hay que confundir el término *inalterable* con el término *inalterado*. *Inalterable* es aquello que no se puede alterar de por sí; *inalterado* es aquello que no se ha alterado.

En el lenguaje del deporte, aparecen con frecuencia términos mal empleados, como es el caso de la voz *inalterable*.

Según el diccionario *Clave*, esta voz significa:

> **inalterable** Que no se puede alterar o que no manifiesta alteración: *Era un contrato inalterable y no hubo forma legal de modificarlo.* □ SEM. Dist. de *inalterado* (que no tiene alteración).

En la jerga deportiva, se dice a veces que *el marcador continúa inalterable*. Un marcador *inalterable* no podría modificarse nunca, porque de por sí, no puede ser sometido a alteraciones. En dicho caso, debería decirse que *el marcador continúa inalterado*.

incautarse

No debe usarse *incautar algo*, ya que la forma correcta de este verbo es *incautarse de algo*.

Con frecuencia aparecen en la prensa construcciones incorrectas del verbo *incautarse*:

La policía incautó un arsenal de armas de ETA.

Fueron incautados 100 kg de heroína.

La policía incauta dos kilos de drogas.

Las formas correctas serían las siguientes:

La policía se incautó de un arsenal de armas de ETA.

Se incautaron de 100 kg de heroína.

La policía se incauta de dos kilos de drogas.

La forma correcta es *incautarse de*, no *incautar*, como transitivo. Tampoco será correcto, por tanto, el uso pasivo de este verbo, aunque ya es normal: *Fueron incautados 100 kg de heroína por la policía.*

Incautarse siempre es un verbo pronominal, por lo que resulta incorrecto utilizarlo como transitivo: *La policía incauta dos kilos de drogas*. Lo correcto es: *La policía se incauta de dos kilos de drogas*. Lo mismo ocurriría con el verbo *apropiarse*; nunca diríamos *La policía apropia dos kilos de drogas*. Huelgan, pues, más comentarios acerca del mal uso del verbo *incautar*, tan corriente en toda la prensa española.

Si la redacción de la frase requiere el uso de otro tipo de verbo, podemos prescindir del susodicho *incautarse de* y usar en su lugar *aprehender, requisar, decomisar* o *confiscar*.

inclusive

No hay que confundir los términos *inclusive* («incluido») e *incluso* («aun, hasta, también»).

Inclusive e *incluso* son dos términos parecidos que se confunden con cierta frecuencia en la lengua oral y escrita. Conviene, pues, explicar el uso correcto de cada uno, y en este caso vamos a recurrir al *Diccionario de dudas y dificultades de la lengua española* de Manuel Seco, con cuyas aclaraciones queda suficientemente precisado cuándo debemos emplear *inclusive* y cuándo *incluso*.

De acuerdo con Manuel Seco, *inclusive* es un adverbio que significa «incluyendo el último o últimos objetos mencionados», y no debe ser usado como adjetivo. Es decir, no es correcto decir *del cinco al diez, ambos inclusives*, sino que debe decirse *del cinco al diez, ambos inclusive*.

Incluso, según el mismo autor, es un adverbio que significa «aun, hasta, también», pero que «puede funcionar también como preposición: *Tengo todos los papeles, incluso la carta*». En este último ejemplo, sería incorrecto decir, pues, *inclusive la carta*, en lugar de *incluso la carta*.

Ocurre, además, que *inclusive* equivale a *incluido*; podemos decir: *del 15 al 18 de agosto, ambos incluidos / del 15 al 18 de agosto, ambos inclusive*. Tal vez de ahí venga la confusión sobre si hay que concordar en número *inclusive* o no. Sin embargo, si recordamos lo que explica Manuel Seco, no hay duda de que el adverbio *inclusive* es invariable, a pesar de que sea equivalente en significado al adjetivo *incluido*, que sí se concuerda en número con sus antecedentes.

incluso Véase **inclusive**.

inculpado, da

Es conveniente evitar el uso del término *inculpado* con el significado de «culpable de un delito», por no estar recogida esta acepción en los diccionarios técnicos. En su lugar, pueden utilizarse las voces *acusado* o *procesado*.

Es cada vez más habitual oír en la lengua oral y escrita la voz *inculpado*, usada como sinónimo de *acusado* o de *procesado*.

Si miramos en el *Diccionario* de la Real Academia Española, veremos que hay dos palabras homónimas, *inculpado (1)* e *inculpado (2)*, que significan justo lo contrario, es decir son homónimas y antónimas. La primera está formada por el prefijo privativo o negativo *in-* y el sustantivo *culpado*, y, por tanto, su significado es «inocente, falto de culpa»; pero el diccionario académico nos avisa también de que esta voz es poco usada. La segunda es el participio pasado del verbo *inculpar*, que significa «culpar, acusar a uno de una cosa».

En algunos de los diccionarios más recientes de uso del español actual, sólo se recoge *inculpado* con el significado de «persona que ha sido acusada de un delito», e *inculpación* como «acusación o atribución de un delito».

Pero el problema se nos plantea al consultar un diccionario técnico, el *Diccionario básico jurídico Comares*, en el que *inculpado* sólo significa una cosa: «inocente, sin culpa», y nos remite al *Diccionario* de la Real Academia Española. En este mismo diccionario, podemos ver que *acusado* es la «persona contra la que se dirige el procedimiento penal (serie de actos encaminados a la averiguación del culpable de un delito o falta y al enjuiciamiento de su conducta)», y que *procesado* es la «persona contra la que se ha dictado auto de procesamiento (resolución que se adopta cuando aparecen en el sumario indicios racionales de criminalidad respecto de una determinada persona y el juez adopta la situación jurídica aplicable a la persona procesada)».

Y como la cosa queda poco clara para los profanos, lo más aconsejable es que se evite, siempre que se pueda, el uso de *inculpado*, y se prefiera *acusado* o *procesado*, según el caso.

India (la)

Debe evitarse decir *India*, sin artículo, en lugar de *la India*, por influencia del inglés, por ser *la India* el topónimo correcto en español.

Recomendamos que se evite el anglicismo de suprimir el artículo que llevan algunos topónimos, como por ejemplo: *la India, el Líbano, el Sáhara, La Haya, El Cairo, la República Dominicana*, etc.

José Martínez de Sousa, en su *Diccionario de usos y dudas del español actual* recoge una advertencia sobre *la India*: «Este topónimo debe construirse con artículo determinado en minúscula: *a la India, de la India*, etc.»

A pesar de lo antedicho, es frecuente encontrar el nombre de ese país sin artículo y, lo que es más grave, en ocasiones aparece con artículo y sin él en una misma noticia, como ocurrió en las referidas a los problemas fronterizos entre la India y Pakistán en la región de Cachemira:

La Línea de Control (LOC), que hace de frontera entre la India y Pakistán... [...] Pero, mientras India expresaba su determinación de expulsar a los guerrilleros...

Entretanto, India continuó hoy por sexto día sus ataques aéreos.

(Véase también **artículo en los topónimos**.)

indígena

No hay que confundir los términos *indígena* («originario de un lugar») e *indio* («de la población indígena de América»).

Para muchos hispanohablantes no parece estar muy clara la diferencia que existe entre los términos *indígena* e *indio*; se usan en muchas ocasiones como sinónimos cuando no lo son.

Son *indios*, los naturales de la India y los primeros pobladores de América y sus actuales descendientes, desde la Patagonia hasta Alaska, si bien todos sabemos que a estos últimos los llamamos *indios* por un pequeño despiste de Cristóbal Colón.

Las palabras *indio* e *indígena* no son equivalentes: *indígena* es «originario o propio de un lugar»; es decir, si yo estoy hablando de España, puedo decir perfectamente que el actor Antonio Banderas y el escritor Camilo José Cela son *indígenas* de este país, del mismo modo que Bill Clinton es un *indígena* en los Estados Unidos. Y los *indios* también son *indígenas* en su país de origen; pero no solo ellos, sino todas las personas originarias de allí.

Visto lo anterior, recomendamos que se use la voz *indio* tanto para los de la India como para los de América, y que se huya del eufemismo *indígena* al hablar de los *indios* americanos.

indio, dia Véase **indígena**; **hindú**.

indocumentado, da Véase **irregular**; **ilegal**.

[indoor

Es incorrecto el uso del término *indoor* (pronunciado [índor]), que puede traducirse por la palabra castellana *cubierto*. Debe decirse: *cancha cubierta*, y no *indoor court*.

En el lenguaje del deporte, aparecen con frecuencia términos de otras lenguas, sobre todo del inglés, cuyo uso debe evitarse. Suele tratarse de términos que pueden reemplazarse por palabras castellanas, como es el caso de la voz *indoor*.

El *Diccionario* de la Real Academia Española no recoge este término y, además, existen palabras españolas que expresan la misma realidad. Recomendamos, pues, que la voz inglesa *indoor* se traduzca como *cubierto*, en casos como *indoor court* (*pista* o *cancha cubierta*).

infectar Véase **infestar**.

infestar

Los términos *infestar* e *infectar*, aunque tienen una acepción común —«corromper moralmente»—, son diferentes en otras acepciones. El término *infestar* significa también «llenar un sitio gran cantidad de personas o cosas» o «causar estragos», mientras que *infectar* es «transmitir una enfermedad».

Estos dos verbos no son equivalentes, como puede verse por su grafía, y no tienen el mismo significado. Últimamente se oye muchas veces en la radio o en la televisión *infectado* en lugar de *infestado*, error que denota desconocimiento de la existencia del segundo verbo. Según el *Diccionario* de la Real Academia Española, sus definiciones son:

infectar Transmitir un organismo a otro los gérmenes de una enfermedad. // Corromper con malas doctrinas o ejemplos.

infestar Inficionar, apestar. // Causar daños y estragos con hostilidades y correrías. // Causar estragos y molestias los animales y las plantas advenedizas en los campos cultivados y aun en las casas. // Llenar un sitio gran cantidad de personas o cosas.

infligir

No hay que confundir las voces *infligir* e *infringir*. *Infligir* significa «causar una pena o un castigo» e *infringir* es «desobedecer o quebrantar una ley o una orden».

No se trata de verbos con idéntica pronunciación, pero sí muy parecida, lo que puede inducir a error al usarlos. Veamos qué significa cada uno según el diccionario *Clave*:

infligir Referido a una pena o a un castigo, imponerlos, aplicarlos o causarlos: *Lo denunciaron por infligir castigos crueles a sus hijos*. □ SEM. Dist. de *infringir* (desobedecer o quebrantar una ley o una orden).

infringir Referido a algo establecido, esp. a una ley, a una orden o a una norma, desobedecerlas o no cumplirlas: *Le retiraron el carné de conducir por infringir gravemente las normas de circulación*. □ SEM. Dist. de *infligir* (imponer, aplicar o causar una pena o un castigo).

influenciar

Debe evitarse confundir los términos *influenciar* e *influir*. *Influenciar* es «ejercer influencia» e *influir* es «causar un efecto».

Parece que utilizar palabras largas en lugar de las más breves se ha puesto de moda. Así pues, decimos *ejercitar* en vez de *ejercer*, *problemática* en lugar de *problema* o *finalidad* en lugar de *fin*. Esto ocurre también con las voces *influenciar* e *influir*, cuyos significados se confunden, a pesar de que son claramente diferentes.

Veamos las definiciones que nos da el diccionario *Clave* de *influenciar* e *influir*:

influenciar Referido a una persona, ejercer influencia sobre ella: *No te dejes influenciar por las malas personas*. □ SEM. Aunque la RAE lo considera sinónimo de *influir*, *influenciar* se ha especializado para indicar la influencia que se ejerce sobre las personas.

influir Causar o producir un efecto o un cambio: *El calor influye en el comportamiento animal*. □ SEM. Aunque la RAE lo considera sinónimo de *influenciar*, este se ha especializado para indicar la influencia producida a las personas.

La diferencia fundamental que existe entre estos términos, como deducimos de las definiciones, estriba en que *influenciar* se aplica únicamente a personas, mientras que *influir* puede referirse a personas, objetos, comportamientos o animales.

Debe evitarse, pues, el uso de ambas palabras como si fueran equivalentes, ya que es necesario distinguir entre lo que es «producir un cambio» (*influir*) y «ejercer influencia sobre alguien» (*influenciar*).

Aurelio Arteta publicó en 1995 un artículo en *El País*, con el título de *La moda del archisílabo*, que alude a este problema. Hemos creído conveniente reproducir algunas de sus afirmaciones: «Como se conoce que hablar en prosa ya era muy fácil, ahora nos deleitamos con la prosa *archisílaba*, a ser posible, requetesilábica. [...] Un hablante que se precie ha de discurrir, por lo menos, en pentasílabos. Tiene que medir sus palabras, sí, pero no para elegir la más justa, sino la más rimbombante. [...] Puestos a 'influir' habrá que *influenciar*, igual que, metidos a 'conectar', lo propio es *conexionar* y, si se trata simplemente de 'formar', más vale, por Dios, *conformar* o *configurar*».

informal

Es incorrecto traducir siempre el término inglés *informal* (pronunciado [infór-mal]) por la palabra española *informal*. Puede traducirse, en algunos casos, por *no oficial, extraoficial, oficioso*, etc.

El *Diccionario* de la Real Academia Española da las siguientes definiciones de la palabra *informal*:

> **informal** Que no guarda las reglas y circunstancias prevenidas. // Aplícase también a la persona que en su porte y conducta no observa la conveniente gravedad y puntualidad.

En las noticias, se habla corriente y continuamente de *reuniones informales*. No solo eso, sino que en los escritos oficiales de la Unión Europea en Bruselas aparece *consejo informal*, y en la versión española del reglamento interior del Consejo de Ministros de la Unión Europea se distingue entre *reuniones del Consejo* y *reuniones informales*.

Según la definición del *Diccionario* de la Real Academia Española una *reunión informal* es la que no guarda las reglas y circunstancias, o, en el caso más extremo, la que no comienza puntualmente y en la que los reunidos son poco educados y algo desastrados.

La voz inglesa *informal* significa que no tiene carácter oficial, sin reglas fijas; significado este que se ha trasladado al español indebidamente. Hay que dejar claro que se trata, como en tantas otras ocasiones, de un error producido por dos falsos amigos; el inglés *informal* y el español *informal*, que no significan lo mismo.

Cuando un anglófono utiliza el adjetivo *informal* referido a otra persona, su equivalente en español es *desenvuelto, afable, poco ceremonioso*... Si lo aplica a algún acto y ocasión, está haciendo lo mismo que un hispanohablante cuando dice que dicho acto es *sin ceremonia, sin protocolo* o *sin etiqueta*. Un *informal tone* es un tono *familiar, llano, sencillo*. Y, finalmente, en inglés, *informal* puede funcionar como sinónimo de *unofficial*, que para nosotros no es nada más ni nada menos que *no oficial, extraoficial* u *oficioso*.

No son pocos, pues, los adjetivos españoles que podemos utilizar en lugar de *informal* cuando de lo que se trate es de traducir la voz inglesa. En español una *reunión* es *oficiosa* por contraposición a *oficial*; en el lenguaje diplomático, en ese mismo sentido, se dice también que es *extraoficial* o *no oficial*; otro posible sustituto de esa forma anglicista de usar *informal* es el español *extraordinario*.

Así pues, una *reunión* puede ser *ordinaria, extraordinaria, oficial, extraoficial, oficiosa*, etc. Lo que no suele haber en español son *reuniones informales*.

(Véase también **vendedor informal**.)

informar de que

Es incorrecto el uso de la expresión *informar que*. La forma correcta de esta expresión es *informar de que*.

Hay errores que eran corrientes hace unos años y ya han desaparecido; hay errores de nuevo cuño que nacen, mueren y desaparecen; y en medio de aquellos y de estos están los perennes, que cuando ya afirmamos sin temor a equivocarnos que están vencidos, vuelven a escena.

De pronto y sin previo aviso encontramos por doquier la construcción *se informa que*, cuando ya creíamos que todo el mundo sabía que este es uno de los verbos en los que el *de que* es correcto. Veamos las advertencias al respecto que da la Real Academia de la Lengua en su página de Internet:

> Se produce hoy en muchas ocasiones una omisión indebida de la preposición DE con verbos, o locuciones verbales formadas por verbo + nombre o adjetivo, que exigen en su construcción un complemento introducido por esta preposición. Se trata de verbos y locuciones verbales como *informar* (DE algo), *acordarse* (DE algo), *concienciar* (a alguien DE algo), *darse cuenta* (DE algo), *estar seguro* (DE algo), *ser capaz* (DE algo), etc. La preposición DE ha de mantenerse cuando el complemento de estos verbos es una proposición introducida por QUE: *Vengo a informarte DE QUE has sido despedido.* En todos estos casos es incorrecta, aunque frecuente en la lengua coloquial, la omisión de la preposición DE: *La agencia le informa que no quedan billetes.* Algunos gramáticos han dado a este fenómeno el nombre de *queísmo*, y su extensión parece deberse al temor de incurrir en el vicio contrario, el *dequeísmo*.

> Uno de los mensajes automáticos que distribuye la empresa española Telefónica es el siguiente: *Telefónica le informa de que actualmente no existe ninguna línea en servicio con esta numeración.* Muchas han sido las críticas contra el supuesto dequeísmo del mensaje. Sin comentarios.

infringir

No hay que confundir las voces *infringir* e *infligir*. *Infringir* es «desobedecer o quebrantar una ley o una orden» e *infligir* significa «causar una pena o un castigo».

No se trata de verbos con idéntica pronunciación, pero sí muy parecida, lo que puede inducir a error al usarlos. Veamos qué dice el diccionario *Clave* de cada uno de ellos:

infringir Referido a algo establecido, esp. a una ley, a una orden o a una norma, desobedecerlas o no cumplirlas: *Le retiraron el carné de conducir por infringir gravemente las normas de circulación.* □ SEM. Dist. de *infligir* (imponer, aplicar o causar una pena o un castigo).

infligir Referido a una pena o a un castigo, imponerlos, aplicarlos o causarlos: *Lo denunciaron por infligir castigos crueles a sus hijos.* □ SEM. Dist. de *infringir* (desobedecer o quebrantar una ley o una orden).

ingenuidad

La voz inglesa *ingenuity* no debe traducirse por el término español *ingenuidad*, puesto que, en inglés, *ingenuity* significa «ingenio», mientras que, en español, *ingenuidad* quiere decir «inocencia».

La Comisión de Traducciones de la Academia Norteamericana de la Lengua Española edita y distribuye, sin periodicidad fija, un boletín titulado *Glosas*, en el que se comentan cuestiones léxicas y gramaticales relacionadas con los problemas que pueden surgir al traducir del inglés al español. Uno de los apartados de dicho boletín está dedicado a advertir sobre los falsos amigos, es decir, dos términos de lenguas distintas que aparentemente son equivalentes, pero que no significan lo mismo.

Este es el caso de la voz que nos ocupa: *ingenuidad*. En inglés, *ingenuity* quiere decir «inventiva, habilidad, ingeniosidad, ingenio», mientras que el término español *ingenuidad* significa «sinceridad, inocencia, falta de malicia». Otro modo de decir en inglés lo que dice el español *ingenuidad* es *ingenuousness* o *naivety*. Por tanto, a la hora de traducir esta palabra inglesa al español, hay que tener cuidado de no caer en la trampa de pensar que son equivalentes.

ingerir

No deben confundirse los términos *ingerir* («introducir por la boca comida o bebida») con *injerir* («meter una cosa en otra, introducir una nota o palabra en un texto») e *injerirse* («entremeterse, introducirse en una dependencia o negocio»).

Ingerir e *injerir* son dos verbos que pueden confundirse. De idéntica pronunciación y distinta ortografía, derivan de verbos latinos distintos, y sus significados no coinciden. Las definiciones, según el *Diccionario* de la Real Academia Española, son las siguientes:

ingerir Introducir por la boca la comida, bebida o medicamentos.

injerir Injertar plantas. // Meter una cosa en otra. // Introducir en un escrito una palabra, nota, texto, etc. // prnl. Entremeterse, introducirse en una dependencia o negocio.

Como vemos, estos términos no tienen nada que ver y, por tanto, debemos prestar atención al hecho de escribirlos con *g* o con *j*, ya que su significado es distinto.

ingresar

Es incorrecto el uso de *ingresar* con el significado de «introducirse, normalmente de forma ilegal, en un país extranjero».

Siempre que se *ingresa* se *entra* o se *introduce*, pero no siempre que se *entra* o se *introduce* se *ingresa*.

Ese es el resumen de las explicaciones que a continuación damos sobre la diferencia de significado entre los verbos *entrar, introducir* e *ingresar*, que muchas veces se confunden, especialmente en las noticias procedentes de nuestras delegaciones en Hispanoamérica.

En el *Manual de español urgente* se advierte sobre el uso erróneo de *ingresar*: «No debe usarse con el significado de *introducir* o *introducirse* [normalmente de forma ilegal] en un país extranjero. De igual modo *ingreso* no equivale a *introducción* [ilegal]».

Veamos ahora lo que significa este verbo según el diccionario *Clave*:

> **ingresar 1** Referido a una persona, entrar a formar parte de un grupo, de una sociedad o de una corporación, generalmente después de haber cumplido algún requisito: *Ingresó en la universidad el año pasado.* **2** Referido a una persona, entrar en un centro sanitario para someterse a un tratamiento: *El enfermo ingresó en el hospital con quemaduras leves.* **3** Referido esp. al dinero, depositarlo en una entidad, esp. si es bancaria: *He ingresado el cheque en mi cuenta corriente.*

Así pues, se puede *ingresar* en el ejército, en un partido político, en una orden religiosa, etc. También se puede *ingresar* en el hospital o en la clínica, pero siempre para quedarse uno más días y recibir tratamiento médico. Pero no es correcto usar ese verbo o el sustantivo *ingreso* en frases como:

Prohibieron el ingreso de las líneas aéreas chilenas en algunos países.

Después de ingresar al país por la frontera con Brasil...

Fueron acusados de ingresar mercancías de contrabando.

En lugar de *ingresar* e *ingreso*, en las frases anteriores debieron usarse *entrada*, *entrar* e *introducir*, según los casos.

ingreso Véase **ingresar**.

[ingush Véase **Chechén-Ingush, República**.

iniciar

El verbo *iniciar* no debe desplazar a otros verbos como *comenzar*, *empezar* o *surgir*.

Aunque el uso del verbo *iniciar* sea correcto, no debemos olvidar que existen también *comenzar*, *empezar* y otros verbos que designan la misma idea.

En el caso de *iniciar*, nos encontramos con un verbo comodín (como es el caso de *realizar*), que sustituye a todos los demás con parecido significado y aparece sin cesar, sobre todo en la lengua escrita. Toda repetición abruma, y más cuando se trata de un verbo que no usamos normalmente en el lenguaje hablado, como ocurre con *iniciar*.

Así, es corriente que leamos frases como *se iniciará el curso / el inicio del curso*, en las que todo sería más normal si dijéramos *se abrirá (o empezará) el curso* y *la apertura del curso*. Leemos también que *se ha iniciado un expediente*, cuando en castellano lo fácil sería *se ha abierto (o incoado) un expediente*. Y como parece que el verbo *abrir* no está de moda, los noticiarios dicen que *se inició un turno de preguntas* o que *se inició la sesión*, cuando todos esperábamos que ambos se *abrieran*. También *se inician conversaciones* en lugar de *entablarlas*.

El consejo es fácil: siempre que tengamos la tentación de utilizar el verbo *iniciar*, repasemos antes la lista de posibles sustitutos. Es casi seguro que encontraremos otro más adecuado a la frase en cuestión. Ahí van algunos: *comenzar, empezar, principiar, inaugurar, abrir, incoar, entablar, emprender, aparecer, surgir, arrancar, salir, desatarse, desencadenarse* y *nacer*.

injerir

No deben confundirse los términos *injerir* («meter una cosa en otra, introducir una nota o palabra en un texto») e *injerirse* («entremeterse, introducirse en una dependencia o negocio») con *ingerir* («introducir por la boca comida o bebida»).

Injerir e *ingerir* son dos verbos que pueden confundirse. De idéntica pronunciación y distinta ortografía, derivan de verbos latinos distintos, y sus significados no coinciden. Las definiciones, según el *Diccionario* de la Real Academia Española, son las siguientes:

injerir (Del lat. *inserere*.) Injertar plantas. // Meter una cosa en otra. // Introducir en un escrito una palabra, nota, texto, etc. // prnl. Entremeterse, introducirse en una dependencia o negocio.

ingerir (Del lat. *ingerere*.) Introducir por la boca la comida, bebida o medicamentos.

Como vemos, estos términos no tienen nada que ver y, por tanto, debemos prestar atención al hecho de escribirlos con *g* o con *j*, ya que su significado es distinto.

instancia

En Derecho, la palabra *instancia* designa «cada uno de los grados jurisdiccionales de la ley»; por extensión, en dicho ámbito, se emplea en sentido figurado con el significado de *organismo* u *organización*.

Aparecen en la prensa las siguientes frases:

> *Permitir la participación de los aborígenes en las instancias de decisión guber-
> namental...*

> *Su país espera una respuesta de las instancias internacionales a las cuestiones
> que ha presentado.*

Instancia, según nos dice Sebastián Covarrubias Orozco en su *Tesoro de la lengua
castellana o española*, es «la fuerza y el ahínco con que alguna cosa se procura»,
del latín *instantia*, cuya definición en esa lengua es «sedulitas, assiduitas et con-
tinua intentio». *Hacer instancia* equivale a *porfiar ahincadamente*. Y *primera instancia* es un término jurídico para designar al *primer tribunal donde se ventila el
pleito o causa.*

En el *Diccionario* de la Real Academia Española aparecen las siguientes definiciones
de esta palabra:

instancia Acción y efecto de instar. // Memorial, solicitud. // En las antiguas escuelas, impug-
nación de una respuesta dada a un argumento. // En derecho cada uno de los grados jurisdiccionales que la ley tiene establecidos para ventilar y sentenciar, en jurisdicción expedita, lo
mismo sobre el hecho que sobre el derecho, en los juicios y demás negocios de justicia.

Aunque ninguna de estas definiciones parece adecuarse a los ejemplos recogidos
al principio, la voz *instancia* tiene una acepción jurídica que debe respetarse, que
consiste en cada uno de los grados jurisdiccionales que la ley tiene establecidos
para ventilar y sentenciar, en jurisdicción expedita, lo mismo sobre el hecho que
sobre el derecho, en los juicios y demás negocios de justicia. El término *instancia*
se emplea también frecuentemente en sentido figurado con el significado de «organismos, organizaciones, dirigentes de mayor rango», etc.

integrista

El término inglés *fundamentalist* no debe traducirse siempre al español por el
neologismo *fundamentalista*, puesto que existe la palabra española *integrista*.

Debido a la situación política de Argelia, aparecen constantemente en las noticias
los términos *fundamentalista* e *integrista*. Creemos conveniente aclararlos, con el
fin de conseguir que se empleen correctamente.

Según el *Diccionario* de la Real Academia Española, *integrista* es, en ciertos sectores
religiosos, ideológicos o políticos, el partidario de la inalterabilidad de las doctrinas.
La voz *fundamentalista* no figura en el antedicho diccionario.

Cuando nos surgió la duda sobre el empleo de una u otra palabra, consultamos
algunos libros para tratar de aclararla y el resultado fue el siguiente: *fundamentalista*

es un anglicismo procedente de *fundamentalist*, término empleado en inglés para designar un movimiento protestante de principios de la década de 1920, que se basaba en la interpretación estricta y literal de la Biblia. Por extensión, los ingleses usan ese término para referirse a movimientos parecidos en otras religiones, pero su uso en español no es necesario puesto que, como ya hemos visto, contamos con la palabra *integrista* para definir la misma idea.

En francés, *fondamentaliste* significa algo muy distinto: «especialista de la investigación fundamental», y tal investigación es la orientada hacia los campos fundamentales de una disciplina. Para referirse a los *integristas*, los franceses usan la voz *intégriste*.

En el caso de que el problema sea diferenciar entre el estricto observante de los preceptos de la religión y el extremista religioso, en español al primero podemos llamarle *ortodoxo, tradicionalista* o simplemente *practicante*, y al segundo ya hemos dejado claro que debemos aplicarle el término *integrista*.

(Véase también **islamista; ortodoxo**.)

interesante

> Debe evitarse el uso del término *interesante* con el significado de «bueno» en expresiones como *un remate interesante* o *un regate interesante*.

Sobre todo en las noticias relacionadas con el fútbol, se utiliza el adjetivo *interesante* con un matiz que no tiene en español. Se dice, por ejemplo, que un jugador ha hecho *un regate interesante* o *un remate interesante*, cuando se quiere expresar que ha hecho *un regate* o *un remate* que no ha estado nada mal.

El diccionario *Clave* nos ofrece la siguiente definición del adjetivo *interesante*:

> **interesante** Que interesa o que tiene interés: *Es una película interesante por la problemática social que refleja.*

De esta definición se deduce que el término *interesante* se aplica a algo que puede resultar de interés, pero no se utiliza para valorar cómo se ha hecho algo. Por ello, recomendamos que se evite el uso de este adjetivo en expresiones como las anteriores y que, en su lugar, se utilicen perífrasis como *un regate* o *un remate bastante bueno.*

Internet (la)

> La norma culta establece que *Internet* (International Net) debe escribirse con mayúscula y con el artículo femenino antepuesto, aunque es frecuente encontrarlo escrito sin artículo y con minúscula.

Los acrónimos (también llamados *siglas impropias*) son aquellos que se forman con letras no solo iniciales. Y, aunque nadie haya usado nunca el nombre completo, está claro que la voz *Internet* es un acrónimo de las palabras inglesas *International Net*, que equivalen al español *red internacional*.

Puesto que este acrónimo aún no se ha lexicalizado, es decir, todavía no ha pasado a constituir una palabra con una categoría gramatical propia, debe escribirse con la inicial mayúscula, del mismo modo que otros acrónimos como *Insalud* (Instituto Nacional de la Salud) o *Inem* (Instituto de Empleo). Además, no cabe duda de que el acrónimo *Internet* en español debe funcionar como voz femenina (*la Internet*), pues debemos darle el género de la palabra principal de las que forman el acrónimo, en este caso la *red*.

En el *Diccionario internacional de siglas y acrónimos* de José Martínez de Sousa, hay una serie de explicaciones sobre las siglas, entre ellas la referente al género:

> En las siglas hispánicas, el género viene determinado por el que corresponda a la palabra que constituye el núcleo semántico del enunciado; por ejemplo, *la CEOE* (Confederación Española de Organizaciones Empresariales), *el COE* (Comité Olímpico Español). Si la sigla es extranjera se le aplica el género que corresponda a la palabra que en la traducción española corresponda al núcleo semántico: *la EBU* (Unión Europea de Boxeo), *el IRA* (Ejército Republicano Irlandés); sin embargo, hay excepciones: se dice *el UHF* (frecuencia ultraalta) porque se asimila a *canal: el (canal) UHF*. También se dice *un SOS*, pese a que no se trata de una sigla, porque se asimila a mensaje: *un (mensaje) SOS*.

Aclara Martínez de Sousa que, en otros casos, se producen cambios de género porque se suponen implícitas palabras que en realidad no forman parte del enunciado (ejemplo: *Unicef*, que es masculina y se pronuncia con artículo femenino porque se asimila a *organización*). También añade que «se pueden dar atribuciones no demasiado concordes debido a problemas de traducción».

Y en el caso que aquí nos ocupa se está dando una de las excepciones que explica el profesor Martínez de Sousa, pues es habitual que la gente se refiera a *Internet* como masculino: probablemente porque se asimila a *programa*. De todas formas, debemos procurar usarlo correctamente, es decir, en femenino: *la Internet*.

intervención

> No hay que confundir los términos *intervención* («el acto de que un estado intervenga en los asuntos de otro para que predomine la voluntad extranjera sobre la nacional»), *invasión* («el hecho de usurpar lo ajeno») y *ocupación* («el hecho de apropiarse de algo que no tiene dueño»).

A menudo se confunden los términos *intervención*, *invasión* y *ocupación*. Sin embargo, sus significados, como veremos a continuación, son muy diferentes.

Según el *Diccionario enciclopédico Espasa*, el término *invasión* designa «el acto de penetrar sin derecho en un sitio careciendo del consentimiento de su dueño y aun contra su voluntad, o de abrogarse atribuciones o facultades propias de otra persona», y «la entrada de ejércitos o huestes armadas en país extranjero, en son de guerra, constituye el caso más característico de *invasión*».

En el *Diccionario enciclopédico de Derecho usual* de Guillemos Cabanellas, *invasión* está definida como «agresión armada internacional, en que se penetra en territorio de otro país con la finalidad de adueñarse de este (en todo o en parte) o para obligar a rendirse al adversario y que acepte las condiciones que se le impongan».

La *ocupación*, sin embargo, según el *Diccionario enciclopédico Espasa* «es un modo originario de adquirir la propiedad, y consiste en la aprehensión de los bienes materiales externos que no pertenecen a nadie, hecha con intención de apropiárselos».

En el *Diccionario enciclopédico de Derecho usual* también se habla de la *ocupación militar* como «la posesión circunstancial del territorio enemigo por adelantamiento de las líneas propias hasta el suelo antes extranjero», y de la *ocupación bélica* como «la acción de adueñarse por la fuerza, la habilidad o la sorpresa del territorio que poseía el enemigo».

Nos queda, entonces, la última de las tres voces: *intervención*, cuyas definiciones, según el *Diccionario enciclopédico Espasa*, transcribimos a continuación:

> **intervención** Derecho internacional. Se entiende por *intervención* el acto de inferirse un estado en los asuntos interiores o exteriores de otro, y como consecuencia, la acción que se ejerce para hacer predominar la voluntad extranjera sobre la nacional.
>
> La *intervención armada* consiste en una verdadera amenaza apoyada por movimientos de tropas para pesar sobre las decisiones del estado intervenido y seguida de la invasión ocupación efectiva del territorio extranjero.

El *Diccionario enciclopédico de Derecho usual* menciona también el *intervencionismo internacional*, es decir, la «intervención o injerencia sistemática o frecuente en territorio o asunto de otros países y de la esfera de la soberanía ajena».

Como deducimos de estas definiciones, los términos *intervención*, *invasión* y *ocupación* no deben utilizarse como equivalentes, sino cada uno en el contexto que corresponda.

> En las noticias sobre los acontecimientos en la República de Haití en septiembre de 1994, cuando las tropas estadounidenses entraron en ese país para reponer al presidente legítimo, se utilizaron indistintamente estas tres voces.
>
> ¿Cuál de los tres términos debió haberse utilizado: *invasión*, *ocupación* o *intervención*? El término *invasión* no es el adecuado, puesto que los militares estadounidenses contaban con «el consentimiento del legítimo poseedor de la cosa o función invadida» —el presidente Aristide—, y su intención no era apoderarse de Haití ni usurpar el poder de nadie; tampoco nos

sirve la palabra *ocupación*, ya que el ejército entró en un territorio que pertenece a otro estado —el haitiano—, ni la expresión *ocupación bélica*, porque la finalidad no era «extraer el máximo de recursos» ni «fuertes contribuciones de guerra». Descartada queda la forma *ocupación militar*, ya que el territorio no era enemigo. Lo que sucedió en Haití fue, en realidad, una *intervención armada* de los Estados Unidos de América.

intervenir quirúrgicamente

Es innecesaria la perífrasis *intervenir quirúrgicamente*, puesto que existen dos verbos españoles con ese mismo significado: *operar* e *intervenir*.

Resulta aburrida la tendencia a alargar innecesariamente las frases, tan frecuente en el lenguaje de la prensa. Por alguna razón oculta se prefiere decir las cosas con el mayor número de palabras posible, cuando, al mismo tiempo, se está añorando la simplicidad del inglés en aquellos casos en los que, para traducir una palabra de esa lengua al español, nos vemos en la necesidad de utilizar una perífrasis.

En español, los verbos *operar* e *intervenir*, cuando se refieren al campo de la cirugía, funcionan como sinónimos, con el significado de «practicar una operación quirúrgica», «ejecutar sobre el cuerpo animal vivo, con ayuda de instrumentos adecuados, diversos actos curativos, como extirpar, amputar, implantar, corregir, coser, etc., órganos, miembros o tejidos». Así, cuando usemos cualquiera de los dos verbos, *operar* o *intervenir*, si el contexto nos lleva a un hospital, enfermería o quirófano, ya sabremos de qué se trata, sin necesidad de usar ninguna perífrasis.

Queda claro, pues, que la perífrasis *intervenir quirúrgicamente* es, a todas luces, innecesaria, ya que se trata nada más y nada menos que de una redundancia y, aunque la lengua hablada sea redundante por naturaleza, en la lengua escrita, y aún más en la de la prensa, debe evitarse esa tendencia.

Frases como *Fulano está siendo intervenido quirúrgicamente en el hospital*, pueden quedar mucho mejor si se escriben de forma más sencilla y más corta: *A Fulano están operándolo en el hospital*. La primera forma, además de redundante, opta por la construcción *estar siendo + participio*, cuya constante repetición en el lenguaje periodístico resulta también algo abrumadora.

invasión Véase **intervención**.

inversionista

Los términos *inversionista* e *inversor* son sinónimos, por tanto, no debe condenarse el uso de ninguno de los dos.

Recibimos una consulta de un periodista que nos comentaba que, a menudo, en la redacción central, se cambia el término *inversionista* por *inversor*, cuando nos referimos a personas o grupos que invierten recursos financieros.

Dicha corrección nos parece equivocada y perjudicial desde el punto de vista periodístico. Veamos qué dice el diccionario *Clave* sobre estos dos términos:

> **inversionista** Referido a una persona, que invierte una cantidad de dinero: *Los inversionistas necesitan estar al corriente de los movimientos bursátiles.*

> **inversor, -a** Que invierte, esp. referido a la persona que invierte una cantidad de dinero: *Busco un inversor para mi nuevo negocio.*

Como vemos, los términos *inversionista* e *inversor* son sinónimos. Por tanto, no debe corregirse el empleo de ninguno de ellos.

ipso facto

Es incorrecto decir *iso facto*. La expresión latina correcta es *ipso facto* (pronunciado [ípso fácto]).

En el español culto, se utilizan algunas expresiones latinas que, en ocasiones, pasan también a formar parte de la lengua coloquial, y sufren por ello deformaciones tanto en la pronunciación como en la escritura.

Este es el caso del latinismo *ipso facto*. A menudo se comete el error de suprimir la *p* de *ipso*. Así, se dice *iso* facto en vez de *ipso* facto. Veamos cómo define este latinismo el diccionario *Clave*:

> **ipso facto** [latinismo] ‖ De manera inmediata, en el acto o por el mismo hecho: *Entré en la oficina y me atendieron ipso facto.*

(Véase también **latinismos**.)

Irbil Véase **Arbelas**.

Irish Box Véase **Coto Irlandés**.

irregular

Es incorrecto el uso del término *irregular* para calificar a los inmigrantes sin permiso de trabajo ni de residencia en nuestro país. Aunque sea más largo, en estos casos conviene decir que son *extranjeros en situación ilegal, extranjeros indocumentados o sin papeles.*

Si miramos el diccionario *Clave*, encontraremos los siguientes significados de *irregular*:

> **irregular 1** Que no es regular: *'Ser' y 'sentir' son verbos irregulares. Llevo un horario de comidas muy irregular.* **2** No conforme a la ley, a la regla o a un uso establecido: *Se ha enriquecido de una forma un tanto irregular.* **3** Que no ocurre ordinariamente: *Es una situación tan irregular que necesita un planteamiento distinto.*

O, lo que es lo mismo, «que no es uniforme», «que sufre grandes cambios, alteraciones o fallos en la forma o en su desarrollo», «que no es del tamaño o condición habitual» o «inferior a algo de su misma especie».

Así pues, los *extranjeros irregulares* son aquellos que no se atienen a la ley, regla o uso establecido para ser extranjero. Y también los extranjeros que no son uniformes. Y los extranjeros que sufren grandes cambios, alteraciones o fallos en su desarrollo. Y los que no son del tamaño habitual entre los extranjeros. Para evitar cualquiera de estos malentendidos, recomendamos que se diga *extranjeros en situación ilegal* o *extranjeros indocumentados o sin papeles*.

islámico, ca

No hay que confundir los términos *islámico* («del islam o relacionado con esta religión»), *árabe* («de Arabia o relacionado con ella; de los pueblos de lengua árabe») y *musulmán* o *mahometano* («de Mahoma, o que tiene como religión el islam»).

Durante la Guerra del Golfo aparecieron en las noticias algunos términos que parecen no estar lo suficientemente claros, lo que induce a cometer errores en su uso. En este caso analizaremos los referentes a la forma de llamar a los pueblos de la zona en conflicto, así como a su lengua y su religión.

• *Islámico* quiere decir «del islam (religión monoteísta cuyos dogmas y preceptos fueron predicados por Mahoma y recogidos en el libro sagrado del Corán) o relacionado con esta religión». Podemos hablar, por tanto, de literatura islámica, arte islámico o filosofía islámica.

• *Mundo islámico* hace referencia a «todos los países cuya religión mayoritaria, aunque no única, es el islam». En ellos está comprendida gran parte del Asia Central (algunas repúblicas soviéticas y Afganistán), Oriente Próximo y Oriente Medio (Turquía, Irán, Pakistán), Extremo Oriente (Indonesia, Malasia...), todo el mundo árabe y gran parte de los países de África subsahariana. Hay además otros países que no pueden llamarse islámicos (como Albania, Bulgaria, Yugoslavia, China, la India...) porque, aunque tienen en su población un importante número de musulmanes, esta población no es mayoritaria.

• *Árabe* significa «de Arabia (península del sudoeste asiático que comprende

Arabia Saudí, Bahrein, Emiratos Árabes Unidos, Kuwait, Omán, Qatar y Yemen)
o relacionado con ella»; «de los pueblos de lengua árabe o relacionado con
ellos»; «lengua semítica de estos pueblos». Por tanto, no es un concepto
étnico ni religioso. En Irán, por ejemplo, no se habla árabe; la lengua y la cultura
de ese país son persas o farsis, y como su religión es la islámica, también lo
es gran parte de su cultura.

- *Mundo árabe* hace refencia al «conjunto de todos los países cuya lengua es
  el árabe (así como su cultura)». No es sinónimo de *mundo islámico* (Irán y
  Turquía no pertenecen al mundo árabe, aunque sí al mundo islámico).

- *Musulmán* quiere decir «persona cuya religión es el islam». Son musulmanes
  todos los que profesan esa doctrina, sean o no árabes. Es sinónimo de *mahometano*, *mahometista* y *agareno*. Ni todos los árabes son musulmanes ni
  todos los musulmanes son árabes; en Siria, Iraq, Palestina, Jordania y Egipto
  hay importantes comunidades árabes cristianas, y Turquía es un país mayoritariamente musulmán, pero que no es árabe.

Así pues, *islámico* y *musulmán* hacen referencia a la religión de Alá, mientras que
el término *árabe* no alude a ninguna doctrina religiosa, sino a una zona geográfica
o a un idioma.

islamista

Es incorrecto utilizar el término *partidos islamistas* para referirse a los partidos
que propugnan el retorno a las fuentes del Islam; debe decirse *partidos islámicos*.

Con frecuencia, se le otorga al *islamismo* un sentido que no posee en español.
Islamismo es «el conjunto de dogmas y preceptos morales que constituyen la
religión de Mahoma». Puede usarse, pues, como sinónimo de *islam* y de *maho-
metismo*. *Islamista* no aparece en el *Diccionario* de la Real Academia Española, pero
solo es una más de las muchas voces que pueden formarse con la terminación
-ista que tampoco están recogidas en este *Diccionario*. Dicha terminación, cuando
va detrás de un sustantivo, generalmente denota «el que tiene determinada ocupación, profesión u oficio». De ahí que llamemos *hispanista* a quien se dedica a los
estudios de cultura, lengua y literatura españolas, *helenista* a quien está especializado en estudio de la Grecia Clásica, y *arabistas* a los estudiosos del Mundo Árabe,
su lengua, literatura, etc.

En árabe, el adjetivo derivado de *islam* es *islami* (islámico) y su plural es *islamiyún*
(islámicos); dichos términos nunca se han usado con el significado de *integrista*.
En la prensa de los países árabes se utilizan los términos *usuliyún*, *mutatarrifún*,

mutazamitún y *mutaasibún*, equivalentes a nuestros *integristas, extremistas, radicales* y *fanáticos*.

Si a los integristas católicos no los llamamos *catolicistas*, y a los protestantes radicales se les llamó *fundamentalistas* y no *protestantistas*, no hay ninguna razón para llamar *islamistas* a los practicantes del islam que adoptan posturas radicales, extremistas o integristas. Los seguidores de los preceptos y dogmas del islam se llaman en español *musulmanes*, palabra a la que podemos añadir cualquiera de los adjetivos antes citados cuando lo creamos necesario, para dar una información más completa. Así, en lugar de *islamistas*, bastará con decir *musulmanes integristas*, o, en su caso, *musulmanes extremistas*.

En cuanto a los partidos políticos que propugnan la vuelta a una sociedad regida por las leyes y el modo de vida del *islam*, nada más fácil que llamarlos tal y como sus fundadores los han denominado, es decir, utilizando el adjetivo *islámico*, traducción del árabe *islami*, que aparece en los *Hezb Islami* (Partido Islámico) del Líbano y Afganistán, en el *Yihad Islami* (Guerra Santa Islámica) del Líbano, en la *Yamiat Islami* (Asamblea Islámica) de Afganistán, y en el argelino *Yabha al Islamiya li-l Inqad* (Frente Islámico de Salvación). Si en los países de origen llaman *islámicos* a ese tipo de partidos, ¿por qué nos ha dado a nosotros por decir *partidos islamistas*? Nos parece mejor idea prescindir de ese neologismo acuñado por la prensa francesa y seguir con nuestras tradiciones lingüísticas.

(Véase también **integrista**.)

[iso facto Véase **ipso facto**.

israelí

> Los términos *israelí, israelita, judío* y *hebreo* no son sinónimos: *israelí* es el nombre que designa los habitantes de Israel; el término *israelita* designa los judíos de todo el mundo; la palabra *judío* se refiere al pueblo religioso, y el *hebreo* es la lengua del pueblo judío.

Hace ya tiempo, se planteó en la redacción de EFE la duda sobre el exacto significado de las voces *israelí, hebreo, judío* e *israelita*, y el Departamento de Español Urgente, tras consultar con su Consejo Asesor, recomienda lo siguiente:

Israelí es el gentilicio del estado de Israel.

Puede emplearse el término *israelita* para designar a los judíos de todo el mundo y se emplea, especialmente, al hablar de judíos practicantes: «la comunidad *israelita* de los Estados Unidos, de Francia, de Marruecos...».

La palabra *judío* designa a un pueblo o comunidad religiosa. No es una raza.

El término *hebreo* es la lengua del pueblo judío. Por extensión se aplica a los hablantes de dicha lengua.

Los términos *israelita, judío* y *hebreo* sí son intercambiables en ciertos contextos, aunque conviene seguir las explicaciones anteriores. No ocurre así con *israelí*, ya que hay cristianos, musulmanes o ateos *israelíes*.

israelita Véase **israelí**.

Ivory Coast Véase **Costa de Marfil**.

J j

[jeep

Debe evitarse el uso del anglicismo *jeep* (pronunciado [yip]), que puede sustituirse por la palabra española *todoterreno*. Cuando se utilice la voz inglesa, deberá escribirse entrecomillada («jeep») o en cursiva (*jeep*).

Recibida una consulta sobre cómo debe escribirse en español el nombre del vehículo cuyo nombre (marca) es *Jeep*, acudimos al diccionario *Clave*, en el que pueden encontrarse la mayor parte de las palabras que se usan hoy en día y no están en la última edición del *Diccionario* de la Real Academia. Este es el caso de *jeep*, de la que *Clave* dice lo siguiente:

[jeep (anglicismo) Vehículo ligero y resistente que se adapta a todo tipo de terreno y se emplea para el transporte: *Atravesaron el desierto en 'jeep'*. □ USO Su uso es innecesario y puede sustituirse por una expresión como *todoterreno*.

Otro buen libro de consulta para ese tipo de dudas es *Palabras mayores* (*Diccionario práctico de la lengua española*) de Ramón Sol, que dice:

jeep Esta voz inglesa cuyo plural es *jeeps* significa «vehículo ligero y resistente, adecuado para todo tipo de terrenos»: *Para animar a los soldados, el general recorría en jeep la peligrosa línea del frente*. Dado su uso común, se escribe en redonda. Han tenido escaso éxito tanto la traducción *campero* como su posible castellanización con la grafía *yip* (plural *yipes*), que es como se pronuncia en inglés. En cambio, la traducción *todoterreno* (no *todo-terreno*, por cierto) goza de mayor aceptación: *Acaban de comprarse un todoterreno imponente*. Con excepción de *campero*, que se emplea en Colombia, el *Diccionario* académico no registra ninguna de estas palabras. Parece que el uso tiende a distinguir entre *jeep* (o *yip*), que se reservaría para vehículos de tipo militar, y *todoterreno* (o *campero*), que tendría un carácter más bien civil.

En el caso de que no pueda usarse *todoterreno* y sea necesario escribir la voz inglesa, conviene escribirla entre comillas («jeep») o en cursiva (*jeep*).

jefe departamento customer service

El uso de la expresión *jefe departamento customer service* (pronunciado [cástamer servis]) es innecesario, y se puede sustituir por el término español *jefe del departamento de atención al cliente* o *de servicio al cliente*.

Aunque está muy extendido el uso de anglicismos para designar determinados puestos de trabajo, es preferible utilizar el nombre español de estos cargos.

Basta detenerse en las páginas que algunos periódicos dedican a las ofertas de empleo para toparse con una retahíla de palabras inglesas solo apta para iniciados, ya que el resto de los mortales jamás podremos acceder a un puesto de trabajo cuyo nombre no entendemos.

En uno de esos anuncios, una empresa *líder mundial del sector de componentes para automoción* busca un *Jefe Departamento Customer Service*. He aquí un ejemplo de híbrido español-inglés que habría quedado mucho mejor, aunque quizá menos *importante*, si hubieran puesto *Jefe del departamento de atención al cliente* o *de servicio al cliente*. Las funciones del cargo son: *En dependencia del Director Gerente tendrá la responsabilidad de marketing (análisis y política de precios, competencia, clientes...) y de logística (asistencia a clientes, reclamaciones, stock, transporte, pedidos a fábricas...)*. Visto todo lo anterior, a estas alturas ya no debe extrañarnos que hayan preferido usar el inglés *stock* en lugar del español *existencias*.

(Véase también **anglicismos**.)

[jena Véase **alheña**.

Jenifra

Debe evitarse el uso de *Khenifra* en lugar de *Jenifra*, por ser *Jenifra* la transcripción española del nombre de esta ciudad.

La forma de escribir en español los nombres de las ciudades árabes está sufriendo algunos cambios producidos por el desconocimiento de la toponimia tradicional y por la cada vez más numerosa aparición de guías de viaje que hablan de estas ciudades árabes, sin tener en cuenta el nombre de esos lugares en español. En muchas ocasiones, se adopta una forma extraña para un topónimo sin tomar en consideración bien que ya existe una forma tradicional en nuestra lengua, o bien que la transcripción adoptada es la francesa y no la que corresponde al español.

En la zona norte de Marruecos (la de más reciente influencia española), una de las ciudades principales es la que, en español, designamos con el nombre de *Jenifra*. Aunque en Marruecos se haya optado por la forma francesa *Khenifra*, nosotros debemos seguir escribiendo el nombre de dicha ciudad como siempre lo hemos hecho en nuestra lengua: *Jenifra*.

Jibuti Véase **Yibuti**.

[jihad Véase **yihad**.

[judicalizar Véase **judicializar**.

[judicializar

El término *judicializar* está bien formado y su uso es correcto, aunque no está recogido en el *Diccionario* de la Real Academia Española.

Hay términos que, aunque de momento no aparezcan en los diccionarios, no tardarán en ocupar el lugar que les corresponde. Son generalmente neologismos bien formados, que no chocan al oído y cuya presencia en el léxico es necesaria, ya que sirven para expresar ideas o para nombrar cosas que hasta ahora no eran corrientes.

En el *Diccionario* de la Real Academia Española aparecen el adjetivo *judicial* («perteneciente al juicio, a la administración de justicia o a la judicatura») y el adverbio *judicialmente* («por autoridad o procedimiento judicial»).

Una de las formas de las que disponemos en español para formar nuevos verbos es añadir el sufijo verbal *-izar* a un sustantivo o a un adjetivo; si estos terminan en consonante, se añade directamente el sufijo (carbón = *carbonizar*), y si terminan en vocal se elimina esta última (patente = *patentizar*).

Así pues, el verbo *judicializar* cumple con las normas gramaticales del español y viene a llenar un vacío en nuestros diccionarios, ya que hasta ahora no teníamos ninguna palabra que significase «recurrir a la justicia para resolver asuntos no estrictamente judiciales». En cambio, no son correctas las formas *juridizar* y *judicalizar*.

judío, a

Los términos *judío*, *hebreo*, *israelí* e *israelita* no son sinónimos: la palabra *judío* se refiere al pueblo religioso; *hebreo* es la lengua del pueblo judío; *israelí* es el nombre que designa los habitantes de Israel, y el término *israelita* designa los judíos de todo el mundo.

Hace ya tiempo, se planteó en la redacción de EFE la duda sobre el exacto significado de las voces *judío*, *israelí*, *hebreo* e *israelita*, y el Departamento de Español Urgente, tras consultar con su Consejo Asesor, recomienda lo siguiente:

La palabra *judío* designa a un pueblo o comunidad religiosa. No es una raza.

El término *hebreo* es la lengua del pueblo judío. Por extensión se aplica a los hablantes de dicha lengua.

Puede emplearse el término *israelita* para designar a los judíos de todo el mundo y se emplea, especialmente, al hablar de judíos practicantes: «la comunidad *israelita* de los Estados Unidos, de Francia, de Marruecos...».

Israelí es el gentilicio del estado de Israel.

Los términos *israelita, judío* y *hebreo* sí son intercambiables en ciertos contextos, aunque conviene seguir las explicaciones anteriores. No ocurre así con *israelí*, ya que hay cristianos, musulmanes o ateos *israelíes*.

jugar un papel

Debe evitarse el uso de la expresión *jugar un papel*, puesto que lo correcto en español es *representar un papel* o *desempeñar un papel*.

La locución *jugar un papel* aparece con bastante frecuencia en las noticias y se emplea cada vez más en la lengua oral y escrita, sin tener en cuenta que no es correcta. Ricardo J. Alfaro, en su *Diccionario de anglicismos*, nos da una extensa explicación al respecto. Explica este autor que «entre las dieciocho acepciones que tiene el verbo *jugar* en español, no hay ninguna que autorice la expresión *jugar un papel*, anglo-galicismo que tiene sus raíces en el inglés *to play a role* y en el francés *jouer un rôle*». Añade Ricardo J. Alfaro que «*jugar un papel* en el sentido de desempeñar una función es traducción servil y locución tan inadmisible y ajena a nuestra lengua como lo sería decir *jugar una comedia* (play a comedy) o *jugar el piano* (play the piano)», puesto que «en español siempre se ha dicho *hacer, desempeñar o representar un papel*».

Manuel Seco, en su *Diccionario de dudas y dificultades de la lengua española*, también advierte sobre este error:

papel Con el sentido de «cargo o función», es frecuente que este nombre se presente como complemento directo de los verbos *hacer* o *representar*, pues se trata de un uso figurado del papel del actor. No es muy adecuado, en cambio, el uso —por otra parte también frecuente— del verbo *jugar* en estas construcciones, traducción inexacta del verbo francés *jouer* (*jouer son rôle, representar un papel*).

En resumen, no debe decirse nunca *jugar un papel* (que es galicismo y anglicismo), sino *representar* o *desempeñar un papel*.

[junior

Es innecesario el uso del término inglés *junior* (pronunciado [yúnior]), en la jerga empresarial, con el significado de «sin experiencia» o «inexperto».

Ojeando las páginas de ofertas de empleo de cualquier diario puede observarse que una parte importante de los anuncios introducen términos ingleses, aunque el resto del texto esté en español, y, por supuesto, sin ofrecer traducción alguna de estos términos.

Habitualmente, en la jerga empresarial, los ingleses utilizan la voz *junior* con el significado de «sin experiencia, inexperto», y *senior* con el significado de «más de 10 años de experiencia».

(Véase también **anglicismos**.)

[juridizar Véase **judicializar**.

K k

Kampuchea Véase **Camboya**.

Karachajevo-Cherkesia Véase **Circasia**.

Kazajistán

El nombre de la antigua república de la URSS cuya capital es Alma Alta es *Kazajistán* y no *Kazajstán*.

Algunos periódicos españoles, al informar sobre el estado de Asia central, Kazajistán, utilizan una forma extraña para designarlo: *Kazajstán*. Por ello, queremos recordar que *Kazajistán* es como debe escribirse, en español, el nombre de esta antigua república de la URSS.

Asimismo, se emplea en la prensa una grafía ajena a nuestra tradición para referirse a la capital de ese país: *Almati*. Pues bien, esa nueva manera de llamar a esta ciudad no debe desplazar a la ya acuñada en nuestra lengua y en todas las publicaciones en español sobre geografía e historia: *Alma Ata*.

Por último, también creemos conveniente recordar que el gentilicio que designa a los habitantes de *Kazajistán* es *kazaco*.

Kazajstán Véase **Kazajistán**.

Kenia

Debe evitarse el uso de *Kenya* en lugar de *Kenia*, por ser *Kenia* la forma española del nombre de este país.

A menos que haya un topónimo tradicional en español, siempre deben hispanizarse las grafías de nombres propios procedentes de lenguas que tienen alfabetos distintos al latino. En lo referido a la toponimia de África, es importante tener en cuenta que, a menudo, las grafías nos llegan —ya transcritas al alfabeto latino— a través del inglés o del francés, ya que muchos de los actuales países africanos fueron colonias del Reino Unido o de Francia; sin embargo, estas grafías pueden resultar extrañas en nuestro idioma.

Uno de estos topónimos es el del país que, en español, designamos con el nombre de *Kenia*. Aunque es frecuente ver escrita la forma inglesa *Kenya*, recomendamos seguir escribiendo el nombre de dicho país con la grafía propia de nuestra lengua: *Kenia*.

Kenya Véase **Kenia**.

Khenifra Véase **Jenifra**.

kiosko Véase **quiosco**.

[kirguís

Kirguís (no *kirguizo* o *kirguizio*) es el término que designa a los habitantes de la República Socialista Soviética de Kirguizistán. *Kirguís* es también el nombre del idioma oficial de Kirguizistán.

No parece estar claro cómo escribir el gentilicio de la República Socialista Soviética cuya capital es Frunze. Por ello, creemos conveniente aclarar que los habitantes de la república de Kirguizistán reciben el nombre de *kirguises* (*kirguís* en singular, tanto para el masculino como para el femenino); son incorrectas, por tanto, las formas *kirguizos* y *kirguizios*. La lengua hablada por los kirguises es el *kirguís*, lengua del grupo turco.

Sin embargo, también es importante destacar que siempre que nos encontremos con la letra -z- en alguna transcripción de nombres originarios de la Unión Soviética, podemos optar por cambiarla por una -s-, y si no lo hacemos, por lo menos debemos recordar que su pronunciación es más parecida a la de nuestra -s- que a la de nuestra -z-.

[kirguizio, zia Véase **kirguís**.

Kirguizistán

Los habitantes de la República Socialista Soviética de Kirguizistán reciben el nombre de *kirguises*, y su lengua es el *kirguís*.

Encontramos en las noticias sobre la república de Kirguizistán, cuya capital es

Frunze, y sobre los problemas existentes entre *uzbecos* y *kirguises*, que aparecen mal empleados los siguientes gentilicios: *kirguizos, kirguizios* y *uzbekos*.

Por esta razón, creemos conveniente recordar que el nombre tradicional en español de esta República Socialista Soviética es *Kirguizistán*, que su gentilicio es *kirguís* (plural *kirguises*, y la misma forma en masculino que en femenino), y que la lengua hablada por los *kirguises* es el *kirguís*, lengua del grupo turco.

Asimismo, conviene advertir que siempre que nos encontremos con la letra -z- en alguna transcripción de nombres originarios de la Unión Soviética, podemos optar por cambiarla por una -s-, y si no lo hacemos, por lo menos debemos recordar que su pronunciación es más parecida a la de nuestra -s- que a la de nuestra -z-.

[kirguizo, za Véase **kirguís**.

Kishiniov Véase **Chisinau**.

Kolkata Véase **Calcuta**.

[kosovar

> Es correcto utilizar el término *kosovar*, tomado directamente del albanés, para designar a los naturales de Kósovo.

Con las noticias sobre la guerra de Yugoslavia, ha aparecido el gentilicio *kosovar* (de *Kósovo*), sin tradición en español. Parece ser que hemos tomado dicho gentilicio directamente del albanés, lengua de esa región, sin plantearnos la posibilidad de crearlo a partir de formas de derivación más propias del español. En cualquier caso, esa terminación en -*ar* no es del todo ajena a los gentilicios en nuestra lengua, pues tenemos *balear, peninsular, magiar, polar, insular, malabar*, etc.

Desde la aparición de este gentilicio en los medios de comunicación, no han cesado de llegar consultas al Departamento de Español Urgente en las que se nos solicita que expliquemos si esa es la forma correcta de llamar a los habitantes de Kósovo.

La mayoría de los remitentes de esas consultas aducen que habría sido mucho más correcto decir *kosovés, kosovense, kosoveño*, o cualquier otra forma más habitual en los gentilicios en español... Y tienen toda la razón, pero ha sido tal la difusión del término albanés en los medios de comunicación hispanohablantes que ya no estamos a tiempo de ponerle coto, ya no podemos dar marcha atrás. Lo único que podemos recomendar es que no se den por malas las formas antes señaladas, es decir, que no se corrija a quien opte por usar *kosovense* en lugar de *kosovar*, pues estará usando una forma correcta en español.

[kosovense Véase **kosovar**.

[kosoveño, ña Véase **kosovar**.

[kosovés, -a Véase **kosovar**.

Kósovo

> Para este topónimo, que designa la república yugoslava cuya capital es Pristina, se prefiere la forma acentuada a la no acentuada.

Con la extinción de la antigua Yugoslavia, han surgido varios países en esta zona centroeuropea. Uno de ellos es la provincia autónoma de Kósovo, cuya capital es Pristina.

De las dos pronunciaciones que han aparecido en español para designar este país —*Kósovo* y *Kosovo*—, recomendamos que se utilice la forma acentuada *Kósovo*.

[krahiniano, na Véase **krajinés, -a**.

Krajina

> Se recomienda escribir *Krajina*, y no *Krayina*, para referirse a la república serbia de este nombre.

Planteada la duda sobre la forma de escribir este topónimo yugoslavo, ¿*Krajina* o *Krayina*?, conviene recordar que muchas repúblicas yugoslavas utilizan el alfabeto latino y, por tanto, sus topónimos no plantean ningún problema de transcripción ya que debemos escribirlos tal y como lo hacen ellos, puesto que no se trata de alfabetos distintos al nuestro.

Sin embargo, recordemos que en todos aquellos nombres yugoslavos en los que aparezca la letra -*j*-, al leerla debemos pronunciarla como nuestra -*i*- latina. De este modo *Krajina* se pronunciará [kraiina]; lo que en español puede sonar parecido a [krayina].

[krajinense Véase **krajinés, -a**.

[krajinés, -a

Es preferible el uso del término *krajinés*, frente a *krajiniano* o *krajinense*, para designar los habitantes de Krajina.

Planteada la duda sobre la forma de escribir este gentilicio yugoslavo conviene recordar que muchas repúblicas yugoslavas utilizan el alfabeto latino y, por tanto, sus gentilicios no plantean ningún problema de transcripción ya que debemos escribirlos tal y como lo hacen ellos, puesto que no se trata de alfabetos distintos al nuestro. De modo que en todos aquellos nombres yugoslavos en los que aparezca la letra *-j-*, al leerla debemos pronunciarla como nuestra *-i-* latina.

En cuanto al gentilicio de este país, puede ser *krajiniano* (pronunciado [krayiniano]), *krajinés* o *krajinense*. Recomendamos que se escriba, de entre los tres gentilicios posibles, el más sencillo: *krajinés*.

Por otra parte, la forma *krajinota* (pronunciada [kraiinota]), no tiene ninguna tradición en español y, por tanto, podemos prescindir de ella.

[krajinota Véase **krajinés**.

Krayina Véase **Krajina**.

[krayiniano, na Véase **krajinés, -a**.

la Véase **laísmo**.

La Güera

Debe evitarse el uso de *Lagwira* en lugar de *La Güera*, por ser *La Güera* la transcripción española más adecuada del nombre de esta ciudad.

La forma de escribir en español los nombres de las ciudades del Sahara Occidental está sufriendo algunos cambios producidos por el desconocimiento de la toponimia tradicional y por la cada vez más numerosa aparición de guías de viaje que hablan del Sahara Occidental y de sus ciudades, sin tener en cuenta el nombre de esos lugares en español. En muchas ocasiones, se adopta una forma extraña para un topónimo sin tomar en consideración bien que ya existe una forma tradicional en nuestra lengua, o bien que la transcripción adoptada es la francesa y no la que corresponde al español.

Una de estas ciudades saharauis es la que, en español, designamos con el nombre de *La Güera*. Aunque en el Sahara Occidental se haya optado por la forma francesa *Lagwira*, nosotros debemos seguir escribiendo el nombre de dicha ciudad como siempre lo hemos hecho en nuestra lengua: *La Güera*.

La Youne Véase **El Aaiún**.

Lagwira Véase **La Güera**.

laísmo

Es incorrecto el uso de *la* como complemento indirecto (*La dije que viniera*); lo correcto es utilizar el pronombre *le* (*Le dije que viniera*).

A partir de la información que proporciona el apéndice de errores frecuentes del diccionario *Clave* hemos extraído las siguientes indicaciones:

El laísmo consiste en el uso de los pronombres *la* y *las* como complemento indirecto:

A ella la dije que sí.

La regalé un disco.

Lo correcto sería decir:

A ella le dije que sí.

Le regalé un disco.

En la *Gramática descriptiva de la lengua española* de Ignacio Bosque y Violeta Demonte, se habla de un uso etimológico para referirse al empleo de las formas herederas del latín *lo, la* para el objeto directo y *le* para el objeto indirecto. Según dichos autores, el uso correcto de estas formas es el etimológico, pero luego hay otros usos, como al que aludimos en este caso, que son los que reciben la denominación de *leísmo*, *laísmo* y *loísmo*.

En síntesis, debe evitarse el uso del pronombre *la* en lugar de *le* como objeto indirecto; por tanto, son incorrectas frases como las siguientes: *La dije que no iba a ir*; *La compré un oso de peluche*.

Lao Véase **Laos**.

Laos

Se recomienda el uso de *Laos*, en lugar de *Lao*, por ser *Laos* el topónimo tradicional en español.

Según las recomendaciones de la última edición del *Manual de español urgente*:

Los nombres de uso tradicional y muy arraigado en castellano deben conservar su forma castellana. Los nombres que, teniendo correspondencia castellana, se reproducen en la prensa internacional con las formas del país, a veces reclamadas por los Gobiernos respectivos con actitud anticolonialista, deben conservar la forma castellana del nombre extranjero cuando es tradicional.

Por esta razón, debemos decir *Laos*, y no *Lao*, para referirnos al estado del sudeste de África cuya capital es Vientiane.

lapso

Se recomienda el uso del término *lapso* con el significado de «período de tiempo» y del término *lapsus* con el significado de «equivocación que se comete por descuido».

El hecho de que *lapso* y *lapsus* sean dos palabras tan parecidas no debe servir nunca para disculpar las confusiones que, demasiado a menudo, se producen en su uso. El *Diccionario* de la Real Academia Española define el término *lapso* como «paso o transcurso», «tiempo entre dos límites» o «caída en una culpa o error», y el término *lapsus* como «falta o equivocación cometida por descuido».

Aunque este *Diccionario* los trate como sinónimos, el uso sí hace una distinción entre *lapso*, con valor temporal, y *lapsus*, con el significado de «error involuntario». También es curioso ver, cada vez con más frecuencia, la construcción *lapso de tiempo*. En realidad, los que la utilizan deberían caer en la cuenta de que están siendo redundantes, puesto que a pesar de que los diccionarios disientan, actualmente, los *lapsos* son siempre de tiempo.

Se recomienda, pues, utilizar *lapso* cuando se haga referencia a un «período de tiempo» y *lapsus* cuando se quiera hablar de una «equivocación cometida por descuido».

> Aunque ya desusado y antiguo, en el *Diccionario* de la Real Academia Española nos encontramos también con el adjetivo *lapso*, que se aplicaba a quien caía en un delito o error, junto al sustantivo *lapso*, del mismo origen que *lapsus*, con el significado de «intervalo o período de tiempo entre dos límites».

lapsus Véase **lapso**.

latinismos

> Algunos latinismos sufren deformaciones con el uso; por este motivo, conviene siempre consultar el diccionario antes de escribir una expresión latina.

En el español culto, se utilizan algunas expresiones latinas que, en ocasiones, pasan también a formar parte de la lengua coloquial, y sufren por ello deformaciones tanto en la pronunciación como en la escritura. Entre esas deformaciones o errores, la más corriente es poner una preposición delante de ciertas palabras latinas. Veamos algunos de estos latinismos utilizados de forma errónea:

- **grosso modo** (pronunciado [gróso módo]). Se comete a menudo el error de anteponer la preposición *a*; así, se dice *a grosso modo* en lugar de la forma correcta *grosso modo*. Esta locución adverbial significa «sin detalle, en líneas generales, sin rigurosa exactitud».

- **motu proprio** (pronunciado [mótu próprio]). Aquí hay dos errores: el primero es igual que en el caso anterior, ya que se antepone la preposición *de*, que no es necesaria (*de motu propio*). El segundo error proviene de la transcripción errónea de *proprio*. Se dice *propio*, cuando lo correcto sería *proprio*, ya que la expresión latina correcta es *motu proprio*, que significa «por propia voluntad, por propio impulso».

- **corpore insepulto** (pronunciado [córpore insepúlto]). Con este latinismo también se comete el error de anteponer la preposición *de* antes de la locución latina (*de córpore insepulto*). Debe decirse *Misa corpore insepulto*, cuando se oficia con el muerto de cuerpo presente.

- **alma máter** (pronunciado [álma máter]). Creyendo que se trata de la misma voz que *alma* en español, se tiende a utilizar erróneamente el artículo masculino (*el alma máter*); pero ocurre que en latín *alma* es un adjetivo que significa «que nutre». Lo correcto es que el artículo vaya en femenino, *la alma máter*, ya que debe concordar con *máter*. Su traducción es *madre nutricia*.

- **ipso facto** (pronunciado [ípso fácto]). Debe evitarse la pronunciación vulgar de este latinismo como *iso facto*, ya que la forma correcta es *ipso facto*, que significa «en el acto, inmediatamente».

- **statu quo** (pronunciado [estátu quó]). La forma correcta es *statu quo*, no *status quo*, como se ve a veces. Equivale a «en el mismo estado en el que se hallaban antes las cosas, en el estado actual».

latinoamericano, na

El término *latinoamericano* designa a los naturales de los países de América que fueron colonizados por naciones latinas, esto es, por España, Portugal o Francia.

Al hablar del conjunto de los países de América, con excepción de Estados Unidos, Canadá y las islas anglófonas del Caribe, se plantea en ocasiones la duda de qué término emplear: *latinoamericano, iberoamericano* o *hispanoamericano*.

Tomemos como orientación la definición que da el diccionario *Clave* del término *latinoamericano*, que sirve para establecer las diferencias entre los tres términos:

latinoamericano, na 1 De los países americanos que fueron colonizados por España, Portugal o Francia (países europeos): *Numerosos escritores y artistas acudieron a un encuentro cultural latinoamericano.* **2** De Latinoamérica (conjunto de países americanos con lenguas de origen latino): *Los pueblos latinoamericanos se pueden comunicar con el español, el francés y el portugués.* □ SEM. Dist. de *hispanoamericano* (de los países americanos de habla española) y de *iberoamericano* (de los países americanos de habla española o portuguesa).

Al utilizar estos términos, debemos recordar, pues, que el término *iberoamericano* se refiere a los países de América de habla española y portuguesa, mientras que *latinoamericano* designa a los países de América que fueron colonizados por naciones latinas, esto es, por España, Portugal o Francia. Por último, *hispanoamericano* designa a los países americanos de habla española.

La voz *latinoamericano* se emplea generalmente en los países hispanoamericanos como sinónimo de *hispanoamericano*. No incluyen, por tanto, Canadá, Haití, las islas francófonas del Caribe (Antillas Francesas) la Guayana Francesa, ni Brasil, zonas de América en las que se hablan lenguas tan latinas como el español. Y si se refieren a cuestiones que implican también a Brasil, no utilizan el término *iberoamericano* (países iberoamericanos), como sería lógico por la definición del diccionario, sino que hablan de *sudamericano*, utilizando la referencia geográfica en lugar de la histórica o lingüística.

Latvia Véase **Letonia**.

le Véase **leísmo**.

leísmo

Es incorrecto el uso de *le* como complemento directo (*Ese cromo ya le tengo*), excepto cuando *le* se usa para un complemento directo de persona de sexo masculino en singular (*Le recibieron con aplausos*).

A partir de la información que proporciona el apéndice de errores frecuentes del diccionario *Clave* hemos extraído las siguientes indicaciones:

El leísmo consiste en el uso de los pronombres *le* y *les* como complemento directo:

> *Ese libro ya le tengo.*

> *A Jesús y a Luis les vi el sábado.*

Lo correcto sería decir:

> *Ese libro ya lo tengo.*

> *A Jesús y a Luis los vi el sábado.*

La Real Academia Española admite el leísmo cuando *le* se usa en singular para un complemento directo de persona de sexo masculino:

> *A Luis le vi el sábado.*

En la *Gramática descriptiva de la lengua española*, Bosque y Demonte hacen una clasificación de los distintos tipos de *leísmo* que existen:

- El uso de *le* referido a un objeto directo singular masculino: *Le conozco hace tiempo.*

- El uso de *le* referido a un objeto directo de cosa masculina: *¿Has visto mi libro? No, no le he visto.*

- El uso de *les* referido a un objeto directo de persona o cosa masculina: *Hoy les llevaré al parque*.

- El uso de *le* referido a un objeto directo femenino: *A Mariana hace tiempo que no le veo*.

De todos estos usos, el primero es el más extendido, y el que admite la Real Academia Española; el último, sin embargo, es el uso leísta menos extendido.

> El fenómeno del leísmo es típico del centro peninsular pero no de las otras regiones ni de Hispanoamérica, donde se mantiene con fortaleza la oposición *le* complemento indirecto / *lo* complemento directo. Sin embargo, la abundancia del leísmo en la lengua culta y literaria es lo que ha movido a la Real Academia Española a admitirlo, aunque, como ya hemos dicho anteriormente, sólo cuando se refiere a personas masculinas y en singular. Con todo, la Academia manifiesta su deseo de que se mantenga la distinción etimológica entre *le* y *lo*.

Lejano Oriente Véase **Extremo Oriente**.

lenguaje políticamente correcto

> Es importante evitar aquellos términos del lenguaje que puedan resultar ofensivos sustituyéndolos por otras expresiones libres de prejuicios (lenguaje políticamente correcto). Sin embargo, debe evitarse caer en eufemismos que resulten artificiales.

Desde hace tiempo se viene oyendo hablar del *lenguaje políticamente correcto*, que es el que «elimina significados ofensivos al sustituir ciertos términos por expresiones libres de prejuicios». Es decir, consiste en evitar el uso de aquellos términos que puedan resultar peyorativos y herir la sensibilidad de alguna persona. No cabe duda de que es preferible emplear *enfermo mental* en lugar de *loco* o sustituir *tercer mundo* por *países en vías de desarrollo*.

Pero, en algunas ocasiones, esto ha sido llevado al extremo, de modo que han proliferado algunos eufemismos forzados que no son sino una forma de manifestar cierto miedo y pudor ante realidades incómodas de nombrar. Resulta un tanto artificial llamar *hipoacúsico* a la «persona que no oye bien», o llegar al extremo de utilizar la expresión *efectos colaterales* en lugar de *muertos*.

Por eso es importante cuidar el lenguaje, evitando términos que puedan resultar ofensivos; pero también hay que tener en cuenta que, a menudo, no son las palabras concretas las que tienen un matiz peyorativo, sino que son los hablantes en ciertos contextos los que le dan esa connotación. Aun así, es importante desterrar de nuestro vocabulario todos aquellos términos que pongan de manifiesto ciertos prejuicios.

lesbiana Véase **homosexual**.

Lesotho Véase **Lesoto**.

Lesoto

Debe evitarse el uso de *Lesotho* en lugar de *Lesoto*, por ser *Lesoto* la transcripción española del nombre de este país.

A menos que haya un topónimo tradicional en español, siempre deben hispanizarse las grafías de nombres propios procedentes de lenguas que tienen alfabetos distintos al latino. En lo referido a la toponimia de África, es importante tener en cuenta que, a menudo, las grafías nos llegan —ya transcritas al alfabeto latino— a través del inglés o del francés, ya que muchos de los actuales países africanos fueron colonias del Reino Unido o de Francia; sin embargo, estas grafías pueden resultar extrañas en nuestro idioma.

Uno de estos topónimos es el del país que, en español, designamos con el nombre de *Lesoto*. Aunque es frecuente ver escrita la forma inglesa *Lesotho*, recomendamos seguir escribiendo el nombre de dicho país con la grafía propia de nuestra lengua: *Lesoto*.

Letonia

El gentilicio de Letonia es tanto *letón* como *latvio*, puesto que este país se conoce con el nombre de *Letonia* o *Latvia*.

El gentilicio de Letonia es prácticamente desconocido. Este desconocimiento es la causa de que no siempre sea correcto o exacto el nombre utilizado en la redacción de las noticias.

Este país se conoce en España con el nombre de *Letonia* o *Latvia*. Por esta razón, existen dos gentilicios: *letón* y *latvio*.

La capital de Letonia no plantea problemas, puesto que *Riga* es el término que se utiliza para designarla tanto en español como en la lengua local, el letón, de la familia balto-eslava.

limpieza étnica

Debe evitarse el uso de la expresión *limpieza étnica* para referirse a la persecución de un grupo étnico.

Cada vez con más frecuencia oímos la expresión *limpieza étnica* para referirse a la «persecución de un grupo étnico». Sin embargo, si miramos la definición del término *limpieza* en el *Diccionario* de la Real Academia Española, vemos que, entre otros significados, la palabra *limpieza* es la «acción de limpiar».

Obviamente, solo es posible limpiar algo que está sucio, con lo cual si utilizamos la expresión *limpieza étnica* estamos diciendo que queremos limpiar una etnia sucia, cuando en realidad una etnia no puede estar sucia ni limpia.

Además de ser una expresión despectiva con la etnia a la que se refiere, es una expresión semánticamente incorrecta, porque, como hemos visto, el término *limpieza* no es el más apropiado en este caso. Recomendamos, pues, que se evite el uso de la expresión *limpieza étnica*.

Lituania

Para referirse a la capital de Lituania, debe utilizarse *Vilna* y no *Vilnius*, puesto que *Vilna* es su nombre castellano.

El nombre de la capital de Lituania es prácticamente desconocido. Este desconocimiento es la causa de que no siempre sea correcto o exacto el nombre utilizado en la redacción de las noticias.

El nombre en español de su capital es *Vilna* y así debemos llamarla, aunque a veces la veamos nombrada como *Vilnius*, que es su nombre en la lengua local, el lituano, de la familia balto-eslava.

lo Véase **loísmo**.

[lobby

Se recomienda el uso de los términos españoles *vestíbulo* o *recibidor* (referido a un edificio), y *grupo de presión* (referido a cuestiones políticas o parlamentarias), en lugar del anglicismo *lobby* (pronunciado [lóbi]).

Mirando en el diccionario *Collins*, podemos ver cómo traducir al español la voz inglesa *lobby*. Si de lo que se trata es del *lobby* de un hotel, o de un edificio, la traducción está bien clara: *vestíbulo, recibidor, sala de espera, antecámara*, etc.

Y si de lo que estamos hablando es de cuestiones políticas o parlamentarias, el *lobby* equivaldrá a nuestros *grupos de presión*, traducción que también recomienda el *Manual de español urgente* de la Agencia EFE, en su última edición:

lobby En Europa es sinónimo de *grupo parlamentario, parlamentario* o *diputado*. En los Estados Unidos significa *grupo de presión*.

El diccionario *Clave* recoge también esta palabra y en su nota de uso hace la misma apreciación:

[lobby (anglicismo) Grupo de personas influyentes que tienen capacidad de presión, generalmente en cuestiones políticas: *Un 'lobby' presiona a los parlamentarios para que cambien un artículo del proyecto de ley.* □ USO Su uso es innecesario y puede sustituirse por una expresión como *grupo de presión*.

También tenemos en español otra palabra que nos puede servir: *camarilla*, que es el «conjunto de personas que influyen subrepticiamente en los asuntos de Estado o en las decisiones de alguna autoridad superior».

Pero resulta que los anglohablantes también utilizan el verbo *to lobby*, y, en ese caso, deberemos echar mano de otras palabras españolas: *cabildear, cabildeo* y *cabildero* que, el *Diccionario* de la Real Academia Española define así:

cabildear Gestionar con actividad y maña para ganar voluntades en un cuerpo colegiado o corporación.

cabildeo Acción y efecto de cabildear.

cabildero El que cabildea.

El diccionario *Clave* modifica algo la definición del *Diccionario* de la Real Academia Española y se acerca más al significado de *to lobby* en inglés moderno:

cabildear Procurar conseguir algo de una corporación o de un organismo mediante intrigas y artimañas: *El ambicioso joven cabildeó en el Ayuntamiento hasta lograr lo que quería.*

También podemos usar el verbo *presionar* y las perífrasis *hacer presión* o *ejercer presión*. Emilio Lorenzo, en su libro *Anglicismos hispánicos*, además de recomendar el uso de *cabildeo* y *cabildero*, nos recuerda que también podemos decir *tráfico de influencias*, como equivalente a *lobbyism* y *lobbying*.

locución

No hay que confundir los términos *locución, alocución* y *elocución*. *Locución* significa «modo de hablar», *alocución* es el «discurso que pronuncia una persona con autoridad» y *elocución* es el «modo de usar las palabras para expresar los conceptos».

Existe una gran confusión entre los términos *alocución, elocución* y *locución*, y para aclararla nada mejor que recordar sus definiciones. Citamos, pues, el diccionario *Clave*:

locución 1 Modo de hablar: *La locución de ese orador es espléndida.* **2** Combinación fija de palabras que forman un solo elemento oracional y cuyo significado no es siempre el de la suma de significados de sus miembros: *La expresión 'lobo de mar' es una locución.* □ ORTOGR. Dist. de *alocución* y de *elocución.*

En el mismo diccionario, los términos *alocución* y *elocución* aparecen definidos de la siguiente manera:

alocución Discurso o razonamiento generalmente breve, que dirige un superior a sus subordinados, o que pronuncia una persona con autoridad: *La alocución del presidente del Gobierno fue retransmitida en directo por radio y televisión.* □ ORTOGR. Dist. de *elocución* y de *locución.*

elocución Modo de hablar o de usar las palabras para expresar los conceptos: *En un buen discurso, importa tanto el contenido como su correcta elocución.* □ ORTOGR. Dist. de *alocución* y *locución.*

loísmo

Es incorrecto el uso de *lo* como complemento indirecto (*Lo regalé un libro*). Lo correcto es utilizar el pronombre *le* (*Le regalé un libro*).

A partir de la información que proporciona el apéndice de errores frecuentes del diccionario *Clave* hemos extraído las siguientes indicaciones:

El loísmo consiste en el uso de los pronombres *lo* y *los* como complemento indirecto:

A mi padre lo escribí una carta.

A mis hermanos los compré un regalo.

Lo correcto sería decir:

A mi padre le escribí una carta.

A mis hermanos les compré un regalo.

En la *Gramática descriptiva de la lengua española* de Ignacio Bosque y Violeta Demonte, se habla de un uso etimológico para referirse al empleo de las formas herederas del latín *lo, la* para el objeto directo y *le* para el objeto indirecto. Según dichos autores, el uso correcto de estas formas es el etimológico, pero luego hay otros usos, como al que aludimos en este caso, que son los que reciben la denominación de *leísmo, laísmo* y *loísmo.*

La Real Academia Española no admite el *loísmo* en ningún caso.

En síntesis, debe evitarse el uso del pronombre *lo* en lugar de *le* como objeto indirecto; por tanto, son incorrectas frases como las siguientes: *Lo regalé una chaqueta; Lo conté que estaba triste.*

Mencionan Bosque y Demonte en su *Gramática* que mucha gente utiliza el término *loísmo* para referirse al uso de *lo* como objeto directo en oposición al *leísmo*, como uso de *le* en dicha situación. Por ejemplo, al hablar de los escritores andaluces o americanos se dice que son *loístas* porque utilizan el pronombre *lo* como objeto directo. Esto crea cierto desconcierto, ya que precisamente esa gente que llama a dichos escritores *loístas* es la que utiliza incorrectamente los pronombres españoles, por influencia del *leísmo*. Así pues, quienes a sus ojos son *loístas* hablan un español correcto, mientras que ellos mismos son los que no ven su error.

Louisiana Véase **Luisiana**.

Luisiana

Se recomienda el uso de *Luisiana*, en lugar de la grafía *Lousiana*, por ser *Luisiana* el término tradicional en español.

Hace tiempo, en las noticias que informaban sobre un huracán que estaba azotando los estados sureños norteamericanos, aparecieron algunos topónimos que podían plantear dudas sobre su escritura correcta en español.

Entre ellos figuraba el nombre del estado de *Luisiana*, que muchas veces aparece escrito como *Louisiana*. Existe cartografía y referencias históricas españolas desde fines del siglo XVII, en donde se fija la grafía de este topónimo.

Este término de origen francés, está formado por la palabra *Louis*, nombre de muchos reyes franceses a los que en español siempre hemos llamado *Luis*. Además, este estado perteneció a España durante los reinados de Carlos III y Carlos IV, y siempre se escribió *Luisiana*.

M m

Machu Picchu

Se recomienda el uso de la grafía *Machu Picchu* para designar esta «ciudad-fortaleza incaica del Perú», por ser esta la forma tradicional en español.

Veamos la redacción de la siguiente noticia:

El presidente peruano prohibió el aterrizaje de helicópteros en la ciudadela de Machupicchu para evitar el deterioro del patrimonio arqueológico legado por los incas.

Extrañado por esa forma de escribir el topónimo peruano en una sola palabra, un redactor de EFE-Internacional consultó al Departamento de Español Urgente, pues, según nos informó, lo corriente en las noticias de nuestra Agencia ha sido siempre la grafía *Machu Picchu*, en dos palabras, aunque en algunos atlas aparezca igual que en la noticia antedicha.

En las noticias archivadas en el banco de datos de la Agencia EFE, aparecía este topónimo escrito de las siguientes formas: *Machupichu, Machupicchu, Machu Pichu* y *Machu Picchu* (de menor a mayor frecuencia).

Según la enciclopedia Larousse, la escritura de este nombre es *Machu Picchu*, lo que coincide con la información que nos dieron en la agregaduría cultural de la embajada del Perú en Madrid.

De todas formas, hay que tener en cuenta que algunos topónimos de la zona son meras transcripciones del sonido original a nuestra lengua. Pero lo que sí es necesario, y especialmente en las noticias de EFE, es que este y otros nombres se escriban siempre de una sola forma, por una mera cuestión de uniformidad.

Machu Pichu Véase **Machu Picchu**.

Machupicchu Véase **Machu Picchu**.

Machupichu Véase **Machu Picchu**.

madrugada

Según el *Diccionario* de la Real Academia Española, *madrugada* equivale a «alba, amanecer» o a la «acción de madrugar». El término *madrugada* con el significado de «período de tiempo comprendido entre la medianoche y el alba» no está recogido en el *Diccionario* académico.

Es muy frecuente el uso del término *madrugada* para referirnos al «período de tiempo comprendido entre la medianoche y el alba» en casos como *La cena se prolongó hasta las tres de la madrugada*. Sin embargo, este uso no está recogido en el *Diccionario* de la Real Academia Española.

Veamos a continuación qué dice el *Diccionario* académico del término *madrugada*:

| **madrugada** El alba, el amanecer. // Acción de madrugar.

Madrugada es, por tanto, sinónimo de *alba, amanecer, amanecida* y *alborada*.

Se oye continuamente en programas de radio la expresión *¡Buenas madrugadas!*, tanto como forma de saludar a los oyentes a altas horas de la noche como para despedirse de ellos. De más está decir que esta invención es innecesaria, ya que en ambos casos puede decirse *¡Buenas noches!*

magnificar

Debe evitarse el uso del verbo *magnificar* como sinónimo de *exagerar* («aumentar mucho o dar proporciones excesivas»), ya que la palabra *magnificar* carece de dicho significado.

El verbo *exagerar* está sufriendo el acoso y derribo de otro verbo que a los periodistas y a los políticos, entre otros, les parece más impactante y les suena más bonito: *magnificar*.

En otras ocasiones hemos comentado fenómenos parecidos que se dan en la lengua periodística, pero casi siempre el término desplazado y el que viene a ocupar su lugar significan lo mismo; se trata, simplemente, de una moda. No ocurre así con *exagerar* y *magnificar*, cuyos significados son distintos.

La definición que da el diccionario *Clave* de cada una de estas palabras es la siguiente:

exagerar Aumentar mucho o dar proporciones excesivas: *La prensa exageró la gravedad del accidente; ¡No exageres, que no es para tanto!*

magnificar Ensalzar o elogiar en exceso: *El crítico magnificó la representación teatral, y, sin embargo, ha sido un fracaso.*

Sucede que nos encontramos con frases como *El representante de la oposición magnificó los errores cometidos por la administración del Estado en el transporte de agua potable en buques cisterna*, o como *El ministro respondió que no había que magnificar lo que es un incidente desgraciado*. Si en estas frases nos atenemos al significado de *magnificar*, lo que entendemos, por ejemplo en el primer caso, es que el representante de la oposición opina que los errores del Gobierno son admirables y dignos de ser alabados y ensalzados, lo cual parece algo contradictorio a no ser que el sentido del humor del orador fuese tan sutil y su dominio del léxico tan completo, que estuviera haciendo un logradísimo juego de palabras, pero no creemos que así fuera.

mahometano, na

No hay que confundir los términos *mahometano* o *musulmán* («de Mahoma, o que tiene como religión el islam»), *árabe* («de Arabia o relacionado con ella; de los pueblos de lengua árabe») e *islámico* («del islam o relacionado con esta religión»).

Durante la Guerra del Golfo aparecieron en las noticias algunos términos que parecen no estar lo suficientemente claros, lo que induce a cometer errores en su uso. En este caso analizaremos los referentes a la forma de llamar a los pueblos de la zona en conflicto, así como a su lengua y su religión.

- *Musulmán* quiere decir «persona cuya religión es el islam». Son musulmanes todos los que profesan esa doctrina, sean o no árabes. Es sinónimo de *mahometano, mahometista* y *agareno*. Ni todos los árabes son musulmanes ni todos los musulmanes son árabes; en Siria, Iraq, Palestina, Jordania y Egipto hay importantes comunidades árabes cristianas, y Turquía es un país mayoritariamente musulmán, pero que no es árabe.

- *Árabe* significa «de Arabia (península del sudoeste asiático que comprende Arabia Saudí, Bahrein, Emiratos Árabes Unidos, Kuwait, Omán, Qatar y Yemen) o relacionado con ella»; «de los pueblos de lengua árabe o relacionado con ellos»; «lengua semítica de estos pueblos». Por tanto, no es un concepto étnico ni religioso. En Irán, por ejemplo, no se habla árabe; la lengua y la cultura de ese país son persas o farsis, y como su religión es la islámica, también lo es gran parte de su cultura.

- *Mundo árabe* hace refencia al «conjunto de todos los países cuya lengua es el árabe (así como su cultura)». No es sinónimo de *mundo islámico* (Irán y Turquía no pertenecen al mundo árabe).

- *Islámico* quiere decir «del islam (religión monoteísta cuyos dogmas y preceptos fueron predicados por Mahoma y recogidos en el libro sagrado del Corán) o relacionado con esta religión». Podemos hablar, por tanto, de literatura islámica, arte islámico o filosofía islámica.

- *Mundo islámico* hace referencia a «todos los países cuya religión mayoritaria, aunque no única, es el islam». En ellos está comprendida gran parte del Asia Central (algunas repúblicas soviéticas y Afganistán), Oriente Próximo y Oriente Medio (Turquía, Irán, Pakistán), Extremo Oriente (Indonesia, Malasia…), todo el mundo árabe y gran parte de los países de África subsahariana. Hay además otros países que no pueden llamarse islámicos (como Albania, Bulgaria, Yugoslavia, China, la India…) porque, aunque tienen en su población un importante número de musulmanes, esta población no es mayoritaria.

Así pues, *islámico* y *musulmán* hacen referencia a la religión de Alá, mientras que el término *árabe* no alude a ninguna doctrina religiosa, sino a una zona geográfica o a un idioma.

mahometista Véase **mahometano, na**.

[mailing¹

> Es innecesario el uso del término inglés *mailing* (pronunciado [méilin]), ya que puede reemplazarse por la expresión española *envío por correo*.

Son numerosos los diccionarios que recogen el término *mailing*, y sus definiciones son muy diversas. Por ejemplo, el profesor Colin Smith, en su *Collin's Spanish Dictionary*, traduce *mailing* por *envío*.

Sin embargo, Florencio Prieto, en su *Diccionario terminológico de los medios de comunicación* define *mailing* como «envío de publicidad por correo» o «envío de muestras de productos o de propuestas de ventas por correo».

Por su parte, Leonardo Gómez Torrego, en *El buen uso de las palabras*, da las siguientes definiciones de *mailing*: «listado de direcciones de correo de socios […] de una empresa»; «envío por correo»; «envío y recogida postal de impresos a una colectividad con fines informativos»; y añade que «se puede traducir por *buzoneo*».

Por último, el *Dictionnaire Robert de Anglicismes* fecha en el año 1970 la entrada de *mailing* al léxico francés, y define dicho término de la siguiente manera:

> Prospección, búsqueda de clientes o venta por correo dirigida a una clientela seleccionada a partir de un fichero de prospección normalmente informatizado (listas de suscriptores, muestreos de encuestas por sondeo, guías o listines telefónicos, etc.), por medio de soportes publicitarios y comerciales impresos (circulares, documentación, boletines de suscripción, etc.). Por extensión: utilización de los buzones particulares para los mismos fines mediante redes privadas de distribución.

En español, el *Diccionario* de la Real Academia Española recoge los términos *buzoneo* («acción y efecto de buzonear») y *buzonear* («repartir publicidad o propaganda en los buzones de las casas particulares»).

Y sin embargo, vemos que el significado de *buzoneo* en el *Diccionario* de la Real Academia Española no coincide con los que habíamos visto en los manuales mencionados en los párrafos anteriores, ya que aquellos lo traducían como «envío por correo».

Por tanto, desde el Departamento de Español Urgente, recomendamos que *mailing* se traduzca por la expresión *envío por correo*, ya que el término español *buzoneo*, como hemos visto, no coincide plenamente con el significado de la voz inglesa *mailing*.

[mailing²

Es innecesario el uso de *mailing* (pronunciado [méilin]) con el significado de «listado de direcciones de correo», ya que en español existe el término equivalente *directorio*.

En el Departamento de Español Urgente surgió la duda sobre cómo referirnos a la lista que tenemos en nuestro ordenador, en la que están los nombres y direcciones de los destinatarios de nuestros envíos y, al no tener ningún término español a mano, optamos, no sin cierta sorna, por utilizar la voz inglesa *mailing*, contraviniendo así el principal cometido del Departamento de no emplear términos extranjeros innecesariamente. Es más, llamábamos *mailing* a lo que en inglés se llama *mailing list*, abreviando el nombre como lo hacen la mayor parte de los que optan por utilizar esta palabra. Frases como *Te incluyo en nuestro 'mailing'*, *A partir de ahora estará en nuestro 'mailing'* o *Tenemos un 'mailing' de 170 personas e instituciones* eran corrientes en nuestro quehacer.

Decidimos consultar algunos libros que tratasen este problema, entre ellos el *Collin's Spanish Dictionary* del profesor Colin Smith, que traduce *mailing list* como «lista de envío». O el *Diccionario terminológico de los medios de comunicación* de Florencio Prieto, que propone la traducción «fichero de direcciones» para *mailing list*.

Pero no conseguíamos encontrar una sola palabra que definiera el concepto de *mailing list*. Hasta que recibimos la visita de cuatro filólogas catalanas del equipo del *Servei de Llengua Catalana* (*Servicio de lengua catalana*). Cuando nos solicitaron que les enviásemos los informes que elaboramos periódicamente, les respondimos que de inmediato las incluiríamos en nuestro *mailing*, y aprovechamos la ocasión para preguntarles cómo decían eso en catalán. Su respuesta fue *directori*.

A partir de entonces, no hemos vuelto a decir *mailing*, ya que uno de los significados de *directorio* que figuran en el *Diccionario* de la Real Academia Española es nada más y nada menos que el de «guía en la que figuran las personas de un conjunto, con indicación de diversos datos de ellas, por ejemplo: cargo, señas, teléfono, etc.». Y este es el uso que recomendamos, de ahora en adelante, para este término.

Malaisia Véase **Malasia**.

Malasia

> Se recomienda el uso de *Malasia* (en lugar de *Malaya*, *Malaysia* o *Malaisia*), por ser *Malasia* el término tradicional en español.

En el *Manual de español urgente* de la Agencia EFE se recuerda que en español debe decirse y escribirse *Malasia* y no *Malaya*, *Malaysia* o *Malaisia*.

Estas tres últimas formas de escribir el nombre de ese país son totalmente ajenas a la tradición española, y no aportan nada nuevo ni útil a nuestra toponimia. Muy probablemente, se trate de formas de llamar a ese país en otros idiomas, lo cual no quiere decir que en español también tenga que llamarse así.

En todos los atlas, mapas y manuales de geografía rotulados en español, el nombre de ese país asiático siempre ha sido y debe continuar siendo *Malasia*.

Asimismo, el hablante también duda sobre cuál es el gentilicio de este país: los términos que se utilizan para designar a los habitantes de Malasia son *malasio* y *malayo*; *malayo*, además, sirve para referirse tanto al gentilicio como a la lengua mayoritariamente hablada allí.

> El nombre oficial completo de este país es *Federación de Malasia* y su territorio oficial completo es la Península de Malaca y la isla de Borneo. En la parte norte de la Península de Malaca, hay territorios de Birmania y Tailandia, y al sur hay otro pequeño estado, más bien una ciudad-estado, llamado *Singapur*, y en la isla de Borneo, también están el sultanato de Brunei y parte del territorio de Indonesia.

[malasio, sia Véase **Malasia**.

Malaui

> Debe evitarse el uso de *Malawi* en lugar de *Malaui*, por ser *Malaui* la transcripción española del nombre de este país.

A menos que haya un topónimo tradicional en español, siempre deben hispanizarse las grafías de nombres propios procedentes de lenguas que tienen alfabetos distintos al latino. En lo referido a la toponimia de África, es importante tener en cuenta que, a menudo, las grafías nos llegan —ya transcritas al alfabeto latino— a través del inglés o del francés, ya que muchos de los actuales países africanos fueron colonias del Reino Unido o de Francia; sin embargo, estas grafías pueden resultar extrañas en nuestro idioma.

Uno de estos topónimos es el del país que, en español, designamos con el nombre de *Malaui*. Aunque es frecuente ver escrita la forma inglesa *Malawi*, recomendamos seguir escribiendo el nombre de dicho país con la grafía propia de nuestra lengua: *Malaui*.

Malawi Véase **Malaui**.

Malaya Véase **Malasia**.

malayo, ya Véase **Malasia**.

Malaysia Véase **Malasia**.

[malnutrición

> Es incorrecto el uso del anglicismo *malnutrición* con el significado de «nutrición insuficiente», puesto que en español existe la voz *desnutrición*.

Muchos de los anglicismos que se introducen en el español nos llegan a través del francés, y este es el caso de la voz *malnutrición*.

El término inglés *malnutrition* (registrado por primera vez en 1862) significa «nutrición insuficiente o imperfecta», y si buscamos en un diccionario inglés-español, la traducción que aparece de *malnutrition* es *desnutrición*. El adjetivo español *desnutrido* tiene su equivalente en el inglés *malnourished*.

La palabra inglesa pasó al francés a mediados de este siglo (1955) con la misma grafía (*malnutrition*) y el significado de «alimentación mal equilibrada, alimentación insuficiente, sobrealimentación, carencia de elementos nutritivos indispensables, mala asimilación de los alimentos debida a diversos estados patológicos». En la actualidad, el uso de *malnutrition* se superpone en francés al de *denutrition*, que es: «conjunto de trastornos que caracterizan una insuficiencia, una carencia importante de elementos nutritivos».

La aparición del anglicismo-galicismo *malnutrición* en español es relativamente reciente, y se debe a las traducciones de los documentos de los organismos internacionales que se ocupan de los problemas alimentarios. Es probable que la voz extranjera llegue a asentarse en nuestra lengua, pero de momento, mientras resulte extraña para muchos hispanohablantes, conviene seguir utilizando *desnutrición*, palabra con la que siempre nos hemos referido a los problemas de alimentación que sufren algunos países.

malversación

Malversación significa «hecho de invertir ilícitamente los caudales públicos en usos distintos de aquellos a los que están destinados». No debe confundirse con otros términos parecidos del ámbito de la corrupción, como *desfalco*, *cohecho* o *soborno*.

A menudo se utilizan términos jurídicos sin demasiada precisión debido a nuestro desconocimiento de este campo. A esto se une que los hechos que definen las palabras en cuestión pueden tener, en el terreno de lo penal, diferentes calificaciones en los distintos países de Hispanoamérica.

He aquí el significado de algunos términos que se engloban bajo la denominación genérica de *corrupción*, según el *Diccionario* de la Real Academia Española:

malversación Acción y efecto de malversar. // Hurto de caudales del erario por un funcionario público, peculado.

malversar Invertir ilícitamente los caudales públicos, o equiparados a ellos, en usos distintos de aquellos a que están destinados.

cohecho Acción y efecto de cohechar o sobornar a un funcionario público.

cohechar Sobornar, corromper con dádivas al juez, a persona que intervenga en el juicio o a cualquier funcionario público, para que, contra justicia o derecho, haga o deje de hacer lo que se le pide.

desfalco Acción y efecto de desfalcar.

desfalcar Quitar parte de una cosa, descabalarla. // Tomar para sí un caudal que se tenía bajo obligación de custodia.

soborno Acción y efecto de sobornar.

sobornar Corromper a alguien con dádivas para conseguir de él una cosa.

Así pues, las diferencias entre *malversación* y *desfalco* son bastante sutiles: en ambos casos, se trata de hacer mal uso del dinero del erario y de que dicho delito lo cometa la persona encargada de administrarlo. Y en cuanto a *soborno* y *cohecho*, también vienen a significar algo parecido, puesto que *cohecho* es el «hecho de sobornar a un funcionario».

[management

Es innecesario el uso del anglicismo *management* (pronunciado [mánach-ment]), ya que puede sustituirse por términos españoles como *dirección*, *gerencia*, *administración* o *empresa*.

El vocabulario de los que trabajan en las grandes empresas está lleno de términos y expresiones inglesas. Las técnicas de enseñanza del ámbito de dirección de empresas y las relaciones internacionales de las grandes compañías sirven muchas veces como excusa para utilizar voces inglesas sin traducirlas o sin buscar algún equivalente en español. El papanatismo de muchos jóvenes tecnócratas que se creen más importantes (y que los demás creeremos que son más importantes) si forman parte del *management* que si son solamente miembros de la *dirección* de la empresa para la que trabajan, también ayuda a que el extranjerismo se acomode en nuestra lengua.

Management es «el conjunto de técnicas de organización y de gestión de un negocio o de una empresa; el acto de manejar, tratar, dirigir, llevar adelante un propósito; la administración; el tratamiento o manejo cuidadoso; el cuerpo de directores o gerente de algún negocio».

Con *management* ocurre como con tantas otras voces extranjeras: su traducción al español varía según el contexto en que nos la encontremos. Veamos su posible traducción según los casos: *manejo, gobierno, dirección, gerencia, administración, gestión,* etc. Si se refiere a personas: *dirección, junta de directores, empresariado, empresa, clase patronal,* etc. Y las traducciones de algunas voces en las que aparece este término inglés serían las siguientes:

management accounting información contable, contabilidad de gestión

management board consejo de dirección, junta de dirección, consejo de administración

management audit auditoría de gestión, auditoría administrativa

management team equipo directivo

management commitee consejo de administración, comité de dirección

middle management mandos intermedios, cuadros medios

management services servicios de administración

> En inglés, la noticia más antigua que se tiene de esta palabra está datada en 1598, utilizada con el sentido general de «manejo de una cosa, conducción de un asunto, de una operación de una casa, etc.». A principios del siglo xx, en 1906, comienza a utilizarse en el lenguaje de la economía y la administración; en la década de 1920, se introduce en otras lenguas europeas (francés, español, italiano, etc.) y, a partir de 1965, se expande por todos los ámbitos empresariales y periodísticos.

(Véase también **manager**.)

[manager

Es innecesario el uso del anglicismo *manager* (pronunciado [mánayer]), que puede sustituirse por el término español *representante*.

Aunque está muy extendido el uso de anglicismos para designar determinados puestos de trabajo, es preferible utilizar el nombre español de estos cargos.

Mirando por encima las páginas de ofertas de empleo de cualquier diario, puede observarse que parte de los anuncios ofrecen empleos con su denominación inglesa, sin que importe que el resto del texto esté en español y, por supuesto, sin traducción alguna del nombre de esos puestos. Veamos algunos de ellos:

- Una *empresa multinacional farmacéutica del sector de diagnóstico por imagen desea incorporar a su plantilla del departamento comercial 'account managers'* (pronunciado [acáunt mánayers]); pero no se molesta en explicar que lo que necesitan son *directores de cuentas*.

- Una *importante multinacional alemana del sector de automoción* [sic] *busca un 'key account manager'* (pronunciado [ki acáunt mánayer]); es decir, un *director de grandes cuentas*, o un *responsable de grandes clientes*; pero tampoco lo dice en español.

- Un *hotel de lujo necesita un 'sales programme manager'* (pronunciado [seils próugram mánayer]) *de entre 25 y 35 años, dinámico y capaz*; pero no tiene a bien decir que lo que necesita es un *jefe de programa de ventas*.

- Una famosa marca norteamericana de pantalones *precisa incorporar al Departamento de Marketing* (ahí va la primera voz inglesa, aunque ya recogida en el *Diccionario* de la Real Academia Española) *un 'market research manager'* (pronunciado [márquit risérch mánayer]), lo que, dicho en español sería un *director de investigación de mercado*.

[Véase también **management**.]

mandatario

El término *mandatario* ya aparece recogido en el *Diccionario* de la Real Academia Española de 1992 con el significado de «el que por elección ocupa un cargo en la gobernación de un país». Por tanto, su uso con este sentido no debe tratarse como una incorrección. Sin embargo, la palabra *mandatario* no debe desplazar totalmente otras como *gobernante, presidente, autoridad* o *ministro*.

El *Diccionario* de la Real Academia Española, en su edición de 1992, recoge las siguientes acepciones de esta palabra:

> **mandatario** Persona que, en virtud del contrato consensual llamado mandato, acepta del mandante representarlo personalmente, o la gestión o desempeño de uno o más negocios. // En política, el que por elección ocupa un cargo en la gobernación de un país.

Por tanto, no debe condenarse el uso de *mandatario* con el significado de *gobernante* o *autoridad*.

El uso más frecuente de este término se da en América, donde prácticamente ya no se habla de *gobernantes* o *autoridades*. Por ello, aunque es correcto utilizar la palabra *mandatario*, sobre todo cuando se trata de una realidad del continente americano, debemos luchar contra el empobrecimiento del léxico y no caer en la tendencia fácil de utilizar términos comodines, de tal forma que *mandatario* llegue a hacer desaparecer a otras palabras como *gobernante, presidente, autoridad, ministro*, etc.

mantener

El verbo *mantener* no debe desplazar a otros verbos como *celebrar* o *tener*.

Hay palabras que se ponen de moda y se repiten tanto que llegan a aburrirnos; esto es lo que ocurre con el verbo *mantener*, que está desplazando a otros más adecuados según el asunto del que se esté hablando. Veamos, pues, frases en las que el verbo *mantener* puede reemplazarse por otros verbos como *celebrar, tener* o retener:

El ministro mantuvo conversaciones con diversas autoridades.

Los delegados mantuvieron entrevistas con varias personas.

Los secuestradores mantienen a diez rehenes.

Otro uso corriente en la lengua oral y escrita, sobre el que no advierten aún los libros de estilo ni los diccionarios de dudas, es el que aparece en frases del tipo: *El ministro mantuvo un desayuno de trabajo con los representantes de los sindicatos*. Así vemos que, de vez en cuando, se *mantienen desayunos* o *almuerzos*, cuando, con poco que nos paremos a pensar, ningún ciudadano corriente *mantiene* ese tipo de cosas con sus amigos, sino que simplemente *desayuna* o *almuerza* con ellos. En todo caso, y tratándose de ágapes oficiales, puede utilizarse el verbo *celebrar*.

[maquiladora

Debe evitarse el uso del mexicanismo *maquiladora* con el significado de «industria de ensamblaje» o como equivalente de «fábrica», para no dificultar la comprensión de la información al receptor del mensaje.

El término *maquiladora*, utilizado por los mexicanos para referirse a cierto tipo de industria, está ya muy acuñado en el español de México, hasta tal punto que, incluso, aparece en algunas enciclopedias; por tanto, creemos que la mejor solución es la siguiente: la primera vez que se cite dicha palabra, puede usarse el término tal y como lo hacen los mexicanos y explicar entre paréntesis su significado y, a partir de ahí, cada vez que se repita el término, deberá cambiarse por su sinónimo más común en español.

El consejero comercial de la embajada de México en España nos explicó la actividad de las *industrias maquiladoras* de su país, y tanto él como nosotros llegamos a la conclusión de que podemos utilizar *ensambladoras* como sinónimo de *maquiladoras*, ya que allí emplean el verbo *maquilar* con el significado de «ensamblar».

Ahora bien, cuando se utiliza *maquiladora* como sinónimo de *fábrica* (según nos indican en una nota remitida por nuestra delegación en México), conviene evitar el mexicanismo y emplear la voz *fábrica*, de más fácil comprensión para todos los países hispanohablantes.

maratoniano, na

El término *maratoniano* es un adjetivo (*prueba maratoniana*), por tanto, no debe utilizarse para referirse a la «persona que participa en una maratón», que sería el *maratonista*.

Es común ver empleado el término *maratoniano* para referirse a quien participa en una maratón. Sin embargo, queremos aclarar que *maratoniano* es un adjetivo, y, por tanto, debe ir siempre acompañando a un sustantivo: *competición maratoniana*. Veamos lo que dice *Clave* sobre este término:

> **maratoniano, na** Del maratón, con sus características o relacionado con él: *Este corredor ha ganado dos veces la prueba maratoniana de esta ciudad*.

Queda claro, pues, que el uso de *maratoniano* para referirse a la persona que participa en una maratón es incorrecto: debe decirse *maratonista*, al igual que a quien juega al fútbol lo llamamos *futbolista*.

marcar la diferencia

Debe evitarse el uso de la expresión *marcar la diferencia* por influencia del francés. Se recomienda decir en su lugar *establecer la diferencia*.

Con frecuencia aparece en los medios de comunicación una expresión galicista innecesaria: *marcar la diferencia*. Se dice, por ejemplo, que un jugador de fútbol *marca la diferencia* en su equipo cuando lo que hace es *establecerla*.

Recomendamos que se evite, pues, esta influencia de la lengua francesa, ya que, después de todo, no resulta tan difícil utilizar su equivalente español *establecer la diferencia*.

[master

> Dígase *master* (pronunciado [máster]) —o *maestría*— (no *masterado*), para referirse al «curso especializado en una determinada materia, generalmente dirigido a licenciados».

Cuando se trate de cierto tipo de estudios que se realizan después de terminar la carrera universitaria para completar la formación de determinadas materias, puede escribirse *master* o *máster*. El diccionario *Clave* recoge este término inglés, cuyo uso está tan extendido:

> [master [anglicismo] 1 Curso especializado en una determinada materia, generalmente dirigido a licenciados: *Cuando acabe la carrera, haré un 'master' para mejorar mi currículum.* 2 Prototipo o maqueta de un producto, anterior a su comercialización: *En los estudios de grabación, hemos realizado el 'master' de mi nuevo disco.* ☐ PRON. [máster]. ☐ ORTOGR. Se usa mucho la forma castellanizada *máster*.

Por analogía con la forma *doctorado* (estudios de doctorado), ha aparecido el barbarismo *masterado*, cuyo uso debe evitarse a toda costa.

Consultados al respecto, los miembros del Consejo Asesor de Estilo de nuestro departamento nos recomiendan el uso de una vieja palabra española, *maestría*, que no repugna al oído y a la que se le puede añadir la nueva acepción. En algunos países de América se utiliza *maestría* con ese significado desde hace ya bastante tiempo.

[masterado Véase **master**.

mayúsculas (acentuación)

> Es obligatorio el uso de la tilde en las mayúsculas, cuando lo exijan las reglas generales de acentuación.

Una de las consultas ortográficas más reiteradas es la que plantean los que dudan sobre la necesidad o no de poner acento gráfico en las letras mayúsculas. Cuando se les responde que no existe ninguna norma que disculpe el error ortográfico que supondría no acentuar las mayúsculas, muchos de los consultantes alegan que a ellos «les enseñaron» que no debían poner tilde sobre esa letra.

Ya en el año 1985 José Martínez de Sousa habló con claridad sobre esta cuestión y explicó cuál era el fenómeno y a qué se debía la confusión. Según explica él, la Real Academia Española nunca dijo que las mayúsculas no se debían acentuar; el malentendido se debió a que la obligatoriedad de acentuar o no las mayúsculas no quedaba clara en la *Ortografía* de la Real Academia Española del año 1969. Sin embargo, en la edición del año 1974 esta obligatoriedad se pone de manifiesto de forma explícita: «El empleo de mayúscula no exime de poner tilde sobre la vocal que deba llevarla».

El hecho de que muchos editores se hayan negado a tildar las mayúsculas, por considerar la tilde antiestética, o porque consideraban que dificultaba el proceso de impresión, ha contribuido a la idea equivocada de que las mayúsculas no debían acentuarse.

> ¿Conservan su acento las mayúsculas iniciales? ¿Debe escribirse *J. Á. González* o *J. A. González* (José Ángel González)? Esta es una duda que se plantea con mucha frecuencia. La vocal mayúscula, en estos casos, debe llevar tilde porque es una abreviatura y las abreviaturas deben conservar las tildes que tuviera la palabra completa (siempre que la vocal acentuada forme parte de la abreviatura). Así pues, aunque figure sólo la mayúscula inicial de una palabra, en este caso la *A* de Ángel, esta debe ir acentuada de acuerdo con las normas generales de acentuación (*Ángel* es una palabra llana no acabada en *-n, -s* o *vocal*; por tanto, lleva tilde). Olvidemos, pues, la teoría errónea de que las mayúsculas no se acentúan.

mayúsculas (uso)

Algunas palabras deben escribirse con mayúscula o con minúscula según el contexto en el que aparezcan.

A menudo se plantean dudas respecto al uso de la mayúscula, especialmente en algunos casos. Son frecuentes las vacilaciones a la hora de poner o no mayúscula en palabras como *gobierno*, *estado* o *ejército*.

Para hacer frente a los casos más dudosos, vamos a extraer algunas reglas de la *Ortografía de uso del español actual* de Leonardo Gómez Torrego:

Se escriben con mayúscula:

- Los títulos de dignidad o de autoridad y los nombres que designan entidades: *el Jefe del Estado, Su Majestad, Su Excelencia*.

- Los títulos de *Rey, Príncipe, Infante, Conde, Duque, Marqués* y semejantes, según la Academia, cuando designan a personas concretas; sin embargo, se escriben con minúscula cuando están utilizados en un sentido genérico o cuando el título va seguido de nombre propio: *Fue recibido por los Reyes; Los reyes mueren igual que los esclavos; Próximamente será el cumpleaños de la reina de Inglaterra*.

Tal vez por analogía con esta regla, surge el error de escribir *duque de Rivas* en lugar de la forma correcta *Duque de Rivas*. Esto es porque, en este caso, el nombre de título forma parte del nombre propio y, por tanto, debe escribirse siempre con mayúscula.

- Los nombres de épocas, hechos históricos y movimientos se escriben con mayúscula para diferenciarse de los términos genéricos: *La Revolución Francesa se produjo en 1789*, pero *La minifalda supuso una gran revolución*.

- Los nombres colectivos que designan instituciones se escriben con mayúscula cuando designan la institución en sí, y con minúscula cuando tienen sentido genérico: *El Gobierno aún no ha tomado una decisión al respecto*, pero *El gobierno de la empresa está en manos de los trabajadores*; *La lotería es un juego del Estado*, pero *Su estado de salud está mejorando*.

En los dos primeros casos referidos a las mayúsculas en los títulos, el uso de estas responde a una tradición de prestigio, aunque no existen razones ortográficas para este uso.

medio ambiente

La expresión *medio ambiente* se escribe en dos palabras; no así su adjetivo correspondiente: *medioambiental*.

A menudo se produce el error de escribir en una sola palabra el término *medio ambiente*, que designa el «conjunto de circunstancias o de condiciones que rodean a un ser vivo y que influyen en su desarrollo y en sus actividades». La forma correcta es exclusivamente *medio ambiente*. En cuanto al adjetivo correspondiente a esta palabra, *medioambiental*, debe escribirse en una sola palabra.

Medio Oriente Véase **Oriente Medio**.

medioambiental Véase **medio ambiente**.

[meeting

Es incorrecto el uso del término *meeting* (pronunciado [mítin]), que puede traducirse por *reunión*.

Aparecen con frecuencia en español términos de otras lenguas, sobre todo del inglés, cuyo uso debe evitarse. Suele tratarse de términos que pueden reemplazarse por palabras castellanas, como es el caso de la voz *meeting*. El *Diccionario* de la Real Academia Española no recoge este término, y nosotros recomendamos que se evite su uso.

En deporte, un *meeting* es una reunión internacional disputada en un día y que no tiene carácter de campeonato. En español, podría decirse *reunión deportiva* o *reunión atlética*.

MEI Véase **CEI**.

Meknes Véase **Mequínez o Mequinez**.

memorándum (plural) Véase **plurales dudosos**.

Mequínez o Mequinez

Debe evitarse el uso de *Meknes* en lugar de *Mequínez* (o *Mequinez*), por ser *Mequínez* (o *Mequinez*) el nombre de esta ciudad en español.

La forma de escribir en español los nombres de las ciudades de Marruecos está sufriendo algunos cambios producidos por el desconocimiento de la toponimia tradicional y por la cada vez más numerosa aparición de guías de viaje que hablan de Marruecos y de sus ciudades, sin tener en cuenta el nombre de esos lugares en español. En muchas ocasiones, se adopta una forma extraña para un topónimo sin tomar en consideración bien que ya existe una forma tradicional en nuestra lengua, o bien que la transcripción adoptada es la francesa y no la que corresponde al español.

Una de estas ciudades marroquíes es la que, en español, designamos con el nombre de *Mequínez* (o *Mequinez*). Aunque en Marruecos se haya optado por la forma francesa *Meknes*, nosotros debemos seguir escribiendo el nombre de dicha ciudad como siempre lo hemos hecho en nuestra lengua: *Mequínez* (o *Mequinez*).

Mercalli, escala de Véase **escalas (medición de terremotos)**.

[merchandiser

Es innecesario el uso del anglicismo *merchandiser* (pronunciado [mérchandaiser]), que puede sustituirse por el término español *promotor comercial*.

Basta detenerse un momento en las páginas que algunos periódicos dedican a las ofertas de empleo para toparse con una retahíla de palabras inglesas solo apta para iniciados, ya que el resto de los mortales jamás podremos acceder a un puesto de trabajo cuyo nombre no entendemos.

En uno de estos anuncios, una empresa multinacional de origen danés, que *produce y comercializa equipos audiovisuales de alta gama*, busca un *merchandiser* para su filial en España. La labor del *merchandiser* será *la instalación y mantenimiento de las exposiciones de productos en salas de exposición y tiendas*, y deberá ser *una persona con capacidad comercial, responsable y con iniciativa propia.*

Una de las posibles traducciones de *merchandising* es «promoción comercial» o «promoción de ventas», luego el *merchandiser* será el promotor comercial, o un ayudante de este, que podría ser el instalador del producto en el punto de venta.

Y ¿no sería más lógico escribir el nombre de este puesto en español?

(Véase también **anglicismos**.)

[merchandising

Debe evitarse el uso del término inglés *merchandising* (pronunciado [mérchandaisin]) para designar el «conjunto de tareas encaminadas a mejorar la promoción o la comercialización de un producto». En su lugar, puede decirse *promoción comercial*.

El actual significado de la palabra *merchandising* es una acepción técnica norteamericana, procedente del verbo *to merchandise*, que en Estados Unidos significa «practicar la promoción de ventas». Este verbo, a su vez, proviene de la voz inglesa *merchandising* («transacción comercial») y del sustantivo *merchandise* —que el inglés tomó del francés *marchand* a finales del siglo XIII.

Actualmente, en los departamentos de marketing o mercadotecnia de las empresas (junto con los de comercial y publicidad), se emplea la voz *merchandising* para denominar a la estrategia del proceso de comercialización de sus productos una vez fabricados hasta su colocación en el punto de venta final. Se trata, sobre todo, de promocionar los productos en el punto de venta, ocupándose de su presentación e incluso del sitio que dicho producto debe ocupar en los anaqueles de los supermercados o en los escaparates de las tiendas de tal forma que se incentive la venta del producto.

En este caso, puede prescindirse de la voz inglesa y traducirla por *comercialización, promoción comercial, incentivación de ventas, promoción de ventas* o *promoción en el punto de venta*, según convenga en cada contexto.

Pero además de las anteriores, *merchandising* tiene otra acepción, la más nueva, que se utiliza para nombrar los productos de propaganda de algún otro producto, es decir, todos aquellos objetos que se venden con la forma, el anagrama, el logotipo o la marca de algo, y que sirven además como publicidad, para obtener ingresos. Por ejemplo: *La película 'Parque Jurásico' alcanzó unos ingresos por merchandising cuatro o cinco veces superiores a la recaudación en taquilla.* En este caso, lo que se vende son pequeños dinosaurios de trapo y camisetas, cuadernos, lápices, etc., con reproducciones de los dinosaurios que aparecen en la película. Las traducciones *comercialización* y *promoción comercial* pueden servirnos en este caso.

De todos esos procesos de creación, distribución e incentivación de ventas acostumbran a ocuparse empresas especializadas (*empresas de merchandising*), que ofrecen sus servicios a las empresas que fabrican los productos y no cuentan con departamentos de ese tipo. En español, podrían llamarse *empresas de promoción comercial* o *agencias de promoción de ventas*.

> Después de la Segunda Guerra Mundial, el dinero comenzó a ser caro, y las grandes empresas ya no podían permitirse los lujos de años anteriores en los que fabricaban sin preocuparse demasiado de los costes y almacenaban grandes cantidades de sus productos sin importarles el valor del dinero inmovilizado. En las fábricas de Gran Bretaña comenzaron a aparecer entonces los departamentos de *merchandising*, cuya función era la de mantener un equilibrio constante entre las existencias de productos ya terminados y las peticiones de los clientes, sin que en ningún momento se agotase un producto, y sin que hubiese demasiado en el almacén. Los que se ocupaban del *merchandising* tenían a su cargo desde las compras de las materias primas necesarias hasta la recepción de las previsiones de ventas de sus distribuidores y su correspondiente coordinación. El equivalente en las empresas españolas se llamó *departamento de producciones*, o simplemente *producciones*.

meridional

No hay que confundir los términos *meridional* y *septentrional*. *Meridional* significa «del Sur» y *septentrional*, «del Norte».

La confusión entre los términos *meridional* y *septentrional* hace necesaria una aclaración sobre sus respectivos significados. Veamos sus definiciones en el diccionario *Clave*:

> **meridional** Del sur o mediodía geográficos: *Andalucía está en la España meridional.*

> **septentrional** En astronomía y geografía, del septentrión o del norte: *Cantabria es una de las comunidades autónomas españolas septentrionales.*

Como hemos podido ver, los términos *meridional* y *septentrional* no significan lo mismo, por tanto, no deben confundirse.

meteorología, noticias de

Debe evitarse el uso excesivo de las comas y del gerundio en la redacción de las noticias de meteorología, con el fin de facilitar su lectura y comprensión.

Son excesivamente frecuentes los errores en la redacción de las noticias de meteorología. Los principales defectos encontrados son los siguientes:

- Excesos en el uso de comas.

- Arbitrariedad en la colocación de comas.

- Repetición, en muchos párrafos, de la construcción *mejorando en el transcurso del día*, usada como colofón.

- Uso indiscriminado y excesivo del gerundio.

Un ejemplo claro del abuso de las comas, así como de su colocación arbitraria, es el siguiente párrafo:

> *Las temperaturas descenderán mañana, martes, en la península y Baleares, descenso que, según el Instituto Nacional de Meteorología, será más acusado en el Cantábrico, interior de la península y área mediterránea mientras que en Canarias ascenderán ligeramente.*

En cuanto al uso del gerundio, conviene recordar que se trata de una forma más, y bien útil, del sistema verbal, y que hay que usarlo siempre que la oración lo exija. El único problema es que un escrito densamente poblado de gerundios resulta poco elegante.

En esta jerga de la ciencia de la meteorología, nos encontramos con formas de llamar a los fenómenos atmosféricos que quizá convendría simplificar al máximo, para lograr que fuesen más inteligibles. Así, en una noticia sobre el tiempo hemos encontrado diez veces la frase *sin cambios térmicos* y sólo dos veces la forma más fácil de entender *sin cambios en las temperaturas*, que debería haber sido la predominante.

(Véase también **coma (usos)**; **gerundio**.)

[migrante

Debe evitarse el uso, al menos en España, de la voz *migrante*, derivada de *migrar*, y surgida a partir de otras palabras similares como *emigrante* o *inmigrante*.

En el *Diccionario* de la Real Academia Española podemos ver que *migrar* equivale a *emigrar* o «cambiar de residencia», y a *inmigrar* o «llegar a un país para establecerse en él». Pero ocurre que de los verbos *emigrar* e *inmigrar* tenemos los sustantivos *emigrante*, *emigración*, *inmigrante* e *inmigración*; no ocurre lo mismo con *migrar*, pues existe la voz *migración*, pero en ningún diccionario de uso del español aparece la palabra *migrante*.

Aunque sabemos que *migrante* se utiliza en algunos países de América, debemos recordar que su uso es extraño en el español hablado en España.

milicia

No es apropiado el uso del término *milicia* para hacer referencia a ciertos grupos armados ajenos al ejército, ya que las *milicias* están constituidas por grupos de soldados. En su lugar, pueden utilizarse los términos *grupo armado* o *grupo paramilitar*.

En las noticias procedentes de los Estados Unidos de América sobre el caso de los miembros de una organización que se parapetaron en un rancho del estado de Montana, aparecieron repetidamente los términos *milicias* y *milicianos*, en un contexto en el que se les daba un significado diferente al que tienen en español. Veamos algún ejemplo:

Continúa el cerco policial a milicianos sin vislumbrarse solución.

El cerco policial a varios miembros de una milicia de tendencia ultraderechista, en las afueras de Jordan (Montana)...

Dos líderes de esa milicia detenidos el lunes, comparecieron el jueves por segunda vez ante el juez.

El FBI quiere evitar que el pulso que mantiene, en Montana, con una de las milicias antigubernamentales que están proliferando en EE.UU. acabe con un baño de sangre.

Al redactar esas noticias no se tuvieron en cuenta los significados de *milicia* y *miliciano*. Veamos la definición de la palabra *milicia*, según el *Diccionario* de la Real Academia Española:

milicia Arte de hacer la guerra y de disciplinar a los soldados para ello. // Servicio o profesión militar. // Tropa o gente de guerra.

En el *Diccionario* de la Real Academia Española también se explica que la *milicia provincial* es «cada uno de ciertos grupos militares que estuvieron destinados a servicio menos activo que los del ejército», y que las *milicias populares* son el «conjunto de voluntarios armados no pertenecientes al ejército regular». Es decir, las *milicias* siempre están relacionadas con el ejército y trabajan a su lado. Por otro lado, *miliciano* es «la persona que forma parte de una milicia».

Por tanto, en español, cualquier agrupación, aunque esté armada y use uniformes militares, no es una *milicia* sino un *grupo paramilitar*, un *grupo armado* o una *secta armada* (*secta* es el «conjunto se seguidores de una parcialidad religiosa o ideológica»); y los que la componen no son *milicianos*, sino *miembros del grupo*, *seguidores de la secta*, o *paramilitares*, ya que, según el diccionario, *paramilitares* son «ciertas organizaciones civiles con estructura o disciplina de tipo militar», y por extensión podemos llamar así a sus miembros.

miliciano, na Véase milicia.

militante

Debe evitarse el uso del término *militante* como eufemismo de otros términos como *extremista*, *terrorista*, *radical*, etc.

Militante es el participio activo del verbo *militar*, que según el *Diccionario* de la Real Academia Española significa:

> **militar** Servir en la guerra o profesar la milicia. // Figurar en un partido o en una colectividad. // Haber o concurrir en una cosa alguna razón o circunstancia particular que favorece o apoya cierta pretensión o determinado proyecto.

Y *militancia* es:

> **militancia** Acción o efecto de militar en un partido o en una colectividad. // Conjunto de los militantes de un partido o de una colectividad.

En la última edición del *Manual de español urgente* de la Agencia EFE se apunta lo siguiente:

> **militar** Puede usarse metafóricamente para decir, por ejemplo, que un jugador *milita* en tal equipo.

Otra cosa es el abuso del término *militante* como eufemismo para evitar otros que pueden resultar más duros, como en los siguientes casos:

> *Estos son los motivos políticos alegados para conceder la libertad a militantes palestinos presos por crímenes similares.*

> *Asesinó a un militante palestino que había intentado acuchillar a un colono judío.*

> *Emprendieron una operación nocturna para apresar a militantes palestinos buscados en el distrito.*

En todos los ejemplos anteriores está claro que se optó por utilizar *militantes* para huir de palabras más exactas, como *extremistas* («que tienden a adoptar ideas extremas o exageradas»), *terroristas* («partidarios del terrorismo; que ejecutan actos de violencia para infundir terror»), *integristas* («partidarios del integrismo o inalterabilidad de las doctrinas»), *radicales* («extremosos, tajantes, intransigentes»), etc.

minas antipersonas Véase **minas terrestres contrapersonal**.

minas terrestres contrapersonal

> Es preferible denominar *minas terrestres contrapersonal* a lo que frecuentemente se denomina *minas antipersonas*, nombre que surgió por la similitud que hay entre *minas antipersonas* y *minas antitanque*, que es la forma coloquial de llamar a las *minas contracarros*.

Es muy frecuente encontrar en las noticias las expresiones *minas terrestres antipersonas*, o simplemente *minas antipersonas*, y de ahí surge la duda sobre la forma más correcta de denominar a ese tipo de minas.

En español, estas armas se llaman *minas terrestres contrapersonal*.

El adjetivo *terrestres* las distingue de las *marinas*, y *contrapersonal* sirve para diferenciarlas de las *minas contracarros*, es decir, las que estallan al ser pisadas por vehículos acorazados. Y ocurre que en el español coloquial llamamos *minas antitanque* a estas últimas, y de ahí quizá ha surgido el término equivocado de *minas antipersonas*.

mini-

Las palabras que contienen el elemento compositivo *mini-* se escriben en una sola palabra: *minifalda, minigolf*.

Mini- es un elemento compositivo que significa «muy pequeño» (*minicadena, minifundio*) o «muy corto» (*minipantalón, miniexcursión*) y es inseparable de la palabra a la que precede.

Misisipi o Misisipí

Se recomienda el uso de *Misisipi* o *Misisipí*, en lugar de la grafía *Missisipi*, por ser *Misisipi* y *Misisipí* las formas tradicionales en español.

Existe cartografía y referencias históricas españolas desde fines del siglo XVII, en donde se fija la grafía de ciertos topónimos.

Este es el caso del nombre del estado de *Misisipi* o *Misisipí* que es la transcripción de un nombre indígena, que los ingleses escriben como *Mississippi*. Así pues, es preferible que lo escribamos como *Misisipi* o *Misisipí*, que son las formas tradicionales en español.

Missisipi Véase **Misisipi**.

Missouri Véase **Misuri**.

Misuri

Se recomienda el uso de *Misuri* para designar este estado, en lugar de la forma inglesa *Missouri*.

Conviene recordar que los nombres de algunos estados de los Estados Unidos de América se escriben de forma distinta en inglés y en español. Por este motivo, ha de insistirse en que, en español, dichos nombres deben utilizarse en esta lengua y no en inglés. Este es el caso del estado de *Misuri*, que no debe aparecer nunca como *Missouri*.

MNA

La sigla MNA (*Movimiento no Alineado*) es el equivalente más extendido de la expresión inglesa *Non-Aligned Movement* (NAM). Sin embargo, al no existir una traducción oficial, debe evitarse emplear la sigla aislada sin explicar antes su significado.

En octubre de 1995 se celebró en Cartagena (Colombia) una cumbre de la Organización de Países no Alineados, nombre oficial que apenas es utilizado y cuya sigla —OPNA— nunca aparece en la prensa. En las noticias podemos encontrarnos con varias denominaciones: *Movimiento de los Países no Alineados*, *Movimiento no Alineado*, *Países no Alineados* y *No Alineados*.

Según el *Yearbook of International Organization*, el nombre inglés de esa organización es *Non-Aligned Movement*, y su sigla correspondiente es NAM, pero usarla en español sería confuso ya que no concuerda con ninguno de los cuatro nombres antes citados. También aparece la denominación *Movement of Non-Aligned Countries*. En español, podemos traducir estos nombres ingleses por *Movimiento no Alineado*, cuya sigla sería MNA, y *Movimiento de los Países no Alineados*, con la sigla MPNA.

Consultado el servicio de traducción de la Comisión Europea, nos respondieron que ese organismo no tiene una sigla oficial en español y, en casos como el que nos ocupa, los traductores de la Comisión citan la primera vez el nombre del organismo seguido de su sigla entre paréntesis: *Movimiento de los Países no Alineados (MPNA)*, o *Países no Alineados (PNA)*. Y dichas siglas, una vez establecidas al principio del texto, son las que se repiten a continuación, aunque solo sirvan en el documento de que se trate y por razones de brevedad.

Al igual que en inglés *Non-Aligned Movement*, en español, el nombre más utilizado es *Movimiento no Alineado*. Recomendamos, pues, que la primera vez que se mencione, aparezca así, seguido de la sigla: *Movimiento no Alineado (MNA)*, y de ahí en adelante se utilice solo la sigla *MNA*. De todos modos, como la forma *Movimiento de los Países no Alineados (MPNA)* también es corriente en la prensa, pueden simultanearse ambas hasta que se acuñe definitivamente alguna de las dos.

moderno, na

Es incorrecto el uso del término *moderno* para referirnos a lo relativo a la época actual. Debe emplearse, en su lugar, la voz *contemporáneo* (*arte contemporáneo*).

Con mayor frecuencia de la deseable, aparece en los medios de comunicación el término *moderno* para hacer referencia a la época actual, especialmente en contextos relacionados con el arte. Si queremos ser exactos, para referirnos al arte de la época actual debemos emplear el término *contemporáneo*.

Según *Clave*, *moderno* significa «de la Edad Moderna (período histórico que empieza aproximadamente a finales del siglo xv y termina en la época contemporánea), o relacionado con ella» y *contemporáneo*, «del tiempo o época actual, o relacionado con ellos».

Debemos evitar, por tanto, frases tales como *La subasta se inauguró con obras de arte moderno, en las que destaca el retrato de la fallecida actriz Marilyn Monroe, de Andy Warhol*, y emplear en su lugar *La subasta se inauguró con obras de arte contemporáneo, en las que destaca el retrato de la fallecida actriz Marilyn Monroe, de Andy Warhol*.

¿Cuál es el origen de este mal uso del término *moderno*? Una vez más el inglés acecha: lo que los norteamericanos llaman *modern* para nosotros es *contemporáneo*, no *moderno*. Así, por ejemplo, lo que para ellos es *Modern Art* para nosotros es *Arte Contemporáneo*.

modista

La diferencia entre los términos *modista* y *modisto* no es que *modista* sea el femenino y *modisto*, el masculino; existe una diferencia de significado: *modista* es la «persona [hombre o mujer] que hace prendas para señoras», y el *modisto* es el «hombre que hace prendas de señora».

En el *Diccionario inverso de la lengua española* de Ignacio Bosque y Manuel Pérez Fernández están recogidas 850 palabras terminadas en *-ista*, sacadas del *Diccionario* de la Real Academia Española y del *Diccionario crítico etimológico castellano e hispánico* de Corominas y Pascual.

La terminación *-ista* no implica ningún género, y a pesar de que algunos insistan en reivindicar la marca final en *-a* como exclusiva del femenino, nunca se le ocurriría a nadie decir *lingüisto*, *periodisto*, *puristo* o *hispanisto*.

La única voz terminada en *-ista* que se ha masculinizado de forma harto fea e innecesaria ha sido *modista*, y así ha surgido el *modisto*. La definición de *modista* en el *Diccionario* de la Real Academia Española es «persona que tiene por oficio hacer trajes y otras prendas de vestir para señoras». En cuanto a *modisto*, el diccionario dice: «Hombre que hace vestidos de señora».

Parece ser que algunos *modistas* prefieren llamarse *modistos* para diferenciar su oficio del de *las modistas* tradicionales. Así diferenciados, el *modisto* sería aquel que se dedica a hacer moda femenina, a diseñar ropa de mujeres. ¿Cómo se llamará entonces el hombre que se dedica a la moda masculina? ¿Y cómo podremos llamar a las mujeres que crean la moda y diseñan los vestidos para otras mujeres? Si las *modistas* son solo las que les cosían los vestidos a las señoras, tradicionalmente, antes del desarrollo de la industria de la confección; las que ahora se dedican a crear y diseñar se han quedado sin nombre. Y si los *modistos* solo son «hombres que hacen vestidos de señora», tampoco tienen nombre los que hacen vestidos de hombre y no son *sastres* («el que tiene por oficio cortar y coser vestidos, principalmente de hombre»).

De todas formas, como hemos dicho antes, si esa tendencia de masculinización de la terminación -*ista* se generalizase, podríamos llegar a extremos tan ridículos como *electricisto* o *ciclisto*.

modisto Véase **modista**.

Mogadicho Véase **Mogadiscio**.

Mogadischo Véase **Mogadiscio**.

Mogadiscio

Se recomienda el uso de cualquiera de las siguientes formas para hacer referencia a la capital de Somalia: *Mogadiscio*, *Mogadisho*, *Mogadicho* y *Mogadischo*.

La hambruna que sufre Somalia ha hecho que aparezca frecuentemente en las noticias el nombre de este país y de su capital, que en la lengua local, el somalí, se llama *Muqdishu*.

En los diccionarios enciclopédicos españoles, aparecen dos posibles grafías para el topónimo en cuestión: *Mogadisho* y *Mogadicho*, y en los buenos atlas aparece el nombre tal y como se escribe en somalí —*Muqdishu*—, acompañado entre paréntesis por el nombre en inglés —*Mogadishu*—, o bien por el italiano —*Mogadiscio*—.

El *Manual de español urgente* de la Agencia EFE aconseja que se escriba *Mogadischo* por ser esta la grafía que (teniendo en cuenta la fonética española) se aproxima más a la pronunciación del nombre original de dicha ciudad.

La cuestión no tiene demasiada trascendencia y cualquiera de las grafías puede ser válida, pero si se opta por escribir el nombre tal y como lo hacen los italianos (así lo están haciendo casi todos los medios de comunicación hispanohablantes) hay que tener en cuenta que *Mogasdiscio* no se pronuncia [mogadiszio] sino [mogadischo].

Durante muchos años, como ocurrió con otras lenguas de la zona, el somalí se escribió con caracteres árabes, y el nombre de su capital se escribía tal y como es hoy en día en árabe moderno (su transcripción al español sería *Maqdishu*). Más adelante, con la colonización inglesa, el somalí comenzó a escribirse con caracteres latinos, y para transcribir el nombre de la capital, los ingleses, teniendo en cuenta su propia fonética, optaron por la forma *Mogadiscio*.

Después, cuando el país fue ocupado por los italianos, estos también transcribieron el nombre de la ciudad adaptándolo a la pronunciación italiana de los caracteres latinos, y decidieron escribir *Mogadiscio* (cuya pronunciación en español *sería mogadischo*).

Mogadisho Véase **Mogadiscio**.

Mogador Véase **Esauira**.

Moldavia

Se recomienda el uso de *Moldavia*, en lugar de *Moldova*, por ser *Moldavia* el término tradicional en español.

Por petición expresa del Gobierno de este país, los hispanohablantes deberían decir *Moldova* y no *Moldavia*. Sin embargo, nosotros consideramos que debe primar siempre la tradición de nuestra lengua y, por ello, recomendamos que se utilice *Moldavia*, y no *Moldova* para referirse a esta república ex soviética.

Nos remitimos a las recomendaciones de la última edición del *Manual del español urgente* de la Agencia EFE:

Los nombres de uso tradicional y muy arraigado en castellano deben conservar su forma castellana. Los nombres que, teniendo correspondencia castellana, se reproducen en la prensa internacional con las formas del país, a veces reclamadas por los Gobiernos respectivos con actitud anticolonialista, deben conservar la forma castellana del nombre extranjero cuando es tradicional.

Recomendamos, por tanto, el empleo del término *Moldavia*, por ser este el nombre tradicional en español.

Moldova Véase **Moldavia**.

monarca

Los términos *monarca* y *soberano* («que ejerce la autoridad suprema») equivalen siempre a *rey* («jefe de Estado»): todo *rey* es siempre jefe de Estado y, por tanto, *monarca* y *soberano*; por el contrario, una *reina* no siempre es jefa de Estado y, por tanto, únicamente es *monarca* y *soberana* si ejerce la autoridad suprema del país.

Es corriente que se planteen dudas y que se produzcan confusiones al emplear los términos *rey, soberano* y *monarca*. El primer paso para intentar aclararnos es acudir al diccionario *Clave*. En él vemos que el término *rey* significa «soberano y jefe del Estado», mientras que la palabra *reina* es tanto el femenino de *rey*, es decir, «soberana y jefa del Estado», como la «mujer del rey». Asimismo, dicho diccionario define los términos *soberano* y *monarca* de la siguiente manera:

> **soberano, na 1** Grande, excelente o difícil de superar: *El boxeador propinó al contrincante una soberana paliza.* **2** Que ejerce o que posee autoridad suprema o independiente: *En las democracias, el pueblo soberano elige libremente a sus gobernantes.* □ SEM. No debe usarse en plural con el significado de «el rey y la reina».

> **monarca** En una monarquía, soberano o persona que ejerce la autoridad suprema: *Al acto asistieron los Reyes, y el Monarca descubrió una placa conmemorativa.* □ SEM. No debe usarse en plural con el significado de «el rey y la reina».

Vistas estas definiciones, queda claro que los tres términos pueden usarse como sinónimos, aunque no siempre lo son. El ejemplo más cercano es el rey de España, quien es *rey, soberano* y *monarca*; también es *reina, soberana* y *monarca* la reina de Gran Bretaña. Sin embargo, volviendo al caso de España, vemos que estos términos no son sinónimos absolutos: doña Sofía solo es reina de España, y no es ni *soberana* ni *monarca*, puesto que no ejerce ningún tipo de autoridad, y aunque en ocasiones se diga de forma errónea *los soberanos* o *los monarcas* refiriéndose a los Reyes de España, nunca debe decirse, hablando de la Reina, *la soberana* o *la monarca*.

montés

> El adjetivo *montés* es invariable en género y, por tanto, es incorrecta la forma *montesa*.

La voz *montesa* no existe en español, pues se trata de la formación del femenino de un adjetivo (*montés*) invariable en género. Es incorrecta, pues, la forma *cabra montesa*.

Véase esta voz en el diccionario *Clave*:

> **montés** Que vive, está o se cría en el monte: *La cabra montés vive en las regiones montañosas de España.* □ MORF. Invariable en género.

Debemos decir, pues, *cabra, puerco* o *gato montés*.

[motu propio Véase **motu proprio**.

motu proprio

Es incorrecto decir *motu propio* o *de motu propio*. La expresión latina correcta es *motu proprio* (pronunciado [mótu próprio]).

En el español culto, se utilizan algunas expresiones latinas que, en ocasiones, pasan también a formar parte de la lengua coloquial, y sufren por ello deformaciones tanto en la pronunciación como en la escritura. Entre esas deformaciones o errores, la más corriente es poner una preposición delante de ciertas palabras latinas.

Este es el caso del latinismo *motu proprio*. A menudo se comete el error de anteponer a esta expresión la preposición *de*. Así, se dice *de motu propio* en vez de *motu proprio*. También, a veces, se incurre en el error de suprimir la segunda *r* de la palabra latina *proprio*; es decir, empleamos la expresión *motu propio* en lugar de la correcta: *motu proprio*. Veamos cómo define este latinismo el diccionario *Clave*:

> **motu proprio** (latinismo) ‖ De manera voluntaria o por propia voluntad: *Te he invitado motu proprio, nadie me ha obligado.* □ ORTOGR. Incorr. **motu propio.* □ SINT. Incorr. **de motu proprio.*

(Véase también **latinismos**.)

[moudjahidín Véase **muyahidín**.

MPNA Véase **MNA**.

MSK, escala Véase **escalas (medición de terremotos)**.

muestra

Es incorrecto el uso de *muestra* con el significado de «exposición, festival» o «feria», por influencia del italiano *mostra*.

En el *Diccionario* de la Real Academia Española, la voz *muestra* tiene catorce acepciones y en ninguna de ellas significa algo parecido a «exposición, festival» o «feria», que es el sentido con el que aparece usada continuamente en las noticias.

Se trata de un italianismo producido por la traducción literal de la voz *mostra* sin tener en cuenta la diferencia de significados que existe entre esas dos voces semejantes.

Muestra en castellano significa esencialmente «trozo de tela o porción de un producto o mercancía que sirve para conocer la calidad del género», «ejemplar o modelo que se ha de copiar o imitar, como el de la escritura que en las escuelas copian los niños», «parte o porción extraída de un conjunto por métodos que permiten considerarla como representativa del mismo», «señal, indicio, demostración o prueba de una cosa», y entre otros de sus significados está el de «esfera del reloj».

No faltan advertencias al respecto del mal uso de esta palabra en los libros de estilo. En el *Manual de español urgente* de la Agencia EFE se especifica lo siguiente:

> **muestra** Evítese su empleo en la acepción italiana de *exposición, feria, festival*. Válido en *feria de muestras*.

También el *Libro de estilo* de *El País* llama la atención sobre la cuestión:

> **muestra** Sustitúyase por 'exposición', siempre y cuando este italianismo no forme parte de un nombre propio.

No escribamos, pues, *Muestra de Venecia* para hablar del festival de cine que allí se celebra. Tampoco es correcto decir *la muestra de Velázquez* para referirse a la exposición de ese pintor que se celebró en el Museo del Prado.

[mujahidín Véase **muyahidín**.

Mumbay

Se recomienda el uso de *Bombay*, en lugar de *Mumbay*, por ser *Bombay* el término tradicional en español.

Desde 1995, las nuevas autoridades del estado indio de Maharastra exigen que el resto de los hablantes de otras lenguas cambiemos la denominación de esta ciudad por la de *Mumbay*. Sin embargo, nos remitimos a las recomendaciones de la última edición del *Manual de español urgente*:

> Los nombres de uso tradicional y muy arraigado en castellano deben conservar su forma castellana. Los nombres que, teniendo correspondencia castellana, se reproducen en la prensa internacional con las formas del país, a veces reclamadas por los Gobiernos respectivos con actitud anticolonialista, deben conservar la forma castellana del nombre extranjero cuando es tradicional.

Se recomienda, pues, el término *Bombay* por ser de larga tradición en español.

mundo árabe Véase **árabe**.

mundo islámico Véase **islámico, ca**.

musulmán, -a

No hay que confundir los términos *musulmán* o *mahometano* («de Mahoma, o que tiene como religión el islam»), *árabe* («de Arabia o relacionado con ella; de los pueblos de lengua árabe») e *islámico* («del islam o relacionado con esta religión»).

Durante la Guerra del Golfo aparecieron en las noticias algunos términos que parecen no estar lo suficientemente claros, lo que induce a cometer errores en su uso. En este caso analizaremos los referentes a la forma de llamar a los pueblos de la zona en conflicto, así como a su lengua y su religión.

- *Musulmán* quiere decir «persona cuya religión es el islam». Son musulmanes todos los que profesan esa doctrina, sean o no árabes. Es sinónimo de *mahometano, mahometista* y *agareno*. Ni todos los árabes son musulmanes ni todos los musulmanes son árabes; en Siria, Iraq, Palestina, Jordania y Egipto hay importantes comunidades árabes cristianas, y Turquía es un país mayoritariamente musulmán, pero que no es árabe.

- *Árabe* significa «de Arabia (península del sudoeste asiático que comprende Arabia Saudí, Bahrein, Emiratos Árabes Unidos, Kuwait, Omán, Qatar y Yemen) o relacionado con ella»; «de los pueblos de lengua árabe o relacionado con ellos»; «lengua semítica de estos pueblos». Por tanto, no es un concepto étnico ni religioso. En Irán, por ejemplo, no se habla árabe; la lengua y la cultura de ese país son persas o farsis, y como su religión es la islámica, también lo es gran parte de su cultura.

- *Mundo árabe* hace refencia al «conjunto de todos los países cuya lengua es el árabe (así como su cultura)». No es sinónimo de *mundo islámico* (Irán y Turquía no pertenecen al mundo árabe, aunque sí al mundo islámico).

- *Islámico* quiere decir «del islam (religión monoteísta cuyos dogmas y preceptos fueron predicados por Mahoma y recogidos en el libro sagrado del Corán) o relacionado con esta religión». Podemos hablar, por tanto, de literatura islámica, arte islámico o filosofía islámica.

- *Mundo islámico* hace referencia a «todos los países cuya religión mayoritaria, aunque no única, es el islam». En ellos está comprendida gran parte del Asia Central (algunas repúblicas soviéticas y Afganistán), Oriente Próximo y Oriente Medio (Turquía, Irán, Pakistán), Extremo Oriente (Indonesia, Malasia...), todo el mundo árabe y gran parte de los países de África subsahariana. Hay además otros países que no pueden llamarse islámicos (como Albania, Bulgaria, Yugoslavia, China, la India...) porque, aunque tienen en su población un importante número de musulmanes, esta población no es mayoritaria.

Así pues, *islámico* y *musulmán* hacen referencia a la religión de Alá, mientras que el término *árabe* no alude a ninguna doctrina religiosa sino a una zona geográfica o a un idioma.

[muyahid

En español, se prefiere utilizar el término *muyahidín* (pronunciado [muyahidín], con *h* aspirada), forma plural en árabe, frente a *muyahid*, forma singular en árabe, para designar al *guerrero islámico*.

En árabe, la palabra *muyahid* significa «guerrero islámico», y su plural es *muyahidín*. En español, el uso ha desechado la forma *muyahid* y ha optado por *muyahidín* tanto para el singular como para el plural.

(Véase también **muyahidín**.)

[muyahidín

El término *muyahidín* (pronunciado [muyahidín], con *h* aspirada), que significa «guerrero islámico», vale tanto para el plural como para el singular; por consiguiente, conviene evitar el plural español *muyahidines*.

En ocasiones, el desconocimiento de las estructuras morfológicas y la pronunciación de una lengua da lugar a que se cometan ciertos errores que conviene evitar especialmente en la redacción de noticias por la rapidez con la que estas se difunden y con ellas los errores que puedan contener.

Con respecto a la voz árabe *muyahidín*, hay que hacer una aclaración: en árabe la palabra *muyahid* significa «guerrero islámico»; su plural árabe es *muyahidín*. En español se utiliza *muyahidín* tanto para el singular como para el plural; por consiguiente, conviene evitar el plural español *muyahidines*, que resulta redundante.

Para distinguir si *muyahidín* va en singular o en plural, tendremos que acudir al artículo o al numeral: *el muyahidín, un muyahidín, los muyahidín, varios muyahidín, tres muyahidín...*

En cuanto a la grafía de esta palabra, no es correcto escribir *moudjahidín, mujahidín...* u otras formas basadas en las fonéticas inglesa o francesa.

(Véase también **muyahid**.)

Myanmar

Se recomienda el uso de *Birmania*, en lugar de *Myanmar*, por ser *Birmania* el término tradicional en español.

Tras un golpe de estado, el Gobierno de Birmania exigió que el resto de los hablantes de otras lenguas designáramos a ese país con el término *Myanmar*. Sin embargo, nos remitimos a las recomendaciones de la última edición del *Manual de español urgente*:

> Los nombres de uso tradicional y muy arraigado en castellano deben conservar su forma castellana. Los nombres que, teniendo correspondencia castellana, se reproducen en la prensa internacional con las formas del país, a veces reclamadas por los Gobiernos respectivos con actitud anticolonialista, deben conservar la forma castellana del nombre extranjero cuando es tradicional.

Recomendamos, por tanto, el empleo del término *Birmania* por ser un nombre con larga tradición en español.

N n

N'Djamena Véase **Yamena**.

negación

> Hay que recordar que, en español, la doble negación se emplea para reforzar la negación, a diferencia de lo que ocurre en otras lenguas.

En algunas ocasiones surgen dudas sobre el uso correcto del adjetivo *ninguno* en frases en las que aparecen otras palabras que expresan negación.

Manuel Seco, en su *Diccionario de dudas y dificultades de la lengua española*, explica lo siguiente:

> Cuando esta palabra, sea adjetivo o pronombre, va detrás del verbo de la oración, es necesario anteponer a este otra palabra negativa, generalmente el adverbio *no*: *No ha venido ninguno*; *No he visto a ninguno*; *Nada he recibido de ninguno*. El adverbio negativo puede ir implícito en interrogaciones retóricas: *¿Hice daño a ninguno de vosotros?* Si *ninguno* va delante del verbo, no se pone con él ese segundo elemento negativo: *Ninguno me ha dicho lo que pasaba.*

También nos pueden sacar de dudas las explicaciones de la Real Academia Española en su *Esbozo de una nueva gramática de la lengua española*:

> Detrás de una enunciativa negativa con *no*, podemos emplear los adverbios *nunca, jamás*, o los pronombres indefinidos *nadie, ninguno, nada*, y también otras locuciones que refuercen la negación: *No lo he visto nunca*; *No lo haré jamás*; *No veo a nadie*; *No quiero nada*; *No le ofendí en mi vida*; *No he podido dormir en toda la noche.* Estas palabras y locuciones refuerzan, como se ve, la negación, dándole un sentido absoluto que no tiene sin ellas, pues no es lo mismo *No lo he visto* que *No lo he visto nunca.*

Por último, la Academia menciona el caso de *ninguno*:

> El adjetivo *ninguno* puede anteponerse o posponerse al sustantivo cuando la oración empieza por el adverbio *no*: *No tengo ningún libro*; *No viene hombre ninguno.* Pero también puede ir al principio de la oración: *Ningún hombre viene.* Empleado como pronombre equivale a *nadie*; así, *Ninguno viene* significa lo mismo que *No viene ninguno*, o *Nadie viene.*

> La Real Academia Española explica que «los vocablos que se emplean para reforzar la negación *no*, conservan el valor positivo que todas, menos *nunca*, tienen en su origen; pues *jamás* equivale a *ya más*; *nada* a *todas las cosas nacidas*; *nadie*, a *todas las personas nacidas*, y *ninguno* a *ni uno*». Esto es como decir que *No quiero nada* expresa la idea de «No quiero cosa nacida», y *No lo haré jamás* significa «No lo haré ya más». Por esta razón se ha dicho que dos voces que expresan negación niegan con más fuerza. Así pues, cuando empleamos este tipo de palabras delante del verbo, designamos con ellas lo contrario de lo que etimológicamente significan.

neo-

Las palabras que contienen el elemento compositivo *neo-* se escriben en una sola palabra: *neoclasicismo, neocolonialismo*.

Neo- es un elemento compositivo que significa «nuevo» o «reciente» (*neologismo, neofascista, neoplatónico*) y es inseparable de la palabra a la que precede. Es incorrecto, por tanto, separar con guión este elemento compositivo de la palabra que le sigue.

New Hampshire

Se recomienda el uso de *Nuevo Hampshire* para designar este estado, en lugar de la forma inglesa *New Hampshire*.

Conviene recordar que los nombres de algunos estados de los Estados Unidos de América se escriben de forma distinta en inglés y en español. Por este motivo, se ha de insistir en que, en español, dichos nombres deben utilizarse en esta lengua y no en inglés. Este es el caso del estado de *Nuevo Hampshire*, que no debe aparecer nunca como *New Hampshire*.

New Jersey

Se recomienda el uso de *Nueva Jersey* para designar este estado, en lugar de la forma inglesa *New Jersey*.

Conviene recordar que los nombres de algunos estados de los Estados Unidos de América se escriben de forma distinta en inglés y en español. Por este motivo, se ha de insistir en que, en español, dichos nombres deben utilizarse en esta lengua y no en inglés. Este es el caso del estado de *Nueva Jersey*, que no debe aparecer nunca como *New Jersey*.

New Mexico

Se recomienda el uso de *Nuevo México* para designar este estado, en lugar de la forma inglesa *New Mexico*.

Conviene recordar que los nombres de algunos estados de los Estados Unidos de América se escriben de forma distinta en inglés y en español. Por este motivo, se ha de insistir en que, en español, dichos nombres deben utilizarse en esta lengua y no en inglés. Este es el caso del estado de *Nuevo México*, que no debe aparecer nunca como *New Mexico*.

En México, la *x* no se pronuncia como tal, sino, como antiguamente se pronunciaba, es decir, como *j*. ¿Qué significa esto? Pues que escribamos *México* o *Méjico* —aunque los mexicanos prefieran que se utilice la forma escrita con *x*— debemos pronunciar [Méjico].

New York

Se recomienda el uso de *Nueva York* para designar este estado, en lugar de la forma inglesa *New York*.

Conviene recordar que los nombres de algunos estados de los Estados Unidos de América se escriben de forma distinta en inglés y en español. Por este motivo, se ha de insistir en que, en español, dichos nombres deben utilizarse en esta lengua y no en inglés. Este es el caso del estado de *Nueva York*, que no debe aparecer nunca como *New York*.

Newfoundland

Debe utilizarse *San Juan de Terranova* y no *Saint John* o *Saint John's Newfoundland* para referirse a esta ciudad canadiense, por ser *San Juan de Terranova* el término tradicional en español.

Nos vemos en la necesidad de recordar que en español existen unos topónimos tradicionales que deben ser respetados, es decir, que deben ser utilizados sin que ocupen un lugar los correspondiente topónimos procedentes de otras lenguas.

El caso que ahora nos ocupa estuvo en la prensa hace algunos años, debido al apresamiento de un barco pesquero español por parte del Gobierno de Canadá. Una vez apresado, decían las noticias, el barco español fue conducido al puerto de *Saint John* (otras veces escrito *Saint John's*) en la isla de Terranova.

En toda la cartografía rotulada en español y en todos los manuales de geografía españoles e hispanoamericanos, dicha ciudad se llama *San Juan*, y la isla *Terranova*. El topónimo completo es, pues, *San Juan de Terranova*.

Los topónimos ingleses *Saint John* (para la ciudad) y *Newfoundland* (para la isla) no deben utilizarse, puesto que para eso tenemos sus equivalentes en español. Y en cuanto a la forma *Saint John's*, solo es lógica si va seguida del nombre inglés de la isla: *Saint John's Newfoundland*.

> Ya en sus orígenes esta ciudad a la que la prensa se empeña en designar con el nombre inglés *Saint John* o *Saint John's Newfoundland* tenía un nombre español: *San Juan de Terranova* fue fundada por pescadores españoles procedentes del puerto guipuzcoano de Pasajes de San Juan que arribaron a aquellas tierras a comienzos del siglo XVI, se instalaron y llamaron a su fundación *San Juan de Pasajes*.

no

Debe evitarse el uso del adverbio *no* para designar lo contrario de lo que se quiere decir; por ejemplo, debe decirse *pacíficos* en lugar de *no violentos*.

Cada vez está más extendido el uso del adverbio *no* en casos como *La no paz se está cobrando miles de víctimas en todo el mundo* o *La última manifestación de los no violentos estuvo respaldada por los políticos*.

Como se puede observar, este *no* es en muchas ocasiones eufemístico, puesto que lo que se quiere decir con *no paz* es que hay un estado de guerra. Por tanto, recomendamos que se evite el uso de este elemento y que, en su lugar, se empleen los términos adecuados.

[nobel

No deben confundirse las voces *novel* («persona que comienza a practicar una actividad») y *nobel* («ganador del premio Nobel»), ya que no significan lo mismo.

En una noticia hemos leído *El premio novel de la paz 1992...*

Como vemos, las voces *nobel* y *novel* se confunden debido a su idéntica pronunciación, por eso es conveniente consultar sus significados. Según el diccionario *Clave*, el significado de *novel* es el siguiente:

novel Referido a una persona, que comienza en una actividad o que tiene poca experiencia en ella: *Para ser obra de una escultora novel, tiene gran calidad.* □ ETIMOL. Del catalán *novell* (nuevo, novel). □ PRON. Incorr. *[nóvel]. □ ORTOGR. Dist. de *nobel*. □ MORF. 1. Como adjetivo es invariable en género. 2. Como sustantivo es de género común: el novel, la novel.

Mientras que la definición que da de *nobel* remite a *Premio Nobel*:

[nobel → premio Nobel. □ PRON. Aunque la pronunciación correcta es [nobél], está muy extendida [nóbel]. □ ORTOGR. Dist. de *novel*.

Los premios *Nobel*, que es el nombre del químico sueco que los instituyó, son otorgados por la Academia sueca, y se escriben con mayúscula.

Vistas estas palabras y sus definiciones, queda claro que no deben utilizarse indistintamente.

noche

Debe evitarse el uso de expresiones como *hoy noche* o *ayer noche* por influencia del inglés *this evening* o *yesterday evening*. Lo correcto en español es decir: *hoy por la noche* o *ayer por la noche*.

Se oyen con frecuencia expresiones del tipo *hoy noche* o *ayer noche*. Por ello, creemos conveniente tratar esta cuestión.

Expresiones como estas no son correctas en español, ya que nosotros siempre hemos dicho *hoy por la noche* y *ayer por la noche*. Probablemente, hayan surgido por influencia del inglés, lengua en la que todo suele expresarse de forma más breve. Pero el hecho de que en dicha lengua podamos decir *this evening* o *yesterday evening* no significa que podamos hacer lo mismo en español.

Recomendamos, pues, que se evite el uso de este tipo de expresiones y que se vuelva a las formas correctas en español: *hoy por la noche* o *ayer por la noche*.

nominación Véase **nominar**.

[nominado, da Véase **nominar**.

nominar

Debe evitarse el uso del anglicismo *nominar*, que puede ser reemplazado por voces castellanas equivalentes, como *seleccionar* o *proponer*.

Cada año, cuando se acerca la entrega de los premios cinematográficos «Oscar», comienzan a aparecer en las noticias el verbo *nominar*, el sustantivo *nominación* y el adjetivo *nominado*, en casos como *La Academia de Hollywood va a nominar dos películas del mismo director*, *Ya ha comenzado la nominación de los candidatos a los premios*, *La película de Fulano es una de las nominadas para el Oscar a los mejores efectos especiales*, *Los nominados para el premio al mejor actor secundario son...*, y muchas otras frases parecidas.

Este es el momento de volver a recordar la advertencia que aparece en la última edición del *Manual de español urgente*:

> **nominar**. Anglicismo innecesario. En español significa «dotar de nombre a una persona o cosa». Para la acepción inglesa dígase: *proponer, presentar, seleccionar, proclamar candidato* y, en ocasiones, *nombrar*.

Así, las películas serán *seleccionadas* o *escogidas* para aspirar a los premios, la Academia de Hollywood *seleccionará* a los actores y películas que optarán al «Oscar», y el hecho de hacerlo será la *selección de candidatos* (en el caso de los actores) y *de películas*.

Eso en cuanto a las noticias sobre los premios «Oscar», pero hete aquí que el uso de *nominar* en español ha pasado del cine, donde ya casi ha desaparecido, al deporte y a la política. A continuación citamos algunos ejemplos del ámbito deportivo:

Ángel Nieto nominado para el premio Príncipe de Asturias.

Arsenio nominado para el Premio al Mejor Entrenador 1994.

El club gallego está también representado con la nominación del brasileño José Roberto Gama de Oliveira 'Bebeto'...

El Deportivo está también nominado junto al Zaragoza y el Mérida, en el apartado de mejor club de fútbol de la pasada temporada.

Hasta ahí las *nominaciones* en el terreno de los deportes. Veamos ahora algunas de las que se cuelan en las noticias de política:

Augusto Brito nominado por el PSOE para la presidencia de Canarias. (Error que, afortunadamente, solo aparece en el título, pues en el resto de la noticia leemos: *La designación de Brito como candidato tendrá que ser ratificada...*)

Barranco nominado candidato socialista al Ayuntamiento de Madrid. (La cosa se arregla en el segundo párrafo, donde se habla del *proceso de selección de candidato socialista para alcalde de la capital*, aunque luego, al reproducir las declaraciones del candidato, el redactor vuelve a caer en la trampa: *afirmó que con su nominación ha terminado...*)

Vistos ya los deportes y la política, también podemos toparnos con *nominar* o *nominación* en otras informaciones relativas a concesiones de premios o galardones, como el ejemplo siguiente, de una noticia titulada *El galardón del coche del año se entregará en Sevilla*, que comienza así: *El galardón que acredita la nominación como coche del año en Europa...*; y en el siguiente párrafo añade: *Ha obtenido la nominación europea por segunda vez consecutiva*. En esta ocasión, con *la elección como coche del año* y *ha obtenido el galardón europeo por segunda vez*, la cosa habría quedado mucho mejor.

(Véase también **oscarizar**.)

Noor Véase **Nur**.

nor- Véase **norte-**.

nord- Véase **norte-**.

nordeste

Debe evitarse el empleo de la forma *noreste*, ya que *nordeste* es el término recogido por la Real Academia Española.

Es corriente que surja la duda sobre la forma correcta de escribir en español el nombre del punto cardinal situado entre el norte y el este: *¿noreste* o *nordeste?* En el *Diccionario* de la Real Academia Española solo aparece la forma *nordeste*.

A raíz de la duda que surge a la hora de utilizar las palabras *nordeste* o *noreste*, se hace necesaria una explicación del prefijo *nor-*, que también puede adoptar la forma *nord-*. Manuel Seco, en su *Diccionario de dudas y dificultades de la lengua española*, lo explica así:

> Se dice *nordeste*, «punto del horizonte entre el norte y el este»; pero *noroeste*, «punto del horizonte entre el norte y el oeste». *Nordeste* está atestiguado en español desde 1435-38 sin interrupción hasta nuestros días, mientras que *noreste* no aparece antes de 1909. En cuanto a *noroeste*, se ha usado en la forma *norueste* desde su primer testimonio, en 1492, hasta hoy, y como *noroeste* solamente desde 1585: *nordoeste* es excepcional. La presencia de la forma *nord-* en *nordeste* frente a la forma *nor-* en *noroeste* se explica probablemente porque ambos compuestos se tomaron directamente del inglés, donde *northeast* pudo adaptarse al español conservando fácilmente la consonante inglesa *th* (español /d/) entre /r/ y la vocal plena /e/, mientras que *northwest*, al pasar al español, difícilmente podía conservar una consonante entre dos, /r/ y /w/.

(Véase también **norte-**.)

[noreste Véase **nordeste**.

norte-

> En los compuestos en los que aparece la palabra *norte* se puede alternar entre las formas *norte-*, *nor-* y *nord-*.

Al formar compuestos que incluyen la palabra *norte* se duda en ocasiones sobre cuál es la forma que debe adoptar dicha palabra, ya que alternan *nord-*, *nor-* y *nord-*, según los casos.

Se prefiere la forma *norte-* cuando el nombre propio comienza por vocal: *norteafricano, norteamericano*; y *nor-*, cuando el nombre propio comienza por consonante: *norvietnamita, norcoreano, norsantandereano* (del Norte de Santander, en Colombia). Pero son frecuentes las excepciones a estas preferencias: *norirlandés* (no tenemos registrado ningún ejemplo de *norteirlandés*), *nortecoreano* (al lado de *norcoreano*), *nortesantandereano* (al lado de *norsantandereano*). La forma *nord-*, que a veces usan los periodistas (*nordcoreano*), debe reservarse exclusivamente para la palabra *nordeste*.

(Véase también **nordeste**.)

norteamericano, na

> Es incorrecto el uso del término *americano* («de América, uno de los cinco continentes, o relacionado con ella») para designar a los naturales de los Estados Unidos; en su lugar, debe emplearse el término *estadounidense* o, en su defecto, *norteamericano*.

Los problemas con los gentilicios no provienen siempre de países o ciudades lejanos y exóticos. Uno de los que aparecen con más frecuencia erróneamente usado es el de los Estados Unidos de América, cuyos habitantes no deben ser llamados *americanos*, sino *estadounidenses* o *norteamericanos*.

Como el uso de *americano* con ese significado es un anglicismo, reproducimos a continuación lo que advierte al respecto el *Diccionario de anglicismos* de Ricardo J. Alfaro:

> **americano, na** La gran confederación que tuvo por núcleo original las trece colonias británicas del nuevo mundo adoptó al constituirse el nombre de *Estados Unidos de América*. Este nombre ha engendrado equívocos y dificultades.
>
> *Estados Unidos* es nombre compuesto de un sustantivo y un adjetivo comunes. *América* es el nombre del continente. En América hay otros estados unidos, pero con nombre exclusivo: *Estados Unidos Mexicanos, Estados Unidos de Brasil, Estados Unidos de Venezuela*.
>
> Sin embargo, respecto del país mismo, no hay confusión: primero, porque *Estados Unidos* ha venido a aplicarse por antonomasia a la república norteña; segundo, porque nadie llama a las otras federaciones sino por su nombre propio: México, Brasil, Venezuela.

Y explica en cuanto al gentilicio correspondiente:

> No sucede lo mismo en cuanto a los nacionales. Para éstos se ha hecho derivar el gentilicio del nombre que no es de su país, y se les llama *americanos*, lo cual produce el siguiente equívoco. *Americanos* son todos los hijos del nuevo mundo. Gramaticalmente, geográficamente y lógicamente es impropio e inexacto dar ese nombre a los ciudadanos y cosas de los Estados Unidos, y a este error hemos contribuido, quizás en primer término, los americanos que moramos al sur del Río Grande.

Las soluciones que nos da Ricardo J. Alfaro son las siguientes:

> *Norteamericanos* es tal vez el más usado, si bien no es el más preciso. La América del Norte comprende, además de Estados Unidos, al Canadá y a México. Pero es lo cierto que nadie llama *norteamericanos* ni a los mexicanos ni a los canadienses.
>
> Más exacto y más exclusivo es el término *angloamericanos*. Indica él los *ingleses de América*, es decir, los descendientes de los colonizadores ingleses, del mismo modo que el término *hispanoamericanos* designa a los naturales de los países colonizados por los españoles. Es el único término al cual da la Academia primitivamente (acepción 3ª) el significado de «natural de los Estados Unidos de la América Septentrional».

Últimamente se ha difundido el neologismo *estadounidense*, algunas veces transformado en *estadinense*, por contracción. Si *Estados Unidos* es el verdadero nombre de la nación, es natural que de él se derive directamente el gentilicio.

Creemos, pues, que el término más adecuado para designar a los naturales de dicho país es el que recoge el *Diccionario* de la Real Academia Española como gentilicio de Estados Unidos: *estadounidense*, si bien tampoco condenamos el empleo del término *norteamericano*, cuyo uso está muy extendido.

> En Norteamérica, hay tres países: *Canadá, los Estados Unidos de América* y *México*, país este último que, en muchas ocasiones, aparece erróneamente incluido entre los centroamericanos. Por tanto, los tres países son *norteamericanos* y, por extensión, también lo son sus habitantes.

North Carolina

Se recomienda el uso de *Carolina del Norte* para designar este estado, en lugar de la forma inglesa *North Carolina*.

Conviene recordar que los nombres de algunos estados de los Estados Unidos de América se escriben de forma distinta en inglés y en español. Por este motivo, se ha de insistir en que, en español, dichos nombres deben utilizarse en esta lengua y no en inglés. Este es el caso del estado de *Carolina del Norte*, que no debe aparecer nunca como *North Carolina*.

North Dakota

Se recomienda el uso de *Dakota del Norte* para designar este estado, en lugar de la forma inglesa *North Dakota*.

Conviene recordar que los nombres de algunos estados de los Estados Unidos de América se escriben de forma distinta en inglés y en español. Por este motivo, se ha de insistir en que, en español, dichos nombres deben utilizarse en esta lengua y no en inglés. Este es el caso del estado de *Dakota del Norte*, que no debe aparecer nunca como *North Dakota*.

Nouadhibou Véase **Nuadibú**.

Nouakchott Véase **Nuakchot**.

Nour Véase **Nur**.

novel

No deben confundirse las voces *novel* («persona que comienza a practicar una actividad») y *nobel* («ganador del premio Nobel»), ya que no significan lo mismo.

En una noticia hemos leído *El premio novel de la paz 1992...*

Como vemos, las voces *nobel* y *novel* se confunden debido a su idéntica pronunciación, por eso es conveniente consultar sus significados. Según el diccionario *Clave*, el significado de *novel* es el siguiente:

novel Referido a una persona, que comienza en una actividad o que tiene poca experiencia en ella: *Para ser obra de una escultora novel, tiene gran calidad.* □ ETIMOL. Del catalán *novell* [nuevo, novel]. □ PRON. Incorr. *[nóvel]. □ ORTOGR. Dist. de *nobel.* □ MORF. 1. Como adjetivo es invariable en género. 2. Como sustantivo es de género común: el novel, la novel.

Mientras que la definición que da de *nobel* remite a *Premio Nobel*:

[nobel → premio Nobel. □ PRON. Aunque la pronunciación correcta es [nobél], está muy extendida [nóbel]. □ ORTOGR. Dist. de *novel.*

Los premios *Nobel*, que es el nombre del químico sueco que los instituyó, son otorgados por la Academia sueca, y se escriben con mayúscula.

Vistas estas palabras y sus definiciones, queda claro que no deben utilizarse indistintamente.

Nuadibú

Debe evitarse el uso de *Nouadhibou* en lugar de *Nuadibú*, por ser *Nuadibú* la transcripción española del nombre de esta ciudad.

A menos que haya un topónimo tradicional en español, siempre deben hispanizarse las grafías de nombres propios procedentes de lenguas que tienen alfabetos distintos al latino. En lo referido a la toponimia de África, es importante tener en cuenta que, a menudo, las grafías nos llegan —ya transcritas al alfabeto latino— a través del inglés o del francés, ya que muchos de los actuales países africanos fueron colonias del Reino Unido o de Francia; sin embargo, estas grafías pueden resultar extrañas en nuestro idioma.

Uno de estos topónimos es el que, en español, designamos con el nombre de *Nuadibú*. Aunque es frecuente ver escrita la forma *Nouadhibou*, recomendamos seguir escribiendo el nombre de dicha ciudad con la grafía propia de nuestra lengua: *Nuadibú*.

Nuakchot

Debe evitarse el uso de *Nouakchott* en lugar de *Nuakchot*, por ser *Nuakchot* la transcripción española del nombre de esta ciudad.

A menos que haya un topónimo tradicional en español, siempre deben hispanizarse las grafías de nombres propios procedentes de lenguas que tienen alfabetos distintos al latino. En lo referido a la toponimia de África, es importante tener en cuenta que, a menudo, las grafías nos llegan —ya transcritas al alfabeto latino— a través del inglés o del francés, ya que muchos de los actuales países africanos fueron colonias del Reino Unido o de Francia; sin embargo, estas grafías pueden resultar extrañas en nuestro idioma.

Uno de estos topónimos es la capital de Mauritania que, en español, designamos con el nombre de *Nuakchot*. Aunque es frecuente ver escrita la forma francesa *Nouakchott*, recomendamos seguir escribiendo el nombre de dicha ciudad con la grafía propia de nuestra lengua: *Nuakchot*.

Nueva Jersey

Se recomienda el uso de *Nueva Jersey* para designar este estado, en lugar de la forma inglesa *New Jersey*.

Conviene recordar que los nombres de algunos estados de los Estados Unidos de América se escriben de forma distinta en inglés y en español. Por este motivo, se ha de insistir en que, en español, dichos nombres deben utilizarse en esta lengua y no en inglés. Este es el caso del estado de *Nueva Jersey*, que no debe aparecer nunca como *New Jersey*.

Nueva York

Se recomienda el uso de *Nueva York* para designar este estado, en lugar de la forma inglesa *New York*.

Conviene recordar que los nombres de algunos estados de los Estados Unidos de América se escriben de forma distinta en inglés y en español. Por este motivo, se ha de insistir en que, en español, dichos nombres deben utilizarse en esta lengua y no en inglés. Este es el caso del estado de *Nueva York*, que no debe aparecer nunca como *New York*.

Nuevo Hampshire

Se recomienda el uso de *Nuevo Hampshire* para designar este estado, en lugar de la forma inglesa *New Hampshire*.

Conviene recordar que los nombres de algunos estados de los Estados Unidos de América se escriben de forma distinta en inglés y en español. Por este motivo, se ha de insistir en que, en español, dichos nombres deben utilizarse en esta lengua y no en inglés. Este es el caso del estado de *Nuevo Hampshire*, que no debe aparecer nunca como *New Hampshire*.

Nuevo México

Se recomienda el uso de *Nuevo México* para designar este estado, en lugar de la forma inglesa *New Mexico*.

Conviene recordar que los nombres de algunos estados de los Estados Unidos de América se escriben de forma distinta en inglés y en español. Por este motivo, se ha de insistir en que, en español, dichos nombres deben utilizarse en esta lengua y no en inglés. Este es el caso del estado de *Nuevo México*, que no debe aparecer nunca como *New Mexico*.

> En México, la *x* no se pronuncia como tal, sino, como antiguamente se pronunciaba, es decir, como *j*. ¿Qué significa esto? Pues que escribamos *México* o *Méjico* —aunque los mexicanos prefieran que se utilice la forma escrita con *x*— debemos pronunciar [Méjico].

números (concordancia de género)

Debe utilizarse el numeral masculino (*veintiún*) delante de sustantivos masculinos (*veintiún lápices*), sustantivos femeninos que comienzan con *a* tónica (*veintiún aves*) o del adjetivo *mil* (*veintiún mil pesetas*).

En algunas ocasiones, en cuestiones de lenguaje, el uso no se ajusta a la norma, es decir, la Real Academia Española considera correcta una palabra o una construcción distinta a la que usan la mayoría de los hispanohablantes y, por tanto, esta última debe ser considerada incorrecta. Pero si dicha incorrección es muy general, e incluso la usan los hablantes y los escritores cultos, tarde o temprano la Real Academia Española reconocerá su uso como correcto.

La norma dice que el numeral *veintiún* (apócope de *veintiuno*) se usa antepuesto al sustantivo masculino (*veintiún lápices*), al sustantivo femenino que comienza con *a* tónica (*veintiún aulas*) o al adjetivo *mil* (*veintiún mil casas*).

La Academia lo explica diciendo que la práctica tradicional consiste en emplear el masculino *un* sea cual sea el género del sustantivo (*veintiún mil kilos, treinta y un mil toneladas*), y que la concordancia de género con el sustantivo femenino (*veintiuna mil pesetas, treinta y una mil toneladas*) es un uso relativamente reciente.

Se trata, pues, de un uso reciente, pero es un uso que hoy está ya muy generalizado, al menos en el español de España. Leonardo Gómez Torrego, en su *Manual del español correcto* dice: «Lo correcto es decir *veintiún mil pesetas* y no *veintiuna mil pesetas*, aunque esta última forma se va imponiendo. Sin embargo no debe decirse *veintiún pesetas* sino *veintiuna pesetas*».

Teniendo en cuenta lo antedicho, recomendamos que se siga la norma académica, mientras la forma popular no esté reconocida por dicha institución.

números (escritura)

Los números se escriben con letra o con cifra dependiendo del contexto en el que se encuentren.

El mejor consejo en cuanto al empleo de los números es el que nos da el *Manual de estilo* del diario *La Voz de Galicia*: «Como norma general, el uso de guarismos debe regirse por la regla de la mayor facilidad de lectura».

Como se indica en la *Ortografía de uso del español actual* de Leonardo Gómez Torrego, «cuando se escribe un texto, los números comprendidos entre el cero y el nueve tienden a escribirse con letra (*tres, seis, cuatro...*), los números comprendidos entre el diez y el veinte pueden escribirse con cifra o con letra (*doce* o *12, dieciocho* o *18...*); a partir del veinte, se aconseja escribir los números con cifra (*33, 665...*)».

Cuando los números se escriben con letras, «se escriben en una sola palabra hasta el *treinta* (*once, veinticinco...*). Asimismo, «los números cardinales a partir del *treinta* y hasta el *cien* se escriben separados (unidos por *y*), excepto en los múltiplos de *diez*, que se escriben en una sola palabra (*treinta y uno; sesenta*)».

La duda más habitual al escribir los números cardinales es la que se plantea con los que están formados por dos o más cifras seguidas de seis o más ceros. En el *Libro de estilo* de *El País*, aparece la norma siguiente: «Para los millones no se emplearán los seis ceros correspondientes, sino la palabra *millón*. Así, las unidades de millón se escribirán con todas sus letras (*un millón, dos millones*), y las decenas, centenas o millares de millones, parte con números y parte con letras (*50 millones, 500 millones, 500.000 millones*). Salvo cuando la cantidad no sea un múltiplo exacto, en cuyo caso se escribe con todas sus cifras (*8.590.642 pesetas*) o se redondea (*8,5 millones de pesetas; 8,59 millones de pesetas*)». José Martínez de Sousa, en su *Diccionario de ortografía*, advierte que «estas simplificaciones no deben efectuarse cuando la cifra es solo una, o los ceros son solo tres; así, hay que escribir *8.000.000* y no *8 millones*; *100.000* y no *100 mil*; en vez de *48 mil millones* es preferible *48.000 millones*».

En cuanto a la escritura de los numerales con cifras, la *Ortografía de uso del español actual* dice lo siguiente:

> Para escribir los números de más de tres cifras, aunque tradicionalmente en castellano se separaba con punto, la normativa internacional señala que se debe prescindir de él. Para facilitar la lectura de los millares, millones, etc., se recomienda dejar un espacio cada tres cifras (empezando por el final): *1 000 000, 3 256*. Sin embargo, esta separación no debe utilizarse en la escritura de los años, en la numeración de las páginas ni en los números de las leyes, decretos o artículos.

Dicha *Ortografía* añade, por último, que «para escribir los números decimales, la Real Academia Española recomienda separar la parte entera de la parte decimal mediante una coma en la zona inferior: *12,5*», pero que «también se permite en estos casos la utilización del punto: *6.8*».

Nur

El nombre en español de la viuda del antiguo rey de Jordania *Huseín* es *Nur*, no *Nour* o *Noor*.

En las noticias sobre la agonía y muerte del rey Huseín de Jordania, su entierro, los actos fúnebres oficiales y la toma de posesión de su heredero, aparecieron los nombres de los miembros de la familia real jordana escritos de distintas formas. Por ello, creemos conveniente la siguiente aclaración:

El nombre de la viuda de Huseín, que en los periódicos apareció como *Noor* o *Nour* (según sean transcripciones con influencia inglesa o francesa), en español debe escribirse *Nur*.

O o

observar

> Es incorrecto el uso del término *observar* en lugar de *ver*, ya que estos verbos no tienen el mismo significado.

A menudo aparece en la prensa un uso incorrecto del verbo *observar*, empleado como si fuera sinónimo de *ver*. Veamos las definiciones que aparecen en *Clave* de ambos términos:

ver Referido a algo material, percibirlo por los ojos mediante la acción de la luz: *Enciende la luz, que no veo.*

observar Examinar, estudiar o contemplar atentamente: *Observamos el ala de una mosca con el microscopio.*

Es evidente que *ver* supone «percibir algo a través de la vista», mientras que *observar* implica «poner atención sobre algo que deseamos examinar». Por tanto, son incorrectas frases como:

El corresponsal de EFE pudo observar en ese lugar cuatro cadáveres.

El cónsul español observó ocho cadáveres.

En estos casos, lo correcto sería decir:

El corresponsal de EFE pudo ver en ese lugar cuatro cadáveres.

El cónsul español vio ocho cadáveres.

ocupación Véase **intervención**.

ofrecimiento

> Debe evitarse el uso del término *ofrecimiento* con el significado de «propuesta» u «oferta».

Hay que andarse con cierto tiento al emplear términos que, a primera vista, pueden parecer sinónimos, pero que en realidad deben usarse cada uno en su contexto, ya que sus significados, aunque parecidos, son diferentes y, por lo tanto, también debe serlo su uso. Ese es el caso de *ofrecimiento* y *oferta*. ---

Veamos primero las definiciones que da el *Diccionario* de la Real Academia Española para estos dos términos:

ofrecimiento Acción o efecto de ofrecer u ofrecerse.

oferta Promesa que se hace de dar, cumplir o ejecutar una cosa. // Don que se presenta a uno para que lo acepte. // Propuesta para contratar. // Conjunto de bienes o mercancías que se presentan en el mercado con un precio dado y en un momento determinado. // Puesta a la venta de un producto rebajado de precio. // Este mismo producto.

Así, si tenemos en cuenta la siguiente noticia:

El primer ministro israelí desveló hoy, lunes, que hizo un ofrecimiento a Siria para reanudar las conversaciones de paz y que está esperando una respuesta de Estados Unidos...

En el ejemplo anterior, lo que hizo el primer ministro israelí fue una *oferta*, voz cuyo significado está más cercano a *propuesta*, que habría sido la palabra más adecuada en la redacción de esa noticia, pues, según el *Diccionario* académico, es la «proposición o idea que se manifiesta y ofrece a uno para un fin».

ONG

Debe evitarse la forma *ONG's* para hacer el plural de esta sigla. En este caso, es preferible el uso del artículo en plural: *las ONG*.

Ante la duda planteada sobre si el plural de esta sigla, que significa *organización no gubernamental*, es *ONG's*, queremos recordar que la forma *ONG's* responde al modo anglosajón, ajeno al español. Para expresar el número en las siglas lo hacemos mediante el artículo: *las ONG*. En este caso concreto, de no hacer el plural *OO.NN.GG* (semejante a EE.UU. o a CC.OO.), es aceptable *las ONG*. Lo que en modo alguno es aceptable es añadir a la sigla *ONG* un genitivo sajón ['s] que no es signo de plural sino de posesión (*casa de* o *de*).

(Véase también **siglas**.)

OPNA Véase **MNA**.

Orán

Se recomienda el uso de *Orán*, en lugar de *Wahran*, por ser *Orán* el término tradicional en español.

En 1981, un decreto de la república de Argelia ordenaba cambiar la denominación oficial de esta ciudad por la de *Wahran*. Sin embargo, nos remitimos a las recomendaciones de la última edición del *Manual de español urgente*:

> Los nombres de uso tradicional y muy arraigado en castellano deben conservar su forma castellana. Los nombres que, teniendo correspondencia castellana, se reproducen en la prensa internacional con las formas del país, a veces reclamadas por los Gobiernos respectivos con actitud anticolonialista, deben conservar la forma castellana del nombre extranjero cuando es tradicional.

Se recomienda, por tanto, utilizar el término *Orán*, por ser un nombre con larga tradición en español.

orden de palabras

Debe evitarse la alteración del orden tradicional de las palabras en español por influencia del inglés.

Veamos algunos ejemplos en los que se ha alterado el orden lógico de las palabras en español:

> *Eso es lo que ha dicho la opositora Alianza Nacional (AN).*

> *El rebelde Ejército Zapatista de Liberación Nacional (EZLN) ha hecho nuevas declaraciones a la prensa.*

A cualquier hispanohablante que no esté muy contaminado por el inglés (cada vez quedan menos) le debe causar extrañeza este tipo de construcción, tanto cuando la oye en los noticiarios como cuando la ve escrita en los periódicos. Se trata de una alteración del orden tradicional español y de una copia del inglés que, como tantas otras copias de esa lengua, lo único que hace es estorbar en nuestra lengua y entorpecer la comunicación.

Chris Pratt, en su libro *El anglicismo en el español peninsular contemporáneo*, describe este fenómeno al hablar del anglicismo sintáctico: «En estos casos, el modelo sintáctico inglés, al traducirse literalmente, da un sintagma que, usado actualmente en español, o bien resulta menos frecuente, o bien tiene una correspondencia parcial con el tradicional».

Entre las siete estructuras de este tipo que Chris Pratt incluye en sus explicaciones, está la de *empleo del adjetivo antepuesto*.

Además de ser una cuestión gramatical, se trata, simplemente, de oído. Las construcciones de los ejemplos anteriores suenan mal, y quedarían mucho mejor si en su lugar se hubiera escrito:

> *Eso es lo que ha dicho La Alianza Nacional (AN), partido de la oposición. / Eso es lo que ha dicho el partido de la oposición Alianza Nacional (AN).*

El grupo guerrillero Ejército Zapatista de Liberación Nacional (EZLN) ha hecho nuevas declaraciones a la prensa. / Los rebeldes del Ejército Zapatista de Liberación Nacional (EZLN) han hecho nuevas declaraciones a la prensa.

Oregón

Se recomienda el uso de *Oregón* para designar este estado, en lugar de la forma inglesa *Oregon* (pronunciado [óregon]).

Conviene recordar que los nombres de algunos estados de los Estados Unidos de América se escriben de forma distinta en inglés y en español. Por este motivo, se ha de insistir en que, en español, dichos nombres deben utilizarse en esta lengua y no en inglés. Este es el caso del estado de *Oregón*, que no debe aparecer nunca como *Oregon* (pronunciado [óregon]).

Oriente Medio

No hay que confundir *Oriente Medio*, que comprende Irán, Pakistán, la India y sus países limítrofes, con *Oriente Próximo* o con *Extremo Oriente*.

Algunos términos que se prestan a confusión son los de Próximo, Medio y Extremo Oriente. Fernando Lázaro Carreter en un artículo publicado en el *Abc* hace alusión a estos términos. Dice lo siguiente respecto a Oriente Próximo y Oriente Medio: «Ambas cosas vemos escritas y oímos sin cesar, para aludir al mismo pedazo del globo. Y además, *Medio Oriente*, con extraño desorden de palabras que calca el inglés *Middle East*. No se introduce con ello confusión alguna: se llame como se llame, todo el mundo sabe que estos términos diversos apuntan al mismo escenario. Pero quizá conviniera respetar el uso español, mucho más preciso que el anglofrancés». A continuación Lázaro Carreter define cada una de las denominaciones en cuestión:

- *Oriente Medio*: Irán, Pakistán, la India y sus países limítrofes.

- *Extremo* o *Lejano Oriente*: China, Japón, Corea y países del Pacífico.

- *Oriente Próximo* o *Cercano Oriente*: Israel, Líbano, Jordania, Iraq, Siria, Turquía, Arabia y Egipto.

Explica Lázaro Carreter que «ni franceses ni anglohablantes distinguen entre los que llamamos Oriente Próximo y Oriente Medio», ya que «en francés se emplea *Proche Orient*, Oriente Próximo, para aludir a las naciones de la Europa Sudoriental: Albania, Yugoslavia, Bulgaria y Rumanía (aunque una reacción purista en que participa la prensa tiende a rechazar *Moyen Orient*, como calco del inglés *Middle East*, y lo sustituye por *Proche Orient*)». Vemos que no hay en francés más que un Oriente Medio o Próximo y otro Extremo o Lejano. Finalmente, Lázaro Carreter concluye que «los italianos proceden igual, y hacen sinónimos *Vicino Oriente* y *Medio Oriente*, aunque a veces agrupan en esta última forma a Irán y al subcontinente hindú».

Oriente Próximo

No hay que confundir *Oriente Próximo*, que comprende Israel, Líbano, Jordania, Iraq, Siria, Turquía, Arabia y Egipto, con *Oriente Medio* o con *Extremo Oriente*.

Algunos términos que se prestan a confusión son los de Próximo, Medio y Extremo Oriente. Fernando Lázaro Carreter en un artículo publicado en el *Abc* hace alusión a estos términos. Dice lo siguiente respecto a Oriente Próximo y Oriente Medio: «Ambas cosas vemos escritas y oímos sin cesar, para aludir al mismo pedazo del globo. Y además, *Medio Oriente*, con extraño desorden de palabras que calca el inglés *Middle East*. No se introduce con ello confusión alguna: se llame como se llame, todo el mundo sabe que estos términos diversos apuntan al mismo escenario. Pero quizá conviniera respetar el uso español, mucho más preciso que el anglo-francés». A continuación Lázaro Carreter define cada una de las denominaciones en cuestión:

- *Oriente Próximo* o *Cercano Oriente*: Israel, Líbano, Jordania, Iraq, Siria, Turquía, Arabia y Egipto.

- *Extremo* o *Lejano Oriente*: China, Japón, Corea y países del Pacífico.

- *Oriente Medio*: Irán, Pakistán, la India y sus países limítrofes.

Explica Lázaro Carreter que «ni franceses ni anglohablantes distinguen entre los que llamamos Oriente Próximo y Oriente Medio», ya que «en francés se emplea *Proche Orient*, Oriente Próximo, para aludir a las naciones de la Europa Sudoriental: Albania, Yugoslavia, Bulgaria y Rumanía (aunque una reacción purista en que participa la prensa tiende a rechazar *Moyen Orient*, como calco del inglés *Middle East*, y lo sustituye por *Proche Orient*)». Vemos que no hay en francés más que un Oriente Medio o Próximo y otro Extremo o Lejano. Finalmente, Lázaro Carreter concluye que «los italianos proceden igual, y hacen sinónimos *Vicino Oriente* y *Medio Oriente*, aunque a veces agrupan en esta última forma a Irán y al subcontinente hindú».

orografía

Debe evitarse el uso del término *orografía* como sinónimo de *terreno* porque la *orografía* es el «conjunto de montes que forman el relieve de un lugar». También debe evitarse el uso de la expresión redundante *la orografía del terreno*.

Veamos, en primer lugar, algunos ejemplos no muy acertados en los que se utiliza la palabra *orografía*:

Estas son algunas de las dificultades derivadas de la orografía montañosa de las islas.

Ante los resultados infructuosos de los primeros días y lo difícil de la orografía del terreno, la búsqueda se extendió un buen tiempo.

Según *Clave*, el significado de la palabra *orografía* es el siguiente:

> **orografía** 1 Parte de la geografía física que estudia el relieve terrestre: *La orografía estudia las diferencias de altura de un terreno.* 2 Conjunto de montes que forman el relieve de un lugar: *El estudio de la orografía de la zona será una ayuda para el trazado de las carreteras.*

A raíz de estas definiciones veremos que los ejemplos anteriores no tienen mucho sentido.

Descartado el primer significado, pues parece estar claro que en ninguna de esas noticias se hablaba de la parte de la geografía que estudia el relieve terrestre, podemos observar que en el caso de la *orografía montañosa* se está confundiendo otra vez el significado de esa palabra, usándola como sinónimo de *terreno*; debió escribirse en su lugar *terreno montañoso*.

En el segundo caso se da una redundancia, quizá por desconocimiento del significado exacto de esa palabra, ya que si se trata del «conjunto de montes que forman el relieve de un lugar», se supone que estamos hablando del *terreno*. Bastaba, pues, con *la orografía*.

ortodoxo, xa

Es incorrecto utilizar los términos *ortodoxo* e *integrista* como sinónimos: *ortodoxo* significa «conforme a los principios de una doctrina o ideología» e *integrista* es «quien se opone a toda evolución o apertura».

Buscando en el banco de datos de la Agencia EFE las noticias en las que aparece la palabra *ortodoxo*, encontraremos que, excepción hecha de las referidas a los cristianos rusos, griegos y rumanos, todas se refieren a hechos acaecidos en Israel. Y si buscamos las noticias en las que aparece la palabra *integrista*, comprobaremos que todas, sin excepción, se refieren a Argelia, Marruecos o algún otro país del mundo islámico.

Pero si nos molestamos en leer las noticias en las que aparecen esos adjetivos, podremos comprobar que se están usando, a menudo, como sinónimos, con el significado de «partidario o seguidor de la tendencia al mantenimiento estricto de la tradición y de la oposición a toda evolución o apertura», es decir, el significado de solo una de las dos: *integrista*. *Ortodoxo*, en español, además de lo referido a los cristianos de Grecia, Rusia y Rumanía, significa «conforme a los principios de una doctrina, de una ideología o de una determinada forma de pensar».

Y, a pesar de tratarse de dos adjetivos con dos significados diferentes, ya hemos dicho que en las noticias se están usando como sinónimos; su aplicación depende del sujeto a quien califiquen: si se trata de individuos de religión judía, se les llama *ortodoxos* y alguna que otra vez *integristas*, y si se trata de individuos de religión islámica, siempre, sin excepción, se les llama *integristas*.

Visto lo anterior, puede colegirse que hay algún interés en diferenciar dos actitudes radicales idénticas, al calificar a una de «conforme a los principios de una doctrina», cosa que discutirían muchos judíos no violentos, y a la otra de «opuesta a toda evolución o apertura».

Si buscamos imparcialidad y corrección idiomática, será mucho mejor usar solo el adjetivo *integristas*, tanto para los judíos como para los musulmanes seguidores de tendencias radicales y a veces violentas.

(Véase también **integrista**.)

Oscar

La palabra *Oscar* debe escribirse con mayúscula, sin tilde y entre comillas (o en cursiva). Su género es invariable.

El término *Oscar* designa un premio cinematográfico con más de setenta años de tradición y, asimismo, la estatuilla que se entrega a los galardonados con este premio.

La palabra *Oscar* debe escribirse con mayúscula, sin tilde y entre comillas (o en cursiva); se usa indistintamente para el plural y para el singular: *La entrega de los «Oscar» se celebró ayer*. Son, por tanto, incorrectas las formas «Oscars» y «Oscares».

La estatuilla ha existido desde la primera ceremonia de los «Oscar» en 1927. Su nombre formal es *The Academy Award of Merit* (*el galardón de la Academia al mérito*); sin embargo, el origen de la denominación *Oscar* es incierto. Una de las teorías dice que los miembros de la Academia comenzaron a llamar *Oscar* a su estatuilla, después de que una bibliotecaria de dicha institución comentara que el galardón se parecía a su tío Oscar. En 1934, un columnista de Hollywood empleó este apodo para referirse a la estatuilla que recibió Katherine Hepburn en dicho año, y desde 1939, la Academia ha utilizado el nombre *Oscar* en lugar de la denominación oficial.

[oscarizable Véase **oscarizar**.

[oscarizado, da Véase **oscarizar**.

[oscarizar

Debe evitarse el uso de este anglicismo y de sus derivados (*oscarizado* y *oscarizable*), y sustituirse por perífrasis como *premiar con un Oscar*, *premiado con un Oscar* o *merecedor de un Oscar*.

Nos hemos dado cuenta de la aparición de otro verbo, nuevo en español, que, si bien no está conjugado en nuestras noticias (*oscarizo, he oscarizado, oscarizaría, oscarizase...*), sí está como participio (*oscarizado*), y como adjetivo (*oscarizable*).

Ciertamente, ese invento ahorra tiempo y espacio, pues resulta mucho más corto que las perífrasis *premiado con un (o con varios) Oscar* y *merecedor de un Oscar*. Sin embargo, ese ahorro no es justificación suficiente para inventar así unas palabras que hasta ahora los hablantes (únicos propietarios de la lengua) no habían necesitado, aunque los Oscar tengan ya unos cuantos años de historia a sus espaldas.

En el banco de datos de la Agencia Efe nos encontramos esas palabras en frases en las que debería evitarse:

La estrecha colaboración entre Saura y el oscarizado director de fotografía Vittorio Storago...

Más tarde en la oscarizada 'Belle epoque'...

El resto de la cabalgata de películas oscarizables se irá desgranando en las próximas semanas.

En los tres ejemplos se podría haber dicho lo mismo sin necesidad de usar esos neologismos que son, muy probablemente, copia descarada del inglés, lengua en la que es habitual formar verbos a partir de cualquier sustantivo.

[oseta

El término *oseta* (no *oseto*) es el que se utiliza para designar a los habitantes de la la región autónoma de Osetia.

En la antigua Unión de Repúblicas Socialistas Soviéticas, dentro de la República Soviética de Georgia estaban las repúblicas autónomas de Abjasia y Adzaria, y la región autónoma de Osetia.

Desde su independencia en 1991, son numerosas las noticias que aparecen sobre *Osetia* en la prensa, lo que plantea dudas sobre la escritura de su gentilicio.

El nombre de esta región autónoma en español es *Osetia* y sus habitantes son *osetas*, no *osetos*. Es decir, *oseta* sirve tanto para el masculino como para el femenino.

Así pues, no debe utilizarse la forma *oseto*, que aparece en algunos casos como los siguientes: *Se acaban de dar los resultados preliminares del referendo oseto* o *La lucha contra el separatismo oseto es cada vez más violenta.* En ambos casos, hubiese sido preferible decir *oseta*.

[oseto Véase **oseta**.

ostentar

Es incorrecto el uso del verbo *ostentar* con el significado de «desempeñar». Debe decirse *desempeñar un cargo* (no *ostentar un cargo*).

El verbo *ostentar* aparece con cierta frecuencia en los medios de comunicación, y la mayor parte de las veces está mal usado, ya que no se utiliza en el contexto adecuado. Veamos algunos ejemplos de este uso incorrecto de *ostentar*:

El Ministro de Transportes ostentó el cargo hasta el mes de noviembre.

El cargo militar que ostenta es el de comandante.

Para aclarar la cuestión, veamos la definición de *ostentar* que nos da el *Diccionario de la Real Academia Española*: «mostrar o hacer patente una cosa» o «hacer gala de grandeza, lucimiento y boato». Queda claro, pues, que *ostentar* no significa «desempeñar» u «ocupar».

Es incorrecto, por tanto, utilizar este verbo en frases del tipo *ostentar un cargo*, *ostentar la presidencia*, etc.; debe decirse *desempeñar un cargo* u *ocupar un cargo*.

Ottawa

Debe utilizarse la forma *Ottawa* (no *Otawa*), por ser *Ottawa* el término correcto en español para designar esta ciudad canadiense.

Aparece con frecuencia el nombre de la ciudad canadiense de Ottawa escrito de dos formas: *Otawa* y *Ottawa*.

Se trata del nombre de una tribu india, los *ottawas*, transcrito por los colonizadores franceses y adaptado al alfabeto latino según su fonética; así es como se ha conocido siempre a esa ciudad en el resto de las lenguas europeas, sin que haya ninguna tradición ni en español, ni en italiano, ni en inglés en la que se escriba de otra forma, por lo que no parece haber tampoco ninguna razón para cambiarlo ahora eliminando una *-t-*.

Así pues, la forma correcta de escribir el nombre de esta ciudad canadiense es *Ottawa* y no *Otawa*. Además, queremos recordar que los habitantes de *Ottawa* son los *bitownienses* u *ottaueses*.

El nombre *Ottawa* designa once realidades distintas. En Canadá, además de ser la conocida ciudad, es un condado de la provincia de Quebec, un río que se encuentra entre Ontario y Quebec, y unas islas del norte de Canadá. En los Estados Unidos de América, hay tres ciudades llamadas *Ottawa* (en los estados de Illinois, Kansas y Ohio) y cuatro condados con ese nombre: uno en el estado de Kansas, otro en Michigan, otro en Ohio y otro en Oklahoma.

Ouagadougou

Debe evitarse el uso de *Ouagadougou* en lugar de *Uagadugu*, por ser *Uagadugu* la transcripción española del nombre de esta ciudad.

A menos que haya un topónimo tradicional en español, siempre deben hispanizarse las grafías de nombres propios procedentes de lenguas que tienen alfabetos distintos al latino. En lo referido a la toponimia de África, es importante tener en cuenta que, a menudo, las grafías nos llegan —ya transcritas al alfabeto latino— a través del inglés o del francés, ya que muchos de los actuales países africanos fueron colonias del Reino Unido o de Francia; sin embargo, estas grafías pueden resultar extrañas en nuestro idioma.

Uno de estos topónimos es la capital de Burkina Faso que, en español, designamos con el nombre de *Uagadugu*. Aunque es frecuente ver escrita la forma francesa *Ouagadougou*, recomendamos seguir escribiendo el nombre de dicha ciudad con la grafía propia de nuestra lengua: *Uagadugu*.

Ouarzazate

Debe evitarse el uso de *Ouarzazate* en lugar de *Uarzazat*, por ser *Uarzazat* la transcripción española del nombre de esta ciudad.

La forma de escribir en español los nombres de las ciudades árabes está sufriendo algunos cambios producidos por el desconocimiento de la toponimia tradicional y por la cada vez más numerosa aparición de guías de viaje que hablan de estas ciudades árabes, sin tener en cuenta el nombre de esos lugares en español. En muchas ocasiones, se adopta una forma extraña para un topónimo sin tomar en consideración bien que ya existe una forma tradicional en nuestra lengua, o bien que la transcripción adoptada es la francesa y no la que corresponde al español.

Aunque en Marruecos se haya optado por la forma francesa *Ouarzazate*, nosotros debemos seguir escribiendo el nombre de dicha ciudad como siempre lo hemos hecho en nuestra lengua: *Uarzazat*.

Ouezzane

Debe evitarse el uso de *Ouezzane* en lugar de *Uezán*, por ser *Uezán* la transcripción española del nombre de esta ciudad.

La forma de escribir en español los nombres de las ciudades árabes está sufriendo algunos cambios producidos por el desconocimiento de la toponimia tradicional y por la cada vez más numerosa aparición de guías de viaje que hablan de estas ciudades árabes, sin tener en cuenta el nombre de esos lugares en español. En muchas ocasiones, se adopta una forma extraña para un topónimo sin tomar en consideración bien que ya existe una forma tradicional en nuestra lengua, o bien que la transcripción adoptada es la francesa y no la que corresponde al español.

En la zona norte de Marruecos (la de más reciente influencia española), una de las ciudades principales es la que, en español, designamos con el nombre de *Uezán*. Aunque en Marruecos se haya optado por la forma francesa *Ouezzane*, nosotros debemos seguir escribiendo el nombre de dicha ciudad como siempre lo hemos hecho en nuestra lengua: *Uezán*.

[out sourcing

El término inglés *out sourcing* (pronunciado [áut sórsin]) —«el hecho de sub-contratar una empresa los servicios que no le sean inherentes»— debe es-cribirse entrecomillado y con una explicación de su significado entre paréntesis la primera vez que aparezca en un texto.

En la jerga de las grandes empresas o del *management* («empresariado») español comienza a sonar, además de los que ya había, el nombre inglés *out sourcing* para cosas que nunca sabremos a ciencia cierta si están inventadas en el mundo an-glosajón, si se trata de anglicismos inventados en Francia o si han sido los propios ejecutivos españoles los que han decidido usar voces inglesas para referirse a esos conceptos económico-empresariales.

Ramón Casamayor, en un interesante artículo aparecido en el diario *El País*, pone al alcance de los profanos en cuestiones empresariales el significado de este nuevo concepto. Según Casamayor, el *out sourcing* supone desprenderse de las actividades complementarias que no definen el negocio y subcontratarlas a otra entidad para la que sí sean fundamentales y, por tanto, puedan obtener más rentabilidad. Si se necesita transportar el producto, no es necesario crear una flota propia de vehículos, sino que lo que debe hacerse es contratar a una empresa de transportes.

Con la esperanza de que algún día desaparezca la moda de los términos foráneos, conformémonos de momento con saber qué significan, y cuando formen parte de alguna información pónganse entre comillas y explíquese siempre su significado entre paréntesis la primera vez que aparezcan en el texto. En este caso podemos usar la voz española *contrata*, o el neologismo *externalización*.

P p

[pager

Debe evitarse el uso del anglicismo *pager* (pronunciado [péiyer]), que puede reemplazarse por los términos españoles *busca* o *buscapersonas*.

La traducción al español del término inglés *pager* es «receptor para localización de personas», o bien «receptor portátil», pero ninguno de estos dos nombres se usa corrientemente. La gente que lleva encima uno de estos aparatos lo llama *busca* (*Me he dejado el busca en casa.*), y cuando quieren ser más precisos lo llaman *buscapersonas*.

Existe también el término *mensáfono*, al que remite desde *buscapersonas* la Real Academia Española en su *Diccionario*, aunque prácticamente ya nadie lo utiliza.

Palaos

Se recomienda el uso de *Palaos*, en lugar de *Palau* o *Belau*, por ser *Palaos* el término tradicional en español.

Palau es el nombre inglés de un archipiélago del océano Pacífico en Micronesia, compuesto de siete islas mayores y veinte menores. Dichas islas fueron españolas hasta 1899, y su nombre era *Palaos*. De repente surgen denominaciones como *Palau* o *Belau*, puesto que el verdadero nombre de estas islas —*Palaos*— ha caído en el olvido. Sin embargo, nosotros consideramos que debe primar siempre la tradición de nuestra lengua y, por ello, recomendamos que se utilice *Palaos*, y no *Palau* o *Belau* para referirse a este estado insular de Oceanía.

Nos remitimos a las recomendaciones de la última edición del *Manual del español urgente* de la Agencia EFE:

> Los nombres de uso tradicional y muy arraigado en castellano deben conservar su forma castellana. Los nombres que, teniendo correspondencia castellana, se reproducen en la prensa internacional con las formas del país, a veces reclamadas por los Gobiernos respectivos con actitud anticolonialista, deben conservar la forma castellana del nombre extranjero cuando es tradicional.

Recomendamos, por tanto, el empleo del término *Palaos*, por ser éste el nombre tradicional en español.

Palau Véase **Palaos**.

[paparazzi

El término *paparazzi* (pronunciado [paparátsi]) es siempre un nombre plural: *Los paparazzi vigilaban noche y día la casa de la actriz*. Es incorrecto decir: *El 'paparazzi' vigilaba la puerta de su casa*.

Paparazzi es un nombre plural y, por tanto, no debe ser nunca utilizado en singular. Probablemente, el origen de este término está en la palabra *Paparazzo*, que es el apellido de un personaje secundario de *La dolce vita* (F. Fellini, 1960) y corresponde a un reportero fotográfico de pocos escrúpulos que acompaña en sus correrías profesionales al protagonista del filme, el periodista interpretado por Marcello Mastroiani.

El nombre de *Paparazzo* fue sugerido a Fellini por Ennio Flaiano, coguionista de la película. En el dialecto del Abruzo, *paparazzo* es «almeja». Y Flaiano llamó así a ciertos reporteros por la rapidez y sigilo con que estos moluscos abren y cierran su concha (la cámara fotográfica, en este caso).

> El personaje Paparazzo está inspirado con toda certeza en el famosísimo, en aquellos años, fotógrafo de prensa Tazio Secchiaroli, uno de los fundadores de la Agencia Roma's Press Photo, especializada en imágenes robadas a los famosos: Ava Gadner y el rey Faruk fueron algunas de sus víctimas más espectaculares. La agencia fue creada en 1955.

paquete

Debe evitarse el uso de *paquete* con el significado de «conjunto» o «bloque».

En español, al hablar de un *paquete* siempre se piensa en un objeto envuelto en papel, cartón o plástico. Pero últimamente ha aparecido un nuevo uso de este término. Sobre este uso erróneo advierte el *Manual de español urgente* de la Agencia EFE:

> **paquete de acuerdos, de negociaciones** Cuando se trate de proyectos legales, reglamentarios, laborales, etc., que constituyen un bloque inseparable, acéptese *paquete*. En los demás casos, sustitúyase por *conjunto* o *serie* de medidas, acuerdos, etc.

[paralímpico, ca Véase **parolímpico, ca**.

[parolímpico, ca

Debe emplearse el término *parolímpico* (no *paralímpico*), para designar los juegos olímpicos para personas con discapacidad.

El Consejo Asesor de Estilo del Departamento de Español Urgente de la Agencia EFE recomendó que en nuestras noticias sobre los juegos olímpicos para personas con discapacidad se utilizase la voz *parolímpico* en lugar de *paralímpico*.

El diario *Abc* también optó por utilizar la forma *parolímpico*, y publicó un comentario al respecto, basándose en las explicaciones del académico Valentín García Yebra, que forma parte del Consejo Asesor de Estilo de la Agencia EFE, comentario que hemos creído conveniente reproducir:

El catedrático y miembro de la Real Academia Española, Valentín García Yebra, nos ha recordado recientemente la incorrección lingüística adaptada de un inexistente inglés *paralympic* y pretendida fusión de *paralítico* y *olímpico*. La buena adaptación española —como defiende García Yebra— debe ser *parolímpico* o *parolímpicos* puesto que la preposición griega *para-* pierde su última *-a-* delante de vocal, como ocurre en *parodia* —imitación burlesca—, *paronimia* —pronunciación muy parecida de dos voces—, *parótidas* —glándulas situadas debajo del oído—, *paronomasia* —semejanza fonética—, y *paroxítono* —que lleva el acento en la penúltima sílaba.

En 1944, el Gobierno británico inauguró un centro para personas con discapacidad en el que, como parte del tratamiento, se practicaba una serie de deportes. En 1948, se celebró una competición deportiva para los pacientes de varios centros de rehabilitación. Tres años más tarde, en 1951, se sumaron competidores de Holanda a dichos juegos y así nacieron las competiciones que conocemos con el nombre de *Juegos Parolímpicos*.

parqué (plural) Véase **plurales dudosos**.

parquear Véase **estacionar**.

parricidio

No debe confundirse *parricidio* con otras voces acabadas en *-cidio* («acción de matar») como *matricidio*, *fratricidio* o *infanticidio*. *Parricidio* es un término genérico que define «la muerte dada a un pariente o familiar».

Entre las últimas consultas recibidas por el Departamento de Español Urgente, alguien nos pidió que le aclarásemos sus dudas sobre la correcta utilización de la palabra *parricidio*, aparecida en una noticia sobre la muerte de cuatro niños y la supuesta culpabilidad de su madre. El diccionario *Clave* define esta palabra como «muerte dada a un pariente o familiar, especialmente a los padres o al cónyuge».

Así pues, la respuesta a la consulta sobre *parricidio* es que dicha palabra puede usarse tanto para el padre o la madre que mata a su hijo, como para el marido que mata a su mujer o viceversa, como para el hijo que mata a su padre, su madre, su abuelo, su abuela, su padrastro o su madrastra.

Si se quiere ser más preciso, también pueden utilizarse otros términos más específicos como *matricidio*, para la acción de matar a la propia madre; *uxoricidio*, para la muerte causada a la mujer por su marido; *fratricidio*, cuando una persona mata a su propio hermano; *infanticidio*, para designar la muerte dada a un niño; *filicidio*, cuando es la muerte del propio hijo o hija; *magnicidio*, para la muerte violenta dada a una persona muy importante; *regicidio*, cuando se trata del rey, de la reina o de un heredero al trono; o *tiranicidio*, si se trata de un tirano.

[partenariat

Debe evitarse el uso del galicismo *partenariat* (pronunciado [partenariá]), que puede traducirse por el término español *asociación*.

En las noticias relativas a los tratados de la Unión Europea con terceros países se ve un neologismo francés que conviene traducir: *partenariat*.

Aunque es un término que no aparece en los diccionarios franceses, y por tanto, no tiene una traducción exacta, en español podemos utilizar la palabra *asociación* y calificarla con el adjetivo que convenga en cada caso: *asociación de hecho, asociación desigual, asociación de conveniencia*, etc.

partidario, ria

Es incorrecto el uso del término *partidario* («seguidor de una idea») con el significado de «miembro de un partido político» (*militante*).

Vemos con bastante frecuencia el término *partidario* empleado con un significado que no tiene en español o, al menos, que no registra el *Diccionario* de la Real Academia Española.

Las definiciones que dicho *Diccionario* ofrece de este término son:

partidario Que sigue un partido o bando, o entra en él. // Decíase del médico o cirujano encargado de la asistencia o curación de los enfermos de un partido, lugar. // Adicto a una persona o idea. // Paisano que hace la guerra de guerrillas, guerrillero. // En algunas zonas mineras, el que contrata o arrienda un modo especial de laboreo.

Vemos, pues, que el término *partidario* no debe usarse con el significado de «miembro de un partido político» o de «referente a un partido político»; para ello, existe en español el término *militante*.

partidista

Es incorrecto el uso del término *partidista* («que antepone los intereses de su partido a los del país») con el significado de «relacionado con el partido» o «del partido».

Vemos con bastante frecuencia el término *partidista* empleado con un significado que no tiene en español o, al menos, que no registra el *Diccionario* de la Real Academia Española.

Las definiciones que dicho *Diccionario* ofrece de este término son:

> **partidista** Perteneciente o relativo al partidismo.
>
> **partidismo** Adhesión o sometimiento a las opiniones de un partido con preferencia a los intereses generales.

Vemos, pues, que el término *partidista* no significa «del partido» o «de los partidos». *Partidista* es el «que antepone los intereses de su partido a los del país»; por tanto, no debe decirse *los intereses partidistas*, sino *los intereses del partido*. Del mismo modo, *partidista* no equivale a *partidario* ni a *militante*.

pasado (usos)

Debe evitarse el uso del pretérito indefinido (*cantó*) en lugar del pretérito perfecto (*ha cantado*) en expresiones como *Hoy cantaste muy bien*, puesto que el pretérito indefinido se utiliza cuando la acción del verbo está en una unidad de tiempo que el hablante considera acabada. Lo correcto en este caso sería: *Hoy has cantado muy bien*.

La forma *ha cantado* debe usarse cuando se refiere a acciones ocurridas dentro de la unidad de tiempo que aún dura para nosotros: *El presidente ha inaugurado hoy una nueva escuela*. Por el contrario, la forma *cantó* se refiere a una acción realizada en una unidad de tiempo que el hablante da por concluida: *El Rey inauguró ayer una nueva escuela*.

No es cierto que estas dos formas —*cantó* y *ha cantado*— se opongan en la proporción *pasado remoto/pasado próximo*. Han de distinguirse conforme a la norma expuesta, que es la que adopta la mayor parte de los hispanohablantes.

La preferencia por *cantó* se produce espontáneamente entre gallegos y asturianos, entre otros, por influjo del habla de la zona; sin embargo, en general se recomienda que se establezca la distinción ajustándose al uso del castellano.

Este uso del pretérito indefinido también se registra en América; por tanto, en las noticias dirigidas a Hispanoamérica, dado el predominio de *canté* en lugar de *he cantado* en muchos de aquellos países, será admisible emplear el pretérito indefinido en casos en que la norma culta común requeriría *he cantado*, aunque ello fuera proscrito por Andrés Bello, y siga rechazándolo la doctrina gramatical más solvente.

(Véase también **pretérito imperfecto de subjuntivo**.)

[password

Debe evitarse el uso del término inglés *password* (pronunciado [páswerd]), que puede reemplazarse por su equivalente castellano *contraseña*.

Es evidente que el inglés es, desde hace bastante tiempo, el idioma de las telecomunicaciones, sobre todo porque van surgiendo palabras inglesas nuevas, inexistentes en otras lenguas. Pero es que, con la revolución de la Internet, su infuencia en otros idiomas se ha acrecentado aún más. En español han conseguido filtrarse términos ingleses, como la voz *password*, por ejemplo, que han ido desplazando palabras castellanas de uso muy frecuente, como es el caso de *contraseña*, que, en el mundo de la informática, prácticamente ha dejado de existir.

Por ello, creemos conveniente recordar que no tenemos por qué utilizar un término inglés, cuando ya existe uno español que designa la misma realidad. Recomendamos, pues, que se utilice *contraseña* en lugar de *password*.

[pay per view

El anglicismo *pay per view* (pronunciado [pei per viu]) designa un nuevo sistema de televisión por cable en el que se paga por ver un programa. Aunque no exista una traducción establecida en español, desaconsejamos que se emplee el término inglés, que puede ser reemplazado por *pago por visión*, *pago por programa* o *programa de pago*.

Cada vez con más frecuencia se habla en España de una nueva modalidad de televisión que en inglés se llama *pay per view*:

> Las transmisiones serían aseguradas por la televisión por cable portuguesa TV CABO a través del sistema codificado *pay per view* (pagar para ver).

> Deben permitir a TV3 participar en las nuevas tecnologías audiovisuales, como la televisión digital, el *pay per view* (televisión de pago) y la televisión a la carta.

Según el *Diccionario terminológico de los medios de comunicación* de Florencio Prieto, el *pay per view* es un «sistema de distribución de programas de televisión por cable en el que el abonado paga exclusivamente por unidad de programa visto». Como siempre ocurre en estos casos, los técnicos usan la forma inglesa, y a los periodistas les toca buscar una traducción que, sin ser literal (*pago por visión*), se acerque lo más posible al significado en la lengua original.

Ocurre también que aparecen distintas traducciones y es muy difícil aconsejar el uso de una sola, pues son los hablantes quienes, a medida que se vaya generalizando el producto en cuestión, decidirán cuál de los distintos nombres triunfa sobre los demás. De momento, pues, lo único que puede y debe hacerse es recomendar que se traduzca; que no se use el nombre en inglés; y que se opte por alguna de las siguientes formas que ya han aparecido en la prensa: *pago por programa, pague por ver, programa de pago, emisión de pago, pago por uso, pago por visión, pago selectivo*, etc.

De todas esas posibilidades, el Departamento de Español Urgente aconseja que se utilicen indistintamente «pago por programa» o «programa de pago».

[pedofilia

Es incorrecto el uso de los galicismos *pedofilia* y *pedófilo*, puesto que existen las voces castellanas *pederastia* y *pederasta*.

Aparecen con frecuencia en los medios de comunicación los galicismos *pedófilo* y *pedofilia*. Por ello, antes que nada creemos conveniente aclarar su significado. En español, hay varias palabras formadas a partir del griego *paid-ós* («niño»): *pedagogo*, que es «el que enseña a los niños»; *pediatra*, que es «el médico que practica la *pediatría*»; *pederasta*, que es «el que comete abusos deshonestos contra los niños». Sin embargo, *pedo*, del latín *peditum*, significa en español «ventosidad que se expele del vientre por el ano», y en el diccionario aparecen varias voces derivadas de esta: *pedorrear, pedorreo, pedorrera, pedorreta, pedorro*, etc.

Si a la voz española *pedo* le añadimos el elemento compositivo griego *-filia*, que significa «afición o simpatía», como en *bibliofilia* o *anglofilia*, tendremos el neologismo *pedofilia*, bien formado desde el punto de vista morfológico, pero cuyo significado será nada más y nada menos que «afición a los pedos».

Ahora bien, resulta que en francés, lengua en la que nuestro *pedos* son *pets*, sí existe la voz *pédophilie* con el significado de «atracción sexual por los niños», y la utilizan como sinónimo de *pédérastie*, que significa lo mismo que su homónima española *pederastia*. Pero que en francés suene mal y que los francohablantes no relacionen *pédophilie* con los pedos, no quiere decir que nosotros no podamos tomar en préstamo esa palabra e hispanizarla sin tener en cuenta todo lo antedicho.

Si bien es cierto que, en el *Diccionario general ilustrado de la lengua española VOX*, se admite el prefijo *pedo-, ped-* como un elemento que entra en la formación de palabras con el significado de «niño» (es el caso, por ejemplo, de *pedotecnia*), también cabe destacar que en él no aparecen los términos *pedofilia* y *pedófilo*. Además, puesto que el *Diccionario* de la Real Academia Española tampoco recoge estas voces y que en español existen sus equivalentes *pederastia* y *pederasta*, es aconsejable utilizar estas últimas y evitar los galicismos *pedofilia* y *pedófilo*.

[pedófilo Véase **pedofilia**.

Pekín

Se recomienda el uso de *Pekín* para designar esta ciudad, en lugar de la forma *Beijing*.

La denominación de los lugares geográficos puede ocasionar dificultades, especialmente cuando existe más de una forma para designar un mismo lugar.

A veces se vacila al transcribir al español los nombres geográficos procedentes de alfabetos no latinos. Este es el caso de *Pekín* que últimamente suele aparecer escrito *Beijing*. Sin embargo conviene recordar que los topónimos extranjeros que tienen una denominación tradicional en castellano deben designarse con el nombre castellano. Y nadie duda que Pekín es un nombre con larga tradición en nuestra lengua.

perpetrar

Debe decirse *perpetrar un crimen* (no *realizar un crimen*), puesto que *perpetrar* es el verbo más adecuado para acompañar a sustantivos como: *crimen*, *delito* o *atentado*.

El verbo *perpetrar* no es uno de los favoritos de los hablantes, que prefieren utilizar verbos comodines, como por ejemplo *realizar*. Sin embargo, se trata de un término muy exacto, como vemos en la definición que nos da el diccionario *Clave*:

> **perpetrar** Referido a un delito o a una falta grave, cometerlos o consumarlos: *Perpetró el crimen sin ayuda de cómplices.*

Así pues, hablando de atentados y crímenes, conviene recordar que el verbo más apropiado para acompañar a estos sustantivos es *perpetrar*. De esta forma, nos será más fácil evitar la aburrida repetición del verbo comodín *realizar* y otros por el estilo.

petroleoquímica Véase **petroquímica**.

petrolero, ra

El término *petrolero* («relativo al petróleo») no debe confundirse con *petrolífero* («que contiene o produce petróleo»). Debe decirse, por tanto, *yacimiento petrolífero* e *industria petrolera*.

Los términos *petrolero* y *petrolífero* no son sinónimos, y por lo tanto no pueden usarse indistintamente, sino cada uno en el contexto apropiado. En las noticias se confunden algunas veces, y para evitar ese error, nada mejor que tener en cuenta las explicaciones del *Diccionario de dudas* de Manuel Seco:

> **petrolífero** El sentido de este adjetivo es «que contiene o produce petróleo»: *pozo, yacimiento, país petrolífero*. Con frecuencia se usa impropiamente en lugar del adjetivo *petrolero*, «del petróleo o relativo al petróleo». Debe decirse *industria petrolera, precios petroleros, sabotaje petrolero*.

Tampoco significan lo mismo *carbonífero* («que contiene carbón») y *carbonero* («relativo al carbón»); *coralífero* («que tiene corales»), *coralero* («persona que trabaja en corales o con ellos») y *coralino* («de coral o parecido a él»); ni *estannífero* («que contiene estaño») y *estañero* («el que trabaja en obras de estaño, o trata en ellas y las vende»).

Es fácil deducir que la terminación *-(i)fero* añadida a determinados sustantivos significa «que contiene, lleva en sí o produce»; valgan como ejemplos los ya comentados: *petrolífero, carbonífero, coralífero, estannífero*, a los que se pueden añadir muchos otros como *argentífero, aurífero, diamantífero, acuífero*, etc.

Por su parte, el sufijo *-ero/a* añadido a sustantivos suele significar, entre otras cosas, «oficio, ocupación, uso, profesión o cargo» (*coralero, estañero, carbonero, librero, campanero*), o «lugar donde se deposita algo» (*basurero, carbonera*).

petrolífero, ra Véase **petrolero, ra**.

petrolquímica Véase **petroquímica**.

petroquímica

> *Petroquímica* y *petrolquímica* no son sinónimos: la *petrolquímica* se refiere al petróleo, mientras que la *petroquímica* está relacionada con la petrografía («descripción de las rocas»).

Aunque los diccionarios de español tratan los términos *petroquímica, petrolquímica* y *petroleoquímica* como sinónimos, conviene saber que, según el *Vocabulario* de la Academia de Ciencias —que no reconoce *petroleoquímica*, aunque esta sea la palabra que prefiere el *Diccionario* de la Real Academia Española—, *petrolquímica* es el «conjunto de técnicas industriales de base química dirigido al aprovechamiento de los petróleos y obtención de sus derivados», mientras que *petroquímica* es la «parte de la petrografía que se ocupa de la composición química de las rocas».

picar

El verbo *picar* es un término utilizado en la jerga editorial, y también informática, que significa «copiar un texto en un ordenador».

En la jerga de las editoriales y de la informática, cuando de lo que se trata es de copiar un texto en un ordenador, en algunos casos para después publicarlo como libro, se utiliza el término *picar*.

Este nuevo uso se aprecia en los siguientes ejemplos: *Este texto hay que picarlo entero*, *Falta picar el último capítulo*.

Hay que tener en cuenta que el encargado de *picar* los textos no es el *picador*, que en español tiene significado taurino, sino el *teclista*.

[play off

El término inglés *play off* (pronunciado [pléi of]) puede reemplazarse en español por *fase final* o, si se prefiere, por *liguilla*.

En las noticias deportivas aparece con frecuencia el término *play off*, utilizado en la Liga Europea de Baloncesto para referirse a la fase final de eliminatorias.

Una posible traducción sería, sencillamente, *liguilla*. Lo más correcto y exacto puede ser *fase final*.

plebiscito

Plebiscito y *referéndum* son dos términos que sirven para designar una votación, aunque su diferencia radica en las cuestiones por las que se vota. Se recomienda que se utilice el término que emplee la autoridad que convoca a las urnas.

La diferencia entre *plebiscito* y *referéndum* no está nada clara ya que la tendencia a usarlas indistintamente es cada vez mayor.

Como en el *Diccionario* de la Real Academia Española no queda suficientemente clara la diferencia entre ambos términos, hemos decidido consultar las enciclopedias y los manuales de Derecho al uso, donde se dice que el *referéndum* puede aplicarse en dos casos diferentes: el *referéndum sobre la forma de gobierno* y el *referéndum sobre la Constitución y sobre la reforma constitucional*.

En cuanto a *plebiscito*, en el lenguaje corriente se usa para una variedad de actos de participación del pueblo en el proceso del poder y, algunas veces, hasta como sinónimo de *elecciones*. Pero dichos manuales aclaran que, aunque *plebiscito* se ha usado para designar las votaciones sobre la forma de estado, debería quedar reservado a *votaciones sobre cuestiones no constitucionales* y no legislativas, ya que en la mayor parte de los casos el *plebiscito* es una votación popular sobre una cuestión territorial.

Parece ser que lo que hace distintos al *plebiscito* y al *referéndum* es lo que se somete al voto popular, algo tan sutil que ha hecho que dicha diferencia se haya difuminado considerablemente y que ambos términos se utilicen indistintamente.

Deberíamos utilizar la voz *referéndum* cuando el parlamento o el gobierno sometan al voto popular algún acto legislativo (un derecho, una ley, la Constitución...), y dejar la voz *plebiscito* para el acto de ratificación de un gobernante o de su política mediante el voto popular, con muy pocas posibilidades de que se dé un resultado contrario al esperado por el convocante (los regímenes totalitarios son los que más usan los *plebiscitos*). En lo que respecta a las decisiones sobre cuestiones territoriales y limítrofes, como es algo que a finales del siglo xx ya apenas ocurre, creemos que pueden incluirse en el concepto de *referéndum*.

De todas formas, dada la imprecisión de ambos términos y su posible uso diferencial en los distintos países, se recomienda que se use el término adoptado por la autoridad que convoca a las urnas.

plurales dudosos

Para formar el plural de los latinismos (*memorándum*, *referéndum*, etc.) se recomienda adoptar sus correspondientes plurales castellanizados (*memorandos*, *referendos*, etc.); en el caso de los extranjerismos (*club*, *eslogan*, etc.), se aconseja utilizar el plural regular español correspondiente (*clubes*, *eslóganes*, etc.).

El plural de ciertos vocablos latinos empleados corrientemente en español, como *plácet, réquiem, accésit, déficit, superávit* y *ultimátum* constituye un problema difícil de resolver. Conviene evitarlos, dando a la frase el giro conveniente. Así, en vez de *Los embajadores en Brasil y China están pendientes de recibir los correspondientes 'plácets'*, puede escribirse: *Los embajadores están pendientes de recibir el 'plácet' correspondiente*.

La Real Academia Española aconseja las formas *el memorándum* y *los memorándum*, *el referéndum* y *los referéndum*, y proscribe *memorándumes* y *referéndumes*; pero es mejor mantener los singulares latinos *memorándum, referéndum*, y adoptar como plurales *memorandos* y *referendos*, como nos propone el diccionario *Clave* en sus notas de uso. Aunque también está muy extendida, y no es menos aconsejable, la distinción numeral latina *el desideratum* y *los desiderata*.

Dificultades mayores plantean los neologismos tomados de idiomas modernos. La Academia no se ha pronunciado, en la mayoría de los casos, acerca de qué forma darles y cómo formar su plural. El problema estriba en que, al añadirles simplemente una -s cuando acaban en consonante, se crean grupos consonánticos impronunciables o poco habituales en español. He aquí algunos casos ya resueltos por la Academia: *standard* (*estándar, estándares*), *carnet* (*carné, carnés*), *chalet* (*chalé, chalés*), *parquet* (*parqué, parqués*), *film* (*filme, filmes*), *club* (*club, clubes*), *smoking* (*esmoquin, esmóquines*), *slogan* (*eslogan, eslóganes*), *cocktail* (*cóctel, cócteles*).

PNA Véase **MNA**.

polígloto, ta o poligloto, ta

Aunque el uso de *políglota* como forma invariable esté muy extendido, hay que recordar que esta palabra posee tanto una forma masculina (*polígloto*) como una femenina (*políglota*).

Muy pocas veces se usa la forma masculina de este adjetivo, y ello solo puede achacarse al desconocimiento de su existencia. Por alguna razón oculta, el común de las gentes utiliza únicamente el femenino *políglota*. Vemos lo que dice al respecto Manuel Seco en su *Diccionario de dudas y dificultades de la lengua española*:

> En el *Diccionario* de la Real Academia Española figura el adjetivo poligloto, con su femenino poliglota, «escrito en varias lenguas» o «versado en varias lenguas». Además de esta acentuación grave, etimológica, /poliglóto, poliglóta/, que da como preferible, registra una forma esdrújula, polígloto, femenino políglota. Pero el uso general conoce una sola forma, la esdrújula políglota, empleada indistintamente como masculino y femenino. Es necesario aceptar este uso como normal; pero sería deseable que, al menos, la lengua culta mantuviese la diferenciación formal polígloto, masculino/políglota, femenino. El problema es semejante al de la palabra *autodidacto*.

También en el *Manual de español urgente* de la Agencia EFE se advierte sobre el género de esta palabra:

| **polígloto.** Su femenino es *políglota*.

por contra

Es incorrecta la forma *por contra*, que puede sustituirse por expresiones como *por el contrario* o *en cambio*.

A menudo se introducen palabras o expresiones extranjeras a una lengua, traduciendo su significado completo o el de cada uno de los elementos que las forman. Este es el caso de la expresión francesa *par contre*, que ha dado lugar en español al calco *por contra*. Se trata de un galicismo innecesario que debe sustituirse por *en cambio* o *por el contrario*.

por que Véase **por qué**.

por qué

No hay que confundir los términos *por qué*, *porque*, *porqué* y *por que*. La forma *por qué* se utiliza en las preguntas y exclamaciones; *porque* introduce el motivo de algo; *porqué* es un sustantivo equivalente a *motivo* o *causa*; y *por que* puede reemplazarse por *para que* o *por el cual*, *por la cual* y sus plurales.

A pesar de que los términos *por qué*, *porque*, *porqué* y *por que* son cuatro cosas distintas, son frecuentes las confusiones ortográficas entre ellos; por eso, creemos conveniente explicar sus usos.

Aunque muchos manuales de estilo, ortografías y gramáticas tratan este tema, hemos extraído nuestras conclusiones de la *Ortografía de uso del español actual* de Leonardo Gómez Torrego.

La forma *por qué* (tónica, con tilde y escrita en dos palabras) se utiliza para introducir preguntas o exclamaciones: *¿Por qué no me lo has dicho?*, *No sé por qué me lo has dicho*.

La forma *porque* (siempre átona y escrita en una sola palabra) se utiliza para expresar el motivo o la razón de algo, es decir, para contestar al *por qué* de algo: *El viaje salió más barato porque había una oferta especial*. En este caso, *porque* puede reemplazarse por términos equivalentes, como *puesto que* o *ya que*. La Real Academia Española recoge en su *Diccionario* también la forma *porque* con valor final; sin embargo, en este tipo de enunciados se suele utilizar *por que*: *Trabajo mucho por que mis hijos sean felices* (*para que...*).

La forma *porqué* (tónica, con tilde y escrita en una sola palabra) es un sustantivo, y lleva tilde por ser una palabra aguda terminada en vocal: *No entiendo el porqué de tu comportamiento*. Este *porqué*, a diferencia de la forma *por qué*, puede llevar artículo (*el, la, los, las*) y puede tener plural: *No entiendo los porqués de tu comportamiento*. Además, se puede sustituir por otro sustantivo equivalente, como *motivo* o *causa*. Es un error frecuente utilizar la forma *porqué* seguida de una oración: *Desconozco el porqué me has preguntado eso*; lo correcto sería: *Desconozco por qué me has preguntado eso*.

Por ultimo, la forma *por que* (siempre átona y escrita en dos palabras) tiene valor de finalidad: *Trabajo mucho por que mis hijos sean felices*. Sin embargo, también se utiliza en lugar de *por el cual*, *por la cual*, *por los cuales*, *por las cuales*: *Ese fue el motivo por que dimitió el director* (*por el cual*), o en casos en que el verbo de la oración exige la preposición *por*: *El presidente se inclina por que no haya elecciones anticipadas* (*...se inclina por eso*).

En síntesis, *por qué* se utiliza para introducir preguntas o exclamaciones; *porque*, para dar la respuesta a una posible pregunta; *porqué*, para conocer el motivo o la causa de algo; y *por que*, en los casos en que pueda sustituirse por *para que* o por *por el cual, por la cual, por los cuales, por las cuales*.

porque Véase **por qué**.

porqué Véase **por qué**.

pos-

Se recomienda utilizar *post-* cuando la palabra que sigue al prefijo comienza por vocal, y *pos-*, cuando la palabra que sigue al prefijo comienza por consonante.

Al usar el prefijo latino *pos-*, *post-* es muy corriente que surja la duda sobre cuál de sus dos formas es la correcta, y ya han sido varias las consultas que hemos recibido sobre esa cuestión en el Departamento de Español Urgente.

La regla más sencilla es la que nos da la *Ortografía de uso del español actual* de Leonardo Gómez Torrego: «Conviene utilizar *post-* cuando la palabra que sigue al prefijo comienza por vocal (*postelectoral*), y *pos-*, cuando la palabra que sigue al prefijo comienza por consonante (*posguerra*)».

La Real Academia Española registra en algunas palabras la alternancia entre los prefijos *post-* y *pos-*, y la *Ortografía* académica de 1999, para simplificar las cosas, recomienda el uso del prefijo *pos-* en todos los casos.

post- Véase **pos-**.

preferentemente

No debe emplearse el adverbio *preferentemente* en lugar de *especialmente* o *sobre todo*.

Últimamente, encontramos con frecuencia el término *preferentemente* en frases como *Habrá intervalos nubosos con algunos chubascos de madrugada, preferentemente en el País Vasco*.

Lo correcto en este caso sería utilizar las formas *especialmente* o *sobre todo* (*Habrá intervalos nubosos con algunos chubascos de madrugada, especialmente en el*

País Vasco; Habrá intervalos nubosos con algunos chubascos de madrugada, sobre todo en el *País Vasco*).

[prepartido

Es incorrecto el uso del término *avant match*, que puede reemplazarse por la palabra castellana *prepartido*.

En el lenguaje deportivo, aparecen con frecuencia términos de otras lenguas, sobre todo del inglés, cuyo uso debe evitarse. La voz *avant match*, que se utiliza para referirse a un partido previo a otro, no existe en español.

El *Diccionario* de la Real Academia Española no recoge ni este término ni su hispanización, *prepartido*. Sin embargo, recomendamos que, en lugar de *avant match*, se utilice la palabra *prepartido*, ya que esta es la traducción más aproximada del extranjerismo *avant match*.

prescribir

No hay que confundir el significado de los verbos *prescribir* («ordenar, recetar») y *proscribir* («excluir, prohibir»).

Algunas veces, se confunden los verbos *prescribir* y *proscribir*, cuyos significados no tienen nada que ver; conviene pues conocerlos. Veamos la definición que nos da el diccionario *Clave* del término *prescribir*:

> **prescribir 1** Ordenar o mandar: *El código de circulación prescribe que los vehículos deben circular por la derecha.* **2** Referido a un remedio, recetarlo o recomendarlo: *El médico me ha prescrito un jarabe para la tos.* **3** Referido esp. a un derecho, a una acción o a una obligación, extinguirse o concluirse: *La multa ha prescrito y ya no tengo que pagarla.* □ ORTOGR. Dist. de *proscribir.*

Y, a continuación, la del término *proscribir*:

> **proscribir 1** Referido a una persona, expulsarla de su patria, generalmente por razones políticas: *El dictador proscribió a los máximos dirigentes de la oposición al régimen.* **2** Referido esp. a una costumbre o a algo usual, excluirlos o prohibirlos: *En los años treinta, la llamada 'ley seca' proscribió el consumo de bebidas alcohólicas en Estados Unidos.* □ ORTOGR. Dist. de *prescribir.*

Observamos, pues, que *prescribir* significa «ordenar, recetar», mientras que *proscribir* quiere decir lo contrario, «excluir, prohibir».

préstamo blando Véase **préstamo subvencionado.**

préstamo subvencionado

El término inglés *soft loan* **no debe traducirse al español por** *préstamo blando*, **sino por** *préstamo subvencionado*.

Basta hojear la sección de información económica de cualquier periódico para toparnos, una y otra vez, con la incorrecta traducción literal del inglés *soft loan* como *préstamo blando*.

El *Glosario de términos económicos y financieros internacionales* de la agencia de prensa británica Reuters define *soft loan* como «préstamo o crédito concedido a bajo interés y a menudo por un período más largo del normal, especialmente a países en vías de desarrollo».

En el *Glosario de términos de economía y hacienda,* publicado por el Instituto de Estudios Fiscales bajo la dirección de José María Lozano Irueste, aparece *soft loan* correctamente traducido como *préstamo subvencionado*, del que se explica que es «el préstamo a un tipo de interés inferior al de mercado, que se concede con el fin de fomentar alguna actividad determinada». El mismo autor, en su *Diccionario bilingüe de economía y empresa*, traduce *soft loan* como *préstamo sin interés*.

El adjetivo inglés *soft* también aparece en otros términos económicos: *soft goods* (*bienes de consumo* o *bienes perecederos*), *soft market* (*mercado débil*), *soft money* (*papel moneda*), *soft sell* (*venta por convencimiento*). Sólo en uno de ellos se traduce al español como *blando*: este es el caso de *soft currency*, que se traduce por *moneda débil* o *blanda*.

presunto, ta

Los términos *presunto* **y** *supuesto* **no son equivalentes en el lenguaje jurídico. Se dice de una persona que es un** *presunto* **delincuente cuando se han abierto diligencias procesales contra él. Sin embargo,** *supuesto* **se refiere al individuo sospechoso pero al que no se le ha abierto una causa judicial.**

Es frecuente encontrar en los medios de comunicación los términos *presunto* y *supuesto* empleados indistintamente, como si de sinónimos se tratara.

Veamos las diferencias existentes entre *supuesto* y *presunto* para evitar caer en el error: se dice de una persona que es un *supuesto* delincuente cuando existen indicios de criminalidad pero no se le ha abierto causa judicial, y *presunto*, cuando por haber presunción de delito se han abierto diligencias procesales pero no hay fallo de la sentencia aún. Luego en el lenguaje judicial no es lo mismo *presunto* que *supuesto*, aunque en la lengua general sí funcionan como sinónimos.

pretérito imperfecto de subjuntivo

Debe evitarse el uso del pretérito imperfecto de subjuntivo (*fuera/fuese*) como equivalente del indicativo, puesto que se trata de un uso arcaico (*Esa es la persona que estuviera implicada en el robo*).

Haciendo un repaso de varios manuales, libros de estilo, diccionarios de dudas y demás publicaciones dedicadas a advertir sobre los errores en el uso del español y a aconsejar cómo debe escribirse y hablarse nuestra lengua, llama la atención que en muy pocos de ellos se trate el mal uso del pretérito imperfecto de subjuntivo. Veamos qué dicen algunos de los que dedican algún comentario a este error.

El *Diccionario de incorrecciones, particularidades y curiosidades del lenguaje*, de Andrés Santamaría, Augusto Cuartas, Joaquín Mangada y José Martínez de Sousa, dice que se hace un empleo vicioso del pretérito imperfecto de subjuntivo en el siguiente ejemplo: *El lugar desde donde se lanzara el proyectil* (la forma correcta sería: El lugar desde donde se lanzó el proyectil).

En el *Libro de estilo* de *Abc* encontramos la siguiente aclaración:

> Evítese el extendido empleo del imperfecto de subjuntivo (*cantara*) como equivalente del indi-
> cativo (*había cantado, cantó*) en oraciones introducidas por un relativo. Escribir *La sesión, que
> comenzara a las cuatro de la tarde, se prolongó hasta la madrugada* es un arcaísmo pedante,
> ajeno al buen uso del castellano moderno. Lo correcto será: *La sesión, que había comenzado...*

Leonardo Gómez Torrego, en su *Manual del español correcto*, dice que «hay que procurar desechar por pedante y arcaica la forma del pretérito imperfecto de subjuntivo en *-ra* con el valor de un pretérito perfecto simple o de un pluscuamperfecto de indicativo: *Los puntos que el Madrid ganara el domingo pasado los perdió ayer en el Bernabeu* (correcto: *Los puntos que el Madrid ganó...*)». También añade que «más absurda e incorrecta sería la forma en *-se* (*ganase*) para expresar los mismos valores».

Así pues, de ningún modo puede emplearse la forma acabada en *-se* (*cantase*) como pretérito de indicativo (*La noticia que esperásemos durante tanto tiempo ha llegado por fin*), ya que nunca tuvo tal valor. Y con respecto a la forma acabada en *-ra* (*cantara*), lo mejor es evitarla, puesto que se trata de un uso antiguo, ajeno a nuestro español moderno.

> La forma *cantara* tuvo valor de pluscuamperfecto de indicativo (*había cantado*), heredado del
> latín en la Edad Media, pero lo fue perdiendo y adquiriendo el de imperfecto de subjuntivo
> (*cantara*) hasta que confundió sus usos con los de la forma *cantase*. Fueron los poetas
> románticos quienes, para *medievalizar* su estilo, resucitaron el antiguo valor ya olvidado de
> *cantara*, y desde entonces se ha mantenido en la literatura.

pretérito indefinido Véase **pasado (usos)**.

pretérito perfecto Véase **pasado (usos)**.

[preveer Véase **prever**.

prever

> Es incorrecto el uso del término *preveer* con el significado de «ver con anti-cipación», puesto que, en español, no existe dicha palabra; el término correcto es *prever*.

Aparece en la lengua oral y escrita un verbo inexistente en español, *preveer*, forma vulgar de referirse al verbo castellano *prever*. Este verbo se conjuga como el verbo *ver*; son, por tanto, incorrectas las formas *preveyendo*, *preveyera* y *preveyó*, que se forman a partir de *preveer*. Las formas correctas serían: *previendo*, *previera*, *previó*.

Manuel Seco, en su *Diccionario de dudas y dificultades de la lengua española*, también trata esta cuestión:

> **prever** Verbo irregular. Se conjuga como *ver*. No debe confundirse en su conjugación con *proveer*, ni en su significado con *prevenir*. Es vulgarismo frecuente decir *preveer* y atribuir a este verbo la conjugación del tipo *leer*.

Con respecto a la posible confusión entre los verbos *prever* y *prevenir*, hay que destacar que no son sinónimos, ya que *prevenir* es «preparar» o «precaver» y *prever* es «ver con anticipación» o «conjeturar». Así pues, *prevenir* un peligro es «tomar precauciones contra él» y *preverlo* es «esperar o temer que se presente» o «ver, suponer, anunciar, sospechar que va a producirse».

priorizar

> Es innecesario el uso del neologismo *priorizar*, que puede sustituirse por la expresión *dar prioridad*.

Últimamente se ha puesto de moda el verbo *priorizar* con el significado de «dar prioridad o preferencia». Aparece en oraciones tales como *El Gobierno priorizará las medidas para combatir la inseguridad ciudadana*. Es preferible emplear en su lugar la expresión *dar prioridad*.

[privacidad

> Debe evitarse el uso del anglicismo *privacidad*, que puede ser reemplazado por expresiones como *intimidad, vida privada* o *en privado*.

He aquí un barbarismo que, como tantos otros, se ha ido introduciendo poco a poco en nuestra lengua y ya casi ha logrado instalarse en un lugar tanto como para que hoy en día lo utilicen muchos hispanohablantes sin darse cuenta de que es una voz ajena al español.

Quienes inventaron la palabra *privacidad* lo que hicieron fue tomar el inglés *privacy* y españolizarlo añadiéndole la terminación *-dad*, sin tener en cuenta que ya existía otra palabra en nuestra lengua para expresar exactamente lo mismo que la voz inglesa: *intimidad*. Además, también en lugar de *privacidad*, podemos usar las locuciones *en privado* o *vida privada*.

Según el diccionario *Clave*, *intimidad* significa «parcela privada de la vida de una persona», y *privado* significa «que pertenece o está reservado a una sola persona o a un número limitado y escogido de personas» o «particular o personal».

Así, cuando en las noticias aparezcan frases del tipo *Consideró aquellas fotografías como un atentado contra su privacidad*, deberá cambiarse esa *privacidad* por *Consideró aquellas fotografías como un atentado contra su intimidad*.

El término inglés *privacy* puede traducirse al español por *soledad, retiro, aislamiento, vida privada, intimidad, secreto, reserva, sigilo, estar a solas*. Además, *Privacy act* corresponde a nuestra *Ley del derecho a la intimidad*.

A pesar de todas estas advertencias, el término *privacidad* sigue introduciéndose en nuestra lengua y aparece en el *Diccionario de voces de uso actual* con el significado de «intimidad».

El *Diccionario de anglicismos*, de Ricardo J. Alfaro, también hace alusión a la palabra *privacy*, que algunos castellanizan como *privacía*, también ajena al español y de evidente mal gusto. Igualmente, puede sustituirse dando un rodeo; así pues en lugar de decir *en esta clase de casas no se tiene privacía*, digamos *en esta clase de casas no se puede estar en privado*.

Al someter todo lo expuesto al veredicto de nuestro Consejo Asesor, que tiene la última palabra, se ha reconocido que el término *privacidad* se ha ido introduciendo en el habla de los hispanohablantes y es imposible erradicarlo. No obstante, y aunque no puede ya considerarse erróneo, sería preferible, siempre que se pudiera, sustituirlo por los términos antes citados, tomando el que fuera más apropiado al contexto: *intimidad, en privado, vida privada, derecho a la intimidad* o *independencia*.

pro

La voz *pro* constituye una palabra independiente (*hombre de pro, pros y contras, pro derechos humanos*) y solamente se une a la palabra siguiente cuando funciona como prefijo (*prohombre, procónsul*).

El hecho de que *pro* funcione en ocasiones como prefijo y se una, por tanto, a la palabra a la que precede puede ocasionar interferencias con otros usos de *pro* en los que esta voz debe escribirse separadamente.

Pro- como prefijo significa «en vez de» (*pronombre, procónsul*) o «delante, adelante» (*procesión, proponer*) y es inseparable de la palabra a la que precede.

Pro puede ser además una preposición, que significa «a favor de», precede a un sustantivo o a un adjetivo sustantivado, y se escribe separadamente (*cupón pro ciegos*); y puede ser también un nombre femenino, cuyo significado es «provecho» (*hombre de pro*). Asimismo, puede ser un nombre masculino, equivalente a «aspecto o punto favorable» (*los pros y los contras*).

En el *Diccionario de dudas* de Manuel Seco encontramos una de las explicaciones más claras al respecto:

> **pro 1** Preposición, 'en favor de'. Es átona. Solo se emplea ante los nombres sin artículo: *Se organizó una suscripción pro víctimas de las inundaciones.* **2** Nombre femenino, anticuado, 'provecho': *¡Buena pro les haga!* **3** Nombre masculino, aspecto o punto favorable', siempre formando pareja con el nombre *contra: pesar el pro y el contra.* En plural es *los pros y los contras* (no *los pro y los contra*: «A la que se debe preguntar es a nuestra juventud..., que es la que disfrutará de los pros y los contras», Vanguardia, 11.1.1963, 27) **4** *En pro de*, locución prepositiva, 'en favor de': *Habló en pro de una simplificación de los trámites.*
>
> **pro-** Prefijo latino que significa 'en vez de': *pronombre* o 'delante, adelante': *procesión, proponer.*

[procesionar

El verbo *procesionar* no existe en español; por tanto, debe evitarse su uso. En su lugar, pueden utilizarse expresiones como: *participar en la procesión*, *ir en procesión*, etc.

En ninguno de los diccionarios normativos aparece el verbo *procesionar*, pero sí está recogido en el *Diccionario de dudas* de Manuel Seco. Sí aparecen en otros diccionarios las voces *procesión, procesional* («ordenado en forma de procesión; perteneciente a ella») y *procesionalmente* («en forma de procesión»).

Y sin embargo, no dejan de verse ejemplos en los que se emplea este verbo inexistente:

> *La semana de Pasión ofreció además otras situaciones curiosas como la que ocurrió en Écija (Sevilla), donde tras 62 años de ausencia procesionó ayer el Santo Entierro Magno.*

> *Los jóvenes de la localidad procesionaron la imagen por los alrededores de su ermita.*

> *Los verdes procesionan la imagen del Santo Cristo de la Vera Cruz durante los días 1, 2 y 3 de mayo.*

De los ejemplos podemos sacar una primera conclusión, y es que el verbo *proce-sionar* funciona indistintamente como transitivo (*los cofrades procesionan al Cristo*) y como intransitivo (*los costaleros procesionaron hasta la fortaleza*).

En ambos casos es aconsejable evitar su uso, y en su lugar utilizar perífrasis del tipo *sacar en procesión, salir en la procesión, ir en procesión* o *participar en la procesión*.

proclamar

Proclamar y *declarar* no son equivalentes. Es incorrecto el uso del término *proclamar* (en lugar de la forma correcta *declarar*) en frases como: *Yirinovski fue proclamado persona no grata en Eslovenia*.

Uno de los errores más comunes en los medios de comunicación es el uso de palabras con un significado que no es el suyo. Esto sucede con el término *proclamar*, que a menudo se emplea erróneamente en lugar del término correcto *declarar* en casos como *El juez proclamó culpable a la acusada*. Debería decirse *El juez declaró culpable a la acusada*.

La explicación es la siguiente: en el caso señalado anteriormente queremos decir que la acción del juez ha consistido en «atribuir, otorgar o conceder una calificación, especialmente si es de carácter oficial» y este significado solo está en *declarar*. La acepción de *proclamar* más próxima a este significado es «publicar en alta voz una cosa» y, desde luego, no quiere decir lo mismo.

pronunciamiento

Es incorrecto el uso del término *pronunciamento* como sinónimo de *declara-ciones*.

Con demasiada frecuencia, encontramos la voz *pronunciamiento* totalmente fuera de contexto y empleada con un significado que no es el suyo.

Veamos la definición que da el diccionario *Clave*:

pronunciamiento 1 Alzamiento militar contra el Gobierno: *Durante el siglo XIX hubo numerosos pronunciamientos en España*. **2** Declaración, condena o mandato del juez: *Tras el pronuncia-miento de la juez, el acusado fue llevado a prisión*.

Nada más lejos, como podemos ver fácilmente, del significado que se le está dando en la lengua escrita, en la que aparece continuamente *pronunciamiento* en lugar de *declaraciones*. No se debe hablar nunca, pues, del último *pronunciamiento* del papa ante los periodistas, ni de los *pronunciamientos* del secretario general del sindicato en la última reunión con el ministro; debemos utilizar la palabra *declara-ciones*.

propagar

No deben confundirse los términos *propagar* («extender, aumentar») y *propalar* («difundir, divulgar, esparcir»).

Dos verbos que, por su similitud fonética, se confunden son *propalar* y *propagar*. Sus definiciones, según el diccionario *Clave*, son las siguientes:

propagar 1 Extender, aumentar o hacer llegar a muchos lugares o a muchas personas: *La radio y la televisión propagan las noticias por el mundo. El fuego se propagó con rapidez.* **2** Multiplicar por generación o por otra forma de reproducción: *Según la Biblia, Dios creó al hombre y a la mujer para que propagaran la especie. Las hiedras se propagan con facilidad.* □ SEM. Dist. de *propalar* (divulgar una cosa oculta).

propalar Referido a algo que se tenía oculto, darlo a conocer: *El laboratorio no debe propalar estos descubrimientos hasta que no se hayan perfeccionado.* □ SEM. Dist. de *propagar* (extender, aumentar).

Como vemos, estos términos no tienen nada que ver y, por tanto, debemos prestar atención para no utilizarlos incorrectamente.

propalar

Es incorrecta la expresión *propalar una misa*, ya que los verbos que deben usarse en este caso son *transmitir* o *retransmitir*.

Según el diccionario *Clave*, *propalar* significa «referido a algo que se tenía oculto, darlo a conocer», y se utiliza en contextos tales como *El laboratorio no debe propalar estos descubrimientos hasta que no se hayan perfeccionado.*

Es incorrecta la frase *La iglesia de la Natividad y la de Santa Catalina, desde donde suele propalarse la Misa de Nochebuena*, puesto que la misa no se *propala*, sino que se *transmite* o *retransmite*.

(Véase también **propagar**.)

proscribir

No hay que confundir el significado de los verbos *proscribir* («excluir, prohibir») y *prescribir* («ordenar, recetar»).

Algunas veces, se confunden los verbos *proscribir* y *prescribir*, cuyos significados no tienen nada que ver; conviene pues conocerlos. Veamos la definición que nos da el diccionario *Clave* del término *proscribir*:

> **proscribir 1** Referido a una persona, expulsarla de su patria, generalmente por razones políticas: *El dictador proscribió a los máximos dirigentes de la oposición al régimen.* **2** Referido esp. a una costumbre o a algo usual, excluirlos o prohibirlos: *En los años treinta, la llamada 'ley seca' proscribió el consumo de bebidas alcohólicas en Estados Unidos.* □ ORTOGR. Dist. de *prescribir*.

Y, a continuación, del término *prescribir*:

> **prescribir 1** Ordenar o mandar: *El código de circulación prescribe que los vehículos deben circular por la derecha.* **2** Referido a un remedio, recetarlo o recomendarlo: *El médico me ha prescrito un jarabe para la tos.* **3** Referido esp. a un derecho, a una acción o a una obligación, extinguirse o concluirse: *La multa ha prescrito y ya no tengo que pagarla.* □ ORTOGR. Dist. de *proscribir*.

Observamos, pues, que *prescribir* significa «ordenar, recetar», mientras que *proscribir* quiere decir lo contrario, «excluir, prohibir».

[provisionar

Es incorrecto el uso del neologismo *provisionar*, puesto que ya existen verbos españoles que designan la misma realidad: *abastecer*, *proveer*, *suministrar*, etc.

Aparecen en la prensa los siguientes ejemplos en los que se utiliza la palabra *provisionar*:

> *En 1996 esta cadena privada obtuvo unos beneficios de 1 184 millones de pesetas, tras provisionar 1 530 millones como gastos de ejercicios anteriores.*

> *La fortaleza de estas operaciones domésticas le permiten provisionar holgadamente sus adquisiciones en Latinoamérica.*

Este verbo, ya habitual en las noticias de economía, es de esos inventos que podemos considerar como neologismos innecesarios, pues no viene a llenar un vacío en la lengua, sino a desplazar a otros verbos ya existentes y que pueden expresar lo mismo, incluso con más matices.

Este nuevo verbo, *provisionar*, que equivale a «proveer» o «disponer algo», se ha formado a partir del sustantivo *provisión*, sin tener en cuenta que en español ya existían *aprovisionar* y algunos otros de igual o parecido significado, como *abastecer* («proveer de abastecimientos, víveres u otras cosas necesarias»), *dotar*, *proveer*, *disponer*, *asignar*, *proporcionar*, *suministrar*, *facilitar*, etc.

provocar

Debe evitarse el uso incorrecto del verbo *provocar* con el significado de *causar* u *originar*.

He aquí uno de los verbos corrientemente usados en las noticias con un significado que no le pertenece, hasta el punto de que se emplea muchas más veces de forma errónea que de forma correcta. El diccionario *Clave* da las siguientes definiciones:

> **provocar 1** Producir como reacción o como respuesta: *Mi respuesta provocó su ira*. **2** Referido a una persona, irritarla o estimularla para que se enfade: *El futbolista provocó al público haciendo gestos obscenos*. [**3** Referido a una persona, intentar despertar deseo sexual: *Lleva la ropa tan ajustada que va 'provocando'*. **4** En zonas del español meridional, apetecer: *Me provoca comerme un buen banano*.

Vistas las acepciones del verbo *provocar* en castellano, no es fácil explicarse su aparición en frases como las siguientes:

> *Esto provocará graves trastornos en la economía.*

> *La gravedad de los hechos provocará la expulsión del equipo.*

> *La huelga ha provocado una crisis económica.*

> *La explosión provocó la rotura de la puerta.*

En todos estos casos, si intentásemos aplicar algunos de los significados que nos da el diccionario, las frases carecerían de sentido. Está claro que el verbo que debió usarse es *causar*, o alguno de los que se acercan a esa idea, como *motivar, ocasionar, originar, producir, acarrear, suscitar*, etc.

Más clara aún queda la diferencia entre *provocar* y *causar*, si pensamos en lo distintos que son los significados de sus respectivos sustantivos: *provocación* y *causa*.

Próximo Oriente Véase **Oriente Próximo**.

pseudo- Véase **seudo-**.

[publicitar

> Es incorrecto el uso del verbo *publicitar*, por influencia del inglés *to publicize*; en su lugar, puede decirse: *hacer publicidad, divulgar, anunciar*, etc.

Vemos en algunos manuales de estilo que no debe utilizarse el neologismo *publicitar*, y sin embargo, seguimos viendo dicho verbo en ejemplos en los que podrían haberse empleado expresiones como *dar publicidad a, hacer publicidad de, publicar, divulgar* o *hacer propaganda de*:

> *La asociación de Usuarios de la Comunicación considera desafortunado publicitar una serie de ofertas comerciales de las que el usuario no puede beneficiarse.*

Solo pueden publicitarse los [medicamentos] que se basan en unos principios activos determinados.

Kim Bassinger ha interpretado un anuncio de medio minuto publicitando medias italianas.

Estamos ante un caso claro de calco del verbo inglés *to publicize*, que puede traducirse al español por *publicar, dar publicidad a,* o *anunciar.*

puerta cerrada Véase **a puerta cerrada**.

Puglia Véase **Pulla**.

Pulla

La grafía correcta en español para esta región italiana es *Pulla* (no *Puglia*).

En español, el nombre de esta región italiana es *Pulla*, no *Puglia*.

En el *Diccionario* de la Real Academia Española aparece el término *pullés, sa*, y su definición es «natural de la Pulla; perteneciente a este país de Italia».

En el *Diccionario de gentilicios y topónimos* de Daniel Santano y León, aparece el término *Pulla* como región de Italia, seguido de su nombre antiguo —*Apulia*— y sus correspondientes gentilicios: *apuliano, apuliense, apulio, ápulo, pullés, pulés.*

[puntaje

Es innecesario el uso del neologismo *puntaje*, que puede sustituirse por la palabra *puntuación*.

Últimamente se ha puesto de moda el término *puntaje* para designar el «cómputo de puntos en el deporte». Debe utilizarse en su lugar el término *puntuación*, que es la palabra española con la que se designa esta realidad.

puntual

Debe evitarse el uso del término *puntual* como sinónimo de *concreto*, por influencia del francés *ponctuel*.

Existe una tendencia a utilizar el adjetivo *puntual* con el significado de «concreto, específico, determinado, exacto» o «pormenorizado»:

Ahora solo falta llegar a acuerdos puntuales para evitar el deterioro de...

El narcotráfico es un asunto puntual que hay que erradicar.

Siempre es conveniente tener un diccionario a mano para poder asegurarse de que se habla o se escribe con propiedad y sin utilizar palabras con significados que no les pertenecen. Veamos, pues, lo que dice el *Diccionario* de la Real Academia Española al respecto:

> **concreto** Dícese de cualquier objeto considerado en sí mismo, particularmente en oposición a lo abstracto y general, con exclusión de cuanto pueda serle extraño o accesorio. // Sólido, compacto, material. // Dícese de lo que resulta de un proceso de concreción. // Preciso, determinado, sin vaguedad.

> **puntual** Pronto, diligente, exacto en hacer las cosas a su tiempo y sin dilatarlas. // Indubitable, cierto. // Conforme, conveniente, adecuado. // Perteneciente o relativo al punto. // A tiempo, a la hora prevista.

Como puede verse fácilmente al leer las definiciones de *concreto* y *puntual*, estas son dos palabras sin ninguna relación y cuyos significados no tienen nada que ver. Así pues, debe evitarse el uso de *puntual* como contrario de *general* o *global*, puesto que se trata de un galicismo.

> Aunque en francés comenzó a utilizarse el adjetivo *ponctuel* como opuesto a *general* en la década de los setenta, en los diccionarios aún no consta con ese significado. Sin embargo, nuestro uso incorrecto de *puntual*, lo hemos heredado directamente del francés. Cosas que pasan.

Q q

queísmo

Ciertos verbos necesitan la preposición *de* en su construcción y es incorrecto suprimirla. Por ejemplo, debe decirse *informar de que* y no *informar que*.

Hay errores que eran corrientes hace unos años y ya han desaparecido; hay errores de nuevo cuño que nacen, mueren y desaparecen; y en medio de aquellos y de estos están los perennes, que cuando ya afirmamos sin temor a equivocarnos que están vencidos, vuelven a escena.

De pronto, y sin previo aviso, encontramos por doquier la construcción *se informa que*, cuando ya creíamos que todo el mundo sabía que este es uno de los verbos en los que el *de que* es correcto. Veamos las advertencias al respecto que da la Real Academia de la Lengua en Internet:

> Se produce hoy en muchas ocasiones una omisión indebida de la preposición DE con verbos, o locuciones verbales formadas por verbo + nombre o adjetivo, que exigen en su construcción un complemento introducido por esta preposición. Se trata de verbos y locuciones verbales como *informar* (DE algo), *acordarse* (DE algo), *concienciar* (a alguien DE algo), *darse cuenta* (DE algo), *estar seguro* (DE algo), *ser capaz* (DE algo), etc. La preposición DE ha de mantenerse cuando el complemento de estos verbos es una proposición introducida por QUE: *Vengo a informarte DE QUE has sido despedido.* En todos estos casos es incorrecta, aunque frecuente en la lengua coloquial, la omisión de la preposición DE: *La agencia le informa que no quedan billetes.* Algunos gramáticos han dado a este fenómeno el nombre de *queísmo*, y su extensión parece deberse al temor de incurrir en el vicio contrario, el *dequeísmo*.

> Uno de los mensajes automáticos que distribuye la empresa española Telefónica es el siguiente: *Telefónica le informa de que actualmente no existe ninguna línea en servicio con esta numeración.* Muchas han sido las críticas contra el supuesto dequeísmo del mensaje. Sin comentarios.

(Véase también **dequeísmo**.)

quiosco

Es incorrecto escribir *kiosko*, puesto que en español esta palabra se escribe *quiosco* o *kiosco*, pero nunca *kiosko*.

Hemos detectado el creciente uso de la grafía *kiosko* para designar la «construcción pequeña que se instala en la calle o lugares públicos para vender en ella periódicos, flores, etc.».

El *Diccionario* de la Real Academia Española tiene una entrada para la palabra *quiosco* en la que aparece, junto a la acepción anterior, otra que lo define como «templete o pabellón de estilo oriental y generalmente abierto por todos lados, que se construye en azoteas, jardines, etc., para descansar, tomar el fresco, recrear la vista y otros usos». Este mismo *Diccionario* admite también que se escriba *kiosco*, pero nunca *kiosko*.

R r

racismo en el lenguaje

> Debe erradicarse la costumbre de dar información sobre la raza, religión o nacionalidad de una persona en los medios de comunicación (*Dos gitanos han asaltado una tienda*), especialmente cuando la noticia trata sobre un delito.

En la mayoría de los casos, el hecho de que una persona sea de raza negra o gitana, de cultura árabe o de nacionalidad yugoslava no debería tenerse en cuenta al redactar las noticias.

El periodista Álex Grijelmo así nos lo recomienda en su libro *El estilo del periodista*, y además nos recuerda que, en la prensa, existe la triste costumbre de resaltar la raza, la etnia o la nacionalidad cuando se habla de delitos. Y nos da ejemplos: *Dos marroquíes asaltan una gasolinera, Reyerta entre gitanos*. Cuando nunca solemos leer: *Dos conquenses asaltan a un taxista. O un rubio de ojos azules detenido por tráfico de drogas*.

Es frecuente encontrar frases y giros propios de nuestra lengua que reflejan actitudes racistas y que, si bien es muy difícil erradicar de la lengua coloquial, sí es necesario evitar su aparición en los medios de comunicación. Álex Grijelmo nos enumera algunos en su libro:

> *Le hizo una judiada.*
>
> *Tiene unos negros que le hacen el trabajo.*
>
> *Esto no se lo salta un gitano.*
>
> *Es un trabajo de chinos.*
>
> *Deja de hacer el indio.*

Termina Grijelmo advirtiéndonos de que la manera de denominar a determinados grupos humanos implica a menudo conceptos racistas. Así ocurre, por ejemplo, con la palabra despectiva *sudaca* para referirse a personas llegadas de Latinoamérica; lo mismo sucede con *yanqui* por *norteamericano*, palabra que en España suele connotar desprecio.

radiactivo, va

> Debe escribirse *radiactivo* y *radiactividad* (no *radioactivo* y *radioactividad*), por ser estas las grafías en español para dichos términos.

Un error muy frecuente es escribir *radioactivo* y *radioactividad* en lugar de lo correcto en español, que es *radiactivo* y *radiactividad* —voces formadas con *radi* y *actividad*—, que sirven para definir a los cuerpos que emiten radiaciones, más precisamente, que se desintegran espontáneamente y emiten partículas alfa y beta y rayos gamma. Vemos pues, que aquí no tiene nada que ver la palabra *radio* que aparece como supuesto componente en *radioactividad*.

radical

Los términos *radical, extremista* y *violento* no son equivalentes, si bien sus significados son bastante similares ya que los tres están relacionados con el ámbito de la violencia.

Aparecen a veces los términos *radical, extremista* y *violento* utilizados como sinónimos. Esto no es correcto, puesto que cada una de estas palabras tiene connotaciones distintas.

Es cierto que, a veces, estos tres adjetivos pueden utilizarse indistamente; el término *radical* designa la «persona que considera que su forma de actuar y sus ideas son las únicas correctas y desprecia las de los demás»; por *extremista* entendemos que es el «partidario de unas ideas o actitudes extremas, especialmente en política»; y *violento* es quien «usa la fuerza física para dominar a otro o hacerle daño».

Vemos, pues, que la frontera entre los tres adjetivos no está muy clara; sin embargo, hay que tener cuidado al emplear estas palabras, ya que una persona *violenta* no tiene por qué ser *extremista* o *radical*, un *radical* tampoco utiliza necesariamente la violencia ni es obligatoriamente *extremista*, y un *extremista* puede ser o no *radical* y, sin duda, no tiene por qué ser *violento*.

[radioactivo, va Véase **radiactivo, va**.

Rangún

Se recomienda el uso de *Rangún*, en lugar de *Yangón*, por ser *Rangún* el término tradicional en español.

Tras un golpe de Estado, el Gobierno de Birmania exigió que el resto de los hablantes de otras lenguas designáramos a esa ciudad con el término *Yangón*. Sin embargo, nos remitimos a las recomendaciones de la última edición del *Manual de español urgente*:

Los nombres de uso tradicional y muy arraigado en castellano deben conservar su forma castellana. Los nombres que, teniendo correspondencia castellana, se reproducen en la prensa internacional con las formas del país, a veces reclamadas por los Gobiernos respectivos con actitud anticolonialista, deben conservar la forma castellana del nombre extranjero cuando es tradicional.

Por tanto, recomendamos el uso del término *Rangún* por ser un nombre con larga tradición en español.

[ranking

Es innecesario el uso del término inglés *ranking* (pronunciado [ránkin]); en su lugar, puede decirse: *lista, clasificación, tabla clasificatoria*, etc.

La palabra *ranking* es un anglicismo que en algunos países hispanohablantes se ha transformado en *ranqueo*.

El *Diccionario* de la Real Academia Española no recoge el término *ranking* en su última edición. Veamos lo que dice el diccionario *Clave* al respecto:

| **[ranking** → **lista** □ PRON. [ránkin]. □ USO Es un anglicismo innecesario.

Es cierto que la voz inglesa *ranking* podría españolizarse, pero, por el momento, es mejor emplear las expresiones: *clasificación, lista, tabla* o *lista clasificatoria*, en lugar del anglicismo *ranking*.

[ranquear

Es innecesario el uso del término *ranquear*, formado a partir de la palabra inglesa *ranking*, ya que puede reemplazarse por la expresión *subir en la cla-sificación*.

En el vocabulario del boxeo, especialmente en el español de América (aunque ya se usa en España), se utiliza corrientemente el verbo *ranquear*, su forma pronominal *ranquearse* y el participio *ranqueado*:

Ya hay varios boxeadores ranqueados en Europa.

Ahora tengo que disputar unos cuantos combates para ranquearme y así poder aspirar a combatir por el título.

Está claro que se trata de un término derivado de la voz inglesa *ranking*, pero de momento conviene evitar su uso. Así pues, en lugar de *ranquear* debemos decir *subir en la clasificación*; en vez de *ranquearse* podemos usar la perífrasis *situarse en la lista*, y *situado en la lista* en lugar de *ranqueado*.

(Véase también **ranking**.)

rapsoda

No hay que confundir los términos *rapsoda* y *declamador*. *Rapsoda* significa «recitador de versos» y *declamador* es el que «recita con la entonación y el gesto convenientes».

Con motivo de los actos de celebración del centenario del nacimiento de Federico García Lorca, se empleó con bastante frecuencia la palabra *rapsoda*.

La tercera acepción de *rapsoda*, según el *Diccionario* de la Real Academia Española, es «recitador de versos» y *recitar*, según el mismo *Diccionario*, es «decir o pronunciar de memoria y en voz alta versos, discursos, etc.».

Vistos estos significados, no parece que esté mal usar *rapsoda* para referirse a quienes *pronuncian en voz alta* los versos de García Lorca, aunque esta palabra no haga alusión a la entonación, el ritmo y la velocidad más adecuados para leer poesía. Lo extraño en este contexto es que no aparecieran los términos *declamar* o *declamador* que habrían sido mucho más precisos, puesto que *declamar* es «recitar la prosa o el verso con la entonación, los ademanes y el gesto convenientes».

raptar

Los verbos *raptar* y *secuestrar* no son equivalentes: *raptar* es «llevarse a una persona por la fuerza» y *secuestrar* es «llevarse a una persona y retenerla con la intención de pedir un rescate».

Los verbos *raptar* y *secuestrar* no son sinónimos y, sin embargo, corrientemente se emplean como tales. ¿En qué se diferencian? Veamos la definición que ofrece el diccionario *Clave* del término *raptar*:

raptar Referido a una persona, llevársela a la fuerza o mediante engaño y retenerla en contra de su voluntad: *El príncipe raptó a la princesa y se la llevó a su castillo.* □ SEM. Dist. de *secuestrar* (con la intención de pedir un rescate).

Y, a continuación, la del término *secuestrar*:

secuestrar 1 Referido a una persona, retenerla, generalmente por la fuerza y con intención de exigir un rescate a cambio de su puesta en libertad: *Unos encapuchados secuestraron al hijo de un acaudalado industrial.* **2** Referido a un medio de transporte, tomar su mando por las armas, reteniendo a la tripulación y a los pasajeros para exigir un rescate o la concesión de determinadas peticiones: *El grupo extremista secuestró un avión para exigir la liberación de varios presos.* [**3** Referido a una publicación, censurarla impidiendo su distribución: *Los alumnos protestaron porque el rector de la universidad 'secuestró' la revista que habían realizado.* □ SEM. En la acepción 1, dist. de *raptar* (sacar a una persona de su casa por la fuerza o con engaño).

Tampoco son, pues, sinónimos los sustantivos *raptor* y *secuestrador*.

realizar

El verbo *realizar* no debe desplazar a otros verbos como *hacer, celebrar, llevar a cabo, efectuar, elaborar* o *desarrollar*.

Encontramos frecuentemente el verbo *realizar* usado como comodín, uso que desplaza a otros verbos más apropiados para cada contexto y que llega a ser abusivo.

Es corriente, y ya casi normal en los medios de comunicación, que *se realicen* reuniones, conferencias, ruedas de prensa, concursos, elecciones, almuerzos de trabajo, mesas redondas y otros actos que en buen castellano no se *realizan* sino que se *celebran*.

Tampoco es correcto desplazar el sencillo verbo *hacer* cuando se habla de que *fulano realiza un viaje de tres días* o de que *el presidente realizó unas declaraciones*, ejemplos que habrían quedado mejor con menos *realizar* y más *hacer*, e incluso aún mejor si se utilizaran los verbos *viajar* o *visitar* en lugar de las construcciones *realizar una visita* o *un viaje*.

Otros verbos que pueden servir para evitar la profusión de *realizar*, según el caso, son: *ejecutar, llevar a cabo, efectuar, plasmar, desarrollar, fabricar, elaborar, componer, confeccionar, construir, producirse, darse, crear*, etc.

[recepcionar

Es incorrecto el uso del término *recepcionar* como equivalente de *recibir* o *receptar*.

En el ámbito del deporte, aparecen con frecuencia términos mal empleados, como es el caso de la voz *recepcionar*.

En la jerga deportiva, se utiliza a menudo este verbo como sustituto de *recibir* o *receptar*, en frases como: *¿Quién recepcionó el balón?* Este uso es incorrecto y, por tanto, debe evitarse.

recitar

No hay que confundir los términos *recitar* y *declamar*. *Recitar* significa «decir o pronunciar de memoria y en voz alta versos, discursos, etc.», y *declamar* es recitar con la entonación conveniente.

Con motivo de los actos de celebración del centenario del nacimiento de Federico García Lorca, se empleó con bastante frecuencia la palabra *recitar*.

Recitar, según el *Diccionario* de la Real Academia Española, es «referir, contar o decir en voz alta un discurso u oración» o «decir o pronunciar de memoria y en voz alta versos, discursos, etc.».

Vistos sus significados, no parece que esté mal usar este término para referirse al hecho de *pronunciar en voz alta* los versos de García Lorca, aunque *recitar* no haga referencia a la entonación, el ritmo y la velocidad más adecuados para escuchar poesía. Lo extraño es que no apareciera el término *declamar* que, en este contexto, habría sido mucho más preciso, puesto que *declamar* es «recitar la prosa o el verso con la entonación, los ademanes y el gesto convenientes».

recontar Véase **recuento**.

[recordman

> Debe evitarse el uso del término *recordman* (pronunciado [récordman]) para designar aquellos deportistas que poseen la mejor marca en su especialidad, ya que en español existe el término equivalente *plusmarquista*.

Es bastante coloquial la tendencia a adoptar términos o giros del inglés o del francés sin tener en cuenta la posibilidad de traducirlos o de crear un neologismo en español que designe el objeto o la idea en cuestión.

Además, en el lenguaje periodístico, y sobre todo en las agencias de prensa, existe el problema de la falta de tiempo para buscar en los diccionarios, o para consultar con los especialistas, ya que las noticias deben salir rápidamente. Hay quien añade a esto que en España, durante muchos años, los cronistas deportivos, los deportistas y los aficionados al deporte, han empleado y siguen empleando con absoluta tranquilidad el término *recordman*, su correspondiente femenino *recordwoman* y sus respectivos plurales *recordmen* y *recordwomen*. Hubo incluso una época no muy lejana, alrededor de las décadas de 1960 y 1970, en la que solo se utilizaba *recordman*, para referirse tanto a los hombres como a las mujeres que poseían un récord.

Actualmente, en España, ya comienza a desaparecer el término *recordman* y va ganando terreno la voz *plusmarquista*, cada vez más usada en deportes como el atletismo, la natación, etc., en los que también se utiliza muchas veces la palabra *plusmarca* en lugar de *récord*.

Es normal que nos creamos que *recordman* es un término inglés que se coló en nuestra lengua antes de que alguien pensara en traducirlo, pero resulta que dicho término no figura en ningún diccionario inglés (ni británico ni estadounidense), es decir, esa palabra *inglesa* no existe en inglés.

Se trata, en este caso, de un falso anglicismo inventado y acuñado en Francia, que sí aparece en los diccionarios franceses. Chris Pratt, en su libro *El anglicismo en el español peninsular contemporáneo*, comenta este fenómeno: «El francés, idioma enormemente creativo, ha llegado a crear acuñaciones autónomas mediante palabras inglesas, sin que el compuesto resultante sea inglés ni reconocido por los anglohablantes mismos».

En inglés, no existe una sola palabra para designar al poseedor o a la poseedora de un récord, sino que se emplea la expresión «record holder», que sirve tanto para el masculino como para el femenino.

[recordwoman Véase **recordman**.

recuento

Debe evitarse el uso de la expresión *recuento de votos*; en su lugar, debe decirse *cómputo de votos*.

El término *recuento* no es sinónimo de *cómputo* («hecho de calcular el número de votos»). Veamos lo que dice el diccionario *Clave* al respecto:

recuento 1 Comprobación del número de personas o de objetos que forman un conjunto: *Todas las mañanas se realiza el recuento de los presos.* **2** Hecho de volver a contar algo: *La primera vez cometí un error, y lo detecté en el recuento.* □ SEM. No debe usarse con el significado de *cómputo*: *el {*recuento > cómputo} de los votos.*

cómputo Cuenta o cálculo; computación: *A las ocho se cierran los colegios electorales y se inicia el cómputo de votos.*

Asimismo, el verbo correspondiente al *cómputo* de votos es *computar*, no *recontar*. Sin embargo, suena extraño decir en español *computar los votos*; por ello, recomendamos que se utilice la expresión *realizar el cómputo de los votos* o, si se quiere, *contar los votos*.

referéndum

Referéndum (plural *referendos*) y *plebiscito* son dos términos que sirven para designar una votación, aunque su diferencia radica en las cuestiones por las que se vota. Se recomienda que se utilice el término que emplee la autoridad que convoca a las urnas.

La diferencia entre *plebiscito* y *referéndum* no está nada clara ya que la tendencia a usarlas indistintamente es cada vez mayor.

Como en el *Diccionario* de la Real Academia Española no queda suficientemente clara la diferencia entre ambos términos, hemos decidido consultar las enciclopedias y los manuales de Derecho al uso, donde se dice que el *referéndum* puede aplicarse en dos casos diferentes: el *referéndum sobre la forma de gobierno* y el *referéndum sobre la Constitución y sobre la reforma constitucional*.

En cuanto a *plebiscito*, en el lenguaje corriente se usa para una variedad de actos de participación del pueblo en el proceso del poder y, algunas veces, hasta como sinónimo de *elecciones*. Pero dichos manuales aclaran que, aunque *plebiscito* se ha usado para designar las votaciones sobre la forma de estado, debería quedar reservado a *votaciones sobre cuestiones no constitucionales* y no legislativas, ya que en la mayor parte de los casos el *plebiscito* es una votación popular sobre una cuestión territorial.

Parece ser que lo que hace distintos al *plebiscito* y al *referéndum* es lo que se somete al voto popular, algo tan sutil que ha hecho que dicha diferencia se haya difuminado considerablemente y que ambos términos se utilicen indistintamente.

Deberíamos utilizar la voz *referéndum* cuando el Parlamento o el Gobierno sometan a voto popular algún acto legislativo (un derecho, una ley, la Constitución...), y dejar la voz *plebiscito* para el acto de ratificación de un gobernante o de su política mediante el voto popular, con muy pocas posibilidades de que se dé un resultado contrario al esperado por el convocante (los regímenes totalitarios son los que más usan los *plebiscitos*). En lo que respecta a las decisiones sobre cuestiones terri-toriales y limítrofes, como es algo que a finales del siglo xx ya apenas ocurre, creemos que pueden incluirse en el concepto de *referéndum*.

De todas formas, dada la imprecisión de ambos términos y su posible uso diferencial en los distintos países, se recomienda que se use el término adoptado por la autoridad que convoca a las urnas.

refugiado, da

Debe evitarse el uso del término *refugiado* para calificar a los inmigrantes sin permiso de trabajo o residencia en un país extranjero. En estos casos, se recomienda decir que son *emigrantes en situación ilegal*.

A menudo aparece en los medios de comunicación el término *refugiado* en contextos como el siguiente:

Estados Unidos albergará a un total de 5 000 refugiados huidos de Haití.

Leída esta frase surgen algunas dudas sobre la utilización de este término: ¿Son refugiados?

La decisión sobre si debemos o no debemos llamarlos *refugiados* es algo peliaguda ya que, en principio, no son *refugiados* hasta que el país de acogida no los reconozca oficialmente como tales, y eso es algo que en el momento de redactar la frase aún no había sucedido. Pero si usamos la voz *refugiado* en su sentido más amplio, es decir, gente que busca refugio y lo encuentra en algún sitio, aunque sea momen-táneo, los haitianos que han huido por mar podrían ser considerados *refugiados*.

Así, pues, hay que andarse con cierto cuidado al utilizar esta voz y, de ser posible, usar alguna que la sustituya en el caso de que no estemos seguros.

En este ejemplo concreto, habría sido mejor decir:

Estados Unidos albergará a un total de 5 000 extranjeros en situación ilegal procedentes de Haití.

región

Es correcto el uso del término *región* dentro de un contexto internacional con el significado de «grupo de naciones de una determinada zona geográfica».

En ediciones anteriores a la actual del *Manual de español urgente* de la Agencia EFE, se censuraba el empleo del término *región* con el significado de «grupo de naciones de una determinada zona geográfica», en un contexto internacional. El motivo era que se consideraba que *región* era siempre la «parte de un país», por tanto, no se podía hablar de *los países de una región*. Ahora este uso, que antes se censuraba, ya está plenamente impuesto. Además de esto, en la última edición de este libro se ha incluido también el adjetivo *regional*, cuya definición hemos tomado del *Diccionario diplomático iberoamericano* de Santiago Martínez Lage y Amador Martínez Morcillo, y es la siguiente:

> **regional**. En el contexto internacional este adjetivo tiene una significación distinta a la usual. Alude a regiones a nivel mundial, es decir, a un grupo de naciones de una determinada zona geográfica, frecuentemente un continente. Así, se dice que la Comunidad Económica Europea, la Liga Árabe o la OEA son «organizaciones *regionales*» por oposición a las Naciones Unidas, por ejemplo, que lo es de ámbito universal.

regional Véase **región**.

reina Véase **rey**.

[reiniciar

Es incorrecto el uso del verbo *reiniciar* («volver a iniciar») como equivalente de *reanudar*. No obstante, sí es adecuado en el lenguaje informático para hacer referencia al hecho de «volver a iniciar un ordenador».

El prefijo *re-* expresa fundamentalmente repetición (*reconstruir, rellenar, reclamar*). Puede expresar también otras circunstancias: retroceso o vuelta hacia atrás (*refluir*); oposición o resistencia (*repugnar, rechazar*); inversión o negación del significado del verbo primitivo (*reprobar, revenir*); intensificación de la acción (*recalcar, remachar, recargar*); reunión o concentración (*rebalsar, represar, rebañar*); ponderación generalmente en frases exclamativas (*¡Qué reguapa está!*).

Al añadir el prefijo *re-* al verbo *iniciar*, lo que logramos es darle el significado de repetición de la acción verbal, es decir, que algo que se había iniciado y que por alguna razón no iba tal y como se esperaba, se vuelve a *iniciar*.

Usamos erróneamente el verbo resultante —*reiniciar*— cuando lo que queremos decir es que se continúa algo que se *inició* y después se suspendió o se interrumpió temporalmente. Ahí ya no se trata de volver a empezar desde el principio, sino de retomar algo por donde se dejó, y el verbo español que expresa ese tipo de acciones no es *reiniciar* sino *reanudar*, que significa «reemprender, continuar algo que se había suspendido».

Veamos lo que dice el diccionario *Clave* al respecto:

> **reanudar** Referido a algo que se había interrumpido, seguir haciéndolo o continuarlo: *Después de comer, reanudaremos nuestro trabajo.* □ SEM. Dist. de *reiniciar* (volver a iniciar).

Así pues, debe evitarse el uso erróneo del verbo *reiniciar* y de sus derivados, *reinicio* y *reiniciación*, tan corrientes en todos los medios de comunicación. Además de *reanudar*, pueden usarse otros sustitutos como: *reemprender, proseguir* o *continuar*.

No obstante, en el lenguaje de la informática, sí es correcto el empleo del término *reiniciar* para indicar que se vuelve a iniciar un ordenador (*Reinicia el ordenador para que arranque correctamente*), ya que, cuando se interrumpe temporalmente la actividad de un ordenador y se *reinicia*, efectivamente se vuelve al principio.

Conviene recordar también el abuso que se hace en la prensa del verbo comodín *iniciar* y del sustantivo *inicio*.

(Véase también **iniciar**.)

reivindicar

Debe evitarse el uso del término *reivindicar* en expresiones como *reivindicar un crimen*. En su lugar, puede decirse: *declararse autor de un crimen* o *atribuirse un crimen*.

Según el *Diccionario* de la Real Academia Española, *reivindicar* significa «reclamar o recuperar uno lo que por razón de dominio, cuasi dominio u otro motivo le pertenece». Según el diccionario *Clave*, este término, referido a algo que corresponde por derecho, significa «reclamarlo, exigirlo o recuperarlo», y referido a una acción, es «reclamar para sí su autoría».

El verbo *reivindicar* se emplea abusivamente en frases como *Nadie ha reivindicado aún el crimen*. En estos casos, recomendamos que se utilicen expresiones como *declararse autor* o *atribuirse*.

relación Véase **en relación a**.

relevante

La voz inglesa *relevant* no debe traducirse por el término español *relevante*, puesto que, en inglés, *relevant* significa «pertinente», mientras que, en español, *relevante* quiere decir «importante».

La Comisión de Traducciones de la Academia Norteamericana de la Lengua Española edita y distribuye, sin periodicidad fija, un boletín titulado *Glosas*, en el que se comentan cuestiones léxicas y gramaticales relacionadas con los problemas que pueden surgir al traducir del inglés al español. Uno de los apartados de dicho boletín está dedicado a advertir sobre los falsos amigos, es decir, dos términos de dos lenguas distintas que aparentemente son equivalentes, pero que no significan lo mismo.

Este es el caso de la voz que nos ocupa: *relevante*. En inglés, *relevant* quiere decir «pertinente, que viene al caso», mientras que el término español *relevante* significa «de mucho relieve, destacado, importante». Por lo tanto, a la hora de traducir esta palabra inglesa al español, no hay que caer en la trampa de pensar que son equivalentes.

remover

La voz inglesa *remove* no debe traducirse por el término español *remover*, puesto que, en inglés, *remove* significa «quitar, sacar, extraer», mientras que, en español, *remover* quiere decir «agitar o dar vueltas».

La Comisión de Traducciones de la Academia Norteamericana de la Lengua Española edita y distribuye, sin periodicidad fija, un boletín titulado *Glosas*, en el que se comentan cuestiones léxicas y gramaticales relacionadas con los problemas que pueden surgir al traducir del inglés al español. Uno de los apartados de dicho boletín está dedicado a advertir sobre los falsos amigos, es decir, dos términos de dos lenguas distintas que aparentemente son equivalentes, pero que no significan lo mismo.

Este es el caso de la voz que nos ocupa: *remover*, al que se le da con frecuencia un significado que nunca ha tenido para la comunidad hispanohablante: el de «quitar, sacar». En inglés, *remove* quiere decir «quitar», mientras que el término español, *remover*, significa «mover repetidas veces agitando o dando vueltas». Por lo tanto, a la hora de traducir esta palabra inglesa al español, hay que tener cuidado de no caer en la trampa de pensar que son equivalentes.

> Y hablando de la voz *remove* y de su mala traducción al español por *remover*, huelga decir que es incorrecta la expresión *disco duro removible* para designar un objeto informático cuya principal característica es que se puede sacar o extraer del ordenador; debería decirse *disco duro extraíble* o *intercambiable*.
>
> Cuando a un hispanohablante sin conocimientos de inglés ni de cibernética le hablan de un *disco duro removible*, lo único que puede imaginarse es un objeto duro que puede *agitarse* como una coctelera o *removerse*, como hacemos con el café para que se disuelva el azúcar.

repicar

Es incorrecto utilizar el verbo *repicar*, referido a las campanas, con el significado de «tocar a muerto»; en su lugar, deberemos utilizar el verbo *doblar*.

En español, cuando las campanas *tocan a muerto* decimos que *doblan*, que *encordan* o que *clamorean*, no que *repican*.

Repicar, según nos muestra el diccionario *Clave*, es justo lo contrario de *doblar*, *encordar* o *clamorear*:

> **repicar** Referido esp. a una campana, sonar repetidamente y con cierto compás, generalmente en señal de fiesta o de alegría: *Cuando nació el príncipe heredero, las campanas repicaron todo el día.*

Se suele usar también hablando de otros instrumentos. Y cuando *repican* con mucha viveza se dice que *repiquetean*.

Por otro lado, en el diccionario *Clave* se dice que *doblar* significa «referido esp. a las campanas, tocar a muerto».

Quede claro así que en un entierro las campanas *doblarán* y que en una boda las campanas *repicarán*.

> En la retransmisión televisada del entierro de Lady Di, un locutor dijo que al paso del féretro por las calles se oían *repicar* las campanas de Londres. No sabía ese periodista que, en ese momento, las campanas estaban *doblando*.

reportar

Se recomienda evitar el uso del verbo *reportar* con el significado de «informar, noticiar», por influencia del inglés *to report*, aunque tal significado ya esté recogido en el *Diccionario* de la Real Academia Española.

Estas son las definiciones del verbo *reportar*, según aparece en la última edición del *Diccionario* de la Real Academia Española:

reportar (del latín *reportare*) Refrenar, reprimir o moderar una pasión de ánimo o al que la tiene. // Alcanzar, conseguir, lograr, obtener. // Producir una cosa algún beneficio o ventaja; o, por el contrario, dificultades o disgustos. // Traer o llevar. // Pasar una prueba litográfica a la piedra para multiplicar las tiradas de un mismo dibujo. // Retribuir, proporcionar, recompensar. // Informar, noticiar.

Que *reportar* signifique «producir una cosa algún beneficio o ventaja, o, por el contrario, dificultades o disgustos», no plantea ninguna duda. Ahora bien, la séptima y última acepción, en la que los académicos han recogido el uso de *reportar* con el significado de «informar o noticiar», se contradice con todas las advertencias al respecto que aparecen en todos los libros de estilo y diccionarios de dudas.

Tanto en el *Manual de español urgente* como en el resto de los libros que aconsejan sobre el buen uso de la lengua en los medios de comunicación, se advierte de que usar el verbo *reportar* en lugar de *informar* es un anglicismo que debe evitarse. Y hasta hoy, al revisar las noticias de EFE, en el Departamento de Español Urgente hemos avisado cada vez que encontrábamos ese error, y seguiremos aconsejando que en lugar de los calcos del inglés se utilicen, siempre que se pueda, palabras españolas, como *informar*.

De todas formas, hay que tener en cuenta la tan traída y llevada frase de que «la lengua es una cosa viva», y debemos recordar casos como el de la voz *reportero* (del inglés *reporter* «el que informa») ya no extraña a nuestro oídos.

República Checa

Es incorrecto el uso del topónimo *Chequia* para referirse a la *República Checa*. Debe utilizarse la denominación *República Checa*, por ser este el nombre oficial de dicho país.

A menudo se emplea un topónimo inexistente en español: *Chequia*. Y no solo eso sino que, al alternarse dicho topónimo con la forma correcta *República Checa*, se crea más confusión aún, puesto que al final parece que se tratara de dos países distintos.

Como en otros casos similares de dudas sobre toponimia, el Departamento de Español Urgente ha consultado con la embajada del país en cuestión, y su agregada de prensa nos ha informado de que, a pesar de esa extraña invención de los medios de comunicación de España y de otros países, no existe el nombre *Chequia*: el nombre oficial es *República Checa*. Incluso, un miembro del Departamento de Español Urgente tuvo ocasión de conversar personalmente con la embajadora de ese país en España, quien le mostró su asombro y disgusto ante esa invención española y explicó: «Hay dos países: Bohemia y Moravia, y ambos forman una república: la República Checa.»

Muchos creen que lo lógico es que los *checos* sean de *Chequia*, ya que los *eslovacos* son de *Eslovaquia*, pero por muy lógico que parezca, lo que no podemos hacer es inventar topónimos que se ajusten a nuestras necesidades «lógicas». ¿De dónde son los *checos*?, pues de la *República Checa*, de la misma forma que los *dominicanos* son de la *República Dominicana* y no de *Dominicania*.

resaltar

> Debe evitarse el uso del verbo *resaltar* cuando va seguido de un complemento directo (*resaltó los logros obtenidos*), ya que, en estos casos, es más correcto utilizar otros verbos como *destacar, recalcar* o construcciones como *hacer hincapié*.

En español hay verbos transitivos y verbos intransitivos. Los primeros siempre van seguidos de un complemento directo, además de cualquier otro tipo de complemento y a los segundos puede seguirles cualquier tipo de complemento excepto el directo. Es, pues, un error gramatical utilizar un verbo intransitivo como transitivo, y eso es lo que ocurre frecuentemente con *resaltar*, verbo que, aunque en alguna ocasión funciona como transitivo, lo más normal es que se use como intransitivo.

Resaltar, usado como intransitivo, significa, entre otras cosas, «sobresalir en parte un cuerpo de otro en los edificios o otras cosas; distinguirse, sobresalir o destacarse mucho una cosa de otra».

El problema surge cuando se utiliza este verbo en lugar de *destacar, recalcar* o *hacer hincapié*, y se escriben frases como *El ministro resaltó los logros obtenidos por su departamento, El orador resaltó la importancia de esa decisión*, etc. En estos ejemplos, al poner un complemento directo después del verbo, se le está dando carácter de transitivo, cuando no lo es.

En esos casos, debe usarse el verbo transitivo *destacar*, que significa «poner de relieve los méritos o cualidades de una persona o cosa». Además, este verbo también puede usarse como intransitivo con el significado de «sobresalir, descollar».

Otro verbo transitivo que puede ir bien en ese tipo de frases es *recalcar*, que en sentido figurado y tratándose de palabras quiere decir «decirlas con lentitud y exagerada fuerza de expresión para que no pueda quedar duda alguna acerca de lo que con ellas quiere darse a entender, o para atraer la atención hacia ellas».

En lugar de esos verbos, también podemos acudir a la frase *hacer hincapié*, que es «insistir en algo que se afirma, se propone o se encarga».

retención

Los términos *retención* y *detención* no son sinóminos y, por tanto, no deben utilizarse indistintamente: la palabra *retención* no figura en el ordenamiento jurídico español con el significado de «privación de la libertad de una persona por parte de una autoridad competente».

Retenido y *detenido* no son sinónimos, y cuando se trate de personas a las que se prive de la libertad de movimientos, debe decirse *detenido*.

El término *retención* no existe en el ordenamiento jurídico español. No es un acto legal en ningún país democrático; aunque es un recurso artero utilizado por las autoridades de algunos países totalitarios. A veces, por la fuerza de la costumbre, algunas personas —incluso periodistas— la utilizan indebidamente como sinónimo de *detención*.

La *detención* es el «acto legal por el cual una autoridad competente priva de libertad a una persona, sin que esta privación pueda rebasar las 72 horas previstas, salvo lo dispuesto para casos especiales».

La policía solo puede *detener* a una persona por mandato judicial o en el mismo momento en que está cometiendo el delito.

Evitemos, pues, decir: *El capitán y el armador son los únicos inculpados por un delito de pesca en aguas de jurisdicción australiana y permanecen* retenidos *por las autoridades, en espera de que mañana los tribunales australianos fijen la correspondiente fianza*; en lugar de *El capitán y el armador son los únicos inculpados por un delito de pesca en aguas de jurisdicción australiana y permanecen detenidos por las autoridades, en espera de que mañana los tribunales australianos fijen la correspondiente fianza*.

reunido, da

Debe evitarse el uso de la expresión *está reunido*, porque el verbo *reunir* significa «juntar, amontonar» y, por tanto, una sola persona no puede *reunirse*. En su lugar, puede decirse *está en una reunión*.

Está ya muy extendida la expresión *está reunido* o *está reunida* para decir a alguien que la persona que busca o con la que desea hablar está ocupada y no lo puede atender.

Se trata de una expresión que, en cierta forma, otorga más importancia a la persona que *está reunida*, porque siempre queda mejor decir que la persona en cuestión está ocupada en una reunión que decir que no se encuentra en ese momento en su lugar de trabajo.

Pero, ¿por qué se opta por decir *está reunido* en vez de *está en una reunión*? Tal vez la clave esté en que para decir que alguien está haciendo otras actividades, utilizamos también el verbo *estar*. Por ejemplo, si la persona con la que queremos ponernos en contacto se ha ido a desayunar, nos dirán *está desayunando*; si está en su hora de la comida, nos dirán *está comiendo*, etc.

Sin embargo, en esta expresión tan frecuente encontramos un mal uso del verbo *reunir*. Veamos cómo define el diccionario *Clave* este término:

> **reunir** Juntar, congregar, amontonar o agrupar, esp. si es con un fin determinado: *Este candidato reúne los requisitos que pedíamos para ocupar el puesto. Los directivos de la compañía se reunieron para buscar una solución.*

Como vemos, el verbo *reunir* necesita de dos o más objetos o personas, ya que no se puede juntar o amontonar una sola cosa o persona. Por tanto, no podemos decir *está reunido* para referirnos a una persona que está en una reunión, ya que una sola persona no puede estar reunida. En su lugar, recomendamos que se diga *está en una reunión*, forma más larga, pero más correcta de expresar esa idea.

Reval

Debe utilizarse *Reval* y no *Tallin* para referirse a la capital de Estonia, puesto que *Reval* es su nombre castellano.

El nombre de la capital de Estonia es prácticamente desconocido. Este desconocimiento es la causa de que no siempre sea correcto o exacto el nombre utilizado en la redacción de las noticias.

El nombre en español de su capital es *Reval* y así debemos llamarla, aunque en las noticias actuales la veamos nombrada a veces como *Tallin*, que es su nombre en la lengua local, el estonio, de la familia de las lenguas finesas.

rey

Los términos *monarca* y *soberano* («que ejerce la autoridad suprema») equivalen siempre a *rey* («jefe de Estado»): todo *rey* es siempre jefe de Estado y, por tanto, *monarca* y *soberano*; por el contrario, una *reina* no siempre es jefa de Estado y, por tanto, únicamente es *monarca* y *soberana* si ejerce la autoridad suprema del país.

Es corriente que se planteen dudas y que se produzcan confusiones al emplear los términos *rey, soberano* y *monarca*. El primer paso para intentar aclararnos es acudir al diccionario *Clave*. En él vemos que el término *rey* significa «soberano y jefe del Estado», mientras que la palabra *reina* es tanto el femenino de *rey*, es decir, «soberana y jefa del Estado», como la «mujer del rey». Asimismo, dicho diccionario define los términos *soberano* y *monarca* de la siguiente manera:

soberano, na 1 Grande, excelente o difícil de superar: *El boxeador propinó al contrincante una soberana paliza*. **2** Que ejerce o que posee autoridad suprema o independiente: *En las democracias, el pueblo soberano elige libremente a sus gobernantes*. □ SEM. No debe usarse en plural con el significado de «el rey y la reina».

monarca En una monarquía, soberano o persona que ejerce la autoridad suprema: *Al acto asistieron los Reyes, y el Monarca descubrió una placa conmemorativa*. □ SEM. No debe usarse en plural con el significado de «el rey y la reina».

Vistas estas definiciones, queda claro que los tres términos pueden usarse como sinónimos, aunque no siempre lo son. El ejemplo más cercano es el rey de España, quien es *rey*, *soberano* y *monarca*; también es *reina, soberana* y *monarca* la reina de Gran Bretaña. Sin embargo, volviendo al caso de España, vemos que estos términos no son sinónimos absolutos: doña Sofía solo es reina de España, y no es ni *soberana* ni *monarca*, puesto que no ejerce ningún tipo de autoridad, y aunque en ocasiones se diga de forma errónea *los soberanos* o *los monarcas* refiriéndose a los Reyes de España, nunca debe decirse, hablando de la Reina, *la soberana* o *la monarca*.

reyes de Bélgica

Es preferible decir *reyes de Bélgica*, y no *reyes de los belgas*, por ser *reyes de Bélgica* la denominación tradicional en español.

Parece ser que en Bélgica la denominación oficial de los reyes es la de *reyes de los belgas*; y así pretenden que se les llame, sin tener en cuenta la forma tradicional que tienen otras lenguas para referirse a los reyes de un país.

Veamos: si el rey Alberto y la reina Paola son los *reyes de los belgas,* y los *belgas* son «los habitantes de Bélgica», los *reyes de los belgas* serán también los *reyes de Bélgica*. Esto es lo que en la ciencia de la lógica se llama *silogismo verdadero*.

Visto ya que los *reyes de los belgas* son al mismo tiempo los *reyes de Bélgica*, no parece consecuente seguir empeñados en llamarlos solo de la primera forma, ya que en español siempre se ha dicho *los reyes de Bélgica*, del mismo modo que hablamos siempre de los *reyes de Suecia*, la *reina de Inglaterra*, los *reyes de España* y el *rey de Marruecos* y casi nunca nos ha dado por cambiar esas formas sencillas y tradicionales por las más extrañas de los *reyes de los suecos*, la *reina de los ingleses*, los *reyes de los españoles* o el *rey de los marroquíes*.

Así, pues, si de lo que se trata es de que la denominación oficial en el protocolo es *reyes de los belgas*, y de ahí la han tomado todos los medios de comunicación españoles, hay que atajar ese error producido por un exceso de celo y volver a utilizar la forma *reyes de Bélgica* sin ningún temor a equivocarse ni a causar conflictos diplomáticos.

Si hubiésemos traducido al español la forma de llamar a Hasán II en su país, tendríamos que haber dicho *rey de Marruecos y Comendador de los Creyentes*, lo cual habría resultado bastante extraño. Pero, puestos a rizar el rizo, a Isabel II en su país la llaman *Reina de Reino Unido de Gran Bretaña e Irlanda del Norte y Defensora de la Fe*, cuando aquí siempre hemos tenido bastante con llamarla *reina de Inglaterra*, sin nombrar para nada el resto del reino, es decir: Gales, Escocia e Irlanda del Norte.

Richter, escala de Véase **escalas (medición de terremotos).**

ridiculizar

No hay que confundir el término *ridiculizar* («burlarse de algo») con la expresión *poner* o *dejar en ridículo* («hacer algo que deje mal parado a alguien»).

Existe una confusión muy frecuente entre el término *ridiculizar* y la expresión *poner* o *dejar en ridículo*. Por ello, creemos conveniente aclarar sus significados. El diccionario *Clave* define el término *ridiculizar* de la siguiente manera:

ridiculizar Referido a algo que se considera extravagante o defectuoso, burlarse de ello intentando que parezca ridículo: *Ridiculizó mi dibujo delante de todos porque le parecía feo*.

Como deducimos de esta definición, el término *ridiculizar* se aplica a cosas, mientras que la expresión *poner en ridículo* se refiere a personas.

Pero esa no es la única diferencia: *ridiculizar* conlleva siempre la idea de *burla*, mientras que es posible *poner* o *dejar en ridículo* a alguien no mediante la burla, sino realizando otras acciones. Por ejemplo, un equipo de fútbol puede *dejar en ridículo* a su contrario si juega mucho mejor que él en un partido; en este caso, pues, la acción que consigue que el contrario quede en ridículo no es la burla, sino el hecho de que el equipo en cuestión juega muchísimo mejor. Por tanto, no diremos *El equipo local ridiculizó al visitante*, sino *El equipo local dejó en ridículo al visitante*.

[roaming contract

La expresión inglesa *roaming contract* (pronunciado [róumin cóntract]) sirve para designar la «subcontratación de una red celular de telefonía móvil en un país extranjero». Debe traducirse por *acuerdo de itinerancia*.

En el pujante terreno de las redes de telefonía móvil ha aparecido un nuevo concepto jurídico al que los inventores, anglófonos, han decidido llamar *roaming contract*.

Se trata de un contrato por el que el usuario del teléfono móvil puede servirse de las redes celulares de otros países distintos al suyo, sin necesidad de firmar nuevos contratos locales.

Si buscamos la voz *roaming* en los diccionarios de inglés-español, vemos que puede traducirse por *vagabundeo, excursiones, paseos...*, lo cual nos llevaría a hablar de *contrato de vagabundeo, contrato de excursión...*

Pero las compañías telefónicas que comienzan a introducir en España ese tipo de contrato ya lo han traducido como *acuerdo de itinerancia*, y así aconsejamos que se utilice.

robo

> No hay que confundir los términos *robo* («apropiación de algo ajeno mediante el uso de la fuerza»), *hurto* («apropiación de algo ajeno sin usar la violencia»), *sustracción* («hecho de hurtar o robar») y *asalto* («apropiación de algo ajeno mediante el uso de las armas»).

En la siguiente noticia se utilizan erróneamente los términos *robo, hurto, sustracción* y *asalto*:

> La policía colombiana recuperó ocho pinturas y una escultura 'robadas' en una galería de Bogotá y valoradas en más de 800 millones de pesos [...]. La colección había sido 'hurtada' en un 'asalto' a la galería Garcés Velázquez de la capital colombiana [...]. Las obras, que forman parte de un total de nueve 'substraídas' fueron recuperadas en un registro de la policía.

Veamos cómo define el *Diccionario básico jurídico* de la Editorial Comares los términos *robo, sustracción, hurto* y *asalto*:

robo Este delito se caracteriza por la fuerza en las cosas o violencia sobre las personas con que el delincuente hace la *sustracción* de la cosa mueble ajena con ánimo de lucro. Es decir que la *sustracción* tiene que ser hecha con fuerza o violencia. El delito de *robo* puede ser además *con fuerza en las cosas*, o *con violencia o intimidación en las personas*.

hurto Es el delito que cometen los que con ánimo de lucro y sin violencia en las personas ni fuerza en las cosas, toman cosas muebles ajenas sin la voluntad de su dueño. Es decir, es un delito de *sustracción* cometido sin fuerza ni violencia.

asalto Apoderarse de algo por la fuerza de las armas y con sorpresa.

Este mismo diccionario define otros términos afines de la siguiente manera:

sustracción Hurto o robo de bienes ajenos.

apropiación indebida Comisión de una acción de apoderamiento de cosas muebles que el agente hubiese recibido en virtud de un título que produzca obligación de entregarlas o devolverlas o negaren haberlas recibido, unido a una conciencia del ánimo de lucro y a la existencia de uno de los títulos contractuales y sin que en la realización de la voluntad del sujeto pasivo haya influido engaño de ninguna clase.

atraco Es el *robo* a mano armada.

Volviendo a las pinturas de la noticia que comentábamos al principio, queda claro que estas fueron *robadas*, pues muy probablemente tuvieron que forzar la cerradura o romper las ventanas de la galería. También parece estar claro que las pinturas no fueron *hurtadas*, pues para eso la galería debería haber estado un buen rato sin vigilancia y con la puerta abierta. Y, en cuanto al *asalto*, no está nada claro que este se produjese.

rol

Debe evitarse el uso abusivo del anglicismo *rol*, que puede ser reemplazado por el término español *papel*; dígase *desempeñar un papel* (no *jugar un rol*).

Como tantas otras veces, al dudar de la existencia de una palabra en español, consultamos el *Diccionario* de la Real Academia Española. Veamos qué dice de *rol*:

> **rol** Rolde o rollo. // Lista o nómina. // Licencia que da el comandante de una provincia marítima al capitán o patrón de un buque, y en la cual consta la lista de la marinería que lleva.

Pero de unos años a esta parte, no es ese el uso que le dan a la voz *rol* muchos hispanohablantes, que seguramente desconocen su verdadero significado, y la usan en lugar de *papel* con el significado de «función desempeñada en una situación». Con la sospecha de que se trata de un calco del inglés, toca ahora ver qué dice al respecto el *Diccionario de Anglicismos* de Ricardo J. Alfaro:

> **rol** Es anglicismo cuando se le traduce literalmente en ciertas expresiones que tienen otra forma en castellano, como en las siguientes:
>
> *Rol de pago* (*pay roll*) por *planilla* o *nómina*.
>
> *Llamar el rol* (*call the roll*), por *llamar a lista*.
>
> *Rol de impuestos* (*tax rolls*), *catastros, lista de contribuyentes*.
>
> Pero *rol* es voz castiza que significa, como en inglés, una *lista, nómina* o *catálogo*, y su uso es correcto en las expresiones *rol de tripulación* (o simplemente *rol*) y *rol de honor*.

En el mismo diccionario, se apunta lo siguiente sobre el término *role*:

> **role** Se oye a veces el vocablo inglés *role*, defectuosamente pronunciado *rol*, en el sentido de *reparto* de los papeles de una película. Tanto el sentido asignado a esta palabra como su pronunciación, constituyen un craso error: primero, porque *rol* en castellano, lo mismo que *role* en inglés, significa *lista, nómina* o *catálogo*; segundo, porque el sustantivo *role* de aquella lengua, que se pronuncia *róul*, significa *el papel* que desempeña un actor en una película o representación teatral, y por extensión, la *participación* más o menos conspicua o meritoria que haya tenido determinada persona en un acontecimiento, empresa u obra de importancia general.
>
> El uso de este anglicismo acusa desconocimiento deplorable de lo que significan en español las palabras *rol* y *reparto*.

Podemos añadir a las advertencias de Ricardo J. Alfaro que no solo es desconocimiento del significado de *rol* y *reparto*, sino también de *papel* o *función*, palabras españolas perfectamente equivalentes al término inglés *roll* que pueden utilizarse en su lugar. Y, además, aprovechamos la ocasión para recordar que los *papeles* no se *juegan*, sino que se *representan* o *desempeñan*, o sea, que decir o escribir *jugar un rol* acusa un desconocimiento deplorable de lo que significan en español *jugar* y *rol*.

(Véase también **jugar un papel**.)

ruso (transcripción) Véase **transcripción del ruso**.

S s

Saint John Véase **San Juan de Terranova**.

Saint Kitts y Nevis Véase **San Cristóbal y Nieves**.

salvar

> La voz inglesa *save* no debe traducirse siempre por el término español *salvar*, puesto que, en inglés, *save* significa «grabar», mientras que, en español, *salvar* quiere decir «rescatar».

La Comisión de Traducciones de la Academia Norteamericana de la Lengua Española edita y distribuye, sin periodicidad fija, un boletín titulado *Glosas*, en el que se comentan cuestiones léxicas y gramaticales relacionadas con los problemas que pueden surgir al traducir del inglés al español. Uno de los apartados de dicho boletín está dedicado a advertir sobre los falsos amigos, es decir, dos términos de dos lenguas distintas que aparentemente son equivalentes, pero que no significan lo mismo.

Este es el caso de la voz que nos ocupa: *salvar*. En inglés, *save*, en el mundo de la informática, quiere decir «almacenar, guardar en memoria, grabar», mientras que el término español *salvar* significa «librar de un peligro, rescatar». Solo en caso extremo, se *salva* de la destrucción lo guardado en memoria. Por lo tanto, a la hora de traducir esta palabra inglesa al español, hay que tener cuidado de no caer en la trampa de pensar que son equivalentes.

San Cristóbal y Nieves

> Debe evitarse el uso de *Saint Kitts y Nevis* en lugar de *San Cristóbal y Nieves*, por ser *San Cristóbal y Nieves* el término tradicional en español.

Saint Kitts y Nevis es una extraña mezcla *spanglish* que no es más que una mera traducción de los topónimos españoles *San Cristóbal y Nieves*. Por ello, resulta incomprensible que el uso de la forma *Saint Kitts y Nevis* esté tan extendido.

Sin embargo, nos remitimos a las recomendaciones de la última edición del *Manual de español urgente*:

Los nombres de uso tradicional y muy arraigado en castellano deben conservar su forma castellana. Los nombres que, teniendo correspondencia castellana, se reproducen en la prensa internacional con las formas del país, a veces reclamadas por los Gobiernos respectivos con actitud anticolonialista, deben conservar la forma castellana del nombre extranjero cuando es tradicional.

Por tanto, recomendamos decir *San Cristóbal y Nieves*, y no *Saint Kitts y Nevis*, para referirnos al estado insular de las Antillas Menores cuya capital es Basseterre.

San Juan de Terranova

Debe utilizarse *San Juan de Terranova* y no *Saint John* o *Saint John's Newfoundland* para referirse a esta ciudad canadiense, por ser *San Juan de Terranova* el término tradicional en español.

Nos vemos en la necesidad de recordar que en español existen unos topónimos tradicionales que deben ser respetados, es decir, que deben ser utilizados sin que ocupen un lugar los correspondiente topónimos procedentes de otras lenguas.

El caso que ahora nos ocupa estuvo en la prensa hace algunos años, debido al apresamiento de un barco pesquero español por parte del Gobierno de Canadá. Una vez apresado, decían las noticias, el barco español fue conducido al puerto de *Saint John* (otras veces escrito *Saint John's*) en la isla de Terranova.

En toda la cartografía rotulada en español y en todos los manuales de geografía españoles e hispanoamericanos, dicha ciudad se llama *San Juan*, y la isla *Terranova*. El topónimo completo es, pues, *San Juan de Terranova*.

Los topónimos ingleses *Saint John* (para la ciudad) y *Newfoundland* (para la isla) no deben utilizarse, puesto que para eso tenemos sus equivalentes en español. Y en cuanto a la forma *Saint John's*, solo es lógica si va seguida del nombre inglés de la isla: *Saint John's Newfoundland*.

Ya en sus orígenes esta ciudad a la que la prensa se empeña en designar con el nombre inglés *Saint John* o *Saint John's Newfoundland* tenía un nombre español: *San Juan de Terranova* fue fundada por pescadores españoles procedentes del puerto guipuzcoano de Pasajes de San Juan que arribaron a aquellas tierras a comienzos del siglo XVI, se instalaron y llamaron a su fundación *San Juan de Pasajes*.

Santafé de Bogotá Véase **Bogotá**.

santuario

Debe evitarse el uso del término *santuario* con el significado de «refugio o asilo», por influencia del inglés *sanctuary*. La palabra *santuario* no tiene ese significado en español.

Entre los errores más frecuentes, está el de utilizar términos españoles con un significado que no tienen en nuestra lengua sino en alguna otra en la que se escriben igual o casi igual; es lo que los traductores llaman *falsos amigos*.

Ese mismo error es el que se comete al utilizar la voz española *santuario* con uno de los significados que tiene el inglés *sanctuary* y que no coincide en ambas lenguas: «refugio».

En español, *santuario* significa «templo en que se venera la imagen o reliquia de un santo de especial devoción» y «parte anterior del tabernáculo, separada por un velo del sanctasanctórum». Y en Colombia, «tesoro de dinero o de objetos preciosos que se guarda en un lugar». Así pues, utilizar *santuario* en lugar de *refugio* no es correcto, ya que no tiene ese significado en español. No se puede, entonces, hablar de *los santuarios de ETA en el sur de Francia* o de que *las tropas gubernamentales angoleñas han bombardeado los santuarios de UNITA*. En ambos casos deben usarse las voces *escondite* o *refugio*.

SAR

La traducción oficial del servicio del Ejército del Aire *Search and Rescue* (SAR) en español es *Servicio de Búsqueda y Salvamento*, pero también es conocido como *Servicio Aéreo de Rescate* (SAR).

Hemos recibido una consulta sobre el significado de la sigla SAR y sobre el nombre oficial de ese servicio en español. En la misma consulta se nos explica que, en el uso periodístico, lo más generalizado es hablar de *Servicio Aéreo de Rescate* (SAR), pero, en cambio, el nombre oficial que se le da en el Ejército español es *Servicio de Búsqueda y Salvamento*, conservando la sigla *SAR*.

En el *Diccionario internacional de siglas y acrónimos* de José Martínez de Sousa, figura SAR como la sigla de *Servicio Aéreo de Rescate*.

En las delegaciones de la Agencia EFE en Washington y Nueva York, nos han informado de que esa sigla corresponde al inglés *Search and Rescue* (de donde puede provenir el nombre en español *Servico de Búsqueda y Salvamento*), aunque en ocasiones allí se hable también de *Sea Air Rescue* (*Salvamento Aéreo y Marítimo*).

Revisadas algunas noticias en el banco de datos de la Agencia, nos encontramos con que, en la mayor parte de las ocasiones, se opta por la forma *Servicio Aéreo de Rescate* (SAR), aunque también aparece en algunas ocasiones, las menos, el nombre oficial de *Servicio de Búsqueda y Salvamento*, intentando evitar el uso de la sigla inglesa para así evitar las confusiones, ya que ahí lo lógico sería poner la sigla no oficial y desconocida *SBS*, en lugar de *SAR*, que es la oficial y que además es de uso internacional.

También cabe la solución salomónica por la que optaron en cierta noticia sobre la entrega de una medalla al SAR, decían lo siguiente: *Don Juan Carlos premió al 802 Escuadrón del Servicio de Búsqueda y Salvamento —conocido por la sigla SAR, Servicio Aéreo de Rescate— con la Medalla Aérea por los servicios prestados durante más de 25 años.*

En las fuerzas navales también hay un SAR, y su nombre oficial tampoco coincide con dicha sigla, ya que se trata del *Servicio de Salvamento Marítimo*, que cuenta con helicópteros, además de con embarcaciones.

[satelital

Es incorrecto el uso del término *satelital*, que puede ser reemplazado por expresiones como: *por satélite* o *vía satélite*.

Satelital es un neologismo sobre el que creemos conveniente llamar la atención:

Uruguay inauguró la estación telefónica satelital más austral del mundo con una llamada.

La estación telefónica satelital permitirá el contacto directo y permanente.

Ha contratado un servicio de transmisión satelital para informar directamente desde Lima.

Como puede verse en los ejemplos anteriores, el neologismo *satelital* comienza a aparecer en muchas noticias, y hemos creído necesario hacer un comentario al respecto para recordar que, en español, siempre hemos dicho *por satélite*, *vía satélite*, etc.

Satelital, además de sonar mal, nos parece un neologismo innecesario, pues, como hemos visto, no hay que recurrir a perífrasis demasiado largas para decir lo mismo y decirlo en español correcto.

[saudí

Se recomienda el uso del término *saudí*, en lugar de *saudita*, para referirse a todo lo relacionado con Arabia Saudí.

A menudo se cae en el error de pensar que lo referente a Arabia Saudí y a sus habitantes es *saudita*. Sin embargo, creemos conveniente recordar que los habitantes de Arabia Saudí son *saudíes*, no *sauditas*.

[saudita Véase **saudí.**

secuestrar

Los verbos *secuestrar* y *raptar* no son equivalentes: *secuestrar* es «llevarse a una persona y retenerla con la intención de pedir un rescate» y *raptar* es «llevarse a una persona por la fuerza».

Los verbos *raptar* y *secuestrar* no son sinónimos, y sin embargo, corrientemente se emplean como tales. ¿En qué se diferencian? Veamos la definición que ofrece el diccionario *Clave* del término *raptar*:

> **raptar** Referido a una persona, llevársela a la fuerza o mediante engaño y retenerla en contra de su voluntad: *El príncipe raptó a la princesa y se la llevó a su castillo.* □ SEM. Dist. de *secuestrar* (con la intención de pedir un rescate).

Y, a continuación, del término *secuestrar*:

> **secuestrar 1** Referido a una persona, retenerla, generalmente por la fuerza y con intención de exigir un rescate a cambio de su puesta en libertad: *Unos encapuchados secuestraron al hijo de un acaudalado industrial.* **2** Referido a un medio de transporte, tomar su mando por las armas, reteniendo a la tripulación y a los pasajeros para exigir un rescate o la concesión de determinadas peticiones: *El grupo extremista secuestró un avión para exigir la liberación de varios presos.* [**3** Referido a una publicación, censurarla impidiendo su distribución: *Los alumnos protestaron porque el rector de la universidad 'secuestró' la revista que habían realizado.* □ SEM. En la acepción 1, dist. de *raptar* (sacar a una persona de su casa por la fuerza o con engaño).

Tampoco son, pues, sinónimos los nombres *raptor* y *secuestrador*.

Sefrou   Véase **Sefrú**.

Sefrú

Debe evitarse el uso de *Sefrou* en lugar de *Sefrú*, por ser *Sefrú* la transcripción española del nombre de esta ciudad.

La forma de escribir en español los nombres de las ciudades árabes está sufriendo algunos cambios producidos por el desconocimiento de la toponimia tradicional y por la cada vez más numerosa aparición de guías de viaje que hablan de estas ciudades árabes, sin tener en cuenta el nombre de esos lugares en español. En muchas ocasiones, se adopta una forma extraña para un topónimo sin tomar en consideración bien que ya existe una forma tradicional en nuestra lengua, o bien que la transcripción adoptada es la francesa y no la que corresponde al español.

En la zona norte de Marruecos (la de más reciente influencia española), una de las ciudades principales es la que, en español, designamos con el nombre de *Sefrú*. Aunque en Marruecos se haya optado por la forma francesa *Sefrou*, nosotros debemos seguir escribiendo el nombre de dicha ciudad como siempre lo hemos hecho en nuestra lengua: *Sefrú*.

Seluán

Debe evitarse el uso de *Zelouane* en lugar de *Seluán* o *Zeluán*, por ser *Seluán* la transcripción española del nombre de esta ciudad.

La forma de escribir en español los nombres de las ciudades de Marruecos está sufriendo algunos cambios producidos por el desconocimiento de la toponimia tradicional y por la cada vez más numerosa aparición de guías de viaje que hablan de Marruecos y de sus ciudades, sin tener en cuenta el nombre de esos lugares en español. En muchas ocasiones, se adopta una forma extraña para un topónimo sin tomar en consideración bien que ya existe una forma tradicional en nuestra lengua, o bien que la transcripción adoptada es la francesa y no la que corresponde al español.

Una de estas ciudades marroquíes es la que, en español, designamos con el nombre de *Seluán*. Aunque en Marruecos se haya optado por la forma francesa *Zelouane*, nosotros debemos seguir escribiendo el nombre de dicha ciudad como siempre lo hemos hecho en nuestra lengua: *Seluán*.

[semensual Véase **semestral**.

semestral

No hay que confundir los términos *semestral* («lo que sucede cada seis meses») y *semensual* («lo que sucede seis veces al mes»).

El espacio de tiempo de seis meses es un *semestre*, luego lo que suceda o se repita cada semestre será *semestral*. *Semensual* es el adjetivo con el que se designa lo que ocurre o se hace seis veces al mes. Lo *semestral* puede equivaler a *bianual* («lo que sucede dos veces al año»), pero no a la inversa.

En ocasiones, resulta mucho más cómodo y más inteligible utilizar perífrasis en lugar de los adjetivos correspondientes; así, cuando algo sucede cuatro veces al mes y no puede calificarse de *semanal*, en lugar de *cuatrimensual* podemos decir simplemente: *cuatro veces al mes*.

> ¿Entonces algo que es *semestral* es también *bianual*? Sí, algo que ocurre una vez cada seis meses (*semestral*) es, por extensión, *bianual*. Así, por ejemplo, podemos decir *Los exámenes en este centro son semestrales* o *Los exámenes en este centro son bianuales*. Por el contrario, no todo lo *bianual* tiene por qué ser siempre *semestral*, ya que, siguiendo con el ejemplo anterior, es posible tener dos exámenes al año y que estos no tengan lugar necesariamente uno por semestre.

semi-

Las palabras que contienen el elemento compositivo *semi-* se escriben en una sola palabra: *semirrecta, semicírculo*.

Semi- es un prefijo que significa «medio» (*semisótano, semidiosa*) y es inseparable de la palabra a la que precede. Es incorrecto, por tanto, separar con guión este elemento compositivo de la palabra que le sigue.

[senior

Es innecesario el uso del término inglés *senior* (pronunciado [sínior]), en la jerga empresarial, con el significado de «con más de diez años de experiencia», ya que es preferible utilizar en su lugar expresiones como *experto* o *con experiencia*.

Ojeando las páginas de *ofertas de empleo* de cualquier diario puede observarse que una parte importante de los anuncios introducen términos ingleses, aunque el resto del texto esté en español y, por supuesto, sin ofrecer traducción alguna de estos términos.

En la prensa aparecen casos como: Una *empresa española perteneciente a una gran corporación* (al menos no dice *holding*) *industrial desea recibir candidaturas para cubrir dos puestos de 'consultor senior'*, en lugar de *consultor experto* o *con experiencia*. Y otra empresa, esta vez de seguros de vida y pensiones, *precisa de un 'actuario senior'*, o sea, un *actuario experto* o *con experiencia*.

Habitualmente, en la jerga empresarial, los ingleses utilizan la voz *junior* con el significado de «sin experiencia, inexperto», y *senior* con el significado de «más de 10 años de experiencia».

(Véase también **anglicismos**.)

sensible

La voz inglesa *sensible* no debe traducirse por el término español *sensible*, puesto que, en inglés, *sensible* significa «sensato».

La Comisión de Traducciones de la Academia Norteamericana de la Lengua Española edita y distribuye, sin periodicidad fija, un boletín titulado *Glosas*, en el que se comentan cuestiones léxicas y gramaticales relacionadas con los problemas que pueden surgir al traducir del inglés al español. Uno de los apartados de dicho boletín está dedicado a advertir sobre los falsos amigos, es decir, dos términos de dos lenguas distintas que aparentemente son equivalentes, pero que no significan lo mismo.

Este es el caso de la voz que nos ocupa: *sensible*. En inglés, quiere decir «sensato» (no «sensible»). Por lo tanto, a la hora de traducir esta palabra inglesa al español, hay que tener cuidado de no caer en la trampa de pensar que son equivalentes.

Hace unos años se estrenó la película *Sense and Sensibility*, basada en la novela de Jane Austen del mismo título, que se tradujo como *Sentido y sensibilidad*. Los traductores de este filme parecen haber caído, una vez más, en la trampa de los falsos amigos. En este caso, le ha tocado el turno a la voz *sensibility*, cuya traducción al español, aunque pueda parecer lo contrario, no es *sensibilidad* sino *sensatez*.

sensitivo, va

La voz inglesa *sensitive* no debe traducirse por el término español *sensitivo*, puesto que, en inglés, *sensitive* significa «sensible», mientras que, en español, *sensitivo* quiere decir «relacionado con los sentidos».

La Comisión de Traducciones de la Academia Norteamericana de la Lengua Española edita y distribuye, sin periodicidad fija, un boletín titulado *Glosas*, en el que se comentan cuestiones léxicas y gramaticales relacionadas con los problemas que pueden surgir al traducir del inglés al español. Uno de los apartados de dicho boletín está dedicado a advertir sobre los falsos amigos, es decir, dos términos de dos lenguas distintas que aparentemente son equivalentes, pero que no significan lo mismo.

Este es el caso de la voz que nos ocupa: *sensitivo*. En inglés, para referirse al grado de sensibilidad de un aparato se utiliza el término *sensitive*. Quizá por ello, en español comienza a utilizarse *sensitivo* con este sentido, cuando lo correcto siempre ha sido emplear el término castellano *sensible*. Por lo tanto, a la hora de traducir esta palabra inglesa al español, hay que tener cuidado de no caer en la trampa de pensar que son equivalentes.

sentencia

No hay que confundir los términos *sentencia*, *veredicto*, *fallo* y *condena*. La *sentencia* es «la decisión del juez»; el *veredicto* (de culpabilidad o inocencia) es «la decisión del jurado»; el *fallo* es «la parte de la sentencia en la que el juez castiga o perdona al reo»; y la *condena* es «el castigo impuesto por el juez al acusado».

Existe una gran confusión entre los términos *veredicto*, *sentencia*, *fallo* y *condena*. Por ello, creemos conveniente analizar sus significados.

Veredicto es la «definición de un hecho dictada por el jurado» o el «fallo pronunciado por un jurado» y, por extensión, se utiliza con el significado de «parecer, dictamen o juicio emitido reflexiva y autorizadamente». El *veredicto de inculpabilidad* es «el que pronuncia el jurado descargando al reo de todos los capítulos de la acusación».

Sentencia es la «declaración del juicio y resolución del juez; aquella en que el juzgador, concluido el juicio, resuelve finalmente sobre el asunto principal, declarando, condenando o absolviendo; la que termina el asunto o impide la continuación del juicio, aunque contra ella sea admisible recurso extraordinario».

El *fallo* es la «parte de la sentencia que contiene el mandato, el pronunciamiento jurídico sobre la cuestión debatida» y, además, en el fallo se da la *absolución* —en la que el juez no castiga al reo por considerarlo inocente— o *condena* —en la que el juez impone al reo la pena correspondiente— del acusado.

Como deducimos de estas definiciones, es erróneo el uso de los términos *veredicto* y *sentencia* como sinónimos, tal y como es corriente ver en la prensa. El *veredicto*, emitido por un jurado, solo puede ser de *inocente* o *culpable*, mientras que la *sentencia* puede variar según una serie de condicionantes y el juez que la dicte.

Así pues, un acusado primero es sometido a juicio. Si este juicio es con jurado, su primera fase se concluirá con el *veredicto*; en caso contrario, el juez dictará una *sentencia* cuyo *fallo* contendrá la *absolución* o *condena* del acusado. Vemos, por tanto, que estos cuatro términos no son sinónimos, si bien se emplean en el mismo ámbito con significados a veces similares.

septentrional

No hay que confundir los términos *septentrional* y *meridional*. *Septentrional* significa «del Norte» y *meridional*, «del Sur».

La confusión entre los términos *septentrional* y *meridional* hace necesaria una aclaración sobre sus respectivos significados. Veamos su definición en el diccionario *Clave*:

septentrional En astronomía y geografía, del septentrión o del norte: *Cantabria es una de las comunidades autónomas españolas septentrionales.*

meridional Del sur o mediodía geográficos: *Andalucía está en la España meridional.*

Como hemos podido ver, los términos *septentrional* y *meridional* no significan lo mismo, por tanto, no deben confundirse.

seudo-

Las palabras que contienen el elemento compositivo *seudo-* (también puede escribirse *pseudo-*) se escriben en una sola palabra: *seudoprofeta, seudónimo*.

Seudo- (también puede adoptar la forma *pseudo-*) es un elemento compositivo que significa «falso» (*seudópodo, seudónimo*) y es inseparable de la palabra a la que precede. No debe, pues, separarse de esta con un guion.

severo, ra

La voz inglesa *severe* no debe traducirse siempre por el término español *severo*, puesto que, en inglés, *severe* a veces significa «fuerte, agudo, grave».

La Comisión de Traducciones de la Academia Norteamericana de la Lengua Española edita y distribuye, sin periodicidad fija, un boletín titulado *Glosas*, en el que se comentan cuestiones léxicas y gramaticales relacionadas con los problemas que pueden surgir al traducir del inglés al español. Uno de los apartados de dicho boletín está dedicado a advertir sobre los falsos amigos, es decir, dos términos de lenguas distintas que aparentemente son equivalentes, pero que no significan lo mismo.

Este es el caso de la voz que nos ocupa: *severo*. Por influencia del inglés, está penetrando en el español este vocablo, que tradicionalmente no quiere decir siempre lo mismo en una lengua que en la otra. En inglés *severe* se emplea, sobre todo en medicina, con el sentido de «fuerte, intenso, agudo, pronunciado, grave, serio» (*Un dolor agudo, un fuerte dolor de cabeza*). En español, *severo* se aplica sólo a personas, no a cosas, y quiere decir «adusto, rígido, riguroso». También el inglés tiene este sentido, pero no es de uso tan común como en español. Por tanto, a la hora de traducir esta palabra inglesa al español, hay que tener cuidado de no caer en la trampa de pensar que son equivalentes.

sexismo Véase **femenino (profesiones)**.

sexo

Los términos *género* y *sexo* designan realidades distintas: el concepto *género* se refiere a la «categoría gramatical de las palabras»; el *sexo* hace alusión a la «condición de los seres vivos por la que se distingue el macho de la hembra».

Con frecuencia se produce cierta confusión al utilizar los términos *género* y *sexo*, ya que algunos hispanohablantes parecen no tener claro que se trata de dos realidades distintas. Este no es un problema de ahora, pues ya en 1989 el profesor venezolano Alexis Márquez Rodríguez dedicaba a esta cuestión dos de sus columnas semanales en el diario *El Nacional* de Caracas. A continuación, reproducimos algunas de sus afirmaciones: «En castellano, una cosa es *sexo* y otra es *género*. *Sexo*, para los hispanohablantes, tienen las personas, los animales y algunas plantas. *Género* solo lo tienen las palabras, y no todas. De modo que podemos decir que una persona es de sexo masculino o femenino, pero de ninguna manera que es de uno u otro *género*. Así mismo, podemos decir que un sustantivo es de género masculino o femenino, pero no de uno u otro *sexo*. El *sexo* es una categoría biológica; el *género* una categoría gramatical».

Sexo es, entre otras cosas, la «condición orgánica de los seres vivos por la que se distingue el macho de la hembra» (*En algunas especies animales es difícil distinguir el sexo de sus individuos*). Y veamos a continuación la acepción de *género* en la que se produce la confusión: «En gramática, categoría gramatical propia del nombre, del pronombre y del artículo, que está fundada en la distinción natural de los sexos, o en una distinción puramente convencional» (*Las lenguas indoeuropeas tienen tres formas de género: masculino, femenino y neutro; El adjetivo concuerda en género y en número con el sustantivo al que acompaña*).

En conclusión, el *género* se refiere a las palabras; el *sexo*, a las personas, plantas y animales. Es evidente, pues, que son dos cosas distintas y que es incorrecto utilizar estos términos indistintamente.

> Con motivo de la Conferencia Mundial de Pekín sobre la Mujer, celebrada en 1995, el departamento de traductores de la ONU tradujo la voz inglesa *gender* como *sexo*.
>
> Posteriormente se rehicieron los documentos y se aclaró la diferencia entre *sexo* y *género*. *Sexo* describiría las «diferencias biológicas entre hombres y mujeres» y *género* se emplearía para describir el «distinto comportamiento de hombres y mujeres en la sociedad según las distintas condiciones en que se mueven: educación, familia, cultura, etc.». Esta diferenciación, inexistente en los diccionarios convencionales, se considera un logro por parte de las feministas que consideran que hablar de sexo es limitarse a las diferencias biológicas y dejar de lado la cuestión social.

si no Véase **sino**.

Sidney Véase **Sydney**.

siglas

> Las *siglas*, por lo general, se escriben con mayúscula y sin puntos; adquieren el género de la primera palabra de la expresión que designan; y no suelen tener marca de plural.

Las siglas son palabras formadas con las iniciales de otras palabras que constituyen un todo. Algunas de las siglas que se utilizan en castellano están formadas a partir de expresiones extranjeras.

A continuación, sintetizamos una serie de cuestiones sobre las siglas que explica Leonardo Gómez Torrego en la *Ortografía de uso del español actual*:

- Las letras de las siglas se escriben con mayúscula y sin puntos, excepto en el caso de los acrónimos.

- Cuando la sigla va acompañada de un artículo, por lo general este concuerda en género y número con la primera palabra de la sigla: *el BOE* (Boletín Oficial del Estado).

- Las siglas, por lo general, no tienen plural, pero este puede aparecer en las palabras que las acompañen: *los CD-ROM*. No obstante, se utilizan erróneamente muchas siglas en plural, como: *ONG's* o *APAs*.

- Existen tres formas de pronunciar las siglas: deletreando cada inicial (*ATS*, [ateése]); realizando una lectura corriente (*UNED*, [unéd]); y mezclando las dos formas anteriores (*CSIC*, [cesíc]).

Ocurre con frecuencia que se confunden los significados de *siglas* y *abreviaturas*. Sin embargo, es fácil decir dónde están las diferencias. Cuando las siglas se leen en voz alta, se pronuncian, generalmente, las letras o las sílabas que las componen; en las abreviaturas, se lee la palabra entera y no las letras que componen la abreviatura: *pza.* se lee *plaza*, no *pza.* Además, las siglas no suelen tener plural, mientras que las abreviaturas sí lo poseen; y por último, las siglas no llevan punto, mientras que las abreviaturas, por norma general, se escriben con punto.

Al final del *Diccionario* se recoge un apéndice de siglas y acrónimos de uso frecuente (páginas 475-506).

(Véase también **acrónimos**; **abreviaturas**; **símbolos**.)

símbolos

Un *símbolo* es la representación de una palabra científica o técnica. Los símbolos son signos convencionales e invariables; algunos se escriben con mayúscula y otros con minúscula, pero siempre de acuerdo con la norma dictada por los organismos que los han creado.

Los símbolos son signos convencionales, creados por organismos internacionales competentes para los ámbitos de la ciencia y de la técnica. Cada uno de ellos tiene una grafía asignada que debe respetarse en todo momento.

Es frecuente la confusión entre *símbolos* y *abreviaturas*. Sin embargo, su distinción es bastante clara. Como expresa Leonardo Gómez Torrego, en su *Ortografía de uso del español actual*, «los símbolos son formas fijas e invariables, que carecen de plural». En cambio, las abreviaturas sí pueden tener plural y son variables, es decir, una misma palabra puede tener varias abreviaturas, puesto que no existe una abreviatura oficial de cada palabra.

Otra diferencia importante que cita la *Ortografía de uso del español actual* es que «los símbolos se escriben sin punto y las abreviaturas, como norma general, se escriben con punto».

Es importante observar que, mientras que las abreviaturas pertenecen a la lengua española, los símbolos del sistema métrico son una convención internacional y su grafía es, por tanto, la misma en todas las lenguas que utilicen el alfabeto latino.

> ¿Es *pta.* una abreviatura o un símbolo? La Fábrica Nacional de Moneda y Timbre utiliza de manera arbitraria la abreviatura *pta.* (con sus plurales *pts.* o *ptas.*) y el símbolo PTA: en el valor facial de los sellos de correos figura a veces como PTA (5 PTA), en versales, y otras veces solamente el número del valor facial (60), sin que figure la moneda a la que corresponde dicho valor. Y lo que es más: el valor nominal de las monedas de curso legal viene expresado en *ptas* (25 ptas), en plural y sin punto, es decir, que no está considerado como una abreviatura ni como un símbolo. Quizá habría que hacer algo al respecto para poner fin a este caos.

(Véase también **abreviaturas**; **siglas**; **acrónimos**.)

sin papeles Véase **irregular**.

sino

> No hay que confundir las formas *sino* y *si no*. *Sino*, además de ser un sustantivo que significa «destino», se utiliza para expresar oposición; la forma *si no* expresa una condición.

A pesar de que *sino* y *si no* son dos cosas distintas, son frecuentes las confusiones ortográficas entre ellos; por eso, creemos conveniente explicar sus usos.

Aunque muchos manuales de estilo, ortografías y gramáticas tratan este tema, hemos extraído nuestras conclusiones de la *Ortografía de uso del español actual* de Leonardo Gómez Torrego.

La palabra *sino* (escrita en una sola palabra) se utiliza en los siguientes casos:

- Cuando equivale a la palabra *destino*: *Dice que ese es su sino.*

- Cuando implica una oposición a lo dicho anteriormente: *Gonzalo no es mi primo, sino mi hermano.*

La forma *si no* (escrita en dos palabras) se utiliza en los siguientes casos:

- Cuando introduce una condición o hipótesis: *Si no vienes, no te daré el regalo.*

- En enunciados exclamativos: *¡Si no me lo hubieras dicho...!*

- Cuando va precedido de una preposición o de *como*: *Riego por si no llueve.*

- Cuando introduce una pregunta indirecta: *Me pregunto si no habrá nacido ya.*

También recuerda dicha *Ortografía* que frecuentemente se utiliza la forma *sino* en casos que debe decirse *más que*:

No conozco a tu hijo sino en foto. (No conozco a tu hijo más que en foto.)

[slogan

Es innecesario el uso de este anglicismo (pronunciado [eslógan]), ya que este término ha sido adaptado al español, y ha dado lugar a la palabra *eslogan* (plural *eslóganes*).

La palabra escocesa *slogan* («frase publicitaria breve, ingeniosa y fácil de recordar») ha sido adaptada al español, dando lugar a la forma *eslogan*. Este término se incorporó al *Diccionario* de la Real Academia Española en su última edición, la de 1992. Anteriormente, había aparecido en el *Diccionario Manual e Ilustrado* desde 1983.

soberano, na

Los términos *monarca* y *soberano* («que ejerce la autoridad suprema») equivalen siempre a *rey* («jefe de Estado»): todo *rey* es siempre jefe de Estado y, por tanto, *monarca* y *soberano*; por el contrario, una *reina* no siempre es jefa de Estado y, por tanto, únicamente es *monarca* y *soberana* si ejerce la autoridad suprema del país.

Es corriente que se planteen dudas y que se produzcan confusiones al emplear los términos *rey, soberano* y *monarca*. El primer paso para intentar aclararnos es acudir al diccionario *Clave*. En él vemos que el término *rey* significa «soberano y jefe del Estado», mientras que la palabra *reina* es tanto el femenino de *rey*, es decir, «soberana y jefa del Estado», como la «mujer del rey». Asimismo, dicho diccionario define los términos *soberano* y *monarca* de la siguiente manera:

> **soberano, na 1** Grande, excelente o difícil de superar: *El boxeador propinó al contrincante una soberana paliza.* **2** Que ejerce o que posee autoridad suprema o independiente: *En las democracias, el pueblo soberano elige libremente a sus gobernantes.* □ SEM. No debe usarse en plural con el significado de «el rey y la reina».

> **monarca** En una monarquía, soberano o persona que ejerce la autoridad suprema: *Al acto asistieron los Reyes, y el Monarca descubrió una placa conmemorativa.* □ SEM. No debe usarse en plural con el significado de «el rey y la reina».

Vistas estas definiciones, queda claro que los tres términos pueden usarse como sinónimos, aunque no siempre lo son. El ejemplo más cercano es el rey de España, quien es *rey, soberano* y *monarca*; también es *reina, soberana* y *monarca* la reina de Gran Bretaña. Sin embargo, volviendo al caso de España, vemos que estos términos no son sinónimos absolutos: doña Sofía solo es reina de España, y no es ni *soberana* ni *monarca*, puesto que no ejerce ningún tipo de autoridad, y aunque en ocasiones se diga de forma errónea *los soberanos* o *los monarcas* refiriéndose a los Reyes de España, nunca debe decirse, hablando de la Reina, *la soberana* o *la monarca*.

soborno

Soborno significa «hecho de corromper a alguien con dádivas para conseguir una cosa de él». No debe confundirse con otros términos parecidos del ámbito de la corrupción, como *desfalco*, *malversación* o *cohecho*.

A menudo se utilizan términos jurídicos sin demasiada precisión debido a nuestro desconocimiento de este campo. A esto se une que los hechos que definen las palabras en cuestión pueden tener, en el terreno de lo penal, diferentes calificaciones en los distintos países de Hispanoamérica.

He aquí el significado de algunos términos que se engloban bajo la denominación genérica de *corrupción*, según el *Diccionario* de la Real Academia Española:

cohecho Acción y efecto de cohechar o sobornar a un funcionario público.

cohechar Sobornar, corromper con dádivas al juez, a persona que intervenga en el juicio o a cualquier funcionario público, para que, contra justicia o derecho, haga o deje de hacer lo que se le pide.

desfalco Acción y efecto de desfalcar.

desfalcar Quitar parte de una cosa, descabalarla. // Tomar para sí un caudal que se tenía bajo obligación de custodia.

malversación Acción y efecto de malversar. // Hurto de caudales del erario por un funcionario público, peculado.

malversar Invertir ilícitamente los caudales públicos, o equiparados a ellos, en usos distintos de aquellos a que están destinados.

soborno Acción y efecto de sobornar.

sobornar Corromper a alguien con dádivas para conseguir de él una cosa.

Así pues, las diferencias entre *malversación* y *desfalco* son bastante sutiles: en ambos casos, se trata de hacer mal uso del dinero del erario y de que dicho delito lo cometa la persona encargada de administrarlo. Y en cuanto a *soborno* y *cohecho*, también vienen a significar algo parecido, puesto que *cohecho* es el «hecho de sobornar a un funcionario».

solo o sólo

Sólo únicamente lleva tilde en los casos en los que es adverbio (significa «solamente») y está en un contexto en que se puede interpretar como adjetivo (significa «sin compañía») o como adverbio: *Trabajo solo/sólo por las noches*.

La confusión a que se presta el adjetivo *solo, la* (que significa «único y sin otros de su especie», «sin compañía») y el adverbio *solo/sólo* (que significa «solamente») da lugar a problemas con su acentuación, así que no está de más aclarar algunas dudas al respecto:

Solo no debe llevar tilde:

- Cuando es adjetivo (significa *sin compañía*): *Vivo solo/sola* (Vivo sin compañía).
- Cuando es adverbio (se puede sustituir por *solamente*) y no hay riesgo de ambigüedad: *Solo quiero una ensalada* (Solamente quiero una ensalada).

Sólo debe llevar tilde únicamente cuando es adverbio, pero está en un contexto en el que se puede interpretar de dos formas: como adjetivo o como adverbio. Para deshacer esta ambigüedad e indicar que se trata del adverbio, es obligatorio poner tilde. Veamos un ejemplo:

Estuve solo un par de horas (Estuve sin compañía un par de horas).

Estuve sólo un par de horas (Solamente estuve un par de horas).

sostener

> Es incorrecto el uso del verbo *sostener* como sinónimo de *celebrar*.

Hay palabras que se ponen de moda con un significado que no es el suyo, y se repiten tanto que llegamos a olvidar que se trata de una incorrección; esto es lo que ocurre con el verbo *sostener*, que se utiliza como sinónimo de *mantener* o *celebrar*:

> *El ministro sostuvo conversaciones con las autoridades.*
>
> *La reunión se sostuvo ayer.*
>
> *Las entrevistas se sostuvieron durante dos semanas.*

Veamos la definición del verbo *sostener* según el diccionario *Clave*:

> **sostener 1** Mantener firme evitando que caiga o se tuerza: *Las vigas sostienen el techo. El niño ya se sostiene solo.* **2** Referido esp. a una idea o a una teoría, defenderlas: *Según sus investigaciones, sostiene que hay vida en otros planetas.* **3** Proseguir, mantener o hacer que continúe: *Sostuvimos una larga conversación sobre ti.* **4** Referido esp. a una persona, satisfacer sus necesidades de manutención: *Es la madre la que sostiene a la familia.*

Vemos, pues, que debe evitarse el uso del verbo *sostener* como sinónimo de *celebrar*, puesto que *sostener* no tiene ese significado.

Souk El Arba Véase **Suk el Arba**.

Souk El Khemis Véase **Suk el Jemís**.

South Carolina

> Se recomienda el uso de *Carolina del Sur* para designar este estado, en lugar de la forma inglesa *South Carolina*.

Conviene recordar que los nombres de algunos estados de los Estados Unidos de América se escriben de forma distinta en inglés y en español. Por este motivo, se ha de insistir en que, en español, dichos nombres deben utilizarse en esta lengua y no en inglés. Este es el caso del estado de *Carolina del Sur*, que no debe aparecer nunca como *South Carolina*.

South Dakota

Se recomienda el uso de *Dakota del Sur* para designar este estado, en lugar de la forma inglesa *South Dakota*.

Conviene recordar que los nombres de algunos estados de los Estados Unidos de América se escriben de forma distinta en inglés y en español. Por este motivo, se ha de insistir en que, en español, dichos nombres deben utilizarse en esta lengua y no en inglés. Este es el caso del estado de *Dakota del Sur*, que no debe aparecer nunca como *South Dakota*.

[sponsor

Es innecesario el uso del término inglés *sponsor* (pronunciado [espónsor]), ya que existe en castellano la palabra *patrocinador* con el mismo significado.

Ocurre con más frecuencia de la deseable que se introduce en nuestra lengua un extranjerismo innecesario; olvidamos que en español tenemos una o varias formas de traducir determinada voz de otro idioma (casi siempre el inglés) y optamos por usar esta última con lo que ello supone de empobrecimiento del idioma. Un neologismo o un extranjerismo necesario enriquecen nuestra lengua, pero cuando son innecesarios ocurre lo contrario.

El diccionario *Clave* nos dice lo siguiente sobre la palabra *sponsor*:

> [**sponsor** (anglicismo) Persona o entidad que, con fines publicitarios, sufraga los gastos que origina una actividad: *El 'sponsor' de nuestro equipo de baloncesto es una tienda de ropa deportiva.* □ PRON. [espónsor]. □ ORTOGR. Se usa mucho la forma castellanizada *espónsor*. □ USO Su uso es innecesario y puede sustituirse por una expresión como *patrocinador* (esp. en los ámbitos empresarial o deportivo) o *mecenas* (en el ámbito cultural).

Lo mismo que sucede con *sponsor*, sucede con otros derivados de esta palabra como *sponsorización* y *sponsorizar* procedentes de la voz inglesa *sponsoring* y del verbo *to sponsor*.

En el *Diccionario terminológico de los medios de comunicación*, de Florencio Prieto, aparecen convenientemente traducidos estos y otros términos parecidos:

sponsor padrino, patrocinador

sponsorship patrocinio, patronazgo, patronato

sponsoring patronato, patrocinio

sponsored television televisión o programas de televisión financiados por vía de patrocinio

to sponsor patrocinar, financiar un programa audiovisual o un producto comercial

Vemos, pues, que la introducción de ese anglicismo en nuestra lengua ha sido completa y absolutamente innecesaria, y que seguramente se ha debido, como en tantos otros casos, a la pedantería de algún *patrocinador* con estudios de marketing, que prefirió ser conocido como *sponsor* porque así resultaba más sonoro e importante y, de paso, demostraba sus conocimientos de inglés... Sucede demasiado a menudo.

[sponsorización Véase **sponsor**.

[sponsorizar Véase **sponsor**.

Sri Lanka

Se recomienda el uso de *Ceilán*, en lugar de *Sri Lanka*, por ser *Ceilán* el término tradicional en español.

Desde hace tiempo, el Gobierno de Ceilán ha exigido que el resto de los hablantes de otras lenguas cambiemos la denominación de este país por la de *Sri Lanka*. Sin embargo, nos remitimos a las recomendaciones del *Manual de español urgente*:

> Los nombres de uso tradicional y muy arraigado en castellano deben conservar su forma castellana. Los nombres que, teniendo correspondencia castellana, se reproducen en la prensa internacional con las formas del país, a veces reclamadas por los Gobiernos respectivos con actitud anticolonialista, deben conservar la forma castellana del nombre extranjero cuando es tradicional.

Recomendamos, por tanto, el uso del término *Ceilán* por ser de larga tradición en español.

[staff

Debe evitarse el uso del término inglés *staff* (pronunciado [estáf]), que puede traducirse por: *personal*, *equipo directivo* o *plantilla*.

La voz inglesa *staff* es uno de esos extranjerismos que llegan a nuestra lengua y se ponen de moda, con el consiguiente desplazamiento de otras palabras españolas con las que se puede decir lo mismo que los ingleses quieren expresar cuando utilizan *staff*.

Staff puede traducirse por *equipo directivo, directiva* o *personal de dirección*. En el ejército, equivale a *Estado Mayor*, y en ocasiones equivale a *personal* en general. En el lenguaje académico, *staff* es *personal docente, profesorado* y también *personal administrativo*. En periodismo, puede equivaler a la *plantilla* de redacción.

En el *Diccionario terminológico de los medios de comunicación* de Florencio Prieto, figuran algunos casos más concretos de la utilización de *staff* en inglés y sus correspondientes traducciones en español:

staff plantilla de personal, personal, empleados, equipo.

staff administration dirección de personal.

staff magazine revista interna de empresa (editada por iniciativa de los empleados).

staff manager jefe de personal. / **staff management** dirección de personal.

staff training formación de personal.

staffing plantilla.

senior staff alta dirección de la empresa.

[starter

Es incorrecto el uso del término *starter* (pronunciado [estárter]) en el lenguaje deportivo, que puede reemplazarse por la palabra castellana *juez de salida*.

En el lenguaje del deporte, aparecen con frecuencia términos de otras lenguas, sobre todo del inglés, cuyo uso debe evitarse. Suele tratarse de términos que pueden reemplazarse por palabras castellanas, como es el caso de la voz *starter*.

El *Diccionario* de la Real Academia Española no recoge este término y podemos decir, en su lugar, *juez de salida*.

[starting blocks

Es incorrecto el uso de la expresión *starting blocks* (pronunciado [estártin blocs]) en el lenguaje deportivo, que puede reemplazarse por la palabra castellana *tacos de salida*.

En el lenguaje del deporte, aparecen con frecuencia términos de otras lenguas, sobre todo del inglés, cuyo uso debe evitarse. Suele tratarse de términos que pueden reemplazarse por palabras castellanas, como es el caso de la expresión *starting blocks*.

Starting blocks hace referencia al sitio en el que los atletas apoyan los pies y que les facilita la salida en las carreras de velocidad. El *Diccionario* de la Real Academia Española no recoge esta forma; además, en su lugar, podemos decir *tacos de salida*, que es la forma española para referirse a estos objetos.

statu quo

Es incorrecto decir *status quo*. La expresión latina correcta es *statu quo* [pronunciado [estátu cuó]].

En el español culto, se utilizan algunas expresiones latinas que, en ocasiones, pasan también a formar parte de la lengua coloquial, y sufren por ello deformaciones tanto en la pronunciación como en la escritura.

Este es el caso del latinismo *statu quo*. La forma correcta es *statu quo*, no *status quo*, como se oye a veces. Veamos cómo define este latinismo el diccionario *Clave*:

> **statu quo** [latinismo] ‖ Estado de cosas en un determinado momento: *Es partidario de mantener el statu quo de la situación política actual.* □ PRON. [estátu cuó]. □ ORTOGR. Incorr. *status quo.

[Véase también **latinismos**.]

[status

Debe evitarse el uso del anglicismo *status* con el significado de «posición, rango, categoría».

El término *status* puede confundir a los hispanohablantes que desconozcan su procedencia, puesto que, a primera vista, se trata de una voz latina sin más. Pero resulta que no es así, ya que, en su uso actual, *status* es una voz inglesa, con lo que usarla en español es caer en el frecuente error del anglicismo innecesario.

En inglés se usa la palabra *status* para indicar la *posición, rango* o *categoría* en relación con otros, o la *condición* o *situación*: *the economic status of a country* es *la situación económica de un país*.

Por su parte, Colin Smith, en el *Diccionario inglés Collins*, nos da las siguientes traducciones para *status*: *posición, condición, rango, categoría, prestigio, reputación, estado (civil, etc.)*.

[status quo Véase **statu quo**.

[stock

Es innecesario el uso del anglicismo *stock* [pronunciado [estóc]], que puede sustituirse por los términos españoles *existencias, reservas* o *excedentes*.

En algunas ocasiones, nuestra lengua recibe la aportación de términos extranjeros necesarios para denominar realidades que no tenían nombre en nuestro ámbito lingüístico, u objetos de nueva invención que provienen de países con otras lenguas.

Si no se encuentra una traducción apropiada, o no se crea a tiempo un neologismo, esos términos extranjeros se adaptan a la grafía y fonética propias del español y pasan a enriquecer nuestro caudal léxico.

También ocurre en muchas ocasiones, y es totalmente censurable, que se introducen términos extranjeros innecesarios, que tienen equivalentes exactos en español, y lo único que hay que hacer es el mínimo esfuerzo de traducirlos correctamente; pero ese esfuerzo parece ser excesivo para algunos.

Es el caso de la voz inglesa *stock*, tan corriente en nuestros días en el vocabulario de muchos hispanohablantes que parecen desconocer palabras como *existencias, reservas, provisión, surtido, mercancías almacenadas, sobrantes, excedentes, almacenamiento, almacenaje* o *inventario*, que, según el contexto en el que aparezca, son posibles traducciones españolas del inglés *stock*.

Las construcciones inglesas *to be in stock* y *to be out of stock* corresponden a las españolas *estar en existencia* o *estar agotado*.

Y para hacer aún más completa la invasión, aparecieron en español dos horrendos barbarismos derivados de la voz que no se tradujo a tiempo: *stockar* y *stockaje*, novedosas, sonoras y modernas palabras que el papanatismo ha decidido utilizar en lugar de otras más «plebeyas» como *almacenar, inventariar, almacenar existencias* y *almacenamiento* o *almacenaje*.

[stockaje Véase **stock**.

[stockar Véase **stock**.

su

> Debe evitarse el uso de *su* o *sus* en lugar de *el, la, los, las*, etc. en casos como *Se ha lesionado su rodilla derecha*. Debe decirse: *Se ha lesionado la rodilla derecha*.

El uso incorrecto del posesivo (*su* o *sus*) en lugar del determinante (*el, la, los, las, un, una...*), por influencia del inglés o del francés, se da con mucha frecuencia en el lenguaje del deporte, ya que en esa actividad son frecuentes los accidentes y las lesiones. No es raro oír que tal o cual jugador *Se ha lesionado su rodilla derecha* o que *Tiene una fractura en su tobillo izquierdo*.

En ocasiones, no se trata de accidentes ni de lesiones, sino de faltas punibles según el reglamento: *Tocó el balón con su mano derecha*, o de jugadas que deben ser destacadas: *Chutó con su pierna izquierda y logró el gol del empate*.

Lo correcto en estos casos habría sido decir: *Se ha lesionado la rodilla derecha*; *Tiene una fractura en el tobillo izquierdo*; *Ha recibido un fuerte pelotazo en el ojo derecho*; *Tocó el balón con la mano derecha*; *Chutó con la pierna izquierda y logró el gol del empate.*

Tampoco es correcta ni propia del español la tendencia, también en las crónicas deportivas, a eliminar el artículo, en frases como *Fulano se desplaza por banda derecha, Mengano se adelante y dispara con pierna izquierda* o *El balón se pierde por línea de fondo.*

Fernando Lázaro Carreter nos advierte al respecto en su conferencia «El español en el lenguaje deportivo» incluida en el libro de la Agencia EFE *El idioma español en el deporte.*

subir en

Es incorrecto el uso de *subir en* en lugar de *subir a*, ya que cuando este verbo significa «montar en transportes» debe llevar la preposición *a*.

Al hablar de medios de locomoción y para referirse al hecho de entrar en ellos, no debe usarse *subir en* sino *subir a*.

El *Diccionario de uso del español* de María Moliner dice que *subir* rige las preposiciones *a* o *sobre* en la acepción de «montar, colocarse encima de una caballería o un carruaje, etc.: *Subir al caballo, al coche, al tren*».

En la oración *Fue herido por un desconocido cuando subía en un automóvil* debería haberse dicho *Fue herido por un desconocido cuando subía a un automóvil.*

Sudáfrica

El nombre oficial de este país es *República de Sudáfrica*; se puede simplificar y llamar *Sudáfrica*, pero jamás *África del Sur* o *Sur África*, ya que estaríamos refiriéndonos a la parte sur del continente y no a este país.

República de Sudáfrica es el nombre oficial de este país; nunca podemos aludir a él como *África del Sur*, ya que estaríamos refiriéndonos a la parte sur o meridional de ese continente a la que pertenecen varios países: *Sudáfrica, Lesoto, Suazilandia, Namibia, Mozambique, Botsuana, Zimbabue...* (igual que *África del Norte* está compuesta por *Mauritania, Marruecos, Argelia, Túnez, Libia y Egipto*).

Tampoco debemos decir *Sur África*, ya que no existe ningún país con ese nombre. *África del Sur, África del Norte, África del Este (África Oriental), África del Oeste (África Occidental)* y *África Central* son nociones geográficas y, como ya hemos visto, en cada una de ellas hay varios países. Uno de los países situados en África del Sur es la *República de Sudáfrica* o *Sudáfrica*, pero hay que recordar que no es el único.

Existe también la forma *Suráfrica* en español, escrita en una sola palabra. Sin embargo, hay que tener cuidado: *Suráfrica* no es sinónimo de *Sur África* o *África del Sur*, sino de *Sudáfrica*. Al igual que podemos decir *Sudamérica* o *Suramérica* —si bien en estos casos se prefiere la forma con *d*—, también podemos decir *Sudáfrica* o *Suráfrica*.

sujeto

La voz inglesa *subject* no debe traducirse siempre por el término español *sujeto*, puesto que, en inglés, *subject*, además de muchas otras cosas, significa «asunto, materia», mientras que por el término español *sujeto* entendemos sobre todo «individuo, persona».

La Comisión de Traducciones de la Academia Norteamericana de la Lengua Española edita y distribuye, sin periodicidad fija, un boletín titulado *Glosas*, en el que se comentan cuestiones léxicas y gramaticales relacionadas con los problemas que pueden surgir al traducir del inglés al español. Uno de los apartados de dicho boletín está dedicado a advertir sobre los falsos amigos, es decir, dos términos de dos lenguas distintas que aparentemente son equivalentes, pero que no significan lo mismo.

Este es el caso de la voz que nos ocupa: *sujeto*, producto de la traducción literal e incorrecta del inglés *subject*. El inglés *subject* equivale, entre otras cosas, a lo que en español llamamos «tema, asunto, cuestión, asignatura, problema», etc. La segunda acepción de *sujeto* en el *Diccionario* de la Real Academia Española es «asunto o materia sobre que se habla o escribe»; pero muy pocos hispanohablantes lo usan con ese significado, y sí con los otros que tradicionalmente tiene en nuestra lengua: «persona de la que se ignora el nombre», «función oracional desempeñada por un sustantivo, un pronombre o un sintagma nominal», «elemento que en una oración desempeña la función de sujeto», «ser del cual se predica o anuncia alguna cosa».

Aunque el diccionario lo registre con el significado de «asunto o materia», si un hispanohablante le dice a otro: *¿De qué sujeto vamos a hablar?*, su interlocutor entenderá que le está preguntando de quién van a hablar. Está claro que el uso actual de *sujeto* como sinónimo de *materia, tema, idea* se debe, casi siempre, a una mala traducción del inglés *subject*, que tanto aparece ahora en las cabeceras de los mensajes que se envían y reciben a través del correo electrónico.

sujeto colectivo (concordancia con el verbo) Véase **concordancia (verbo con sujeto colectivo)**.

Suk el Arba

Debe evitarse el uso de *Souk El Arba* en lugar de *Suk el Arba*, por ser *Suk el Arba* la transcripción española del nombre de esta ciudad.

La forma de escribir en español los nombres de las ciudades árabes está sufriendo algunos cambios producidos por el desconocimiento de la toponimia tradicional y por la cada vez más numerosa aparición de guías de viaje que hablan de estas ciudades árabes, sin tener en cuenta el nombre de esos lugares en español. En muchas ocasiones, se adopta una forma extraña para un topónimo sin tomar en consideración bien que ya existe una forma tradicional en nuestra lengua, o bien que la transcripción adoptada es la francesa y no la que corresponde al español.

Una importante ciudad de Marruecos es la que en español designamos con el nombre de *Suk el Arba*. Aunque en Marruecos se haya optado por la forma francesa *Souk El Arba*, nosotros debemos seguir escribiendo el nombre de dicha ciudad como siempre lo hemos hecho en nuestra lengua: *Suk el Arba*.

Suk el Jemís

Debe evitarse el uso de *Souk El Khemis* en lugar de *Suk el Jemís*, por ser *Suk el Jemís* la transcripción española del nombre de esta ciudad.

La forma de escribir en español los nombres de las ciudades árabes está sufriendo algunos cambios producidos por el desconocimiento de la toponimia tradicional y por la cada vez más numerosa aparición de guías de viaje que hablan de estas ciudades árabes, sin tener en cuenta el nombre de esos lugares en español. En muchas ocasiones, se adopta una forma extraña para un topónimo sin tomar en consideración bien que ya existe una forma tradicional en nuestra lengua, o bien que la transcripción adoptada es la francesa y no la que corresponde al español.

Aunque en Marruecos se haya optado por la forma francesa *Souk El Khemis*, nosotros debemos seguir escribiendo el nombre de dicha ciudad como siempre lo hemos hecho en nuestra lengua: *Suk el Jemís*.

supuesto, ta

Los términos *presunto* y *supuesto* no son equivalentes en el lenguaje jurídico. Se dice de una persona que es un *presunto* delincuente cuando se han abierto diligencias procesales contra él. Sin embargo, *supuesto* se refiere al individuo sospechoso pero al que no se le ha abierto una causa judicial.

Es frecuente encontrar en los medios de comunicación los términos *presunto* y *supuesto* empleados indistintamente, como si de sinónimos se tratara.

Veamos las diferencias existentes entre *supuesto* y *presunto* para evitar caer en el error: se dice de una persona que es un *supuesto* delincuente cuando existen indicios de criminalidad pero no se le ha abierto causa judicial, y *presunto*, cuando por haber presunción de delito se han abierto diligencias procesales pero no hay fallo de la sentencia aún. Luego en el lenguaje judicial no es lo mismo *presunto* que *supuesto*, aunque en la lengua general sí funcionen como sinónimos.

Sur África Véase **Sudáfrica**.

sustracción

> No hay que confundir los términos *sustracción* («hecho de hurtar o robar»), *robo* («apropiación de algo ajeno mediante el uso de la fuerza»), *hurto* («apropiación de algo ajeno sin usar la violencia») y *asalto* («apropiación de algo ajeno mediante el uso de las armas»).

En la siguiente noticia se utilizan erróneamente los términos *robo, hurto, sustracción* y *asalto*:

> *La policía colombiana recuperó ocho pinturas y una escultura 'robadas' en una galería de Bogotá y valoradas en más de 800 millones de pesos [...]. La colección había sido 'hurtada' en un 'asalto' a la galería Garcés Velázquez de la capital colombiana [...]. Las obras, que forman parte de un total de nueve 'substraídas' fueron recuperadas en un registro de la policía.*

Veamos cómo define el *Diccionario básico jurídico* de la Editorial Comares los términos *sustracción, robo, hurto* y *asalto*:

sustracción Hurto o robo de bienes ajenos.

robo Este delito se caracteriza por la fuerza en las cosas o violencia sobre las personas con que el delincuente hace la *sustracción* de la cosa mueble ajena con ánimo de lucro. Es decir que la *sustracción* tiene que ser hecha con fuerza o violencia. El delito de *robo* puede ser además *con fuerza en las cosas*, o *con violencia o intimidación en las personas*.

hurto Es el delito que cometen los que con ánimo de lucro y sin violencia en las personas ni fuerza en las cosas, toman cosas muebles ajenas sin la voluntad de su dueño. Es decir, es un delito de *sustracción* cometido sin fuerza ni violencia.

asalto Apoderarse de algo por la fuerza de las armas y con sorpresa.

Este mismo diccionario define otros términos afines de la siguiente manera:

apropiación indebida Comisión de una acción de apoderamiento de cosas muebles que el agente hubiese recibido en virtud de un título que produzca obligación de entregarlas o devolverlas o negaren haberlas recibido, unido a una conciencia del ánimo de lucro y a la existencia de uno de los títulos contractuales y sin que en la realización de la voluntad del sujeto pasivo haya influido engaño de ninguna clase.

atraco Es el *robo* a mano armada.

Volviendo a las pinturas de la noticia que comentábamos al principio, queda claro que estas fueron *robadas*, pues muy probablemente tuvieron que forzar la cerradura o romper las ventanas de la galería. También parece estar claro que las pinturas no fueron *hurtadas*, pues para eso la galería debería haber estado un buen rato sin vigilancia y con la puerta abierta. Y, en cuanto al *asalto*, no está nada claro que este se produjese.

Sydney

Debe escribirse *Sydney* (no *Sidney*) para referirse a la ciudad australiana situada al sudeste del país.

El Departamento de Español Urgente recibió una consulta acerca de la grafía de la ciudad australiana de Sydney, elegida como sede de los Juegos Olímpicos del año 2000.

En muchos periódicos españoles, el nombre de la ciudad australiana apareció escrito de una forma que no le corresponde a ella sino a otras ciudades del mundo: *Sidney*. Buscando en los atlas, pueden encontrarse por lo menos cinco ciudades con el mismo nombre, aunque escrito de dos formas diferentes. En tres de ellas se escribe con dos *íes* griegas (*Sydney*) y, en las otras dos, con *i* latina al principio e *i* griega al final (*Sidney*).

El nombre de la ciudad que nos interesa en este caso, es decir, la de Australia, la de los Juegos Olímpicos del año 2000, se escribe con dos *íes* griegas: *Sydney*.

Así pues, por mucho que en la prensa española aparezca la forma *Sidney* para referirse a la ciudad australiana, esa forma es incorrecta y no hay ningún motivo que justifique dicho error.

Las otras dos ciudades que se llaman *Sydney*, escrito con *y*, se encuentran en Gran Bretaña y en Canadá respectivamente. En cuanto a las dos ciudades cuyo nombre se escribe *Sidney*, ambas se encuentran en los Estados Unidos de América, una en el estado de Nueva York y la otra en el de Georgia.

T t

Tadjikistán Véase **Tayikistán**.

Tadzhikistán Véase **Tayikistán**.

Taiwán

Para este topónimo, que designa un estado insular ubicado al este de Asia, es preferible emplear la forma acentuada a la no acentuada.

Normalmente este topónimo aparece bien escrito, pero a veces se desliza un error muy común en la lengua escrita en español: omitir la tilde o acento gráfico en el nombre de este país.

En la *Ortografía de uso del español actual* de Leonardo Gómez Torrego se recuerda que «los nombres propios no castellanos no deben llevar ninguna tilde que no lleven en su lengua original», pero «solo cuando se han castellanizado totalmente siguen las reglas de la acentuación castellana».

Concretamente, *Taiwán* proviene de una lengua que no usa el alfabeto latino; es una transcripción de los sonidos del chino a la grafía latina, hecha, muy probablemente, por los ingleses; de ahí esa *w*, tan poco usada en español. Como de lo que se trata en estos casos es de acercarse lo más posible al sonido original, debemos utilizar los acentos gráficos según las normas de acentuación españolas, es decir, el *Taiwan* de los ingleses pasa a ser *Taiwán* para los hispanohablantes, puesto que *Taiwán* es una palabra aguda terminada en *-n*.

Tajikistán Véase **Tayikistán**.

[talibán

El término árabe *taliban*, que se emplea para designar a un grupo guerrillero de Afganistán, vale tanto para el plural como para el singular; por consiguiente, conviene evitar el plural español *talibanes*.

En las noticias procedentes de Afganistán, aparece el término *talibán* para designar un grupo guerrillero muy activo en este país. Aparecidos el grupo y su correspondiente nombre, se nos plantea la duda de su flexión en cuanto al número: ¿*Talibán* es singular o plural? ¿Podemos decir *talibanes*?

En Afganistán, se habla el pasto (o *pashtu*), una variante dialectal del persa que también utiliza el alfabeto árabe. Pero no solo tiene en común con el árabe su alfabeto, sino que en el léxico pasto hay multitud de voces procedentes de la lengua sagrada del islam, y este es el caso de *taliban*.

La raíz árabe *talaba* significa «estudiar», y el sustantivo *talib* (plural *talibun* para el nominativo, *talibin* para el genitivo o *taliban* para el acusativo) significa «estudiante». Parece bastante claro que se trata de la misma palabra en árabe y en pasto, teniendo en cuenta, además, que el núcleo del grupo guerrillero afgano está formado por estudiantes de teología islámica.

Así, el nombre de la organización está en plural, y en lugar de formar en español un plural redundante: *talibanes*, lo correcto en este caso es hablar de *los talibán*.

talla

La palabra *talla* solo debe utilizarse referida a personas. El término adecuado para hacer referencia a las dimensiones de un animal es *tamaño*.

Con frecuencia aparece en los medios de comunicación un uso incorrecto de la palabra *talla*. Esto sucede en expresiones como *un pescado de talla inferior*, en la que para hablar de las dimensiones de un animal se utiliza erróneamente la palabra *talla*.

Si miramos el significado de *talla* en el diccionario *Clave* encontramos que uno de sus significados es «estatura o altura de las personas», pero no existe ninguna acepción que haga alusión a las dimensiones de los animales. Puesto que este término solo debe utilizarse referido a personas, deberíamos emplear la palabra *tamaño* («volumen, dimensión o conjunto de medidas de algo») y decir *un pescado de tamaño inferior*.

Tallin

Es incorrecto el uso de la palabra *Tallin* para designar la capital de Estonia; debe utilizarse el nombre castellano *Reval*.

El nombre de la capital de Estonia es prácticamente desconocido. Este desconocimiento es la causa de que no siempre sea correcto o exacto el nombre utilizado en la redacción de las noticias.

El nombre en español de su capital es *Reval* y así debemos llamarla, aunque en las noticias actuales la veamos nombrada como *Tallin*, que es su nombre en la lengua local, el estonio, de la familia de las lenguas finesas.

tarde

Debe evitarse el uso de expresiones como *hoy tarde* o *ayer tarde* por influencia del inglés *this afternoon* o *yesterday afternoon*. Lo correcto en español es decir: *hoy por la tarde* o *ayer por la tarde*.

Se oyen con frecuencia expresiones del tipo *hoy tarde* o *ayer tarde*. Por ello, creemos conveniente tratar esta cuestión.

Expresiones como estas no son correctas en español, ya que nosotros siempre hemos dicho *hoy por la tarde* y *ayer por la tarde*. Probablemente, hayan surgido por influencia del inglés, lengua en la que todo suele expresarse de forma más breve. Pero el hecho de que en dicha lengua podamos decir *this afternoon* o *yesterday afternoon* no significa que podamos hacer lo mismo en español.

Recomendamos, pues, que se evite el uso de este tipo de expresiones y que se vuelva a las formas correctas en español: *hoy por la tarde* o *ayer por la tarde*.

tarifa

El término inglés *tariff* no siempre debe ser traducido por *tarifa*. En su lugar, se recomienda utilizar otros términos, como por ejemplo: *arancel*, *tasas* o *derechos aduaneros*.

En las noticias sobre el Tratado de Libre Comercio (TLC) entre los tres países norteamericanos (Canadá, Estados Unidos y México), aparece con cierta frecuencia la palabra *tarifa* utilizada con un significado que tiene en inglés, pero no en español.

Procedente del árabe *ta'arifa* («notificación, definición»), la voz española *tarifa* significa «tabla o catálogo de los precios, derechos o impuestos que se deben pagar por alguna cosa o trabajo».

Del español pasó la voz al italiano (*tariffa*), al francés (*tarif*) y al inglés (*tariff*). En esta última lengua, además del significado original, tiene el de *arancel*, y es por eso por lo que en las noticias traducidas del inglés encontramos frases incorrectas como las que citamos a continuación:

Debe establecerse un sistema de tarifas contra la importación de algunos productos comunitarios.

Plantearon una ley para que importen los productos, los procesen y los vuelvan a exportar libres de tarifas a este país.

Han bajado las tarifas estadounidenses sobre el zumo de naranjas, el azúcar y los cacahuetes.

Se trata de una traducción literal producida por lo que, en lingüística, se conoce como *falsos amigos*, es decir, dos términos de dos lenguas distintas que aparentemente son equivalentes, pero que no significan lo mismo. En las frases anteriores, la voz inglesa *tariff* debió traducirse por *arancel* y no por *tarifa*. Otras posibles traducciones de este término, según el caso, son *impuestos, tasas* o *derechos aduaneros*.

> Para ilustrar el uso erróneo del término *tarifa*, veamos cómo ha llegado a organismos internacionales tales como el *General Agreement on Tariffs and Trade*, cuyas siglas son GATT, y que se ha traducido en español como *Acuerdo General sobre Aranceles Aduaneros y Comercio*, aunque algunos lo llaman equivocadamente *Acuerdo General sobre Tarifas y Comercio*.

tarifa plana

Debe evitarse el uso de la expresión *tarifa plana* por influencia del inglés *plain rate*. Se recomienda, en su lugar, el uso de la expresión *tarifa fija*.

Con el auge de la Internet, surgió el término inglés *plain rate*, que ha dado origen en español a la expresión *tarifa plana*.

Si miramos la definición del adjetivo *plano* en el diccionario *Clave*, vemos que significa «llano, liso o sin estorbos». Deducimos, pues, que el uso del adjetivo *plano* en la expresión *tarifa plana* es una clara influencia del término inglés *plain*, término que, además de transmitir la idea de una tarifa sin altibajos, sugiere siempre que la tarifa en cuestión es baja.

Como todos sabemos, la *tarifa plana* a la que nosotros nos referimos no tiene por qué ser baja; de hecho, más bien puede llegar a considerarse alta. Por tanto, creemos que la expresión *tarifa plana* no es del todo correcta en español y, en su lugar, recomendamos el uso de *tarifa fija*.

Taroudant Véase **Tarudant**.

Tartaria

Tartaria (no *Tatarstán*) es el término español que designa la parte de Asia que abarcaba Mongolia, Manchuria, el Turkestán, Afganistán y Siberia.

En los atlas y libros de geografía españoles se encuentra, en la hoy desaparecida Unión Soviética, la República Socialista Soviética Autónoma de Tartaria, también llamada *República Socialista Soviética Autónoma de los Tártaros.*

Por otra parte, en los periódicos y demás prensa escrita, y también en la radio y la televisión, a esta zona se la denomina con frecuencia *República de Tatarstán.*

Tartaria fue el nombre de una gran parte de Asia que abarcaba Mongolia, Manchuria, el Turkestán, Afganistán y Siberia. Más adelante se llamó *Tartaria* solo al Turkestán. La República Socialista Soviética Autónoma de los Tártaros se creó en 1920 en torno a la ciudad de Kazán, su capital, y pertenecía a la República Socialista Federativa Soviética de Rusia. Su nombre en ruso es *Tatarskáia,* genitivo que traducido al español significa «de los tártaros».

Así pues, este extraño *Tatarstán* no tiene ninguna razón de ser, y conviene corregirlo cuanto antes, no sea que se ponga de moda y se nos olvide que, para nosotros, los tártaros siempre fueron de Tartaria.

Tártaro es el nombre que los europeos dieron desde el siglo XIII a los conquistadores mongoles. Los rusos lo utilizaron para designar a todos los pueblos turcos con los que estuvieron en contacto (excepto los otomanos); de ahí la expresión *turco-tártaro* para referirse a todo lo que es turco. Anexionadas (salvo Crimea) por Moscovia en el siglo XVI, las regiones tártaras fueron colonizadas por los rusos, pero los musulmanes de habla turca no desaparecieron ni con las represiones a sus revueltas de los siglos XVII y XVIII. Actualmente se llama *tártaros* solo a los pueblos que han adoptado este nombre ellos mismos; así, hay tártaros de Crimea y, especialmente, tártaros del Volga, que son los habitantes de la República Socialista Soviética de los Tártaros (o de Tartaria).

Tarudant

Debe evitarse el uso de *Taroudant* en lugar de *Tarudant,* por ser *Tarudant* la transcripción española del nombre de esta ciudad.

La forma de escribir en español los nombres de las ciudades árabes está sufriendo algunos cambios producidos por el desconocimiento de la toponimia tradicional y por la cada vez más numerosa aparición de guías de viaje que hablan de estas ciudades árabes, sin tener en cuenta el nombre de esos lugares en español. En muchas ocasiones, se adopta una forma extraña para un topónimo sin tomar en consideración bien que ya existe una forma tradicional en nuestra lengua, o bien que la transcripción adoptada es la francesa y no la que corresponde al español.

Aunque en Marruecos se haya optado por la forma francesa *Taroudant,* nosotros debemos seguir escribiendo el nombre de dicha ciudad como siempre lo hemos hecho en nuestra lengua: *Tarudant.*

Tatarstán Véase **Tartaria**.

[tayik

Tayik (no *tayikio* o *tayiko*) es el término español para designar a los habitantes de la república de Tayikistán; su plural es *tayikos, tayikas*.

Al igual que se duda sobre cuál es la grafía de la república de *Tayikistán*, tampoco se conoce bien cuál es el gentilicio de esa república centroasiática, y en las noticias vemos que se habla de *la capital tayikia* o de los *grupos de extremistas tayikos*.

Nosotros proponemos la forma *tayik* para nombrar a los habitantes de dicha república. Como el plural español terminado en *ks* sería ajeno a nuestra lengua, podemos hablar de *un tayik, una tayik, dos tayikos, dos tayikas*.

Tayikia Véase **Tayikistán**.

[tayikio, kia Véase **tayik**.

Tayikistán

El nombre de esta república centroasiática debe escribirse *Tayikistán*, puesto que esta es la transcripción más exacta en español de dicho país.

El nombre de *Tayikistán* plantea dudas sobre cómo debe escribirse, ya que al escribir el nombre de ese país nos encontramos con varias grafías, según provengan de las transcripciones inglesa, francesa, o algunos híbridos de ambas. Así, podemos ver escrito *Tadzhikistán, Tadjikistán* o *Tajikistán*, cuando en español debería decir *Tayikistán* (también llamada en la actualidad *Tayikia*), puesto que esa es la forma más aproximada de reproducir la pronunciación de ese topónimo en su lengua original, un dialecto persa llamado *tayik* o *tayiki*.

[tayiko, ka Véase **tayik**.

Tchad Véase **Chad**.

Tejas

Es correcto utilizar *Texas* o *Tejas* para designar este estado de los Estados Unidos de Amércia.

Conviene recordar que los nombres de algunos estados de los Estados Unidos de América se escriben de forma distinta en inglés y en español. Por este motivo, se ha de insistir en que, en español, dichos nombres deben utilizarse en esta lengua y no en inglés. Este, sin embargo, no es el caso del estado de *Texas* que puede utilizarse de ambas formas, la española *Tejas* y la inglesa *Texas*.

> En México, la *x* no se pronuncia como tal, sino, como antiguamente se pronunciaba, es decir, como *j*. ¿Qué significa esto? Pues que escribamos *Texas* o *Texas* —aunque los mexicanos prefieran que se utilice la forma escrita con *x*— debemos pronunciar [Tejas].

[telaviví

Telaviví (plural *telavivíes*) es el gentilicio que se utiliza para referirse a los habitantes de la ciudad de Tel Aviv, de acuerdo con los gentilicios de otras ciudades y países con lenguas semíticas: *iraquí, iraquíes; magrebí, magrebíes*; etc.

En español, no existe un gentilicio tradicional para la ciudad israelí de Tel Aviv ya que se trata de una ciudad de nueva fundación; por lo tanto, tampoco podemos acudir, como en otros casos, al nombre antiguo (romano o griego) de la ciudad para así formar su gentilicio en español.

Como Tel Aviv comenzó a edificarse alrededor de la ciudad portuaria de Jafa, podría servirnos el gentilicio de esta, pero consultada la embajada de Israel, nos informaron de que el gentilicio de Jafa no sirve para los de Tel Aviv ya que, aunque unidas con el nombre oficial (Jafa-Tel Aviv), son entidades distintas.

Siguiendo el modo tradicional de formar los gentilicios en español, podríamos referirnos a los habitantes de Tel Aviv como *telaviveses, telavivenses* o *telavivanos*.

Pero si tenemos en cuenta que el gentilicio de esa ciudad en la lengua allí hablada (hebreo) es *telavivi* (en plural *telavivim*), también podemos aprovechar otra de las formas tradicionales en español para formar los gentilicios de muchas ciudades y países con lenguas semíticas (como lo son el árabe y el hebreo), consistente en añadir al topónimo la terminación -*í* y hacer el plural en -*íes*, como en Iraq, *iraquí, iraquíes*; Bagdad, *bagdadí, bagdadíes*; Magreb, *magrebí, magrebíes*; Israel, *israelí, israelíes*; Omán, *omaní, omaníes*; Beirut, *beirutí, beirutíes*, etc.

Así, el gentilicio que proponemos que se use en español para la ciudad de Tel Aviv es *telaviví* y su plural *telavivíes*.

tema

La palabra *tema* no debe desplazar a otros términos como *asunto, cuestión, problema, materia* o *canción*.

Manuel Seco, en su *Diccionario de dudas y dificultades de la lengua española*, dice que debe evitarse el abuso de *tema* como equivalente de *asunto* en general: *Yo no le puedo informar de nada porque, aunque soy un seguidor del tema, no estoy facultado para hablar.* El sentido de *tema* es más estricto, significa «asunto de un escrito, de una conversación o de una obra de arte».

También Leonardo Gómez Torrego, en su libro *El buen uso de las palabras*, al hablar de *tema* dice que se abusa de esta palabra cuando se emplea con el significado de «cuestión», «problema», «motivo», etc. Debe utilizarse como «idea central o asunto del que trata un escrito, discurso, etc.» en ejemplos como el que sigue: *El tema de la inflación preocupa al Gobierno* (dígase simplemente: *La inflación preocupa al Gobierno*); *Hay que acabar con el tema de la inseguridad ciudadana* (sustitúyase por el *problema*).

El Ministerio para las Administraciones Públicas, en su *Manual de estilo del lenguaje administrativo*, dice que *tema* es un término de utilización abusiva tanto en la lengua común como en el lenguaje administrativo, incluso para designar los asuntos más triviales: *asunto, cuestión, problema, materia*; y que el uso repetido de este término puede llegar a la afectación.

Por su parte, Luis Manuel Duyos y Antonio Machín dedican a *tema* una de sus fichas de la colección *Informe sobre el lenguaje*:

> Tema se ha convertido en palabra comodín, repetida en exceso, y con imprecisión. Significa «proposición o texto que se toma como materia de un discurso» y, en su segunda acepción, «este mismo asunto o materia». Según el contexto, *tema* debería sustituirse por *caso, objeto, materia, asunto, negocio, artículo, cuestión, propósito, problema...* El sustantivo *tema* resulta ya un tópico, no solo en el lenguaje político sino también en el habla cotidiana. Basta leer o escuchar, por ejemplo, la información musical para comprobar que *tema* ha eliminado las palabras *canción, melodía, copla, obra, composición...* Tema significa en música «pequeño trozo de una composición, con arreglo al cual se desarrolla el resto de ella». No es sinónimo de canción.

A pesar de estas advertencias, la palabra *tema* sigue estando más presente de lo aconsejable en la conversación de muchas personas, en los discursos de muchos políticos y en los comentarios de muchos periodistas. Contra esa avalancha de *temas*, desde el Departamento de Español Urgente se recomienda proscribir el uso de la abominable palabra *tema* siempre que no se refiera a *tema musical* («melodía fundamental y en función de la cual se desarrolla el resto de la canción»; no se debe utilizar cuando solo quiere significar *canción*), *tema de un discurso* o cuestión que va a ser debatida o expuesta, o en expresiones como *cada loco con su tema*.

En cualquier caso es preferible emplear *asunto, argumento, negocio, problema* o *cuestión.*

Terranova Véase **San Juan de Terranova.**

terremoto Véase **escalas (medición de terremotos).**

testado, da Véase **testar.**

testar

No debe utilizarse este verbo con el significado de «probar, examinar, experimentar», etc., ya que no tiene este significado en español.

El *Manual de español urgente* de la Agencia EFE, el *Libro de estilo* de *El País,* el *Libro de redacción* de *La Vanguardia* y otros manuales de redacción de diversos medios de comunicación, advierten sobre lo innecesario del uso de la voz inglesa *test* en los textos redactados en español, lengua en la que tenemos palabras como *prueba, examen, control, ensayo, análisis, cuestionario, experimento...* que sirven, según los casos, para traducir lo que en inglés se llama *test.*

Pero ninguno de los libros antedichos advierte sobre la versión española del verbo inglés *to test,* del cual se ha formado *testar* con el significado de «hacer un test», es decir, en lugar de los verbos españoles *probar, examinar, controlar, experimentar, ensayar, analizar* o de las perífrasis *someter a control, someter a prueba, hacer un ensayo.*

Además resulta que *testar* sí es un verbo español, pero con un significado absolutamente distinto al que ahora se le está dando. Según el diccionario *Clave,* su significado es el siguiente:

> **testar** Hacer testamento: *Testó a favor de su hijastro.*

Lo mismo ocurre con el adjetivo *testado,* se usa en las etiquetas de ciertos productos con el significado de *probado, examinado, controlado...,* cuando realmente *testado* es un adjetivo que se tiene que utilizar para referirse a «la persona que ha muerto habiendo hecho testamento» y a «la sucesión por este regida».

Tetouan Véase **Tetuán.**

[tetra brick Véase **tetrabrik**.

[tetra brik Véase **tetrabrik**.

[tetrabrick Véase **tetrabrik**.

[tetrabrik

Se recomienda la grafía *tetrabrik*, por ser esta la forma más extendida en la lengua escrita.

Poco a poco van implantándose las nuevas normas para la recogida selectiva de basuras, y en la prensa nos informan de dónde y cómo comienzan las primeras experiencias de ese tipo. Pronto tendremos en todas las casas varios cubos de basura con bolsas de distintos colores para depositar en cada uno de ellos un tipo determinado de desperdicios, y ahí es donde surge un término cuya grafía es dudosa en español: el *tetrabrik*.

Algunas veces este término aparece escrito con mayúsculas —*Tetra Brik*—, otras en las que aparece con minúsculas —*tetra brik*—, varias en las que se le ha añadido una *c* a la segunda palabra —*tetra brick* (no sin cierta lógica, pues ladrillo se escribe *brick* en inglés, y ese envase tiene forma de ladrillo)—, y otras en las que está escrito en una sola palabra —*tetrabrik*— o —*tetrabrick*—. Lo mismo sucede con el nombre de la empresa *Tetra Pak*, que vemos como *tetra pak*, *tetra pack*, *tetrapak* y *tetrapack*.

En cuanto a los diccionarios de español, únicamente lo encontramos en el diccionario *Clave*:

[tetra brik Recipiente de cartón, generalmente de forma rectangular, que se usa para envasar líquidos: *El 'tetra brik' protege de la luz al líquido que contiene.* □ ETIMOL. Extensión del nombre de una marca comercial. □ MORF. En la lengua coloquial se usa mucho la forma abreviada *brik*.

Teniendo en cuenta lo anterior, parece que la forma más correcta de escribir el nombre de ese objeto es *tetra brik*, con minúsculas por tratarse de un nombre común, y separado, puesto que así se escribe la marca comercial; pero vemos en la prensa que el uso ha generalizado, por resultar más cómoda (ocurre con muchas palabras compuestas), la grafía en una sola palabra: *tetrabrik*, y esa es la que aconsejamos nosotros.

También nos queda el recurso, muy utilizado en español, de recurrir a una sinécdoque, que en este caso sería llamar a una cosa con el nombre de la materia de la que está formada, solución que ya se les ha ocurrido a muchos hablantes, de tal forma que a menudo oímos *cartón* en lugar de *brik* o *tetrabrik*, y también nos encontramos con *cartón de leche* y con *cartón de vino* en lugar de *brik de leche* o *brik de vino*.

> La grafía original de este término es *Tetra Brik*; se trata de una marca registrada de la empresa *Tetra Pak*, que a su vez tiene otra marca registrada parecida llamada *Pure Pak*, nombre de un envase más alto y estrecho que el Tetra Brik, que se emplea para envasar líquidos no pasteurizados, comercializados como frescos.

Tetuán

Debe evitarse el uso de *Tetouan* en lugar de *Tetuán*, por ser *Tetuán* la transcripción española del nombre de esta ciudad.

La forma de escribir en español los nombres de las ciudades de Marruecos está sufriendo algunos cambios producidos por el desconocimiento de la toponimia tradicional y por la cada vez más numerosa aparición de guías de viaje que hablan de Marruecos y de sus ciudades, sin tener en cuenta el nombre de esos lugares en español. En muchas ocasiones, se adopta una forma extraña para un topónimo sin tomar en consideración bien que ya existe una forma tradicional en nuestra lengua, o bien que la transcripción adoptada es la francesa y no la que corresponde al español.

En la zona norte de Marruecos (la de más reciente influencia española), una de las ciudades principales es la que, en español, designamos con el nombre de *Tetuán*. Aunque en Marruecos se haya optado por la forma francesa *Tetouan*, nosotros debemos seguir escribiendo el nombre de dicha ciudad como siempre lo hemos hecho en nuestra lengua: *Tetuán*.

Texas

Es correcto utilizar *Texas* o *Tejas* para designar este estado de los Estados Unidos de Amércia.

Conviene recordar que los nombres de algunos estados de los Estados Unidos de América se escriben de forma distinta en inglés y en español. Por este motivo, se ha de insistir en que, en español, dichos nombres deben utilizarse en esta lengua y no en inglés. Este, sin embargo, no es el caso del estado de *Texas* que puede utilizarse de ambas formas, la española *Tejas* y la inglesa *Texas*.

En México, la *x* no se pronuncia como tal, sino, como antiguamente se pronunciaba, es decir, como *j*. ¿Qué significa esto? Pues que escribamos *Texas* o *Texas* —aunque los mexicanos prefieran que se utilice la forma escrita con *x*— debemos pronunciar [Tejas].

tifón

Es incorrecto el uso del término *tifón* como sinónimo de *huracán* o de *ciclón*, puesto que la palabra *tifón* designa un meteoro en el mar de la China.

¿Hay alguna diferencia entre estos tres meteoros: *tifón, ciclón* y *huracán?*, ¿qué designa cada uno de esos nombres?, ¿son sinónimos? Veamos sus definiciones en el *Vocabulario de términos meteorológicos y ciencias afines,* editado por el Instituto Nacional de Meteorología en 1986:

tifón Nombre dado a los ciclones tropicales del mar de la China y más generalmente del noroeste del Pacífico.

ciclón 1 Lo mismo que ciclón tropical. **2** Lo mismo que depresión barométrica. **3** Lo mismo que huracán.

ciclón tropical Ciclón de origen tropical de pequeño diámetro (algunas centenas de kilómetros) con presiones mínimas a veces inferiores a los 900 mb en la superficie, con vientos muy violentos, lluvias torrenciales, a veces acompañadas de tormentas. Generalmente presenta una zona frontal denominada *ojo* del ciclón, de un diámetro de alrededor de algunas decenas de kilómetros, en donde el viento es débil y el cielo está más o menos despejado. Se llama también, simplemente, ciclón.

huracán 1 Término derivado de una palabra del Caribe aplicada primitivamente a los ciclones tropicales del mar de las Antillas. **2** Nombre dado por extensión a todo ciclón tropical en donde el viento alcanza gran violencia. **3** Nombre dado, por acuerdo, a todo viento de fuerza 12 de la escala Beaufort. **4** Cualquier viento de fuerza extraordinaria. Se llama también ciclón.

Las definiciones de estos mismos términos en el diccionario *Clave* son más sencillas y comprensibles para los profanos. Del *ciclón* dice que es lo mismo que *huracán*, del *tifón* que es un huracán en el mar de la China. Veamos pues, finalmente, qué es realmente un *huracán* y un *tifón* según dicho diccionario:

huracán 1 Viento muy fuerte que gira en grandes círculos como un torbellino; ciclón: *El huracán arrasó muchas casas.* **2** Viento extraordinariamente fuerte: *Antes de la tormenta hubo un huracán que tiró dos árboles.*

tifón Huracán tropical propio del mar de la China (país asiático): *Los tifones van acompañados de lluvias torrenciales.*

Así pues, es correcto utilizar indistintamente los términos *ciclón* y *huracán*. Sin embargo, la palabra *tifón*, como se deduce de las antedichas definiciones, designa únicamente a un huracán en el mar de la China. Por ello, no es posible emplearla para referirnos a los meteoros que tienen lugar en otras partes del mundo.

tomar tierra

Es innecesario el uso de la construcción *tomar tierra* en lugar del verbo *aterrizar*. Esta construcción innecesaria se debe a la tendencia de sustituir algunos verbos por el grupo *verbo + complemento*.

La utilización de la construcción *tomar tierra* en lugar del verbo *aterrizar* está muy extendida, sobre todo en el lenguaje periodístico y también en los aviones. Solo podemos achacarla a una extraña tendencia que consiste en sustituir el verbo propio por el grupo *verbo + complemento*. El *Manual de español urgente* de la Agencia EFE dice que «carece de sentido preferir el giro 'dar comienzo' a 'comenzar'; 'poner de manifiesto' a 'manifestar'; 'darse a la fuga' a 'fugarse'; [...] 'tomar el acuerdo' a 'acordar'; 'darse cita' a 'citarse'; 'hacer presión' a 'presionar', [...] etcétera».

tópico

La voz inglesa *topic* no debe traducirse por el término español *tópico*, puesto que, en inglés, *topic* significa «tema, materia», mientras que, en español, *tópico* quiere decir «lugar común, cliché».

La Comisión de Traducciones de la Academia Norteamericana de la Lengua Española edita y distribuye, sin periodicidad fija, un boletín titulado *Glosas*, en el que se comentan cuestiones léxicas y gramaticales relacionadas con los problemas que pueden surgir al traducir del inglés al español. Uno de los apartados de dicho boletín está dedicado a advertir sobre los falsos amigos, es decir, dos términos de lenguas distintas que aparentemente son equivalentes, pero que no significan lo mismo.

Este es el caso de la voz que nos ocupa: *tópico*. En inglés, *topic* quiere decir «tema», «materia que se ha de tratar». Mientras que en español, *tópico* quiere decir «lugar común», «expresión muy manida», «cliché». Por tanto, a la hora de traducir esta palabra inglesa al español, hay que tener cuidado de no caer en la trampa de pensar que son equivalentes.

topónimos árabes

Cuando un topónimo árabe tiene una denominación tradicional en español, debe designarse con el nombre castellano; de no ser así, hay que transcribir el nombre árabe e hispanizar las grafías.

En árabe, conviene distinguir entre dos clases de topónimos, a efectos de escritura y pronunciación en los medios audiovisuales:

• Nombres de uso tradicional y muy arraigado en español, y que deben conservar su forma castellana: *La Meca, Mequínez, Trípoli, Naplusa, Sidón, Fez*, etc.

- Nombres que no tienen correspondencia castellana, y que hay que transcribir hispanizando las grafías (según las normas propuestas), como *Abiyán, Nuakchot, Abu Dabi, Yida, Uarzazat, Burch al Baráyina*, etc.

También hay que tener en cuenta los nombres que han cambiado recientemente, y que, por intereses políticos del país respectivo, hay que respetar en su nueva forma, pero siempre recordando, entre paréntesis, su nombre anterior en castellano, como es el caso de *Dajla* (*Villa Cisneros*), *Esauira* (*Mogador*) o *Yerba* (*Gelves*).

topónimos españoles

Los topónimos españoles que tienen una forma castellana y otra no castellana, deben emplearse de una u otra forma en función del tipo de texto en el que se encuentran.

Los topónimos son los nombres propios de lugares geográficos, entre los que se incluyen nombres de países, ciudades, accidentes geográficos, mares, etc.

La denominación de los lugares geográficos puede ocasionar dificultades, especialmente cuando existe más de una forma para designar un mismo lugar, como ocurre en casos como: *Lleida* y *Lérida* o *Guernica* y *Gernika*.

Según indica la *Ortografía de uso del español actual* de Leonardo Gómez Torrego, para designar los topónimos de las comunidades españolas bilingües se ha de tener en cuenta lo siguiente:

- Si se escribe un texto en castellano para un ámbito hispanohablante, se usan generalmente los topónimos castellanos: *Jijona* (no *Xixona*).

- Si se trata de textos periodísticos o de viajes se recomienda utilizar el topónimo castellano y el topónimo en su lengua original, si ambos son oficiales: *Alicante* o *Alacant*, *Alsasua* o *Altsasu*.

- Los topónimos de accidentes geográficos locales se escriben generalmente en su lengua original: *Cabo de San Jordi*, no *Cabo de San Jorge*; *Cabo Matxitxako*, no *Cabo Machichaco*.

- Sin embargo, los accidentes geográficos que superan el ámbito de una comunidad se escriben en castellano: *Ebro*, no *Ebre*.

Hace ya algunos años el Congreso de los Diputados aprobó una ley por la que los nombres oficiales de *Lérida, Gerona* y las *Islas Baleares* pasaban a ser *Lleida, Girona* e *Illes Balears*, es decir, se prescindía de los nombres en castellano de esas ciudades y se optaba por su nombre en la lengua original. Dicha ley deja, no obstante, la puerta abierta al uso de los topónimos en castellano, ya que estos tienen una denominación muy arraigada en esta lengua.

topónimos extranjeros

Cuando existe una denominación tradicional en español para un topónimo extranjero, ésta es la forma que debe utilizarse. Asimismo, los topónimos extranjeros procedentes de alfabetos no latinos deberán transcribirse al castellano adaptando los sonidos y grafías extranjeros.

Los topónimos son los nombres propios de lugares geográficos, entre los que se incluyen nombres de países, ciudades, accidentes geográficos, mares, etc.

La denominación de los lugares geográficos puede ocasionar dificultades, especialmente cuando existe más de una forma para designar un mismo lugar.

A veces se vacila entre la forma castellana y la forma original del topónimo, ya que puede ocurrir que un topónimo haya cambiado de denominación en un corto espacio de tiempo (generalmente por razones políticas); en otras ocasiones, se vacila al transcribir al español los nombres geográficos procedentes de alfabetos no latinos.

El criterio que debe seguirse a la hora de escribir los topónimos extranjeros es el siguiente:

- Los topónimos extranjeros que tienen una denominación tradicional en castellano deben designarse con el nombre castellano: *Bruselas* (no *Bruxelles*), *Pekín* (no *Beijing*), *Milán* (no *Milano*).

- Los topónimos extranjeros que, teniendo correspondencia en castellano, aparecen con frecuencia con la forma del país de origen deben designarse según esta forma, pero siempre recordando su equivalente en castellano: *Malabo* (*Santa Isabel*), *Ho Chi Minh* (*Saigón*).

- Los topónimos extranjeros que originalmente están escritos en caracteres no latinos deben transcribirse adaptando al alfabeto latino los sonidos y grafías extranjeros: *Ucrania* (no *Ukrania*), *Bielorrusia* (no *Belarus*).

Hace algunos años, recibimos una noticia procedente de Rangún (Birmania) en la que se mencionaba que a partir de ese momento, *Birmania* se llamaría *La unión de Myanmar*. Y este es solamente uno de los tantos casos de lugares geográficos cuyo nombre decide ser cambiado por otro. Las mutaciones son constantes, y nosotros no podemos estar aprendiendo, cada dos por tres, una nueva denominación para cada uno de los países que decidan cambiar de nombre. ¿Y si, de repente, todas las naciones del mundo decidieran cambiar su denominación? El mundo sería un caos. Por tanto, así como *Alemania* es *Deutschland* en su país de origen, y a nosotros no se nos ha ocurrido nunca transcribir *Deutschland* por *Doichland* o algo por el estilo, lo suyo es designar cada lugar con la forma tradicional española si esta existe.

topónimos yugoslavos

Cuando un topónimo yugoslavo tiene una denominación tradicional en español, debe designarse con el nombre castellano; de no ser así, hay que transcribir el nombre yugoslavo e hispanizar las grafías.

Desde la Segunda Guerra Mundial, algunas repúblicas yugoslavas utilizan el alfabeto latino para escribir en sus diferentes lenguas; por tanto, solo se nos plantean problemas de transcripción en algunas ocasiones. En los demás casos, debemos escribir los topónimos tal y como lo hacen ellos, sin cambiar ninguna letra, excepto cuando se trata de nombres tradicionales en español, como ocurre con *Belgrado*, nombre español de la ciudad que allí llaman *Beograd*.

Cuestión aparte es la pronunciación: si queremos respetar la original, hay que tener en cuenta que en todos los nombres yugoslavos en los que aparezca la letra *j*, al leerla debemos pronunciarla como nuestra *i*; así por ejemplo, *Ljubljana*, *Skopje* y *Vojvodina* sonarán /liubliana/, /skópie/ y /voivodina/. En cuanto a la z de *Zagreb*, debe pronunciarse casi como una *s*: /ságreb/.

torneo Véase **trofeo**.

[trader

Debe evitarse el uso del término inglés *trader* (pronunciado [tréider]), que puede ser sustituido por su equivalente español *operador financiero*.

El caudal de voces inglesas que entra a formar parte del vocabulario de los que hablamos y escribimos en español es cada vez mayor. La importación de términos tomados del inglés es incesante y cada vez más intensa. Todos los días vemos y oímos, casi sin inmutarnos, decenas de palabras procedentes de esa lengua. Y, en la prensa, pueden verse titulares como el que ahora nos ocupa: *En plena tormenta monetaria, los traders recuerdan que también son humanos*.

En el artículo sobre los *traders*, nos explican que se trata de lo que en español conocemos como *operadores financieros*. ¿Qué inconveniente hay en llamarlos así y evitar el nombre inglés? Quizá valga la excusa de siempre, es decir, que en inglés es más corto. Pero aunque sea más corto, para la gran mayoría de los hispanohablantes es mucho más difícil de entender *trader* que *operador financiero*.

Si consultamos el *Diccionario bilingüe de economía y empresa* de José María Lozano Irueste o el *Diccionario de economía* de Ramón Tamames, vemos que el *trader, floor trader* o *registered trader* es el que trabaja en el *trading floor*, que es como se llama en inglés lo que en la jerga de la bolsa en español se llama *parqué*, es decir, el lugar donde se realizan las operaciones bursátiles. Ambos autores traducen *trader* por *agente de bolsa, agente independiente de bolsa* o *agente vendedor/comprador en los mercados de futuros*.

Conviene, pues, que cada vez que aparezca la voz *trader*, se traduzca de alguna de las formas antedichas: *operador financiero* o *agente de bolsa*.

traducción de instituciones y cargos extranjeros

Siempre que una organización, institución, cargo o partido extranjeros puedan traducirse al español, debe hacerse así para facilitar la comprensión de estas palabras.

Cuando en un texto se nombran organizaciones, instituciones, partidos, etc., de países en los que se habla otra lengua, lo más lógico es traducir dichos nombres, y así se hace casi siempre, sobre todo cuando dichos nombres son ingleses, franceses, alemanes, italianos o de otras lenguas europeas. Hablamos siempre del *Partido Laborista* de Gran Bretaña, y nunca del *Labour Party*; en la prensa, siempre aparece el *Parlamento de Francia* o el *Senado* de los Estados Unidos, y nunca el *Parlement* o el *Senate*, y tampoco usamos *President* o *Président* para referirnos a los presidentes americano o francés, respectivamente.

Ocurre, sin embargo, que en las noticias procedentes de Oriente Próximo y de Asia Central, hay cierta tendencia a no traducir este tipo de nombres y a usar su forma original, siempre, claro está, transcrita al alfabeto latino, y siempre teniendo en cuenta la pronunciación inglesa o francesa de dicho alfabeto, que no la española. Pero no nos referiremos aquí al problema de las transcripciones, sino al de las traducciones, que en estos casos brillan por su ausencia.

¿Por qué se escribe el *rais* de Egipto en lugar de el *presidente* de Egipto? ¿Acaso es más fácil de entender la voz árabe y persa *machlis* (no majlis) que la española *Parlamento*? ¿No es más lógico, comprensible y divulgativo llamar *Partido Islámico*, *Asamblea Islámica* y *Partido de la Unificación* a las organizaciones afganas *Hizbi Islami*, *Yamiat Islami* y *Hizbi Uahadat*? ¿Por qué a las organizaciones libanesas *Hizbulah* y *Yihad Islami* no las conocemos por su nombre español, *Partido de Dios* y *Guerra Santa Islámica*?

Desconocemos la respuesta a estas preguntas, pero nos atrevemos a recomendar que se usen los mismos criterios para todas las lenguas, y que se traduzcan siempre este tipo de nombres, vengan de donde vengan. Así, de paso, nos ahorraremos muchos problemas de transcripción de otros alfabetos.

traducción de nombres de persona

Por regla general, los nombres extranjeros deben escribirse con su grafía original, salvo los nombres de miembros de familias reales o de personajes históricos que tengan acuñada una traducción al español.

¿Debemos o no traducir los nombres de los recién nacidos en la familia real británica? ¿Por qué hablamos de la reina Isabel, y no de la reina Elizabeth? ¿Por qué, sin embargo, a los políticos les respetamos el nombre, y decimos, por ejemplo, *Margaret Thatcher, George Bush* o *Jacques Chirac*?

Es tradición en español traducir los nombres de todos los miembros de las familias reales europeas. Si decimos reina Isabel, príncipes Carlos y Andrés, reina Juliana, príncipe Alberto, princesas Carolina y Estefanía y tantos otros, no hay ninguna razón para no llamar *Carlota* a la hija del príncipe Andrés y Sarah Ferguson. Aunque a los hijos de Carlos y Diana se les conoce por sus nombres ingleses William y Henry, en la prensa española también se ven escritos en castellano cada vez con más frecuencia, Guillermo y Enrique, según la antedicha tradición, que solo es aplicable a los miembros de las familias reales, nunca (o casi nunca) a los políticos.

Para establecer una serie de reglas sobre la traducción de los nombres de persona, hemos consultado el *Diccionario de ortografía* de José Martínez de Sousa.

Como regla general, los nombres extranjeros deben escribirse con su propia grafía, según el idioma del que procedan, con más razón si este usa el alfabeto latino. Por ejemplo, el nombre *Eduardo* se escribe *Edwuard* en polaco, *Edward* en inglés, *Édouard* en francés, *Eduard* en catalán. Solamente en caso de que se ignore la forma original debe escribirse en español, pero sería grave falta llamar *Edward* a un polaco o *Édouard* a un inglés.

Una excepción a esta regla está constituida por los antropónimos históricos, los cuales deben escribirse en forma española; por ejemplo, el nombre del rey de Francia *Enrique IV* no debe escribirse *Henry IV*; a la inversa, no es correcto españolizar los nombres actuales; debe, pues, escribirse *Martin Luther King* y no *Martín Lutero King* (pero se escribirá *Martín Lutero* —personaje histórico—, y no *Martin Luther*). Cuando un nombre clásico tenga exónimo en varias lenguas, si dispone de él en español, es este el que debe usarse, y, en caso contrario, el original; por ejemplo, es impropio usar las grafías *Roland* (francés) u *Orlando* (italiano) por *Roldán* (español), o bien *Hugo de Groot* (holandés) o *Hugo Grotius* (latín) por *Hugo Grocio* (español); *Niccolò Machiavelli* (italiano) por *Nicolás Maquiavelo, Vesallio* por *Vesalio, Fallopio* por *Falopio*, etc.

Cuando se trate de nombres procedentes de lenguas escritas en alfabetos no latinos (griego, ruso, chino, árabe, etc.), debe usarse la trascripción o transliteración exacta, pero no a través de lenguas intermedias (francés e inglés generalmente). Por ejemplo, el nombre *Jorge* se escribe *Giorgios* en griego, pero no deben usarse en español las grafías *Georges* (francés), *Georg* (alemán), o *George* (inglés). Si se ignora la transcripción debe emplearse el nombre en español. En el mismo sentido, debe escribirse *Bajtin* y no *Bakhtine, Lenin* y no *Lenine*, etc. Para los nombres chinos, puede usarse el sistema de transcripción pinyin (pero hay que tener en cuenta que sus grafías responden más a las pronunciaciones inglesas y francesas, por lo que sería interesante adaptar el pinyin a la grafía española). En cuanto a los nombres árabes, normalmente se usan trascritos o transliterados, pero en muchos casos hay forma española (especialmente de los que habitaron en España), por lo que, en textos no específicamente históricos, deberían usarse éstos.

tráfico de ilícitos

Debe evitarse el uso de la expresión *tráfico de ilícitos*, puesto que una de las acepciones del término *tráfico* ya incluye la idea de *ilicitud*.

En la mayoría de las noticias sobre los problemas entre España y Gibraltar, se habla de blanqueo de dinero y de contrabando de tabaco y hachís, y hasta ahí todos entendemos de qué se está hablando. Pero las cosas se complican cuando, quizá usando la jerga técnica de la policía de aduanas, alguien opta por utilizar conceptos totalmente ininteligibles para los receptores de la información, lectores u oyentes no iniciados en jergas técnicas, que de pronto se encuentran con que el *contrabando* se transforma en *tráfico de ilícitos*.

Contrabando es el «comercio o producción de géneros prohibidos por las leyes a los particulares»; la «introducción o exportación de géneros sin pagar los derechos de aduana a que están sometidos legalmente»; las «mercaderías o géneros prohibidos o introducidos fraudulentamente».

Tráfico, además de la «circulación de vehículos por calles, caminos, etc.», es el «movimiento o tránsito de personas, mercancías, etc., por cualquier otro medio de transporte». Y el verbo *traficar* significa «comerciar, negociar con el dinero y las mercancías», aunque en su tercera acepción también equivale a «hacer negocios no lícitos».

Ilícito significa «no permitido moral o legalmente».

Así, hablar de *tráfico de ilícitos* cuando *tráfico* ya lleva implícita la idea de *negocios no lícitos* resulta algo redundante, ya que basta con *tráfico*; pero lo mejor sería seguir usando la voz *contrabando*, mucho más ajustada a lo que ocurre en la frontera entre Gibraltar y España. Además, usar el adjetivo *ilícito* sin ningún nombre antepuesto no es habitual en español.

En algunas ocasiones, se riza el rizo y pueden verse cosas como *tráfico de ilícitos visibles*, al hablar del *contrabando* propiamente dicho (de tabaco y hachís), y *tráfico de ilícitos invisibles* al hablar de *blanqueo de dinero*.

trans-

Algunas palabras que contienen el prefijo *trans-* pueden escribirse también sin *n* (*tras-*). Como no hay un criterio fijo para saber cuándo se admite una de las dos formas o ambas, se hace necesaria la consulta del diccionario.

Trans- es un prefijo que significa «al otro lado» o «a través de» (*translúcido, transbordo*); es inseparable de la palabra a la que precede.

Algunas palabras que contienen el prefijo *trans-* están recogidas también en el *Diccionario* de la Real Academia Española con la forma *tras-*.

Sin embargo, como indica la *Ortografía de uso del español actual* de Leonardo Gómez Torrego, no parece existir un criterio fijo que nos permita distinguir cuándo una palabra puede escribirse de ambas formas (con *n* y sin *n*) y cuál de ellas es la preferida por la Academia, y cuando solo se admite una de ellas (con *n* o sin *n*).

Veamos algunos casos:

- *Trasplante* y *trastocar* solo está recogidas en el *Diccionario* de la Real Academia Española con la forma *tras-*.

- *Transoceánico* y *transformar* solo están recogidas con la forma *trans-*.

- *Transalpino* y *trasalpino* están ambas recogidas en el *Diccionario* de la Real Academia Española, aunque la Academia prefiere la forma con el prefijo *trans-*. También están admitidas *traslación* y *translación*, pero en este caso la forma preferida es *traslación*.

Por tanto, a falta de un criterio uniforme, se recomienda consultar el diccionario en caso de duda.

transcripción del árabe

Debe evitarse adoptar las transcripciones inglesas o francesas de los nombres propios árabes; estas deberán adaptarse previamente a los sonidos españoles.

Cada una de las lenguas modernas que usan el alfabeto latino (el inglés, el francés, el italiano, el español, etc.) confiere un valor fonético distinto a sus caracteres. El problema se presenta a la hora de transcribir nombres propios de lenguas con alfabetos distintos al latino, ya que para conseguir una pronunciación única habría que recurrir a un sistema de transcripción fonética internacional que no existe.

Aunque la ONU intentó resolver esta cuestión estableciendo unos principios básicos, estos no tienen en cuenta la mayor o menor facilidad de pronunciación de los países que los han de recibir. Por ello, algunos países adoptan la transcripción de una lengua latina determinada, y otros adoptan la transcripción de otra. Así, ocurre que aparece un mismo nombre con varias grafías correspondientes a las distintas lenguas a las que se transcribe: el inglés, el francés, el alemán o el italiano.

Por esta razón, algunos países han adoptado un tipo de escritura de acuerdo con la fonética inglesa (Egipto, Sudán, países del Golfo Arábigo y de Oriente Próximo) y otros, uno según según la fonética francesa (países del Magreb). Estas transcripciones no sirven en español; por tanto, hay que adaptar la escritura latina intermediaria que sea al idioma castellano.

A continuación ofrecemos un cuadro con las letras árabes y sus correspondientes transcripciones en español:

Español	Árabe	Español	Árabe	Español	Árabe
a	ا	s	س	k	ك
b	ب	sch/ch	ش	l	ل
t	ت	s	ص	m	م
z	ث	d	ض	n	ن
y/ch	ج	t	ط	h	ه
h	ح	z	ظ	u	و
j	خ	—	ع	y/i	ي
d	د	g/gu	غ	a	ــَ
d	ذ	f	ف	i	ـِ
r	ر	q	ق	u	ـُ
z	ز				

No todas las letras del alfabeto árabe plantean problemas al transcribirlas al español, ya que muchas de ellas tiene una equivalencia fonética exacta a nuestra lengua. A continuación, recogemos una serie de consejos útiles a la hora de transcribir del árabe al español:

- La duplicación consonántica es un fenómeno que existe en árabe, pero no en español. Para evitar grafías extrañas a nuestra lengua aconsejamos que siempre que aparezcan dos consonantes iguales juntas (en las transcripciones inglesa o francesa), escribamos solo una, excepto en el caso de la *rr*. En lugar de *Hassan* debemos escribir *Hasán*; en lugar de *Hussein, Huseín*, etc. Especial atención hay que tener con la doble ele *ll*, que en español no suena como ele larga sino que tiene un sonido propio.

- En cuanto al acento gráfico —tilde—, debemos aplicar las reglas de acentuación del español teniendo en cuenta la pronunciación de la palabra en árabe, y respetando en algunos casos las diferencias dialectales, según la procedencia del nombre.

- Es importante recordar que en árabe no se escriben las vocales, mientras que al transcribir al español los nombres árabes es imprescindible escribirlas.

En cuanto a los nombres propios, conviene recordar lo siguiente:

- Si el nombre empieza por *Abd* deberá escribirse unido a la palabra que le sigue: *Abdelaziz, Abdelkader, Abdalah*, etc.

- Si el nombre empieza por *Abu* o *Abi* y va seguido de artículo, deberá escribirse también unido a la palabra que le sigue, como en *Abulkasem* o *Abilhasan*. Si *Abu* o *Abi* no van seguidos de artículo, se escribirán separados: *Abu Sulaimán, Abi Yahia*, etc.

- Hay algunos nombres en los que podemos optar por su forma tradicional en español, como *Mohamed* en lugar de *Muhamd*, *Abdalá* en lugar de *Abdalah*, teniendo en cuenta que ambas grafías son válidas.

> El árabe no es la única lengua que se escribe con este alfabeto. Existen otras muchas, de las cuales las principales son el *urdu* en Pakistán, el *pachto* (o pasto) en Afganistán y el *persa* en Irán. Debemos recordar que la transcripción de estas lenguas sigue las mismas normas que las de transcripción del árabe. Así, escribiremos *Nayibulaj* en vez de *Najibullah*, *Benazir Buto* en vez de *Benazir Bhutto*, etc.

transcripción del chino

La transcripción del chino al español debe realizarse utilizando el sistema de romanización llamado *pinyin*, para lograr uniformidad.

Al igual que las demás lenguas que no emplean el alfabeto latino, el chino plantea problemas en su transcripción al castellano, puesto que casi siempre se ha transcrito teniendo en cuenta la pronunciación inglesa del alfabeto que compartimos con las demás lenguas europeas, cada una de la cuales da un valor fonético distinto a determinados caracteres.

La República Popular de China, para evitar la multiplicidad de grafías de un mismo nombre, según las diferentes lenguas con alfabeto latino, creó en 1979 un nuevo sistema de escritura fonética del chino, según se pronuncia en lengua mandarín, que es el que emplea en la actualidad. Este sistema, llamado *pinyin* (literalmente «unificación de sonidos») unifica la transcripción, si bien está muy influido por la fonética inglesa.

El Delegado de la Agencia EFE en Pekín, a la vista de los problemas que se plantean al respecto, nos envió las siguientes aclaraciones, que debemos tener siempre en cuenta al escribir nombre chinos:

- En los nombres propios chinos, el primero es siempre el apellido (o sea, el apellido de *Deng Xiaoping* es *Deng*).

- Los topónimos *Pekín, Cantón, Nankín, Taipei* y otros deben mantenerse inalterados, en lugar de los nuevos (*Beijing, Guangzhou, Nanjing, Taibei*), de acuerdo con el criterio de mantener los nombres de más tradición en español.

- La República Popular de China (tal es el nombre oficial completo de la China comunista) adoptó el sistema de transcripción *pinyin*. La República de China (Taiwán o China Nacionalista, antes Formosa), Hong Kong, Singapur y las comunidades chinas de ultramar usan aún la transcripción de *Wade-Giles*.

El *Libro de Estilo* de *El País* añade que el pinyin establece dos importantes excepciones:

- Los nombres de personas y lugares históricos o geográficos que tengan ya una ortografía habitual en otros idiomas pueden conservarla. Así, se seguirá escribiendo *China*, *Tíbet*, *Pekín*, *Cantón*, *Formosa*, etc., y no sus equivalentes en pinyin.

- Los nombres de los chinos de ultramar (es decir, de Taiwan, Hong Kong, Singapur y demás comunidades chinas del mundo) se escribirán de acuerdo con la ortografía que ellos mismos acostumbren a usar. Como norma general conviene recordar que en los nombres chinos la primera palabra corresponde al apellido. Por tanto, después de haber escrito completo el nombre de la persona la primera vez que se le cite en una información, esa palabra inicial es la que debe usarse en las segundas referencias.»

Debemos insistir en el hecho de que al leer en castellano los nombres chinos transcritos según el sistema *pinyin*, no siempre nos acercaremos a la pronunciación original china, ya que, según nos indica nuestro delegado, «debemos escribir *Qian Qichen*, sin castellanizarlo como *Quian Quichen*, puesto que la -*q*- equivale a la -*ch*- española». Es decir, la transcripción correcta al castellano debería ser *Chian Chichen* (si diese la casualidad de que la segunda -*ch*- de Chichen también se pronunciase como la -*q*-, es decir, como -*ch*-), pero, por seguir las indicaciones chinas, debemos utilizar una grafía que en nuestra lengua se lee *Kian Kitchen*.

transcripción del griego

Debe evitarse adoptar las transcripciones inglesas o francesas de los nombres propios griegos; estas deberán adaptarse a los sonidos españoles.

Cada una de las lenguas modernas que usan el alfabeto latino (el inglés, el francés, el italiano, el español, etc.) confiere un valor fonético distinto a sus caracteres. El problema se presenta a la hora de transcribir nombres propios de lenguas con alfabetos distintos al latino, ya que para conseguir una pronunciación única habría que recurrir a un sistema de transcripción fonética internacional que no existe.

Aunque la ONU intentó resolver esta cuestión estableciendo unos principios básicos, estos no tienen en cuenta la mayor o menor facilidad de pronunciación de los países que los han de recibir. Por ello, algunos países adoptan la transcripción de una lengua latina determinada, y otros adoptan la transcripción de otra. Así, ocurre que aparece un mismo nombre con varias grafías, correspondientes a las distintas lenguas a las que se transcribe: el inglés, el francés, el alemán o el italiano. Lo que debemos hacer en estos casos es adaptar las transcripciones de dichos idiomas a los sonidos españoles.

A continuación ofrecemos un cuadro con las letras griegas y sus correspondientes transcripciones en español:

Español	Griego	Español	Griego	Español	Griego
a	A α	i	I ι	r/rr	P ρ
b	B β	c/k/qu	K κ	s	Σ σ, ς
g	Γ γ	l	Λ λ	t	T τ
d	Δ δ	m	M μ	u/y	Y υ
e	E ε	n	N ν	ph/f	Φ φ
s	Z ζ	x	Ξ ξ	j	X χ
e	H η	o	O o	ps	Ψ ψ
c/z	Θ θ	p	Π π	o	Ω ω

transcripción del hebreo

Debe evitarse adoptar las transcripciones inglesas o francesas de los nombres propios hebreos; estas deberán adaptarse a los sonidos españoles.

Cada una de las lenguas modernas que usan el alfabeto latino (el inglés, el francés, el italiano, el español, etc.) confiere un valor fonético distinto a sus caracteres. El problema se presenta a la hora de transcribir nombres propios de lenguas con alfabetos distintos al latino, ya que para conseguir una pronunciación única habría que recurrir a un sistema de transcripción fonética internacional que no existe.

Aunque la ONU intentó resolver esta cuestión estableciendo unos principios básicos, estos no tienen en cuenta la mayor o menor facilidad de pronunciación de los países que los han de recibir. Por ello, algunos países adoptan la transcripción de una lengua latina determinada, y otros adoptan la transcripción de otra. Así, ocurre que aparece un mismo nombre con varias grafías, correspondientes a las distintas lenguas a las que se transcribe: el inglés, el francés, el alemán o el italiano. Lo que debemos hacer en estos casos es adaptar las transcripciones de dichos idiomas a los sonidos españoles.

A continuación ofrecemos un cuadro con las letras hebreas y sus correspondientes transcripciones en español:

Español	Hebreo	Español	Hebreo	Español	Hebreo
—	א	t	ט	p/f	פ, ף
b/v	ב	y/ch	י	s	צ, ץ
g	ג	k/j	כ, ך	k/c/qu	ק
d	ד	l	ל	r/rr	ר
h	ה	m	מ, ם	s	שׂ
v/u	ו	n	נ, ן	sch/sh/ch	שׁ
z/s	ז	s	ס	t/z	ת
h	ח	—	ע		

transcripción del hindi

Se recomienda evitar el uso de los dígrafos (*bh, dh, gh, rh*, etc.) y de las duplicaciones consonánticas (*tt, ss, mm, ll*, etc.) al transcribir del hindi al español, salvo en casos con cierta tradición en español, como *Gandhi* o *Nueva Delhi*.

En la transcripción del hindi, guyarati, panyabi y demás lenguas de la India, debemos evitar los dígrafos del tipo *bh, dh, gh, rh* y otros similares, puesto que no existen en español.

También hay que huir de las duplicaciones consonánticas como *tt, ss, mm*, etc. En el caso de la *ll*, hay que tener en cuenta que solo en español las dos eles juntas tienen un sonido propio, y que en otras lenguas europeas que usan el mismo alfabeto, al escribir esa consonante por duplicado lo que se pretende es reproducir un sonido de ele larga inexistente en español. Una de las ciudades donde se esparcieron las cenizas de Rayiv Gandhi apareció en las noticias como *Allahabad*, cuando en español debió escribirse *Alahabad*.

Solo en algunos casos como *Gandhi* y *Nueva Delhi*, podemos conservar esos dípticos *dh* y *lh*, puesto que son nombres que siempre hemos visto escritos así, y ya tienen cierta tradición. De todas formas, no estaría mal comenzar a acostumbrarnos a verlos escritos de la forma más sencilla y al mismo tiempo más lógica para la grafía y fonéticas españolas: *Gandi* y *Nueva Deli*.

transcripción del ruso

Debe evitarse adoptar las transcripciones inglesas o francesas de los nombres propios rusos; estas deberán adaptarse a los sonidos españoles.

Cada una de las lenguas modernas que usan el alfabeto latino (el inglés, el francés, el italiano, el español, etc.) confiere un valor fonético distinto a sus caracteres. El problema se presenta a la hora de transcribir nombres propios de lenguas con alfabetos distintos al latino, ya que para conseguir una pronunciación única habría que recurrir a un sistema de transcripción fonética internacional que no existe.

Aunque la ONU intentó resolver esta cuestión estableciendo unos principios básicos, estos no tienen en cuenta la mayor o menor facilidad de pronunciación de los países que los han de recibir. Por ello, algunos países adoptan la transcripción de una lengua latina determinada, y otros adoptan la transcripción de otra. Así, ocurre que aparece un mismo nombre con varias grafías, correspondientes a las distintas lenguas a las que se transcribe: el inglés, el francés, el alemán o el italiano. Lo que debemos hacer en estos casos es adaptar las transcripciones de dichos idiomas a los sonidos españoles.

A continuación ofrecemos un cuadro con las letras rusas y sus correspondientes transcripciones en español:

Español	Cirílico ruso		Español	Cirílico ruso		Español	Cirílico ruso	
a	А	а	l	Л	л	ts	Ц	ц
b	Б	б	m	М	м	ch	Ч	ч
v	В	в	n	Н	н	sh	Ш	ш
g/gu	Г	г	o	О	о	sht	Щ	щ
d	Д	д	p	П	п	i/y	Ы	ы
e/ye	Е	е	r	Р	р	e	Э	э
y/ch	Ж	ж	s	С	с	—	Ъ	ъ
s (sonora)	З	з	t	Т	т	—	Ь	ь
i	И	и	u	У	у	iu/yu	Ю	ю
i/y	Й	й	f	Ф	ф	ia	Я	я
k	К	к	j	Х	х			

Es habitual que las transcripciones de los nombres rusos al español creen ciertos problemas, como sucede con el apellido del ganador de las elecciones que se celebraron en Rusia el 12 de diciembre de 1993. Así, en toda la prensa española, el nombre del líder del Parlamento Liberal Democrático de Rusia apareció escrito según la fonética ingles o francesa: *Vladimir Zhirinovski*, que para cualquier lector hispanohablante es lo mismo que si lo viera escrito así: *Vladimir Cirinovsky*.

Consultada la embajada de Rusia en Madrid, hemos podido comprobar que si escribimos *Vladimir Yirinovski*, lograremos acercarnos mucho más a la pronunciación de ese nombre en su lengua original.

[transgenia Véase **transgénico, ca**.

[transgénico,ca

Los términos *transgénico* y *transgenia* están bien formados y su uso es correcto, aunque aún no están recogidos en el *Diccionario* de la Real Academia Española.

Hay bastantes palabras cuyo uso se generaliza a través de las noticias aparecidas en la prensa y que aún no están recogidas en los diccionarios al uso, como en el caso de *transgénico*. Aparece, sin embargo, en el *Diccionario de voces de uso actual*:

> **transgénico, -ca**. (organismo) En que se ha introducido uno o varios genes procedentes de otra especie, mediante ingeniería genética, incorporándolos a su patrimonio hereditario.

La profesora María del Carmen Álvarez, del Departamento de Biología Celular y Genética de la Universidad de Málaga, en un artículo titulado «La transgenia como alternativa en la mejora genética de peces» habla de esa técnica y explica que consiste en «introducir, en un huevo fecundado, múltiples copias extras de genes clonados, propios o extraños, con el fin de obtener un aumento del producto de ese gen, lo cual a su vez puede desencadenar cambios dramáticos [*sic*] en el organismo receptor».

La voz *transgenia* está formada con el prefijo *trans-* (al otro lado, a través de) y el elemento compositivo *-genia* (origen o proceso de formación).

Aunque *transgenia* y *transgénico* no estén aún en los diccionarios académicos, son voces bien formadas y que pueden utilizarse en la redacción de noticias.

tras-

Algunas palabras que contienen el prefijo *tras-* pueden escribirse también con n (*trans-*). Como no hay un criterio fijo para saber cuándo se admite una de las dos formas o ambas, se hace necesaria la consulta del diccionario.

Tras- es un prefijo que significa «detrás de» (*trastienda, trasfondo*), y «al otro lado» o «a través de» (*trasalpino, trasmediterráneo*); es inseparable de la palabra a la que precede.

Algunas palabras que contienen el prefijo *tras-* (con el significado de «al otro lado» o «a través de») están recogidas también en el *Diccionario* de la Real Academia Española con la forma *trans-*.

Sin embargo, como indica la *Ortografía de uso del español actual* de Leonardo Gómez Torrego, no parece existir un criterio fijo que nos permita distinguir cuándo una palabra puede escribirse de ambas formas (con n y sin n) y cuál de ellas es la preferida por la Academia, y cuándo solo se admite una de ellas (con n o sin n).

Veamos algunos casos:

- *Trasplante* y *trastocar* solo está recogidas en el *Diccionario* de la Real Academia Española con la forma *tras-*.

- *Transoceánico* y *transformar* solo están recogidas con la forma *trans-*.

- *Transalpino* y *trasaplino* están ambas recogidas en el *Diccionario* de la Real Academia Española, aunque la Academia prefiere la forma con el prefijo *trans-*. También están admitidas *traslación* y *translación*, pero en este caso la forma preferida es *traslación*.

Por tanto, a falta de un criterio uniforme, se recomienda consultar el diccionario en caso de duda.

tregua

No hay que confundir la palabra *tregua* con el término *armisticio*. La *tregua* es «la suspensión temporal de la lucha» y el *armisticio* es «el acuerdo entre los beligerantes para cesar las hostilidades». El *armisticio* suele ser definitivo mientras que la *tregua*, generalmente, es temporal.

A veces, se usan indistintamente los términos *tregua* y *armisticio* a pesar de ser conceptos que, aunque son parecidos, difieren algo entre sí. *Tregua* tiene el significado de «suspensión temporal de la lucha por acuerdo entre los beligerantes», y *armisticio* es el «acuerdo entre pueblos o ejércitos beligerantes para cesar las hostilidades sin poner fin al estado de guerra, hecho que no se produce hasta la firma del tratado de paz».

El *armisticio* suele ser definitivo mientras que la *tregua*, generalmente, es temporal.

Otra expresión que se emplea en vez de *tregua* es *alto el fuego*, expresión que surge de la traducción del inglés *cease fire*. Cuando el fuego se detiene por un acuerdo, es preferible usar la palabra española *tregua*.

[trianual Véase **trienal**.

trienal

No hay que confundir los términos *trienal* («lo que sucede cada tres años») y *trianual* («lo que sucede tres veces al año»).

Si algo sucede cada tres años, es decir, cada *trienio*, utilizaremos el término *trienal*.

Sin embargo, si de lo que se trata es de decir que algo sucede tres veces al año, el adjetivo correspondiente será *trianual*.

Sin embargo, en ocasiones resulta mucho más cómodo y más inteligible utilizar perífrasis en lugar de los adjetivos correspondientes; así, cuando algo sucede cada quince años, en lugar de utilizar la voz poco usual *quindenial*, lo mejor es no pecar de pedantes y decir *cada quince años*, expresión que será mejor comprendida por los receptores. Al fin y al cabo, de lo que se trata es de que el mensaje llegue a la mayor parte de los receptores.

trimensual Véase **trimestral**.

trimestral

> No hay que confundir los términos *trimestral* («lo que sucede cada tres meses») y *trimensual* («lo que sucede tres veces al mes»).

El espacio de tiempo de tres meses es un *trimestre*, luego lo que suceda o se repita cada trimestre será *trimestral*. *Trimensual* es el adjetivo con el que se designa lo que ocurre o se hace tres veces al mes.

En ocasiones, resulta mucho más cómodo y más inteligible utilizar perífrasis en lugar de los adjetivos correspondientes; así, cuando algo sucede cuatro veces al mes y no puede calificarse de *semanal*, en lugar de *cuatrimensual* podemos decir simplemente: *cuatro veces al mes*.

trofeo

> Los términos *torneo* y *trofeo* no son sinónimos: el *torneo* es la competición, mientras que el *trofeo* es el premio que recibe el ganador de la competición.

Al hablar de los campeonatos de fútbol que se celebran en verano en España, suelen aparecer las voces *torneo* y *trofeo* utilizadas indistintamente, como si fuesen sinónimos. Así, podemos leer frases en las que *el Real Madrid y el Deportivo de la Coruña juegan el trofeo Carranza*, cuando en realidad ese *trofeo* es lo que le darán al ganador del *torneo*.

Debe quedar claro que los equipos de fútbol pueden jugar *campeonatos, ligas, torneos, eliminatorias, liguillas*, etc., pero no pueden jugar *trofeos*, ya que el *trofeo* es el objeto que se entrega al ganador de la competición.

[troika

Es innecesario el uso de la voz rusa *troika* para designar lo que en castellano llamamos *trío, tríada* o *triunvirato*.

Desde hace algún tiempo, en la prensa se repite hasta el aburrimiento la expresión *troika comunitaria*.

El significado original de la palabra rusa *troika* es «trineo tirado por tres caballos». Es decir, en principio la *troika* son los tres caballos pero, por extensión, se denomina así al «conjunto formado por el trineo y las bestias».

El uso metafórico de esa palabra para designar a «tres personas sobre las que recae alguna responsablidad compartida», inventado por periodistas occidentales, apareció por primera vez durante la Segunda Guerra Mundial en una noticia referida a la reunión celebrada por Roosevelt, Stalin y Churchill en Teherán (1943). Tras un largo paréntesis, volvió a aparecer la *troika* con las noticias de la sustitución de Jruschov por Koshiguin, Podgorni y Brezniev. En la actualidad se usa con más frecuencia de la deseable para referirse a los tres países que, por turno rotatorio, representan a la Unión Europea.

Conviene tener en cuenta que ningún rusohablante usa ese término en el contexto antedicho; para ellos sigue siendo exclusivamente el trineo con tres caballos.

Por tanto, se recomienda sustituir la voz *troika* para referirse al «grupo de tres personas o entidades unidas entre sí por algo» por los términos castellanos que aparecen a continuación (y cuyos significados están tomados del diccionario *Clave*):

trío Conjunto formado por tres elementos.

tríada Conjunto de tres seres o de tres unidades, estrecha o especialmente vinculados entre sí.

triunvirato Junta o grupo de tres personas.

Teniendo en cuenta que el uso actual de *troika* se refiere fundamentalmente a tres países de la Unión Europea, creemos que lo más conveniente es hablar de la *tríada comunitaria*. Ahora bien, si nos referimos a los ministros de Exteriores de esos tres países, convendrá utilizar *trío* o *triunvirato*.

Otra opción sería hablar de *delegación comunitaria* (en lugar de *tríada*) o de los *delegados comunitarios* (en lugar de *trío* o *triunvirato*).

Recurriendo a la metáfora, también es posible echar mano de las voces *terna* (en tauromaquia, «conjunto de tres diestros que alternan en una corrida») y *terceto* (en música, «composición para tres voces o instrumentos» o «conjunto de esas tres voces o instrumentos»).

[tuareg

Es incorrecto utilizar *tuaregs* para el plural, pues *tuareg*, en español, se usa indistintamente para el plural y para el singular.

En ocasiones, el desconocimiento de las estructuras morfológicas y la pronunciación de una lengua da lugar a que se cometan ciertos errores que conviene evitar en las noticias, por la rapidez con la que estas se difunden y con ellas los errores que puedan contener.

Tuareg es el plural de la palabra árabe *targui*; por tanto, aunque algunas veces en español se pluraliza como *tuaregs*, esto resulta redundante. El uso ha desechado la forma singular de la palabra (*targui*) y ha optado por el plural (*tuareg*). Así pues, para diferenciar el singular o el plural, nos tendremos que fijar en el artículo, numeral, adjetivo, etc., que acompañe al nombre en la frase: *el tuareg, un tuareg, los tuareg, cincuenta tuareg...*

tunecino, na

Tunecino (no *tuniciano* o *tuniciense*) es el término español para designar a los habitantes de Túnez.

Si miramos el *Diccionario* de la Real Academia Española, veremos que *tunecino* es el gentilicio de la república de Túnez. A pesar de que actualmente surjan inventos como *Tunicia*, debemos recordar que tanto *Tunicia* como los gentilicios que de ella se derivan —*tuniciano* y *tuniciense*— son incorrectos, puesto que, en español, existe un término tradicional: *tunecino*.

(Véase también **Túnez**.)

Túnez

Se recomienda el uso de *Túnez*, en lugar de *Tunicia*, por ser *Túnez* el término tradicional en español.

Muchos periódicos, emisoras de radio y cadenas de televisión hispanohablantes, además de casi todas las publicaciones dedicadas al turismo y los viajes, parecen haber tomado la decisión de cambiarle el nombre a uno de nuestros países vecinos de la costa norteafricana.

Se trata de un país que durante algunos años perteneció a España y en el que aún se conservan algunos topónimos españoles como *La Goleta*, nombre del fuerte (situado en un pueblo llamado igual) que protege la entrada a la bahía de la capital.

Y la capital de ese país es la ciudad de *Túnez*, que, como ocurría y sigue ocurriendo en otros lugares, dio su nombre al resto de la nación. Así, pues, el país se llama *Túnez* y su capital también se llama *Túnez*, así se han llamado siempre en español y no hace ninguna falta cambiarlos. Además, ocurre que en la lengua del país, el árabe, también coincide el nombre de este —*Tunis*— con el de la capital: *Tunis*.

Muy probablemente, el topónimo *Tunicia*, inexistente en español, haya aparecido en nuestra lengua por culpa de algún traductor que, al encontrar en un texto francés la forma *Tunisie*, optó por hispanizarla sin tener en cuenta, o quizá desconociendo, que existía la palabra *Túnez*. El hecho de que, en francés (*Tunisie,Tunis*), italiano (*Tunisia, Tunisi*) o inglés (*Tunisia, Tunis*), llamen de distinta forma al país y a su capital no es motivo suficiente para que nosotros tengamos que olvidarnos de nuestra historia y de toda la toponimia tradicional en español. Tampoco parece nada coherente llamar *Tunicia* a un país cuyos habitantes siguen llamándose *tunecinos* y no *tunicianos* ni *tunicienses*. Además, Panamá, Andorra y México son otros tres países en los que coinciden sus nombres con el de sus capitales, y, de momento, a nadie le ha dado por cambiar su denominación por *Panamania, Andorrania* y *Mexicania*.

Ha llegado a nuestras manos un comentario sobre esta misma cuestión, escrito por Alfonso de la Serna, que fue embajador de España en Túnez, y hemos creído oportuno reproducir sus palabras:

«Designaré de ahora en adelante con la misma palabra, *Túnez*, tanto al país como a la capital del mismo. Los franceses crearon la diferenciación en la época del protectorado, como lo habían hecho en el caso de *Argel —Alger, Algerie—*, pero en España se ha dicho siempre *reino de Túnez, Sultán de Túnez, Rey de Túnez, Regencia de Túnez*, etc., comprendiendo en una sola palabra el territorio nacional y la capital del mismo. No veo la necesidad de inventar la fea palabra *Tunecia —o Tunicia—* cuando siempre hay la posibilidad de decir, por ejemplo, *República de Túnez* refiriéndose al país. De este modo, seguiré lo que también es norma de la lengua árabe, en la que el vocablo *Tunis* designa indistintamente la ciudad y el país.»

Tunicia Véase **Túnez**.

[tuniciano, na Véase **tunecino, na**.

[tuniciense Véase **tunecino, na**.

turcomano, na

Turcomano es el gentilicio histórico con el que se designa a los habitantes del estado de Turkmenia.

A menudo se emplean los términos *turkmenio* o *turkmeno* para designar a los habitantes de Turkmenia (estado de Asia central, antigua república de la URSS, actualmente integrada en la CEI). Sin embargo, el gentilicio histórico en español y, por tanto, el que debe utilizarse es *turcomano*.

[**turkmenio, nia** Véase **turcomano, na**.

[**turkmeno, na** Véase **turcomano, na**.

U u

Uagadugu

Debe evitarse el uso de *Ouagadougou* en lugar de *Uagadugu*, por ser *Uagadugu* la transcripción española del nombre de esta ciudad.

A menos que haya un topónimo tradicional en español, siempre deben hispanizarse las grafías de nombres propios procedentes de lenguas que tienen alfabetos distintos al latino. En lo referido a la toponimia de África, es importante tener en cuenta que, a menudo, las grafías nos llegan —ya transcritas al alfabeto latino— a través del inglés o del francés, ya que muchos de los actuales países africanos fueron colonias del Reino Unido o de Francia; sin embargo, estas grafías pueden resultar extrañas en nuestro idioma.

Uno de estos topónimos es la capital de Burkina Faso que, en español, designamos con el nombre de *Uagadugu*. Aunque es frecuente ver escrita la forma francesa *Ouagadougou*, recomendamos seguir escribiendo el nombre de dicha ciudad con la grafía propia de nuestra lengua: *Uagadugu*.

Uarzazat

Debe evitarse el uso de *Ouarzazate* en lugar de *Uarzazat*, por ser *Uarzazat* la transcripción española del nombre de esta ciudad.

La forma de escribir en español los nombres de las ciudades árabes está sufriendo algunos cambios producidos por el desconocimiento de la toponimia tradicional y por la cada vez más numerosa aparición de guías de viaje que hablan de estas ciudades árabes, sin tener en cuenta el nombre de esos lugares en español. En muchas ocasiones, se adopta una forma extraña para un topónimo sin tomar en consideración bien que ya existe una forma tradicional en nuestra lengua, o bien que la transcripción adoptada es la francesa y no la que corresponde al español.

Aunque en Marruecos se haya optado por la forma francesa *Ouarzazate*, nosotros debemos seguir escribiendo el nombre de dicha ciudad como siempre lo hemos hecho en nuestra lengua: *Uarzazat*.

Uezán

Debe evitarse el uso de *Ouezzane* en lugar de *Uezán*, por ser *Uezán* la transcripción española del nombre de esta ciudad.

La forma de escribir en español los nombres de las ciudades árabes está sufriendo algunos cambios producidos por el desconocimiento de la toponimia tradicional y por la cada vez más numerosa aparición de guías de viaje que hablan de estas ciudades árabes, sin tener en cuenta el nombre de esos lugares en español. En muchas ocasiones, se adopta una forma extraña para un topónimo sin tomar en consideración bien que ya existe una forma tradicional en nuestra lengua, o bien que la transcripción adoptada es la francesa y no la que corresponde al español.

En la zona norte de Marruecos (la de más reciente influencia española), una de las ciudades principales es la que, en español, designamos con el nombre de *Uezán*. Aunque en Marruecos se haya optado por la forma francesa *Ouezzane*, nosotros debemos seguir escribiendo el nombre de dicha ciudad como siempre lo hemos hecho en nuestra lengua: *Uezán*.

-ui- (acentuación) Véase **diptongo** *ui* **(acentuación)**.

[uniformado, da

Debe evitarse el uso del término *uniformado* como sinónimo de *militar*, ya que el hecho de llevar uniforme no implica pertenecencia al ejército.

Con frecuencia en los medios de comunicación nos encontramos con el uso del adjetivo *uniformado* como equivalente de *militar*. Si miramos en el diccionario *Clave* el significado de *militar* encontramos que es «de la milicia, de la guerra o relacionado con ellas» o «persona que sirve transitoria o permanentemente en el ejército». Y *uniformar* quiere decir «referido a una persona, hacer que vista uniforme». De ahí que por *uniformado* entendamos «aquel que viste uniforme».

El *uniforme* es un «traje distintivo y con una forma particular que es igual para todos los que pertenecen a una determinada actividad o categoría». Entre otros, los militares llevan uniforme, pero también otras personas sin ser militares —como bedeles, colegiales, etc.— pueden llevar uniforme. Es evidente, pues, que no todos los *uniformados* son *militares*.

Unión Europea (UE)

La *Unión Europea* es el nombre que recibe la Comunidad Europea desde el 1 de noviembre de 1993.

El nombre *Unión Europea* (UE) es el que recibe, a partir del 1 de noviembre de 1993, la *Comunidad Europea* (CE).

La Unión Europea (UE) está formada (al igual que lo estaba cuando se llamaba CE) por la Comunidad Económica Europea (CEE), la Comunidad Europea del Carbón y del Acero (CECA) y la Comunidad Europea de la Energía Atómica (Euratom).

La existencia de grandes cantidades de documentos oficiales y de escritos especializados en los que aparece el nombre Comunidad Europea (CE) hace inevitable que sigan existiendo ambos términos, si bien la forma *Comunidad Europea* suele utilizarse para referirse a hechos o documentos anteriores a la nueva denominación (Unión Europea).

> La Unión Europea está constituida por 15 países: Bélgica, Países Bajos, Luxemburgo, Francia, Alemania, Italia, Reino Unido, Irlanda, Dinamarca, Grecia, España, Portugal, Austria, Finlandia y Suecia. Sin embargo, no todos estos países adoptaron la moneda única europea, el euro, a partir del 1 de enero de 1999: Dinamarca, Reino Unido y Suecia quedaron excluidos por voluntad propia, y Grecia fue rechazada por no cumplir los criterios económicos establecidos. Actualmente, están en proceso de integración a la Unión Europea los siguientes países: República Checa, Chipre, Eslovenia, Estonia, Hungría y Polonia.

urgir

El verbo *urgir* no debe utilizarse en frases cuyo sujeto sea una persona (*Urge tomar medidas*).

El término *urgir* no puede usarse con sujeto personal. De ahí el error de frases como *Los vecinos urgen al Ayuntamiento para que se instalen semáforos* o *El Congreso urgirá del gobierno la remisión de una nueva ley*; en estos casos, debe utilizarse *instar, solicitar* o *reclamar*, en lugar de *urgir*.

El verbo *urgir* se usa siempre, pues, en frases con sujeto no personal. El diccionario *Clave* da los siguientes ejemplos para esta palabra:

Urge recoger la basura acumulada si se quieren evitar infecciones.

Envíamelos pronto, porque me urgen.

En el *Diccionario de dudas e irregularidades de la lengua española*, de David Fernández, el autor, después del significado de *urgir* («apremiar, acuciar, apurar, ser urgente, necesitar»), nos explica lo siguiente: «Este verbo no lleva sujeto personal. Por tanto, no se puede decir *Los vecinos urgen medidas rápidas del Ayuntamiento* o *Los alumnos urgen la calificación de los exámenes*, sino *Urgen medidas rápidas* o *Urge adoptar medidas rápidas*; *Urge la calificación de los exámenes* o *Los alumnos creen que urge la calificación de los exámenes*. Si se quiere usar con sujeto personal, como en las primeras frases señaladas como incorrectas, debe sustituirse por otros verbos, como *precisar, instar* o *reclamar*».

URSS

Debe evitarse escribir *ex URSS* para referirse a la *antigua URSS*, puesto que nunca se usa *ex* delante de los topónimos.

Recibimos una consulta sobre cuál es la forma más apropiada de llamar a la URSS ahora que ya no existe.

En la misma nota en la que se nos planteaba la consulta se nos ofrecieron las posibles soluciones, todas ellas perfectamente aceptables. De lo que se trata es de evitar la forma *ex URSS*, que tanto aparece en la prensa.

Las formas que proponía la persona que nos consultaba y que nosotros, al igual que él, consideramos como más correctas, son las siguientes: *antigua URSS*, *extinta URSS* y *desaparecida URSS*.

Aunque también compartimos la opinión expuesta en la consulta de que en muchas ocasiones puede hablarse simplemente de la URSS, ya que cuando nos referimos a estados, reinos o imperios desaparecidos, como Roma, Prusia, o Castilla, nunca usamos el *ex* (en todo caso algunas veces hablamos de la *antigua Roma*).

> Este estado, creado en 1922, desapareció en 1991 y fue en parte sustituido por la Comunidad de Estados Independientes. Era un estado federal constituido por quince repúblicas socialistas soviéticas (Armenia, Azerbaiyán, Bielorrusia, Estonia, Georgia, Kazajistán, Kirguizistán, Letonia, Lituania, Moldavia, Federación Rusa, Tayikistán, Turkmenistán, Ucrania y Uzbekistán), y cuya capital era Moscú.

uso de mayúsculas Véase **mayúsculas (uso)**.

usos de la coma Véase **coma (usos)**.

[uzbeco, ca

Uzbeco es el término más usual para designar a los habitantes de la República Socialista Soviética de Uzbekistán. *Uzbeco* es también el nombre del idioma oficial de Uzbekistán.

No queda claro cómo debe escribirse el gentilicio de la República Socialista Soviética cuya capital es Tashkent. Por ello, creemos conveniente aclarar que los habitantes de la República de Uzbekistán reciben el nombre de *uzbecos* (también es válido el término *uzbeko*, aunque prácticamente ya no se utiliza). Y la lengua hablada por los uzbecos es el *uzbeco* o *turco yagatai*, lengua *mesoturca* (de la familia *turca*) afín del *turco osmanlí* y del *turco azerbaiyaní*, que pertenece al grupo del turco oriental.

También es importante destacar que siempre que nos encontremos con la letra -z- en alguna transcripción de nombres originarios de la Unión Soviética, podemos optar por cambiarla por una -s-, y si no lo hacemos, por lo menos debemos recordar que su pronunciación es más parecida a la de nuestra -s- que a la de nuestra -z-.

Uzbekistán

Los habitantes de la República Socialista Soviética de Uzbekistán reciben el nombre de *uzbecos*, y su lengua es el *uzbeco*.

Encontramos en las noticias sobre la República de Uzbekistán, cuya capital es Tashkent, y sobre los problemas existentes entre *uzbecos* y *kirguises*, que aparecen mal empleados los siguientes gentilicios: *kirguizos, kirguizios* y *uzbekos*.

Por esta razón, creemos conveniente recordar que el nombre tradicional en español de esta República Socialista Soviética es *Uzbekistán*, que su gentilicio es *uzbeco* (aunque también es válida la forma *uzbeko*, ya casi en desuso), y que la lengua hablada por los *uzbecos* es el *uzbeco* o *turco yagatai*, lengua *mesoturca* (de la familia *turca*) afín al *turco osmanlí* y del *turco azerbaiyaní*, que pertenece al grupo del turco oriental.

Asimismo, conviene advertir que siempre que nos encontremos con la letra -z- en alguna transcripción de nombres originarios de la Unión Soviética, podemos optar por cambiarla por una -s-, y si no lo hacemos, por lo menos debemos recordar que su pronunciación es más parecida a la de nuestra -s- que a la de nuestra -z-.

[uzbeko, ka Véase **uzbeco, ca**.

V v

v, b, w (pronunciación)

Las letras *b* y *v* representan un único fonema en español, es decir, su pronunciación es la misma. Asimismo, la *w* en algunos casos se pronuncia también como *b* y en otros como *u*.

Las letras *b* y *v* representan un único fonema, el fonema /b/ (bilabial sonoro) y, por tanto, se pronuncian igual en las palabras Barcelona y Valencia. Tomás Navarro Tomás, en su *Manual de pronunciación española*, explica lo siguiente:

> La pronunciación correspondiente a la *v* escrita española es la misma que hemos dicho de la *b*. En la escritura, *b* y *v* se distinguen escrupulosamente; pero su función es solo ortográfica. No hay noticia de que la *v* labiodental haya sido nunca corriente en la pronunciación española. Hoy solo pronuncian entre nosotros la *v* labiodental algunas personas demasiado influidas por prejuicios ortográficos o particularmente propensas a la afectación. Sin embargo, los españoles de origen valenciano o mallorquín y los de algunas comarcas del sur de Cataluña pronuncian la *v* labiodental hablando en español, no por énfasis ni por cultismo, sino por espontánea influencia de su lengua regional. El distinguir entre la *b* y la *v* no es de ningún modo un requisito recomendable en la pronunciación española.

En cuanto a la pronunciación de la letra *w*, la Real Academia Española explica que «la letra *w*, extraña al abecedario latino, pero incorporada al castellano, transcribe a veces el fonema /b/ en voces de varia procedencia, especialmente nombres propios extranjeros, cuando se desconoce el fonema originario representado por *w*: *Weimar* (alemán), *Waterloo* (ciudad de la provincia de Brabante, en Bélgica)». Asimismo, la Academia especifica que «algunas palabras se han escrito con *w* y con *v*: *walón*, *valón* (natural del sur de Bélgica, donde se habla francés, y su lengua. Algunos vocabularios españoles del siglo XVII escriben *balón*); *vatio* (unidad de potencia eléctrica) junto a *watt* (vatio en la nomenclatura internacional; nombre del ingeniero inglés J. Watt)».

Después de la explicación anterior, queda claro que, en español, las letras *b, v* y *w* se pronuncian igual. De ahí que recomendemos que, a veces, al transcribir términos extranjeros se cambie la *w* por la *u*, puesto que si los pronunciásemos a la española (*w*=*b*), nos alejaríamos mucho del sonido original.

valorar

El término *valorar* no es sinónimo de evaluar. Es incorrecto decir *valorar los daños*; debe decirse *evaluar los daños*.

Valorar no es sinónimo de *analizar* o *estudiar*, puesto que *valorar* significa «dar valor». Por tanto, *valorar algo negativamente* es absurdo, y *valorar algo positivamente* es una redundancia. No se debe decir *valorar los daños*, sino *evaluar los daños*.

La lucha contra las expresiones *valorar positivamente* y *valorar negativamente* se remonta a hace casi veinte años, cuando comenzó a funcionar el Departamento de Español Urgente.

Comencemos viendo qué nos dice el diccionario *Clave* del verbo *valorar*, para comprender más rápidamente por qué es incorrecto añadirle los adverbios positivamente o negativamente:

> **valorar 1** Referido a algo material, señalar su precio; valuar: *Han valorado la finca en cinco millones de pesetas.* **2** Referido esp. a algo realizado, reconocer o apreciar su valor o su mérito: *En esta empresa saben valorar mi trabajo.* **3** Referido a algo, aumentar su valor; revalorizar: *La construcción del supermercado valorará el barrio.* □ SEM. **1**. Es sinónimo de valorizar. **2**. No debe emplearse con el significado de «evaluar»: *Después de las inundaciones se deben {*valorar >evaluar} los daños.* **3**. **Valorar positivamente* es una expresión redundante e incorrecta, aunque está muy extendida.

Tanto el *Manual de español urgente* de la Agencia EFE como el *Libro de estilo* de *El País*, advierten sobre ese uso incorrecto y aconsejan otras construcciones para expresar esas ideas; para *valorar positivamente* ofrecen *aprobar, manifestar su acuerdo, mostrar conformidad* o *estimar satisfactorio*; para *valorar negativamente*: *rechazar, reprobar, manifestar su desacuerdo, mostrar disconformidad* o *estimar insatisfactorio*.

Varanasi Véase **Benarés**.

vasco (uso de términos)

En la redacción de noticias debe evitarse el uso de términos vascos que no sean fácilmente identificables para no dificultar la comprensión de las noticias, especialmente en las dirigidas a Hispanoamérica.

Según se recoge en el *Manual de español urgente* de la Agencia EFE:

> Los nombres de partidos, instituciones, organismos, etc., en lengua vasca, gallega o catalana, se darán junto con su traducción al castellano (entre paréntesis), si no han alcanzado la suficiente difusión pública. No obstante, se mantendrán sin traducir cuando su significación resulte transparente.

> Se transmitirán directamente en castellano vocablos como *Presidente, Consejo, Consejero, Junta*, etc. Pero se mantendrán en su lengua originaria los que perderían matices interesantes al traducirlos (por ejemplo: *lehendakari, conseller en cap*). En estos casos, procédase como se indica en el párrafo anterior.

Estas indicaciones deben tenerse especialmente en cuenta cuando las noticias de la Agencia EFE están dirigidas a los medios de comunicación hispanoamericanos. Hay que tener siempre muy presente que la lengua vasca o euskera es parte de nuestra cotidianidad en España, pero nada tiene que ver con ninguno de los demás países hispanohablantes, en donde no es tan conocida, hasta el punto de que si en las noticias de EFE aparece alguna voz de esta lengua sin traducir, posiblemente no podrá ser entendida por los lectores u oyentes del otro lado del Atlántico.

vehículo

La palabra *vehículo* no debe desplazar a otros términos corrientes en español como *coche* o *automóvil*.

Abruma la repetición incesante de la palabra *vehículo* en los medios de comunicación, y se hace mucho más llamativa cuando en un mismo texto de apenas tres párrafos, nos encontramos con el *vehículo* tres o cuatro veces. Y, además de abrumar, esa abusiva repetición preocupa, pues es un fenómeno que ya se ha producido en el español con otras palabras, llamadas por algunos *términos comodines*, que casi han borrado del mapa a otras mucho más precisas según cada contexto; nos referimos a *tema, realizar, inicio, finalizar*, etc.

Este uso reiterado de la palabra *vehículo* está desplazando a otras palabras mucho más precisas, como *coche, automóvil, turismo, taxi, furgoneta, camioneta, camión, autocar, autobús*, etc. Y esto sin contar los correspondientes equivalentes en los distintos países hispanohablantes.

vendedor informal

Debe evitarse el uso de la expresión *vendedor informal* para designar a «aquellos vendedores que realizan su actividad yendo de un lugar a otro», ya que la expresión apropiada es *vendedor ambulante*.

El diccionario *Clave* da las siguientes definiciones de la palabra *informal*:

informal 1 Que no sigue las normas establecidas o no tiene solemnidad: *Fue muy criticado por ir a recoger el premio con ropa informal*. 2 Referido a una persona, que no cumple con sus obligaciones o con sus compromisos: *Es un informal y siempre aparece una hora más tarde de lo acordado*.

Así pues, los *vendedores informales* son aquellos que no siguen las normas establecidas o los que no cumplen sus compromisos y obligaciones. Y este no es el caso de los vendedores que tienen puestos en la calle y desempeñan su actividad de forma itinerante, sin un lugar permanente.

Dígase entonces *vendedores ambulantes*, ya que se trata de personas «que van de un lugar a otro sin tener asiento fijo, o que realizan una actividad yendo de un lugar a otro».

verbo con sujeto colectivo (concordancia) Véase **concordancia (verbo con sujeto colectivo)**.

veredicto

No hay que confundir los términos *veredicto*, *sentencia*, *fallo* y *condena*. El *veredicto* (de culpabilidad o inocencia) es «la decisión del jurado»; la *sentencia* es «la decisión del juez»; el *fallo* es «la parte de la sentencia en la que el juez castiga o perdona al reo»; y la *condena* es «el castigo impuesto por el juez al acusado».

Existe una gran confusión entre los términos *veredicto*, *sentencia*, *fallo* y *condena*. Por ello, creemos conveniente analizar sus significados.

Veredicto es la «definición de un hecho dictada por el jurado» o el «fallo pronunciado por un jurado» y, por extensión, se utiliza con el significado de «parecer, dictamen o juicio emitido reflexiva y autorizadamente». El *veredicto de inculpabilidad* es «el que pronuncia el jurado descargando al reo de todos los capítulos de la acusación».

Sentencia es la «declaración del juicio y resolución del juez; aquella en que el juzgador, concluido el juicio, resuelve finalmente sobre el asunto principal, declarando, condenando o absolviendo; la que termina el asunto o impide la continuación del juicio, aunque contra ella sea admisible recurso extraordinario».

El *fallo* es la «parte de la sentencia que contiene el mandato, el pronunciamiento jurídico sobre la cuestión debatida» y, además, en el fallo se da la *absolución* —en la que el juez no castiga al reo por considerarlo inocente— o *condena* —en la que el juez impone al reo la pena correspondiente— del acusado.

Como deducimos de estas definiciones, es erróneo el uso de los términos *veredicto* y *sentencia* como sinónimos, tal y como es corriente ver en la prensa. El *veredicto*, emitido por un jurado, solo puede ser de *inocente* o *culpable*, mientras que la *sentencia* puede variar según una serie de condicionantes y el juez que la dicte.

Así pues, un acusado primero es sometido a juicio. Si este juicio es con jurado, su primera fase se concluirá con el *veredicto*; en caso contrario, el juez dictará una *sentencia* cuyo *fallo* contendrá la *absolución* o *condena* del acusado. Vemos, por tanto, que estos cuatro términos no son sinónimos, si bien se emplean en el mismo ámbito con significados a veces similares.

[versus

Debe evitarse el uso del anglicismo *versus* en lugar de su correspondiente español *contra*.

El término *versus* puede confundir a los hispanohablantes que desconozcan su procedencia, puesto que, a primera vista, se trata de una voz latina sin más. Pero resulta que no es así, ya que, en su uso actual, *versus* es una voz inglesa, con lo que usarla en español es caer en el frecuente error del anglicismo innecesario.

El uso de la preposición inglesa *versus* en lugar de su correspondiente española *contra*, parece tratarse de una moda procedente de las malas traducciones de películas, y en algunos países de la América hispanohablante, según explica Ricardo J. Alfaro en su *Diccionario de anglicismos*, aparece en las páginas deportivas de los periódicos en su forma abreviada *v.* para separar los nombres de los equipos que se enfrentan en los torneos: *Fútbol Almagro v. Rosario Central; Tenis San Isidro v. Unión Telefónica*.

También nos explica Alfaro que, en inglés, se usa corrientemente en el lenguaje judicial para indicar las dos partes que figuran en un pleito civil o causa criminal y, en esos casos, se representa con la abreviatura *vs*.

vigencia

Debe evitarse el uso de la expresión *entrar en vigencia*. La forma correcta en español es *entrar en vigor*.

En algunas noticias procedentes de América, en las que se informa sobre nuevas leyes, disposiciones o decretos, aparece la construcción *entrar en vigencia*, cuando lo correcto en español es *entrar en vigor*.

Vigencia es la cualidad o estado de vigente, y *vigente* es un adjetivo que se aplica a las leyes, disposiciones, ordenanzas, modas, estilos, costumbres, etc., que están en vigor y observancia, es decir, que rigen, se usan o son válidas en el momento de que se trata. [Tanto *vigencia* como *vigente* tienen su origen en el verbo latino *vigere*, que significa «tener vigor».]

El *Diccionario* de la Real Academia Española define el término *vigor* de la siguiente manera:

vigor Fuerza o actividad notable de las cosas animadas o inanimadas. // Viveza o eficacia de las acciones en la ejecución de las cosas. // Fuerza de obligar en las leyes u ordenanzas, o duración de las costumbres o estilos. // Entonación o expresión enérgica en las obras artísticas o literarias.

En español, como hemos visto, las leyes u ordenanzas *entran en vigor*, y a partir de ese momento *están en vigor* o *vigentes* y, por lo tanto, *tienen vigencia*, cualidad que mantendrán hasta su anulación o derogación.

vigente

Es incorrecto el uso del término *vigente* con el significado de «actual».

Los términos *vigente* y *actual* no son equivalentes. *Vigente* es todo aquello «que está en vigor y que se cumple o que se sigue», mientras que *actual* es todo aquello «que existe o sucede en el momento en que se habla».

Son incorrectas, por tanto, frases como: *Francia es el vigente campeón del mundo*. Debe decirse: *Francia es el actual campeón del mundo*.

Villa Cisneros Véase **Dajla**.

Vilna

Debe utilizarse *Vilna* y no *Vilnius* para referirse a la capital de Lituania, puesto que *Vilna* es su nombre castellano.

El nombre de la capital de Lituania es prácticamente desconocido. Este desconocimiento es la causa de que no siempre sea correcto o exacto el nombre utilizado en la redacción de las noticias.

El nombre en español de su capital es *Vilna* y así debemos llamarla, aunque a veces la veamos nombrada como *Vilnius*, que es su nombre en la lengua local, el lituano, de la familia balto-eslava.

Vilnius Véase **Vilna**.

violencia

Los términos *violencia* y *virulencia* no son equivalentes, y por ello no deben utilizarse indistintamente. *Violencia* significa «tendencia a dejarse llevar fácilmente por la ira», y *virulencia* es «manifestación intensa de una enfermedad».

Hay que prestar especial atención a las palabras que, por ser parecidas y pertenecer a campos semánticos similares, pueden crear cierta confusión si se usan indistintamente.

Este es el caso de las voces *virulento* y *virulencia*, utilizadas muchas veces erróneamente como equivalentes de *violento* y *violencia*, a las que han ido desplazando poco a poco hasta ocupar su lugar.

Para aclarar el error, veamos los significados de estas palabras en el *Diccionario* de la Real Academia Española:

> **violencia** Cualidad de violento. // Acción y efecto de violentar o violentarse. // Acción violenta o contra el natural modo de proceder. // Acción de violar a una mujer.
>
> **violento, ta** Que está fuera de su natural estado situación o modo. // Que obra con ímpetu y fuerza. // Que se hace bruscamente, con ímpetu e intensidad extraordinarias. // Dícese de lo que hace uno contra su gusto, por ciertos respetos y consideraciones. // Muerte violenta. // Aplícase al genio arrebatado e impetuoso y que se deja llevar fácilmente de la ira. // Falso, torcido, fuera de lo natural. Dícese del sentido o interpretación que se da a lo dicho o escrito. / / Que se ejecuta contra el modo regular o fuera de razón y justicia. // Dícese de la situación embarazosa en que se halla una persona.

Por su parte, *virulencia* y *virulento* aparecen definidas así:

> **virulencia** Cualidad de virulento.
>
> **virulento, ta** Ponzoñoso, maligno, ocasionado por un virus, o que participa de la naturaleza de este. // Que tiene pus o podre. // Dícese del estilo, o del escrito o discurso, ardiente, sañudo, ponzoñoso o mordaz en sumo grado.

Así pues, *violencia* procede de la voz latina *violare*, mientras que *virulencia* es un derivado de *virus*. Estas palabras tienen un significado bastante diferente y no deben emplearse nunca como sinónimas.

violento, ta

Los términos *violento*, *extremista* y *radical* no son equivalentes, si bien sus significados son bastante similares ya que los tres están relacionados con el ámbito de la violencia.

Aparecen a veces los términos *violento*, *extremista* y *radical* utilizados como sinónimos. Esto no es correcto, puesto que cada una de estas palabras tiene connotaciones distintas.

Es cierto que, a veces, estos tres adjetivos pueden utilizarse indistamente; el término *radical* designa la «persona que considera que su forma de actuar y sus ideas son las únicas correctas y desprecia las de los demás»; por *extremista* entendemos que es el «partidario de unas ideas o actitudes extremas, especialmente en política»; y *violento* es quien «usa la fuerza física para dominar a otro o hacerle daño».

Vemos, pues, que la frontera entre los tres adjetivos no está muy clara; sin embargo, hay que tener cuidado al emplear estas palabras, ya que una persona *violenta* no tiene por qué ser *extremista* o *radical*, un *radical* tampoco utiliza necesariamente la violencia ni es obligatoriamente *extremista*, y un *extremista* puede ser o no *radical* y, sin duda, no tiene por qué ser *violento*.

Virginia Occidental

Se recomienda el uso de *Virginia Occidental* para designar este estado, en lugar de la forma inglesa *West Virginia*.

Conviene recordar que los nombres de algunos estados de los Estados Unidos de América se escriben de forma distinta en inglés y en español. Por este motivo, se ha de insistir en que, en español, dichos nombres deben utilizarse en esta lengua y no en inglés. Este es el caso del estado de *Virginia Occidental* que no debe aparecer nunca como *West Virginia*.

virulencia Véase **violencia**.

vocacional

La voz inglesa *vocational* no debe traducirse por el término español *vocacional*, puesto que, en inglés, *vocational* está relacionado con el ámbito de la enseñanza profesional, mientras que, en español, *vocacional* quiere decir «relacionado con la vocación».

La Comisión de Traducciones de la Academia Norteamericana de la Lengua Española edita y distribuye, sin periodicidad fija, un boletín titulado *Glosas*, en el que se comentan cuestiones léxicas y gramaticales relacionadas con los problemas que pueden surgir al traducir del inglés al español. Uno de los apartados de dicho boletín está dedicado a advertir sobre los falsos amigos, es decir, dos términos de lenguas distintas que aparentemente son equivalentes, pero que no significan lo mismo.

Este es el caso de la voz que nos ocupa: *vocacional*. El significado del inglés *vocation* es más amplio que el de nuestra *vocación*, porque incluye también el sentido de los términos *oficio*, *profesión* o *carrera* en frases como *He has missed his vocation* (*Se ha equivocado de carrera*) o *The vocation of politics contains a great number of lawyers* (*La profesión de político incluye una gran cantidad de abogados*).

El significado del adjetivo *vocational* se mueve fundamentalmente en el mundo de la enseñanza técnica o profesional. En los siguientes ejemplos se indican las traducciones adecuadas:

vocational training formación profesional.

vocational education enseñanza profesional.

vocational guidance orientación profesional.

vocational office oficina de empleo.

Por tanto, a la hora de traducir esta palabra inglesa al español, hay que tener cuidado de no caer en la trampa de pensar que son equivalentes.

voleibol

Es preferible evitar el término *voleibol* (castellanización del inglés *volleyball*), puesto que existe el término español *balonvolea*.

En español existen dos términos sinónimos para designar el «deporte que se juega entre dos equipos de seis jugadores y en el que estos intentan lanzar con las manos un balón por encima de una red que divide el terreno de juego, evitando que toque el suelo del campo propio y procurando que caiga en el del contrario»: *balonvolea* y *voleibol*.

Aunque la Real Academia prefiera *voleibol* (castellanización de la grafía inglesa *volleyball*), recomendamos el uso de *balonvolea*, que es la traducción correspondiente del término inglés.

W w

w (pronunciación)

La letra *w* se pronuncia como *b* en las palabras de origen alemán, y como *u* o *gu* en las de origen inglés.

La Real Academia Española explica que «la *w* representa el fonema labial sonoro en palabras de origen visigodo o alemán, como *Wamba*, *Witiza* y *wagneriano*, y el fonema vocálico equivalente al representado por la letra *u* en palabras de origen inglés, como *whisky* y *washingtoniano*».

En algunos casos, pues, las letras *b*, *v* y *w* se pronuncian igual. De ahí que recomendemos que, a veces, al transcribir términos extranjeros se cambie la *w* por la *u*, puesto que si los pronunciásemos a la española (*w*=*b*), nos alejaríamos mucho del sonido original.

Wahran Véase **Orán**.

Wazantina Véase **Constantina**.

West Virginia Véase **Virginia Occidental**.

X x

Xauen

Debe evitarse el uso de *Chefchauen* en lugar de *Xauen* (o *Chauen*), por ser *Xauen* (o *Chauen*) la transcripción española del nombre de esta ciudad.

La forma de escribir en español los nombres de las ciudades de Marruecos está sufriendo algunos cambios producidos por el desconocimiento de la toponimia tradicional y por la cada vez más numerosa aparición de guías de viaje que hablan de Marruecos y de sus ciudades, sin tener en cuenta el nombre de esos lugares en español. En muchas ocasiones, se adopta una forma extraña para un topónimo sin tomar en consideración bien que ya existe una forma tradicional en nuestra lengua, o bien que la transcripción adoptada es la francesa y no la que corresponde al español.

En la zona norte de Marruecos (la de más reciente influencia española), una de las ciudades principales es la que, en español, designamos con el nombre de *Xauen* (o *Chauen*). Aunque en Marruecos se haya optado por la forma francesa *Chefchauen*, nosotros debemos seguir escribiendo el nombre de dicha ciudad como siempre lo hemos hecho en nuestra lengua: *Xauen* (o *Chauen*).

Y y

y (conjunción)

La conjunción *y* se convierte en *e* cuando la palabra siguiente comienza por *i-* o *hi-*, salvo cuando dicha palabra comienza con un diptongo (dígase *cobre y hierro*, y no *cobre e hierro*) o cuando la *y* está a principio de frase y no indica el final de una enumeración (dígase *¿Y Inés?*, y no *¿E Inés?*).

La conjunción *y* se utiliza en enumeraciones, siempre y cuando no lleve detrás una palabra que comience por *i-* o *hi-*, en cuyo caso, se utiliza la conjunción *e*. Por ejemplo, decimos: *María estudia inglés y francés*, pero *Francia e Inglaterra son dos de los países que me quedan por conocer*.

Sin embargo, hay casos en los que esta regla no puede aplicarse. Según la *Ortografía de uso del español actual* de Leonardo Gómez Torrego, debe mantenerse la *y*, aunque la palabra siguiente empiece por *i-* o *hi-* en los dos casos siguientes:

- Si la palabra siguiente comienza con un diptongo: *cobre y hierro*; *nieve y hielo*; *paja y hierba*.

- Si la *y* es tónica y está a principio de frase: *¿Y Inés?*, *¿Y Higinio?* En estos casos casos, la *y* no introduce el final de una enumeración, sino que puede significar «dónde está», «qué hizo», etc.

Yamena

Debe evitarse el uso de *N'Djamena* en lugar de *Yamena*, por ser *Yamena* la transcripción española del nombre de esta ciudad.

A menos que haya un topónimo tradicional en español, siempre deben hispanizarse las grafías de nombres propios procedentes de lenguas que tienen alfabetos distintos al latino. En lo referido a la toponimia de África, es importante tener en cuenta que, a menudo, las grafías nos llegan —ya transcritas al alfabeto latino— a través del inglés o del francés, ya que muchos de los actuales países africanos fueron colonias del Reino Unido o de Francia; sin embargo, estas grafías pueden resultar extrañas en nuestro idioma.

Uno de estos topónimos es la capital del Chad que, en español, designamos con el nombre de *Yamena*. Aunque es frecuente ver escrita la forma francesa *N'Djamena*, recomendamos seguir escribiendo el nombre de dicha ciudad con la grafía propia de nuestra lengua: *Yamena*.

Yangón Véase **Rangún**.

Yeltsin

Se recomienda el uso de la grafía *Yeltsin* para referirse al antiguo presidente ruso Boris Yeltsin, por ser *Yeltsin* la transcripción acuñada en español.

Para no tener dudas sobre la correcta escritura del apellido del antiguo presidente de Rusia, hemos seguido el camino más seguro: consultar con la embajada rusa.

Si aplicamos al pie de la letra las indicaciones que nos dieron, deberíamos escribir *Ieltsin*, ya que ese apellido comienza con la letra del alfabeto cirílico que se recomienda transcribir por *ie*, ya que su sonido está entre una *e* abierta y el diptongo *ia*.

Visto todo lo anterior, y teniendo en cuenta que la actual transcripción de dicho nombre en la prensa se ha generalizado con la forma *Yeltsin* (en Cataluña, se ha optado por la forma *Ieltsin*), la cual no se aleja casi nada de *Ieltsin*, el Departamento de Español Urgente de la Agencia EFE aconseja que sigamos refiriéndonos al antiguo presidente ruso como *Boris Yeltsin*.

Yibuti

Debe evitarse el uso de *Djibouti* (o *Jibuti*) en lugar de *Yibuti*, por ser *Yibuti* la transcripción española del nombre de este país.

A menos que haya un topónimo tradicional en español, siempre deben hispanizarse las grafías de nombres propios procedentes de lenguas que tienen alfabetos distintos al latino. En lo referido a la toponimia de África, es importante tener en cuenta que, a menudo, las grafías nos llegan —ya transcritas al alfabeto latino— a través del inglés o del francés, ya que muchos de los actuales países africanos fueron colonias del Reino Unido o de Francia; sin embargo, estas grafías pueden resultar extrañas en nuestro idioma.

Uno de estos topónimos es el del país que, en español, designamos con el nombre de *Yibuti*. Aunque es frecuente ver escrita la forma francesa *Djibouti* (o *Jibuti*), recomendamos seguir escribiendo el nombre de dicho país con la grafía propia de nuestra lengua: *Yibuti*.

[yihad

La palabra *yihad* (pronunciada [yihád], con *h* aspirada), significa «guerra santa» y en árabe es de género masculino.

En noticias referentes a la guerra entre Iraq e Irán, o en la guerra del Líbano, apareció esta voz árabe como *jihad*, que es una transcripción incorrecta influida por la fonética inglesa; su transcripción correcta es *yijad*.

En árabe es voz masculina; dígase, pues, al hablar del partido político libanés: *Yihad Islámico*, y no *Yihad islámica*.

Yugoslavia

Debe evitarse escribir *ex Yugoslavia* para referirse a la *antigua Yugoslavia*, puesto que nunca se usa *ex* con topónimos.

Recibimos una consulta sobre cuál es la forma más apropiada de llamar a Yugoslavia ahora que ya no existe.

En la misma nota en la que se nos planteaba la consulta se nos ofrecieron las posibles soluciones, todas ellas perfectamente aceptables. De lo que se trata es de evitar la forma *ex Yugoslavia*, que tanto aparece en la prensa.

Las formas que proponía la persona que nos consultaba, y que nosotros, al igual que él, consideramos como más correctas, son las siguientes: *antigua Yugoslavia*, *extinta Yugoslavia* y *desaparecida Yugoslavia*.

Aunque también compartimos la opinión expuesta en la consulta de que en muchas ocasiones puede hablarse simplemente de Yugoslavia, ya que cuando nos referimos a estados, reinos o imperios desaparecidos, como Roma, Prusia, o Castilla, nunca usamos el *ex* (en todo caso algunas veces hablamos de la *antigua Roma*).

La antigua Yugoslavia comprendía las siguientes repúblicas: Bosnia-Herzegovina, Croacia, Macedonia, Montenegro, Serbia y Eslovenia; y las siguientes provincias autónomas: Kósovo y Voivodina.

Z z

Zelouane Véase **Seluán**.

Zimbabue

Debe evitarse el uso de *Zimbabwe* en lugar de *Zimbabue*, por ser *Zimbabue* la transcripción española del nombre de este país.

A menos que haya un topónimo tradicional en español, siempre deben hispanizarse las grafías de nombres propios procedentes de lenguas que tienen alfabetos distintos al latino. En lo referido a la toponimia de África, es importante tener en cuenta que, a menudo, las grafías nos llegan —ya transcritas al alfabeto latino— a través del inglés o del francés, ya que muchos de los actuales países africanos fueron colonias del Reino Unido o de Francia; sin embargo, estas grafías pueden resultar extrañas en nuestro idioma.

Uno de estos topónimos es el del país que, en español, designamos con el nombre de *Zimbabue*. Aunque es frecuente ver escrita la forma inglesa *Zimbabwe*, recomendamos seguir escribiendo el nombre de dicho país con la grafía propia de nuestra lengua: *Zimbabue*.

Zimbabwe Véase **Zimbabue**.

zombi

La palabra *zombi* es un sustantivo común, es decir, se puede decir *un zombi* o *una zombi*; su plural es *zombis*.

En la última edición del *Diccionario* de la Real Academia Española, aparece la voz *zombi*, y se explica que es una voz de origen africano occidental, semejante al congolés.

Una vez registrada en el *Diccionario* académico, esta voz pasa a formar parte del léxico español y, como tal, debemos aplicarle las flexiones de género y de número propias de nuestra lengua. En el caso del género, bastará indicarlos con los determinantes: *el zombi, la zombi, un zombi, una zombi*, etc.

En cuanto al plural (flexión de número), basta recordar las formas que tiene el español para formarlo. El caso que nos ocupa es una palabra terminada en vocal no acentuada, y su marca de plural es la -s. Así, el plural de *zombi* es *zombis* (la terminación plural en -es solo se utiliza, en español, en algunos casos de palabras terminadas en vocal acentuada: el plural de *jabalí* es *jabalíes*).

zulo

Se recomienda evitar el uso de la voz vasca *zulo* para designar lo que en castellano se llama *escondrijo* o *escondite*, especialmente cuando no está relacionado con cuestiones del País Vasco.

Un error frecuente es el de tomar una palabra de otra lengua y utilizarla como si fuera castellana, sin tener en cuenta que muchos hispanohablantes no la entenderán, y que en nuestra lengua tiene varias traducciones posibles. Este es el caso de la voz *zulo*, que en vasco significa «agujero», y los vascohablantes la utilizan también con el significado de «sitio para esconder cosas». En España ya se conoce y se utiliza bastante, pero en América se desconoce como sinónimo de *escondrijo*.

Vemos en las noticias sobre ETA que *Se ha descubierto un zulo lleno de armas y explosivos*, sin explicar lo que es *zulo*. Y si ese error puede disculparse en una noticia sobre ETA, por estar relacionada con el País Vasco, y dando por sabido que un *zulo* es un sitio para esconder armas, no ocurre lo mismo cuando vemos escrito que *se ha descubierto un zulo en Alicante con cajetillas de tabaco*, puesto que ahí deberían emplearse las voces castellanas *escondite, escondrijo, escondedero, escondidijo* o *escondredijo*, que significan «lugar para esconder cosas o para esconderse».

LISTA DE SIGLAS Y ACRÓNIMOS DE USO FRECUENTE

AA	(*American Airlines*) Compañía aérea norteamericana
ACB	Asociación de Clubes de Baloncesto
ACLANT	(*Allied Command Atlantic*) Mando Aliado del Atlántico
ACNUR	Alta Comisaría de las Naciones Unidas para los Refugiados
ADA	Asociación de Ayuda del Automovilista
ADENA	Asociación para la Defensa de la Naturaleza
ADN	Ácido Desoxirribonucleico
AEB	Asociación Española de Banca Privada
AECI	Agencia Española de Cooperación Internacional
AEDE	Asociación de Editores de Diarios Españoles
AEDENAT	Asociación Ecologista de Defensa de la Naturaleza
AENA	Aeropuertos Españoles y Navegación Aérea
Aenor	Asociación Española para la Normalización y Racionalización
Afanias	Asociación de Familias con Niños y Adultos Subnormales
AFCENT	(*Allied Forces Central Europa*) Fuerzas Aliadas de Europa Central
AFE	Asociación de Futbolistas Españoles
AFMED	(*Allied Forces Mediterranean*) Fuerzas Aliadas del Mediterráneo
AFNORTH	(*Allied Forces of North Europe*) Fuerzas Aliadas del Norte de Europa
AI	(*Amnesty International*) Amnistía Internacional
AIDE	Asociación Interamericana de Educación
AIRCENT	(*Allied Air Forces in Central Europe*) Fuerzas Aéreas Aliadas en Europa Central
AIT	Asociación Internacional de Turismo
ALALC	Asociación Latinoamericana de Libre Comercio
ALP	Activos Líquidos en Manos del Público
AM	(*Amplitude modulation*) Onda Media: OM
AMPA	Asociación de Madres y Padres de Alumnos
ANC	(*African National Congress*) Congreso Nacional Africano
ANELE	Asociación Nacional de Editores de Libros de Enseñanza

ANSA	(*Agenzia Nazionale Stampa Associata*) Agencia Nacional de Prensa Asociada
AOL	(*America Online*) Proveedor de servicios de Internet
AP	(*Associated Press*) Agencia de prensa norteamericana
APA	Asociación de Padres de Alumnos
APD	Asociación para el Progreso de la Dirección
ARESBANK	Banco Árabe Español
ARN	Ácido Ribonucleico
ASCII	(*American Standard Code for Information Interchange*) Código Estándar Norteamericano para el Intercambio de Información
ASAJA	Asociación Agraria de Jóvenes Agricultores
ASEAN	(*Association of South East Asian Nations*) Asociación de Naciones del Sureste Asiático
ATS	Ayudante Técnico Sanitario
AUN	Alianza por la Unidad Nacional
AVE	Alta Velocidad Española
Aviaco	Aviación y Comercio
Avianca	Aerolíneas Nacionales de Colombia
AVT	Asociación Víctimas del Terrorismo
Bankunión	Unión Industrial Bancaria
BBC	(*British Broadcasting Corporation*) Compañía Británica de Radiodifusión
BBVA	Banco Bilbao Vizcaya Argentaria
BCE	Banco Central Europeo / (*British Commonwealth and Empire*) Imperio y Comunidad Británicos
BCI	Banco de Crédito Industrial
BEI	Banco Europeo de Inversiones
BID	Banco Interamericano de Desarrollo
BIRD	Banco Internacional para la Reconstrucción y el Desarrollo
BIRF	Banco Internacional de Reconstrucción y Fomento
BM	Banco Mundial
BNG	(*Bloque Nacionalista Galego*) Bloque Nacionalista Gallego
BNP	(*Banque National de Paris*) Banco Nacional de París

BOC	Boletín Oficial de Canarias
BOCM	Boletín Oficial de la Comunidad de Madrid
BOE	Boletín Oficial del Estado
BOJA	Boletín Oficial de la Junta de Andalucía
BON	Boletín Oficial de Navarra
BOPV	Boletín Oficial del País Vasco
BRD	(*Bundesrepublik Deutschland*) República Federal de Alemania: RFA
BSCH	Banco Santander Central Hispano
BUBA	(*Bundesbank*) Banco Central de Alemania
BUP	Bachillerato Unificado Polivalente
CAD	(*Computer Aided Design*) Diseño Asistido por Ordenador
CAE	(*Computer Aided Engineering*) Ingeniería Asistida por Computador: IAC
CASA	Construcciones Aeronáuticas Sociedad Anónima
CBS	(*Columbia Broadcasting System*) Cadena de radiotelevisión norteamericana
CC	Coalición Canaria
CCE	Comisión de las Comunidades Europeas
CCEE	Comité de Cooperación Económica Europea
CD	(*Compact Disc*) Disco Compacto / Club Deportivo / Cuerpo Diplomático
CDC	(*Convergència Democràtica de Catalunya*) Convergencia Democrática de Cataluña
CDIT	Centro de Documentación y de Información sobre el Tabaco
CDL	Colegio de Doctores y Licenciados
CDN	Convergencia de Demócratas Navarros
CD-ROM	(*Compact Disc-Read Only Memory*) Disco Compacto sólo de lectura
CDTI	Centro para el Desarrollo Tecnológico e Industrial
CE	Comunidad Europea
CEAPA	Confederación Española de Asociaciones de Padres de Alumnos
CECA	Comunidad Económica del Carbón y el Acero / Confederación Española de Cajas de Ahorros
CECE	Confederación Española de Centros de Enseñanza

Cedro	Centro Español de Derechos Reprográficos
CEE	Comunidad Económica Europea
CEES	Centro de Estudios Europeos
Cegal	Confederación Española de Gremios y Asociaciones de Libreros
CEI	Comunidad de Estados Independientes
CELARE	Centro Latinoamericano para las Relaciones con Europa
CENIM	Centro Nacional de Investigaciones Metalúrgicas
CEOE	Confederación Española de Organizaciones Empresariales
CEPYME	Confederación Española de la Pequeña y Mediana Empresa
CERN	(*Conseil Européen pour la Recherche Nucléaire*) Organización Europea para la Investigación Nuclear
CES	Confederación Europea de Sindicatos / Consejo Económico y Social
CESEDEN	Centro Superior de Estudios de la Defensa Nacional
CESID	Centro Superior de Investigación de la Defensa
Cetme	Centro de Estudios Técnicos de Materiales Especiales
CF	Club de Fútbol
CGPJ	Consejo General del Poder Judicial
CIA	(*Central Intelligence Agency*) Agencia Central de Inteligencia
CIF	Código de Identificación Fiscal
CIG	Conferencia Intergubernamental
CIME	Comité Intergubernamental para las Migraciones Europeas
CIR	Centro de Instrucción de Reclutas
CIS	Centro de Investigaciones Sociológicas
CITESA	Compañía Internacional de Telecomunicaciones y Electrónica Sociedad Anónima
CiU	(*Convergència i Unió*) Convergencia y Unión
CLH	Compañía Logística de Hidrocarburos
CMT	Comisión del Mercado de Telecomunicaciones
CNAG	Confederación Nacional de Agricultores y Ganaderos
CNMV	Comisión Nacional del Mercado de Valores
CNT	Confederación Nacional de Trabajadores

COAG	Coordinadora de Organizaciones de Agricultores y Ganaderos
Cobol	(*Common Business Oriented Language*) Sistema internacional para programar trabajos de gestión en ordenadores
COE	Comité Olímpico Español
COI	Comité Olímpico Internacional
CONCAPA	Confederación Católica de Padres de Alumnos
Confer	Confederación Española de Religiosos
COPE	Cadena de Ondas Populares Españolas
COPLACO	Comisión de Planeamiento y Coordinación del Área Metropolitana de Madrid
COU	Curso de Orientación Universitaria
CPC	Confederación de la Producción y el Comercio
CPU	(*Central Processing Unit*) Unidad Central de Proceso
CSC	(*Convergència Socialista de Catalunya*) Convergencia Socialista de Cataluña
CSI	Corporación Siderúrgica Integral
CSIC	Consejo Superior de Investigaciones Científicas
CSM	Consejo Superior de la Magistratura
CSN	Consejo de Seguridad Nuclear
CTNE	Compañía Telefónica Nacional de España
DC	Democracia Cristiana
DDT	Diclorodifeniltricloroetano
DGS	Dirección General de Seguridad
DEA	(*Drug Enforcement Administration*) Departamento Estadounidense Antidroga
DGT	Dirección General de Tráfico
DIN	(*Deutsche Institute für Normung*) Instituto Alemán de Normalización
DIU	Dispositivo Intrauterino
DNI	Documento Nacional de Identidad
DO	Denominación de Origen
DOG	Diario Oficial de Galicia
DOGC	Diario Oficial de la Generalidad de Cataluña

DOGV	Diario Oficial de la Generalidad Valenciana
DOMUND	Domingo Mundial de Propagación de la Fe
DOS	(*Disk Operating System*) Sistema Operativo de Disco
DPA	(*Deutsche Presse Agentur*) Agencia de Prensa Alemana
DVD	Disco de Vídeo Digital
EA	(*Eusko Alkartasuna*) Solidaridad Vasca
EAU	Emiratos Árabes Unidos
EC	(*Esquerra de Catalunya*) Izquierda de Cataluña
EDC	(*Esquerra Democràtica de Catalunya*) Izquierda Democrática de Cataluña
EE	(*Euskadiko Ezkerra*) Izquierda del País Vasco
EEE	Espacio Económico Europeo
EGB	Educación General Básica
EH	(*Euskal Herritarrok*) Nosotros los vascos
ELA	(*Eusko Langille Alkartasuna*) Solidaridad de Trabajadores Vascos
ELE	Español Lengua Extranjera
EMT	Empresa Municipal de Transportes
EMV	Empresa Municipal de la Vivienda
Enagas	Empresa Nacional del Gas
Enasa	Empresa Nacional de Autocamiones Sociedad Anónima
ENDESA	Empresa Nacional de Electricidad Sociedad Anónima
Ensidesa	Empresa Nacional Siderúrgica Sociedad Anónima
ENTEL	Empresa Nacional de Telecomunicaciones
EP	Europa Press
EPA	Encuesta sobre la Población Activa
ERC	(*Esquerra Republicana de Catalunya*) Izquierda Republicana de Cataluña
ESO	Educación Secundaria Obligatoria
ETA	(*Euskadi ta Askatasuna*) País Vasco y Libertad
ETB	(*Euskal Telebista*) Televisión del País Vasco
ETS	Escuela Técnica Superior
ETT	Empresa de Trabajo Temporal
EU	Escuela Universitaria

EXPOTUR	Exposición de Recursos Turísticos Españoles
EZLN	Ejército Zapatista de Liberación Nacional
FAO	(*Food and Agricultural Organization*) Organización para la Alimentación y la Agricultura
FAQ	(*Frecuency Asked Questions*) Preguntas Más Frecuentes
FBI	(*Federal Bureau of Investigation*) Oficina Federal de Investigación
FC	Fútbol Club
FCC	Fomento de Construcciones y Contratas
FCI	Fondo de Compensación Interterritorial
FE de las JONS	Falange Española de las Juntas de Ofensiva Nacional Sindicalistas
FECOM	Fondo Europeo de Cooperación Monetaria
FED	Fondo Europeo de Desarrollo
FEDER	Fondo Europeo de Desarrollo Regional
FEDES	Fondo Europeo de Desarrollo Económico y Social
Fenosa	Fuerzas Eléctricas del Noroeste Sociedad Anónima
FEOGA	Fondo Europeo de Orientación y de Garantía Agrícola
FERE	Federación Española de Religiosos de Enseñanza
FET	Falange Española Tradicionalista
FEVE	Ferrocarriles Españoles de Vía Estrecha
FIA	Federación Internacional del Automóvil
FIAA	(*Fédération International d'Athlétisme Amateur*) Federación Internacional de Atletismo Amateur
FIAMM	Fondos de Inversión en Activos del Mercado Monetario
FIBA	Federación Internacional de Baloncesto
FIFA	(*Fédération Internationale de Football Association*) Federación Internacional de Fútbol Asociación
FIM	Fondos de Inversión Mobiliaria
FINUL	(*Force Intérimaire des Nations Unies au Liban*) Fuerza Interina de las Naciones Unidas en el Líbano
FIP	Federación Internacional de Prensa
FM	(*Frequency Modulation*) Frecuencia Modulada

FMI	Fondo Monetario Internacional
FN	Frente Nacional
FNUAP	Fondo de las Naciones Unidas para las Actividades en Materia de Población
FP	Formación Profesional
FPNUL	Fuerza Provisional de las Naciones Unidas en el Líbano
FSE	Fondo Social Europeo
FSIE	Federación de Sindicatos Independientes de Enseñanza
FUNDESCO	Fundación para el Desarrollo de la Función Social de las Comunidades
G^5	Grupo de los Cinco (Estados Unidos, Japón, Francia, Alemania y Reino Unido)
G^{10}	Grupo de los Diez (Estados Unidos, Japón, Francia, Alemania, Reino Unido, Italia, Canadá, Bélgica, Países Bajos y Suecia); actualmente, con Suiza como miembro de honor, suman once
G^7	Grupo de los Siete (Estados Unidos, Japón, Francia, Alemania, Reino Unido, Italia y Canadá)
GAL	Grupos Antiterroristas de Liberación
GATT	(*General Agreement on Tariffs and Trade*) Acuerdo General sobre Aranceles Aduaneros y Comercio
GEO	Grupo Especial de Operaciones
Gestapo	(*Geheime Staatspolizei*) Policía Secreta del Estado Nazi
GOE	Grupo de Operaciones Espaciales
GPS	(*Geographic Position System*) Sistema de Posicionamiento Geográfico
GRAPO	Grupos de Resistencia Antifascista Primero de Octubre
GSM	(*Global System Mobile*) Red para móviles
HB	(*Herri Batasuna*) Unidad Popular
HDL	(*Hight Density Lipoprotein*) Lipoproteina de Alta Densidad
HE	Hidroeléctrica Española
HI-FI	(*High Fidelity*) Alta Fidelidad
HISPANOIL	Hispánica de Petróleos
HQ	(*Headquarters*) Cuartel General
HT	(*High Tension*) Alta Tensión
Hunosa	Hulleras del Norte Sociedad Anónima

I+D	Investigación y Desarrollo
IAA	(*International Advertising Association*) Asociación Internacional de Publicidad
IAC	Ingeniería Asistida por Computador
IAEA	(*International Atomic Energy Agency*) Organismo Internacional de Energía Atómica
IAF	(*International Astronautical Federation*) Federación Astronáutica Internacional /(*International Automobile Federation*) Federación Internacional del Automóvil
IAPAC	Asociación Internacional de Expertos en el Cuidado del Sida
IATA	(*International Air Transport Association*) Asociación Internacional del Transporte Aéreo
IB	Iberia
IBA	(*International Boxing Association*) Asociación Internacional de Boxeo
IBERLANT	(*Iberian Command Atlantic*) Mando del Atlántico Ibérico
IBEX	Índice de la Bolsa Española compuesto por los treinta y cinco valores con mayor cotización
IBM	(*International Business Machines Corporation*) Sociedad Internacional de Material Electrónico
ICADE	Instituto Católico de Alta Dirección de Empresas
ICAI	Instituto Católico de Artes e Industrias
ICAO	(*International Civil Aviation Organization*) Organización de Aviación Civil Internacional
ICBM	(*Intercontinental Ballistic Missile*) Misil Balístico Intercontinental
ICE	Instituto de Ciencias de la Educación
ICEM	(*Intergovernmental Committee for European Migration*) Comité Intergubernamental para las Migraciones Europeas: CIME
ICEX	Instituto de Comercio Exterior
ICGI	(*International Council of Goodwill Industries*) Consejo Internacional de Industrias de Buen Nombre
ICI	Instituto de Cooperación Iberoamericana / Instituto de Cooperación Internacional

ICO	Instituto de Crédito Oficial
Icona	Instituto Nacional para la Conservación de la Naturaleza
ICPO	(*International Criminal Police Organización*) Organización Internacional de Policía Criminal
ICR	(*Intergovernmental Committee for Refugees*) Comité Intergubernamental para los Refugiados
ICT	(*International Computers and Tabulators*) Internacional de Computadores y Tabuladores
IDI	(*Institut de Droit International*) Instituto de Derecho Internacional
IDO	Instituto de Documentaciones de Origen
IEAL	Instituto de Estudios de la Administración Local
IEE	Instituto Español de Emigración / Instituto de Estudios Económicos
IEM	Instituto de Enseñanza Media
IES	Instituto de Enseñanza Secundaria
IESE	Instituto de Estudios Superiores de la Empresa
IFEMA	Instituto Ferial de Madrid
IFJ	(*International Federation of Journalists*) Federación Internacional de Periodistas
IFO	(*Identified Flying Objects*) Objeto Volador Identificado
IGA	(*International Gay Association*) Asociación Homosexual Internacional
IGME	Instituto Geográfico y Minero de España
IGN	Instituto Geográfico Nacional
IHAC	Instituto Hispanoárabe de Cultura
IHS	(*Iesus Hominum Salvator*) Jesús Salvador de los Hombres
IIP	Instituto Internacional de Prensa
IJF	(*International Judo Federation*) Federación Internacional de Judo
IKA	(*International Kiteflier Association*) Asociación Internacional de Voladores de Cometas
IL	(*L'Internationale Libérale*) Internacional Liberal
ILG	(*Instituto de Lingua Galega*) Instituto de la Lengua Gallega
ILO	(*International Labour Organization*) Organización Internacional del Trabajo

ILT	Incapacidad Laboral Transitoria
ILTF	(*International Lawn Tennis Federation*) Federación Internacional de Tenis
IMCA	(*International Motor Contest Association*) Asociación Internacional de Competiciones de Motor
IMEC	Instrucción Militar de la Escala de Complemento
IMEFE	Instituto Municipal para el Empleo y la Formación Empresarial
IMF	(*International Motorcycle Federation*) Federación Internacional Motociclista /(*International Monetary Fund*) Fondo Monetario Internacional: FMI
IMPA	(*International Movement for Peace Action*) Movimiento Internacional de Acción para la Paz
IMPE	Instituto de la Mediana y Pequeña Empresa
IMPI	Instituto de la Mediana y Pequeña Industria
IMSA	(*International Motor Sport Association*) Asociación Internacional de Deportes del Motor
Imserso	Instituto de Migraciones y Servicios Sociales
INAP	Instituto Nacional de la Administración Pública
INB	Instituto Nacional de Bachillerato
INBAD	Instituto Nacional de Bachillerato a Distancia
INC	Instituto Nacional de Colonización / Instituto Nacional de Consumo
INDO	Instituto Nacional de Denominaciones de Origen de los Vinos Españoles
INDUBAN	Banco de Financiación Industrial
INE	Instituto Nacional de Estadística
INEE	Instituto Nacional de Educación Especial
INEF	Instituto Nacional de Educación Física
INEM	Instituto Nacional de Empleo / Instituto Nacional de Enseñanza Media
INFE	Instituto Nacional de Fomento de la Exportación
INH	Instituto Nacional de Hidrocarburos
INI	Instituto Nacional de Industria
INLA	(*International Nuclear Law Association*) Asociación Internacional de Derecho Nuclear

INLE	Instituto Nacional del Libro Español
INR	(*Intelligence and Research of the State Department*) Espionaje e Investigación del Departamento de Estado
INRI	(*Iesus Nazarenus Rex Iudaeorum*) Jesús Nazareno Rey de los Judíos
INSALUD	Instituto Nacional de la Salud
INSERSO	Instituto Nacional de Servicios Sociales
INTA	Instituto Nacional de Técnica Aeroespacial
INTELSAT	(*International Telecommunications Satellite*) Organización Internacional de Telecomunicaciones por Satélite
Internet	(*International Net*) Red internacional
Interpol	(*International Police*) Organización Internacional de Policía Criminal
INTURIST	(*Vsesoyúznoe Aktzionérnoe Obschestvo Inostránomu Turízmu v SSRR*) Sociedad Anónima de la Unión Soviética para el Turismo Extranjero en la URSS
IOC	(*International Olympic Commitee*) Comité Olímpico Internacional: COI
IOGT	(*International Organization of Good Templars*) Organización Internacional de los Buenos Templarios
IP	(*Impact Point*) Punto de Impacto
IPC	Índice de Precios al Consumo / (*International Press Centre*) Centro Internacional de Prensa
IPI	(*International Press Institute*) Instituto Internacional de Prensa: IIP
IPRI	Instituto Peruano de Relaciones Interplanetarias
IPS	(*International Press Service*) Servicio Internacional de Prensa
IPU	(*Inter-Parliamentary Union*) Unión Interparlamentaria: UIP
IRA	(*Irish Republican Army*) Ejército Republicano Irlandés
IRBM	(*Intermediate Range Ballistic Missile*) Misil Balístico de Alcance Intermedio
IREC	(*Institut Rossellonès d'Estudis Catalans*) Instituto Rosellonés de Estudios Catalanes
IRER	(*Infra-Red Extra Rapid*) Rayos Infrarrojos Extrarrápidos
IRIS	Instituto de Realojamiento e Integración Social
IRPF	Impuesto sobre la Renta de las Personas Físicas
IRTP	Impuesto sobre el Rendimiento del Trabajo Personal

IRYDA	Instituto para la Reforma y el Desarrollo Agrario
IS	(*International Socialista*) Internacional Socialista
ISBN	(*International Standard Book Number*) Número Internacional Normalizado de Libros
ISBNA	(*International Standard Number Agency*) Agencia del Número Internacional Normalizado para los Libros
ISC	(*International Supreme Council of World Masons*) Consejo Supremo Internacional de Masones Mundiales
ISIS	(*Integrated Scientific Information System*) Sistema Integrado de Información Científica
ISO	(*International Standard Organization*) Organización Internacional de Estandarización
ISSN	(*International Standard Serial Number*) Número Internacional Normalizado para Publicaciones Seriadas
ITE	Impuesto Técnico de Empresas
ITT	(*International Telephone and Telegraph Corporation*) Corporación Internacional del Teléfono y el Telégrafo
ITV	Inspección Técnica de Vehículos
IU	Izquierda Unida
IUCW	(*International Union for Child Welfare*) Unión Internacional de Protección de la Infancia
IUPA	(*International Union of Press Associations*) Unión Internacional de Asociaciones de Prensa
IUPAC	(*International Union of Pure and Aplied Chemistry*) Organización Internacional de Química Pura y Aplicada
IVA	Impuesto sobre el Valor Añadido
IVAM	Instituto Valenciano de Arte Moderno
JAL	(*Japan Air Lines*) Líneas Aéreas Japonesas
JEMAD	Jefe de Estado Mayor de la Defensa
JEN	Junta de Energía Nuclear
JSE	Juventudes Socialistas de España
Jujem	Junta de Jefes de Estado Mayor

KAS	(*Koordinadora Abertzale Sozialista*) Coordinadora Patriota Socialista
KGB	(*Komitet Gosudárstvennoy Bezopásnosti*) Comité de Seguridad del Estado
KIO	(*Kuwait Investment Office*) Oficina Kuwaití de Inversiones
KKK	Ku-Klux-Klan
KLM	(*Koninklijke Luchtvaart-Maatschappij*) Líneas Aéreas de los Países Bajos
LAB	(*Langille Abertzale Batzordea*) Asamblea de Trabajadores Patriotas
Ládar	(*Laser Detection and Ranging*) Detección y Localización por medio del Rayo Láser
LAFTA	(*Latin America Free Trade Association*) Asociación Latinoamericana de Libre Comercio: ALALC
LAS	(*League of Arab States*) Liga de los Estados Árabes
Láser	(*Light Amplification by Stimulated Emission of Radiation*) Luz Amplificada por la Emisión Estimulada de Radiación
LAU	Ley de Autonomía Universitaria
LCD	(*Liquid Cristal Display*) Pantalla de Cristal Líquido
LCR	Liga Comunista Revolucionaria
LEA	(*Ligue des États Arabes*) Liga de los Estados Árabes
LECE	(*Ligue européenne de coopération économique*) Liga Europea de Cooperación Económica
LED	(*Light Emiting Diode*) Diodo Luminoso
LF	(*Low Frequencies*) Bajas Frecuencias
LFD	Liga de Fútbol Digital
LMT	(*Local Mean Time*) Hora Media Local
LOAPA	Ley Orgánica para la Armonización del Proceso Autonómico
LODE	Ley Orgánica Reguladora del Derecho a la Educación
LOE	Ley Orgánica del Estado / Ley de Ordenación Económica
LOFSE	Ley Orgánica de Financiación de las Comunidades Autónomas
LOGSE	Ley de Ordenación General del Sistema Educativo
LOPEG	Ley Orgánica de la Participación, la Evaluación y el Gobierno de los Centros Docentes
LOSEN	Ley de Ordenación del Sistema Eléctrico Nacional
LPA	Ley del Proceso Autonómico

LRU	Ley Orgánica de Reforma Universitaria
LSD	(*Lysergyc Acid Diethylamide*) Dietilamida del Ácido Lisérgico
LT	(*Low Tension*) Baja Tensión
LTA	(*Lawn Tennis Association*) Asociación de Tenis del Reino Unido
LW	(*Long Wave*) Onda Larga
M-19	Partido político colombiano Movimiento 19 de abril
MAAF	(*Mediterranean Allied Air Forces*) Fuerzas Aéreas Aliadas del Mediterráneo
MAC	Movimiento Autonomista Canario
Macba	Museo de Arte Contemporáneo de Barcelona
MAE	Ministerio de Asuntos Exteriores
MALP	Movimiento de Acción para la Liberación de Palestina
MAP	(*Maghreb Arab Presse*) Agencia de Prensa Marroquí / Ministerio para las Administraciones Públicas
MATESA	Maquinaria Textil del Norte de España Sociedad Anónima
MBA	(*Master in Business Administration*) Master en Administración de Empresas
MBFR	(*Mutual Balanced Force Reduction*) Reducción Mutua y Equilibrada de Fuerzas
MBS	(*Mutual Broadcasting System*) Sistema de Radiodifusión Mutua
MC	Movimiento Comunista /(*Musicassette*) Casete
MCA	(*Motion Corporations of America*) Corporaciones del Cine de Norteamérica
MEAC	Museo Español de Arte Contemporáneo
MEC	Ministerio de Educación, Cultura y Deporte
MEN	(*Middle East News Agency*) Agencia de Noticias del Oriente Medio
MERCASA	Mercados Centrales de Abastecimientos Sociedad Anónima
MERCOSA	Empresa Nacional de Mercados de Origen de Productos Agrarios Sociedad Anónima
MERCOSUR	Mercado Común del Sur
MG	(*Military Government*) Gobierno Militar
M-G-M	(*Metro-Goldwyn-Mayer Incorporated*) Productora cinematográfica estadounidense

MI	(*Interceptor Missile*) Misil Interceptor
MIBOR	(*Madrid Interbaking Offered Rate*) Tipo de interés interbancario en el mercado bursátil madrileño
MIC	Movimiento para la Independencia de Canarias
MIDAS	(*Missile Defense Alarm System*) Sistema Defensivo de Alarma Misilística
MIE	Ministerio de Industria y Energía
MINURSO	Misión de las Naciones Unidas para el Referéndum del Sahara Occidental
MIR	Médico Interno Residente
MIT	(*Massachusetts Institute of Tecnology*) Instituto Tecnológico de Massachusetts
MLM	Movimiento de Liberación de la Mujer
MLS	Movimiento de Liberación de Sebta
MMRBM	(*Mobile Medium Range Ballistic Missile*) Misil Balístico Transportable de Alcance Medio
MNA	Movimiento No Alineado
MOBOT	(*Mobile Robot*) Robot Movible
MOC	Movimiento de Objetores de Conciencia
Modem	(*Modulator-Demodulator*) Modulador-Demodulador
MOMA	(*Museum of Modern Art*) Museo de Arte Moderno de Nueva York
MOPTMA	Ministerio de Obras Públicas, Transporte, Urbanismo y Medio Ambiente
MOPU	Ministerio de Obras Públicas y Urbanismo
MOSAD	(*Mosas Lealiyah Beth*) Servicios secretos israelíes
MP	(*Military Police*) Policía Militar
MPAIAC	Movimiento para la Autodeterminación y la Independencia del Archipiélago Canario
MPLAC	Movimiento Popular de Liberación del Archipiélago Canario
MPNA	Movimiento de los Países No Alineados
MRBM	(*Medium-Range Ballistic Missile*) Misil Balístico de Alcance Medio
MRL	Movimiento Revolucionario Liberal
MSC	Movimiento Scout Católico
MSI	(*Movimiento Sociale Italiano*) Movimiento Social Italiano

MSR	(*Missile Site Radar*) Emplazamiento de Radar para Lanzamiento de Misiles
MTC	Ministerio de Transportes y Comunicaciones
MUA	Mando Único Antiterrorista
MUFACE	Mutualidad General de Funcionarios Civiles del Estado
MULC	Mando Único para la Lucha Contraterrorista
MUNPAL	Mutualidad Nacional de Previsión de Administración Local
NAFTA	(*North Atlantic Free Trade Area*) Zona del Libre Comercio del Atlántico Norte
NAP	(*North Atlantic Pact*) Pacto del Atlántico Norte
NASA	(*National Aeronautics and Space Adminsitration*) Administración Nacional para la Aeronáutica y el Espacio
NATA	(*National Aviation Trade Association*) Asociación Nacional de Comercio Aéreo
NATC	(*North AtlanticTreaty Council*) Congreso del Tratado del Atlántico Norte
NATO	(*North Atlantic Treaty Organization*) Organización del Tratado del Atlántico Norte: OTAN
NBA	(*National Basketball Association*) Asociación Nacional de Baloncesto
NBC	(*National Broadcasting Company*) Sociedad Nacional de Radiodifusión
NBQ	Guerra Nuclear, Biológica y Química
NBS	(*National Broadcasting Service*) Servicio Nacional de Radiodifusión
NCI	(*National Cancer Institute*) Instituto Nacional del Cáncer
NIF	Número de Identificación Fiscal
NKGB	(*Noródni Kornitet Gosudarstvennoi Bezopasnosti*) Comisariado del Pueblo para la Seguridad del Estado
NSA	(*National Security Agency*) Agencia Nacional de Seguridad
NY	(*New York*) Nueva York
NYC	(*New York City*) Ciudad de Nueva York
NYS	(*New York State*) Estado de Nueva York
NYT	(*New York Times*) Diario de Nueva York
OACI	(*Organisation de l'Aviation Civile Internationale*) Organización de Aviación Civil Internacional
OALP	Organización de Acción para la Liberación de Palestina
OAP	Organización Árabe de Palestina

OAS	(*Organisation de l'Armée Secrete*) Organización del Ejército Secreto / (*Organization of American States*) Organización de los Estados Americanos: OEA
OCAS	(*Organization of Central American States*) Organización de Estados Centroamericanos: ODECA
OCDE	Organización para la Cooperación y el Desarrollo Económico
OCLALAV	(*Organisation Commune de Lutte Antiacridienne et de Lutte Antiaviaire*) Organización Común de Lucha contra la Langosta y las Aves Nocivas
OCR	(*Optical Character Recognition*) Reconocimiento Óptico de Caracteres
OCU	Organización de Consumidores y Usuarios
OCYPE	Oficina de Coordinación y Programación Económica
ODECA	Organización de Estados Centroamericanos
OEA	Organización de los Estados Americanos
OET	Oficina de Educación Iberoamericana
Ofines	Oficina de Información y Observación del Español
OID	Oficina de Información Diplomática
OIJ	(*Organisation Internationale des Journalistes*) Organización Internacional de Periodistas
OIPC	(*Organisation Internationale de Police Criminelle*) Organización Internacional de la Policía Criminal
OIRT	Organización Internacional de Radiodifusión y Televisión
OISS	Organización Iberoamericana de Seguridad Social
OIT	(*Organisation Internationale du Travail*) Organización Internacional del Trabajo
OJD	Oficina de Justificación de la Difusión
OLP	Organización para la Liberación de Palestina
OM	Onda Media / Orden Ministerial
OMC	Organización Mundial del Comercio
OMNI	Objeto Marino No Identificado
OMS	Organización Mundial de la Salud
OMT	Organización Mundial de Turismo
ONCE	Organización Nacional de Ciegos Españoles

ONG	Organización no Gubernamental
ONLAE	Organización Nacional de Loterías y de Apuestas del Estado
ONU	Organización de las Naciones Unidas
OOPS	Organismo de Obras Públicas y Socorro de las Naciones Unidas para los Refugiados de Palestina en el Cercano Oriente
OPA	Oferta Pública de Adquisición
OPAEP	Organización de Países Árabes Exportadores de Petróleo
OPEP	Organización de Países Exportadores de Petróleo
OPV	Oferta Pública de Venta
ORA	Operación de Regulación de Aparcamientos
OTAN	Organización del Tratado del Atlántico Norte
OTI	Organización de Televisiones Iberoamericanas
OUA	Organización para la Unidad Africana
OVNI	Objeto Volante No Identificado
P-2	(*Propaganda Due*) Propaganda Dos
PA	Partido Andalucista
PADRE	Programa de Ayuda a la Declaración de la Renta
PAL	(*Phase Alternating Line*) Línea de Fase Alternante
PAMDB	Patronato de Apuestas Mutuas Deportivas Benéficas
PAP	(*Polska Agencia Prosowa*) Agencia de Prensa Polaca
Par	Partido Aragonés
PASC	Partido Autonomista Socialista de Canarias
PASD	Partido Andaluz Social Demócrata
PC	(*Personal Computer*) Ordenador Personal
PCA	Partido Comunista de Andalucía / Partido Comunista de Aragón / Partido Comunista de Asturias
PCC	Partido Comunista de Cantabria / (*Partit dels Comunistes de Catalunya*) Partido de los Comunistas de Cataluña / Partido Comunista de Canarias
PCE (I)	Partido Comunista de España (Internacional)
PCE (ML)	Partido Comunista de España Marxista-Leninista
PCE (R)	Partido Comunista de España (Reconstituido)

PCE	Partido Comunista de España
PCEU	Partido Comunista de España Unificado
PCF	(*Parti Comuniste Français*) Partido Comunista Francés
PCI	Partido Comunista Italiano
PCMLI	Partido Comunista Marxista Leninista Internacional
PCOE	Partido Comunista Obrero Español
PCR	Partido Comunista Reconstituido
PCU	Partido Comunista de Unificación
PDL	Partido Demócrata Liberal
PDP	Partido Demócrata Popular
PE	Parlamento Europeo
PEMEX	Petróleos Mexicanos
PEN	Plan Energético Nacional
PER	Plan de Empleo Rural / (*Price Earning Ratio*) Relación cotización-beneficio por acción
PETRONOR	Refinería de Petróleos del Norte
PGC	Parque Móvil de la Guardia Civil
PGOU	Plan General de Ordenación Urbana
PIB	Producto Interior Bruto
PIC	Puntos de Información Cultural
PL	Partido Liberal
PM	Policía Militar
PMM	Parque Móvil de Ministerios Civiles
PN	Patrimonio Nacional
PNB	Producto Nacional Bruto
PND	Personal No Docente
PNN	Profesor No Numerario / Producto Nacional Neto
PNV	Partido Nacionalista Vasco
Polisario	Frente Popular para la Liberación de Saguia el Hamra y Río de Oro
POR	Partido Obrero Revolucionario
POUM	(*Partit Obrer d'Unificació Marxista*) Partido Obrero de Unificación Marxista

PP	Partido Popular
PRI	Partido Revolucionario Independiente
PSC	(*Partit dels Socialistes de Catalunya*) Partido de los Socialistas de Cataluña
PSG-EG	(*Partido Socialista Galego-Esquerda Galega*) Partido Socialista Gallego-Izquierda Gallega
PSOE	Partido Socialista Obrero Español
PSS	Prestación Social Sustitutoria
PSUC	(*Partit Socialista Unificat de Catalunya*) Partido Socialista Unificado de Cataluña
PSV	Plan Social de la Vivienda
PTE-UC	Partido de los Trabajadores de España-Unidad Comunista
PVC	(*Polyvinyl-chloride*) Cloruro de Polivinilo
PVP	Precio de Venta al Público
PYME	Pequeña y Mediana Empresa
PYMECO	Pequeña y Mediana Empresa Comercial
QH	Quiniela Hípica
RACE	Real Automóvil Club de España
Radar	(*Radio Detection and Ranging*) Detección y Localización por Radio
RAE	Real Academia Española
RAF	(*Royal Air Force*) Reales Fuerzas Aéreas
RAG	Real Academia Gallega
RAH	Real Academia de la Historia
RAI	(*Radio Audizioni Italia*) Radiotelevisión Italiana
RALV	Real Academia de la Lengua Vasca
RAM	(*Random Access Memory*) Memoria de Acceso Directo y de Carácter Efímero / (*Royal Air Maroc*) Reales Líneas Aéreas Marroquíes
RASD	República Árabe Saharaui Democrática
RCA	(*Radio Corporation of America*) Compañía de radio y televisión americana
RCE	Radio Cadena Española
RDA	República Democrática Alemana
Renfe	Red Nacional de los Ferrocarriles Españoles

Retevisión	Red Técnica Española de Televisión
RFA	República Federal de Alemania
RNA	(*Ribonucleic Acid*) Ácido Ribonucleico: ARN
RNE	Radio Nacional de España
RPR	(*Ressemble pour la Republique*) Unión por la República
RTF	(*Radio-Televisión Française*) Radio Televisión Francesa
RTVE	Radio Televisión Española
RU	Reino Unido
SABENA	(*Société Anonyme Belge d'Exploitation de la Navigation Aérienne*) Compañía aérea belga
SACEUR	(*Supreme Allied Commander Europe*) Comandante Supremo Aliado en Europa
SALT	(*Strategic Arms Limitation Talks*) Conversaciones para la Limitación de Armas Estratégicas
SAMEDI	Sociedad Anónima de Mediación y Dinero
SAR	Servicio Aéreo de Rescate
SAS	(*Scandinavian Airlines System*) Compañía Aérea Sueca
SAVA	Sociedad Anónima de Vehículos Industriales
SEAT	Sociedad Española de Automóviles de Turismo
SEC	(*Securities and Exchange Commission*) Comisión Nacional del Mercado de Valores: CNMV
SELA	Sistema Económico Latinoamericano
SEMAF	Sindicato Español de Maquinistas de Ferrocarriles
SENPA	Servicio Nacional de Productos Agrarios
SEPI	Servicio Estatal de Participaciones Industriales
SEPLA	Sindicato Español de Pilotos de Líneas Aéreas
SEPPA	Sociedad Estatal de Participaciones Patrimoniales
SER	Sociedad Española de Radiodifusión
SEREM	Servicio Especial de Rehabilitación de Enfermos y Minusválidos
SGAE	Sociedad General de Autores y Editores
SHAPE	(*Supreme Headquarters Allied Powers in Europe*) Cuartel General Supremo de las Potencias Aliadas en Europa

SI	Sistema Internacional
SICA	Sistema de Intercomunicación de las Cajas de Ahorro
Sida	Síndrome de Inmunodeficiencia Adquirida
SIMO	Salón Informativo de Material de Oficina
SIN	Servicio de Inmigración Norteamericano
SIP	Sociedad Interamericana de Prensa
SME	Sistema Monetario Europeo
SMI	Sistema Monetario Internacional / Salario Mínimo Interprofesional
SNCF	(*Société Nationale des Chemins de Fer Français*) Sociedad Nacional de Ferrocarriles Franceses
SOC	Sindicato de Obreros del Campo / Sindicato Obrero Canario / (*Solidaritat d'Obrers de Catalunya*) Solidaridad de Obreros de Cataluña
SOCADI	(*Societat Catalana de Documentació i Informació*) Sociedad Catalana de Documentación e Información
Sonar	(*Sound Navigation Ranging*) Detección Submarina por Ondas Sonoras
Sonimag	Sonido e Imagen
SOS	(*Save our Souls*) Salvad nuestras almas
SP	Servicio Público
SPP	Sindicato Profesional de Policías
SPQR	(*Senatus Populusque Romanus*) El Senado y el Pueblo Romanos
SS	(*Schuzstaffel*) Policía política del régimen nazi / Seguridad Social
SSBS	(*Sol-Sol Balistiques Stratégiques*) Misiles Balísticos Estratégicos Tierra-Tierra
SSI	(*Service Social International*) Servicio Social Internacional
SSM	(*Surface-to-surface Missile*) Misil Tierra-Tierra
SSS	Servicio Secreto de Su Santidad
START	(*Strategic Arms Reduction Talks*) Conversaciones Sobre la Reducción de Armas Estratégicas
STV	Solidaridad de Trabajadores Vascos
SUM	(*Surface-to-Underwater Missile*) Misil Tierra-Submarino
SUP	Sindicato Unificado de Policía
SW	(*Short Waves*) Ondas Cortas

SWAPO (*South West Africa People's Organization*) Organización del Pueblo de África del Suroeste

TAC Tomografía Axial Computerizada

TAE Tasa Anual Equivalente

TAF Tren Automotor Fiat /Tren Articulado Fiat

Talgo Tren Articulado Ligero Goicoechea-Oriol

TAM (*Tactical Air Missile*) Misil Aéreo Táctico

TANJUG (*Telegrafska Agencija Nova Jugoslavija*) Agencia Telegráfica de la Nueva Yugoslavia

TAP Transportes Aéreos Portugueses

TASS (*Telegrafnoe Aguenstvo Sovetskoie Soiutsa*) Agencia Telegráfica de la Unión Soviética

TAV Tren de Alta Velocidad

TC Tribunal Constitucional

TCH Telegrafía (o Telefonía) Con Hilos

TELAM Agencia de prensa argentina Telenoticias Americanas

TER Tren Español Rápido

TGV (*Trains à Grande Vitesse*) Trenes de Gran Velocidad

TIR (*Transport International Routier*) Transporte Internacional por Carretera / Tasa Interna de Retorno

TLC Tratado de Libre Comercio

TM (*Trademark*) Marca Comercial Registrada

TNT Trinitrotolueno

TPI Tribunal Penal Internacional

TRBM (*Trantical-Range Ballistic Missile*) Misil Balístico de Recorrido Táctico

TS Tribunal Supremo

TSA Tabacalera Sociedad Anónima

TSH Telegrafía Sin Hilos / Telefonía Sin Hilos

TV3 (*Televisió de Catalunya*) Televisión de Cataluña

TVA (*Taxe à la valeur ajoutée*) Tasa sobre el Valor Añadido

TVE Televisión Española

TVG	Televisión de Galicia
TWA	(*Trans World Airlines*) Líneas Aéreas Transmundiales
UAB	Universidad Autónoma de Barcelona
UAE	(*United Arab Emirates*) Emiratos Árabes Unidos: EAU
UAH	Universidad de Alcalá de Henares
UAL	Universidad de Alicante
UALM	Universidad de Almería
UAM	Universidad Autónoma de Madrid
UBA	Universidad de Barcelona
UBU	Universidad de Burgos
UCA	Universidad de Cádiz
UCE	Unión de Consumidores de España / Unificación Comunista de España
UCI	Unidad de Cuidados Intensivos
UCLA	Universidad de California
UCLM	Universidad de Castilla-La Mancha
UCM	Universidad Complutense de Madrid
UCN	Universidad de Cantabria
UCO	Universidad de Córdoba
UD	Unión Deportiva
UDE	Universidad de Deusto
UDL	Universidad de Lérida
UE	Unión Europea
UEFA	(*Union of European Football Associations*) Unión de Asociaciones Europeas de Fútbol
UER	(*Unión Européene de Radiodifusión*) Unión Europea de Radiodifusión
UEX	Universidad de Extremadura
UFO	(*Unidentified Flying Objet*) Objeto Volante No Identificado: OVNI
UGI	Universidad de Gerona
UGR	Universidad de Granada
UGT	Unión General de Trabajadores
UHF	(*Ultra High Frecuency*) Frecuencia Ultra Alta

UHU	Universidad de Huelva
UIB	Universidad de las Islas Baleares
UIM	(*Union Internationale des Métis*) Unión Internacional de Mestizos
UIMP	Universidad Internacional Menéndez Pelayo
UIP	Unión Interparlamentaria
UIT	(*Union Internationale des télécommunications*) Unión Internacional de Telecomunicaciones
UJA	Universidad de Jaén
UJCE	Unión de Juventudes Comunistas de España
UJCE	Unión de Jóvenes Comunistas de España
UJCS	Universidad Jaime I de Castellón
UK	(*United Kingdom*) Reino Unido
ULC	Universidad de La Coruña
ULCAR	Universidad Carlos III de Madrid
ULE	Universidad de León
ULL	Universidad de La Laguna
UMA	Universidad de Málaga
UMCA	Unión Monetaria Centroamericana
UMU	Universidad de Murcia
UN	(*United Nations*) Organización de las Naciones Unidas: ONU
UNA	Universidad de Navarra
UNCTAD	(*United Nations Conference on Trade and Development*) Conferencia de las Naciones Unidas sobre Comercio y Desarrollo
UNDC	(*United Nations Disarmament Commission*) Comisión de las Naciones Unidas para el Desarme
UNED	Universidad Nacional de Educación a Distancia
UNEF	(*United Nations Emergency Forces*) Fuerzas de Urgencia
UNESCO	(*United Nations Educational, Scientific and Cultural Organization*) Organización de las Naciones Unidas para la Educación, la Ciencia y la Cultura
UNFPA	(*United Nations Fund for Population Activities*) Fondo de las Naciones Unidas para las Actividades en Materia de Población: FNUAP

UNHCR   (*United Nations High Commissioner for Refugees*) Alta Comisaría
de las Naciones Unidas para los Refugiados: ACNUR

UNICEF   (*United Nations International Children's Emergency Fund*) Fondo
de las Naciones Unidas para la Ayuda a la Infancia

UNINSA   Unión de Siderúrgicas Asturianas Sociedad Anónima

UNIPYME   Unión de Organizaciones de la Pequeña y Mediana Empresa

UNITA   (*União Nacional para a Independencia Total de Angola*) Unión Nacional
para la Independencia Total de Angola

UNIVAC   (*Universal Automatic Computer*) Computador Automático Universal

UNO   (*United Nations Organization*) Organización de las Naciones Unidas: ONU

UNPA   (*United Nations Postal Administration*) Administración Postal
de las Naciones Unidas

UNRWA   (*United Nations Relief and Works Agency for Palestine Refugees in the Near
East*) Organismo de Obras Públicas y Socorro de las Naciones Unidas
para los Refugiados de Palestina en el Cercano Oriente

UNTFSD   (*United Nations Trust Fund for Social Development*) Fondo Fiduciario
de las Naciones Unidas para el Desarrollo Social

UNTSO   (*United Nations Truce Supervision Organization*) Organización
de las Naciones Unidas para la Supervisión de la Tregua

UOV   Universidad de Oviedo

UPC   Universidad Politécnica de Cataluña

UPCG   Universidad de Las Palmas de Gran Canaria

UPCO   Universidad Pontificia de Comillas

UPF   Universidad Pompeu Fabra

UPG   (*Union do Pobo Galego*) Unión del Pueblo Gallego

UPI   (*United Press International*) Agencia de prensa norteamericana Prensa
Internacional Unida

UPM   Universidad Politécnica de Madrid

UPN   Unión del Pueblo Navarro

UPNA   Universidad Pública de Navarra

UPSA   Universidad Pontificia de Salamanca

UPV   Universidad del País Vasco

UPVA	Universidad Politécnica de Valencia
URI	Universidad de La Rioja
URLL	Universidad Ramón LLul
URSS	Unión de Repúblicas Socialistas Soviéticas
URV	Universidad Rovira i Virgili
US	[*United States*] Estados Unidos
USA	[*The United States of America*] Estados Unidos de América / Universidad de Salamanca
USE	Universidad de Sevilla
USIA	[*United States Information Agency*] Agencia de Información de los Estados Unidos
USO	Unión Sindical Obrera
USSR	[*Union of Soviet Socialist Republics*] Unión de Repúblicas Socialistas Soviéticas: URSS
UTA	[*Union des Transports Aériens*] Unión de los Transportes Aéreos
UTECO	Unión Territorial de Cooperativas
UV	[*Unió Valencià*] Unión Valenciana
UVA	Unidad Vecinal de Absorción / Universidad de Valladolid
UVEG	Universidad de Valencia
UVI	Unidad de Vigilancia Intensiva / Universidad de Vigo
UZA	Universidad de Zaragoza
VAN	Valor Actual Neto
VERDE	Vértice Español de Reivindicación Desarrollo Ecológico
VHF	[*Very High Frequencies*] Muy Altas Frecuencias
VHS	[*Video Home System*] Sistema de Vídeo Doméstico
VIASA	Venezolana Internacional de Aviación Sociedad Anónima
VIH	Virus de Inmunodeficiencia Humana
VIP	[*Very Important Person*] Persona muy Importante
VLF	[*Very Low Frequency*] Frecuencia muy Baja
VPO	Vivienda de Protección Oficial
VRT	[*Video Recording Tape*] Cinta de Grabación de Vídeo

VTR	(*Videotape Recording*)	Grabación en Cinta de Vídeo
VVARG	(*Varig Viaçao Aérea Rio Grandense*)	Empresa de Líneas Aéreas de Río Grande
WAP	(*Vireless Application Protocol*)	Protocolo de Aplicación de Telefonía Inalámbrica
WASP	(*White, Anglo-Saxon, Protestant*)	Protestante, Anglosajón, Blanco
WHO	(*World Health Organization*)	Organización Mundial de la Salud: OMS
WWF	(*World Wildlife Fund*)	Fondo Mundial para la Naturaleza
WWW	(*World Wide Web*)	Red Informática Mundial
XUV	(*Xray and Ultraviolet*)	Rayos X y Ultravioleta
YIEE	(*Youth International Educational Exchange*)	Intercambio Educativo Internacional de Jóvenes
YMCA	(*World Alliance of Young Men's Christian Associations*)	Alianza Mundial de Asociaciones Cristianas de Jóvenes
ZANU	(*Zimbabwe African National Union*)	Unión Nacional Africana de Zimbabue)

BIBLIOGRAFÍA

Recursos en la red

Centro Virtual Cervantes http://cvc.cervantes.es

Español Urgente, en la página de la Agencia EFE http://www.efe.es

La página del idioma castellano http://www.arcom.net/belca/como_esc/index.html

La página del idioma español http://www.el-castellano.com

Real Academia Española http://www.rae.es

Libros

ABC (1993): *Libro de estilo de ABC*, Barcelona, Ariel.

AGENCIA EFE (2000): *Manual de español urgente*, Madrid, Cátedra (13.ª ed.)

— (1994): *El idioma español en el deporte*, Madrid, Fundación EFE.

ALFARO, Ricardo J. (1970): *Diccionario de anglicismos*, Madrid, Gredos.

ALVAR EZQUERRA, Manuel (dir.) (1994): *Diccionario de voces de uso actual*, Madrid, Arco Libros.

ARCO TORRES, Miguel Ángel del, y BLANCO NAVARRO, Ana (coor.) (1993): *Diccionario básico jurídico*, Granada, Comares.

DUYOS, Luis Manuel; GÓMEZ FONT, Alberto, y MACHÍN, Antonio (1992-1995): *Informe sobre el lenguaje*, Madrid, Abra Comunicación.

EL PAÍS (1998): *Libro de estilo,* Madrid, EL PAÍS.

FERNÁNDEZ, David (1991): *Diccionario de dudas e irregularidades de la lengua española*, Barcelona, Teide.

FIRMAS PRESS (1994): *Manual general de estilo*, Madrid, Playor.

GÓMEZ TORREGO, Leonardo (2000): *Ortografía de uso del español actual,* Madrid, Ediciones SM.

— (1999): *Gramática didáctica del español*, Madrid, Ediciones SM.

— (1992): *El buen uso de las palabras*, Madrid, Arco Libros.

— (1989): *Manual de español correcto,* Madrid, Arco Libros.

GONZÁLEZ HERMOSO, Alfredo (1996): *Conjugar es fácil en español de España y América*, Madrid, Edelsa.

GRIJELMO, Álex (1997): *El estilo del periodista*, Madrid, Taurus.

LA VANGUARDIA (1986): *Libro de redacción*, Barcelona, LA VANGUARDIA.

LÁZARO CARRETER, Fernando (2000): *El dardo en la palabra*, Barcelona, Galaxia Gutenberg.

LORENZO, Emilio (1996): *Anglicismos hispánicos*, Madrid, Gredos.

LOZANO IRUESTE, José María (1989): *Diccionario bilingüe de economía y empresa*, Madrid, Pirámide.

LUCAS, Carmen de (1994): *Diccionario de dudas*, Madrid, Edaf.

MALDONADO GONZÁLEZ, Concepción (dir.) (1999): *CLAVE. Diccionario de uso del español actual,* Madrid, Ediciones SM.

MAP (Ministerio para las Administraciones Públicas) (1990): *Manual de estilo del lenguaje administrativo*, Madrid, MAP.

MÁRQUEZ RODRÍGUEZ, Alexis (1995): *Con la lengua* (Vol. IV), Valencia (Venezuela), Vadell Editores.

– (1992): *Con la lengua* (Vol. III), Valencia (Venezuela), Vadell Editores.

– (1990): *Con la lengua* (Vol. II), Valencia (Venezuela), Vadell Editores.

– (1987): *Con la lengua* (Vol. I), Valencia (Venezuela), Vadell Editores.

MARTÍNEZ DE SOUSA, José (2000): *Manual de estilo de la lengua española*, Gijón, Ediciones Trea.

– (1998): *Diccionario de usos y dudas del español actual*, Barcelona, VOX-Bibliograf.

– (1995): *Diccionario de ortografía*, Madrid, Paraninfo.

– (1984): *Diccionario internacional de siglas y acrónimos*, Madrid, Pirámide.

MORÍNIGO, Marcos A. (1993): *Diccionario del español de América*, Madrid, Anaya & Mario Muchnik.

REAL ACADEMIA DE CIENCIAS EXACTAS, FÍSICAS Y NATURALES (1996): *Vocabulario científico y técnico*, Madrid, Espasa Calpe.

REAL ACADEMIA ESPAÑOLA (1992): *Diccionario de la lengua española*, Madrid, Espasa Calpe (21.ª ed.).

– (1984): *Diccionario de la lengua española*, Madrid, Espasa Calpe (20.ª ed.).

REYES, Graciela (1998): *Cómo escribir bien en español* (*Manual de redacción*), Madrid, Arco Libros.

RICHARD, Renaud (1997): *Diccionario de hispanoamericanismos no recogidos por la Real Academia*, Madrid, Cátedra.

RODRÍGUEZ GONZÁLEZ, Félix (1997): *Nuevo diccionario de anglicismos*, Madrid, Gredos.

SANTANO Y LEÓN, Daniel (1981): *Diccionario de gentilicios y topónimos*, Madrid, Paraninfo.

SECO, Manuel (1986): *Diccionario de dudas y dificultades de la lengua española*, Madrid, Espasa Calpe.

SECO, Manuel; ANDRÉS, Olimpia, y RAMOS, Gabino (1999): *Diccionario del español actual*, Madrid, Aguilar.

SMITH, Colin (1993): *Collins Spanish Dictionary*, Barcelona, Grijalbo.

TERMCAT (1993-1994-1995): *Full de difusió de neologismes*, Barcelona, TERMCAT.

VARELA, Fernando, y KUBARTH, Hugo (1994): *Diccionario fraseológico del español moderno*, Madrid, Gredos.